E-Book inside.

Mit folgendem persönlichen Code können Sie die E-Book-Ausgabe dieses Buches downloaden.

```
4rpx6-p56r0-
18400-2w1w1
```

Registrieren Sie sich unter
www.hanser-fachbuch.de/ebookinside
und nutzen Sie das E-Book
auf Ihrem Rechner*, Tablet-PC
und E-Book-Reader.

Der Download dieses Buches als E-Book unterliegt gesetzlichen Bestimmungen bzw. steuerrechtlichen Regelungen, die Sie unter www.hanser-fachbuch.de/ebookinside nachlesen können.
* Systemvoraussetzungen: Internet-Verbindung und Adobe® Reader®

Hauenherm

Effiziente Kommunikation im Unternehmen:
Konzepte & Lösungen mit Microsoft-Plattformen

Bleiben Sie auf dem Laufenden!

Unser **Computerbuch-Newsletter** informiert Sie monatlich über neue Bücher und Termine. Profitieren Sie auch von Gewinnspielen und exklusiven Leseproben. Gleich anmelden unter

www.hanser-fachbuch.de/newsletter

Hanser Update ist der IT-Blog des Hanser Verlags mit Beiträgen und Praxistipps von unseren Autoren rund um die Themen Online Marketing, Webentwicklung, Programmierung, Softwareentwicklung sowie IT- und Projektmanagement. Lesen Sie mit und abonnieren Sie unsere News unter

www.hanser-fachbuch.de/update

Eckhard Hauenherm

Effiziente Kommunikation im Unternehmen: Konzepte & Lösungen mit Microsoft-Plattformen

SharePoint 2016, Exchange 2016,
MS Office 2016, Skype for Business 2015,
Active Directory, Windows Server 2016

HANSER

Der Autor:
Eckhard Hauenherm, Essen
www.hauenherm.de

Alle in diesem Buch enthaltenen Informationen, Verfahren und Darstellungen wurden nach bestem Wissen zusammengestellt und mit Sorgfalt getestet. Dennoch sind Fehler nicht ganz auszuschließen. Aus diesem Grund sind die im vorliegenden Buch enthaltenen Informationen mit keiner Verpflichtung oder Garantie irgendeiner Art verbunden. Autor und Verlag übernehmen infolgedessen keine juristische Verantwortung und werden keine daraus folgende oder sonstige Haftung übernehmen, die auf irgendeine Art aus der Benutzung dieser Informationen – oder Teilen davon – entsteht.

Ebenso übernehmen Autor und Verlag keine Gewähr dafür, dass beschriebene Verfahren usw. frei von Schutzrechten Dritter sind. Die Wiedergabe von Gebrauchsnamen, Handelsnamen, Warenbezeichnungen usw. in diesem Buch berechtigt deshalb auch ohne besondere Kennzeichnung nicht zu der Annahme, dass solche Namen im Sinne der Warenzeichen- und Markenschutz-Gesetzgebung als frei zu betrachten wären und daher von jedermann benutzt werden dürften.

Bibliografische Information der Deutschen Nationalbibliothek:
Die Deutsche Nationalbibliothek verzeichnet diese Publikation in der Deutschen Nationalbibliografie; detaillierte bibliografische Daten sind im Internet über http://dnb.d-nb.de abrufbar.

Dieses Werk ist urheberrechtlich geschützt.
Alle Rechte, auch die der Übersetzung, des Nachdruckes und der Vervielfältigung des Buches, oder Teilen daraus, vorbehalten. Kein Teil des Werkes darf ohne schriftliche Genehmigung des Verlages in irgendeiner Form (Fotokopie, Mikrofilm oder ein anderes Verfahren) – auch nicht für Zwecke der Unterrichtsgestaltung – reproduziert oder unter Verwendung elektronischer Systeme verarbeitet, vervielfältigt oder verbreitet werden.

© 2018 Carl Hanser Verlag München, www.hanser-fachbuch.de
Lektorat: Sylvia Hasselbach
Copy editing: Walter Saumweber, Ratingen
Umschlagdesign: Marc Müller-Bremer, München, www.rebranding.de
Umschlagrealisation: Stephan Rönigk
Gesamtherstellung: Kösel, Krugzell
Printed in Germany

Print-ISBN: 978-3-446-44681-6
E-Book-ISBN: 978-3-446-44911-4

Inhalt

Vorwort VIII

1   Warum dieses Buch, was es bietet (und was nicht) 1

2   Das Unternehmen als kommunikatives System 3
2.1   Wie kommunizieren Unternehmen? 3
    2.1.1   Kommunikationswege im Unternehmen 5
2.2   Was sind Kommunikationsprozesse? 7
    2.2.1   Kommunikation als Prozess 8
    2.2.2   Externe und interne Kommunikationsprozesse 10
    2.2.3   Horizontale und vertikale Kommunikationsprozesse 12
    2.2.4   Synchrone und asynchrone Kommunikation 14
2.3   Anforderungen an (Unternehmens-) Kommunikation 15
    2.3.1   Verständlichkeit 15
    2.3.2   Integrität/Nachvollziehbarkeit 18
    2.3.3   Zuverlässigkeit 19
    2.3.4   Verfügbarkeit 19
    2.3.5   Sicherheit und Vertraulichkeit 20
    2.3.6   Flexibilität 20

3   Kommunikationsunterstützende Plattformen von Microsoft ... 23
3.1   Active Directory 24
    3.1.1   Active Directory Certificate Services 28
    3.1.2   Active Directory Rights Management Services 31
    3.1.3   Active Directory Federation Services 33
3.2   SQL Server 34
    3.2.1   SQL Server-Datenbank 35
    3.2.2   SQL Server Analysis Services 37
    3.2.3   SQL Server Reporting Services 39
3.3   SharePoint Server 40
    3.3.1   SharePoint-Basisfunktionen 41
    3.3.2   Excel und Visio Services 44

		3.3.3	Forms Services	45
		3.3.4	Access Services	45
		3.3.5	Business Data Connectivity Services	46
		3.3.6	Performance Point Services	47
		3.3.7	Office Web App Server – Office Online Server	47
		3.3.8	Workflow Manager	48
		3.3.9	E-Mail-Integration	49
		3.3.10	MySite	50
	3.4	Exchange Server		51
	3.5	Skype for Business (Lync)		52
	3.6	Microsoft Office		53
		3.6.1	Word, Excel, PowerPoint, OneNote	53
		3.6.2	Access	55
		3.6.3	Project	55
		3.6.4	Visio	55
		3.6.5	Outlook	56
		3.6.6	SharePoint Designer und InfoPath	56
4		**Unsere Beispielumgebung**		**59**
	4.1	Das Musterunternehmen		59
		4.1.1	Geschäftsführung	60
		4.1.2	Vertrieb und Marketing	60
		4.1.3	Forschung und Entwicklung	61
		4.1.4	Beschaffung und Einkauf	61
		4.1.5	Personalabteilung	62
		4.1.6	IT und Organisation	62
		4.1.7	Finanzen und Controlling	63
		4.1.8	Projektmanagement	63
		4.1.9	Compliance- und Rechtsabteilung	64
		4.1.10	Der Betriebsrat	65
	4.2	Die Infrastruktur		65
		4.2.1	AD-Struktur	65
		4.2.2	Technische Infrastruktur	66
	4.3	Die Umsetzung		67
5		**Kommunikationsanforderungen der Geschäftsführung**		**69**
	5.1	Potenziale interner Unternehmenskommunikation in SharePoint und Exchange		70
		5.1.1	Aufbau eines einfachen Intranetportals in SharePoint	71
		5.1.2	Abbilden der Kommunikationsprozesse der Geschäftsführung im Portal	107
	5.2	Sicherstellen der Integrität der Informationen		138
	5.3	Genehmigungsprozesse in SharePoint und Exchange abbilden		142
	5.4	Effizienter Umgang mit Stellvertretungen		152

6	Kundenkommunikation im Vertrieb	183
6.1	SharePoint als Marketingplattform	183
	6.1.1 Kundenumfragen in SharePoint einrichten	232
	6.1.2 Kundendaten und Dokumente verknüpfen	242
	6.1.3 Metadaten statt Ordnerstrukturen	250
6.2	Kundenkommunikation mit Exchange und Outlook	261
6.3	SharePoint, Exchange und Lync als integrierte CRM-Plattform	283

7	Wissensmanagement, Ressourcenverwaltung und Anwenderunterstützung	303
7.1	Wissensmanagement im Unternehmen mit SharePoint	304
7.2	Zentrale Vorlagenverwaltung mit SharePoint	340
7.3	Räume und Ressourcen mit Exchange und SharePoint verwalten	344
7.4	IT-Prozesse mit SharePoint und Exchange abbilden	357
7.5	Helpdesk und Anwenderunterstützung	368

8	Externe Kommunikation in Einkauf und Beschaffung	391
8.1	SharePoint für die Partnerkommunikation nutzen	392
	8.1.1 Einrichtung eines zentralen Rechnungseingangs	397
8.2	Einkaufssite für externe Mitarbeiter freigeben	416
	8.2.1 Einrichten einer lokalen Authentifizierung mittels FBA	416

9	Compliancesicherung in der Kommunikation	439
9.1	Dokumente in SharePoint und Exchange sicher archivieren	440
9.2	Vertraulichkeit von Informationen sicherstellen	464
9.3	Weitere Möglichkeiten in Exchange	486

10	Geht das auch mit Office 365?	501
10.1	Administrative Besonderheiten in Office 365	504
10.2	Azure Active Directory	504
10.3	Weitere Active-Directory-Dienste (Zertifikatsdienste, ADRMS)	507
10.4	Was ist in SharePoint Online möglich?	509
10.5	Welche Besonderheiten hat Exchange Online?	511
10.6	Was ändert sich bei Skype for Business Online?	513
10.7	Client-Anbindung und Steuerung lokaler Office-Anwendungen	514

Index 517

Vorwort

Dieses Buch erzählt eine Geschichte. Das mag ein wenig erstaunen für ein IT-Buch. Die Geschichte, die mein Buch erzählt, ist der Versuch, das umzusetzen, was Bill Gates im Jahr 2000 in seinem Buch „Digitales Business" beschrieben hat, nämlich die Abbildung herkömmlicher Geschäftsprozesse mit Mitteln der Informationstechnologie. Dabei beschränke ich mich auf das, was ich Kommunikationsprozesse nenne, also Prozesse, die auf klassischen Kommunikationsverfahren wie Informationsverteilung, Antragstellung und Genehmigung, Auskunftserteilung und Ähnlichem basieren.

Natürlich versuchen wir das hier mit der IT-Infrastruktur, die Microsoft, das von Bill Gates gegründete Unternehmen, uns bietet. Wir werden also Produkte einsetzen wie Windows Server und Clients, die Microsoft Office-Anwendungen, SharePoint Server, Exchange Server, Skype for Business und dabei auch Windows-Dienste nutzen wie die Zertifikatsdienste, die Federation Services und die Rechteverwaltungsdienste (Active Directory Rights Management Services). Die Anforderungen lassen sich natürlich auch in anderen Plattformen umsetzen, wie zum Beispiel in einer Lotus Notes/Domino-Infrastruktur. Es würde aber den Rahmen eines solchen Buches sprengen, beides zu beschreiben. Außerdem geht dabei ein großer Teil der Praxisorientierung des Buches verloren. Und letzten Endes glaube ich, dass die Microsoft-Umgebung mit den aktuellen Anwendungen tatsächlich die Anforderungen am vollständigsten abdecken kann (wobei natürlich auch im Blick zu behalten ist, dass wir dazu eine ganze Reihe von Produkten von Microsoft einsetzen müssen).

Die Beschreibung folgt, nach einigen theoretischen Einführungen, dem Ablauf eines solchen Projektes in einem mittelständischen Unternehmen. Dazu beschreibe ich ein Musterunternehmen, für das ich meines Erachtens typische Anforderungen ermittle, wie ich sie im Rahmen meiner eigenen Projekte immer wieder zu lösen gehabt habe. Auch wenn diese Anforderungen natürlich nicht auf jedes Unternehmen übertragbar sind, so gehe ich doch davon aus, dass sich in der Summe der Beispiele viele Umsetzungsszenarien wiederfinden, die sich auch in anderen, womöglich auch im Unternehmen des Lesers anwenden lassen.

Eine zweite Einschränkung habe ich mir dabei noch auferlegt. In der Umsetzung nutze ich nur die Werkzeuge und Funktionen, die mit den eingesetzten Anwendungen zur Verfügung stehen. Ich verzichte also vollständig auf Werkzeuge von sogenannten Drittanbietern. In meinen Projekten bin ich immer wieder darüber erstaunt, wie weit sich auch sehr spezielle Anforderungen schon mit den Bordmitteln der oben genannten Infrastrukturkomponenten umsetzen lassen.

Die Idee für dieses Buch hatte ich, als Microsoft die Produktversionen des Jahres 2010 der genannten Produkte auf den Markt brachte. Diese Versionen boten meines Erachtens zum ersten Mal die Möglichkeit, die in Frage stehenden Anforderungen durchgängig mit einer sinnvollen und effizienten Kombination dieser Produkte umzusetzen. Dies konnte ich auch in vielen Projekten realisieren, häufig sogar zur Überraschung der Auftraggeber.

In der Beschreibung nutzen wir natürlich die aktuelle Produktpalette des Jahres 2016, also Windows 10, Windows Server 2016, Exchange 2016, SharePoint 2016 und Skype for Business 2015. Viele der hier beschriebenen Szenarien lassen sich aber auch mit älteren Versionen der Plattformen, insbesondere derjenigen aus dem Jahr 2013 umsetzen. Im Detail sind dabei eventuell leicht abweichende Einstellungen vorzunehmen. Wenn diese nicht offensichtlich sind, werde ich versuchen, die Unterschiede mit zu beschreiben. Selbst wenn Sie noch die 2010er-Versionen einsetzen, werden Sie viele Tipps finden, die auch damit funktionieren. Soweit werde ich aber in der Beschreibung nicht zurückgehen. Die dazu erforderlichen Einstellungen zu finden, überlasse ich dem Leser.

Was können Sie nun von diesem Buch erwarten? Es ist kein Buch über die Installation von Servern oder den Aufbau einer solchen Infrastruktur. In der Beschreibung gehe ich davon aus, dass die einzelnen Komponenten nach den Best Practices installiert sind. In meinen Fall habe ich die notwendige Umgebung der Einfachheit halber in Microsoft Cloud Service Azure aufgebaut, in der ich dann die Umsetzung teste und die erläuternden Screenshots erstelle.

Auch auf die erforderlichen Einstellungen der Grundkonfiguration der Anwendungen werde ich nur insoweit eingehen, als sie für die spezifische Umsetzung erforderlich beziehungsweise spezifisch sind.

Was aber dieses Buch bietet, ist die konkrete Beschreibung, wie die genannten Prozesse umgesetzt werden können und welche Einstellungen dabei vorzunehmen sind. In Teilen wird das durchaus in Form von „Klickanleitungen" passieren, insbesondere bei den ersten Schritten der Umsetzung. In den meisten Fällen gehe ich aber davon aus, dass die Leser dieses Buches nach den ersten Schritten über genügend Erfahrung mit den Anwendungen verfügen, um die weiteren Schritte selbständig vorzunehmen, wenn die notwendigen Einstellungen benannt sind.

Auch wenn die Zielgruppe somit in erster Linie sogenannte Power-User und Administratoren der Anwendungen sind, also Anwender, die sich auch die Umsetzung spezifischer Anforderungen zutrauen, so werden doch auch andere Rollen des Unternehmens eingebunden. In der Beschreibung habe ich dazu auch das Personal meines Musterunternehmens genutzt und die Geschichte so beschrieben, dass die notwendigen Schritte jeweils von dem entsprechenden Rolleninhaber vorgenommen werden. Dies soll unter anderem auch deutlich machen, auf welcher Berechtigungsebene Einstellungen vorgenommen werden müssen, und wie diese in einem Unternehmen zu entscheiden sind. Meines Erachtens erlangen die Beschreibungen dadurch eine höhere Realitätsnähe, als wenn alles immer nur von einem „gottgleichen" Unternehmensadministrator durchgeführt wird. Außerdem wird auch nur so deutlich, wie die Prozesse, mit denen ja in erster Linie die „normalen" Anwender arbeiten müssen, gestaltet werden können und müssen, damit sie effizient genutzt werden können.

An einigen Stellen stößt man dabei natürlich auch auf Probleme oder stellt fest, dass die konkrete Umsetzung deutlich komplexer ist, als zuerst gedacht. Dies ist das Gebiet, in dem sich dann Zusatzprodukte einbringen können. Der Markt dafür ist inzwischen recht groß und teilweise auch unübersichtlich geworden. Auch wenn ich selbst in meinen Projekten hin und wieder auf Zusatzprodukte zurückgreife, so werde ich in diesem Buch dennoch an meiner Leitlinie festhalten und beschreiben, was mit den vorhandenen Mitteln umsetzbar ist. Im Gegensatz zu den typischen Herstelleranleitungen werde ich die Einschränkungen mit ihren Auswirkungen jedoch benennen.

Dieses Buch hat zwar nur einen Autor, ein solches Vorhaben ist in der Praxis aber kaum im Alleingang zu stemmen. Ich hatte den großen Vorteil, dass ich eine Reihe von Kollegen mit Fragen »löchern« und mit Ihnen meine Ideen austauschen konnte.

Außerdem danke ich Sylvia Hasselbach, die das Buch betreut hat, und Sieglinde Schärl vom Hanser Verlag sowie meinem Korrektor Walter Saumweber. Ohne sie wäre dieses Buch nicht zustande gekommen. Meiner Familie danke ich für die Geduld während meiner Arbeit an dem Buch.

Schließlich geht noch ein großer Dank an meine Kunden. Ohne sie hätten die hier dargestellten Ideen nicht entstehen und wachsen können.

Eckhard Hauenherm,
Essen im August 2017

1 Warum dieses Buch, was es bietet (und was nicht)

Im Jahr 1999 veröffentlichte Bill Gates ein Buch mit dem Titel „Digital Business". Darin beschreibt er die damals erkennbaren Möglichkeiten der Unterstützung von Unternehmensprozessen mit IT und entwirft einen Ausblick auf die fortschreitende Digitalisierung im Unternehmen. Seit damals hat sich die IT enorm weiterentwickelt. Wenn man die Entwicklung bei Microsoft verfolgt hat, war unübersehbar, wie die Idee der durchgängigen Prozessunterstützung im Unternehmen umgesetzt werden konnte. Insbesondere die immer weitere fortschreitende Integration der verschiedenen Werkzeuge lieferte neue Möglichkeiten, Prozesse vom Anwender bis zur unternehmensweiten Datenauswertung mit abzubilden.

Diese Integration wird einerseits an einzelnen Produkten wie SharePoint deutlich, andererseits auch an der immer stärkeren Vernetzung einzelner Anwendungen.

Die erste Version von SharePoint, im Jahr 2000 unter dem internen Namen *Tahoe Server* von Microsoft entwickelt, bot im Schwerpunkt Funktionen zur Verwaltung von Dokumenten. Nach und nach sind in dieses Produkt verschiedene Spezialanwendungen integriert worden, von Content Management-Funktionen (Content Management Server) bis hin zur Business Intelligence (Performance Point Server), nicht zu vergessen spezifische Anwendungen wie Project Server. Mit der Version 2010 hatte Microsoft diesen Prozess weitgehend abgeschlossen. Die nachfolgenden Versionsentwicklungen dienten der Verbesserung der Funktionen. In den aktuellen Versionen 2013 und 2016 wird der Prozess zum Teil wieder umgekehrt und einige Funktionen werden aus SharePoint in eigene Serverprodukte ausgelagert, wie z. B. die Office Web Apps, die Workflow-Komponente oder einige der Business Intelligence-Funktionen.

Ein weiterer wichtiger Schritt für die Integration war die Entwicklung des Active Directorys in Windows 2000, ebenfalls in der ersten Version um die Jahrtausendwende vorgestellt. Wenn man heutzutage Microsoft-Umgebungen in Unternehmen aufsetzt, wird einem sehr schnell bewusst, wie viele Anwendungen auf die Grundstrukturen dieses Verzeichnisdienstes aufsetzen und wie weit darüber die Integration sichergestellt wird. Das fängt an mit den Prozessen der Namensauflösung, der Berechtigungssteuerung bis zur Dienstkontenverwaltung und Konfigurationssicherung (z. B. in Exchange 2010/2013).

Die Idee für dieses Buch ist aus der täglichen Arbeit mit diesen Abhängigkeiten in meinen Beratungsprojekten entstanden. Viele dieser Projekte starteten als Implementierungen einzelner Anwendungen (z. B. SharePoint oder Exchange) und endeten als Integrations- und Änderungsprojekte, die viele Bereiche im Unternehmen und in der IT einbinden. Viele

Unternehmen scheitern dabei daran, das Integrationspotential zu heben und bleiben bei einem Parallelbetrieb einzelner Anwendungen stehen. Damit gehen aber auch wirtschaftliche und organisatorische Vorteile verloren.

Ziel dieses Buches ist es, die nächsten Schritte aufzuzeichnen, die ein Unternehmen gehen kann, um zu einer wirklich integrierten Umsetzung seiner Prozesse zu kommen.

IT-Prozesse dienen primär der Verarbeitung und Übermittlung von Information. In der Wissenschaft wird die Weitergabe und Verarbeitung von Information allgemein als Kommunikation beschrieben. Somit gehe ich in diesem Buch davon aus, dass die zu betrachtenden Anforderungen die Kommunikationsanforderungen in Unternehmen sind. Unternehmenskommunikation lässt sich auf dieser Betrachtungsebene immer als Prozess beschreiben. Wie der Beschreibungsansatz aussehen kann, werde ich im zweiten Kapitel dieses Buches verdeutlichen. Das Beschreibungsmodell ist unabhängig von den einzusetzenden Produkten. Auch wenn dieses Buch die Umsetzung anhand der Microsoft-Plattformen beschreibt, ist die Umsetzung natürlich auch mit anderen Produkten grundsätzlich möglich. Die Microsoft-Plattform habe ich für dieses Buch aus zwei Gründen gewählt. Erstens hat Microsoft, wie oben schon angedeutet, in seiner Produktpalette meiner Ansicht nach den höchsten Integrationsgrad erreicht und bietet dabei für alle Anforderungen die passenden Werkzeuge an und zweitens sind mir diese Werkzeuge aus meinen eigenen Projekten am vertrautesten.

Neben den oben schon angesprochenen Produkten werden für eine vollständige Umsetzung der Kommunikationsanforderungen weitere Anwendungen genutzt. Auf der Ebene des Active Directorys sind das insbesondere die Zertifikatsdienste, das Management digitaler Rechte und die Verbunddienste. Für die Datenhaltung ist in einer Microsoft-geprägten Umgebung SQL Server zuständig, der wiederum von vielen anderen Anwendungen genutzt wird. Natürlich werden klassische Kommunikationswerkzeuge wie Exchange und SharePoint genutzt, aber auch neuere Produkte wie Lync (jetzt Skype for Business) werden zur Realisierung spezifischer Anforderungen der Echtzeitkommunikation eingebunden. Da die Kommunikation immer am Ende den Desktop des Anwenders als Ein-und Ausgabewerkzeug nutzt, sind natürlich auch die Office-Anwendungen selbst mit zu betrachten.

Da sich dieses Buch auf den „zweiten" Schritt – den Schritt der Integration –, konzentriert, wird hier nicht der Aufbau der Systemumgebung beschrieben, sondern davon ausgegangen, dass die Server im Unternehmen schon installiert und konfiguriert sind. Die Serverkonfiguration wird allerdings dann angesprochen, wenn sie für die Zurverfügungstellung spezifischer Funktionen beachtet werden muss.

Viele Unternehmen beschäftigen sich derzeit mit Cloud-Strategien. Bei den in diesem Buch beschriebenen Szenarien stellt sich natürlich sofort die Frage, ob diese Ansätze auch in der Cloud umsetzbar sind. Microsoft bietet inzwischen mit Office 365 eine leistungsfähige Cloudlösung, die genau die hier angesprochenen Produkte nutzt. Daher wird im letzten Kapitel der Frage nachgegangen, inwieweit die hier präsentierten Lösungen auch mit Office 365 umsetzbar sind.

Da es sich bei diesem Buch um einen administrativen Leitfaden handeln soll, habe ich einen Ansatz gewählt, der die Umsetzung von den Anforderungen her beschreibt. Konkret werde ich ein Musterunternehmen mit typischen Funktionsbereichen beschreiben und ausgehend von den spezifischen Aufgaben und Anforderungen der einzelnen Abteilungen die Umsetzung der Prozesse beschreiben.

2 Das Unternehmen als kommunikatives System

Kommunikation ist eine Form menschlichen Handelns. Das heißt, dass wir mit Kommunikation Ziele erreichen wollen. In der Linguistik spricht man von der Illokution einer sprachlichen Handlung oder auch kurz von illokutionären Akten (die Linguisten verzeihen mir bitte diese etwas vereinfachte Darstellung, für unsere Zwecke ist sie hier jedoch ausreichend). Meines Erachtens liefert uns diese Sichtweise über Kommunikation einen der wichtigsten Aspekte für die Planung und Gestaltung von Kommunikationsverfahren, nämlich den Faktor des Erfolges. Erfolg ist, einfach gesprochen, nichts anderes als das Erreichen von Zielen. Wenn wir also wissen, welches Ziel oder Ergebnis mit einem kommunikativen Akt erreicht werden soll, haben wir eine Möglichkeit, den Erfolg der Kommunikation zu messen.

Auch wenn es einige Arten sprachlichen Handelns geben mag, die nicht direkt auf eine Reaktion unseres Gesprächspartners abzielen (z. B. Flüche), so zielen doch die meisten unserer Äußerungen darauf ab, etwas bei unserem Gegenüber zu erreichen und eine Handlung auszulösen. Auf eine Frage möchten wir eine Antwort, mit einer Bitte Unterstützung bekommen. Mit einer Entschuldigung möchten wir erreichen, dass der Andere uns vergibt. Dabei spielt es keine Rolle, ob es sich um eine einfache Äußerung handelt oder um einen komplexen Text. Auch ein Geschäftsbericht dient dazu, beim Empfänger einen Erkenntnisgewinn zu erreichen. Komplexe Äußerungen verfolgen häufig nicht nur ein, sondern mehrere Ziele. So wird in Geschäftsberichten neben der reinen Information häufig auch versucht, eine positive Wahrnehmung beim Empfänger zu erreichen.

■ 2.1 Wie kommunizieren Unternehmen?

Mit diesem letzten Beispiel sind wir bereits bei der Unternehmenskommunikation angelangt. Unternehmen kommunizieren und in Unternehmen wird kommuniziert. Um es genauer zu sagen, der größte Teil administrativer Aufgaben im Unternehmen besteht aus kommunikativen Handlungen. Auch Unternehmensmanagement besteht zu ca. 90 % aus Kommunikation. Sie erkennen schon, mir geht es weniger um Unternehmenskommunikation im Sinne von Marketing und Public Relations, also um die Kommunikation des Unternehmens an sich (die Arten von Kommunikation, in denen das Unternehmen und nicht die darin arbeitenden Personen als »Sprecher« auftritt), sondern um die Kommunikation innerhalb des Unternehmens, z. B. die Informationsflüsse zwischen Abteilungen oder die Kontakte zu externen Gesprächspartnern wie Ansprechpartnern anderer Unternehmen. Sicherlich spielen dabei auch Aspekte der Außendarstellung des Unternehmens eine Rolle. Ich möchte aber kein Buch über Marketing oder Public Relations schreiben. Daher wird der Aspekt der Außendarstellung in diesem Buch nur als eine mögliche Anforderung unter anderen an die Kommunikation mit externen Geschäftspartnern eine Rolle spielen. Im weiteren Verlauf werde ich zeigen, wie diese Kommunikationsprozesse durch moderne IT-Werkzeuge (am Beispiel der Microsoft-Plattformen) optimal unterstützt werden. Nachfolgend finden Sie eine – naturgemäß unvollständige – Liste typischer kommunikativer Akte in Unternehmen:

- Bestellungen auslösen
- Angebote einholen
- Stellen ausschreiben
- Verhandlungen führen
- Material anfordern
- Termine vereinbaren
- Dienstreisen buchen
- Spesen abrechnen
- Monatszahlen berichten
- Mitarbeiter anweisen
- Personal beurteilen
- Ziele vereinbaren

Für die meisten dieser Handlungen nutzen wir heute IT-Werkzeuge. Angebote schreiben wir in einer Textverarbeitung und versenden sie per E-Mail. Für Terminvereinbarungen nutzen wir elektronische Kalender, Stellen werden in Online-Portalen und -Medien ausgeschrieben, kaufmännische Zahlen aus verschiedenen Datenquellen zusammengetragen, in einer Tabellenkalkulation ausgewertet und als digitales Dokument versendet oder veröffentlicht.

Allerdings enthält diese Liste auch einige Kommunikationsarten, die wir nicht oder nur teilweise durch IT unterstützen. So führen wir z. B. Mitarbeitergespräche in der Regel nicht über E-Mail oder Telefon, sondern bevorzugen immer noch das persönliche Gespräch. Nicht alle Kommunikationsmedien sind für das Erreichen bestimmter kommunikativer Ziele gleichermaßen geeignet. Genau darum geht es in diesem Buch. Ich möchte nicht nur zeigen, wie sich kommunikative Anforderungen mit aktuellen Werkzeugen umsetzen lassen, sondern auch, welche Werkzeuge sich für welche Arten kommunikativer Handlungen im Unternehmen eignen und natürlich auch, welche Kriterien für die Entscheidung eine Rolle spielen.

Viele der oben genannten Handlungen sind im Unternehmen aufeinander bezogen bzw. setzen einander voraus. Bestellungen basieren auf Angeboten, Zielvereinbarungsgespräche setzen Terminvereinbarungen voraus etc. Wenn man diese Abhängigkeiten über alle kommunikativen Handlungen im Unternehmen analysiert, sieht man relativ schnell, dass sich ein Unternehmen als ein System kommunikativer Handlungen, oder kurz als kommunikatives System, beschreiben lässt. Im Grunde genommen bekommt man mit einer vollständigen Beschreibung eine Landkarte der Kommunikation im Unternehmen, wie man sie in der Prozessanalyse als Prozesslandschaft des Unternehmens mit Kernprozessen und Unterstützungsprozessen kennt.

2.1.1 Kommunikationswege im Unternehmen

Wenn wir uns in einer Landschaft zurechtfinden wollen, nutzen wir dafür in der Regel eine Landkarte. Das Bild der Landkarte eignet sich hervorragend als Metapher für die Beschreibung der unterschiedlichen Arten der Unternehmenskommunikation. Eine Landkarte oder besser ein Stadtplan zeigt uns, über welche Wege wir von einem Ort zum anderen gelangen können. In der Regel werden dabei Straßen, verschiedene Verkehrsmittel (Eisenbahn, Fähren) und Knotenpunkte als Übergabepunkte (Kreuzungen, Häfen, Flughäfen, Bahnhöfe) dargestellt. Stellen wir uns eine Organisation bzw. ein Unternehmen im Folgenden einfach als eine Stadt vor. Der Stadtplan weist den (kommunikativen) Weg durch diese Stadt und wir versuchen herauszufinden, welche Wege die kürzesten bzw. effizientesten sind.

Einige Informationsflüsse (auch dies sind kommunikative Akte) sind in Unternehmen strikt vorgegeben und erlauben keine Abweichungen. Die Kommunikationspartner können nicht selbständig über den Ablauf der Kommunikation entscheiden, sondern müssen sich an einen vorgegebenen Prozess halten. Dies ist häufig bei klassischen Antrags- oder Bestellprozessen der Fall, insbesondere wenn das Ergebnis eine Standardaktion darstellt, wie etwa die Bereitstellung neuen Druckerpapiers. In unserem Stadtplan entsprächen diese Prozesse schienengebundenen Transporten. Es gibt einen dedizierten Punkt, an dem die benötigten Informationen eingegeben werden (der Bahnhof, an dem Sie einsteigen können) und der Prozess (also der Zug) bringt Sie bzw. Ihre Informationen über einen vorgegebenen Weg ans Ziel. Diese Prozesse zeichnen sich dadurch aus, dass sie hochgradig automatisierbar sind. Nichtsdestotrotz sind auch sie genau zu planen, schließlich müssen ja genau die Informationen übermittelt werden, die dazu führen, dass am Ende das Druckerpapier an den Arbeitsplatz geliefert wird (Sie erinnern sich: Kommunikation ist Handlung, will also Ziele erreichen).

Wenn in einem solchen Prozess verschiedene Kommunikationssysteme, wie z. B. Telefon, E-Mail oder auch Briefe, angesprochen werden, erweitern wir unsere Stadtplanmetapher einfach um weitere Transportmöglichkeiten, wie z. B. Schiffe. In den Häfen werden die Informationen vom Zug auf ein Schiff verladen. Eventuell werden dabei kleinere Einheiten auch zu größeren zusammengefasst. In unserem Beispiel könnte das heißen, dass die einzelnen Bestellungen zu einer Großbestellung beim Lieferanten zusammengefasst werden, um Kostenvorteile zu nutzen. Ähnlich lassen sich viele kaufmännische Controllingprozesse beschreiben. Auch hier werden strikt vorgegebene Zahlen einzelner Abteilungen zu umfassenden Auswertungen zusammengefasst und weiter berichtet.

Andere Kommunikationsarten im Unternehmen erlauben den Kommunikationspartnern mehr Variationsmöglichkeiten. Dies sind z. B. Verhandlungen oder Gespräche, wie Zielvereinbarungsgespräche. Hier haben wir ein Ziel, das am Ende erreicht werden soll, können aber den Weg dahin, zumindest in gewissem Rahmen, selbst definieren. Auf unserem Stadtplan entsprechen diese Kommunikationsarten dem Individualverkehr auf der Straße. Wir starten mit unserem Verkehrsmittel, z. B. einem Fahrrad, und haben in der Regel einen Plan des Weges, den wir nehmen wollen. Sobald wir aber auf dem geplanten Weg nicht weiterkommen, wählen wir einen anderen. Im Straßenverkehr treffen wir diese Entscheidungen an Kreuzungen oder Abzweigungen. Übertragen wir das Bild auf unsere Kommunikation, dann entsprechen diese Kreuzungen also den Entscheidungspunkten in Gesprächen oder den Auswahlmöglichkeiten in Prozessen. Wie im Straßenverkehr sind wir dabei in unserer Kommunikation teilweise an Anweisungen und Richtlinien gebunden, die uns im Verkehr als Straßenschilder oder Verkehrsregeln begegnen. Beispielsweise dürfen wir nicht von der falschen Seite in eine Einbahnstraße einfahren. In der Kommunikation finden wir diese Einschränkungen ebenfalls als Richtlinien, z. B. für die Vertraulichkeit der Kommunikation oder für die Aufbewahrung von Dokumenten, wieder.

Aber nicht nur Kreuzungen sind Knotenpunkte in einem Stadtplan. Städte verfügen häufig auch über Stellen, an denen viele Straßen zusammenlaufen und der Verkehr zusammengefasst und eventuell neu verteilt wird, wie z. B. auf Plätzen. Auch dazu finden wir ein Pendant in der Unternehmenskommunikation, nämlich die Kommunikationsverfahren, die Informationen zusammenfassen. Häufig finden wir solche Verfahren in aggregierenden und verteilenden Prozessen, die Informationen über die Hierarchieebenen im Unternehmen hinweg vermitteln. Berichten z. B. Vertriebsmitarbeiter regelmäßig über ihren Umsatz und werden diese Zahlen nach Gebieten und Produkten zusammengefasst, so dass daraus wieder ein umfassender Bericht für die Geschäftsführung entsteht, liegt solch ein aggregierender Prozess vor.

Kommunikationsverfahren dieser Art sind naturgemäß schwieriger zu planen und zu steuern. Insbesondere ist hier zu entscheiden, bis zu welchem Grad strikte Vorgaben sinnvoll sind oder eher die Produktivität einschränken. Einerseits müssen die Zahlen zusammengefasst werden, andererseits sollen auch besondere Ereignisse oder Abweichungen benannt und erläutert werden können.

Selbst für vollständig ungesteuerte Kommunikationsarten finden wir ein Gegenstück in unserer Metapher. Die typischen Abkürzungen und Trampelpfade, die wir insbesondere dann nutzen, wenn wir zu Fuß unterwegs sind. Diese entsprechen geduldeten Kommunikationswegen, die es in jedem Unternehmen gibt, die aber nicht vorgegeben oder gar geplant sind, in vielen Fällen trotzdem sehr effizient eingesetzt werden. Grundsätzlich ist es auch im Unternehmen sinnvoll, die Möglichkeit solch unstrukturierter Kommunikation vorzusehen, da darüber sehr häufig wichtige Informationen verteilt werden. Dies kennt man aus den Analysen des Wissensmanagements. Wissen verbreitet sich in Unternehmen sehr häufig eben nicht über strukturierte Verfahren, sondern immer noch sehr viel stärker über den informellen Austausch in den sogenannten »Teeküchengesprächen«. Allerdings verbreiten sich darüber auch Meinungen und Vorurteile sehr schnell, die nicht auf fundiertem Wissen basieren.

Analog zu den Wegen in einer Stadt lassen sich im Unternehmen also die folgenden Kommunikationswege definieren:

- Große Straßen und Schienenstränge, die Stadtteile miteinander verbinden. Diesen entsprechen unsere häufig stark formalisierten Kommunikationswege, über die das Unternehmen Standardaufgaben abwickelt und Informationen sammelt und verteilt. In einer Stadt enden solche Wege häufig an großen Plätzen (z. B. an einem Bahnhofsvorplatz). Hier wird der Verkehr verteilt bzw. gesammelt. Entsprechend werden Informationen in der

Kommunikation im Laufe solcher Prozesse zusammengefasst und über aggregierende Kommunikationsprozesse weitergeleitet oder verteilt.

- Kleinere Straßen. Diese stellen das Sinnbild für weniger formalisierte Kommunikationswege dar, bei denen wir individuelle Entscheidungen für den weiteren Kommunikationsverlauf treffen können.
- Trampelpfade. In einem Stadtplan sind sie in der Regel nicht eingezeichnet, werden aber trotzdem intensiv genutzt (sonst würden wir sie auf der Wiese gar nicht sehen). Sie entsprechen den ungeplanten, aber doch wiederkehrenden Kommunikationsprozessen in einem Unternehmen.

Beiden Systemen, dem Straßenverkehr wie der Unternehmenskommunikation, liegen Regeln und Anweisungen zugrunde. Was im Straßenverkehr die Straßenverkehrsordnung ist, ist in der Unternehmenskommunikation die Summe der Richtlinien, Anweisungen und Vorlagen für die Kommunikation.

Die Frage ist, welche dieser verschiedenen Kommunikationswege sich jetzt mit IT-Werkzeugen umsetzen lassen, und zwar so, dass sowohl die Kommunikationspartner als auch das Unternehmen davon profitieren.

2.2 Was sind Kommunikationsprozesse?

Wenn wir ein Unternehmen betrachten und im ersten Ansatz überlegen, wo überall Kommunikation stattfindet, können wir eine einfache Formel der Kommunikationsanalyse anwenden: Anzahl der Gesprächspartner x (Anzahl der Gesprächspartner − 1) / 2. Der Formel liegt die Annahme zugrunde, dass jeder im Unternehmen mit jedem reden kann, außer mit sich selbst. Hat ein Unternehmen also 250 Mitarbeiter, lautet die Formel 250 x 249 / 2 = 31125. Theoretisch bestehen hier also 31125 Kommunikationswege, die wir zu betrachten haben. Und darin sind die externen Kommunikationsbeziehungen noch nicht enthalten. Zum Glück ist diese Zahl eher als Indikator denn als konkrete Aufgabenstellung zu interpretieren. Sie gibt uns ein Verständnis von der Komplexität der Aufgabe, Kommunikation im Unternehmen zu gestalten.

In diesem Buch geht es nun aber um die Unterstützung der Kommunikation mit IT. Die erste Vermutung, die Sie sicherlich mit mir teilen, geht dahin, dass die IT-Unterstützung nicht bei allen möglichen Kommunikationsarten im Unternehmen und sicherlich auch nicht überall in gleicher Weise möglich oder auch nur wünschenswert ist. Ich behaupte aber, dass sie erstaunlicherweise bei mehr Kommunikationsarten möglich und auch sinnvoll ist, als man im ersten Schritt annehmen würde.

Klassischerweise wird von IT gesagt, sie spiele immer dann ihre Stärken aus, wenn wir einen Ablauf klar vordefinieren können. Ein einmal definierter Ablauf, der immer wieder in derselben Weise wiederholt werden kann, ist ein Prozess (im Gegensatz zu einem Projekt, bei dem der individuelle Ablauf immer wieder neu zu planen ist). Wir sollten uns also Gedanken darüber machen, wann wir Kommunikation als Prozess beschreiben können bzw. welche der Kommunikationsarten im Unternehmen tatsächlich als Prozesse definiert werden können, um sie dann entsprechend in der IT-Umgebung abbilden zu können.

2.2.1 Kommunikation als Prozess

Wie oben gesagt, ist ein Prozess ein wiederholbarer, vordefinierter Arbeitsablauf. Dieser Ablauf wird in der Regel beschrieben über die Eingaben in den Prozess, die Verarbeitungsschritte innerhalb des Prozesses und die Ausgabewerte aus dem Prozess. In der detaillierten Prozessanalyse bezieht man den Lieferanten bzw. die Herkunft der Eingabewerte und den Abnehmer der Ausgabewerte bzw. den Kunden in die Betrachtung mit ein. Diese Art der Beschreibung lässt sich als sogenanntes SIPOC-Diagramm darstellen (SIPOC steht für Supplier, Input, Process, Output und Customer) (vgl. Bild 2.1).

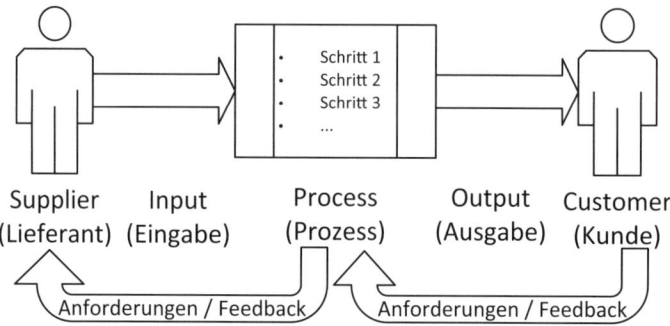

Bild 2.1 Das Prinzip eines SIPOC-Diagramms

Gerade für die Betrachtung unserer Kommunikationsprozesse bietet sich diese Darstellungsform an. Wie einleitend gesagt, ist der Kunde, oder besser der Empfänger unserer Kommunikation, eine der wichtigsten Stellen für die Prüfung des Erfolges. Nur wenn bei ihm die gewünschte Reaktion ausgelöst wird, ist unsere Kommunikation erfolgreich. Daher würde eine Betrachtungsweise, die mit dem „Output" endet, für die Gestaltung von Kommunikationsprozessen nicht ausreichen. Dass ein Kommunikationsprozess z. B. den Statusbericht eines Projekts auswirft sagt noch nichts darüber aus, ob der Prozess richtig angelegt ist. Erst wenn der Statusbericht die Informationen in einer Darstellung enthält, die der Lenkungsausschuss, der Kunde oder die Geschäftsführung für weitere Entscheidungen benötigt, können wir davon ausgehen, dass der Prozess das gewünschte Ergebnis liefert.

Ähnliches trifft auf Lieferantenseite in unserem Kommunikationsprozess zu. Diese stellt nämlich nicht einfach nur denjenigen dar, der den Prozess auslöst, sondern umfasst die Herkunft aller benötigten Informationen für den Start des Prozesses. Im Falle des oben genannten Statusberichts also die Fortschrittsinformationen aus dem Projektteam. Diese werden im Statusbericht des Projektleiters an den Lenkungsausschuss zusammengefasst. Ohne diese Informationen kann der Prozess nicht erfolgreich durchgeführt werden. Da diese Informationen in der Regel wieder aus anderen Kommunikationsprozessen kommen, erlangen wir über diese Betrachtung eine Gesamtdarstellung der Kommunikation im Unternehmen. Daraus ergibt sich somit die hier beschriebene Prozesslandschaft des Unternehmens.

Gleichzeitig können wir auf diesem Weg die Prozesse Schritt für Schritt vom Empfänger zurückbetrachten und damit klar die Anforderungen an die jeweilige Kommunikation definieren. Eine zentrale Entscheidung ist dabei die Festlegung der Prozessgrenzen. Indem wir festlegen, welches Ereignis wir als Start des Prozesses ansehen und welchen Zustand oder welches Ereignis als Abschluss des Prozesses, definieren wir gleichzeitig den Bereich unserer Betrachtung. Wählen wir diesen zu eng, können wir wichtige Bedingungen und Eingabewerte übersehen, wählen wir ihn zu weit, kann es passieren, dass wir die entscheidenden Steuerungsfaktoren des Prozesses nicht isolieren können.

Veranschaulichen wir uns das am Beispiel des oben schon erwähnten Statusreporting im Projekt. Wir können den Prozess einerseits so beschreiben, dass er die Verarbeitung der Fortschrittsinformationen des Teams umfasst, das heißt der Prozess beginnt mit dem Eingang der Fortschrittsberichte des Teams. In der SIPOC-Beschreibung sieht das dann wie folgt aus (Tabelle 2.1):

Tabelle 2.1 Statusreporting als Gesamtprozess

Supplier	Input	Process	Output	Customer
Team	Fortschritts-informationen	Fortschritts-informationen zusammentragen	Statusbericht	Lenkungsausschuss, Geschäftsführung
Lieferanten		Bericht erstellen		
		Bericht versenden		

Bei dieser Art der Beschreibung wird der Verarbeitungsschritt, den der Projektleiter durchzuführen hat, die Analyse und die Zusammenfassung der Statusinformationen, nicht wirklich deutlich.

Im anderen Fall stellen wir den Gesamtprozess als zwei Prozesse dar, einmal das Fortschrittsreporting (Tabelle 2.2) des Teams und einmal das Statusreporting (Tabelle 2.3) des Projektleiters. Die Darstellungen sehen wie folgt aus:

Tabelle 2.2 Fortschrittsreporting

Supplier	Input	Process	Output	Customer
Team	Fortschritts-daten	Daten erfassen	Fortschritts-informationen	Projektleiter
Lieferanten		Bericht versenden		

Tabelle 2.3 Statusreporting

Supplier	Input	Process	Output	Customer
Projektleiter	Status-informationen	Status-informationen zusammentragen	Statusbericht	Lenkungsausschuss, Geschäftsführung
		Bericht erstellen		
		Bericht versenden		

In diesem Fall wird der Zusammenhang zwischen beiden Prozessen in der Darstellung nicht deutlich. Wir kommen also nicht umhin, uns ein weiteres Werkzeug zurechtzulegen, das diese Abhängigkeiten deutlich macht. Dies kann meines Erachtens am besten durch eine Swimlane-Darstellung erfolgen. Dabei wird jede ausführende Stelle im Prozess durch eine eigene „Schwimmbahn" dargestellt, in der die von dieser Stelle auszuführenden Prozessschritte beschrieben werden. Für unser Beispiel sieht eine solche Darstellung, wenn auch noch unvollständig, folgendermaßen aus (Bild 2.2):

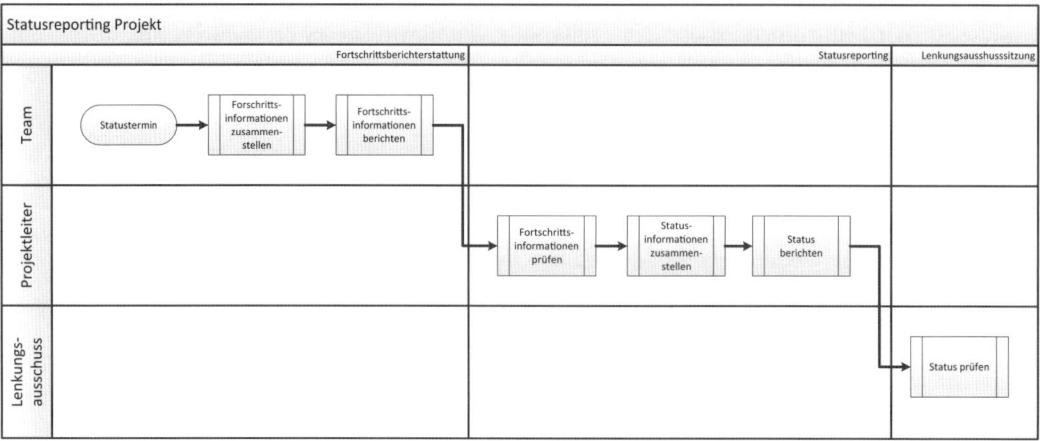

Bild 2.2 Der Reportingprozess als Swimlane-Diagramm

Hier wird deutlich, wie die einzelnen Prozesse und Prozessschritte auch funktionsübergreifend miteinander verzahnt sind. Daher eignet sich diese Darstellung am besten, um einen gesamten Prozessverlauf zu prüfen und zu planen. Die SIPOC-Darstellung ist dagegen eher geeignet, die einzelnen Prozessschritte detailliert zu analysieren.

Die Gesamtheit der Swimlane-Darstellung ergibt wiederum eine Repräsentation der Prozesslandschaft der Kommunikation im Unternehmen.

2.2.2 Externe und interne Kommunikationsprozesse

Eine erste grundlegende Unterscheidung der Kommunikationsarten im Unternehmen betrifft die Stellung der Kommunikationspartner zum Unternehmen, also ob sie als Mitarbeiter Teil des Unternehmens sind oder ob sie nicht zur Unternehmensorganisation gehören, wie z. B. Kunden oder Lieferanten. Von internen Kommunikationsakten sprechen wir, wenn beide Kommunikationspartner Bestandteil der Organisation selbst sind, z. B. der Mitarbeiter und sein Vorgesetzter im Personalgespräch. Externe Kommunikation meint die Kommunikation mit Kommunikationspartnern außerhalb des Unternehmens, beispielsweise das Angebot für eine Leistung an einen Kunden. Warum ist diese Unterscheidung in unserer Betrachtung von Bedeutung?

Die wichtigste Auswirkung besteht in der Tatsache, dass in der Kommunikation mit nicht zur Organisation gehörenden Kommunikationspartnern nicht die Person eigentlicher Absender oder Adressat einer Äußerung ist, sondern das Unternehmen selbst. Ein Angebot an einen Kunden ist kein Angebot eines Vertriebsmitarbeiters des Unternehmens, sondern ein Angebot des Unternehmens an seinen Kunden. Für die Erfüllung der Leistung muss das Unternehmen einstehen, nicht der einzelne Vertriebsmitarbeiter.

Aus dieser einfachen Tatsache leiten sich eine Reihe von Anforderungen an die Gestaltung der Kommunikation her, die wir bei der Planung der Prozesse zu berücksichtigen haben. Diese sind unter anderem, aber nicht ausschließlich, die folgenden:

- Die Äußerung muss deutlich machen, dass hier das Unternehmen spricht.
- Die rechtliche Verbindlichkeit der Aussage muss berücksichtigt werden.
- Der Wahrung des Unternehmensimages muss Genüge geleistet werden.

Aufgrund dieser, aus Unternehmenssicht relevanter Anforderungen sind externe Kommunikationsprozesse in der Regel deutlich strikter zu gestalten als interne Prozesse. Die Einhaltung der Anforderung wird über die Kombination mehrerer Verfahren versucht sicherzustellen. So werden für externe Kommunikationsakte sehr häufig Vorlagen verwendet, von einfachen Briefvorlagen bis hin zu komplexen Dokumentvorlagen. Diese Vorlagen unterliegen strengen Designvorgaben, über die auch das Unternehmensimage transportiert wird. Häufig gibt es auch Formulierungsvorgaben, bis hin zu Textbausteinen. In die Prozesse werden Prüfungs- und Genehmigungsschritte eingebaut, die zumindest die Einhaltung eines Vier-Augen-Prinzips sicherstellen sollen. Darüber hinaus kommen Dokumentations- und Archivierungsverfahren zum Einsatz, die die Nachvollziehbarkeit gewährleisten sollen. Diese Aufzählung ließe sich weiter fortsetzen, soll aber für den gegenwärtigen Diskussionsstand ausreichen.

Wenn wir uns also in der Folge damit beschäftigen, wie wir externe Kommunikationsakte in unseren IT-Werkzeugen abbilden können, müssen wir schon bei der Auswahl der Werkzeuge berücksichtigen, dass entsprechende Funktionen vorhanden oder zumindest integrierbar sind.

Auch wenn die interne Kommunikation häufig unter weniger strikten Vorgaben geplant wird, sind auch hier einige Faktoren zu berücksichtigen. Insbesondere die einfache Integration in den Arbeitsprozess spielt hier eine große Rolle. Kommunikation im Unternehmen soll in der Regel zeitnah und schnell erfolgen. Das heißt, der Mitarbeiter sollte sie aus seiner normalen Arbeit heraus durchführen können, ohne dafür spezielle Werkzeuge auswählen zu müssen oder für die verschiedenen Kommunikationsarten zwischen verschiedenen Werkzeugen wechseln zu müssen. Um die Prozesse einfach und die Information konsistent zu halten, sollten möglichst keine Medienwechsel erforderlich sein. Die beste interne Kommunikation findet statt, wenn sie sozusagen en passant passiert.

Wenn ein Vertriebsmitarbeiter z. B. seinen Vorgesetzten darüber informieren will, dass er eine neue Kalkulation für ein Projektangebot gemacht hat, kann er das natürlich machen, indem er die in Excel erstellte Kalkulation per E-Mail an seinen Vorgesetzten schickt.

Dazu muss er aber schon mehrere Schritte ausführen, das Speichern der Kalkulation, das Erstellen der E-Mail, das Anhängen der Datei und das Versenden der E-Mail. Bei jedem dieser Schritte können Fehler auftreten, er kann die falsche Datei anhängen, kann den falschen Empfänger auswählen etc. Wenn er jetzt nicht nur seinen Vorgesetzten, sondern auch andere Beteiligte informieren möchte, sieht das auf den ersten Blick nicht komplizierter aus, da er einfach nur zusätzliche Empfänger in die E-Mail einträgt. Allerdings hat dann jeder Empfänger tatsächlich eine eigne Version der Datei, was bei Änderungen wieder zusätzliche Fehlerquellen ermöglicht und die Synchronisation dieser Änderungen aufwendig macht.

Wenn aber die Datei nun an einem Speicherort abgelegt wird, der so konfiguriert ist, dass alle Beteiligten automatisch verständigt werden und Änderungen nur an dieser Stelle, der einen abgelegten Datei, durchgeführt werden, reduziert sich sowohl der Aufwand als auch die Fehlerträchtigkeit des Verfahrens erheblich. Meines Erachtens ist es daher erstaunlich, dass selbst große Unternehmen häufig noch nach dem ersten Verfahren arbeiten, obwohl wir heute einfache Technologien zur Verfügung haben, die das zweite Verfahren unterstützen.

2.2.3 Horizontale und vertikale Kommunikationsprozesse

Neben der Integrierbarkeit in den Arbeitsprozess ergeben sich für einige interne Kommunikationsprozesse noch spezielle Anforderungen, die sich aus der Struktur eines Unternehmens herleiten. Unternehmen sind auch heute noch in den meisten Fällen hierarchisch strukturierte Organisationen. Viele (wenn auch nicht alle) interne Kommunikationsprozesse folgen dieser Struktur, entweder weil sich die Kommunikationspartner auf derselben Hierarchieebene befinden oder weil genau dies nicht der Fall ist. Im ersten Fall spricht man von horizontaler Kommunikation, da der Kommunikationsprozess im Organigramm des Unternehmens als waagrechte Linie dargestellt werden könnte, im zweiten Fall von vertikaler Kommunikation, da er im Organigramm eine senkrechte Linie bilden würde (vgl. Bild 2.3).

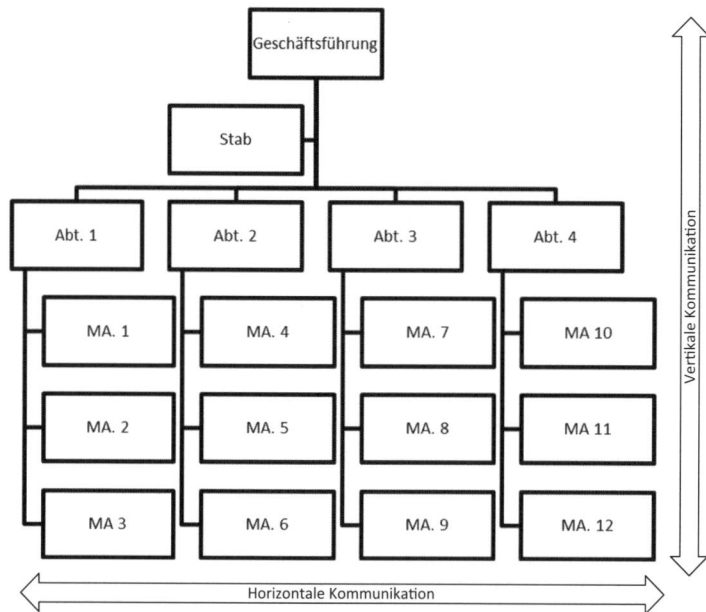

Bild 2.3 Vertikale und horizontale Kommunikation im Unternehmen

Typische horizontale Kommunikationsakte sind z. B. die Abstimmung komplexer Angebote über mehrere Abteilungen, die Weitergabe von Rechnungsinformationen an die Buchhaltung oder Ähnliches.

Beispiele für vertikale Kommunikationsprozesse sind das Finanzreporting für den Jahresabschluss, die Weitergabe von Budgetplanungen der Abteilung an den Geschäftsbereich oder einfach die Eskalation von Entscheidungsprozessen.

Gerade die Reportingprozesse zeigen die besonderen Anforderungen an viele vertikale Kommunikationsprozesse. Viele dieser Prozesse sind nämlich mit Aggregationsverfahren verknüpft, denen der Kommunikationsprozess Rechnung tragen muss. Das heißt die Informationen, die aus einem solchen Kommunikationsakt weitergegeben werden, müssen mit den Informationen aus dem gleichen Kommunikationsakt einer anderen Stelle zusammengefasst werden können oder zumindest vergleichbar sein. Auf der obersten Hierarchieebene des Unternehmens müssen die entsprechenden Informationen zu einem Gesamtüberblick zusammengefasst werden können. Es würde z. B. wenig Sinn machen, wenn die eine Abteilung ihren Finanzbedarf für die nächsten fünf Jahre meldet, ohne ihn weiter aufzuteilen, und eine andere den Finanzbedarf für ein Jahr meldet, wenn das Unternehmen einen Planungshorizont von zwei Jahren ermitteln möchte.

Bei der Gestaltung vertikaler Kommunikationsprozesse müssen wir also Werkzeuge finden, die die einfache Aggregierbarkeit gewährleisten können. Darüber hinaus müssen wir die Prozesse so planen, dass tatsächlich nur vergleichbare Daten geliefert werden können.

Sie mögen jetzt vielleicht einwenden, dass diese Sichtweise der heutigen Unternehmenswirklichkeit nicht mehr ganz gerecht wird, da moderne Unternehmen doch nicht mehr strikt in hierarchischen Strukturen arbeiten. Da gebe ich Ihnen Recht. Schon seit einiger Zeit versuchen Unternehmen bewusst, diese hierarchische Strukturierung aufzulösen und vernetzt zu arbeiten. Ausdruck dieser Tendenz ist der hohe Anteil an projektbasierter Teamarbeit im Unternehmen. Teams überschreiten in der Regel die hierarchischen Grenzen und bestehen aus Mitarbeitern unterschiedlicher Hierarchieebenen und Abteilungen. Das heißt zwar nicht, dass es keine horizontalen und vertikalen Kommunikationsakte im Unternehmen mehr gibt, es heißt aber, dass wir noch weitere Kommunikationsrichtungen zu berücksichtigen haben, die weniger gerichtet sind. Meines Erachtens kann man diese am besten als vernetzte Kommunikation bezeichnen. Aus den Ansätzen des Wissensmanagements kennt man den großen Vorteil der vernetzten Arbeitsweise für eine schnelle und umfassende Kommunikation im Unternehmen: Wissen verbreitet sich schneller, neues Wissen kann schneller aufgebaut werden und die Innovationskraft des Unternehmens wird dadurch gestärkt – in der heutigen Zeit ein nicht zu unterschätzender Erfolgsfaktor.

Damit das aber funktioniert, sind auch hier Kommunikationswerkzeuge zu planen, die diese Art der Kommunikation unterstützen. Dazu wird heute sehr häufig auf die Ansätze zurückgegriffen, die sich im sogenannten Web 2.0 in Form sozialer Netzwerke entwickelt haben. Viele Plattformen bieten auch dafür unternehmensinterne Möglichkeiten. Allerdings stellt auch hier die Unternehmensumgebung Anforderungen, die sich gerade aus der Schnelligkeit und dem Wunsch, mit dem Wissen im Unternehmen bewusst umzugehen, herleiten.

Diese Kommunikation muss ebenso einfach und schnell erfolgen können, wie andere interne Kommunikationsprozesse. Sie muss aber darüber hinaus auch bei wenig Struktur eine gute Wiederauffindbarkeit aufweisen. Wenn Informationen in weniger strukturierten Umgebungen gespeichert werden, wird es schwieriger, die richtigen Informationen schnell zu finden. Wenn das wiederum nicht möglich ist, werden die Informationen nicht genutzt. Häufig ergibt sich dieses Dilemma daraus, dass die Kriterien, die bei der Ablage der Informationen zur Strukturierung angewendet werden, andere sind als die, die bei der Suche eine Rolle spielen. Dies ist ein Effekt, den man aus vielen Wissensmanagementprojekten kennt. Das hat auch damit zu tun, dass die Zeitpunkte zwischen der Speicherung und der Nachfrage teilweise weit auseinanderliegen, wir es also mit einem asynchronen Kommunikationsprozess zu tun haben. Damit wollen wir uns im folgenden Abschnitt beschäftigen.

Am besten arbeiten solche netzwerkorientierten Plattformen, wenn die Information tatsächlich nicht explizit klassifiziert werden muss, sondern sich die Klassifizierung aus der Art der Information selbst ergibt. Dafür benötigen die Plattformen aber Rahmeninformationen in Form sogenannter Ontologien, das heißt eine Vorstrukturierung möglicher Arten von Informationen. Man kann sich das an den sozialen Netzwerken einfach vor Augen halten. Wenn Sie in einem solchen Netzwerk etwas posten, entscheidet das Netzwerk selbständig, für wen das interessant ist und bietet diese Informationen an. Dies passiert z. B. dadurch, dass aus dem Post Ortsinformationen ausgelesen werden, die den Inhalt für Personen am selben Ort interessant machen, oder indem sie auf etwas verweisen, nach dem auch andere häufig nachgefragt haben. Das System benötigt dafür Informationen über die Geografie Ihrer Umgebung, um zu wissen, wer sich in Ihrer Nähe befindet. Das ist ein Teil einer Ontologie.

Wenn wir also nach Möglichkeiten suchen, solche Kommunikationsprozesse im Unternehmen technologisch zu unterstützen, müssen wir Werkzeuge auswählen, die Analyse- und Suchfunktionen mit der Möglichkeit verbinden, Ontologien des Unternehmens zu erstellen, also eine Klassifizierung der Unternehmensumwelt vornehmen können. Dies können im einfachen Falle vordefinierte Dokumentenklassen sein.

2.2.4 Synchrone und asynchrone Kommunikation

Nicht immer findet Kommunikation als ein Prozess statt, in dem die beteiligten Kommunikationspartner zur selben Zeit interagieren. Insbesondere wenn wir uns vertikale Kommunikationsprozesse im Unternehmen anschauen, werden wir häufig den Effekt finden, dass es keine direkte Interaktion zwischen den Kommunikationspartnern gibt. Dabei handelt es sich häufig um informierende Kommunikationsprozesse, deren Zweck darin besteht, dem Empfänger die Möglichkeit zu geben, auf vorhandenes Wissen zuzugreifen, ohne aber eine direkte Reaktion von ihm zu erwarten. Es ist z. B. nicht schwierig, sich darunter Dokumentationsprozesse vorzustellen. Sehr häufig spielen diese Prozesse daher auch im Umfeld des Wissensmanagements eines Unternehmens eine Rolle.

Ein gutes, wenn auch vielleicht extremes Beispiel für einen solchen asynchronen Prozess sind die an amerikanischen Schulen sehr beliebten Zeitkapseln. Dabei werden Briefe von Schülern und andere Dinge in Edelstahlbehälter gepackt und diese dann z. B. eingegraben oder in Fundamente von Schulneubauten in Beton eingegossen. Ziel ist es, zukünftigen Generationen Informationen und Erkenntnisse über die heutige Zeit zu liefern, z. B. wenn das Schulgebäude in hundert Jahren abgerissen wird und dabei die Zeitkapsel zum Vorschein kommt. Es ist natürlich nicht ganz richtig, dass wir dann keine Reaktion vom Empfänger erwarten. Die Schüler stellen sich sicherlich schon vor, wie die Menschen auf ihre Briefe reagieren, wenn sie diese finden. Die Reaktion selbst hat aber keine Auswirkungen auf uns selbst, da sie zu einer Zeit stattfinden wird, in der wir nicht mehr existieren.

Im Unternehmen sind für diese Prozesse zwei Hauptanforderungen von Bedeutung. Zum ersten natürlich die reine Speicherbarkeit und Dauerhaftigkeit der Information bzw. der Äußerung selbst (die natürlich nicht immer nur sprachlich sein muss). Zum anderen aber auch die Sicherstellung der Interpretierbarkeit. Das heißt, die Daten müssen so gespeichert werden, dass später daraus noch die richtigen Informationen gelesen werden können.

Gerade dieser letzte Aspekt ist aus Sicht der Kommunikationsplanung von großer Bedeutung. In Ermangelung der direkten Interaktion können wir Missverständnisse nicht in der Kommunikation behandeln, sondern müssen diese vorausplanen. Auch hat der Empfänger bei einem größeren Zeitversatz häufig keine Möglichkeit nachzufragen, sondern kann die Informationen nur aus seinem eigenen Kontext heraus interpretieren. Da in der Kommunikation allgemein der Satz gilt, dass der Sender dafür verantwortlich ist, die Äußerung so zu gestalten, dass sie vom Empfänger richtig verstanden wird, müssen wir versuchen, den Kontext möglichst genau vorauszuplanen bzw. möglichst viel Kontext mitzuliefern, um das richtige Verständnis sicherzustellen.

In der Praxis heißt das, dass asynchrone Kommunikationsprozesse expliziter gestaltet werden müssen. Besonders in den Fällen, in denen asynchrone Kommunikation mit der Aggregation von Informationen zusammenfällt, also z. B. im klassischen Unternehmensreporting, empfinden wir diese beiden häufig als widerstreitende Anforderungen. Damit Informationen zusammengefasst werden können, müssen wir abstrahieren. Mit der Abstraktion geht aber gleichzeitig der Kontext verloren. Wir haben dann häufig das Gefühl, nicht genügend Informationen liefern zu können und empfinden unsere Aussage dann nicht richtig beurteilt. Diesen Effekt sollten wir bei der Gestaltung asynchroner Kommunikation im Blick behalten.

■ 2.3 Anforderungen an (Unternehmens-) Kommunikation

Wenden wir unsere einleitend erläuterte Sichtweise also auf die Kommunikation im Unternehmen an und versuchen dabei zu ermitteln, welche weiteren Einflussfaktoren deren Erfolg bestimmen.

2.3.1 Verständlichkeit

Auch wenn es sich nach einer Banalität anhört, in der Betrachtung von Kommunikation von Verständlichkeit zu reden, lohnt es sich doch, einen genaueren Blick darauf zu werfen, wie wir sicherstellen können, dass wir richtig verstanden werden. Zunächst einmal müssen wir die verschiedenen Aspekte des Begriffs klarstellen. Verständlichkeit kann sich nämlich auf mehrere Seiten der Kommunikation beziehen.

Einmal ist damit die physische Ebene angesprochen, also die Tatsache, dass unsere Kommunikation überhaupt wahrgenommen wird. Wenn wir sprechen, muss unser Gegenüber uns hören können. Geht unsere Äußerung im Umgebungslärm unter oder kann nicht klar davon unterschieden werden, werden wir nicht verstanden. In der Kommunikationsplanung spielt dieser Aspekt insbesondere in der Auswahl des Kommunikationsmediums eine Rolle. Die richtige Auswahl des Mediums stellt sicher, dass unsere Nachricht auch ankommt. Akustische Medien, soweit sie nicht elektronisch vermittelt werden, haben nur eine begrenzte Reichweite. Daher wurden auf See die Flaggensignale eingeführt, also ein visuelles Medium, das über größere Entfernungen wahrgenommen werden kann.

Für die Kommunikationsplanung ergibt sich die Auswahl des Mediums aber auch aus den später zu betrachtenden nicht-funktionalen Anforderungen wie Zuverlässigkeit, Verfügbarkeit und Sicherheit.

Die zweite Ebene, auf die sich die Verständlichkeit beziehen kann, ist die inhaltliche Ebene, also die Möglichkeit des Empfängers, den Inhalt der Nachricht zu erfassen. In der Kommunikationsanalyse kennen wir dafür den Begriff der Decodierung. Hier spielt z. B. die ausgewählte Sprache eine große Rolle. Gerade in internationalen Unternehmen werden kommunikative Kernprozesse häufig in einer für das Unternehmen festgelegten Standardsprache wie Englisch durchgeführt. Damit das funktioniert, müssen natürlich alle Kommunikationspartner über ausreichende Sprachkenntnisse verfügen. Das Risiko von Missverständnissen ist aber auch dann vorhanden, wenn dieselben Prozesse in verschiedenen Sprachen durchgeführt werden, zumindest wenn die Ergebnisse wieder aggregiert werden müssen. Es verschiebt sich nur auf die Ebene der Aggregation, da hier sichergestellt werden muss, dass die Ergebnisse vergleichbar sind.

Darüber hinaus spielen aber auch andere Aspekte für das inhaltliche Verständnis eine Rolle, nämlich das Umgebungswissen, wie z. B. das Wissen über die Verwendung spezifischer Ausdrücke im Unternehmen oder die Kenntnisse der Strukturen, in denen die Kommunikation stattfindet. In der Kommunikationsplanung können wir uns die im Abschnitt 2.2.3 angesprochenen Ontologien zunutze machen. Durch Festlegung von Begriffen und anderen Elementen in einer Ontologie und durch den Verweis auf diese Ontologie in der Kommunikation können wird die einheitliche Verwendung und ein einheitliches Verständnis sicherstellen. Wenn wir z. B. eine vordefinierte Liste von Unternehmensbereichen als Auswahlfeld in einem Formular verwenden, ist sichergestellt, dass dieselben Unternehmensbereiche auch über dieselben Namen angesprochen werden. Damit bilden wir einen Teil des Umgebungswissens ab, den sonst der Benutzer selbst einbringen müsste. Im letzten Fall besteht dabei immer die Gefahr, dass gleiche Dinge unterschiedlich bezeichnet werden oder unterschiedliche Dinge mit ähnlichen Begriffen belegt werden, was zu Missverständnissen führen kann.

Diese Ebene der Verständlichkeit hat direkte Auswirkungen auf die Planung unserer Kommunikationsprozesse, da natürlich sichergestellt werden muss, dass die Inhalte auch richtig verstanden werden. In der Regel versuchen wir das über die Formalisierung der Prozesse zu erreichen. Formalisierte Sprachen wie z. B. die Mathematik gelten als eindeutiger als weniger formalisierte Kommunikationsmethoden. Der Begriff „formalisiert" deutet schon an, dass wir dazu in der Kommunikation mehr oder weniger strikt vorgegebene Formulare verwenden. Ein Formular zeichnet sich dadurch aus, dass die einzelnen inhaltlichen Bestandteile klar definiert sind und nur in einer vordefinierten Form (in einem Formularfeld) angegeben werden können.

In weniger formalisierten Prozessen können wir das Verständnis absichern, indem wir einen offenen Feedbackkanal haben, das heißt einen Weg, über den wir nachfragen und

Einzelaspekte abklären können. Wir können dazu z. B. auch freie Kommentarfelder in Formularen nutzen.

Die dritte Ebene, auf die sich der Begriff Verständlichkeit bezieht, ist die Handlungsebene. Damit ist gemeint, dass der Kommunikationspartner versteht, welche Reaktion von ihm erwartet wird bzw. was er mit der übermittelten Information machen soll. Dieser Aspekt hat für die Unternehmenskommunikation mindesten ebenso viel Bedeutung wie der inhaltliche. Kommunikationsprozesse dienen in der Regel dazu, Aktionen im Unternehmen auszulösen. In stark standardisierten Prozessen stellt das auf den ersten Blick kein Problem dar, da die Aktion direkt mit dem Kommunikationsergebnis gekoppelt werden kann. Wenn also z. B. die Freigabe eines Dokumentes angefordert wird, kann der Prozess so angelegt werden, dass die Nachricht selbst schon einen Verweis auf die Aktion, z. B. in Form eines Links oder einer Schaltfläche, enthält. Trotzdem gibt es auch hier immer wieder Missverständnisse in der Kommunikation. Das ist z. B. der Fall, wenn der Empfänger aus der Nachricht nicht entnehmen kann, dass er das Dokument vorher zu prüfen hat und dieser Prozess neu für ihn ist, er es daher aus seinem Wissen auch nicht erschließen kann.

Gerade für das Handlungsverständnis der Kommunikation spielen wiederum kulturelle Aspekte eine Rolle. Aspekte wie Höflichkeit, Hierarchiedenken, Verantwortungsgefühl etc. sind in verschiedenen Kulturen häufig mit unterschiedlichen Mitteln und in unterschiedlicher Ausprägung kommunikativ umgesetzt. Das betrifft nicht nur die Kulturen verschiedener Länder, sondern kann auch schon zwischen Unternehmen und sogar innerhalb eines Unternehmens zwischen Abteilungen auftreten. Im Extremfall kann das dazu führen, dass erforderliche Kommunikationsprozesse des Reportings nicht durchgeführt werden, weil sie nicht als Weitergabe von Informationen verstanden werden, sondern als Schuldbekenntnis für Fehler interpretiert werden. In international arbeitenden Unternehmen finden sich dafür immer wieder Beispiele.

Der Handlungsaspekt spielt im kommunikativen Verständnis aber auch zwischen Individuen eine große Rolle. Dem Leser ist womöglich das Vier-Ohren-Modell von Friedemann Schulz von Thun ein Begriff[1]. Schulz von Thuns Ansatz, und mit ihm viele andere psychologische Ansätze, machen deutlich, dass eine Äußerung immer unter verschiedenen Handlungsaspekten verstanden werden kann und es von der Situation, den beteiligten Personen, der Form der Äußerung und verschiedenen anderen Aspekten abhängt, welcher der Aspekte in den Vordergrund tritt. Bei Schulz von Thun sind das der inhaltliche und der Beziehungsaspekt, der Appell und die Kundgabe. Eine Äußerung wie „Mir ist kalt" kann demnach vier verschiedene Reaktionen hervorrufen, je nachdem welcher Aspekt beim Hörer wirksam wird (Schulz von Thun spricht dabei von den vier Ohren des Hörers): „Ja, ich glaube, es sind nur 15 Grad Celsius hier" (Inhalt), „Sie Ärmster, das tut mir Leid" (Kundgabe), „Okay, ich mache das Fenster zu" (Appell), „Mach dein Fenster doch selber zu, ich bin nicht dein Diener" (Beziehung).

Spielen diese Aspekte in unseren Kommunikationsprozessen auch eine Rolle? Ich meine ja, da auch prozessgebundene Kommunikation immer noch Kommunikation ist und daher auch entsprechend von uns interpretiert wird. Das heißt ein Prozess, der uns z. B. auffordert, Fehler zu berichten, kann leicht auf dem Beziehungsaspekt missverstanden und dann

---

[1] (Friedemann Schulz von Thun: Miteinander Reden 1: Störungen und Klärungen. Allgemeine Psychologie der Kommunikation, Reinbek bei Hamburg 1981)

so ausgeführt werden, dass er nicht das gewünschte Ergebnis bringt, also ein ehrliches Reporting. Nicht alle Faktoren, die darauf Einfluss haben, lassen sich aber im Unternehmen steuern. Zumindest aber formale Faktoren, wie die Art der Aufforderung, und gewisse kulturelle Faktoren, wie z. B. der Umgang mit offenen Äußerungen, lassen sich aber gestalten. Auch das grundlegende Handlungsverständnis können wir dadurch absichern, dass im Prozess deutlich wird, was als Handlung erwartet wird bzw. welche Reaktionen erfolgen werden. Das hat auch viel mit unserem nächsten Aspekt, der Nachvollziehbarkeit der Prozesse, zu tun.

2.3.2 Integrität/Nachvollziehbarkeit

Die Nachvollziehbarkeit bzw. Integrität eines Kommunikationsprozesses bezieht sich ebenfalls auf zwei Aspekte. Einerseits ist es, wie im vorigen Abschnitt angesprochen, für den auslösenden Kommunikationspartner wichtig zu wissen, welche Auswirkungen seine Kommunikation hat. Er muss also den Prozess verstehen und wissen, warum und mit welchem Ziel er kommuniziert. Wenn ich jemanden informieren soll, muss ich wissen, warum derjenige die Information benötigt und was er mit der Information anfangen wird. Nur dann kann ich entscheiden, wie ich sie am besten übermittle und ob ich dafür den richtigen Weg ausgewählt habe.

Auf der Empfängerseite ist aber auch der Aspekt der Nachvollziehbarkeit von Bedeutung. Damit der Empfänger die Äußerung richtig einschätzen kann, muss er wissen, woher sie kommt. In Unternehmen muss darüber hinaus auch noch sichergestellt sein, dass sie tatsächlich von der angegebenen Stelle kommt. In der IT kennen wir die Gefahr des Spoofing, das heißt des Vortäuschens eines falschen Absenders. Da Kommunikationsprozesse im Unternehmen, wie schon gesagt, Aktionen auslösen, muss sichergestellt sein, dass diese Aktion berechtigterweise ausgelöst wird.

Technisch setzen wir das in der Regel so um, dass wir einerseits auf eine sichere und nachvollziehbare Authentifizierung des Absenders setzen und andererseits auf Basis der Authentifizierung eine Autorisierung aufbauen, die sicherstellt, dass nur berechtigte Absender bestimmte Prozesse nutzen können. Wir benötigen also Sicherheitsmechanismen in unseren Kommunikationswerkzeugen, die beides durchführen können, die Authentifizierung und die Autorisierung. Dies wird umso wichtiger, je größer das Unternehmen ist, da sich dann die Kommunikationspartner nicht mehr von Person zu Person kennen.

In formalisierten Prozessen können wir das voraussichtlich besser umsetzen als in weniger formalen Kommunikationsarten. Eine einfache E-Mail mit einem angehängten Dokument kann von einem beliebigen Absender an mich gesendet werden. Ich kann in der Regel nur anhand der Absenderadresse ermitteln, ob er zu meinem Unternehmen gehört. Eventuell kann ich dann noch feststellen, in welcher Abteilung und in welcher Position er sitzt. Wenn der Einstieg in den Prozess aber schon eine Authentifizierung und Autorisierung erfordert, z. B. weil das Empfangspostfach so eingeschränkt ist, dass nur bestimmte Absender dahin versenden dürfen, besteht eine größere Sicherheit, dass die E-Mail berechtigterweise an mich gesendet wurde.

2.3.3 Zuverlässigkeit

Während wir bisher eher mit funktionalen Anforderungen an unsere Kommunikation zu tun hatten, sind die nächsten drei eher als nicht-funktionale Anforderungen einzustufen. Zuverlässigkeit ist eine davon. In der IT kennen wir diese auch unter den Begriffen der Verfügbarkeit oder Ausfallsicherheit einer Anwendung.

Von einem Kommunikationsprozess erwarten wir, dass er bis zum Ende durchgeführt wird, wenn wir ihn anstoßen. Wenn ich also die Quartalszahlen meiner Abteilung berichte, erwarte ich, dass diese auch in den entsprechenden Auswertungen ankommen. Häufig sind entsprechende Prozesse auch zeitkritisch, das heißt die Informationen müssen nicht nur ankommen, sondern dies auch zum richtigen Zeitpunkt. Nicht zu vergessen, dass sie auch an der richtigen Stelle ankommen müssen.

All diese Punkte fassen wir unter der Zuverlässigkeit der Kommunikationsprozesse zusammen. Die rein technischen Aspekte werden in der Regel durch die Infrastrukturplanung vorgegeben. Dass wir also eine ausfallsichere Gestaltung unserer Serverinfrastruktur, meistens in Form von Redundanz, auf verschiedenen Ebenen haben, ist kein Aspekt, den wir bei der Betrachtung unserer Kommunikationsprozesse explizit berücksichtigen werden. Wir sollten aber wissen, welchen Grad an Zuverlässigkeit wir haben, um in der Planung zu berücksichtigen, wie wir mit Ausfällen in unserer Kommunikation umgehen. Ob wir z. B. alternative Kommunikationswege bei zeitkritischen Kommunikationen vorsehen oder ob wir bewusst Feedbackkanäle einplanen, wenn erwartete Kommunikationsprozesse nicht zur rechten Zeit durchgeführt werden. Feedback heißt im einfachen Fall nachzufragen, wo denn die Zahlen bleiben.

2.3.4 Verfügbarkeit

Verfügbarkeit kann einerseits, wie im vorigen Abschnitt geschildert, auf die zeitliche Verfügbarkeit einer Anwendung bezogen werden. Andererseits heißt Verfügbarkeit aber auch: Können die Kommunikationspartner den Prozess, da wo sie sind, nutzen, das heißt steht er unter den erforderlichen Bedingungen zur Verfügung? Gerade in den Zeiten des mobilen Arbeitens mit Geräten wie Smartphones und Tablet-Computern gewinnt dieser Aspekt zunehmend an Bedeutung.

Während es heute üblich ist, über sein Smartphone auch per E-Mail zu kommunizieren, sieht das bei formalisierten Prozessen anders aus. Diese setzen häufig auf spezielle Anwendungen auf, für die ursprünglich nur die Eingabe per Computer vorgesehen war. Bei den großen Anbietern finden wir zwar in der Regel schon Apps für die Serveranwendungen. Da aber die Betriebssysteme bei den Smartphones anders verteilt sind, steckt dahinter ein nicht unerheblicher Entwicklungsaufwand. Außerdem ist zu bedenken, dass wir ja auch die Nachvollziehbarkeit der Kommunikation sicherstellen müssen. Je mobiler die Geräte sind, desto schwieriger gestaltet sich das. Die Authentifizierung wird in der Regel über das Gerät vorgenommen. Wenn dieses dann in die Hände eines unternehmensfremden Benutzers kommt, kann dieser theoretisch die Aktionen so ausführen, als sei er der ursprüngliche Besitzer des Gerätes.

Ein weiterer Aspekt spielt hier eine Rolle. Mobilität hat zur Folge, dass wir nicht immer mit dem Unternehmen verbunden sind, z. B. wenn kein Mobilfunknetz verfügbar ist. Die Frage ist dann, bis zu welchem Grad einzelne Kommunikationsprozesse auch in einem solchen Fall arbeiten müssen. Müssen bestimmte Informationen als Ergebnisse von Kommunikationsprozessen auch ohne Verbindung zum Unternehmensnetz abfragbar sein? Oder müssen Kommunikationsakte auch offline ausgelöst werden können, auch wenn sie erst später verarbeitet werden? An diesen Fragestellungen sieht man schon, dass dieser Aspekt viel mit der asynchronen Gestaltung von Prozessen zu tun hat. Wobei die Asynchronizität auf beiden Seiten des Kommunikationsaktes auftreten kann.

2.3.5 Sicherheit und Vertraulichkeit

Vertrauliche Informationen liegen in Unternehmen an vielen Stellen vor, von den Gehaltsinformationen der Mitarbeiter über die Inhalte von Mitarbeitergesprächen bis hin zu technischen und strategischen Informationen der Produktentwicklung und den Inhalten von Kundenverträgen. Auch diese Informationen entstehen durch Kommunikation und werden in Kommunikationsprozessen weitergegeben und weiterverarbeitet. Vertraulichkeit heißt dabei, dass diese Informationen vor dem unberechtigten Zugriff und vor der unberechtigten Weitergabe geschützt werden müssen. Diesen Schutz stellen wir in der Regel über Sicherheitsmechanismen auf den verschiedenen Ebenen her.

Auf der organisatorischen Ebene kennen wir hier vertragliche oder ähnliche Vereinbarungen, die die Weitergabe von Informationen sanktionieren, wie z. B. Non-Disclosure-Agreements (NDA) oder Letter Of Intent (LOI).

Technisch kennen wir eine ganze Reihe von Mechanismen, die wir nutzen können. Das fängt bei den schon erwähnten Authentifizierungsmechanismen an und geht über Verschlüsselungsmechanismen bis hin zu Datenverkehrsüberprüfungen auf Firewalls und Proxyservern. Neben der Fragestellung, welche Mechanismen dabei von unserer Infrastruktur unterstützt werden und welche technischen Voraussetzungen wir dafür benötigen, werden wir bei der Planung unserer Kommunikationsprozesse insbesondere der Frage nachgehen, inwieweit wir entsprechende Sicherheitsmechanismen regelbasiert abbilden können, z. B. auf Basis der Identität der Kommunikationspartner oder des Inhalts der Kommunikation.

Gerade bei dem Aspekt der Sicherheit zeigt die Erfahrung aber immer wieder, dass alle technischen Möglichkeiten nie eine vollständige Sicherheit garantieren können, sondern dass dazu immer auch ein fundiertes Verständnis der Kommunikationspartner gehört. Es macht z. B. wenig Sinn, wenn wir die telefonische Kommunikation unserer Vertriebsmitarbeiter mit starken Verschlüsselungsmechanismen verschlüsseln, diese dann aber ihre Kundenverhandlungen per Telefon im Großraumwagen eines ICE führen. Möglichst noch auf der Rückfahrt von einer Fachtagung, auf der auch die Mitarbeiter des Wettbewerbs teilgenommen haben und eventuell im gleichen Wagen zurückfahren.

2.3.6 Flexibilität

Wir haben im Abschnitt 2.2.1 gesehen, dass Prozesse grundsätzlich die Eigenschaften haben, immer wieder in gleicher Weise wiederholt werden zu können und dabei das gleiche Ergebnis liefern. Daher scheint es auf den ersten Blick widersprüchlich, von einem Prozess

Flexibilität zu verlangen. Diese widerspricht ja der gleichartigen Wiederholung, da damit gefordert wird, den Prozess in verschiedenen Situationen unterschiedlich durchzuführen. Trotzdem macht es Sinn, sich im Rahmen der Planung von Kommunikationsprozessen dieser Anforderung zu stellen. In der zwischenmenschlichen Kommunikation sind wir es nämlich durchaus gewohnt, unsere Kommunikation flexibel auf verschiedene Situationen anzupassen. Wenn wir z. B. einen Freund darum bitten, uns bei dem Aufbau eines Gartenhäuschens zu helfen, werden wir ihm vielleicht eine E-Mail schicken, um zu fragen, ob er am nächsten Wochenende Zeit hat. Wenn wir dieselbe Bitte anbringen wollen, die Hilfe aber sofort benötigen, weil wir z. B. schon angefangen haben, das Gartenhäuschen aufzubauen und jetzt merken, dass wir eine helfende Hand benötigen, werden wir ihn wohl eher anrufen, um zu fragen, ob er Zeit hat.

Um also dieselbe Art von Kommunikation durchzuführen (in diesem Fall „um Hilfe bitten") wählen wir je nach Situation unterschiedliche Wege. In der Unternehmenskommunikation könnte man vielleicht überlegen, dass wir es dann ja mit unterschiedlichen Kommunikationsprozessen zu tun haben, einmal einen Prozess für die zeitunkritischen Anfragen und einen Prozess für die zeitkritische Anfrage. Da wir ähnliche Effekte aber in sehr vielen Kommunikationsprozessen haben, kann das sehr leicht zu einer unübersichtlichen Prozesslandschaft führen, in der sich unsere Anwender dann nicht mehr zurechtfinden.

Es macht daher meines Erachtens mehr Sinn, für eine Art von Kommunikation, definiert durch das zu erreichende Ergebnis, auch einen Prozess vorzusehen, diesen dann aber so zu gestalten, dass er für unterschiedliche Rahmenbedingungen auch unterschiedliche Ausführungsoptionen erlaubt. Beispielsweise können wir für zeitkritische Berichte ein Attribut in der Eingabe vorsehen (etwa in Form einer Checkbox), mit dem wir dem Empfänger zeigen, dass wir eine schnelle Reaktion fordern. Am anderen Ende des Prozesses kann dieses Attribut wiederum für eine schnelle Benachrichtigung sorgen.

Wir alle kennen entsprechende Verfahren schon aus der E-Mail-Kommunikation. Im SMTP-Protokoll ist ein Flag (Nachrichtenattribut) vorgesehen, das eine Nachricht als dringend markiert bzw. mit hoher Priorität versieht. Diese Markierung wird dem Empfänger in seinem E-Mail-Programm in der Regel auch angezeigt und er kann entsprechend reagieren. Da damit eine schnelle Reaktion angefordert wird, macht es im Übrigen wenig Sinn, die Markierung in seinem E-Mail-Programm als Standard zu setzen. Wenn jede Nachricht markiert wird, ist schließlich keine mehr dringend, da es keinen Unterschied zum Normalfall mehr gibt. Damit wird auch deutlich, dass solch einfache Markierungen immer auch einer unterstützenden Vereinbarung bedürfen. Es muss den Kommunikationspartnern klar sein, was es heißt, wenn eine entsprechende Option gesetzt wird: „Was teile ich dem Empfänger damit mit?" und „Was wird von mir als Empfänger damit erwartet?".

Auf Basis dieses allgemeinen Überblicks über die funktionalen und nicht-funktionalen Anforderungen unserer Kommunikationsprozesse erkennen wir recht schnell, dass wir diese nicht mit einem einfachen Werkzeug erfüllen werden können, sondern dass dafür eine ganze Reihe von Werkzeugen nötig sind. Microsoft ist einer der Anbieter, die uns dabei auf jeder Ebene unterstützen können. Werfen wir daher im Folgenden einen Blick auf die Plattformkomponenten von Microsoft, mit denen wir die Anforderungen umsetzen werden.

3 Kommunikationsunterstützende Plattformen von Microsoft

Möchten wir die im vorigen Kapitel beschriebenen funktionalen und nicht-funktionalen Anforderungen der zu planenden Kommunikationsprozesse mithilfe einer IT-Infrastruktur umsetzen, benötigen wir dafür eine ganze Reihe von Diensten und Anwendungen. Microsoft hat im Laufe der Jahre seine Infrastrukturkomponenten soweit entwickelt, dass sie beinahe alle Anforderungen nativ erfüllen können. Natürlich bieten auch andere Anbieter entsprechende Komponenten. Zu nennen sind hier insbesondere IBM mit seiner Tochter Lotus und den Produkten Notes/Domino oder auch Oracle mit seiner Communications Suite. Nach meiner Erfahrung erreichen sie aber nicht den Integrationsgrad, der die Microsoft-Anwendungen auszeichnet. Dabei macht sich die inzwischen sehr starke Basis von Microsoft bei den Server- und Client-Betriebssystemen ebenso bezahlt wie die weite Verbreitung von Microsoft Office als einheitliche Büroanwendung in Unternehmen.

Im Folgenden möchte ich einen Überblick über die benötigten Dienste und Produkte geben und dabei deutlich machen, welche Anforderungsklasse wir mit welchem der Produkte abdecken können. Wir beschränken uns dabei in zweierlei Hinsicht. Einerseits betrachten wir nur Produkte, die wir unter dem Begriff Plattform beschreiben können, das heißt wir lassen Spezialanwendungen wie Team Foundation Server, Navision und Dynamics oder auch Project Server außer Betracht und beschränken uns auf frei konfigurierbare Plattformen, die uns den größtmöglichen Grad an Flexibilität erlauben. Das heißt nicht, dass es nicht sinnvoll sein kann, die oben genannten Spezialanwendungen einzusetzen, um damit bestimmte Anforderungen abzudecken. Diese Produkte sind aber immer schon für konkrete Einsatzbereiche wie zum Beispiel Softwareentwicklung (Team Foundation Server), Buchhaltung und Finanzen (Navision) und Projekt- und Portfoliomanagement (Project Server) entwickelt und spielen ihre Vorteile auch nur in diesen Einsatzbereichen aus. Uns geht es hier um Kommunikation im Unternehmen aus einer allgemeinen Perspektive. Daher werden wir diese Spezialfälle nicht betrachten.

Die zweite Einschränkung, die wir vornehmen, besteht darin, dass wir keine proprietären Anwendungen auf den noch zu beschreibenden Plattformen einsetzen werden, weder von uns noch von Drittanbietern. Wir beschränken uns rein auf die Standardfunktionen und -Konfigurationen, die die Plattformen ab Werk zur Verfügung stellen. Alle in Kapitel 2 beschriebenen Anforderungen lassen sich durch bewusste Integration der Plattformen abdecken. Wir werden nichts wirklich programmieren, einzig an einigen Stellen werden wir einfache Codeanpassungen vornehmen und VBA-Skripte verwenden müssen. Die technisch weitreichendsten Eingriffe werden SharePoint Designer-Workflows sein, die wir aber rein über die grafische Oberfläche des SharePoint-Designers erstellen werden. Wo detaillierte Programmierung sinnvoll sein könnte, werden wir in der Umsetzung aber darauf hinweisen.

■ 3.1 Active Directory

Basis einer jeden Microsoft-Infrastruktur ist ein gut designtes und gepflegtes Active Directory. Active Directory ist der von Microsoft mit Windows 2000 eingeführte Verzeichnisdienst zur Verwaltung der IT-Infrastruktur eines Unternehmens. Seine Hauptaufgaben bestehen in der Authentifizierung der Benutzer, der Verwaltung von Geräten und Benutzern, der zentralen Speicherung von Konfigurationsdaten und der Steuerung der Rechte innerhalb der Infrastruktur. Er basiert auf drei Industriestandards, dem Domain Naming System (DNS), dem Lightwight Directory Access Protocol (LDAP) und dem Authentifizierungsverfahren Kerberos Version 5.

Die Daten des Active Directory werden in einer verteilten, relationalen Datenbank gespeichert. Die Inhalte der Datenbank werden auf die zentralen Verwaltungsserver, die sogenannten Domänencontroller repliziert. Verschiedene Inhalte werden in unterschiedlichen Datenbankbereichen, sogenannten Partitionen gespeichert. Jede Partition hat ihren eigenen Replikationsbereich. Die wichtigsten Partitionen sind die Schemapartition, die Konfigurationspartition und die Domänenpartition(en). Darüber hinaus werden weitere Anwendungspartitionen, wie zum Beispiel für die DNS-Daten, eingesetzt.

Die Schemapartition enthält das Datenbankschema. Darüber ist definiert, welche Objekte mit welchen Eigenschaften in der Datenbank angelegt werden können. Anwendungen, die eigene Objekte oder Attribute in der Datenbank benötigen, müssen daher das Schema anpassen. Bekanntestes Beispiel ist hier Microsoft Exchange. Da Exchange Informationen an Benutzerobjekten speichert, wie zum Beispiel Informationen zum Postfach, müssen entsprechende Attribute im Datenbankschema angelegt und mit Benutzerobjekten verbunden werden.

In der Konfigurationspartition liegen Informationen zur Konfiguration des Verzeichnisdienstes, zum Beispiel welche Dienste eingerichtet sind und auf welchen Servern bereitgestellt werden. Hier speichert Exchange Informationen über seine Serverstruktur. Andere zentrale Serverdienste werden in der Konfigurationspartition über Zugriffspunkte (Service Connection Point, SCPs) abgebildet. Weitere Informationen, die in der Konfigurationspartition gespeichert werden, sind zum Beispiel die Domänenstruktur des Active Directory und die Vertrauensstellungen.

In der Domänenpartition schließlich liegen die Informationen über alle Objekte in der Domäne. Hier finden wir insbesondere alle Konten, Benutzer, Computer und Gruppen, die sich in der Domäne authentifizieren können und denen Rechte vergeben werden können. Diese Art von Objekte heißen Sicherheitsprinzipale. Da das Active Directory (AD) nicht nur aus einer, sondern aus einer hierarchisch gestaffelten Struktur von Domänen bestehen kann, kann das AD auch mehrere Domänenpartitionen enthalten. Für die Strukturierung verwendet das AD das System des DNS, also eine hierarchische Benennung, in der ganz rechts die oberste Ebene der Hierarchie benannt wird und ganz links der aktuelle Endknoten der Hierarchie, also nach dem Muster *Server1.Unterdomäne1.Unternehmensdomäne.TopLevelDomäne* (zum Beispiel *SP01.Finance.Hauenherm.com*). Domänen stellen Sicherheitsgrenzen im AD dar. Konten liegen immer innerhalb einer Domäne und haben Rechte innerhalb dieser Domäne. Die Summe aller Domänen nennt Microsoft die Gesamtstruktur des Active Directory. Alle Domänen innerhalb der Gesamtstruktur verwenden dasselbe Datenbankschema und sind über Vertrauensstellungen verbunden, so dass Benutzer einer Domäne auch Rechte in einer anderen Domäne bekommen können und sichergestellt ist, dass alle Eigenschaften eines Objektes auch in allen anderen Domänen gelesen werden können.

Für die Binnenstrukturierung werden innerhalb der Domänen sogenannte Organisationseinheiten (Organizational Units, OUs) angelegt. Diese dienen dazu, Objekte nach bestimmten Kriterien zusammenzufassen, zum Beispiel alle Benutzer der Finanzabteilung oder alle Computer mit einem Standarddesktop. OUs haben keine Auswirkungen auf die Rechte der Benutzer und sind auch selbst keine Sicherheitsprinzipale. Sie können aber als Bereich für die Anwendung von Konfigurationseinstellungen über Gruppenrichtlinien verwendet werden. Gruppenrichtlinien dienen dazu, Konfigurationseinstellungen zentral zu steuern und auf mehrere Objekte anzuwenden. Gruppenrichtlinienobjekte können mit Domänen, Standorten und eben OUs verbunden werden, so dass die Einstellungen für alle Objekte innerhalb des verbundenen Bereichs angewendet werden. In einigen Fällen werden wir Gruppenrichtlinien nutzen, um Benutzern einheitliche Einstellungen zukommen zu lassen. Gruppenrichtlinien ermöglichen auch die zentrale Verteilung von Zertifikaten oder Richtlinien digitaler Rechte.

Objekte innerhalb einer Domäne werden im Active Directory standardmäßig über ihre LDAP-Namen angesprochen nach dem Muster *cn=Server1,ou=Organisationseinheit1,dc=Unterdomäne1,dc=Unternehmensdomäne,dc=TopLevelDomäne*, also zum Beispiel *cn=SPS01,ou=finance,dc=finance,dc=hauenherm,dc=com*. Wie DNS-Namen lesen sich auch diese Namen von rechts nach links, das heißt am Anfang des Namens (also links) steht das Objekt, das angesprochen wird (hier der Server SPS01) und der Rest des Namens spiegelt die hierarchische Einordnung im Verzeichnisbaum wider, wobei der oberste Domänenteil ganz rechts steht (vgl. Bild 3.1):

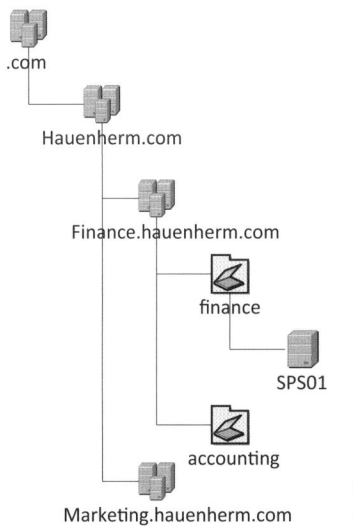

.com
Hauenherm.com
Finance.hauenherm.com
finance
SPS01
accounting
Marketing.hauenherm.com

Bild 3.1
Active Directory-Struktur

Neben dieser logischen Strukturierung ermöglicht das AD auch noch eine davon unabhängige Strukturierung der Objekte nach Standorten. Diese werden durch die zugehörigen IP-Netze definiert und werden unter anderem dazu genutzt, Kommunikationswege und Replikationsverbindungen zu berechnen.

Da das Active Directory für alle Objekte Zugriffsteuerungslisten (Access Control Lists, ACLs) pflegt und innerhalb der hierarchischen Struktur sowohl die Vererbung von Berechtigungen erlaubt, als auch die Vergabe dedizierter Berechtigungen auf den einzelnen Ebenen, stehen viele Möglichkeiten zur Administration des Active Directorys zur Verfügung. Man kann stark zentralisiert arbeiten und die administrativen Aufgaben in einem kleinen Personenkreis der IT-Administratoren zusammenfassen oder ein dezentrales Verwaltungsmodell einrichten, bei dem ein Teil der administrativen Aufgaben an die Benutzer delegiert wird. Im letzten Fall reichen die delegierbaren Aufgaben von der Pflege der eigenen Konteninformationen, die im AD gespeichert werden, wie zum Beispiel Abteilungszugehörigkeit, Telefonnummern und Standortinformationen, über die Benutzerverwaltung in der eigenen Abteilung, wie dem Anlegen neuer Benutzerkonten, bis hin zur Verwaltung eigener Benutzergruppen und Empfängerlisten.

Gerade die Möglichkeiten der Dezentralisierung werden im Rahmen der Umsetzung der Kommunikationsprozesse von Bedeutung sein. Damit wird die Grundlage dafür geschaffen, dass abteilungsinterne Kommunikationsprozesse vollständig von den betroffenen Benutzern umgesetzt werden. So kann zum Beispiel die Personalabteilung eine Formularbibliothek in SharePoint für den E-Mail-Empfang aktivieren und die Mailadresse im Adressbuch des Unternehmens veröffentlichen, indem ein entsprechender Kontakteintrag im Active Directory angelegt wird. Oder die Abteilung kann sich selbständig eine Empfängerliste erstellen und diese im AD veröffentlichen, so dass E-Mails an diese Adresse an alle Benutzer der Abteilung weitergeleitet werden.

Im Einzelfall steht dahinter natürlich immer eine strategische Entscheidung des Unternehmens darüber, wie viel Autonomie an die Benutzer übertragen werden soll. Je mehr die Benutzer ohne Inanspruchnahme der IT konfigurieren können, desto geringer wird die Steuerbarkeit dieser Konfigurationseingriffe. Hier ist eine Abwägung vorzunehmen. Einige der in diesem Buch später zu betrachtenden Kommunikationsverfahren können aber auch dafür genutzt werden, Änderungen nachzuvollziehen und sie damit besser steuerbar zu machen.

Bleibt noch die Frage, welche Objekte des Active Directorys für die Gestaltung unserer Kommunikationsprozesse wir kennen müssen. Dies sind insbesondere die zwei zentralen Sicherheitsprinzipale, Benutzerkonten und Gruppenkonten.

Benutzerkonten repräsentieren natürliche oder virtuelle Personen im Unternehmen. Jeder Mitarbeiter und jeder Dienst, der auf das AD zugreifen muss und über Zugriffsrechte gesteuert werden muss, benötigt ein Benutzerkonto. Es verwundert daher nicht, dass eben nicht nur Mitarbeiter, sondern auch Dienste und Geräte im AD über Benutzerkonten verfügen, über die wir steuern können, was diese innerhalb unserer Infrastruktur dürfen. Das Active Directory speichert aber nicht nur die reinen Authentifizierungsinformationen zu den Benutzern, sondern dient auch als Adressbuch des Unternehmens, in dem eine Reihe weiterer Informationen abgelegt werden können. Dies sind zum Beispiel Kontaktinformationen wie Adressen, Telefonnummern und Ähnliches, aber auch organisatorische Informationen wie die Abteilungszugehörigkeit, der direkte Vorgesetzte oder Gruppenmitgliedschaften. All diese Informationen eines Benutzerkontos sind abfragbar und können von uns in unseren Kommunikationsprozessen genutzt werden. Darüber hinaus lässt sich das Active Directory um eigene Attribute erweitern.

Sind Informationen dieser Art im AD zu speichern, ohne dass sie mit einem Benutzerkonto verbunden werden sollen, kann der spezielle Objekttyp *Kontakt* genutzt werden. An diese Objekte können Adressinformationen für eine Person hinterlegt werden. Da es sich bei einem Kontakt aber nicht um einen Sicherheitsprinzipal handelt (Kontakte bekommen keine SID, Security Identifier), können diesen keine Rechte gegeben werden. Für die externe Kommunikation im Unternehmen können sie aber durchaus relevant sein, da Kontakte zum Beispiel auch als Empfänger in Empfängerlisten genutzt werden können. In SharePoint werden Kontakte zum Beispiel genutzt, um die Mailadressen E-Mail-aktivierter Bibliotheken zu veröffentlichen. Auch Exchange greift auf diese Objekte zu, um externe Mail-Adressen im Adressbuch zu veröffentlichen.

Gruppenkonten dienen im Active Directory insbesondere dazu, die Berechtigungsverwaltung zu vereinfachen und übersichtlich zu gestalten. Eine Benutzergruppe kann eine SID (einen Security Identifier) bekommen, das heißt ein Sicherheitsprinzipal sein, dem Berechtigungen vergeben werden können. Diese Berechtigungen vererben sich an alle Benutzer dieser Gruppen. Hat eine Gruppe einen Sicherheitsprinzipal, wird sie im AD als Sicherheitsgruppe bezeichnet, im Unterschied zu den Verteilergruppen, die keine SID haben und denen daher auch keine Berechtigungen vergeben werden können.

Die Planung der Gruppen ist ein eigenes Kapitel des Active-Directory-Designs und kann in großen Umgebungen sehr aufwendig sein. Gruppen verfügen über unterschiedliche Einsatzbereiche, die festlegen, wo einer Gruppe Rechte gegeben werden können und aus welchen Bereichen die Mitglieder kommen können. Es werden lokale, domänenlokale, globale und universelle Gruppen unterschieden, abhängig davon, ob der Gruppe nur in der eigenen Domäne oder auch in der Gesamtstruktur Rechte gegeben werden können, und ob die Gruppe nur Benutzer aus der eigenen Domäne oder auch aus anderen vertrauten Domänen beziehungsweise anderen Domänen der Gesamtstruktur enthalten kann. Darüber hinaus können Gruppen nahezu beliebig ineinander geschachtelt werden. Außerdem kann ein Benutzer Mitglied mehrerer Gruppen sein, wobei sich die einzelnen Gruppenberechtigungen wieder gegenseitig aushebeln können. Da dies kein Buch über das Active Directory selbst werden soll, werde ich diese Aspekte hier nicht genauer erläutern, sondern bei Bedarf auf die notwendigen Einstellungen hinweisen.

Eine Anwendung, die sehr intensiv mit den im Active Directory angelegten Gruppen arbeitet beziehungsweise auch selbst Gruppen im Active Directory anlegt, ist Microsoft Exchange. Alle Arten von Berechtigungen in Exchange und alle Empfänger- und Verteilerlisten basieren auf entsprechenden Active Directory-Gruppen. Dabei sei schon vorweggenommen, dass Exchange sogenannte universelle Gruppen (ein spezieller Typ der Active Directory-Gruppen) benötigt, da diese Listen in der gesamten Domänenstruktur des Unternehmens verwendbar sein müssen und Konten aus allen Domänen der Gesamtstruktur enthalten können.

Im Gegensatz dazu erlaubt SharePoint zwar die Verwendung von Active Directory-Gruppen, bietet aber auch ein eigenes Gruppenkonzept an, das es ermöglicht, unabhängig von der AD-Struktur Berechtigungen zu verwalten.

3.1.1 Active Directory Certificate Services

Die Nutzung digitaler Zertifikate gehört heute in den meisten IT-Umgebungen zum Standard. Gerade die Server-zu-Server-Kommunikation wird inzwischen standardmäßig mit zertifikatsbasierten Authentifizierungs- und Verschlüsselungsmechanismen durchgeführt. Auch in der im folgenden beschriebenen Microsoft-Umgebung ist das feststellbar. Exchange Server und Skype for Business verwenden standardmäßig Zertifikate für die Kommunikation mit ihren Clients. Dafür werden nach der Installation dieser Anwendungen selbstsignierte Zertifikate erstellt. Diese haben den Nachteil, dass sie in keine Zertifizierungsstellenhierarchie eingebunden sind und die Vertrauenswürdigkeit nur durch explizites Akzeptieren der Zertifikate hergestellt wird. Schon aus diesem Grund ist es sinnvoll, über die Einrichtung einer eigenen Zertifizierungsstelle im Unternehmen nachzudenken. Eine interne Zertifizierungsstelle stellt eine vertrauenswürdige Quelle aller verwendeten Zertifikate sicher. Die von dieser Zertifizierungsstelle ausgestellten Zertifikate kann für viele weitere Anwendungen genutzt werden. So können zum Bespiel Zertifikate für die Signatur und Verschlüsselung von E-Mails und Daten genutzt werden, für die Einrichtung von VPNs, für die Codesignatur eigener Skripte, für die Verschlüsselung des Datenverkehrs mittels IPSEC, für die Überwachung des Zustandes unseres Clients mit Network Access Protection, für den Aufbau sicherer Websites mittels HTTPS und noch vieles mehr.

Machen wir uns zuerst mit der Funktionsweise von Zertifikaten in einer Public-Key-Infrastruktur (PKI) vertraut. Zertifikate bestehen in der Regel aus zwei Teilen, einem öffentlichen und einem privaten Schlüssel. Die Erzeugung dieser Schlüssel basiert auf einer Zertifikatsanforderung, bei der sich der Benutzer (oder die Maschine) in irgendeiner Form ausweisen muss. Man unterscheidet verschiedene Klassen von Zertifikaten auf Basis der Art, wie Benutzer sich ausweisen. Bei starken Personenzertifikaten muss der Antragsteller persönlich bei der Zertifizierungsstelle vorstellig werden und sich mit einem gültigen Ausweispapier ausweisen. Die Zertifizierungsstelle garantiert damit, dass das Schlüsselpaar tatsächlich für diese Person ausgestellt wurde.

Wie die Namen schon vermuten lassen, bleibt der private Schlüssel im alleinigen Besitz des Inhabers und kann nur von diesem genutzt werden. Der öffentliche Schlüssel hingegen wird veröffentlicht und kann von allen Benutzern, die Zugriff auf den öffentlichen Schlüsselspeicher haben, eingesetzt werden. Der private Schlüssel dient in erster Linie dazu, den Besitzer auszuweisen, indem der Benutzer die von ihm gesendeten Daten mit dem privaten Schlüssel signiert. Dabei wird mithilfe des Schlüsselalgorithmus ein Hash über die Daten berechnet. Dieser Hash wird sofort ungültig, wenn die Daten verändert werden. Der Hashwert wiederum wird mit dem privaten Schlüssel verschlüsselt und kann nur mit dem öffentlichen Schlüssel entschlüsselt werden. Damit ist zweierlei sichergestellt, erstens dass die Daten tatsächlich vom ausgewiesenen Absender kommen und zweitens, dass sie nach der Signierung nicht mehr verändert wurden.

Der öffentliche Schlüssel dient vor allem dazu, sicherzustellen, dass der Inhalt nur vom beabsichtigten Empfänger gelesen werden kann, also zur Verschlüsselung von Daten. Dabei werden die Daten mit dem öffentlichen Schlüssel verschlüsselt, so dass sie nur der Besitzer des dazugehörigen privaten Schlüssels entschlüsseln kann.

Die Schlüssel sind also aufeinander bezogen, das heißt, was mit dem privaten Schlüssel signiert wurde, kann mit dem öffentlichen Schlüssel geprüft werden. Dadurch ist sichergestellt, dass die Daten tatsächlich vom ausgewiesenen Absender kommen. Was mit dem öffentlichen Schlüssel verschlüsselt wurde, kann nur mit dem dazugehörigen privaten Schlüssel entschlüsselt werden. In einigen Anwendungsfällen werden für die Verschlüsselung auch noch weitere Mechanismen eingesetzt, zum Beispiel Kombinationen aus symmetrischen und den hier beschriebenen asymmetrischen Verschlüsselungsverfahren (wie zum Beispiel im Encrypting File System (EFS) von Windows-Betriebssystemen). Diese grundlegende Darstellung soll aber für unsere Zwecke reichen.

Die Arbeit mit Zertifikaten ist nur dann sinnvoll, wenn damit auch wirklich sichergestellt ist, dass der im Zertifikat ausgewiesene Besitzer auch tatsächlich der Inhaber des Zertifikates ist. Sinn dabei ist es gerade, den Besitzer auszuweisen, ohne dass er persönlich erscheinen muss. Dafür müssen verschiedene Anforderungen erfüllt sein:

1. Dem Aussteller des Zertifikates muss dahingehend vertraut werden, dass er eine ausreichende Identitätsprüfung bei der Ausstellung des Zertifikates vorgenommen hat.
2. Das Zertifikat muss regelmäßig überprüft bzw. erneuert werden, das heißt es darf auch nur im Zeitraum seiner Gültigkeit verwendet werden.
3. Das Zertifikat darf nicht inzwischen widerrufen worden sein, weil zum Beispiel der private Schlüssel in falschen Besitz gelangt ist.
4. Derjenige, der das Zertifikat vorweist beziehungsweise als Absender benannt ist, muss derjenige sein, der auf dem Zertifikat benannt wird.
5. Der tatsächliche Einsatz des Zertifikats muss mit einem der im Zertifikat benannten Einsatzzwecke übereinstimmen.

Genau diese Überprüfungen finden in zertifikatsbasierter Kommunikation statt. Wenn Sie zum Beispiel über HTTPS auf eine Website zugreifen, weist die Website sich mit einem Serverzertifikat aus. Dieses Zertifikat überprüft Ihr Browser folgendermaßen:

- Lautet der Name auf dem Zertifikat so wie die Website, die aufgerufen wurde?
- Ist das Zertifikat schon und noch gültig?
- Kann ich überprüfen, ob es widerrufen wurde?
- Handelt es sich um ein Zertifikat zur Identifikation eines Webservers?
- Stammt es von einer vertrauenswürdigen Zertifizierungsstelle?

Schlägt eine dieser Prüfungen fehl, erhalten Sie in der Regel eine Zertifikatswarnung in Ihrem Browser, mit einem Hinweis, welche der Prüfungen gescheitert ist.

Grundsätzlich bestehen zwei Möglichkeiten, im Unternehmen Zertifikate einzusetzen. Erstens, Sie kaufen die benötigten Zertifikate von einer öffentlichen Zertifizierungsstelle. Das hat den Vorteil, dass die Zertifikate von Beginn an vertrauenswürdig sind und keine weiteren Konfigurationen erforderlich ist. Nachteile dieses Verfahrens sind, dass es bei einer großen Menge von Zertifikaten sehr aufwendig sein kann, die unterschiedlichen Laufzeiten im Blick zu behalten und die Erneuerung der Zertifikate vorzunehmen. Je nach Menge und Art der benötigten Zertifikate kommen in diesem Fall zudem eventuell hohe Kosten zusammen.

Die zweite Möglichkeit besteht im Aufbau einer eigenen, unternehmensinternen Zertifizierungsstelle. Der Nachteil ist in diesem Fall, dass die Zertifikate einer internen Zertifizierungsstelle auf externen Clients nicht ohne Weiteres als vertrauenswürdig sind. Außerdem sind die Zertifizierungsstelle und die Ausstellung der Zertifikate selbst zu administrieren. Vorteil ist aber, dass die Kosten bei einer großen Menge benötigter Zertifikate sehr überschaubar sind, da dazu keine eigenen Lizenzen für die Zertifizierungsstelle erforderlich sind. Die Active Directory Certificate Services sind Bestandteil der Windows Server-Lizenz.

In größeren Umgebungen empfiehlt sich ein mindestens dreistufiger Aufbau einer Zertifizierungsstellenhierarchie, bestehend aus einer Offline-Root-Zertifizierungsstelle, einer oder mehreren Richtlinien-Zertifizierungsstellen und mehreren ausstellenden Zertifizierungsstellen. Nur die Zertifizierungsstellen der untersten Ebene stellen Zertifikate für Benutzer und Computer aus. Die Root-Zertifizierungsstelle stellt nur die Zertifikate für die Richtlinien-Zertifizierungsstellen aus und diese wiederum die Zertifikate für die ausstellenden Zertifizierungsstellen. Auf der Ebene der Richtlinien-Zertifizierungsstellen werden die Ausstellungsrichtlinien für die Zertifikate verwaltet und veröffentlicht (vgl. Bild 3.2).

In kleineren Umgebungen wird die Struktur häufig auf zwei Ebenen reduziert, der Offline-Root-Zertifizierungsstelle und einer oder mehrerer AD-integrierter ausstellender Zertifizierungsstellen.

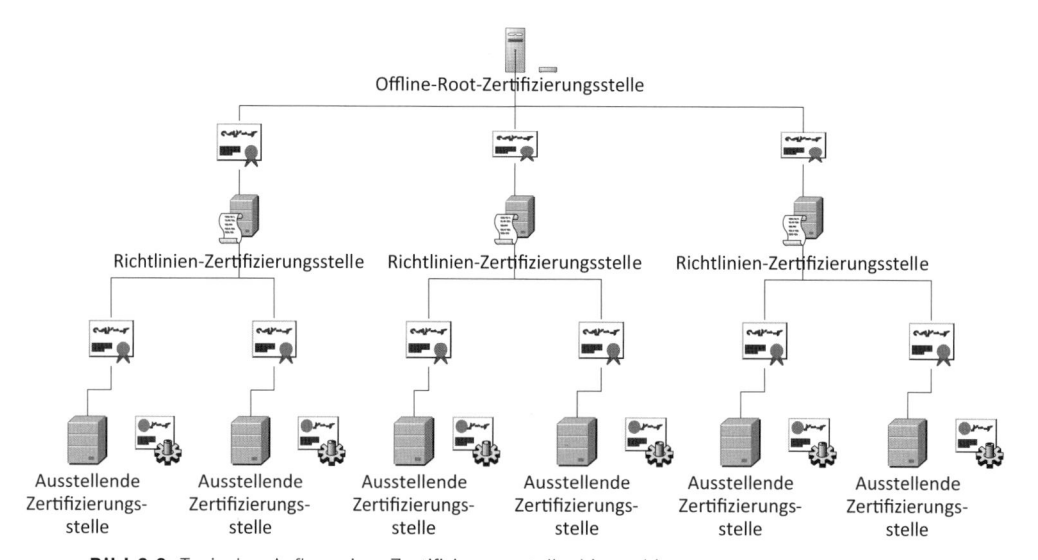

Bild 3.2 Typischer Aufbau einer Zertifizierungsstellenhierarchie

Auf eine Offline-Root-Zertifizierungsstelle sollte auch in kleinen Umgebungen nicht verzichtet werden. Diese Zertifizierungsstelle wird genutzt, um das erste Zertifikat der Hierarchie auszustellen und die Zertifikate der davon abgeleiteten Zertifizierungsstellen. Sie kann gut als virtuelle Maschine auf einer externen Festplatte oder einem anderen Datenträger gespeichert werden und muss nur zur Erneuerung der Zertifikate und zur Veröffentlichung der Sperrlisten online genommen werden. Dadurch wird die Gefahr einer Korrumpierung dieser Zertifizierungsstellen weitestgehend ausgeschlossen. Wenn aus irgendeinem Grund die Zertifikate einer der ausstellenden Zertifizierungsstellen korrumpiert sein sollten, können diese Zertifizierungsstellen einfach neu erstellt werden, ohne dass die gesamte Vertrauenshierarchie erneuert werden muss. Das heißt, alle Clients, die den alten Zertifizierungsstellen vertraut haben, vertrauen automatisch auch den neuen, da sie ja wieder zur selben Quelle zurückverfolgt werden können.

Die Active Directory Certificate Services im Windows Server unterstützen zwei grundlegende Einrichtungsarten für Zertifizierungsstellen, eigenständige und unternehmensinterne Zertifizierungsstellen. Erstere werden unabhängig vom Active Directory aufgebaut und unterstützen keine Zertifikatsvorlagen, letztere werden in das AD integriert – das heißt, das Zertifizierungsstellenzertifikat wird im AD veröffentlicht und von allen AD-Clients automatisch als vertrauenswürdig anerkannt. Die Root-Zertifizierungsstelle sollte als eigenständige Zertifizierungsstelle eingerichtet werden – aus dem oben genannten Grund der Absicherung gegen eine Korrumpierung des Root-Zertifikats. Selbst wenn das gesamte Active Directory des Unternehmens neu aufgebaut werden muss, bleibt die Quelle der Vertrauenswürdigkeit bestehen, da das Rootzertifikat identisch bleibt. Dabei sind aber einige Punkte zu beachten. Das Rootzertifikat wird nicht automatisch an alle Clients veröffentlicht. Dies muss manuell eingerichtet werden. Dazu wird das Rootzertifikat im Konfigurationsspeicher des Active Directory als vertrauenswürdige Root-Zertifizierungsstelle eingebunden. Außerdem müssen die AIA- (Authority Information Access) und CDP-Pfade (Certificate Revocation List Distribution Point) angepasst werden. Dies geschieht in den Einstellungen der Zertifizierungsstellen. Da die Pfade in den von der Zertifizierungsstelle ausgestellten Zertifikaten benannt und von den Clients zur Überprüfung genutzt werden, sollte sichergestellt sein, dass die hier benannten Pfade für alle Clients erreichbar sind. Wenn die Zertifikate also auch von externen Clients überprüft werden müssen, sollte mindestens einer der Pfade auf einen öffentlich erreichbaren Server verweisen, am besten auf ein Verzeichnis auf einem Webserver. Dazu kann der Pfad als URL angegeben werden. Weitere mögliche Verweistypen sind UNC- und LDAP-Pfade.

Diese Hinweise sollen genügen, um die wichtigsten Anforderungen an die Einrichtung der Zertifizierungsstellen zusammenzufassen. Fundierte Anleitungen zum Aufbau und zur Konfiguration einer Zertifizierungsstellenhierarchie finden sich in der TechNet-Library (*https://technet.microsoft.com/de-DE/library/hh831348.aspx*) und der einschlägigen Windows Server-Literatur.

Wofür wir die Zertifikatsdienste bei der Gestaltung unserer Kommunikationsprozesse benötigten, sollte aus der vorangegangenen Beschreibung deutlich geworden sein. Immer dort, wo Verschlüsselung und Nachvollziehbarkeit zentrale Anforderungen darstellen, können diese mithilfe von Zertifikaten umgesetzt werden. Außerdem werden wir Zertifikate auch als integrierten Bestandteil anderer Dienste, wie den im Folgenden beschriebenen Active Directory Rights Management Services wiederfinden.

3.1.2 Active Directory Rights Management Services

Mit der immer weiter fortschreitenden Digitalisierung von Informationen und der damit einhergehenden erleichterten Weitergabe und Weiterverarbeitung der Informationen entstehen auch für Unternehmen neue Herausforderungen. Viele Beispiele in jüngster Zeit zeigen, wie leicht Informationen in unberechtigte Hände gelangen können und anschließend gegen die Interessen des rechtmäßigen Besitzers verwendet werden können. Diese Diskussion betrifft nicht nur die klassischen Branchen, in denen Informationen gehandelt werden, wie zum Beispiel Verlage und die Musikindustrie, sondern auch alle anderen Unternehmen, in denen vertrauliche Informationen anfallen. Denken Sie nur an die Produktentwicklung oder die Personaldaten in einem Unternehmen. Solange diese Daten nur auf Papier vorlagen, konnten sie relativ einfach vor unberechtigter Verwendung geschützt werden, indem Schränke und Räume abgeschlossen wurden. In dem Moment, wo Daten digital gespeichert und über teilweise öffentliche Netzwerkverbindungen transportiert werden, ist der Schutz nicht mehr so leicht möglich. Natürlich kann der Transportweg abgesichert werden, zum Beispiel über verschlüsselte Verbindungen oder auch durch Schützen der Speicherorte gegen unberechtigten Zugriff über Zugriffsrechte. Wird das Dokument aber erst einmal an einen anderen Ort verschoben, der nicht vom Unternehmen verwaltet wird, sind diese Schutzmechanismen ausgehebelt. Verschicken wir die Konstruktionszeichnungen an einen unserer Lieferanten, sind wir darauf angewiesen, dass dieser die Daten genauso schützt, wie wir es tun. Geschieht das nicht, haben wir ein Datenleck, das unserem Unternehmen schaden kann.

Um den Schutz der Informationen auch sicherzustellen, wenn diese das Unternehmen verlassen, kann die Verwaltung digitaler Rechte helfen. Hierunter versteht man ein an das Dokument selbst gebundenes Rechtemanagement. Das heißt, das Dokument „weiß", wer was mit ihm machen darf, wer es bearbeiten darf, wer es ausdrucken darf, wer es weiterleiten darf usw. und verhindert unberechtigte Aktionen. Wichtig ist, dass diese Rechte nicht wie klassische Zugriffsrechte über den Speicherort verwaltet werden und außer Kraft gesetzt sind, wenn das Dokument an einen anderen Ort bewegt wird, sondern am Dokument erhalten bleiben, wo immer es sich auch befindet.

Eine solche Funktion erfordert natürlich zweierlei, erstens Dokumente, die entsprechende Rechte speichern können, und zweitens Anwendungen, die diese Rechte lesen und anwenden können. Außerdem natürlich einen Mechanismus zur Vergabe dieser Rechte. In unserer Microsoft-Umgebung finden wir alles dafür vorbereitet. Office-Dokumente sind spätestens seit der Version 2010 in der Lage, digitale Rechte zu tragen, alle Anwendungen der Office-Palette, wie Word, Excel und PowerPoint, aber auch Outlook und Exchange, genauso wie SharePoint können mit diesen Rechten umgehen. Die Vergabe der Rechte erfolgt über die Anbindung an die Active Directory Rights Management Services (ADRMS).

Die Anwendung digitaler Rechte erfolgt über Richtlinien, in denen Aktionen definiert werden, die die Empfänger der Dokumente an diesen durchführen dürfen, zum Beispiel das Drucken oder das Weiterleiten des Dokumentes. Die Richtlinien werden über den ADRMS-Server zentral definiert und können mithilfe von Gruppenrichtlinien auf die Clients der Anwender verteilt werden. In den kompatiblen Anwendungen können diese Richtlinien vom Autor oder Bearbeiter auf die Dokumente angewendet werden. Bei der Zuweisung einer Richtlinie zu einem Dokument wird dieses mithilfe eines speziellen Zertifikats verschlüsselt, einem sogenannte Client Licensor Certificate (CLC), und mit einer Veröffentlichungslizenz (Publishing License, PL) versehen. Will ein Benutzer auf ein derart verschlüsseltes Dokument zugreifen, erwirbt er über den Rechteverwaltungsserver eine Endbenutzerlizenz. Dabei überprüft der Server die Authentizität des Benutzers und bestimmt, ob dieser berechtigt ist, die entsprechende Lizenz zu erwerben. Hat der Benutzer die Lizenz erworben, kann er das Dokument öffnen und die laut Lizenz zugelassenen Aktionen am Dokument durchführen.

Innerhalb der Organisation mit einer einheitlichen AD-Gesamtstruktur erfolgt die Benutzerauthentifizierung über das Active Directory. Sollen die Rechte auch unternehmensübergreifend angewendet werden, können dafür entweder eigene Verfahren des ADRMS-Dienstes angewendet werden oder auf die weiterreichenden Funktionen der Active Directory Federation Services zurückgegriffen werden. Im ersten Fall können im ADRMS-Dienst vertraute Benutzerdomänen (Trusted User Domains, TUDs) über Zertifikate eingerichtet werden. Diese ermöglichen es externen Benutzern, Endbenutzerlizenzen über den Rechteverwaltungsdienst des Unternehmens zu erwerben. Einen anderen Weg stellen vertraute Veröffentlichungsdomänen (Trusted Publishing Domains, TPDs) dar, bei denen die Benutzer über einen eigenen RMS-Dienst Lizenzen zum Entschlüsseln von Dokumenten beziehen, die vom RMS-Server eines anderen, vertrauten Unternehmens verschlüsselt wurden.

Voraussetzung für Active Directory Rights Management Services sind neben einem Active Directory und einem Serverzertifikat von einer vertrauenswürdigen Zertifizierungsstelle auch ein SQL Server, in dem die Konfigurationsdatenbank des Dienstes gespeichert wird. Da der Dienst als Webservice arbeitet, setzt er auch eine Installation der Internet Information Services (IIS) auf dem Verwaltungsserver voraus. Mit der aktuellen Version des Dienstes ist auch eine Erweiterung für mobile Geräte, wie zum Beispiel Smartphones, verfügbar. Damit können die Rechte auch beim Öffnen und Erstellen der Dokumente auf einem solchen Gerät angewendet werden.

Auch hier möchte ich mich auf diese Beschreibung beschränken. Einen vollständigen Überblick und weitere Informationen für die Einrichtung und Konfiguration des Dienstes ist wieder über TechNet verfügbar (*https://technet.microsoft.com/de-de/library/how-adrms-works.aspx*).

Wie uns dieser Dienst bei der Gestaltung unserer Kommunikationsprozesse unterstützen kann, sollte aus diesen Erläuterungen ersichtlich sein. Er stellt ein mächtiges Werkzeug zur Sicherstellung von Compliance-Anforderungen in der Kommunikation dar und ermöglicht eine detaillierte und granulare Steuerung der Weiterverarbeitung von Informationen und Dokumenten.

3.1.3 Active Directory Federation Services

Solange Kommunikationsprozesse rein unternehmensintern betrachtet und geplant werden, bietet das Active Directory alle erforderlichen Funktionen, um eine sichere und steuerbare Kommunikation zu ermöglichen. Selbst einzelne externe Kommunikationsprozesse lassen sich durch einfache Mechanismen authentifiziert abwickeln, zum Beispiel durch die Vergabe von Benutzerkonten an externe Benutzer. Komplizierter wird die Lage, wenn in den externen Kommunikationsprozessen eine Identifikation der externen Kommunikationspartner erfolgen muss, wir diese Personen aber nicht vorher benennen können. Wenn zum Beispiel unterschiedliche Mitarbeiter eines Partnerunternehmens auf interne Informationen zugreifen müssen, diese über ihre Rollen bestimmte Zugriffsrechte bekommen müssen, gleichzeitig aber sichergestellt sein muss, dass die Aktionen personenbezogen nachvollziehbar sind.

Setzt das Partnerunternehmen ebenfalls ein Active Directory ein, ließen sich zumindest die Authentifizierung und die Rechtevergabe auch über Gesamtstrukturvertrauensstellungen oder externe Vertrauensstellungen abwickeln. In diesem Fall wird die AD-Gesamtstruktur oder eine einzelne Domäne des Partnerunternehmens als vertrauenswürdig eingestuft. Damit wird erlaubt, dass den Benutzerkonten dieser Gesamtstruktur oder Domäne Rechte in der vertrauenden Gesamtstruktur vergeben werden können. Wohlgemerkt wird damit nicht automatisch ein Zugriff gestattet, sondern nur die Möglichkeit geschaffen, Benutzerkonten, die sich nicht gegen das vertrauende AD authentifizieren, Zugriff zu geben. Kommen allerdings andere Authentifizierungsanbieter ins Spiel, wird die Sache deutlich komplexer. Hier können uns die Active-Directory-Verbunddienste oder die Active Directory Federation Services (ADFS) helfen.

Ziel der ADFS ist es, externen Benutzern ein Single Sign On (SSO), also die Authentifizierung und Autorisierung an verschiedenen Ressourcen mittels einer einmaligen Anmeldung zu ermöglichen. Dafür bietet ADFS zwei Mechanismen, einmal den sogenannten Geräteregistrierungsdienst, zum anderen die Einrichtung einer anspruchsbasierten Authentifizierung (Claim Based Authentication).

Die Geräteregistrierung erlaubt authentifizierten Benutzern, ihrem Benutzerkonto Computer hinzuzufügen, die selbst über kein Konto im Active Directory verfügen, wie zum Beispiel iOS-Geräte oder Windows-Geräte ohne Computerkonto im AD. Auch wenn das für die interne Kommunikation hilfreich ist, spielt dieses Verfahren für die Planung unserer Kommunikationsprozesse keine Rolle.

Zentraler ist der zweite Anwendungsbereich, die anspruchsbasierte Authentifizierung. Bei diesem Authentifizierungsverfahren liefert der zugreifende Benutzer in der Anmeldung Informationen über sich mit, anhand derer der ADFS-Dienst entscheidet, ob ein Benutzer Zugriffsrechte auf eine Ressource erhält oder nicht. Typische Arten von Informationen, sogenannten Ansprüchen, die dabei überprüft werden, sind Gruppenzugehörigkeiten, Name, Rolle, Benutzer-ID, E-Mail-Adresse, Standort, Zeitinformationen, Zertifikatseigenschaften, Authentifizierungsmethode und Ähnliches. Diese Informationen werden über sogenannte Autorisierungsregeln verarbeitet, in denen festgelegt ist, welche Eigenschaften überprüft werden und welcher Zugriff gegebenenfalls erlaubt wird.

Dieser Bereich der Active Directory Federation Services können bei der Anbindung externer Benutzer in unseren Kommunikationsprozessen sehr hilfreich sein. Die Einrichtung ist aber nicht trivial. Insbesondere die Definition der Ansprüche erfordert Kenntnisse darüber, welche Informationen bei welchem Authentifizierungsverfahren in welcher Form übermittelt werden. Für einige Drittanbieter liefert wieder TechNet einige Informationen (*https://technet.microsoft.com/de-de/library/dn758113.aspx*) und auch Hinweise für die Erstellung eines eigenen Anbieters. Auch die Installation und Konfiguration wird hier wieder ausführlich beschrieben (*https://technet.microsoft.com/de-de/library/dn452410.aspx*).

■ 3.2 SQL Server

SQL Server ist eine Serverkomponente zum Speichern und Verwalten relationaler Datenbanken, ein sogenanntes RDBMS (Relational DataBase Management System). In Microsoft-Umgebungen stellt der SQL Server eine Basistechnologie dar, die immer zum Einsatz kommt, wenn es darum geht, strukturierte Daten in großen Mengen zu speichern. Viele Anwendungen setzen daher eine Installation eines SQL Servers voraus, sei es als eigenständige Serverfarm im Unternehmen oder einfach als Dienst auf einem Anwendungsserver.

Schon bei der Darstellung der Active Directory Rights Management Services haben wir gesehen, dass diese ihrer Konfigurationsdaten in einer SQL-Datenbank speichern. Auch für SharePoint ist der SQL-Server eine Grundvoraussetzung. SharePoint speichert nicht nur seine Konfigurationsdaten, sondern auch alle Inhalte in SQL-Datenbanken.

Nicht alle Microsoft-Anwendungen, die relationale Datenbanken verwenden, nutzen allerdings den SQL Server als Basis. Zwei bekannte Ausnahmen sind das Active Directory und Exchange Server. Beide nutzen ein anderes Datenbanksystem (die sogenannte ESE-Engine), das schnellere Transaktionen erlaubt.

Neben der Speicherung der Datenbankanken bietet der SQL Server Auswertungskomponenten, die für einige unserer Kommunikationsprozesse interessant sind. Werfen wir zuerst einen Blick auf die Datenbankkomponente und danach auf die Analysis- und Reporting-Services.

3.2.1 SQL Server-Datenbank

Mit der Datenbankkomponente des SQL Servers werden wir bei der Gestaltung unserer Kommunikationsprozesse in der Regel nur indirekt in Berührung kommen. Wie einleitend erwähnt, nutzen einige der von uns eingesetzten Anwendungen diese Komponente als Daten-und Konfigurationsspeicher. Dabei werden die Datenbanken selbst bei der Installation beziehungsweise Konfiguration der Anwendungen von diesen automatisch erstellt. In den meisten Fällen ist ein direktes Bearbeiten der Datenbanken weder sinnvoll noch von Microsoft vorgesehen und kann zu einem Verlust des Herstellersupports führen.

Da diese Komponente von mehreren Anwendungen genutzt wird, macht es sich in der Regel schnell bezahlt, eine zentrale SQL Server-Infrastruktur im Unternehmen bereitzustellen. Damit lassen sich zentrale Backup- und Wiederherstellungsstrategien einrichten und ein hoher Grad an Ausfallsicherheit erreichen. Für die Einrichtung der Anwendungen sind der Name des Servers und die Authentifizierung für die Dienstkonten erforderlich. Der Zugriff auf die Daten der Anwendungen selbst erfolgt über definierte Dienstkonten. Diese müssen über entsprechende Berechtigungen auf die SQL Server-Instanzen verfügen. In der Regel sind die Berechtigungsstufen *dbcreator* und *securityadmin* für die Dienstkonten der Anwendungen erforderlich, um Datenbanken zu erstellen und die Berechtigungen an diesen zu vergeben. Alle weiteren Konfigurationen erfolgen in der Regel durch die Anwendungen selbst. Einige spezielle Konfigurationen möchte ich hier aber trotzdem beschreiben, da sie für die Arbeitsweise unserer Prozesse von Bedeutung sein können.

Werden in der Datenbank große Binärobjekte, sogenannte BLOBs (**B**inary **L**arge **OB**jects) abgelegt, zum Beispiel über ein Videoportal im SharePoint, kann es sinnvoll sein, das Feature des Filestream-Providers im SQL Server zu nutzen, um das Wachstum der Datenbanken einzuschränken und damit schnellere Transaktionen und vor allem effizientere Sicherungs- und Wiederherstellungsstrategien zu ermöglichen.

Über den Filestream-Provider werden große Dateien nicht mehr in der Datenbank selbst, sondern im Dateisystem gespeichert und in der Datenbank nur verlinkt. Für den Anwender ist dieser Vorgang nicht sichtbar. Die Dateien werden ganz normal als Inhalt der Datenbank präsentiert. Da der Pfad zur Ablage im Filestream-Provider angegeben werden kann, ermöglicht dieses Feature die Ablage der Inhalte auf einem dedizierten Laufwerk oder Plattenarray mit entsprechenden, optimierten Speicherungs- und Sicherungsmechanismen. Bei der Definition der Sicherungsverfahren für die Datenbank ist daran zu denken, diese Dateiablage mit zu sichern, um eine konsistente Wiederherstellung zu ermöglichen.

Gerade im Umfeld von SharePoint kann die SQL Server-Datenbank noch in anderer Form genutzt werden, als nur als Ablagesystem für eigene Inhalte. SharePoint ermöglicht es über sogenannte externe Inhaltstypen-Daten aus anderen Datenbanken abzufragen und über SharePoint-Funktionen zu bearbeiten. Auf SQL Server-Seite sind dafür die Mechanismen der Zugriffsteuerung zu beachten und die dafür nötigen Konfigurationen vorzunehmen.

Grundsätzlich kann SharePoint in einem solchen Szenario auf drei Arten auf die Datenbank zugreifen: mit dem Konto des angemeldeten Benutzers, mit seinem eigenen Dienstkonto oder mit einem vorher festgelegten Datenbankzugriffskonto. Häufig ist der erste Fall der am besten zu steuernde, da damit eine Berechtigungsüberprüfung für den angemeldeten Benutzer an der Datenbank erfolgt. Somit ist sichergestellt, dass tatsächlich nur berechtigte Benutzer die Inhalte der Datenbank in SharePoint auslesen können. Bei diesem Verfahren spricht man von einer Impersonation, das heißt, der SharePoint Server nimmt die Identität des Benutzers an und greift damit auf die Datenbank zu.

Bei Impersonationen gibt es eine Einschränkung, die als das Double-Hop-Szenario bekannt ist. Dahinter verbirgt sich die Tatsache, dass eine Impersonation in einem nicht-delegierbaren Anmeldeverfahren nur über einen Schritt, nicht über weitere Schritte möglich ist. Der erste Schritt ist die Impersonation des Clients, von dem aus der Benutzer zugreift. Dieser stellt die Verbindung zum SharePoint Server im Namen des Benutzers her. Wenn jetzt SharePoint im Namen des Benutzers auf einen weiteren Dienst zugreifen möchte, muss SharePoint vom Client die Anmeldedaten des Benutzers übernehmen. Dies schlägt fehl, wenn das Anmeldeverfahren keine Delegierung erlaubt.

Ein nicht delegierbares Anmeldeverfahren ist zum Beispiel die klassische Windows-Authentifizierung mittels Challenge-Response (auch als NTLM-Verfahren bekannt). Ein delegierbares Anmeldeverfahren ist das über Tickets und Tokens arbeitende Kerberos-Verfahren. Beides sind mögliche Anmeldeverfahren für SharePoint-Webanwendungen. Bei der Erstellung einer Webanwendung muss entschieden werden, welches der beiden Verfahren für die Anmeldung der Benutzer genutzt werden soll. Wenn Zugriffe auf Drittsysteme über SharePoint vorgesehen sind, bietet es sich an, von vornherein auf Kerberos zu setzen. Dieses erfordert einige zusätzliche Konfigurationen in der Domäne:

1. Den Dienstkonten der SharePoint-Webanwendungen und des SQL Servers muss „Für Delegierungszwecke vertraut" werden. Dies ist eine Option in den erweiterten Einstellungen des Benutzerkontos.
2. Für die Dienstkonten der SharePoint-Webanwendungen müssen Dienstprinzipalnamen (Service Principal Names, SPNs) für http sowohl auf den Hostnamen als auch den FQDN (Vollqualifizierter Domänenname, DNS-Name) des SharePoint-Servers bzw. der Web-Anwendung gesetzt werden.
3. Für die Dienstkonten des SQL Servers muss ein SPN auf das SQL-Protokoll gesetzt werden.

In den aktuellen Versionen von SharePoint Server (2013 und 2016) und SQL Server (2012, 2014 und 2016) ist die Einrichtung der Kerberos-Authentifizierung für einige Szenarien nicht mehr erforderlich, da SharePoint Server einen eigenen Token-Dienst installiert, der die klassischen Anmeldeinformationen des Benutzers in ein Ticket umwandelt, das vom SQL Server akzeptiert wird. Es gibt aber immer noch Szenarien, die eine Kerberos-Authentifizierung erfordern, insbesondere dann, wenn das Zielsystem die SharePoint-Tickets nicht interpretieren kann.

Zwei weitere Einstellungen beim Einrichten der Verbindung zum SQL Server im SharePoint können ebenfalls hilfreich sein.

Abhängig vom eingesetzten Hochverfügbarkeitsszenario des SQL Servers, bietet der SharePoint die Möglichkeit, einen alternativen Datenbankserver zu benennen, auf den zugegriffen wird, wenn der primäre nicht verfügbar ist. Dieser lässt sich sehr gut in Kombination mit den sogenannten Log-Shipping-Verfahren im SQL Server einsetzen (*https://msdn.microsoft.com/en-us/library/ms187103.aspx*). Dabei handelt es sich um ein Ausfallsicherungsverfahren, das auch in den neueren Versionen von SQL Server noch eingesetzt werden kann, auch wenn es inzwischen von Microsoft als „deprecated" eingestuft wurde.

Eine weitere, sehr hilfreiche Konfiguration ist die Nutzung von SQL-Aliasen für die Verbindungen zum SQL Server. Dabei wird auf dem Anwendungsserver, zum Beispiel dem SharePoint Server im SQL Client ein virtueller, aber statischer Name für den SQL Server eingetragen, der auf den tatsächlichen Namen des SQL Servers verweist. Dieser Alias wird in den Verbindungseinstellungen des Anwendungsservers genutzt. Da der SQL-Alias kein öffentlicher Name ist, sondern nur auf dem Anwendungsserver selbst bekannt ist, kann sich der tatsächliche Name des SQL Servers ändern, z. B. wenn die Datenbank auf einen anderen Datenbankserver verschoben wird, ohne dass sich der Name in den Verbindungseinstellungen von SharePoint ändern muss. Nur der Verweis im Alias wird geändert und die Datenbank wird über den Alias wiedergefunden. Dies ist insbesondere dann hilfreich, wenn die Anwendung sehr viele Datenbanken pflegt, wie gerade SharePoint Server, da dann die Verbindung bei Änderungen nur an einer Stelle bearbeitet werden muss, und nicht für jede eingebundene Datenbank.

3.2.2 SQL Server Analysis Services

Während die Datenbankkomponente des SQL Servers eher ein Dienst ist, den wir als Basis für unsere Kommunikationsanwendungen benötigen, sind die beiden folgenden Komponenten, die Analysis Services und die Reporting Services, spezielle Kommunikationskomponenten, die insbesondere in vertikalen Kommunikationsprozessen zur Anwendung kommen. Beide dienen in gewisser Weise dazu, Informationen zu aggregieren und auszuwerten. Beginnen wir mit der Betrachtung der Analysis Services.

Bei den SQL Server Analysis Services (SSAS) handelt es sich um die Implementierung eines OLAP-Werkzeuges (OLAP steht für OnLine Analytical Processing) in der Microsoft-Datenbankplattform. Wie der Name schon deutlich macht, dient es der ad-hoc-Analyse großer Datenmengen. Dazu werden die Daten in den Tabellen und Datenbanken über sogenannte OLAP-Cubes zueinander in Beziehung gesetzt. OLAP-Cubes sind multidimensionale Datenbanken. Es werden aus den Daten Dimensionen extrahiert, die für die Aggregation der Daten genutzt werden. Die aus Excel bekannte Pivot-Funktion repräsentiert im Grunde genommen dasselbe Verfahren für die Umwandlung einer einzelnen Tabelle in eine zweidimensionale Datenbank. Stellen Sie sich eine Liste von Umsatzdaten mit Informationen über Beträge, Datumsangaben, Kunden, Produkte usw. vor. Diese Daten können aus verschiedenen Tabellen kommen und in einer Ansicht zusammengeführt werden. Dann liegen sie aber immer noch in Form einer flache Liste vor (vgl. Bild 3.3), die zwar nach mehreren Kriterien gefiltert werden kann, bei der aber die Zusammenfassung der Daten nach verschiedenen Kriterien aufwändig ist, zum Beispiel um eine Frage zu beantworten wie: „Welches Produkt verkauft sich an welchem Ort am besten?"

	A	B	C	D	E	F	G	H
1	Verkaufsdatum	Kunde	Ort	Produkt	Kategorie	Anzahl	Einzelpreis	Summe
2	01.01.2015	Meier	Essen	Sosta	Buch	7	7,85 €	54,95 €
3	10.01.2015	Schulze	Frankfurt	Ferienfieber	Poster	2	12,60 €	25,20 €
4	19.01.2015	Müller	Mülheim	Farbentraum	Poster	1	5,40 €	5,40 €
5	28.01.2015	Klausen	Karlsruhe	Domenica	Foto	3	3,80 €	11,40 €
6	06.02.2015	Hansen	München	Sosta	Buch	5	7,85 €	39,25 €
7	15.02.2015	Franz	Essen	Ferienfieber	Poster	7	12,60 €	88,20 €
8	24.02.2015	Breitwieser	Frankfurt	Farbentraum	Poster	9	5,40 €	48,60 €
9	05.03.2015	Meier	Mülheim	Domenica	Foto	8	3,80 €	30,40 €
10	14.03.2015	Schulze	Karlsruhe	Sosta	Buch	7	7,85 €	54,95 €
11	23.03.2015	Müller	München	Ferienfieber	Poster	6	12,60 €	75,60 €

Bild 3.3 Die Daten als flache Tabelle

Dafür muss die Liste zumindest so angeordnet werden, dass die Orte in den Zeilen abgetragen werden und die Produkte in den Spalten. In den Zellen der Tabelle können dann die Anzahl der verkauften Produkte aufsummiert werde. Das ist die Funktionsweise einer Pivot-Tabelle in Excel (vgl. Bild 3.4).

Summe von Anzahl	Spaltenb							
	Buch		Buch	Foto	Foto	Poster		Poster Gesamt
Zeilenbeschriftungen	Sosta			Domenica		Farbentraum	Ferienfieber	
Essen	19	19		7	7	14	11	25	51
Frankfurt	7	7		13	13	14	8	22	42
Karlsruhe	14	14		5	5	11	7	18	37
Mülheim	10	10		14	14	5	7	12	36
München	8	8		14	14	7	14	21	43
Gesamtergebnis	58	58		53	53	51	47	98	209

Bild 3.4 Dieselben Daten in der Pivot-Auswertung

Wenn die ursprüngliche Frage nun um den Verkaufszeitpunkt erweitert wird, also: „Welches Produkt verkauft sich an welchem Ort in welchem Monat am besten?", wird eine zusätzliche, die dritte Dimension benötigt. Man kann sich das so vorstellen, als ob in dem Beispiel jetzt für jede Zeiteinheit eine eigene Tabelle hinterlegt würde und die Zellen, in denen das Produkt und der Ort zusammenfasst werden, jetzt über alle Tabellen hinsichtlich der Zeit abgefragt werden können (praktisch in den Würfel stechen). Dies ist eine mehrdimensionale Datenabfrage. Bei großen Datenmengen können natürlich noch weitere Dimensionen hinzukommen, wie zum Beispiel Niederlassungen, Abteilungen und Mitarbeiter. Um diese Dimensionen abzufragen, werden OLAP-Cubes eingesetzt, als Würfel, die aus mehr als drei Dimensionen bestehen.

Dimensionen in OLAP-Cubes zeichnen sich dadurch aus, dass sie skalierbar sind. Zeitdimensionen lassen sich auf Tage, Wochen, Monate, Quartale, Jahre etc. zusammenfassen beziehungsweise auch wieder zerlegen. Bricht man eine Dimension bis zum einzelnen Datensatz herunter, um zum Beispiel zu sehen, welche Verkäufe hinter den Monatsumsätzen des Januars in Karlsruhe stehen, spricht man von einem Drilldown in der Datenbank.

Man mag sich vielleicht fragen, was das mit unseren Kommunikationsprozessen zu tun hat. Sehr viel, sage ich. Die Daten, die wir hier abfragen, kommen nämlich klassischerweise aus den Kommunikationsprozessen wie zum Beispiel dem Unternehmensreporting. Der Vertrieb liefert zum Beispiel die Informationen über Angebote und Verkäufe, indem er sie in ein Datenbankformular einträgt und als Datensatz speichert. Das Controlling fragt diese Daten in einem monatlichen Bericht ab, fügt eventuell noch Vormonats- und Vorjahresvergleiche hinzu und liefert das Ganze als Report an die Geschäftsführung. Was ist das, was wir da beschrieben haben? Ein vertikaler, asynchroner und aggregierender Kommunikationsprozess! Damit dieser funktioniert, müssen wir die Ziele kennen, die damit erreicht werden sollen. Wir müssen also wissen, welche Informationen die Geschäftsführung benötigt. Dann können wir diesen Prozess rückwärts planen, indem wir schauen, wie diese Daten aggregiert werden und welche Daten die Vertriebsberichte liefern müssen, damit die Aggregation auch funktioniert und die richtigen Ergebnisse liefert. Damit können wir dann die Dateneingabe für den Vertrieb gestalten.

Da die Aggregation mithilfe der Analysis Services erfolgen kann, werden diese ein zentraler Bestandteil des Kommunikationsprozesses. Die Gestaltung der Abfragen und die Bildung der Cubes ist in der Regel Aufgabe von Spezialisten. Bei der Gestaltung der Prozesse müssen wir aber wissen, wie wir die Daten in unseren Prozessen zuliefern können, und wie wir sie auf der anderen Seite abfragen können.

3.2.3 SQL Server Reporting Services

Während die SQL Analysis Services die Daten für die Auswertung vorbereiten, dienen die SQL Server Reporting Services (SSRS) dazu, die Daten zu präsentieren. Hinter den Reporting Services steht ein Abfragemodell, das Daten aus verschiedenen Quellen zeitgesteuert oder ad hoc abfragt und in Form von Berichten darstellt. Diese Berichte können Tabellen, Diagramme oder Leistungsindikatoren enthalten. Die Daten selbst können aus relationalen Datenbanken, multidimensionalen OLAP-Cubes oder aus XML-Daten stammen. Ziel ist es, Daten schnell erfassbar und lesbar darzustellen.

Der Aufbau der Berichte erfolgt auf mehreren Ebenen. Zuerst müssen die Datenquellen erfasst und definiert werden. Dabei sind neben Art und Namen der Datenquelle unter anderem auch die Zugriffsinformationen anzugeben.

Aus den Datenquellen werden sogenannte Datasets erzeugt, die die abzufragenden Daten umfassen. Diese werden wiederum über Berichtsparameter in spezifischer Form ausgewertet, also zum Beispiel gefiltert oder zusammengefasst. Außerdem können über die Berichtsparameter Berechtigungen auf Teile des Berichtes gesetzt werden.

Die Daten werden schließlich in verschiedenen Datenbereichen und Karten des Berichts dargestellt. Dies können Tabellen, Listen, Matrizen, Indikatoren oder Karten sein. Aus den

Elementen des Berichtes können Berichtsteile definiert werden, die dann wiederum einzeln veröffentlich werden können. Über die Veröffentlichung einzelner Berichtsteile kann sichergestellt werden, dass Daten nur berechtigen Benutzern zugänglich gemacht werden.

Das gesamte Design des Berichtes wird in XML-basierten Berichtsdefinitionen (.rdl oder .rdlx-Dateien) gespeichert. Zu den Berichtsdefinitionen können Zeitpläne hinzugefügt werden, die dafür sorgen, dass der Bericht regelmäßig neu erstellt wird. Die Darstellung der Berichte erfolgt schließlich in Dateiform, als HTML-Datei (eine Webseite) oder als PDF.

Die SQL Reporting Services können als eigenständige Berichtsplattform im Unternehmen eingesetzt werden, um zum Beispiel eine zentralisierte Datenauswertung zu ermöglichen. Für unsere Kommunikationsprozesse ist aber die zweite Einsatzvariante hilfreicher, nämlich die Integration der Reporting Services in SharePoint. Dieser Integrationsmodus – es handelt sich dabei um einen eigenen Installationsmodus der Reporting Services – ermöglicht den Zugriff auf die Berichte und die Darstellung der Berichte in einer für den Anwender homogenen Umgebung.

Für die Integration sind die Unterstützungskomponenten für die SSRS auf dem SharePoint Server zu installieren und die Verbindung zum Reporting Server zu definieren. Danach können Berichtsbibliotheken genutzt werden, um Berichtsdefinitionen und Zeitpläne zu speichern und zu veröffentlichen. Die Ergebnisdarstellungen können anschließend als Webseiten veröffentlicht werden. Sehr hilfreich sind die Reporting Services im Rahmen der Nutzung der Business-Intelligence-Komponenten in SharePoint, insbesondere den Performance Point Services. Deren Dashboards können verschiedene Komponenten aus den Reporting Services enthalten.

Auch hierbei handelt es sich um eine Auswertungskomponente, die vor allem in aggregierenden Kommunikationsprozessen eingesetzt werden kann. Ziel der Reporting Services ist aber nicht die Organisation der Daten an sich (dafür bieten sich unter anderem die Analysis Services an), sondern die effiziente Darstellung der Auswertungsergebnisse. Sie bieten somit die Möglichkeit, die Verständlichkeit der Kommunikation – insbesondere bei der Auswertung numerischer Daten – zu erhöhen. Durch die Einbindung in SharePoint kann diese Darstellung praktisch nahtlos mit Kommunikationsprozessen verbunden werden.

■ 3.3 SharePoint Server

Eine der zentralen Plattformen für die Gestaltung von Kommunikationsprozessen bildet sicherlich SharePoint. Durch seinen Funktionsumfang und die starke Integration in andere Anwendungen stellt der SharePoint Server die zentrale Schaltstelle vieler Kommunikationsprozesse dar. Neben der Teamkommunikation und Veröffentlichungsmechanismen bietet er insbesondere eine Workflowkomponente, Formulardienste und Business-Intelligence-Funktionen (BI-Funktionen), die in Kommunikationsprozessen genutzt und zusammengeführt werden können. In keiner anderen Anwendung wird der Integrationsgedanke so sichtbar wie im SharePoint. Über die Datenverbindungen lassen sich Daten aus verschiedensten Quellen einbinden und mit nativen SharePoint-Daten verknüpfen. Die Daten können vom Anwender in Office-Anwendungen genutzt und analysiert werden und die Ergebnisse wiederum im SharePoint veröffentlicht werden. Dabei sind Funktionen wie Benachrichtigungen und Genehmigungsverfahren schon als Standards ebenso verfügbar wie klassische Dokumentenmanagementwerkzeuge. Die folgende Beschreibung kann daher die verschiedenen Funktionen nur grob anreißen. Ein Buch über alle Einsatzszenarien dieses Produkts würde sicherlich anderthalb bis zweitausend Seiten umfassen. Ich werde aber in der Umsetzung einige zentrale Einsatzszenarien ansprechen.

3.3.1 SharePoint-Basisfunktionen

Je nachdem, von welcher Seite man das Produkt SharePoint betrachtet, findet man unterschiedliche Beschreibungen. So kann man es als einen dynamischen Webserver, ein Kollaborationswerkzeug, eine Buisness Intelligence Plattform, ein Content Management System, ein Werkzeug für die Unternehmenssuche oder auch ein Datenintegrationswerkzeug beschreiben. Ich bevorzuge tatsächlich den letzten Begriff, da er der Bandbreite der Einsatzmöglichkeiten am ehesten gerecht wird.

Basis aller Funktionen das SharePoint ist die Kollaborationsplattform. Dies erkennt man schon daran, dass diese Grundfunktionen in Form der SharePoint Foundation (bis Version 2013) von Microsoft lizenzkostenfrei angeboten werden. Teams arbeiten im SharePoint auf einer Website zusammen. Websites können wiederum Unterwebsites enthalten. Die Grundstruktur des SharePoint ist daher eine Hierarchie von Websites, in der zum Beispiel ein Geschäftsbereich eine Website zur Zusammenarbeit bekommt, darin jede Abteilung wieder eine eigene Website, in denen wiederum einzelne (Projekt-)Teams eigene Websites haben. Die Website auf der obersten Ebene bildet die Websitesammlung. Diese ist ein administrativer Kontext, der von einem begrenzten Personenkreis administriert wird (den sogenannten Websitesammlungsadministratoren). Bestimmte Funktionen in SharePoint können nur auf Websitesammlungsebene verwaltet werden, zum Beispiel Websitevorlagen (sogenannte Lösungen oder Solutions). Die Websitesammlungen, von denen es auch mehrere innerhalb einer Hierarchie geben kann, sind wiederum Bestandteil einer Webanwendung. Die Webanwendung repräsentiert die eher technische Sicht auf den SharePoint. Hier werden unter anderem die Authentifizierungsverfahren festgelegt, mittels der sich Benutzer am SharePoint anmelden können, und weitere Funktionen, wie die Einschränkungen der Massenverarbeitung von Listenelementen. Die oberste Ebene des SharePoint stellt schließlich die Serverfarm dar, bestehend aus Datenbankservern, Anwendungsserver und Web-Servern (sogenannten Web-Frontends).

Innerhalb einer Website werden alle Inhalte in SharePoint in Listen und Bibliotheken verwaltet. Es gibt keine Inhalte, die nicht in irgendeiner Form von Liste oder Bibliothek vorliegen. Für viele Standardfunktionen kennt SharePoint vorkonfigurierte Listenvorlagen wie Kalenderlisten, Problemverfolgungslisten, Aufgabenlisten, Kontaktlisten und Bibliotheksvorlagen in Form von Dokumentbibliotheken, Bildbibliotheken, Formularbibliotheken etc. Welche Vorlagen und Listentypen verfügbar sind, ist abhängig von den aktivierten Features beziehungsweise der beim Erstellen der Website verwendeten Websitevorlage. Typische Websitevorlagen sind die Teamwebsite, eine Projektwebsite oder auch ein Veröffentlichungsportal. Gerade Veröffentlichungswebsites zeichnen sich durch eine Reihe spezieller Funktionen aus, die wir uns im Bereich des Marketings später in der Umsetzung genauer anschauen werden.

Listen enthalten Elemente, Bibliotheken Dokumente oder Dateien. In beiden können die Elemente wiederum in Ordnerstrukturen abgelegt werden. Die Darstellung der Listeninhalte erfolgt mittels Ansichten. In Ansichten können die Elemente gefiltert und sortiert oder in spezifischer Form abgebildet werden. Die Ansichten wiederum können in Webseiten als sogenannte App-Webparts eingebunden werden, so dass verschiedene Elemente wie Adressinformationen von Ansprechpartnern und Dokumente zu diesen Ansprechpartnern auf einer Webseite dargestellt werden können.

Neben App-Webparts gibt es weitere Webparts in SharePoint, über die spezifische Funktionen wie Excel-Diagramme, Filterfunktionen, Bildvorschauen bis hin zu spezifischen Codeelementen in eine Seite eingebunden werden können.

Die gesamte Hierarchie einer SharePoint-Installation stellt sich wie folgt dar (Bild 3.5):

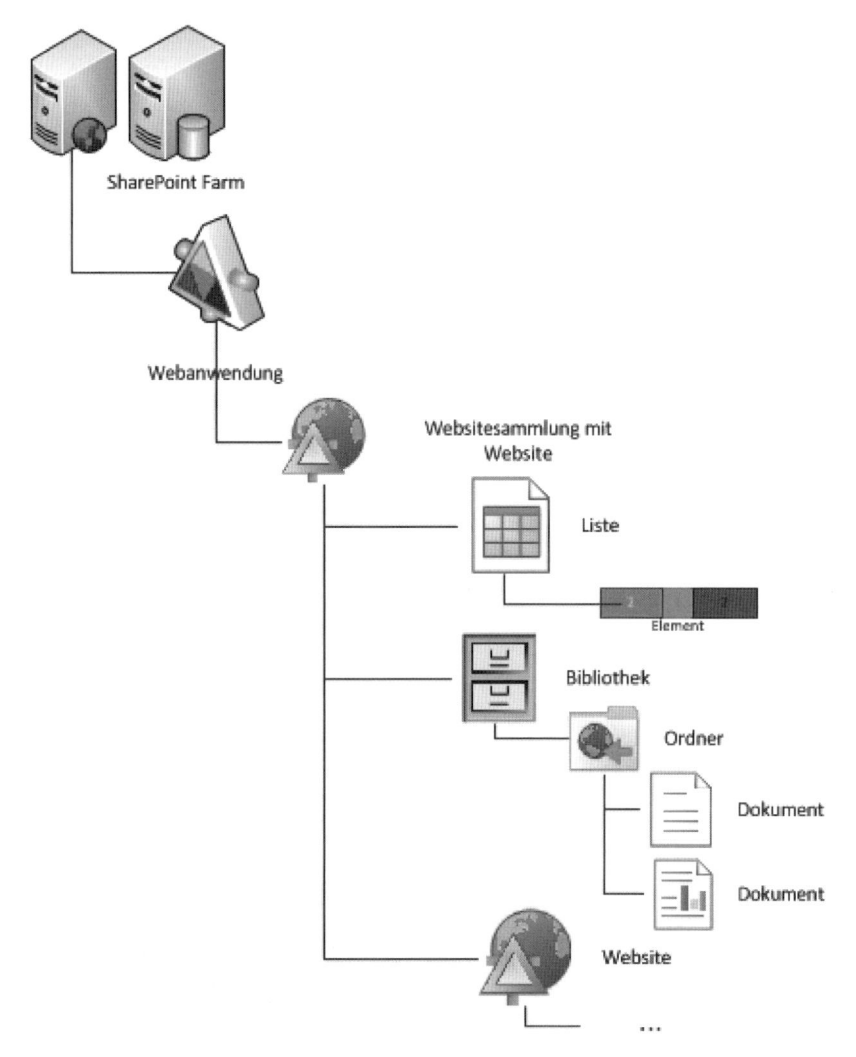

Bild 3.5 Die SharePoint-Hierarchie

Beim Aufbau einer solchen Websitehierarchie sind in SharePoint einige Einschränkungen zu berücksichtigen:

- Verlinkungen zwischen Listen über Nachschlagefelder sind nur innerhalb einer Website möglich.
- App-Webparts sind nur für die Listen der eigenen Website verfügbar.
- Die Berechtigungsverwaltung in SharePoint folgt dieser Hierarchie, ausgehend von den Berechtigungen der Websitesammlungen. Dabei verfolgt SharePoint ein rollenbasiertes Berechtigungsmodell, bei dem Benutzer zu Gruppen zusammengefasst werden. Den Gruppen können auf den verschiedenen Ebenen Berechtigungsstufen zugewiesen werden, die definieren, welche Aktionen die Benutzer ausführen dürfen. Beim Anlegen einer Website werden drei Standardbenutzergruppen eingerichtet, *Besitzer*, *Besucher* und *Mitglieder* der Website (bei Veröffentlichungswebsites noch weitere). Diesen werden die Berechtigungsstufen *Vollzugriff*, *Lesen* und *Bearbeiten* vergeben. Während *Vollzugriff* volle Verwaltungsrechte innerhalb der Website (nicht unbedingt der Websitesammlung) gewährt und *Lesen* nur lesenden Zugriff ermöglicht, können die Mitglieder mit *Bearbeiten*-Zugriff Elemente erstellen, bearbeiten und löschen und auch eigene Listen auf der Website anlegen.
- Das Berechtigungsmodell im SharePoint sieht grundsätzlich wie folgt aus (Bild 3.6):

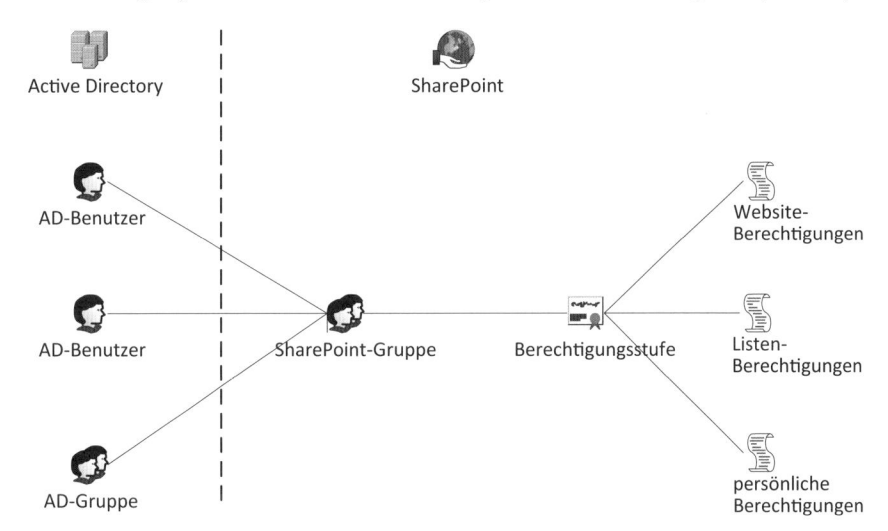

Bild 3.6 Das SharePoint-Berechtigungsmodell

Auch unter dem Aspekt der Berechtigungsvergabe sind einige spezifische Einschränkungen in der Hierarchieplanung zu beachten.

- SharePoint-eigene Benutzergruppen werden auf der Ebene der Websitesammlung angelegt und können nur innerhalb derselben Websitesammlung verwendet werden (das gilt nicht für Active-Directory-Gruppen, denen im SharePoint überall Berechtigungen gegeben werden können).
- Innerhalb der Websitesammlung werden die Berechtigungen standardmäßig von oben nach unten vererbt, das heißt die Berechtigungen, die auf Websitesammlungsebene angelegt sind, gelten auch auf die einzelnen Dokumente innerhalb untergeordneter Websites.

- Die Vererbung kann auf jeder Ebene unterbrochen werden. Die unterste Berechtigungsebene ist die Elementebene.
- Berechtigungen werden in SharePoint über Berechtigungsstufen vergeben. Diese werden ebenfalls auf Websitesammlungsebene verwaltet und können auch nur von Administratoren dieser Ebene geändert werden.

Schon die SharePoint Foundation (in Version 2013) bietet neben den klassischen Teamfeatures auch eine ausgefeilte Suchfunktion. Die Suchfunktion von SharePoint basiert auf einer Volltextindizierung aller lesbaren Inhalte innerhalb der Website. Dazu gehören auch die in den Bibliotheken liegenden Dokumente. Neben seinen eigenen Inhalten kann SharePoint aber auch noch weitere Speicher des Unternehmens durchforsten, zum Beispiel Dateifreigaben, Datenbanken, auf die er mit den Business Connectivity Services (BCS) zugreifen kann, Lotus-Notes-Datenbanken und andere Websites.

Bei der Indizierung werden die Berechtigungen auf die Inhalte, soweit sie von SharePoint lesbar sind, festgehalten. Dadurch ist sichergestellt, dass Benutzer auch mit der Suche nur auf die Inhalte zugreifen können, auf die sie berechtigt sind. Dies setzt aber insbesondere in Dateifreigaben voraus, dass Berechtigungen explizit gepflegt werden. Nicht in allen Unternehmen ist das der Fall. Häufig werden Freigaben einfach „versteckt", ohne den Zugriff über Berechtigungen einzuschränken. Sobald solche Inhalte über die SharePoint-Suche verfügbar werden, kann das zu nicht gewollten Ergebnissen führen.

3.3.2 Excel und Visio Services

Mit den höheren Lizenzen von SharePoint werden weitere Funktionen verfügbar. Einige davon sind für unsere Kommunikationsprozesse von besonderer Bedeutung.

Ein häufig eingesetztes Feature in der Enterprise-Lizenz von SharePoint sind die Excel Services und in Teilen auch die Visio Services, wobei letztere seltener angewendet werden. Beide Dienste arbeiten nach demselben Prinzip. Excel oder Visiodateien werden über Webparts in eine Webseite eingebunden und die in der jeweiligen Datei liegenden Berechnungen und Datenabfragen online aktualisiert.

Dabei können alle Funktionen, die Excel und Visio für die Datenauswertung kennen, genutzt werden, inklusive Pivotauswertungen. Hilfreich ist zudem, dass beide Anwendungen die Möglichkeit bieten, auf externe Daten zuzugreifen, zum Beispiel auf SharePoint-Listen.

Damit bekommen Anwender eine einfache Möglichkeit, Auswertungen in bekannten Werkzeugen vorzunehmen, die Ergebnisse gleichzeitig anderen Benutzern direkt zur Verfügung zu stellen. So lassen sich einfache BI-Funktionen effizient und schnell implementieren.

Zwar benötigen beide Dienste einige grundlegende Konfigurationen, diese sind aber nicht problematisch. In erster Linie ist in den Diensteinstellungen festzulegen, welche Daten als vertrauenswürdig angesehen werden, damit sie über die Services aktualisiert werden können.

Seit SharePoint 2016 werden Excel Services nicht mehr als Dienstanwendung in SharePoint betrieben. Die entsprechenden Funktionen werden jetzt über Office Online Server zur Verfügung gestellt. Weiterhin sind aber Excel-Webparts zur Darstellung von Excel-Dateien auf einer SharePoint-Website verfügbar.

3.3.3 Forms Services

Wie der Name dieses Dienstes schon andeutet, handelt es sich um eine der Kernanwendungen für Kommunikationsprozesse. SharePoint Forms Services, ebenfalls ein Enterprise-Feature, dienen dazu, elektronische Formularflüsse abzubilden.

Die Formulare werden zwar mit einer speziellen Anwendung, InfoPath Designer erstellt und gestaltet, können dann aber vom Anwender im Browser ausgefüllt werden. Zwar ist auch noch ein InfoPath Filler als Desktopanwendung verfügbar, dieser ist aber nur für das Ausfüllen der Formulare ohne Verbindung zum Server erforderlich.

Die Formulare können Daten aus mehreren Listen in SharePoint einbinden und selbst auch wieder in SharePoint-Formularbibliotheken schreiben. Damit stehen die Inhalte der Formulare wiederum sofort für Auswertungen in SharePoint zur Verfügung. In Kombination mit der Workflowkomponente von SharePoint lassen sich somit komplexe Kommunikationsprozesse mit mehreren Genehmigungsstufen und automatischen Verarbeitungsschritten abbilden.

Die Formulare sind intern als XML-Daten gespeichert. Dieser Datentyp bietet eine gute Kompatibilität mit anderen Anwendungen, da sich die strukturierten XML-Daten in praktisch jede andere Strukturierung, z. B. in Tabellenform, umwandeln lassen.

Sind die Form Services technisch verfügbar, was ab SharePoint Server standardmäßig der Fall ist (nicht in SharePoint Foundation), werden auch für die Standardlistenformulare im SharePoint InfoPath-Formulare verwendet. Diese sind mit weniger technischem Aufwand gestaltbar und bieten eine höhere Flexibilität als die ASPX-Seiten in SharePoint Foundation.

Mit der ersten Ankündigung von SharePoint 2016 wurden auch die Forms Services von Microsoft gekündigt. Allerdings wurde in einer späteren Meldung die Unterstützung von InfoPath bis 2023 in SharePoint bestätigt (vgl. *https://redmondmag.com/articles/2015/02/09/forms-for-sharepoint-2016.aspx*). Insofern kann es sein, dass wir in nicht allzu ferner Zukunft Alternativen zu InfoPath erkunden müssen.

3.3.4 Access Services

Access Services sind ein interessanter Dienst, wenn es darum geht, in sich geschlossene Anwendungen auf SharePoint bereitzustellen. SharePoint arbeitet wie Access auf Basis relationaler Datenbanken. Daher verwundert es nicht, dass mit den Access Services die Möglichkeit geschaffen wurde, webfähige Datenbanken in SharePoint zu veröffentlichen. Anwender, die bisher abteilungsinterne Datenbanken für spezielle Anwendungen erstellt haben, bekommen damit die Möglichkeit, diese anderen Anwendern über SharePoint direkt zur Verfügung zu stellen. Dies hat verschiedene Vorteile:

- Erstens entfällt damit das Verteilen der Datenbankdateien, die Datenbank ist direkt als Serveranwendung verfügbar.
- Zweitens benötigen die Anwender keine Access-Version, auch nicht als Runtime auf ihren Clients. Die webfähigen Formulare und Ansichten werden direkt im Browser geladen und ausgefüllt.
- Die Datenbank kann auch jederzeit mit Access angepasst und wieder veröffentlicht werden. Änderungen sind sofort für alle Anwender verfügbar.

Bei der Gestaltung unserer Kommunikationsprozesse werden Access Services keine zentrale Rolle spielen. Sie dienen eher der effizienten Verwaltung der Daten als der Kommunikation, können aber natürlich insbesondere in Szenarien mit abteilungsinternen Reportingstrukturen sehr hilfreich sein. Insbesondere dann, wenn in der Abteilung Wissen über das Datenbankdesign mit Access vorhanden ist.

3.3.5 Business Data Connectivity Services

Die Business Data Connectivity Services (oder kurz Business Connectivity Services, BCS) stehen schon mit SharePoint Foundation zur Verfügung. Sie sind neben der Suchfunktion in SharePoint die zentrale Komponente, wenn es darum geht, Daten im Unternehmen zusammenzuführen. Grundsätzlich verbirgt sich dahinter nichts anderes als die zentrale Verwaltung von Datenbankabfragen an externe Systeme. Diese Abfragen können seit SharePoint 2010 nicht nur lesender Natur sein, sondern bieten auch die Möglichkeit, Daten an die Systeme zu übergeben. Damit kann SharePoint zu einem zentralen Verwaltungswerkzeug ausgebaut werden, wobei Informationen der verschiedensten Systeme in einer einheitlichen Oberfläche über den Browser verwaltet werden können.

Ihre Stärken spielen die BCS dann aus, wenn die eingelesenen Daten mit anderen Daten im SharePoint verknüpft werden. Dies geschieht über sogenannte externe Inhaltstypen und externe Listen. Die Daten werden dabei wie eine normale Liste in SharePoint angezeigt und können entsprechend verarbeitet werden. Wir könnten z. B. aus einer externen Projektverwaltungsanwendung Informationen über die Projekte abfragen, wie das vereinbarte Budget, den Projektnamen und Ähnliches. Gleichzeitig pflegen wir in SharePoint eine Liste der Einsätze unserer Mitarbeiter. Da diese Einsätze aus Abrechnungsgründen immer einem Projekt zugeordnet werden müssen, binden wir in die Liste ein Nachschlagefeld ein, das aus der externen Liste den Projektnamen ausliest. Die Liste der Rückmeldungen können wir wiederum nach Projekten in Excel auswerten und den Budgetverbrauch summieren und mit dem vereinbarten Budget vergleichen.

Am einfachsten lassen sich die Datenverbindungen zu SQL-Server-Datenbanken anlegen, da die dafür erforderlichen Clientwerkzeuge in SharePoint schon angelegt sind. Es sind aber auch Abfragen zu Webdiensten mittels SOAP oder REST möglich. Auch andere Datenbanksysteme können grundsätzlich angebunden werden.

Auf die Datenverbindungen können auch auf SharePoint-Seite Berechtigungen vergeben werden, so dass festgelegt wird, wer die Verbindung nutzen darf und wer sie verwalten darf. Außerdem kann in der Verbindung definiert werden, welche Aktionen mit der Datenverbindung ausgeführt werden dürfen. Somit können Änderungen in den Daten der Fremdsysteme schon in der Datenverbindung komplett unterbunden werden. Auch wenn einige Verwaltungsfunktionen des Dienstes in der Weboberfläche von SharePoint verfügbar sind, wird zum Erstellen und Konfigurieren der Verbindung SharePoint Designer benötigt.

Die abgefragten externen Systeme können dann über die Datenverbindung in die Indizierungskomponente der Suchfunktion von SharePoint eingebunden werden. Somit können die Inhalte der externen Systeme zentral über den SharePoint durchsucht werden.

3.3.6 Performance Point Services

Wie viele der SharePoint-Dienste waren auch die Performance Point Services früher ein eigenes Serverprodukt von Microsoft. Unter dem Namen Performance Point Services werden verschiedene Business-Intelligence-Werkzeuge zusammengefasst, die zum Teil schon in den vorherigen Darstellungen besprochen wurden.

Mit den Performance Point Services werden Dashboards erstellt, auf denen die Ergebnisse von Datenanalysen in unterschiedlicher Form präsentiert werden. Unter anderem lassen sich hier SQL-Server-Reporting-Services-Berichte einbinden. Aber auch SharePoint-eigene Funktionen, wie zum Beispiel Excel- und Visio-Datenwebparts und -Diagramme, oder auch eigene Leistungsindikatoren (Key Performance Indicators, KPIs), die Werte in SharePoint- oder Excel-Listen überwachen, können hier eingebunden werden.

Für einige Kommunikationsprozesse stellen die Performance Point Services wichtige Funktionen bereit. Dies gilt insbesondere für aggregierenden Reportingprozesse. Performance Point Services bieten die Möglichkeit, den Führungsebenen eines Unternehmens ein Steuerungsportal für verschiedene Datenstrukturen zu erstellen, also zum Beispiel der Geschäftsführung einen zusammenfassenden Überblick über die Umsatzprognosen der Geschäftsbereiche.

Für das Erstellen von Dashboards bietet SharePoint ein eigenes Werkzeug an, den Dashboard Designer, der bei Bedarf vom SharePoint Server heruntergeladen werden kann. Daneben ist auch der Berichtsdesigner der SQL Server Reporting Services hilfreich.

3.3.7 Office Web App Server – Office Online Server

Bei den Office Web Apps ist Microsoft im Vergleich zu anderen SharePoint-Komponenten den umgekehrten Weg gegangen. Waren die Office Web Apps in SharePoint 2010 noch eine SharePoint-Anwendung, sind sie seit der Version 2013 ein eigenes Serverprodukt geworden, das auch ohne SharePoint betrieben werden kann.

Die Web Apps repräsentieren die klassischen Office-Anwendungen, wie Word, Excel, PowerPoint, OneNote, Project und Outlook, als browserbasierte Anwendungen. Diese haben zwar im Vergleich zu den Desktopanwendungen einen eingeschränkten Funktionsumfang, die vorhandenen Funktionen reichen aber für die grundsätzliche Dokumentbearbeitung aus.

Office Web Apps erhöhen die Flexibilität in den Kommunikationsprozessen deutlich. Stellen Sie sich einfach vor, Sie können einen Standardgeschäftsbrief von einem beliebigen Computer im Browser erstellen, ohne dass Sie dafür Word starten müssen.

Da Microsoft bei den Web Apps und bei SharePoint seit der Version 2013 weitestgehend auf proprietäre Funktionen wie ActiveX-Controls verzichtet und auf Standards wie HTML 5 setzt, heißt beliebig hier tatsächlich nahezu beliebig. Es spielt keine Rolle, ob Sie auf Ihrem iPad oder einem Android-Tablet arbeiten, ob Sie Firefox, Google Chrome, Safari oder doch Microsofts Internet Explorer oder unter Windows 10 Microsoft Edge als Browser einsetzen. Die Web Apps funktionieren auf jedem aktuellen Betriebssystem mit einem aktuellen Browser.

Ist ein Office-Online-Server installiert und dem SharePoint Server bekannt, werden die Web-App-Funktionen auch direkt in SharePoint-Bibliotheken eingebunden. Möchten Sie in einer Bibliothek ein neues Dokument erstellen, werden Sie zuerst auf die entsprechende Office Web App verwiesen. Öffnen Sie ein Dokument zum Lesen, wird es im Browser in der Office Web App geöffnet. Möchten Sie weitergehende Bearbeitungen im Dokument vornehmen, können Sie natürlich jederzeit in die Desktopanwendung wechseln, wenn sie auf dem aktuellen Computer installiert ist. Darüber hinaus werden mithilfe der Web Apps sowohl in der Dokumentbibliothek als auch im Rahmen der SharePoint-Suche Vorschauen für die Dokumente erzeugt. Dies erleichtert die Auswahl der Dokumente.

Allerdings sind nicht alle Office-Anwendungen direkt über den Office Online Server verfügbar. Der Office Online Server umfasst Word, Excel, PowerPoint und OneNote. Project Web App ist der Name für die entsprechende Komponente im Project Server und Outlook on the Web (ehemals Outlook Web App) wird über den Exchange Server zur Verfügung gestellt. Zu unterscheiden sind die Web Apps auch von den Webparts. Das Excel-Webpart der Excel Services im SharePoint hat nicht dieselben Funktionen wie Excel Web App und für das Visio-Webpart gibt es keine Entsprechung bei den Web Apps. Allerdings reduziert sich dieser Unterschied mit der Version 2016. Mit dieser Version hat Microsoft die Excel Services aus dem SharePoint herausgenommen und in den Office Online Server verschoben. Das heißt, dass Excel-Berechnungen jetzt in Excel Web App durchgeführt werden und nicht mehr im entsprechenden Webpart.

3.3.8 Workflow Manager

Workflows stellen eine wichtige Funktion dar, wenn es darum geht, Prozesse zu automatisieren. Auch wenn es vor einigen Jahre Ansätze bei Microsoft gab, Workflows in Anwendungen wie Exchange zur Verfügung zu stellen, ist diese Komponente inzwischen vollständig in den SharePoint Server übernommen worden. Dieser bietet seit der Version 2013 zwei Workflowkomponenten, SharePoint 2010 Workflows und SharePoint 2013 Workflows. Diese unterscheiden sich sowohl hinsichtlich ihres Funktionsumfangs als auch in ihren technischen Voraussetzungen.

Bei den SharePoint 2010 Workflows handelt es sich um eine native SharePoint-Komponente, die ohne weitere Konfiguration ab SharePoint Foundation verfügbar ist. Sie bietet ohne Programmieraufwand eine rein sequentielle Verarbeitung deklarativer Workflows. Diese Workflows können keine Schleifen enthalten, Verzweigungen sind aber möglich.

SharePoint 2013 Workflows basieren auf dem Einsatz des Workflow Managers (bei 2013 in der Version 1.0 bzw. 1.1). Dabei handelt es sich um ein zusätzliches Serverprodukt, das entweder im Unternehmen installiert werden und mit der SharePoint Farm verbunden werden muss oder als Dienst über Microsofts Cloud-Dienst Azure von SharePoint aus angesprochen werden kann. Mit den SharePoint 2013 Workflows sind einige Funktionen hinzugekommen, die für Kommunikationsprozesse sehr hilfreich sind. Insbesondere lassen sich jetzt Phasen in den Workflows definieren. Diese Phasen können wiederholt aufgerufen werden. Am Ende einer Phase können die Ergebnisse an eine andere Phase übergeben werden. Dadurch lassen sich sehr leicht Schleifen in Workflows realisieren, ohne dass ein Workflow mehrfach auf einem Element gestartet werden muss (das wäre der entsprechende Workaround in SharePoint 2010 Workflows). Der Workflow Manager lässt sich allerdings nur mit SharePoint Server, nicht mit SharePoint Foundation verbinden.

Workflows lassen sich in SharePoint auf verschiedenen Ebenen anlegen, als Listenworkflows, als Site-Workflows und als wiederverwendbare Workflows.

Listenworkflows sind an eine Liste gebunden und arbeiten auf den Listenelementen. Sie sind nützlich, um zum Beispiel Genehmigungsverfahren an Dokumenten zu automatisieren.

Site-Workflows arbeiten listenunabhängig und können von den Benutzern an einer beliebigen Stelle einer Website gestartet werden. Sie können zum Beispiel genutzt werden, um neue Elemente in einer Liste oder auch Websites zu erstellen.

Wiederverwendbare Workflows sind schließlich zentral vordefinierte Lösungen, die ein administrativer Benutzer einer Liste hinzufügen kann, um den Anwendern bestimmte Automatismen zur Verfügung zu stellen. Soll zum Beispiel in verschiedenen Bibliotheken das gleiche Genehmigungsverfahren arbeiten, kann dies als wiederverwendbarer Workflow angelegt werden. Wenn die Benutzer eine neue Dokumentbibliothek erstellen, brauchen sie diesen Workflow nur der Bibliothek hinzuzufügen, um das Verfahren einzubinden. Sie ersparen sich damit das wiederholte Erstellen der gleichen Listenworkflows. Wiederverwendbare Workflows sind hilfreich, wenn das Wissen zur Erstellung von Workflows im Unternehmen nur zentral vorhanden ist.

Für unsere Kommunikationsprozesse sind natürlich insbesondere die Listenworkflows von Bedeutung. Darüber können wir Genehmigungsverfahren und Benachrichtigungsfunktionen einfach abbilden. Auch die Weitergabe von Daten an andere Listen ist damit sehr gut automatisierbar.

Natürlich bietet SharePoint noch eine Reihe weiterer Funktionen, die hier nicht alle angesprochen werden können. Die zentralen Werkzeuge zur Gestaltung von Kommunikationsprozessen sind aber beschrieben worden. Bei der Umsetzung der Kommunikationsprozesse werden wir noch eine Reihe konkreter Eigenschaften von Websites, Listen, Bibliotheken und Workflows kennenlernen. Gerade seine Vielfältigkeit und die damit verbundene Flexibilität machen SharePoint ja als Werkzeug für die Kommunikation im Unternehmen so interessant.

3.3.9 E-Mail-Integration

Für eine effiziente Kommunikation über SharePoint-Websites ist die Integration mit Exchange unabdingbar. Erst diese ermöglicht es, E-Mails aus SharePoint zu versenden und an SharePoint zu senden. Die Integration muss demnach in zwei Richtungen laufen, einerseits muss im SharePoint der E-Mail-Server hinterlegt sein, der zum Versand benutzt werden soll. Dies muss nicht unbedingt ein Exchange Server sein, sondern kann ein beliebiger SMTP-Server sein. Wichtig ist, dass SharePoint auf dem Mailserver die Berechtigung hat, E-Mails abzuliefern. Dies ist solange problemlos, wie die Mails nur an interne Empfänger gehen. Dann agiert SharePoint wie ein normaler, abliefernder SMTP-Server. In dem Moment aber, wo SharePoint auch E-Mails an externe Empfänger über den SMTP-Server versenden soll, muss er das Recht bekommen, zu relayen. Unter einem Relay versteht man einen

E-Mail-Server, der Nachrichten von einem fremden System annimmt und diese wiederum an ein fremdes System weiterleitet. Dies wird aus Sicherheitsgründen auf den meisten Mailservern standardmäßig unterbunden.

In der anderen Richtung muss der E-Mail-Server der Domäne in die Lage versetzt werden, E-Mails an SharePoint weiterzuleiten und dieser muss sie dann auch empfangen können. Dazu sind mehrere Schritte erforderlich:

1. Auf dem SharePoint Server muss ein SMTP-Server installiert werden, der E-Mails vom internen Exchange oder einem anderen Mail-Server annimmt. Dies geht am einfachsten über den integrierten Windows-SMTP-Server des IIS.
2. In der Zentraladministration des SharePoint müssen die Einstellungen für eingehende Mails mit den Standardeinstellungen konfiguriert werden (wenn der integrierte SMTP-Dienst verwendet wird, ansonsten sind spezifische Konfigurationen erforderlich)
3. Auf dem Exchange Server muss ein Sendeconnector für die Weiterleitung an SharePoint definiert werden. Über den Sendeconnector müssen alle eingehenden Mails für die Subdomain des SharePoint mittels SMTP an den auf dem SharePoint Server installierten SMTP-Server weitergeleitet werden. Bei hohen Sicherheitsanforderungen kann dabei eine gegenseitige Authentifizierung der Server (Exchange Server und SMTP-Server) eingerichtet werden.
4. Optional kann im Active Directory eine Organisationseinheit angelegt werden, in der das Dienstkonto der Zentraladministration des SharePoint die Berechtigung erhält, Kontakteinträge zu erstellen. Damit können die Mailadressen der E-Mail-aktivierten Listen und Bibliotheken im Exchange-Adressbuch veröffentlicht werden. Andernfalls müssen die Adressen den Benutzern über andere Wege mitgeteilt werden.

3.3.10 MySite

Ab der lizenzpflichtigen Serverversion bietet der SharePoint einen sogenannten MySite Host. Über den MySite Host erhalten die Benutzer in SharePoint einen persönlichen Bereich, der ihnen verschiedene Funktionen bietet. Einerseits enthält die sogenannte MySite des Benutzers eine private und eine öffentliche Dokumentbibliothek. Die private Dokumentbibliothek ist eine Art webbasiertes Home-Laufwerk des Benutzers und kann auch entsprechend genutzt werden. Über die öffentliche Dokumentbibliothek kann der Anwender Dokumente anderen Benutzern des Unternehmens freigeben. Daneben enthält die MySite ein Profil des Benutzers, das teilweise aus den Informationen im Active Directory über eine Synchronisation gepflegt wird, teilweise aber auch vom Benutzer selber mit Informationen über seine Interessen, Erfahrungen und Tätigkeiten erweitert werden kann. Diese Informationen werden von SharePoint in der Personensuche genutzt. Darüber ist es zum Beispiel möglich, Ansprechpartner im Unternehmen ausfindig zu machen, die sich für ein bestimmtes Thema interessieren und schon in entsprechenden Projekten mitgearbeitet haben. Weiterhin sammelt die MySite Verknüpfungen zu allen Elementen im SharePoint, denen der Benutzer folgt, und bildet daraus einen aktuellen Newsfeed für jeden Benutzer. Wie in einem sozialen Netzwerk haben die Anwender darüber die Möglichkeit, über interessante Neuigkeiten im Unternehmen auf dem Laufenden zu bleiben.

3.4 Exchange Server

Exchange Server ist ein klassischer Kommunikationsserver von Microsoft. Die zentrale Komponente ist der E-Mail-Dienst. Die Exchange-Funktionalitäten umfassen aber auch eine Reihe von Groupware-Funktionen, die sich teilweise mit SharePoint-Funktionen überschneiden, wie zum Beispiel die gemeinsame Kalendernutzung oder das gemeinsame Arbeiten an Aufgaben. Es ist daher eine zentrale Überlegung bei der Gestaltung von Kommunikationsprozessen, welcher der beiden Dienste für welche Aufgabe genutzt werden kann, beziehungsweise wie diese Funktionen sinnvoll ineinander integriert werden können.

Exchange setzt immer ein Active Directory voraus. Darin speichert es sowohl seine Konfigurationsinformationen als auch die Empfängerinformationen. Die gesamte Exchange-Umgebung eines Unternehmens wird als Exchange-Organisation bezeichnet. Diese kann aus mehreren Servern bestehen, die dedizierte Aufgaben übernehmen können, wie das Speichern von Postfachdatenbanken, den Transport von E-Mails, das Steuern des Zugriffs auf Postfächer etc. Die Exchange-Organisation bildet immer eine Eins-zu-eins-Verknüpfung zur Active-Directory-Gesamtstruktur des Unternehmens. Das heißt, innerhalb einer AD-Gesamtstruktur kann es nur eine Exchange-Organisation geben und jede Exchange-Organisation kann nur mit einer AD-Gesamtstruktur verknüpft sein.

Exchange kennt mehrere Arten von Empfängern, die über ihn erreichbar sind:

- Postfachbenutzer verfügen über ein Postfach in der Exchange-Organisation und ein Benutzerkonto im AD.
- E-Mail-aktivierte Benutzer haben ein AD-Konto, aber kein Postfach, sondern nur eine externe E-Mail-Adresse
- Kontakte haben kein AD-Konto und kein Postfach, verfügen aber über eine externe E-Mail-Adresse, die im globalen Adressbuch des Exchange veröffentlicht wird.
- Ressourcenpostfächer für Räume oder andere Ressourcen verfügen über ein deaktiviertes AD-Konto.
- Freigegebene Postfächer können mehreren AD-Benutzern zugewiesen werden, zum Beispiel als Abteilungspostfächer.
- Öffentliche Ordner können von einer Gruppe von Benutzern zum Speichern von Dokumenten und Postfachinhalten genutzt werden. Sie können über eine E-Mail-Adresse verfügen und dann per E-Mail befüllt werden.
- Verteilerlisten umfassen mehrere Empfänger, die auch unterschiedlichen Empfängertypen angehören können. Sie können im Exchange statisch oder dynamisch gebildet werden. Im letzteren Fall basiert die Mitgliedschaft eines Empfängers in der Verteilerliste auf einer bestimmten AD-Eigenschaft seines Benutzerkontos.

In ihren Postfächern können Benutzer nicht nur E-Mails, sondern auch andere Informationen verwalten, wie zum Beispiel

- Termine
- Kontakte
- Aufgaben
- Notizen

Die einzelnen Objekte werden in einer virtuellen Ordnerstruktur abgebildet. Auf jeden dieser Ordner lassen sich Berechtigungen setzen. Darüber können viele Zusammenarbeitsszenarien abgebildet werden wie zum Beispiel Stellvertreterregelungen, Sekretariatszugriffe, Urlaubsvertretungen oder auch Abteilungskalender und -postfächer.

Postfächer werden in Postfachdatenbanken gespeichert, die wiederum ausfallsicher auf mehreren Servern vorgehalten und synchronisiert werden können. Seit Exchange 2013 werden auch öffentliche Ordner in Postfächern gespeichert und unterstützen damit die gleichen Sicherungsmechanismen.

Durch die zentrale Speicherung und den zentralen Transport der E-Mails bietet Exchange eine Reihe von Mechanismen, unternehmensspezifische Kommunikationsanforderungen abzubilden. Diese reichen von Aufbewahrungsrichtlinien in den Postfächern über Transportrichtlinien zum Erstellen von Disclaimern oder zum Verhindern des Datenverlustes bis hin zur Verhinderung der Löschung von Elementen aus den Postfächern zur Beweissicherung.

Außerdem bietet die Plattform benutzerorientierte Kommunikationsfunktionen wie die Selbstverwaltung von Gruppen oder die Nachrichtenmoderation an Listen oder anderen Empfängern. Auch eine Onlinearchivierung durch den Benutzer ist vorgesehen. Einige dieser Funktionen erfordern eine Enterprise-Zugriffslizenz für die Benutzer.

Gerade die erweiterten Funktionen machen Exchange für die Gestaltung von Kommunikationsprozessen hochinteressant, da sich damit viele sinnvolle und effiziente Steuerungsmöglichkeiten in den Prozessen ergeben. Welche der Funktionen in welchen Prozessen wie eingesetzt werden können, werden wir in der Umsetzung genauer analysieren.

■ 3.5 Skype for Business (Lync)

Skype for Business, ursprünglich unter dem Namen Lync bei Microsoft angesiedelt, ist die Komponente für die Echtzeitkommunikation, also Telefonie, Chat und Onlinekonferenzen.

Meist wird darüber ad-hoc-Kommunikation abgewickelt. Diese sträubt sich naturgemäß gegen eine prozessorientierte Planung. Nichtsdestotrotz sind auch hier Anforderungen des Unternehmens einzuhalten. Anders als bei einer schriftbasierten Kommunikation, sind die Möglichkeiten der Steuerung aber eingeschränkt.

Tatsächlich bietet auch Skype for Business Funktionen, die in Kommunikationsprozessen genutzt werden können. Zum einen stehen dahinter die Integrationsmöglichkeiten in Exchange und SharePoint, die insbesondere über den Verfügbarkeitsdienst (Presence) in Skype for Business abgewickelt wird. Skype for Business ermittelt die aktuelle Verfügbarkeit eines Benutzers einerseits über die Informationen aus der Terminplanung in Exchange, so dass z. B. als gebucht gekennzeichnete Termine dazu führen, dass Anrufe nicht an den Benutzer weitergeleitet werden. Andererseits werden dazu die Aktivitäten am Rechner des Benutzers ausgewertet. Das heißt, wenn der Benutzer an keinem PC angemeldet ist, ist er für Skype for Business abwesend. Erfolgt über einen bestimmten Zeitraum keine Eingabe, wird er ebenso als abwesend gekennzeichnet. Diese Informationen werden über ein einfaches Ampelsystem auch in anderen Clients angezeigt, zum Beispiel für E-Mail-Absender in Outlook oder an Benutzerinformationen in SharePoint.

Eine weitere Möglichkeit, die wir für spezielle Kommunikationsprozesse nutzen können, ist die Funktion des persistenten Chats in Skype for Business. Damit wird die eigentlich synchrone Arbeitsweise eines Chats um eine asynchrone Funktionsweise ergänzt. Darüber lassen sich themenbasierte Chats bereitstellen, die Anwender auch über einen längeren Zeitraum nutzen können. Eine ähnliche Funktion bietet SharePoint ab der Version 2013 mit den Websitefeeds oder schon immer über Diskussionsrunden. Interessant ist diese Funktion in Skype for Business für die Anbindung externer Benutzer. Anders als in SharePoint müssen externen Benutzern in Skype for Business dafür keine weiterreichenden Zugriffe eingerichtet werden.

3.6 Microsoft Office

Die verschiedenen Office-Anwendungen sind für Kommunikationsprozesse in zweierlei Hinsicht relevant. Zum einen stellen sie den Ausgangs- und häufig auch den Endpunkt des Prozesses dar. Das heißt, die Kommunikation beginnt mit der Erstellung eines Office-Dokumentes, zum Beispiel eines Antrags in Word oder einer Auswertung in Excel, und das Ergebnis des Prozesses ist wiederum ein (geändertes) Dokument, wie z. B. ein genehmigter Antrag oder eine veröffentlichte Auswertung.

Zum anderen werden Office-Anwendungen für die Gestaltung von Kommunikationsprozessen benötigt. Einige dieser Werkzeuge kommen in beiderlei Hinsicht zum Einsatz, andere sind nur in der Gestaltung relevant. Word kann sowohl für die Erstellung von Dokumentvorlagen und Formularen für Kommunikationsprozesse genutzt werden, also auch für die Erstellung eines einfachen Dokuments. Auch Excel-Dateien können als vorgefertigte Auswertungen in Excel Services eingebunden werden. Visio-Zeichnungen können ebenfalls als Kommunikationsdokument verwendet werden. Visio bietet aber auch einen grafischen Designer für SharePoint-Workflows. Ein Werkzeug, das rein für die Gestaltung der Prozesse eingesetzt wird, ist sicherlich SharePoint Designer. Ähnliches gilt für das schon erwähnte InfoPath.

3.6.1 Word, Excel, PowerPoint, OneNote

Word, Excel und PowerPoint sind zusammen mit Outlook sicher die bekanntesten Office-Anwendungen. Insbesondere Word ist ein wichtiges Werkzeug der Kommunikation. Als Textverarbeitung dient es dazu, einen großen Teil der geschäftlichen Korrespondenz zu erstellen. Dabei bietet es weiterreichende Unterstützungen wie

- die nachvollziehbare gemeinsame Erstellung von Dokumenten mit dem Überarbeitungsmodus,
- Serienbrieffunktionen zur Erstellung von Massendokumenten,

- Formularfunktionen durch Einbindung von Feldern und Anbindung von Metadaten,
- Vereinheitlichung der Korrespondenz mit Dokumentvorlagen.

Die Verwendung von Metadaten in Dokumenten ist für die Integration von Word-Vorlagen in SharePoint-Dokumentbibliotheken sehr hilfreich. Für die Serienbrieffunktion ist die Anbindung an Outlook oder auch das Active Directory wiederum nützlich. Da Outlook seit der Version 2010 Word als alleinigen E-Mail-Editor verwendet, stehen uns viele Wordfunktionen jetzt auch in E-Mails zur Verfügung. Allerdings nur, wenn auch eine Vollversion von Word installiert ist. In den vorherigen Versionen von Outlook konnte auch noch ein eigener, integrierter Editor verwendet werden.

Excel als Tabellenkalkulation spielt natürlich eine wichtige Rolle in aggregierenden Kommunikationsprozessen. Insbesondere die grafische Darstellbarkeit von Ergebnissen in Diagrammform ermöglicht eine gute Zusammenfassung auch komplexer nummerischer Informationen. Eine große Rolle spielt dabei einerseits die Möglichkeit, Daten aus SharePoint-Listen dynamisch einzubinden, und andererseits, Excel-Tabellen und -Diagramme gezielt in den Excel Services zu veröffentlichen.

PowerPoint ist zwar als Präsentationsanwendung in vielen Unternehmen ein zentrales Kommunikationswerkzeug, bietet aber bisher wenig Verwaltungsfunktionen, die die Arbeit mit Präsentationen steuerbar machen. In SharePoint 2010 gab es mit den Folienbibliotheken einen eigenen Bibliothekstyp, der sehr gut für die zentrale Ablage von Präsentationsdaten geeignet war. Aufgrund von Designänderungen im SharePoint 2013 steht dieser aber nicht mehr standardmäßig zur Verfügung.

Bei der Kommunikation mit Office-Dokumenten spielen auch einige Office-eigene Funktionen eine zentrale Rolle hinsichtlich der Governance des Dokumentendesigns. Die oben erwähnten Office-Dokumente spielen in der externen Kommunikation eines Unternehmens eine große Rolle. Da in diesen Dokumenten immer das Unternehmen als solches präsentiert wird, sollte sichergestellt sein, dass die Dokumente der Corporate Identity entsprechen, unabhängig davon, wer sie erstellt oder aus welcher Anwendung sie kommen. Dies wird für Standarddokumente über Dokumentvorlagen sichergestellt. Für beliebige Dokumente gibt es aber Office-übergreifend eine Funktion, mit der das Design anwendungsübergreifend festgelegt werden kann. Zu einem Design gehören die verwendeten Schriftarten, die Farbgestaltung und die Formatierung grafischer Elemente. Es ist durchaus sinnvoll, Designs früh anzulegen, damit sie dann in allen zu erstellenden Vorlagen verwendet werden können.

Eine Sonderstellung unter diesen Anwendungen nimmt OneNote ein. Als digitales Notizbuch dient es in erster Linie zur Erfassung unstrukturierter Informationen aus verschiedensten Quellen. Es bietet keine Auswertbarkeit oder weitergehende Strukturierung der Informationen. Über die seit SharePoint 2013 verfügbaren Websitenotizbücher und die OneNote-Web-App kann es aber ein effizientes Werkzeug in der Teamkommunikation werden. Neben eigens darin erfassten Texten und anderen Elementen erlaubt ein OneNote-Notizbuch die einfache Einbindung von Informationen aus anderen Dokumenten und Websites. Ein gutes Beispiel für die flexible Anwendbarkeit ist die Erfassung von Lessons Learned eines Projektes in einem Websitenotizbuch einer Projektwebsite. Lessons Learned können unterschiedlichste Arten von Informationen umfassen, die alle in gleicher Weise in das Notizbuch eingebunden werden können.

3.6.2 Access

Access spielt in der Gestaltung von Kommunikationsprozessen in zweierlei Hinsicht eine Rolle. Erstens lassen sich, wie unter 3.3.4 beschrieben, Access-Anwendungen in den Access Services in SharePoint veröffentlichen. Diese bieten die Möglichkeit, auch sehr spezifische Kommunikationsverfahren zentral zur Verfügung zu stellen.

Darüber hinaus lassen sich die Listenstrukturen von SharePoint als verknüpfte Tabellen in eine Access-Datenbank dynamisch einbinden. Dies ermöglicht weitergehende Auswertungen und Verarbeitungen der in der Kommunikation über SharePoint anfallenden Daten, als sie im SharePoint selbst zur Verfügung stehen.

3.6.3 Project

Auch wenn Project eines der am häufigsten eingesetzten Werkzeuge in der Projektplanung und -steuerung ist, ist es doch kein wirkliches Kommunikationswerkzeug für Projekte. Seinen Schwerpunkt hat es in der Berechnung von Projektterminen und -kosten, sowie der Steuerung des Ressourceneinsatzes. Ohne die Anbindung an den Project Server bietet es keine Funktionen zur Verteilung von Aufgaben oder für die Sammlung von Rückmeldungen aus dem Team. Einzig die integrierten Berichte ermöglichen ein übersichtliches und effizientes Statusreporting.

Project Professional verfügt über eine Schnittstelle zu Aufgabenlisten im SharePoint. Diese erlaubt eine bidirektionale Synchronisation der Daten. Die zu synchronisierenden Felder können konfiguriert werden. Über diesen Weg lassen sich die in Project errechneten Zeitpläne einfach in SharePoint veröffentlichen. Die Teammitglieder können ihren Arbeitsfortschritt an der SharePoint-Aufgabenliste pflegen und der Projektleiter kann diesen dann über die Synchronisation wieder in seinen Zeitplan übernehmen.

Über die Anpassung der zu synchronisierenden Felder in Project und der Gestaltung darauf basierender Ansichten im SharePoint ergeben sich damit auch vielfältige Möglichkeiten der Darstellung und Kommunikation des Projektstatus über das Teamumfeld hinaus.

3.6.4 Visio

Auch Visio hat ähnlich wie Access zwei Anwendungsfälle in der Kommunikationsplanung. Einerseits ist es ein Werkzeug, das ähnlich wie Excel datengetriebene Diagramme darstellen kann. Diese können in den Visio Services in SharePoint im Rahmen von Management Dashboards veröffentlicht werden. Damit können aktuelle Information über Leistungen in Geschäftsprozessen oder technischen Anlagen den entsprechenden Stellen gut aufbereitet zur Verfügung gestellt werden. Die Daten können unter anderem auf Informationen aus SharePoint basieren, bei Bedarf auch aus externen Datenverknüpfungen der Business Data Connectivity Services (BCS).

In der Gestaltung unserer Geschäftsprozesse ist Visio aber auch ein Werkzeug des Prozessdesigns. Es bringt viele Vorlagen für unterschiedliche Darstellungsmöglichkeiten von

Prozessen mit. Weitere können auf einfachem Wege darin selbst gestaltet werden. Eine Besonderheit ist die Vorlage für SharePoint-Workflows. In Visio 2013 lassen sich SharePoint-Workflows in ihrer Grundstruktur aus Bedingungen und Aktionen vorplanen und über eine Exportfunktion an SharePoint Designer 2013 übergeben. Dort müssen sie dann noch mit spezifischen Werten versehen werden, um sie in SharePoint zu veröffentlichen. Da SharePoint Designer nach der Version 2013 von Microsoft nicht weiterentwickelt wird, ist diese Funktion mit Visio 2016 verloren gegangen. Sie wird zwar immer noch angeboten, erwartet aber SharePoint Designer 2016 (der voraussichtlich nie entwickelt werden wird).

Sind die Visio Services in SharePoint verfügbar, wird darüber auch automatisch eine grafische Darstellung des Workflowverlaufs auf den Statusseiten des Workflows angeboten.

3.6.5 Outlook

Outlook ist für viele Anwender, zumindest in Unternehmen mit einer Microsoft-Infrastruktur, die zentrale Kommunikationsschnittstelle. Es bietet über die Anbindung an den Exchange Server viele Möglichkeiten für die Verwaltung persönlicher Kommunikationsinformationen wie E-Mails, Termine, Kontakte, Notizen, Journaleinträge. Außerdem werden damit die Kollaborationsfunktionen des Exchange Servers optimal unterstützt, wie Kalenderfreigaben, Stellvertreterregelungen oder auch die gemeinsame Besprechungsplanung. Auch der Zugriff auf Unternehmensressourcen wie Besprechungsräume oder Dienstfahrzeuge lässt sich in der Anbindung mit Exchange optimal gestalten.

Eine weniger bekannte Funktion von Outlook ist die Nutzung als SharePoint-Client. Viele Standardlistentypen bis hin zu Dokumentbibliotheken lassen sich über wenige Mausklicks in Outlook einbinden. Diese Listen stehen dem Anwender dann seit Outlook 2010 auch offline, das heißt ohne Verbindung zum SharePoint Server zur Verfügung. Die Listeninhalte können in Outlook wie normale Outlookelemente bearbeitet werden. Kontaktlisten können als Adressbücher für den E-Mail-Versand genutzt werden, Kontakte können von einem in den anderen Kontaktordner kopiert werden oder Termine in den Kalender eingetragen werden. Die Änderungen werden bei bestehender Serververbindung direkt mit SharePoint synchronisiert.

Dieser Funktionsumfang bietet eine nicht zu unterschätzende Effizienz in der Kommunikation, da Anwender zum Datenaustausch nicht mehr zwischen verschiedenen Anwendungen wechseln müssen. Die Arbeit mit den Kollaborationsfunktionen erfolgt in einer zentralen Anwendung, Outlook.

3.6.6 SharePoint Designer und InfoPath

SharePoint Designer und InfoPath Designer sind rein administrative Werkzeuge, die für die Gestaltung von Kommunikationsprozessen eingesetzt werden können. Einzig InfoPath Filler ist in dieser Riege ein Kommunikationswerkzeug, das in der Kommunikation selbst eingesetzt wird. Mit dem Filler kann der Anwender Formulare ausfüllen. Beide Werkzeuge, SharePoint Designer und InfoPath, sind mit SharePoint 2016 noch einsetzbar, werden aber bei Microsoft nicht mehr weiterentwickelt. Es ist leider noch nicht ganz klar, welche Nachfolgeprodukte oder Technologien Microsoft dafür vorgesehen hat.

SharePoint Designer dient zur tiefergehenden, aber noch Code-freien Anpassung von SharePoint-Umgebungen. Neben rein administrativen Aufgaben, wie dem Erstellen von Websites und Listen, dient das Werkzeug insbesondere zum Erstellen und Verwalten spezieller Objekte. Dies sind einerseits externe Datenverbindungen, das heißt Datenabfragen an andere Datenbanksysteme, um deren Daten in SharePoint nutzen zu können. Andererseits wird SharePoint Designer benötigt, um benutzerdefinierte Workflows zu erstellen. Für beide Anwendungsfälle gibt es keine entsprechenden Werkzeuge in der Webverwaltung von SharePoint.

Darüber hinaus bietet SharePoint Designer erweiterte Möglichkeiten in der Gestaltung von Websites. Zum Beispiel lassen sich damit Listenansichten erstellen, die bedingte Formatierungen enthalten oder auch angepasste Formulare für Listen in Form von ASPX-Seiten. Auch reine Designanpassungen, wie das Erstellen eigener Masterpages, Seitenvorlagen oder CSS-Dateien, werden durch SharePoint Designer unterstützt. Mit der Version 2013 hat Microsoft zum Leidwesen vieler Nutzer die WYSIWIG-Ansicht aus dem Tool entfernt, so dass für Designanpassungen tatsächlich nur noch der HTML- beziehungsweise XML-Code der Seiten genutzt werden kann. Für Anwender ohne entsprechende Kenntnisse dieser Sprachen erschwert sich die Arbeit damit deutlich. Allerdings ist der Code selbst von Microsoft wieder stärker an die HTML-Standards herangeführt worden, so dass auch andere Editoren aus dem Webdesign genutzt werden können.

InfoPath Designer ist das Werkzeug zum Erstellen webfähiger Formulare für Formularbibliotheken und Forms Services in SharePoint. Außerdem kann er für die Anpassung der Listenformulare ab SharePoint Server genutzt werden. In SharePoint Foundation sind die Forms Services nicht verfügbar, daher werden hier ASPX-Seiten für die Listenformulare eingesetzt. Diese lassen sich mit SharePoint Designer anpassen.

InfoPath-Formulare unterstützen die Einbindung mehrerer Datenquellen, unter anderem auch SharePoint-Listen. Dadurch ist es möglich, Daten in einem Formular zusammenzufassen, die aus unterschiedlichen Quellen kommen. So können zum Beispiel in einem Projektantrag Daten aus der Personalverwaltung für die Zusammensetzung des Projektteams eingelesen werden und mit Daten aus einer SharePoint-Liste des Vorschlagswesens im Unternehmen und direkt einzugebenden Daten wie Budgetgrößen zusammengeführt werden. Das ausgefüllte Formular wird in einer Formularbibliothek gespeichert und eventuell noch an einen Genehmigungsworkflow übergeben. Alle eingebundenen Daten können direkt im Formular geprüft und nachvollzogen werden.

Natürlich sind auf der technologischen Ebene noch weitere Dienste und Produkte von Microsoft für die Umsetzung komplexer Kommunikationsstrukturen im Unternehmen erforderlich. Hier sind insbesondere die Internet Information Services (IIS) des Windows Server oder auch das .Net Framework in seinen verschiedenen Versionen zu nennen. Auch die Betriebssysteme selbst, Windows und Windows Server, spielen natürlich eine Rolle.

Bei der Gestaltung von Kommunikationsprozessen erfordern diese Basiswerkzeuge in der Regel keine spezifischen Anpassungen. Die Konfiguration erfolgt in den meisten Fällen durch die darauf aufsetzende Plattform. Natürlich kann es immer wieder auch Spezialfälle geben, die den direkten Eingriff in diese Werkzeuge erfordern. Aus Gründen der Nachvollziehbarkeit und der Verständlichkeit bei der Umsetzung unseres Beispiels werde ich mich an den vorgegebenen Standards orientieren.

Nachdem wir nun die zur Verfügung stehenden Plattformen kennen, werde ich im nächsten Schritt ein Musterunternehmen für die Umsetzung beschreiben, um anschließend mit den in diesem Kapitel beschriebenen Plattformen, Anwendungen und Werkzeugen die Umsetzung der Kommunikationsanforderungen dieses Musterunternehmens darzulegen.

Dabei werden nicht alle hier erwähnten Produkte verwendet. Dies würde den Rahmen dieses Buches überschreiten. Viele Anwendungen erfordern intensive und sehr spezialisierte Planungsschritte. Der Überblick in diesem Kapitel sollte aber deutlich gemacht haben, welche Plattform und welche Anwendungen genutzt werden können, um die Kommunikationsanforderungen eines Unternehmens umzusetzen.

4 Unsere Beispielumgebung

Um uns die Möglichkeiten der Gestaltung von Kommunikationsprozessen auch an einem konkreten Beispiel anschauen zu können, werde ich ein beispielhaftes Unternehmen mit verschiedenen Abteilungen aufbauen. Für dieses Unternehmen beschreibe ich eine Musterumgebung mit den im letzten Kapitel aufgeführten Microsoft-Werkzeugen. Für einige dieser Abteilungen möchte ich die Kommunikationsanforderungen darstellen und anschließend mit den gegebenen Möglichkeiten umsetzen. Verschiedentlich werden wir sehen, dass es durchaus unterschiedliche Realisierungsmöglichkeiten gibt. Ich werde versuchen, die Auswirkungen und Vor- und Nachteile der jeweiligen Umsetzung zu beleuchten, um Hinweise zu erarbeiten, unter welchen Bedingungen welcher Realisierungsweg sinnvoll ist.

■ 4.1 Das Musterunternehmen

Die Besser Kommunizieren GmbH ist eine Technologieberatung mit Sitz in Essen, NRW, die Projektunterstützung und Weiterbildungen in Form von Webinaren anbietet. Kunden sind in erster Linie Firmen des gehobenen Mittelstandes bis zu Konzernen aus unterschiedlichen Branchen.

Um seinen Kunden hochwertige Beratungs- und Schulungsleistungen anbieten zu können, muss das Unternehmen immer auf dem aktuellen Stand der technologischen Entwicklung sein. Daher hat es sich strategisch dazu entschieden, neue technologische Möglichkeiten auch im eigenen Hause so früh wie möglich einzusetzen, um damit die Einsatzmöglichkeiten bei seinen Kunden zu ermitteln. Gerade für den Schulungsbereich ist es erforderlich, laufend neue Angebote und Schulungsprodukte zu entwickeln. Damit möchte die Besser Kommunizieren GmbH möglichst immer an der vordersten Front der Entwicklung stehen und der Erste am Markt sein, der Schulungen zu den neuesten Entwicklungen anbietet. Um dies mit der nötigen Flexibilität leisten zu können, werden Schulungsangebote im ersten Schritt nur als Webinare angeboten. Bei Bedarf können diese aber auch als unternehmensinterne Schulungen umgesetzt werden. Eine eigene Schulungsinfrastruktur in Form von Schulungsräumen und Installationen unterhält die Besser Kommunizieren GmbH aber nicht.

In den Projekten und bei der Durchführung der Webinare arbeitet das Unternehmen viel mit freien Beratern, Projektleitern und Trainern zusammen. Es verfügt aber auch über einige festangestellte Technologieberater, die auch in der Produktentwicklung eingesetzt werden. Um die Verwaltung schlank und flexibel zu halten, wird die Zahl der administrativen Mitarbeiter so klein wie möglich gehalten. Die Abteilungen sollen als kleine, selbständige und schlagkräftige Einheiten arbeiten.

Auch das administrative Personal muss mit der technologischen Entwicklung Schritt halten. Daher legt die Besser Kommunizieren GmbH viel Wert auf die interne Personalentwicklung. Die Einführung neuer Technologien wird immer durch Unterstützungs- und Weiterbildungsmaßnahmen für die eigenen Mitarbeiter begleitet. Diese stehen auch den freien Mitarbeitern zur Verfügung.

4.1.1 Geschäftsführung

Natürlich benötigt auch ein kleines, schlagkräftiges Unternehmen wie die Besser Kommunizieren GmbH eine Geschäftsführung. Diese besteht aus den beiden Gründern des Unternehmens, Henrike Siegel und Erhard Hauenstein. Henrike Siegel verantwortet den Geschäftsbereich Weiterbildung, während Erhard Hauenstein für das Projektgeschäft verantwortlich ist. Zur Unterstützung der Geschäftsführung gibt es ein Sekretariat, das ebenfalls aus zwei Mitarbeitern besteht, Maria Bertwein und Ernst Kohlhoff. Maria Bertwein ist die persönliche Sekretärin von Henrike Siegel, Ernst Kohlhoff persönlicher Sekretär von Erhard Hauenstein. Im Urlaubs- und Krankheitsfall vertreten sie sich aber gegenseitig, das gilt auch für die Geschäftsführer.

Die Geschäftsführung ist für alle strategische Entscheidungen des Unternehmens zuständig. Neue Produkte werden erst nach der Zustimmung der Geschäftsführung am Markt positioniert. Dabei ist die Zustimmung beider Geschäftsführer erforderlich. Ebenso liegt die letzte Entscheidung über die Durchführung von Kundenprojekten bei der Geschäftsführung.

Zur Planung der Geschäftsentwicklung möchten die Geschäftsführer monatlich über aktuelle Zahlen aus den Abteilungen, Kosten, Umsätze als Ist- und Planzahlen informiert werden. Grundsätzlich pflegt die Geschäftsführung im Sinne des Unternehmensnamens eine offene Kommunikationskultur. Alle Entscheidungen werden dem gesamten Unternehmen zeitnah mitgeteilt. Dabei ist auch die offene Diskussion im Unternehmen über diese Entscheidungen erwünscht. Dies gilt insbesondere für die Einführung neuer Technologien und Verfahren im Unternehmen. Die Geschäftsführer versprechen sich davon eine bessere Einschätzung der Herausforderungen in den Kundenprojekten, da sie ihr eigenes Unternehmen als Beispiel für ihre Kunden sehen. Dazu trifft sich die Geschäftsführung einmal im Monat mit allen Vertriebsmitarbeitern und den Abteilungsleitern der anderen Abteilungen.

4.1.2 Vertrieb und Marketing

Die Abteilung Vertrieb und Marketing ist für alle Schritte der Angebotsanbahnung zuständig. Hier wird der Erstkontakt zu den Kunden hergestellt und das Marketing für die neuen Angebote aufgebaut. Dazu unterhält die Abteilung eine öffentliche Website, in der unter anderem die aktuellen Webinarangebote als Katalog zur Verfügung gestellt werden. Aus dem Kundenkontakt werden auch Ideen für neue Angebote entwickelt, die dann an die Produktentwicklung in der Abteilung Forschung und Entwicklung weitergegeben werden.

In Abstimmung mit der Projektabteilung werden hier die Projektangebote für die Kunden erstellt und nach Genehmigung durch die Geschäftsführung dem Kunden vorgelegt. In der Projektabwicklung ist vorgesehen, dass in der Kundenkommunikation diese Abteilung eng mit den Projektleitern zusammenarbeitet und über den Projektfortschritt auf dem Laufenden gehalten wird. In allen Projekten ist der Kundenberater dieser Abteilung im Lenkungsausschuss aller durch ihn angebahnten Projekte vertreten.

Die Abteilung besteht aus fünf Mitarbeitern. Karl Maßen und Jens Sunitz sind Projektberater, wohingegen Annette Müßig und Frauke Laurentz den Webinarvertrieb betreuen. Klaus Linssen steht der gesamten Abteilung im Sekretariat zur Verfügung. Die Vertriebsmitarbeiter sind direkt der jeweiligen Geschäftsführung unterstellt, deshalb gibt es keine Abteilungsleitung für diese Abteilung. Die Mitarbeiter vertreten sich gegenseitig innerhalb des Geschäftsbereichs. Das Sekretariat wird bei Abwesenheit von Klaus Linssen von dem Geschäftsführungssekretariat mit übernommen.

4.1.3 Forschung und Entwicklung

Die Abteilung Forschung und Entwicklung ist die erste Abteilung, die sich mit neuen Technologien beschäftigt. Hier werden die Technologien begutachtet und getestet. Auf Basis der Ergebnisse werden Vorschläge für den internen Einsatz und für die Einsatzmöglichkeiten bei den Kunden entwickelt. Nach Abstimmung mit der Geschäftsführung werden daraus Produkte für Projekte und Webinarangebote entwickelt. Dies geschieht in enger Abstimmung mit dem Vertrieb, um schon frühzeitig Marketinginformationen bereitzuhalten. Produktideen, die der Vertrieb aus seinen Kundenkontakten entwickelt, werden ebenfalls in dieser Abteilung geprüft und gegebenenfalls zur Produktreife entwickelt.

Die Mitarbeiter der Abteilung sind hochqualifizierte ITler. Der Leiter, Martin Startup, hat lange in großen Konzernen als IT-Leiter gearbeitet. Seine beiden Mitarbeiter, Susanne Logoff und Michael Signon, sind Spezialisten für Kollaborations- und Kommunikationsanwendungen. Bei Abwesenheit wird Martin Startup von Susanne Logoff vertreten. Er berichtet direkt an Erhard Hauenstein.

4.1.4 Beschaffung und Einkauf

Die Beschaffungsabteilung ist für die gesamte kaufmännische Abwicklung der Zulieferleistungen zuständig. Hierzu gehören die Vertragsbetreuung der externen Trainer und Berater, als auch die Beschaffung von Lizenzen. Darüber hinaus werden hier die diversen Partnerverträge mit den Softwareherstellern betreut. Außerdem ist die Abteilung für die Beschaffung und Überwachung des internen Materialbedarfs zuständig. Um einen möglichst guten Kostenüberblick über alle Einkäufe zu haben, werden auch interne Verbräuche nach Kostenstellen mit den Abteilungen abgerechnet. Für Projekte und Schulungen wird das selbstverständlich ebenso gehandhabt. Jedes Projekt und jede Schulung hat somit auch eine eigene Kostenstelle.

Hier findet auch die kaufmännische Überprüfung der Eingangsrechnungen aller externen Mitarbeiter statt. Rechnungen sind zuerst in dieser Abteilung zu prüfen, anschließend erfolgt die inhaltliche Prüfung durch den jeweiligen Projektleiter oder durch den zuständigen Vertriebsbeauftragten.

Die Abteilung besteht aus zwei Mitarbeitern. Klara Petzold ist Abteilungsleiterin und betreut die Einkäufe für den Schulungsbereich. Sie berichtet an Henrike Siegel. Marius Gardino verantwortet den Projektbereich und ist Klara Petzold unterstellt. Interne Einkäufe werden von beiden gleichermaßen verwaltet. Sollte einer von beiden abwesend sein, vertritt ihn der andere Mitarbeiter der Abteilung.

4.1.5 Personalabteilung

Die Personalabteilung hat zwei Kernaufgaben. Einerseits die Personalverwaltung und -abrechnung aller fest angestellten Mitarbeiter der Besser Kommunizieren GmbH und andererseits die interne Personalentwicklung. Für die Projektmitarbeiter ermittelt die Personalabteilung auch die internen und externen Verrechnungssätze. Natürlich erstellt sie die Gehaltsabrechnungen und leitet die jährlichen Zielvereinbarungen und Personalgespräche ein.

Im Bereich der Personalentwicklung arbeitet die Abteilung eng mit der Produktentwicklung und dem Vertrieb zusammen. Dadurch soll sichergestellt werden, dass das notwendige Know-how, das für die neuen Technologien benötigt wird, auch zeitnah intern aufgebaut wird. Dafür werden entweder interne Weiterbildungsaktivitäten wie Schulungen oder Coachings durchgeführt, oder, in Zusammenarbeit mit dem Einkauf, externe Schulungen oder Trainer eingekauft.

Die Abteilung besteht aus drei Mitarbeitern. Martin Semmelberg ist Abteilungsleiter, Franziska Fuchs ist in erster Linie für das administrative Personal zuständig, Uwe Grube betreut das interne Schulungs- und Projektpersonal. Bei Martin Semmelbergs Abwesenheit vertritt er diesen, ebenso wie Franziska Fuchs. Diese wiederum vertritt Uwe Grube bei seiner Abwesenheit.

4.1.6 IT und Organisation

Die IT- und Organisationsabteilung betreut die gesamte interne Infrastruktur des Unternehmens, Server- und clientseitig. Sie steht den Mitarbeitern mit Support zur Verfügung, entwickelt mit der Forschungs- und Entwicklungsabteilung Strategien für den internen Einsatz neuer Technologien und führt entsprechende Migrations- und Rollout-Projekte durch. Bei Bedarf unterstützen die Mitarbeiter sogar die Projektabteilung bei den Kundenprojekten.

Hier werden aber auch die internen Prozesse geplant und weiterentwickelt. Darauf basierend werden auch die Arbeitsweisen des Unternehmens definiert und die entsprechenden Richtlinien entwickelt, die dann mit der Rechtsabteilung und der Geschäftsführung abgestimmt und von der Geschäftsführung in Kraft gesetzt werden. Bei Bedarf werden auch Überlegungen für Umstrukturierungen im Unternehmen in dieser Abteilung durchgeführt.

Dem Abteilungsleiter, Matthias Kellner, stehen dafür drei Mitarbeiter zur Verfügung. Hans Sachse ist Experte für Prozessgestaltung. Er ist auch Matthias Kellners Stellvertreter. Stefan Meurer betreut die Serverlandschaft und Sarah Radschläger ist eine erfahrene Anwender- und Desktopbetreuerin.

4.1.7 Finanzen und Controlling

Die Finanzabteilung der Besser Kommunizieren GmbH kommt mit zwei Mitarbeitern aus. Sevilay Tasci betreut die Buchführung des Unternehmens, Sebastiano Salgaro ist für das strategische Controlling und die Finanzplanung des Unternehmens zuständig. Er untersteht Henrike Siegel und führt Sevilay Tasci als Mitarbeiterin.

Neben der laufenden monatlichen Buchhaltung, der Zusammentragung von Kosten und Einnahmen und der Berechnung des Überschusses erstellt die Abteilung natürlich auch die Jahresbilanzen und bereitet die Steuermeldungen vor. Dafür müssen insbesondere der Einkauf und der Vertrieb die angefallenen und geplanten Kosten und Einnahmen detailliert an diese Abteilung berichten. Die Finanzdaten werden dann von der Finanzabteilung monatlich der Geschäftsführung vorgelegt. Neben den Monatsdaten enthält dieser Bericht immer auch den Quartalsausblick für die kommenden drei Monate.

4.1.8 Projektmanagement

Da das Projektgeschäft das Kerngeschäft der Besser Kommunizieren GmbH ist, hat sie im letzten Jahr eine eigene Abteilung für die Betreuung der Projekte gebildet. Ziel dieser Abteilung ist es, eine erfolgreiche Projektabwicklung mit hoher Kundenzufriedenheit sicherzustellen. Dafür hat die Abteilung das Projektmanagement des Unternehmens standardisiert und diesen Standard auch in Werkzeuge gefasst.

Die Projektleiter, unabhängig davon, ob sie für ein Projekt eingekauft sind, oder zum Unternehmen gehören, müssen die Projekte nach diesem Standard und mit diesen Werkzeugen abwickeln. Dafür wird für jedes Projekt auf dem SharePoint des Unternehmens eine eigene Site eingerichtet, die die Werkzeuge und Verfahren in Form von Listen, Auswertungen und Workflows beinhaltet. Die Daten der einzelnen Projekte werden in einem Portfoliomanagement zusammengefasst und sind von dieser Abteilung und der Geschäftsführung jederzeit einsehbar.

Da in den Projekten viele externe Mitarbeiter eingesetzt werden, arbeitet die Abteilung eng mit dem Einkauf zusammen. Die Anbahnung der Projekte geschieht in enger Kooperation mit dem Vertrieb, insbesondere mit Karl Maßen und Jens Sunitz.

Die Abteilung wird geleitet von Gudrun Gelb. Sie hat lange Jahre selbst als Projektleiterin gearbeitet und sich ihr Know-how auch mit einer PMP®-Zertifizierung bescheinigen lassen. So ist es auch kein Wunder, dass sich das Projektmanagement der Besser Kommunizieren GmbH am PMI®-Standard orientiert.

Gudrun Gelb beschäftigt zwei eigene Projektleiter, Thomas Suggert und Johannes Setzert, die beide auch eine PMP®-Zertifizierung anstreben. Johannes Setzert vertritt Gudrun Gelb, innerhalb der Abteilung vertreten sich die beiden gegenseitig. Natürlich berichtet Gudrun Gelb direkt an Erhard Hauenstein.

4.1.9 Compliance- und Rechtsabteilung

Bei der Compliance- und Rechtsabteilung handelt es sich eigentlich um keine richtige Abteilung. Der Bereich wird durch eine Juristin, Maike Mauschert, vertreten, die aber nur in Teilzeit arbeitet. Sie ist pro Woche nur an zwei Tagen im Unternehmen.

Ihre Aufgabe besteht darin, sicherzustellen, dass alle abgeschlossenen Verträge, sowohl mit den Kunden als auch mit externen Trainern und Beratern, den juristischen Anforderungen und den Haftungsansprüchen des Unternehmens entsprechen. Außerdem überprüft sie alle eingeführten internen Richtlinien auf ihre Rechtsgültigkeit. Im Rahmen der Projekte liefert sie juristisches Know-how, wenn es um entsprechende Fragestellung in eingeführten Prozessen und Produkten geht. Dies sind zum Beispiel Fragen zum Datenschutz oder zur Speicherung personenbezogener Daten.

Maike Mauschert berichtet an Erhard Hauenstein. Eine Vertretung für sie ist nicht vorgesehen. Notfalls ist sie auch außerhalb der definierten Arbeitszeit erreichbar. Im Einzelfall werden diese Beratungsleistungen über einen Stundenverrechnungssatz in den Projekten abgerechnet.

Bild 4.1 gibt das Organigramm der Besser Kommunizieren GmbH wieder.

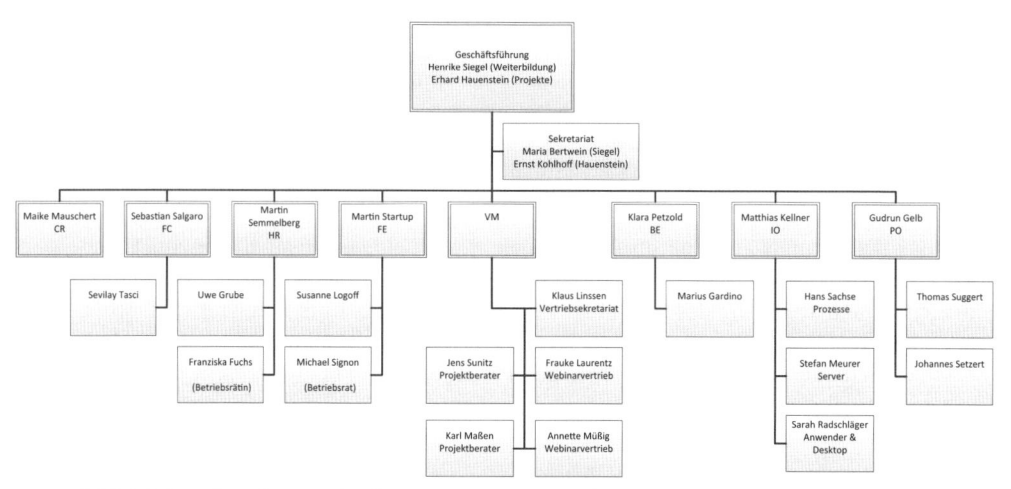

Bild 4.1 Das Organigramm der Besser Kommunizieren GmbH

4.1.10 Der Betriebsrat

Wenn Sie mitgezählt haben, haben Sie sicherlich festgestellt, dass die Besser Kommunizieren GmbH über zwei Geschäftsführer und 25 angestellte Mitarbeiter verfügt. Damit besteht für die Mitarbeiter laut Betriebsverfassungsgesetz die Möglichkeit, einen Betriebsrat zu gründen. Auch wenn Henrike Siegel und Erhard Hauenstein dies aufgrund der sowieso schon offenen Kommunikation im Unternehmen nicht für nötig gehalten haben, wollten sie sich dem Wunsch der Mitarbeiter (und den gesetzlichen Vorgaben) nicht widersetzen. Somit wurden im letzten Jahr Betriebsratswahlen abgehalten und Michael Signon und Franziska Fuchs in den Betriebsrat gewählt. Michael Signon ist offiziell Betriebsratsvorsitzender, Franziska Fuchs seine Vertreterin.

Da sich die Mitarbeiter bei Problemen mit ihren Vorgesetzten an den Betriebsrat wenden können, ist vertrauliche Kommunikation Voraussetzung für die sichere Arbeit des Betriebsrates.

4.2 Die Infrastruktur

Nach ausgiebigen Tests und einigem Forschungsaufwand haben sich Martin Startup und Matthias Kellner entschieden, die eigene IT-Infrastruktur der Besser Kommunizieren GmbH möglichst komplett mit Microsoft-Produkten zu betreiben. Sie haben dies gegenüber der Geschäftsführung strategisch damit begründet, dass dies die bei den Kunden am häufigsten eingesetzte Plattform ist, dass damit voraussichtlich alle derzeitigen Anforderungen abgedeckt werden können, dass der Anbieter eine hohe Zukunftssicherheit verspricht, und dass damit der höchste Integrationsgrad und schließlich auch die einfachste Lieferantenverwaltung erreicht wird.

Nachdem Henrike Siegel und Erhard Hauenstein dieser Argumentation gefolgt sind und sie den Ansatz verabschiedet haben, wurde Stefan Meurer mit der Planung der Serverinfrastruktur und der AD-Struktur beauftragt.

4.2.1 AD-Struktur

Nach einigen Überlegungen über die Strategien der Verwaltbarkeit der Infrastruktur, hat Stefan Meurer sich entschieden, die Organisationsstruktur des Unternehmens als OU-Struktur im AD abzubilden und die Benutzerkonten in der jeweiligen OU anzulegen. Für die Vereinfachung der Berechtigungsverwaltung bildet er noch jeweils eine sogenannte Schattengruppe als globale Sicherheitsgruppe der OU, in der die jeweiligen Mitglieder der Abteilung enthalten sind. Für die Administratoren gibt es jeweils ein zweites administratives Konto, damit sie nicht immer mit vollem Administrationszugriff arbeiten. Die Abteilungszugehörigkeit und die Hierarchieebenen werden über die Felder „Department" („Abteilung") und „Direct reports to" („Vorgesetzter") im AD abgebildet.

Für die Server- und Dienstkonten wird eine eigene Struktur aufgebaut, in der diese nach Rollen getrennt verwaltet werden.

Das gesamte Verzeichnis wird in einer Domäne betrieben. Derzeit gibt es keine Anforderung, die ein Mehrdomänenmodell rechtfertigen würde. Der interne Name der Domäne lautet betcomm.de. Dieser wird neben der Domäne besser-kommunizieren.de über ein sogenanntes Split-Brain-DNS auch extern verwendet.

Der User-Teil der Domäne wird in Bild 4.2 dargestellt:

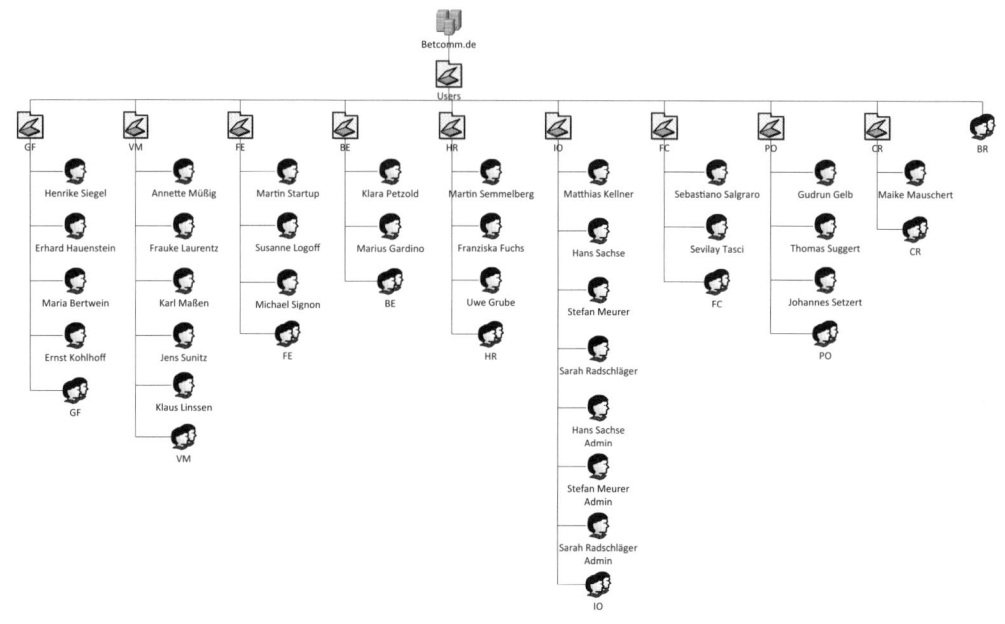

Bild 4.2 Die AD-Struktur der Benutzer der Besser Kommunizieren GmbH

4.2.2 Technische Infrastruktur

Die Serverinfrastruktur wurde von der IT-Abteilung der Besser Kommunizieren GmbH erstmalig mit Server 2008, SQL Server 2008 und den Office-Servern 2010 aufgebaut. Inzwischen ist sie auf Windows Server 2012 R2, SQL Server 2012 und den Office-Servern 2013 migriert. Die nächste Migration auf Windows Server 2016, SQL Server 2016 und den Office-Servern 2016 steht mit der Einführung der neuen Produkte an. Derzeit sind folgende Server in Betrieb (Tabelle 4.1):

Tabelle 4.1 Die Serverinfrastruktur der Besser Kommunizieren GmbH

Name	Rolle
CA01	Root CA (offline)
DC01	Domänencontroller DHCP-Server DNS-Server Zertifizierungsstelle
SQL01	Datenbank Analysis Services Reporting Services
SP01	SharePoint Server 2013 Enterprise Web-Frontend MySites Suchdienst Anwendungsserver
EX01	Exchange Server 2013 Enterprise Mailbox Server Client Access Server
SKY01	Skype for Business 2015 Server
DRM01	Digital Rights Management
FS01	Federation Services

Alle Server laufen derzeit unter dem Betriebssystem Windows Server 2012 R2. Es wird ein privates IPv4 Netzwerk verwendet. Die Server- und Dienstkonten werden im AD in einer OU *Server* verwaltet. Für jede Rolle existiert darin wieder eine eigene OU (Bild 4.3).

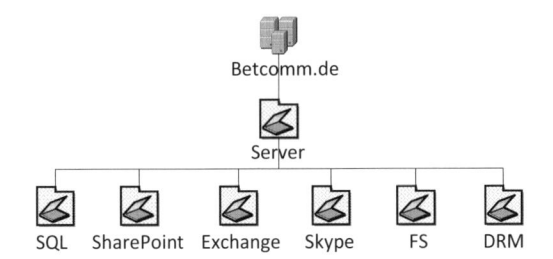

Bild 4.3 Die Server-OU im AD der Besser Kommunizieren GmbH

■ 4.3 Die Umsetzung

Erhard Hauenstein und Henrike Siegel möchten die bestehende Infrastruktur nutzen, um die interne Unternehmenskommunikation zu optimieren. Sie beauftragen daher Matthias Kellner mit einem Projekt, in dem die Umsetzung der internen Kommunikationsprozesse mit der bestehenden Infrastruktur geprüft werden soll. Ziel des Projektes ist die Abbildung der Prozesse in der zukünftigen Umgebung auf Basis von Windows Server 2016 und entsprechenden Versionen der in Kapitel 3 beschriebenen Servern. Um einen möglichst bruchfreien Wechsel zu ermöglichen, sollen im Projekt aber auch die teilweise noch eingesetzten Vorversionen des Versionsstandes 2013 betrachtet werden.

Zur besseren Steuerbarkeit des Projektes wird abteilungsweise vorgegangen. Zuerst werden die abteilungsinternen Prozesse analysiert und in der neuen Umgebung umgesetzt. Dabei sollen mögliche Schnittstellen zu anderen Abteilungen und Geschäftspartnern frühzeitig berücksichtigt werden. Kommunikationsprozesse zwischen den Abteilungen und mit der Unternehmensumgebung, insbesondere den Kunden, den Projektpartnern und den Trainern sollen mitgeplant werden, um keine Insellösungen zu schaffen.

Erhard Hauenstein und Henrike Siegel sind sich der Gefahr bewusst, dass die bestehenden Kommunikationsstrukturen durch ein solches Projekt auch gestört werden können. Sie legen daher viel Wert darauf, durch die Umsetzung die bestehende direkte Kommunikation nicht durch einen zu hohen Formalisierungsgrad zu behindern. Ziel des Projektes ist die Erweiterung der Kommunikationskanäle. Es soll nur soweit mit automatisierten und formalisierten Prozessen gearbeitet werden, wie diese einen echten Mehrwert in der Kommunikation erbringen, insbesondere durch Vereinfachung, Standardisierung, Nachvollziehbarkeit oder Beschleunigung der bisherigen Verfahren. Daher sollen im Projekt auch nur die zur Verfügung stehenden Werkzeuge der Anwendungen eingesetzt werden. Es sollen keine spezialisierten Anwendungen beschafft werden, die den Mitarbeitern eine ungewohnte Arbeitsumgebung präsentieren.

Als gute Manager sind sich die beiden Unternehmensinhaber im Klaren darüber, dass sie mit gutem Beispiel vorangehen müssen, wenn das Projekt auch vom übrigen Unternehmen angenommen werden soll. Daher soll das Projekt mit den Kommunikationsprozessen der Geschäftsführung starten, damit mögliche Gefahren und Einschränkungen hier als Erstes deutlich werden, so dass sie im weiteren Projektverlauf ausgeräumt werden können, ohne dass das operative Geschäft und die Mitarbeiter darunter leiden.

Für jede Abteilung sollen zuerst die grundlegenden Kommunikationsanforderungen ermittelt werden. Im zweiten Schritt werden die Funktionen der jeweiligen Anwendungen identifiziert, die für diese Anforderungen infrage kommen. Jede Anforderung wird dann auf ihre Abbildbarkeit als Prozess überprüft. Im letzten Schritt erfolgt eine testweise Umsetzung. Im Pilottest werden eventuell noch einige Optimierungen vorgenommen, bevor die Übergabe in den Produktiveinsatz erfolgt. Während der Pilotphase werden daher noch die bisherigen Kommunikationsverfahren parallel eingesetzt. Über den Vergleich kann eine direkte Einschätzung des Optimierungsgewinns erfolgen.

5 Kommunikationsanforderungen der Geschäftsführung

Henrike Siegel und Erhard Hauenstein treffen sich mit Martin Startup und Matthias Kellner, um die Anforderungen in der Geschäftsführung aufzunehmen. Sie ermitteln sechs Kernbereiche, die im Laufe dieses initialen Projektschrittes zu untersuchen sind:

- Kommunikation von den Mitarbeitern an die Geschäftsführung, zum Beispiel zur Vorlage von Projektideen und Kundenanfragen
- Verteilung von Informationen aus der Geschäftsführung an die Mitarbeiter, zum Beispiel über akquirierte Projekte oder wichtige Ereignisse im Unternehmen. Erhard Hauenstein und Henrike Siegel möchten zukünftig hierfür mit weniger und gezielteren E-Mails auskommen.
- Sicherstellen der Integrität der Kommunikation innerhalb der Geschäftsführung und von oder zu den Mitarbeitern
- Kommunikationsprozesse, die eine Genehmigung durch die Geschäftsführung erfordern, zum Beispiel das Beantragen neuer Projekte oder die Freigabe von größeren Angeboten
- Sammlung und Auswertung von Informationen aus dem Unternehmen, zum Beispiel von Umsatzdaten oder Projektstatusinformationen
- Auf Wunsch von Henrike Siegel wird noch die Prüfung einer effizienteren Abbildung von Stellvertretungen vor allem bei Abwesenheit eines oder beider Geschäftsführer in die Liste aufgenommen. Hier sind in der Vergangenheit häufig Engpässe entstanden, da wichtige Informationen nicht an der richtigen Stelle verfügbar waren.

5.1 Potenziale interner Unternehmenskommunikation in SharePoint und Exchange

Matthias Kellner sieht in den ersten beiden Anforderungen dieser Liste gute Kandidaten für eine erste Prüfung der Möglichkeiten der neuen Umgebung. Er beauftragt daher Hans Sachse und Stefan Meurer mit einer Sichtung möglicher unterstützender Funktionen. Im ersten Schritt sollen sie sich dabei die Top-down-Prozesse vornehmen, also die Kommunikation aus der Geschäftsleitung an die Mitarbeiter. Die beiden liefern folgende Liste zu prüfender Funktionen zurück:

- Portalfunktionen des SharePoint
- Das Publishingfeature des SharePoint
- Vordefinierte Suchfilter im SharePoint
- Zielgruppen in SharePoint
- Benachrichtigungsfunktionen in SharePoint
- Personalisierte Ansichten in SharePoint

Weil sie schon mal dabei sind, liefern die beiden auch noch eine Liste von Funktionen zurück, die für die gegenläufigen Prozesse, also die Kommunikation von den Mitarbeitern an die Geschäftsführung, von Bedeutung sein können:

- Moderationsregeln in Exchange
- Veröffentlichungsgenehmigung in SharePoint
- Genehmigungsworkflows in SharePoint
- Team Calling in Skype for Business

Als Matthias Kellner mit diesen beiden Listen zu Henrike Siegel und Erhard Hauenstein zurückkommt, fällt es ihnen schwer, sich die Umsetzung vorzustellen. Um dem Ganzen eine Struktur zu geben und die einzelnen Möglichkeiten prüfen zu können, beschließen die drei, schrittweise vorzugehen.

Im ersten Schritt soll auf der SharePoint-Plattform für das Unternehmen ein Intranetportal aufgebaut werden, über das allen Mitarbeitern der Besser Kommunizieren GmbH wichtige Informationen zugänglich gemacht werden. Dazu gehören zentrale Termine, wie interne Veranstaltungen und Weiterbildungen, regelmäßige Informationen über neu gewonnene Kunden und die allgemeine Geschäftsentwicklung, sowie organisatorische Hinweise und Richtlinien. Erhard Hauenstein und Henrike Siegel möchten damit die regelmäßigen Rundmails ablösen. Den großen Vorteil sehen sie darin, dass die Informationen über das Intranet dauerhaft verfügbar sind und nicht bei Bedarf über langwierige Postfachsuchen ermittelt werden müssen. Matthias Kellner nimmt diese Idee als ersten Projektauftrag mit und gibt die Aufgabe an sein Team weiter.

5.1.1 Aufbau eines einfachen Intranetportals in SharePoint

Der erste Schritt fällt Stefan Meurer als Serveradministrator zu. Er soll in SharePoint für das zukünftige Intranet eine neue Webanwendung mit einer neuen Websitesammlung auf der höchsten Ebene erstellen. Diese soll unter dem Namen *Intranet* mit der URL *Intranet.bet comm.de* laufen.

Dazu sind vier Schritte erforderlich:

- Anlegen des Dienstkontos und des DNS-Eintrags für die Website
- Erstellen der Webanwendung in SharePoint
- Ausstellen und Zuweisen des Zertifikates für die Website
- Erstellen der Websitesammlung und der Website auf der höchsten Ebene in SharePoint

Da er die Best Practices der SharePoint-Einrichtung kennt, legt er dazu zuerst einen Domänenbenutzer als Dienstkonto für den Anwendungspool (Bild 5.1) und einen Hosteintrag im DNS (Bild 5.2) an.

Dienstkonto und DNS-Eintrag für die Webanwendung definieren

Das Dienstkonto wird, wie bei der Besser Kommunizieren GmbH vorgesehen, in der Organisationseinheit *Dienstkonten\SharePoint* erstellt.

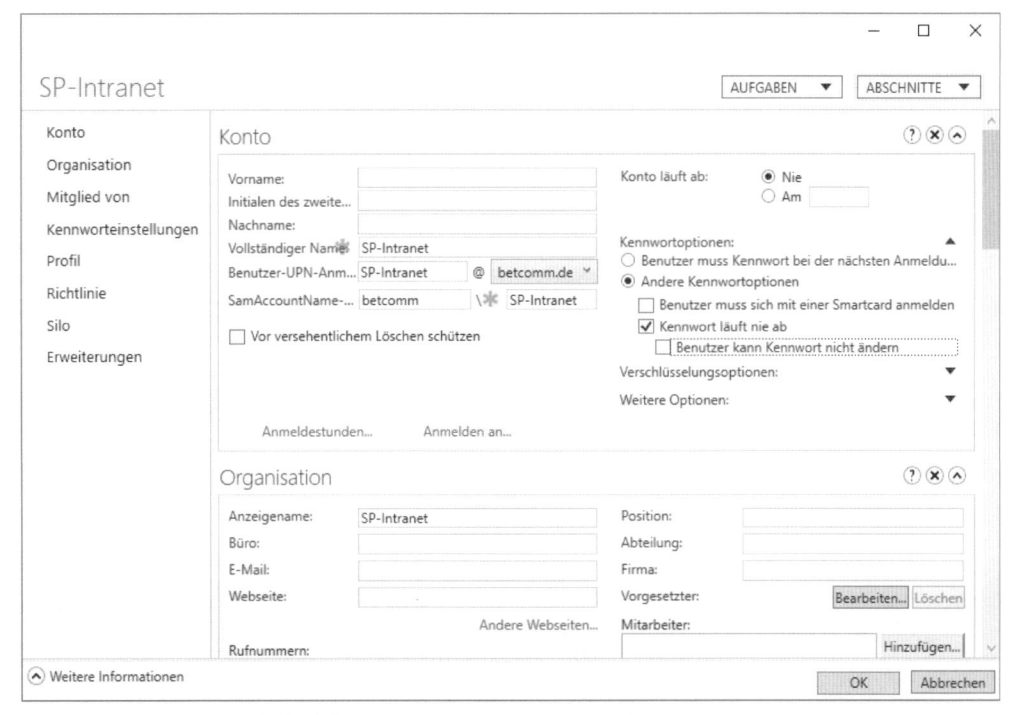

Bild 5.1 Dienstkonto im Active Directory-Verwaltungscenter erstellen

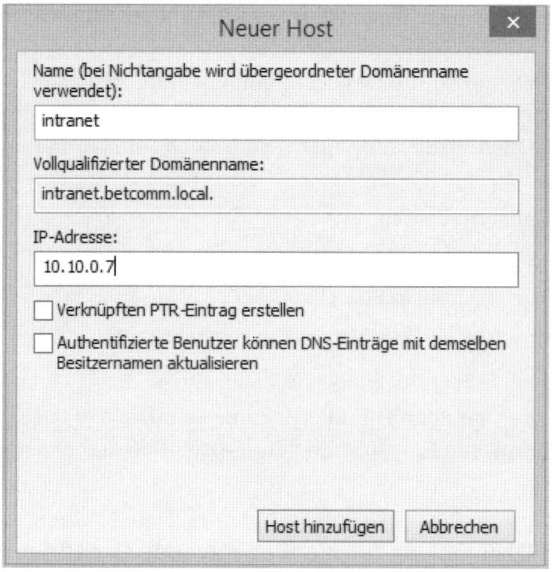

Bild 5.2 Hosteintrag erstellen

Den Domänenbenutzer fügt er als verwaltetes Konto in SharePoint hinzu. Da es sich vorerst noch um einen Test handelt, verzichtet er dabei auf die automatische Kennwortänderung, zieht dies aber für den Produktivbetrieb in Betracht (Bild 5.3).

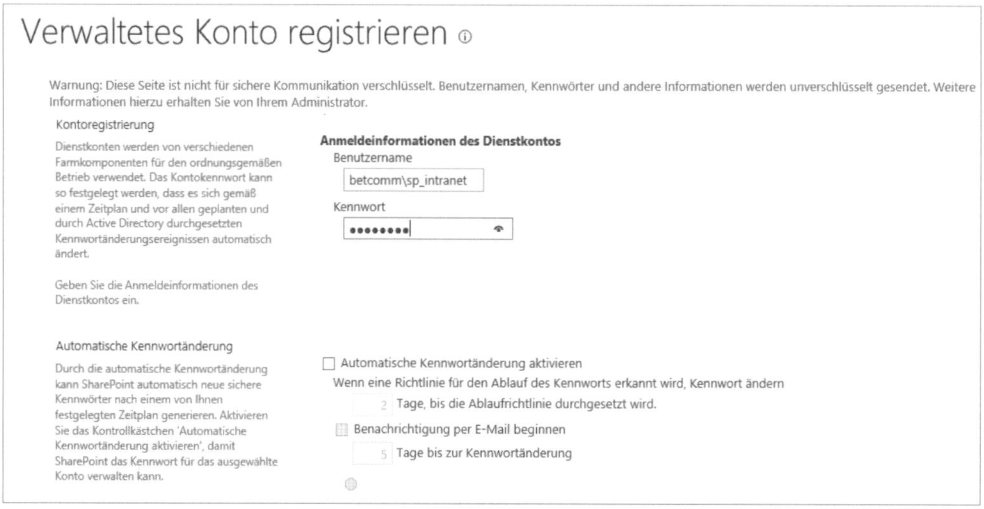

Bild 5.3 Verwaltetes Konto in SharePoint registrieren

Beim Anlegen des Dienstkontos hat Stefan darauf verzichtet, die Kennwortänderung durch den Dienst zu verhindern (er hat die Option *Benutzer kann Kennwort nicht ändern* nicht aktiviert, Bild 5.4). Dadurch wird es später möglich, die Kennwortänderung durch Share-Point durchführen zu lassen. Hätte Stefan die übliche Einstellung für Dienstkonten gewählt, nämlich die Kennwortänderung durch den Dienst zu verhindern, würde dies auch die Kennwortänderung durch SharePoint verhindern.

Bild 5.4 Kontooptionen im Active Directory

Eine neue Webanwendung für das Portal erstellen

Nachdem er diese Vorbereitungen abgeschlossen hat, kann Stefan Meurer nun im ersten Schritt die neue Webanwendung im SharePoint erstellen. Dazu geht er wie folgt vor.

1. Er meldet sich mit seinem administrativen Konto in der Zentraladministration an (in unserem Fall läuft sie unter dem Port 55556 auf SharePoint).

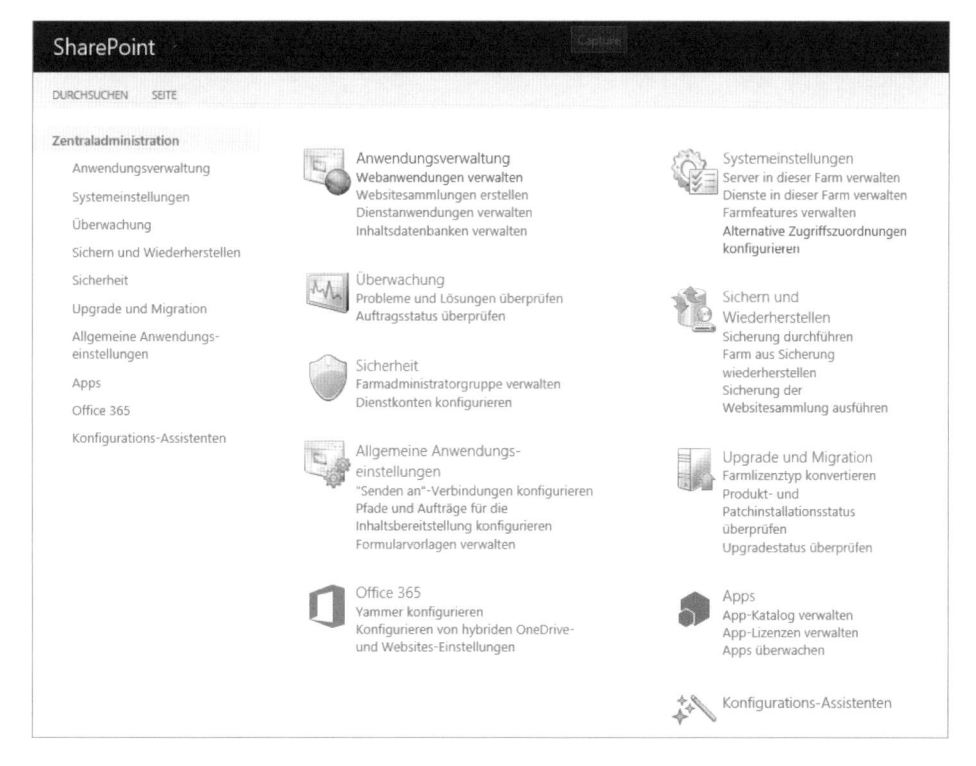

2. Auf der Startseite der Zentraladministration klickt er auf WEBANWENDUNGEN VERWALTEN.

3. Auf der Seite **WEBANWENDUNGEN VERWALTEN** klickt er im Menüband ganz links im Bereich **MITWIRKEN** auf die Schaltfläche **NEU**, um eine neue Webanwendung zu erstellen.

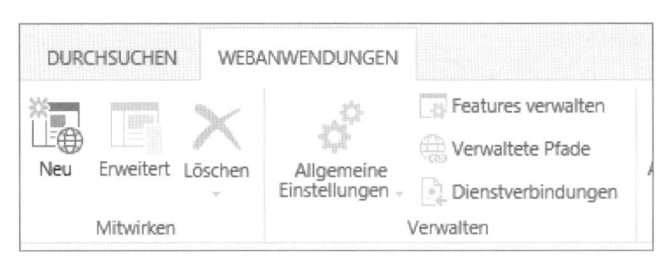

4. Im Formular *Webanwendung erstellen* nimmt Stefan Meurer folgende Einstellungen vor: Da die Besser Kommunizieren GmbH auch intern die Serverkommunikation verschlüsseln möchte, gibt er als Port der Website 443 (den SSL-Standardport) an. Als Hostheader trägt er den Namen ein, unter dem die Website laufen soll, also *intranet.betcomm.local*. SharePoint bildet aus den Angaben automatisch einen Namen für die Webanwendung. Den Pfad zum virtuellen Verzeichnis lässt Stefan Meurer ebenfalls auf den Standardeinstellungen.

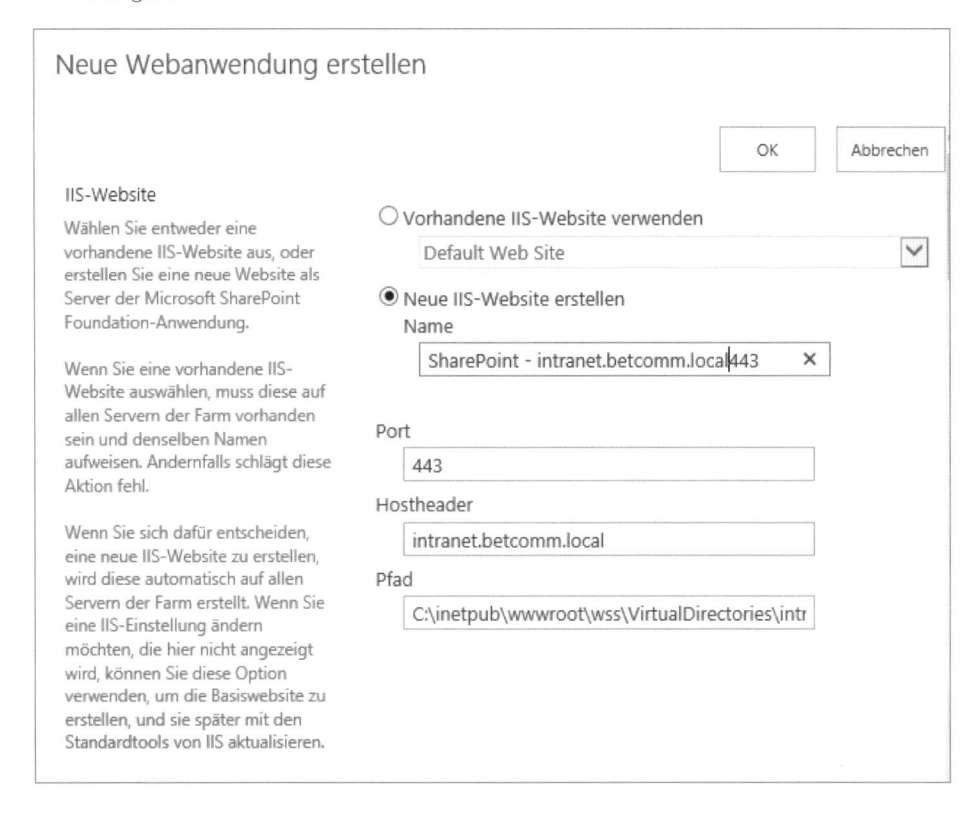

5. Die reine Portangabe reicht zum Aktivieren der SSL-Verschlüsselung natürlich nicht aus, daher aktiviert Stefan Meurer noch die entsprechende Option in den Sicherheitseinstellungen in dem Formular. Anonymer Zugriff ist für das Intranetportal natürlich nicht vorgesehen.

Sicherheitskonfiguration

Wenn Sie Secure Sockets Layer (SSL) verwenden möchten, müssen Sie das Zertifikat auf jedem Server hinzufügen, der die Verwaltungstools von IIS verwendet; andernfalls kann von dieser IIS-Website nicht auf die Webanwendung zugegriffen werden.

Anonymen Zugriff zulassen
○ Ja
◉ Nein

SSL (Secure Sockets Layer) verwenden
◉ Ja
○ Nein

---

6. Alle inhaltlichen Webanwendungen sollen aus Sicherheits- und Stabilitätsgründen bei der Besser Kommunizieren GmbH über eigene Anwendungspools laufen, daher behält unser Administrator die Standardeinstellungen im Formular bei und belässt den Namen des Anwendungspools so, wie er von SharePoint aus den Angaben zur Webanwendung generiert wurde, weist dem Anwendungspool aber das vorher erstellte Dienstkonto *betcomm\ SP_Intranet* zu.

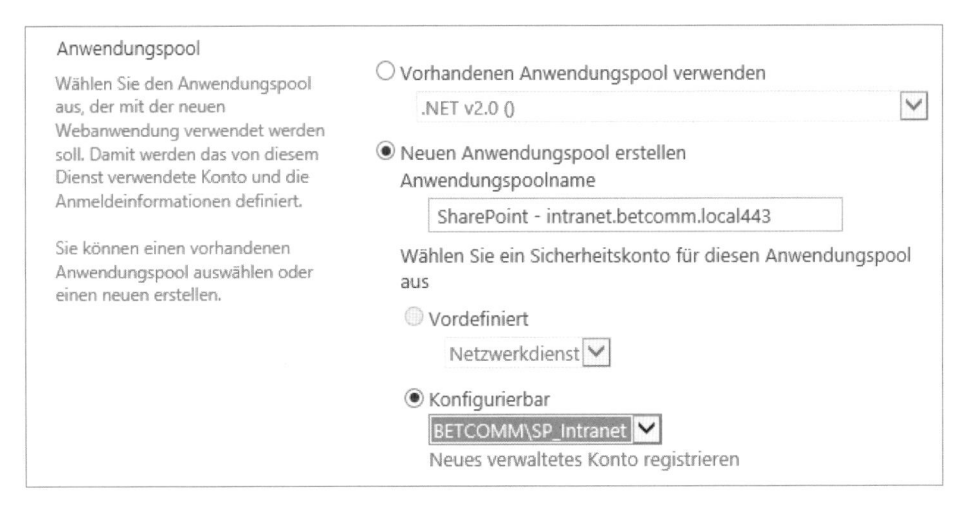

Anwendungspool

Wählen Sie den Anwendungspool aus, der mit der neuen Webanwendung verwendet werden soll. Damit werden das von diesem Dienst verwendete Konto und die Anmeldeinformationen definiert.

Sie können einen vorhandenen Anwendungspool auswählen oder einen neuen erstellen.

○ Vorhandenen Anwendungspool verwenden
.NET v2.0 () ⌄

◉ Neuen Anwendungspool erstellen
Anwendungspoolname
SharePoint - intranet.betcomm.local443

Wählen Sie ein Sicherheitskonto für diesen Anwendungspool aus
○ Vordefiniert
Netzwerkdienst ⌄

◉ Konfigurierbar
BETCOMM\SP_Intranet ⌄
Neues verwaltetes Konto registrieren

7. Zu guter Letzt gibt Stefan Meurer der Inhaltsdatenbank noch einen sprechenden Namen, indem er den Vorschlag von SharePoint (WSS_Content) um den Namen der Webanwendung ergänzt. Als Datenbankserver wird automatisch der SQL-Alias übernommen, mit dem die Konfigurationsdatenbank erstellt wurde und der daher als Standarddatenbankserver in SharePoint eingetragen ist.

Datenbankname und Authentifizierung	
Die Verwendung des Standarddatenbankservers und -namens wird für die meisten Fälle empfohlen. Erweiterte Szenarien, in denen Datenbankinformationen angegeben werden müssen, finden Sie im Administratorhandbuch.	**Datenbankserver** SharePointDB **Datenbankname** WSS_Content_Intranet **Datenbankauthentifizierung** ● Windows-Authentifizierung (empfohlen) ○ SQL-Authentifizierung Konto
Die Verwendung der Windows-Authentifizierung wird dringend empfohlen. Falls Sie die SQL-Authentifizierung verwenden möchten, geben Sie die zum Herstellen einer Verbindung mit der Datenbank verwendeten Anmeldeinformationen an.	Kennwort

8. Nachdem Stefan Meurer seine Angaben durch klicken auf **OK** bestätigt hat, blendet SharePoint eine Meldung ein, die zu Geduld ermahnt („Dies sollte nicht lange dauern"). Nach kurzer Zeit bekommt Stefan die Erfolgsmeldung.

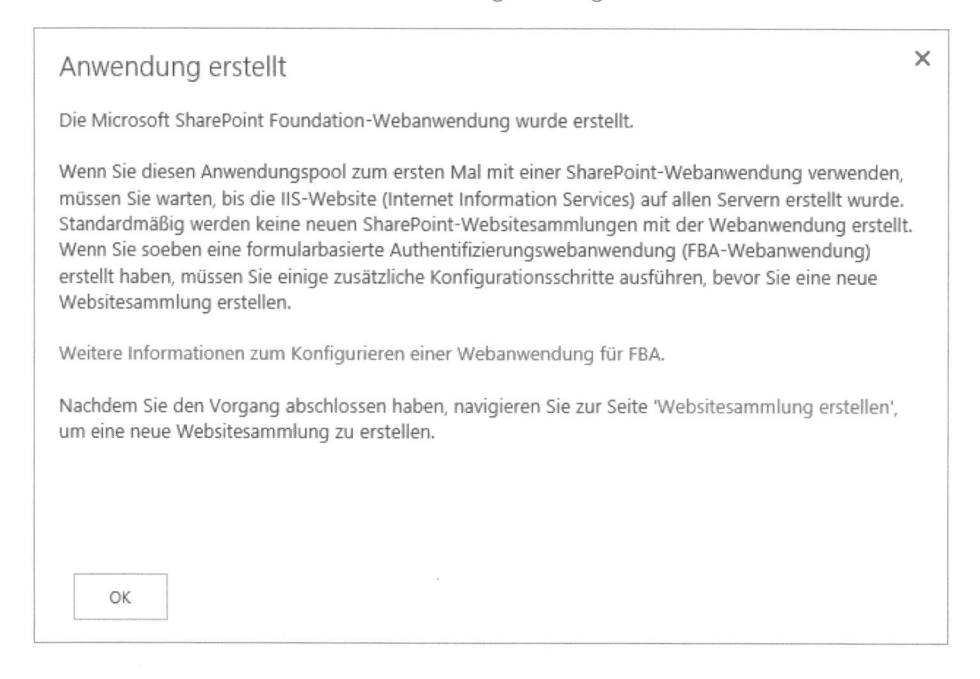

Anwendung erstellt

Die Microsoft SharePoint Foundation-Webanwendung wurde erstellt.

Wenn Sie diesen Anwendungspool zum ersten Mal mit einer SharePoint-Webanwendung verwenden, müssen Sie warten, bis die IIS-Website (Internet Information Services) auf allen Servern erstellt wurde. Standardmäßig werden keine neuen SharePoint-Websitesammlungen mit der Webanwendung erstellt. Wenn Sie soeben eine formularbasierte Authentifizierungswebanwendung (FBA-Webanwendung) erstellt haben, müssen Sie einige zusätzliche Konfigurationsschritte ausführen, bevor Sie eine neue Websitesammlung erstellen.

Weitere Informationen zum Konfigurieren einer Webanwendung für FBA.

Nachdem Sie den Vorgang abschlossen haben, navigieren Sie zur Seite 'Websitesammlung erstellen', um eine neue Websitesammlung zu erstellen.

OK

Als erfahrenem Administrator fällt Stefan Meurer auf, dass ein Schritt in der Konfiguration fehlt. Für die Nutzung SSL-verschlüsselter Kommunikation ist ein Zertifikat auf dem Server erforderlich. Dies wird aber im Konfigurationsdialog nicht abgefragt. Es ist also eine zusätzliche Konfiguration im IIS erforderlich.

1. Stefan öffnet daher den IIS-Manager (das Verwaltungswerkzeug für die Internet Information Services des Windows-Servers), um das Zertifikat zuzuweisen. Bei der Gelegenheit kann er direkt die von SharePoint vorgenommene Konfiguration im IIS überprüfen. Zuerst prüft Stefan die Erstellung des Anwendungspools. Dieser wird jetzt im Bereich *Anwendungspools* aufgelistet und das vorgesehene Dienstkonto wurde dem Anwendungspool als Identität zugewiesen.

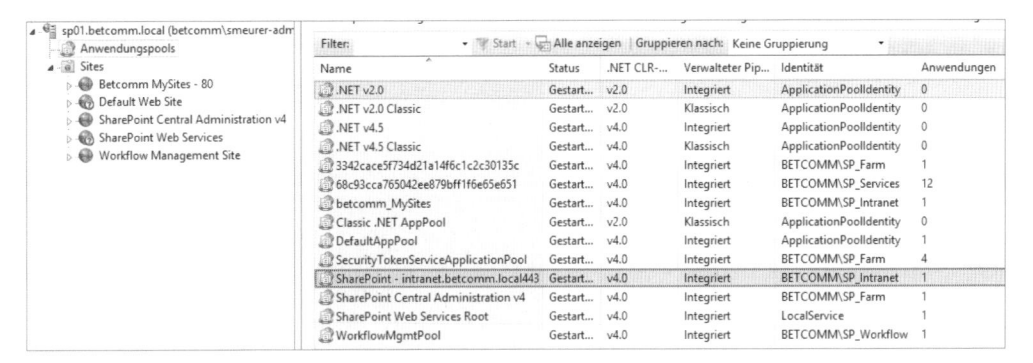

2. Als Nächstes überprüft Stefan Meurer die neue Website. Diese wird unter den Sites im IIS aufgelistet.

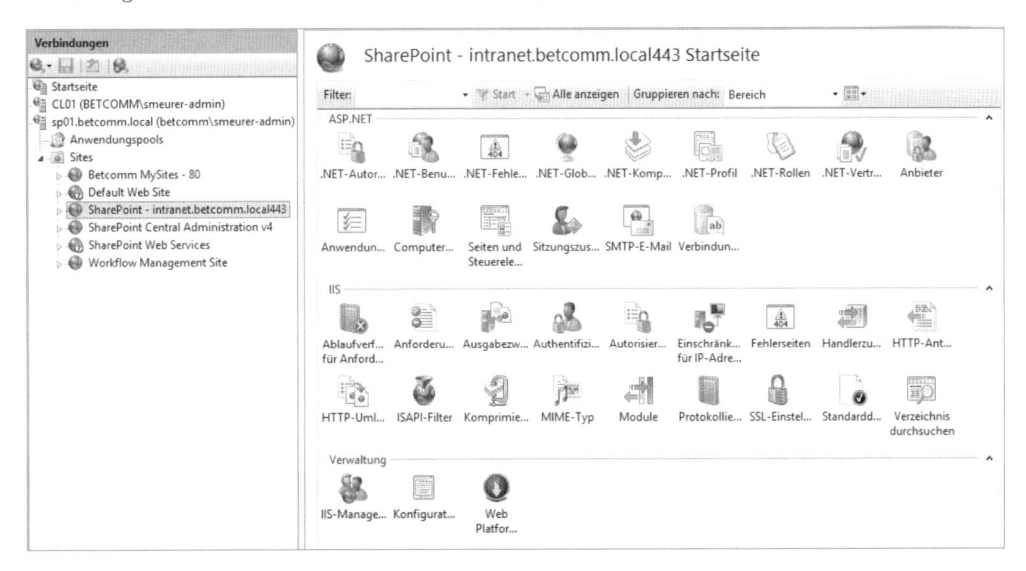

3. Um das Zertifikat zuzuweisen, muss Stefan Meurer die Bindungen der Website an IP-Adressen, Ports, Hostheader und Protokolle überprüfen. Dazu klickt er rechts im Aktionen-Bereich des IIS-Managers im Abschnitt *Site bearbeiten* den Punkt **BINDUNGEN...** für die ausgewählte Website an.

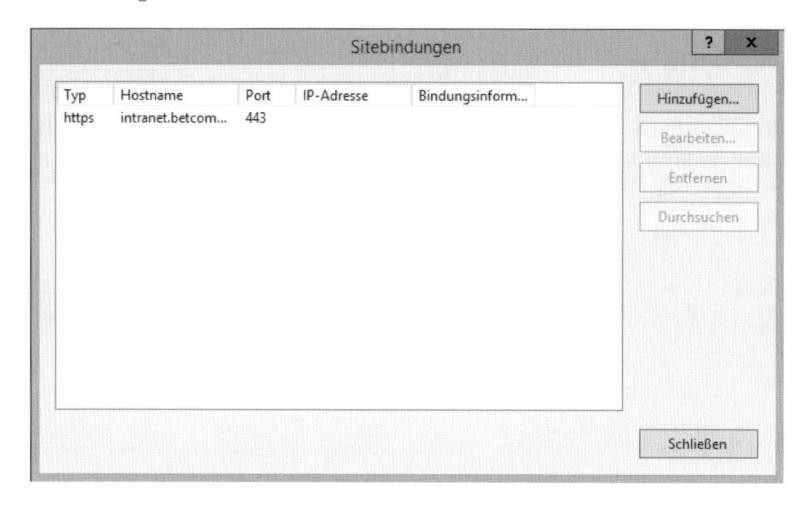

4. Um die Bindung zu überprüfen, wählt Stefan Meurer sie im Fenster *Sitebindungen* aus und klickt rechts auf **BEARBEITEN**. Im Fenster *Sitebindung bearbeiten* werden die derzeitigen Einstellungen angezeigt. Wie erwartet, ist kein Zertifikat ausgewählt.

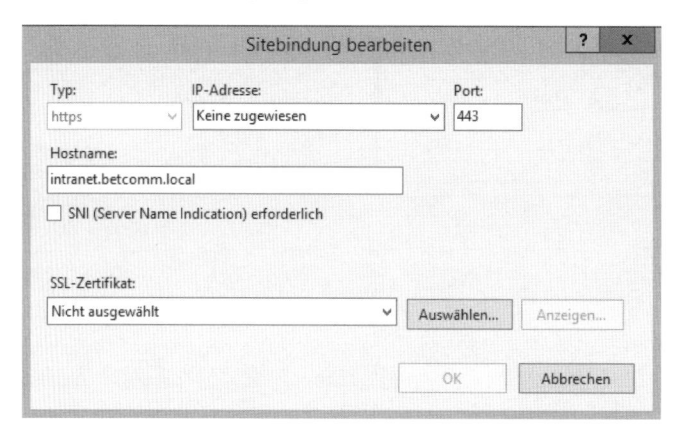

Also muss nun zuerst ein Zertifikat erstellt und dann der Webanwendung zugewiesen werden. Dies lässt sich zum Glück vollständig über den IIS durchführen. Für die internen Zertifikate wird die auf dem Domänencontroller laufende, ausstellende Zertifizierungsstelle der Besser Kommunizieren GmbH verwendet. Extern vertrauenswürdige Zertifikate sind für den internen Betrieb nicht erforderlich. Stefan Meurer macht sich somit an die Arbeit. Drei Schritte muss er durchführen:

- Erstellen der Zertifikatsanforderung auf dem IIS
- Einreichen der Anforderung und Ausstellen des Zertifikats in der Zertifizierungsstelle
- Importieren und Zuweisen des Zertifikats im IIS

Erstellen der Zertifikatsanforderung im IIS

1. Da er den Internetinformationsdienste-Manager geöffnet hat, wählt Stefan Meurer im Navigationsbereich den Servernamen, in diesem Fall *SP01.betcomm.local* aus und öffnet dann in der Featureauflistung im Abschnitt *IIS* das Feature **SERVERZERTIFIKATE**.

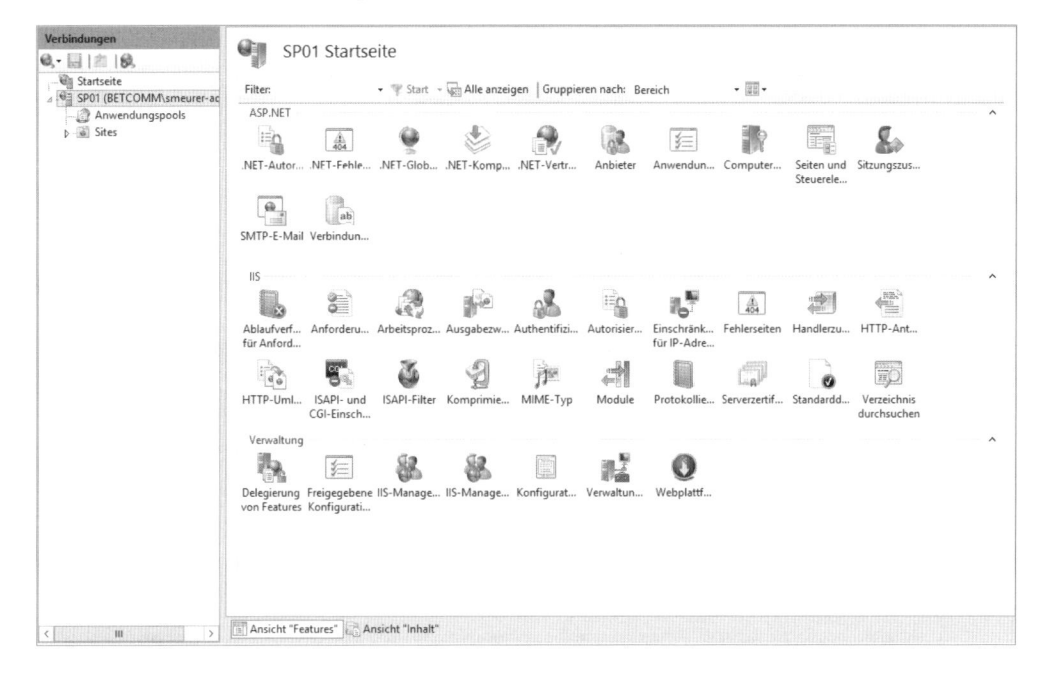

2. Auf der Seite *Serverzertifikate* klickt er rechts unter *Aktionen* auf den Link **ZERTIFIKATS-ANFORDERUNG ERSTELLEN**.

    Alternativ könnte Stefan Meurer auch die Option **DOMÄNENZERTIFKAT ERSTELLEN** verwenden, da die Zertifizierungsstelle der Besser Kommunizieren GmbH auch als Webservice ausgeführt wird und die Onlinebeantragung eines Zertifikats erlaubt. Stefan wählt hier aber den Weg über eine Zertifikatsanforderung. Dieser entspricht dem Verfahren für die Beantragung eines Zertifikats bei einer externen Zertifizierungsstelle. Bei später benötigten Zertifikaten wird er auch den Weg der Onlinebeantragung testen.

3. Im Formular für die neue Anforderung trägt Stefan im Feld *Gemeinsamer Name* (im Englischen *Common Name*) den Hostheader der Website ein, hier also *Intranet.Betcomm.local*. In den übrigen Feldern trägt er die erforderlichen Identifizierungsinformationen zum Antragsteller ein und klickt dann auf **WEITER**.

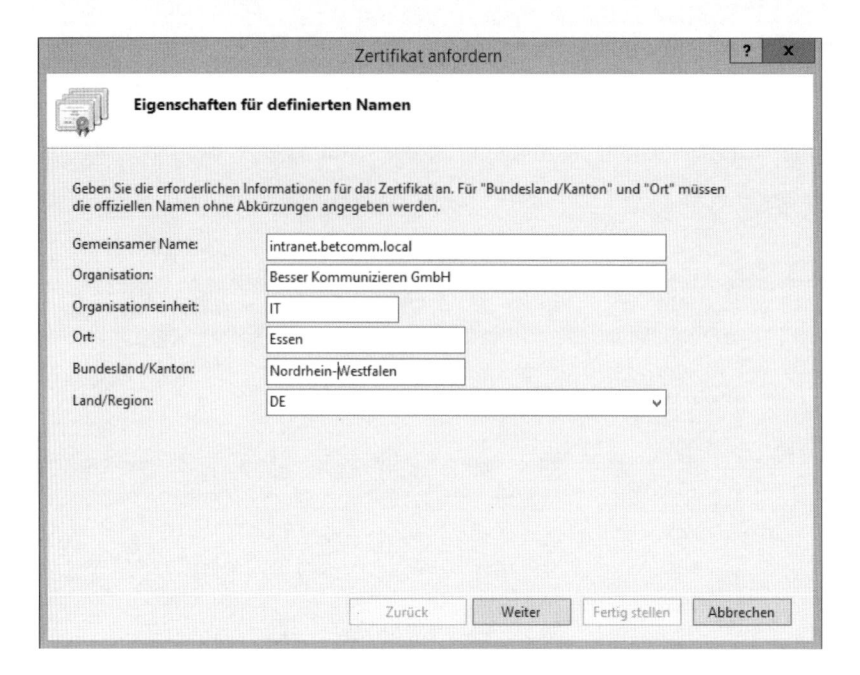

4. Im nächsten Fenster erhöht Stefan Meurer die Schlüssellänge auf 2048, da 1024-Bit-Schlüssel heute nicht mehr als sicher anzusehen sind, und klickt anschließend wieder auf **WEITER**.

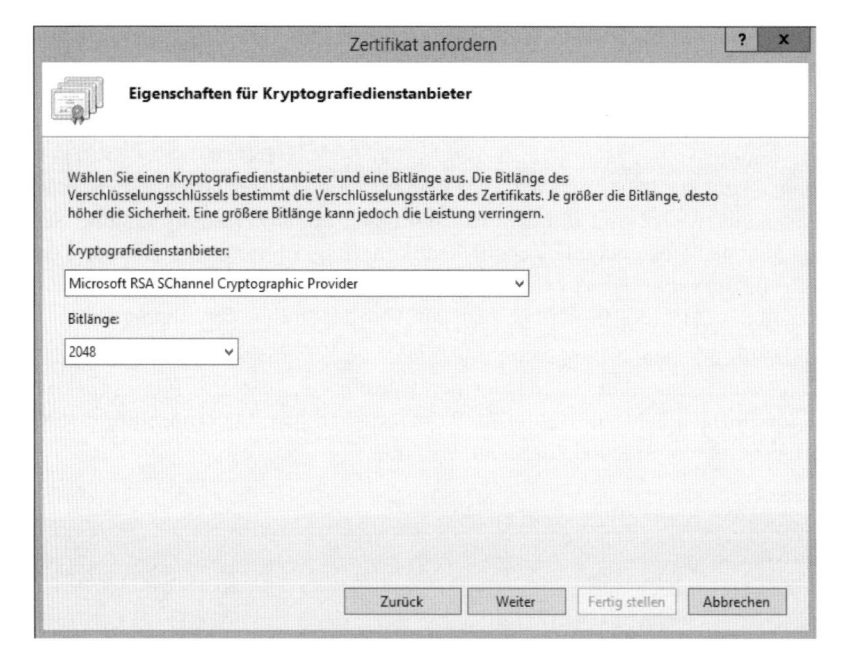

5. Im letzten Schritt muss Stefan einen Dateinamen für die Anforderung angeben. Standardmäßig wird die Anforderung als Textdatei im Verzeichnis *System32* gespeichert, daher gibt Stefan Meurer auch den Pfad zu seinem Dokumentenordner mit an. Üblicherweise gibt man der Datei die Endung *.req*, um sie als Zertifikatsanforderung zu erkennen. Zum Speichern der Datei klickt Stefan Meurer auf **FERTIG STELLEN**.

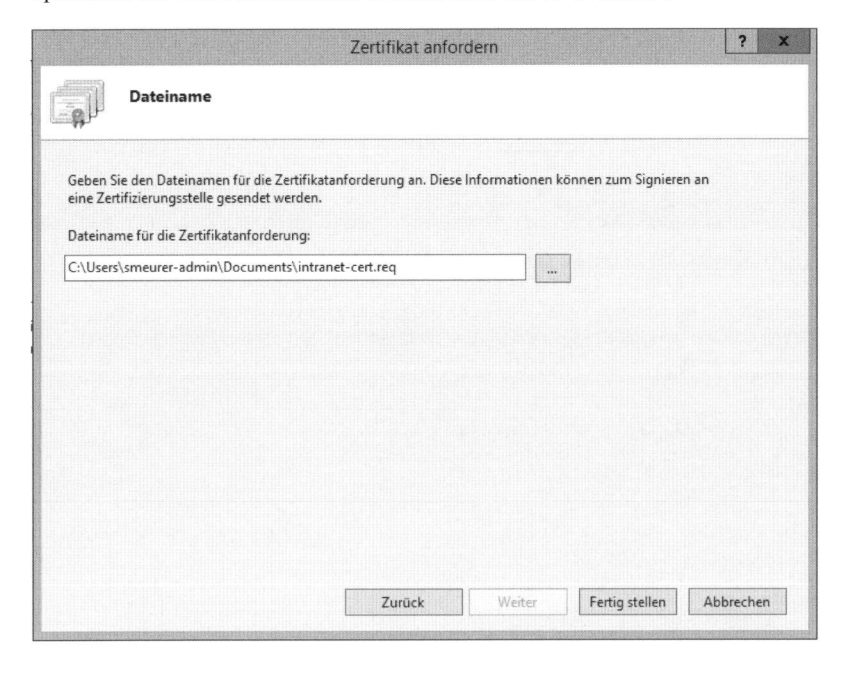

Einreichen der Zertifikatsanforderung bei der Zertifizierungsstelle

Die erstellte Zertifikatsanforderung muss jetzt zur Ausstellung des Zertifikats bei der Zertifizierungsstelle eingereicht werden. Da die Besser Kommunizieren GmbH eine windowsintegrierte Zertifizierungsstelle auf einem Domänencontroller betreibt, kann Stefan Meurer diese über den Webbrowser erreichen.

1. Im ersten Schritt öffnet er aber die erstellte Zertifikatsanforderung mit einem Texteditor und markiert den gesamten Inhalt (von „Begin New Certificate Request" bis „End New Certificate Request"). Der Inhalt der Datei enthält die mit dem privaten Schlüssel verschlüsselten Antragsinformationen.

2. Dann öffnet Stefan Meurer den Internet Explorer und navigiert zur Site *https://dc01.betcomm.local/certsrv*. Hierbei handelt es sich um die Webadresse des Domänencontrollers und die Standard-URL der Zertifizierungsstelle.

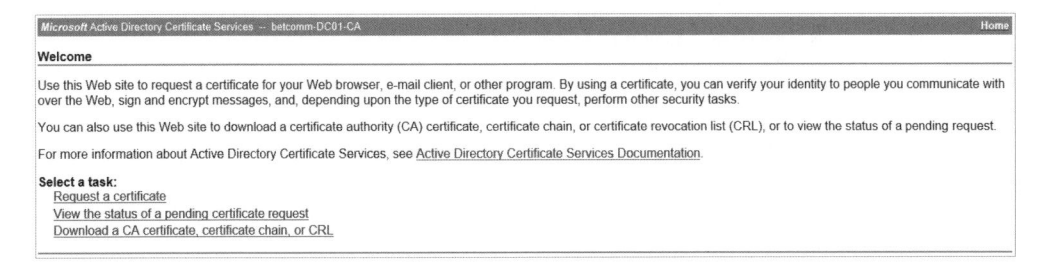

3. Um seine Zertifikatsanforderung einzureichen, klickt Stefan zuerst auf **REQUEST A CERTIFICATE (EIN ZERTIFIKAT ANFORDERN)**, auf der nächsten Seite dann auf **ADVANCED CERTIFICATE REQUEST (ERWEITERTE ZERTIFIKATSANFORDERUNG EINREICHEN)**, und dann auf **SUBMIT A CERTIFICATE REQUEST BY USING A BASE-64-ENCODED CMC OR PKCS #10 FILE, OR SUBMIT A RENEWAL REQUEST BY USING A BASE-64-ENCODED PKCS #7 FILE (EINE BASE-64 ODER PKCS #10 KODIERTE DATEI EINREICHEN)**.

4. Im Webformular für die Zertifikatseinreichung kopiert er den Inhalt der Anforderungsdatei in das Feld **SAVED REQUEST (GESPEICHERTE ANFRAGE)**, und wählt als Zertifikatsvorlage (*Certificate Template*) **WEB SERVER** aus. Anschließend klickt er auf **SUBMIT (ABSENDEN)**.

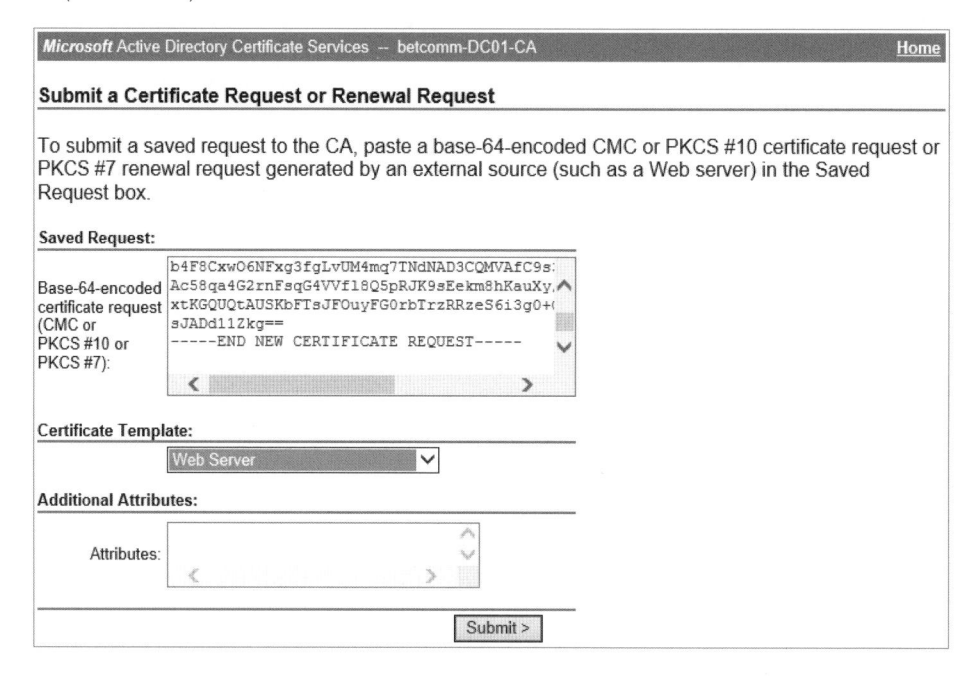

5. Die Webzugriffsbestätigung bestätigt Stefan mir **JA** und lädt anschließend über den Link **DOWNLOAD CERTIFICATE (ZERTIFIKAT HERUNTERLADEN)** das ausgestellte Zertifikat als *.cer*-Datei herunter und speichert die Datei wieder in seinem Dokumentenordner.

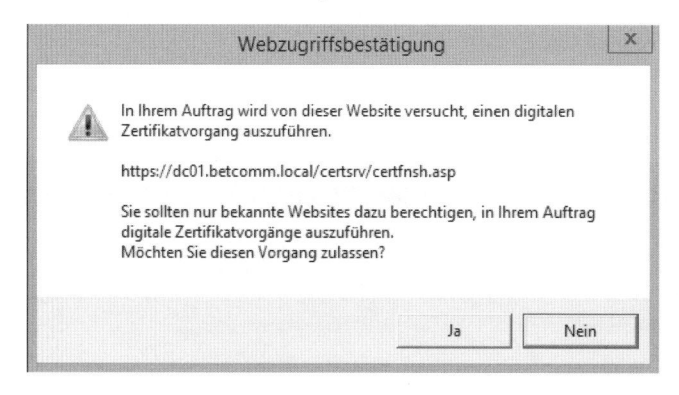

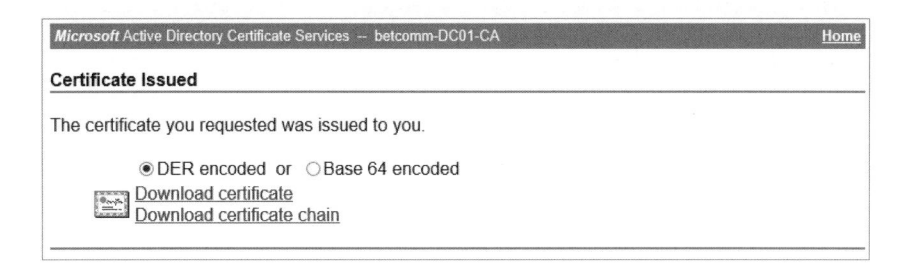

```
Microsoft Active Directory Certificate Services -- betcomm-DC01-CA                    Home
Certificate Issued

The certificate you requested was issued to you.

              ⦿ DER encoded  or  ○ Base 64 encoded
              Download certificate
              Download certificate chain
```

Zertifikat importieren und der Website zuweisen

Zum Abschluss muss das Zertifikat auf dem Webserver installiert werden, um es dann der SharePoint-Website zuzuweisen.

1. Stefan Meurer wechselt zurück zum IIS-Manager, wo er sich immer noch im Feature *Serverzertifikate* des Webservers befindet. Dort klickt er rechts unter **AKTIONEN** auf **ZERTIFIKATSANFORDERUNG ABSCHLIESSEN…**

2. Im Dialogfeld *Zertifikatanforderung abschließen* gibt Stefan den Dateipfad zur CER-Datei an und vergibt den Anzeigenamen *SharePoint Intranet*, um das Zertifikat beim Zuweisen leichter auswählen zu können. Als Zertifikatsspeicher wählt er *Persönlich* aus, um das Zertifikat im persönlichen Zertifikatsspeicher des Computerkontos des Webservers zu speichern. Alternativ kann Stefan den Speicher *Webhosting* angeben, der speziell für große Hosting-Umgebungen mit einer großen Anzahl von Zertifikaten optimiert ist. Dies ist für den SharePoint Server in unserem Fall nicht erforderlich.

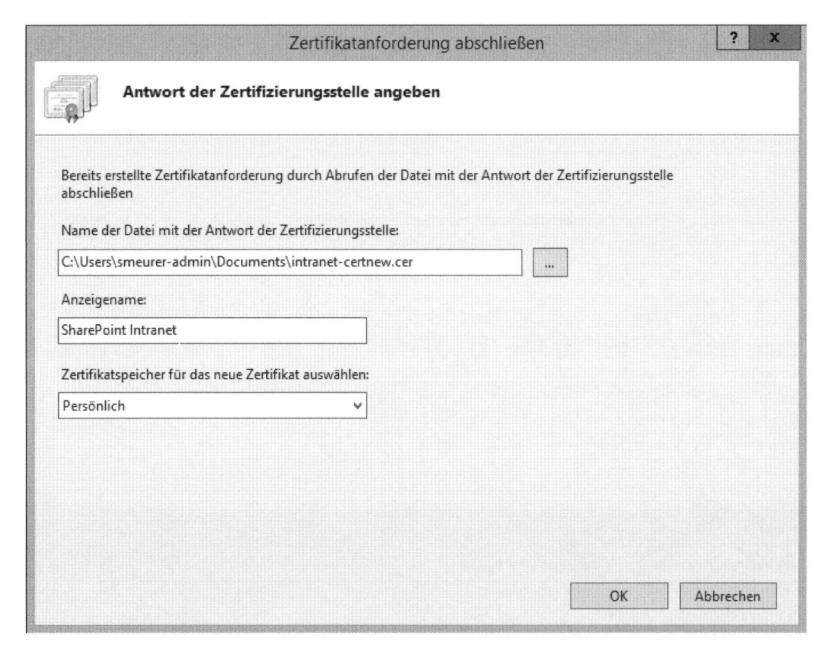

```
                        Zertifikatanforderung abschließen                    ? X

     Antwort der Zertifizierungsstelle angeben

Bereits erstellte Zertifikatanforderung durch Abrufen der Datei mit der Antwort der Zertifizierungsstelle
abschließen
Name der Datei mit der Antwort der Zertifizierungsstelle:
C:\Users\smeurer-admin\Documents\intranet-certnew.cer        […]
Anzeigename:
SharePoint Intranet
Zertifikatsspeicher für das neue Zertifikat auswählen:
Persönlich                        ∨


                                                       OK        Abbrechen
```

3. Das neu erstellte Zertifikat wird nun in der Liste der Serverzertifikate aufgeführt und kann der Website zugewiesen werden.

MySites-Zertifikat	mysites.betcomm.local	betcomm-DC01-CA	13.08.2016 19:12:55	4436F7F80227D925735AA51A...
Nintex.betcomm.local	nintex.betcomm.local	betcomm-DC01-CA	13.08.2016 19:12:55	77C4DDBF442852F7A9792C06...
SharePoint Intranet	intranet.betcomm.local	betcomm-DC01-CA	13.08.2016 19:12:55	C2B623C26F5AF6DA153EDE52...
WMSVC	WMSvc-SP01	WMSvc-SP01	16.08.2025 18:17:13	0974A7AA5F304EDE2F0D9180...

4. Stefan Meurer wechselt also im IIS zur Website *SharePoint – Intranet.betcomm.local443* und klickt dort unter **AKTIONEN** auf **BINDUNGEN..**, um die Bindungen der Website zu bearbeiten. Im Fenster *Sitebindungen* wählt er die Standardbindung auf Port 443 aus und klickt auf **BEARBEITEN**.

5. Im Dialogfeld *Sitebindung bearbeiten* wählt Stefan nun das neu erstellte Zertifikat *SharePoint Intranet* aus. Er aktiviert dabei die Option *SNI (Server Name Indication) erforderlich*, damit andere Websites mit anderen Zertifikaten an den SSL-Standardport 443 gebunden werden können. Ohne diese Option unterstützt der IIS keine Hostheader für SSL-Bindungen. Das hätte zur Folge, dass alle Sites, die über dieselbe IP-Adresse auf Port 443 gebunden sind, dasselbe Zertifikat verwenden müssen. In eher statischen Umgebungen kann man diese Einschränkung mit SAN-Zertifikaten (Subject Alternative Name), die mehr als nur einen Antragstellernamen enthalten können, umgehen. In eher flexiblen Umgebungen, bei denen häufig neue Websites aufgebaut werden, bietet sich die Alternative der Wildcard-Zertifikate an, die im Antragstellernamen ein * als Platzhalter verwenden und damit für jeden Servernamen in derselben Domäne verwendet werden können. Diese gelten aber als nicht so vertrauenswürdig wie namentlich ausgestellte Zertifikate und haben zudem die Einschränkung, dass sie nur für eine Subdomänenebene gültig sind, also für *intranet.betcomm.de* verwendet werden können, aber zum Beispiel nicht für *intranet.essen.betcomm.de*, wenn das Zertifikat auf **.betcomm.de* lautet.

6. Wie gesagt, Stefan Meurer entscheidet sich für die SNI-Option im IIS, um andere Zertifikate an anderen Sites zu ermöglichen. Er muss dabei nur daran denken, diese Option auf allen Sites mit SSL-Bindung zu aktivieren. Da SNI von älteren Browsern eventuell nicht unterstützt wird, weist der IIS-Manager darauf hin, eine SSL-Standardsite zu erstellen, an die Browser ohne SNI-Unterstützung umgeleitet werden können. Da die Besser Kommunizieren GmbH aber intern nur aktuelle Software einsetzt, verzichtet Stefan Meurer auf das Erstellen einer solchen optionalen Website.

Erstellen der Websitesammlung für das Portal

Nachdem damit die Vorbereitungen für die Erstellung des Portals abgeschlossen sind, kann Stefan Meurer die Websitesammlung und die Website der höchsten Ebene für das Portal erstellen. Dazu wechselt er wieder zur Zentraladministration des SharePoint zurück.

1. Direkt auf der Startseite der Zentraladministration klickt er auf **WEBSITESAMMLUNGEN ERSTELLEN**.
2. Auf der Seite *Websitesammlung erstellen* prüft Stefan, ob oben als Webanwendung auch *https://intranet.betcomm.local* ausgewählt ist.

Websitesammlung erstellen

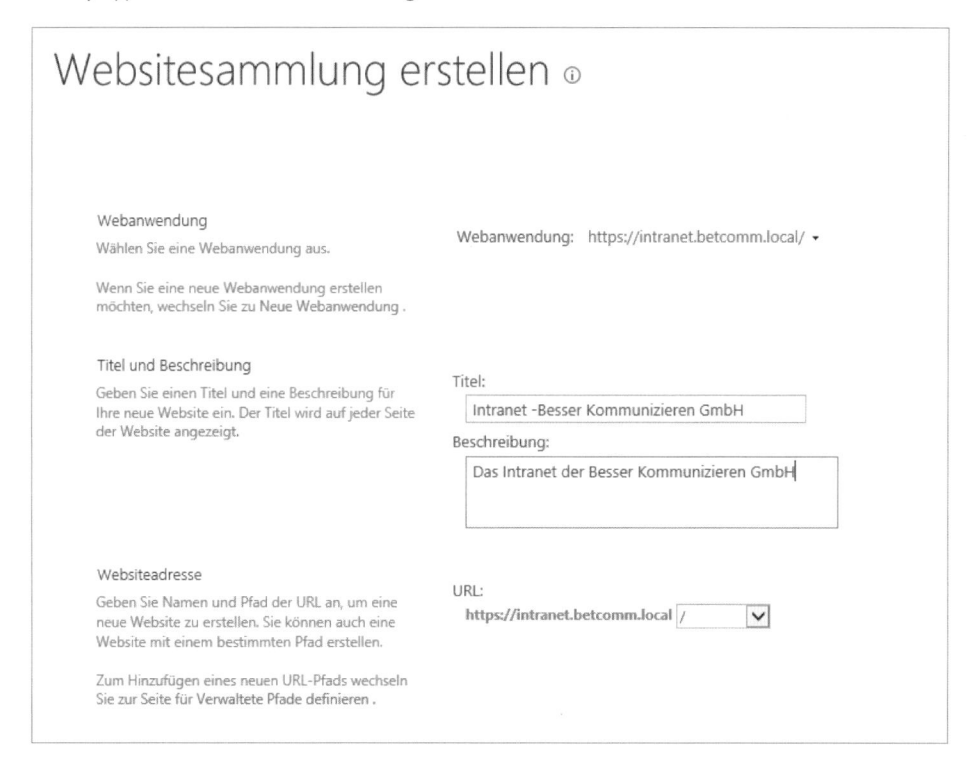

Webanwendung
Wählen Sie eine Webanwendung aus.

Wenn Sie eine neue Webanwendung erstellen möchten, wechseln Sie zu Neue Webanwendung.

Webanwendung: https://intranet.betcomm.local/

Titel und Beschreibung
Geben Sie einen Titel und eine Beschreibung für Ihre neue Website ein. Der Titel wird auf jeder Seite der Website angezeigt.

Titel:
Intranet -Besser Kommunizieren GmbH

Beschreibung:
Das Intranet der Besser Kommunizieren GmbH

Websiteadresse
Geben Sie Namen und Pfad der URL an, um eine neue Website zu erstellen. Sie können auch eine Website mit einem bestimmten Pfad erstellen.

Zum Hinzufügen eines neuen URL-Pfads wechseln Sie zur Seite für Verwaltete Pfade definieren.

URL:
https://intranet.betcomm.local /

3. Als Titel wählt Stefan *Intranet – Besser Kommunizieren GmbH* und gibt im Feld *Beschreibung* „Das Intranet der Besser Kommunizieren GmbH" ein.
4. Da die Website auf der höchsten Ebene der Websitesammlung angelegt wird, belässt er die URL auf dem Root-Pfad der Webanwendung.

5. Die zentrale Frage für Stefan betrifft die auszuwählende Vorlage in SharePoint. Für Portale stehen die Vorlagen *Community Portal* oder *Veröffentlichungsportal* zur Verfügung. Diese haben aber nach Stefans Empfinden zu wenig interaktive Elemente, sondern sind eher für Kommunikationsverfahren geeignet, bei denen wenige Autoren sich an große Zielgruppen wenden. Er bespricht den Punkt mit Matthias Kellner und die beiden entscheiden sich dazu, erst einmal mit einer klassischen Teamwebsite zu starten. Zumal sie davon ausgehen, dass sie viele Funktionen über Standardlisten in SharePoint abbilden werden und nicht Webseiten im klassischen Sinne veröffentlichen wollen. Dabei ist ihnen bewusst, dass viele Funktionen sich über Features in SharePoint auch nachträglich in der Site aktivieren lassen und die Vorlagen nur dazu dienen, einen vordefinierten Satz an Funktionen einfach zur Verfügung zu stellen, so dass mögliche Erweiterungen damit nicht unterbunden werden.

6. Alternativ könnten Sie die Vorlagenauswahl auch auf den ersten Aufruf der Website verschieben, indem sie unter dem Reiter *Benutzerdefiniert* die Option <VORLAGE SPÄTER AUSWÄHLEN...> wählen. Dies ist hilfreich, wenn andere Mitarbeiter darüber entscheiden, welche Funktionen sie in dieser Website nutzen wollen. Für Matthias und Stefan ist das keine Option, da sie ja unmittelbar im Anschluss die Basisfunktionen des Portals der Geschäftsführung zur Verfügung stellen möchten.

7. Im letzten Schritt gibt Stefan Meurer noch Matthias Kellner und sich als Websitesammlungsadministratoren an. Sicherheitsgruppen werden hier leider nicht unterstützt. Weitere Websitesammlungsadministratoren lassen sich aber später in der Berechtigungsverwaltung der Websitesammlung hinzufügen.

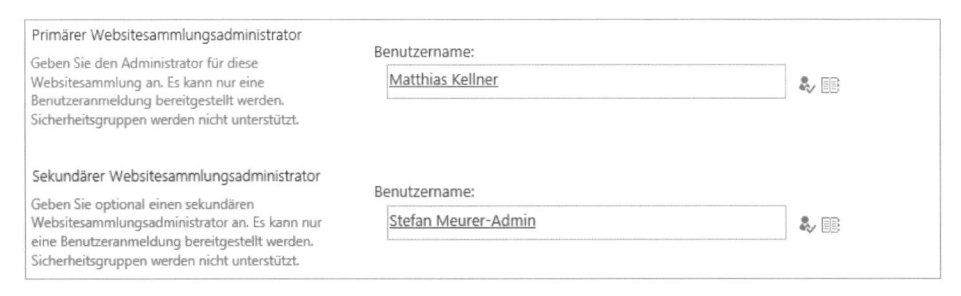

5.1 Potenziale interner Unternehmenskommunikation in SharePoint und Exchange

8. Zum Abschluss klickt Stefan auf **OK**, um die Website zu erstellen. Nach kurzer Zeit bekommt er die Erfolgsmeldung von SharePoint und kann die Site direkt öffnen.

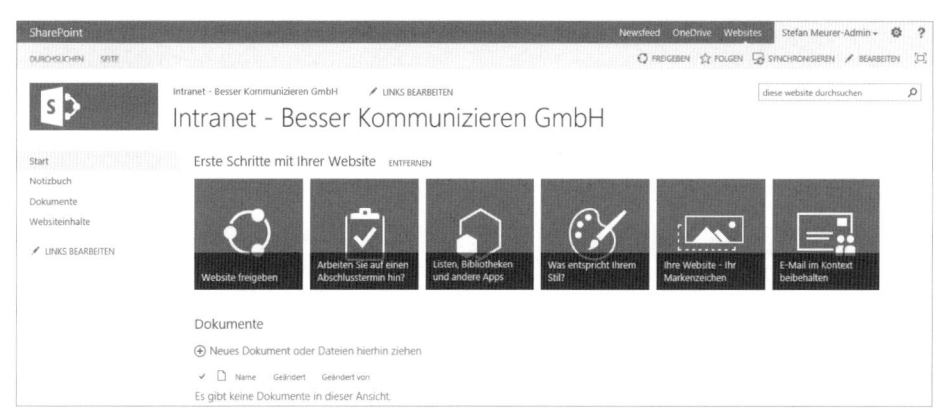

Bevor Stefan Meurer die Website zum Aufbau des Portals an Matthias Kellner zurückgibt, sind noch zwei Dinge zu erledigen. Erstens möchte er das Logo der Website durch das Logo der Besser Kommunizieren GmbH ersetzen, zweitens möchte er die grundlegenden Berechtigungen für das Portal festlegen.

Anpassen des Logos auf der Website

1. Um das Logo zu wechseln, klickt Stefan auf der Startseite des Portals auf das Zahnradsymbol rechts neben seinem Anmeldenamen und wählt im sich öffnenden Menü den Punkt **WEBSITEEINSTELLUNGEN**.

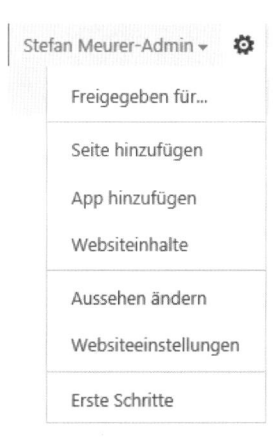

2. Auf der Seite *Websiteeinstellungen* klickt er in der rechten Spalte im Abschnitt *Aussehen und Verhalten* auf den Link **TITEL, BESCHREIBUNG UND LOGO**.

3. Im Formular *Titel, Beschreibung und Logo* klickt Stefan im Abschnitt *Logo und Beschreibung* auf den Link **VOM COMPUTER**, um das Logo von seinem Computer aus hochzuladen. Im anschließenden Dialogfeld klickt er auf **DURCHSUCHEN** und navigiert zum Speicherort des Logos, wählt es aus und klickt auf **ÖFFNEN**.

4. SharePoint speichert das Logo in der Bibliothek *Websiteobjekte*. Daher wird in diesem Dialogfeld nach dem Zielordner gefragt. Da sich über diesen Dialog kein Ordner erstellen lässt (dies hätte Stefan vorher erledigen müssen), behält Stefan den angegebenen Pfad „\" bei und klickt auf OK.
5. Das Logo wird schon auf der Website angezeigt, bevor Stefan das Formular *Titel, Beschreibung und Logo* mit OK schließt. Der Vollständigkeit halber gibt Stefan noch eine Beschreibung für das Logo an.

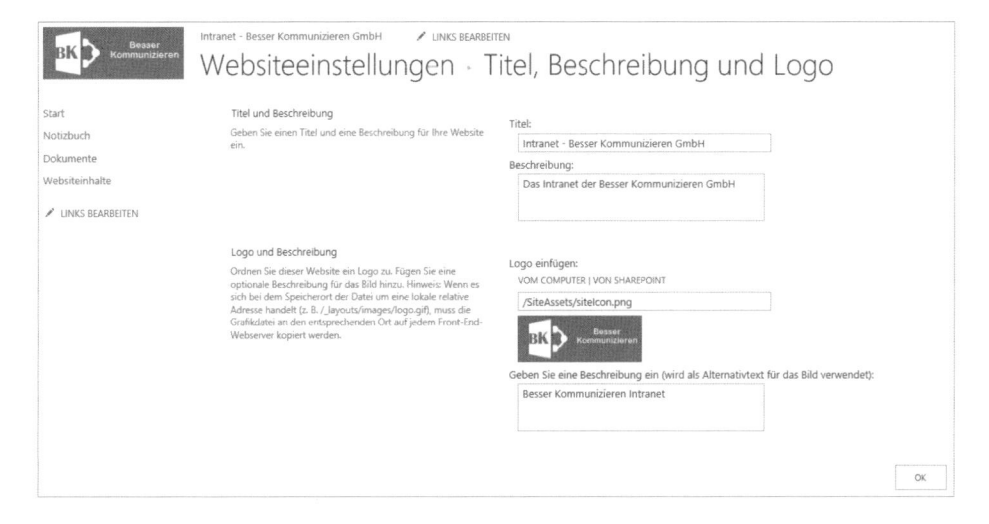

Anpassen der Berechtigungen

Im nächsten Schritt muss Stefan Meurer die Berechtigungen der Website anpassen. Die grundlegenden administrativen Berechtigungen wurden schon bei der Erstellung der Websitesammlung in Form der beiden Websitesammlungsadministratoren abgefragt. Stefan möchte aber erstens weitere Administratoren auf dieser Ebene angeben, zweitens dem gesamten Unternehmen natürlich Leserechte auf das Portal geben und außerdem die Verwalter und Autoren des Intranetportals angeben können. Dabei möchte er natürlich so nah wie möglich an den Standards von SharePoint bleiben, um die Berechtigungsverwaltung nicht zu aufwendig zu gestalten. Außerdem möchte er die Berechtigungsverwaltung zentralisieren, so dass das Active Directory, zumindest auf dieser Ebene des Portals, das führende Instrument der Berechtigungsvergabe bleibt.

Dafür prüft Stefan im ersten Schritt die vorhandenen Berechtigungen auf der Website.

1. Er navigiert also zurück zur Websiteverwaltung und klickt dort zuerst links im Abschnitt *Benutzer und Berechtigungen* auf WEBSITEBERECHTIGUNGEN. Dort sieht er die drei existierenden Standardgruppen *Besitzer von Intranet*, *Besucher von Intranet* und *Mitglieder von Intranet* mit den diesen Gruppen zugewiesenen Standardberechtigungen.

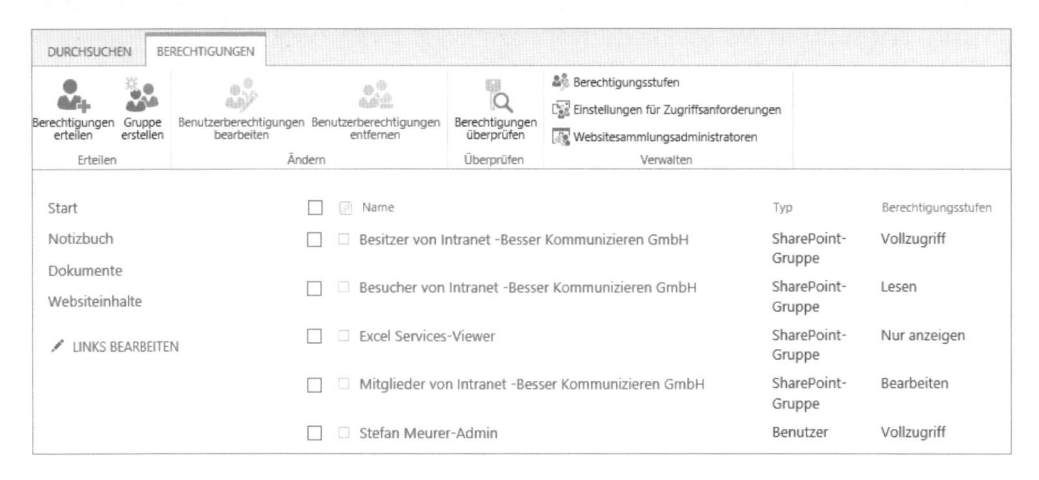

Start	☐	Name	Typ	Berechtigungsstufen
Notizbuch	☐ ☐	Besitzer von Intranet -Besser Kommunizieren GmbH	SharePoint-Gruppe	Vollzugriff
Dokumente				
Websiteinhalte	☐ ☐	Besucher von Intranet -Besser Kommunizieren GmbH	SharePoint-Gruppe	Lesen
✏ LINKS BEARBEITEN	☐ ☐	Excel Services-Viewer	SharePoint-Gruppe	Nur anzeigen
	☐ ☐	Mitglieder von Intranet -Besser Kommunizieren GmbH	SharePoint-Gruppe	Bearbeiten
	☐ ☐	Stefan Meurer-Admin	Benutzer	Vollzugriff

2. Als Erstes nimmt sich Stefan die Websitesammlungsadministratoren vor. Dabei handelt es sich um eine spezielle administrative Gruppe auf der Ebene der Websitesammlung. Mitglieder dieser Gruppe haben dieselben Berechtigungen wie die Websitebesitzer der Websitesammlung (also „Vollzugriff"). Darüber hinaus erhalten die Websitesammlungsadministratoren Benachrichtigungen über die Websitenutzung, soweit diese angefordert werden. Außerdem erstrecken sich die Berechtigungen der Websitesammlungsadministratoren auf alle Websites innerhalb der Websitesammlung, so dass sie notfalls auch die Berechtigungen auf den einzelnen Websites ändern können und vollständigen Zugriff auf den gesamten Inhalt aller Websites in der Websitesammlung haben. Um weitere Websitesammlungsadministratoren anzugeben, klickt Stefan im Menüband *Berechtigungen* in der Gruppe *Verwalten* auf **WEBSITESAMMLUNGSADMINISTRATOREN**.

3. Im Dialog *Websitesammlungsadministratoren* werden er selbst (mit seinem Administratorkonto) und Matthias Kellner schon aufgeführt, da er sie beide ja beim Erstellen der Websitesammlung dafür angegeben hatte. Da die gesamte IT-Abteilung das Portal administrieren können soll, fügt Stefan die Administratorkonten von Hans Sachse und Sarah Radschläger noch hinzu. Dazu gibt er einfach die Vornamen der beiden ein und wählt dann aus der angezeigten Liste das entsprechende Konto aus. Anschließend klickt er auf **OK**.

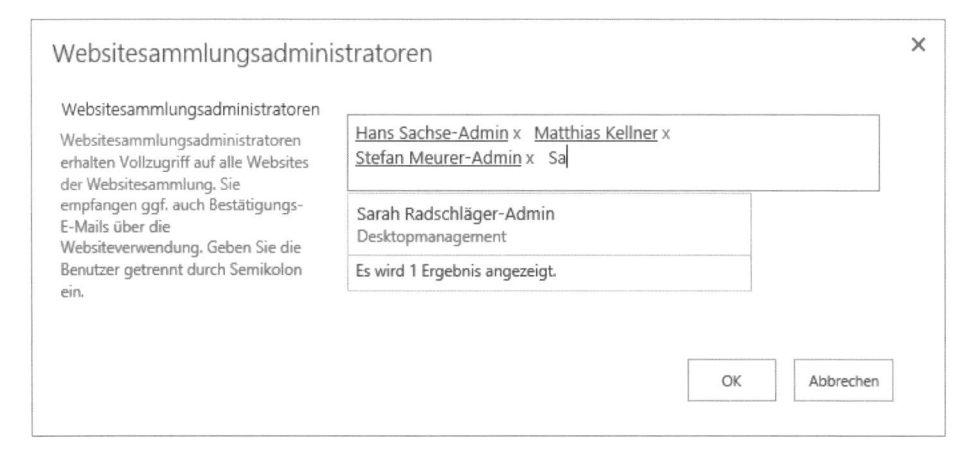

4. Im nächsten Schritt kümmert sich Stefan Meurer um die Einstellungen der Zugriffsanforderungen. Wenn ein Benutzer auf eine Website zuzugreifen versucht, auf die er keine Berechtigung hat, bietet SharePoint die Möglichkeit, einen Administrator per E-Mail über den Zugriffswunsch zu informieren. Diese Zugriffsanforderungen werden an eine in der Website hinterlegte E-Mail-Adresse versandt und können über die Websiteeinstellungen verwaltet, also genehmigt oder abgelehnt werden. Auch wenn alle Administratoren mit Vollzugriff die Anfrage genehmigen oder ablehnen können, wird die E-Mail jedoch nur an eine Adresse versandt.

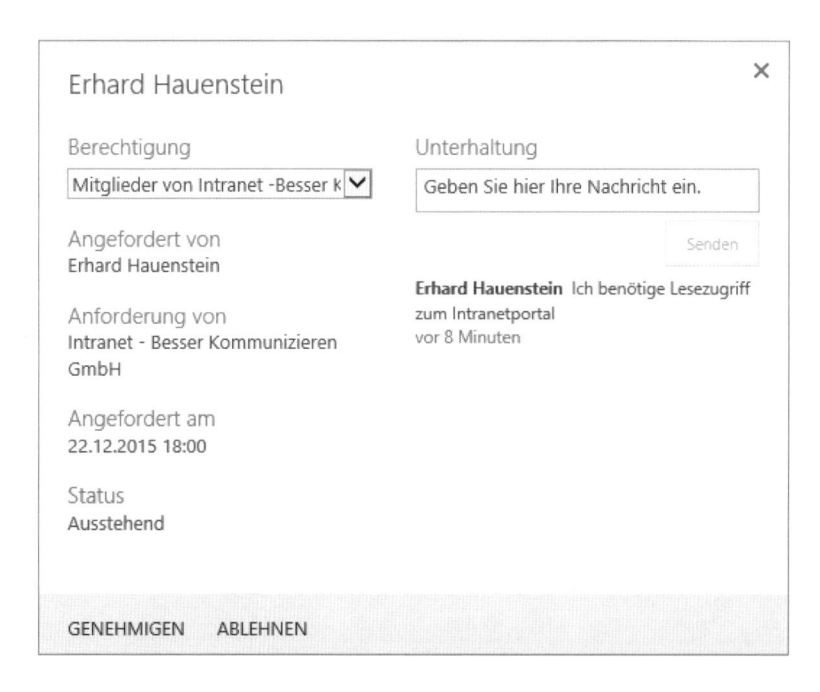

5. Standardmäßig wird die E-Mail-Adresse des primären Websitesammlungsadministrators (für eine Websitesammlung) beziehungsweise des Erstellers einer Website (bei einer untergeordneten Website) als Empfänger der Zugriffsanforderungen hinterlegt. Zwar können hier mehrere E-Mail-Adressen durch Komma getrennt hinterlegt werden, dann ist bei Änderungen aber daran zu denken, die Einträge anzupassen.

6. Stefan erkennt sofort den Engpass und die Verbesserungsmöglichkeiten in diesem einfachen Kommunikationsprozess. Der Engpass besteht in der hinterlegten E-Mail-Adresse. Wenn der Empfänger der E-Mail sich zum Beispiel in Urlaub befindet, kann die Anfrage nicht wahrgenommen werden oder der Stellvertreter des Empfängers hat nicht die Berechtigungen, die entsprechende Genehmigung vorzunehmen.

7. Die beste Lösungsmöglichkeit besteht nach Stefan Meurer in einem freigegebenen Postfach auf dem Exchange Server, auf das mehrere Benutzer Zugriff bekommen. Dieses Postfach hat eine E-Mail-Adresse und wird vom Exchange Server als normaler Empfänger behandelt. Das dazugehörige Benutzerkonto im Active Directory wird jedoch deaktiviert, so dass mit der Identität des Kontos keine Anmeldung an Systemen möglich ist. Damit werden von Stefan direkt mehrere Herausforderungen in der automatisierten Kommunikation mit SharePoint gelöst. Erstens können Benachrichtigungen von allen Administratoren empfangen werden, und für alle nachvollziehbar bearbeitet werden. Zweitens kann das Postfach als Antwortadresse in den automatisierten E-Mails hinterlegt werden, so dass Antwortnachrichten auf die automatisierten Mails nicht verloren gehen. Drittens kann der SharePoint mit dieser Absenderadresse problemlos Mails beim Exchange abliefern. Liegt die Absenderadresse des SharePoint nämlich in der Maildomäne des Exchange, ohne dass dieser einen entsprechenden Empfänger kennt, weigert Exchange sich, E-Mails aus SharePoint anzunehmen.

8. Stefan navigiert also zu den *Einstellungen für die Zugriffsanforderungen* der Website. Diese findet er ebenfalls im Menüband *Berechtigungen* der Websiteberechtigungen in der Gruppe *Verwalten*. Im entsprechenden Dialogfeld trägt er die vorgesehene Mailadresse des freigegebenen Postfachs ein, in unserem Fall *intranet@betcomm.de*. Da die Rootwebsite des Intranetportals nur über gesteuerte Berechtigungen verwaltet werden soll, deaktiviert Stefan die beiden oberen Optionen, so dass die Mitglieder nicht selbständig Inhalte freigeben können.

Einstellungen für Zugriffsanforderungen

☐ Mitgliedern das Freigeben der Website sowie einzelner Dateien und Ordner erlauben
☐ Mitgliedern das Einladen von anderen zur Websitemitglieder-Gruppe "Mitglieder von Intranet -Besser Kommunizieren GmbH" erlauben.

☑ Zugriffsanforderungen zulassen
Alle Zugriffsanforderungen an die folgende E-Mail-Adresse senden:
intranet@betcomm.de

9. Natürlich muss Stefan noch das dazugehörige Postfach erstellen. Dazu wechselt er in das Exchange Admin Center (hier über die URL *https://ex01.betcomm.de/ecp erreichbar*).

10. Im Abschnitt *Empfänger* wählt er die Konfigurationsgruppe **FREIGABEN** aus.

Exchange Admin Center							
Empfänger	Postfächer	Gruppen	Ressourcen	Kontakte	Freigaben	Migration	

11. Er klickt auf das +-Symbol, um ein neues freigegebenes Postfach anzulegen.
12. Als Namen und Alias wählt er *Intranet*. Exchange übernimmt den Alias standardmäßig für die Bildung der E-Mail-Adresse. Bei anderen Adressrichtlinien muss natürlich darauf geachtet werden, dass die generierte E-Mail-Adresse mit der Angabe im SharePoint übereinstimmt. Das Konto für das Postfach lässt Stefan in der OU für die Dienstkonten des SharePoint anlegen. Als Benutzer trägt er sich selbst und seine Mitadministratoren ein.

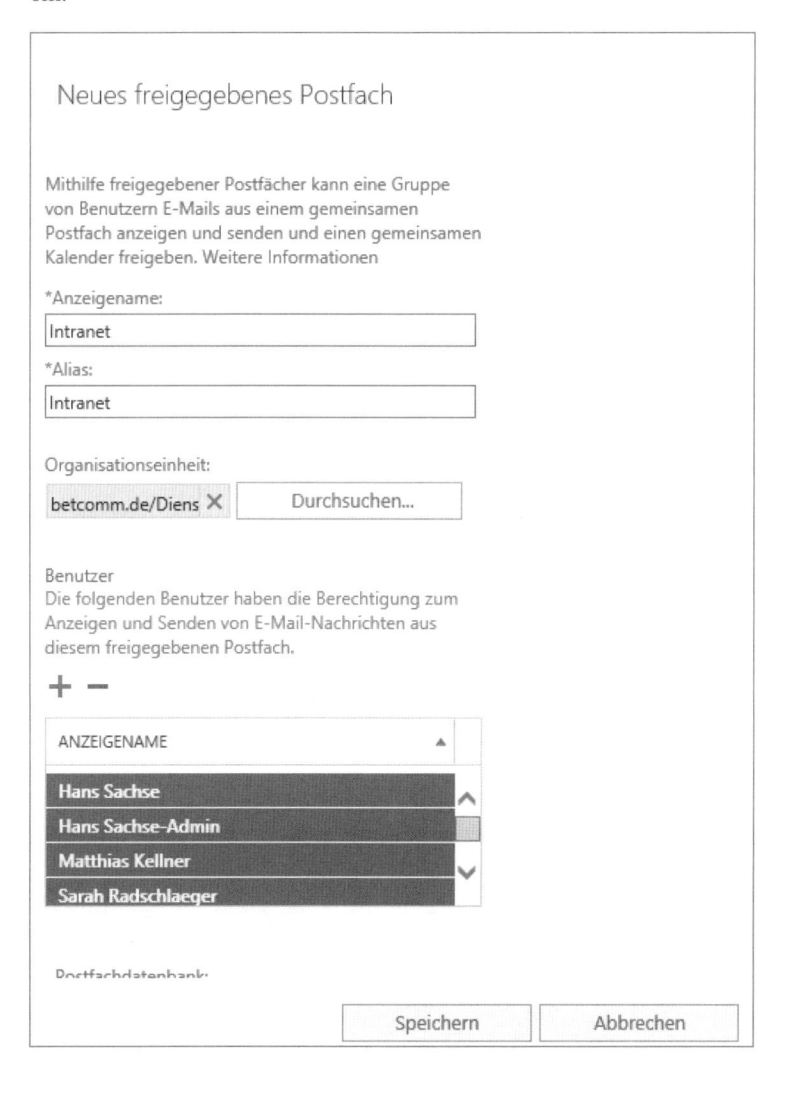

Neues freigegebenes Postfach

Mithilfe freigegebener Postfächer kann eine Gruppe von Benutzern E-Mails aus einem gemeinsamen Postfach anzeigen und senden und einen gemeinsamen Kalender freigeben. Weitere Informationen

*Anzeigename:
Intranet

*Alias:
Intranet

Organisationseinheit:
betcomm.de/Diens ×   Durchsuchen...

Benutzer
Die folgenden Benutzer haben die Berechtigung zum Anzeigen und Senden von E-Mail-Nachrichten aus diesem freigegebenen Postfach.

\+ −

ANZEIGENAME ▲
Hans Sachse
Hans Sachse-Admin
Matthias Kellner
Sarah Radschlaeger

Postfachdatenbank:

Speichern   Abbrechen

13. Unter Exchange 2013 wurde über diesen Weg nur die Senden-als-Berechtigung für das Postfach vergeben. Der Vollzugriff für die Einbindung des Postfachs war nachträglich noch in den Einstellungen des freigegebenen Postfachs vorzunehmen. Unter Exchange 2016 werden im ersten Schritt beide Berechtigungen an die ausgewählten Benutzer vergeben, so dass Stefan ein nachträgliches Bearbeiten der Berechtigungen erspart bleibt.
14. Zur Kontrolle öffnet Stefan das Postfachobjekt noch einmal und prüft unter den Postfachstellvertretungen die Berechtigungen.

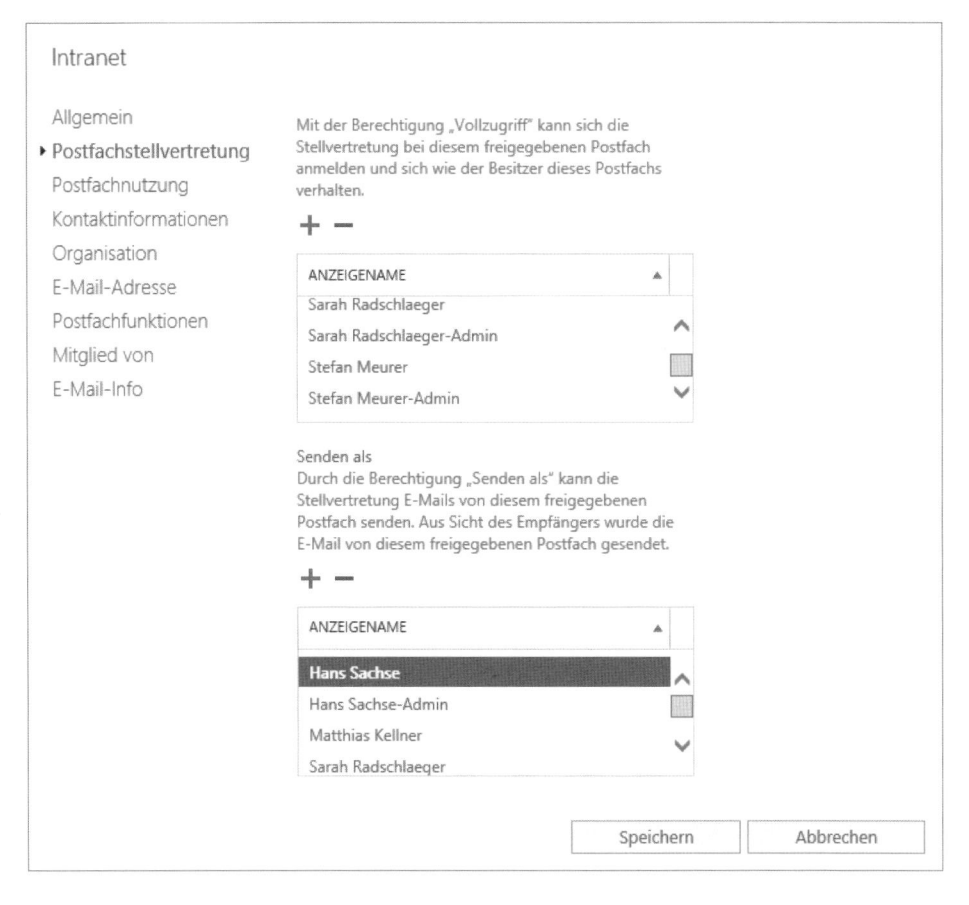

![Screenshot der Postfachstellvertretungseinstellungen]

15. Da dieses Postfach auch als Absender- und Antwortadresse der SharePoint-Mails des Intranetportals verwendet werden soll, muss Stefan zum Abschluss noch die entsprechenden Einstellungen in SharePoint vornehmen. Dazu navigiert er zurück zur Zentraladministration und wählt dort links die **ANWENDUNGSVERWALTUNG**.
16. Im Fenster *Webanwendungsliste* markiert er die Webanwendung für das Intranetportal *SharePoint – Intranet.betcomm.local443*. Im Menüband *Webanwendungen* in der Gruppe *Verwalten* klickt er auf die Schaltfläche **ALLGEMEINE EINSTELLUNGEN** und dann im Menü auf **AKTUELLE E-MAIL-NACHRICHTEN**.

17. Im Dialogfeld *Einstellungen der Webanwendung für ausgehende E-Mails* trägt Stefan die Adresse des freigegebenen Postfachs als Absender- und Antwortadresse ein. Der Exchange Server ist aus der Grundkonfiguration des SharePoint schon richtig vorgegeben.

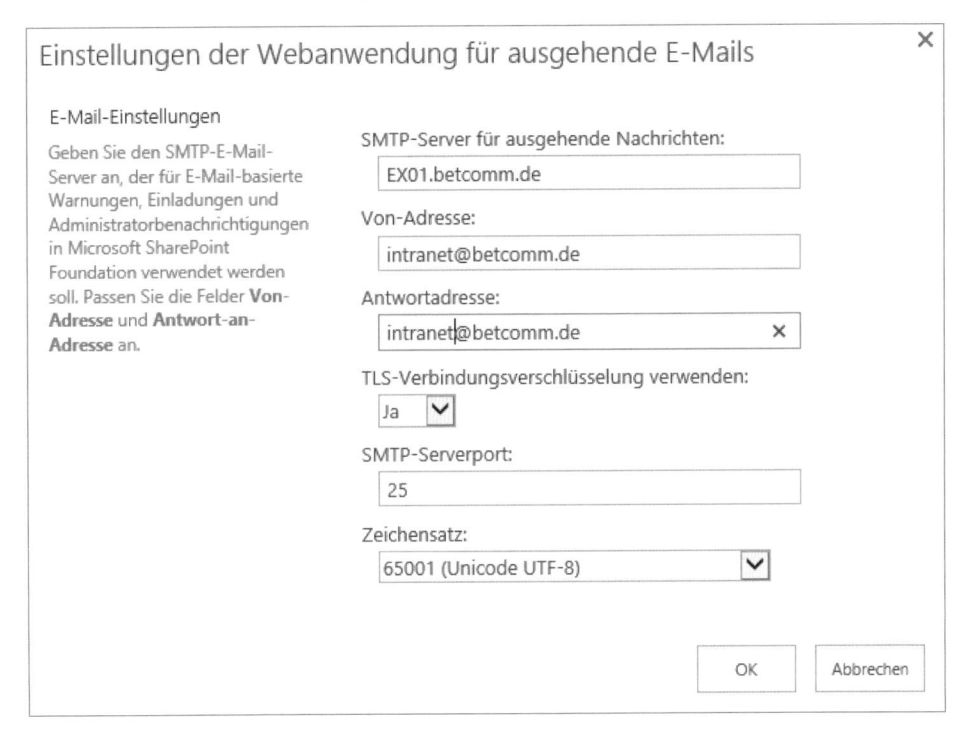

Einstellungen der Webanwendung für ausgehende E-Mails

E-Mail-Einstellungen

Geben Sie den SMTP-E-Mail-Server an, der für E-Mail-basierte Warnungen, Einladungen und Administratorbenachrichtigungen in Microsoft SharePoint Foundation verwendet werden soll. Passen Sie die Felder **Von-Adresse** und **Antwort-an-Adresse** an.

SMTP-Server für ausgehende Nachrichten:
EX01.betcomm.de

Von-Adresse:
intranet@betcomm.de

Antwortadresse:
intranet@betcomm.de

TLS-Verbindungsverschlüsselung verwenden:
Ja

SMTP-Serverport:
25

Zeichensatz:
65001 (Unicode UTF-8)

OK   Abbrechen

Berechtigungen für das Portal festlegen

Nachdem damit die Grundeinstellungen für die Berechtigungen gesetzt sind, kann Stefan Meurer sich wieder mit den Berechtigungen auf der Website beschäftigen. Folgende Anforderungen sind dabei umzusetzen:

- Alle Mitarbeiter der Besser Kommunizieren GmbH sollen auf die Inhalte des Portals zugreifen, Dokumente aber möglichst nicht herunterladen können.
- Nur einige Mitarbeiter aus der Organisationsabteilung sollen die Struktur des Intranetportals bearbeiten dürfen (Herausgeber).

- Aus jeder Abteilung sollen Mitarbeiter benannt sein, die Inhalte in der vorhandenen Struktur veröffentlichen dürfen (Autoren). Die Inhalte müssen aber von den Herausgebern genehmigt werden.
- Die Berechtigungen selbst sollen weitestgehend über Active-Directory-Gruppen und nicht auf der Website selbst verwaltet werden.

Um dieses rollenbasierte Berechtigungssystem im Portal abzubilden, macht sich Stefan mit dem Berechtigungssteuerungssystem im SharePoint vertraut und findet dabei eine Reihe von Optionen und Einschränkungen:

- Active-Directory-Gruppen und Benutzern können direkt Berechtigungen im SharePoint zugewiesen werden.
- Active-Directory-Gruppen und Benutzer können in SharePoint-Gruppen aufgenommen werden und darüber Berechtigungen zugewiesen bekommen.
- SharePoint-Gruppen können, im Gegensatz zu Active-Directory-Gruppen, nicht ineinander geschachtelt werden.
- Bei der Genehmigung von Zugriffsanforderungen in SharePoint können Berechtigungen nur über die Aufnahme in eine SharePoint-Gruppe oder über das direkte Zuweisen an das Benutzerkonto vergeben werden. Die Aufnahme in eine Active-Directory-Gruppe ist darüber nicht möglich.
- Die zugewiesenen Berechtigungen werden über Berechtigungsstufen abgebildet.
- Berechtigungsstufen setzen sich aus einer Reihe von Einzelberechtigungen auf Websiteebene, Listenebene und für persönliche Anpassungen von Ansichten und Webparts zusammen.
- Die Standardberechtigungsstufen sind *Vollzugriff*, *Entwerfen*, *Bearbeiten*, *Mitwirken*, *Lesen*, *Beschränkter Zugriff* und *Nur anzeigen*. Die konkreten Berechtigungen der einzelnen Stufen prüft Stefan, indem er auf der Seite *Websiteberechtigungen* im Menüband *Berechtigungen* in der Gruppe *Verwalten* auf die Schaltfläche **BERECHTIGUNGSSTUFEN** klickt. Auf der Seite *Berechtigungen – Berechtigungsstufen* werden ihm die vorhandenen Berechtigungsstufen angezeigt (Bild 5.5).

Berechtigungen · Berechtigungsstufen

Berechtigungsstufe hinzufügen | ✗ Ausgewählte Berechtigungsstufen löschen

Berechtigungsstufe	Beschreibung
Vollzugriff	Verfügt über Vollzugriff.
Entwerfen	Kann anzeigen, hinzufügen, aktualisieren, löschen, genehmigen und anpassen.
Bearbeiten	Kann Listen hinzufügen, bearbeiten und löschen; kann Listenelemente und Dokumente anzeigen, hinzufügen, aktualisieren und löschen.
Mitwirken	Kann Listenelemente und Dokumente anzeigen, hinzufügen, aktualisieren und löschen.
Lesen	Kann Seiten und Listenelemente anzeigen und Dokumente herunterladen.
Beschränkter Zugriff	Kann bestimmte Listen, Dokumentbibliotheken, Listenelemente, Ordner oder Dokumente anzeigen, wenn die Berechtigungen erteilt werden.
Nur anzeigen	Kann Seiten, Listenelemente und Dokumente anzeigen. Kann Dokumenttypen mit serverseitigen Dateihandlern im Browser anzeigen, jedoch nicht herunterladen.

Bild 5.5 Die vorhandenen Berechtigungsstufen

- Um die in der jeweiligen Berechtigungsstufe enthaltenen Einzelberechtigungen zu prüfen, klickt er einfach auf den Namen der Stufe und gelangt zu einer Auflistung der detaillierten Berechtigungen im Fenster *Berechtigungsstufe bearbeiten* (Bild 5.6).

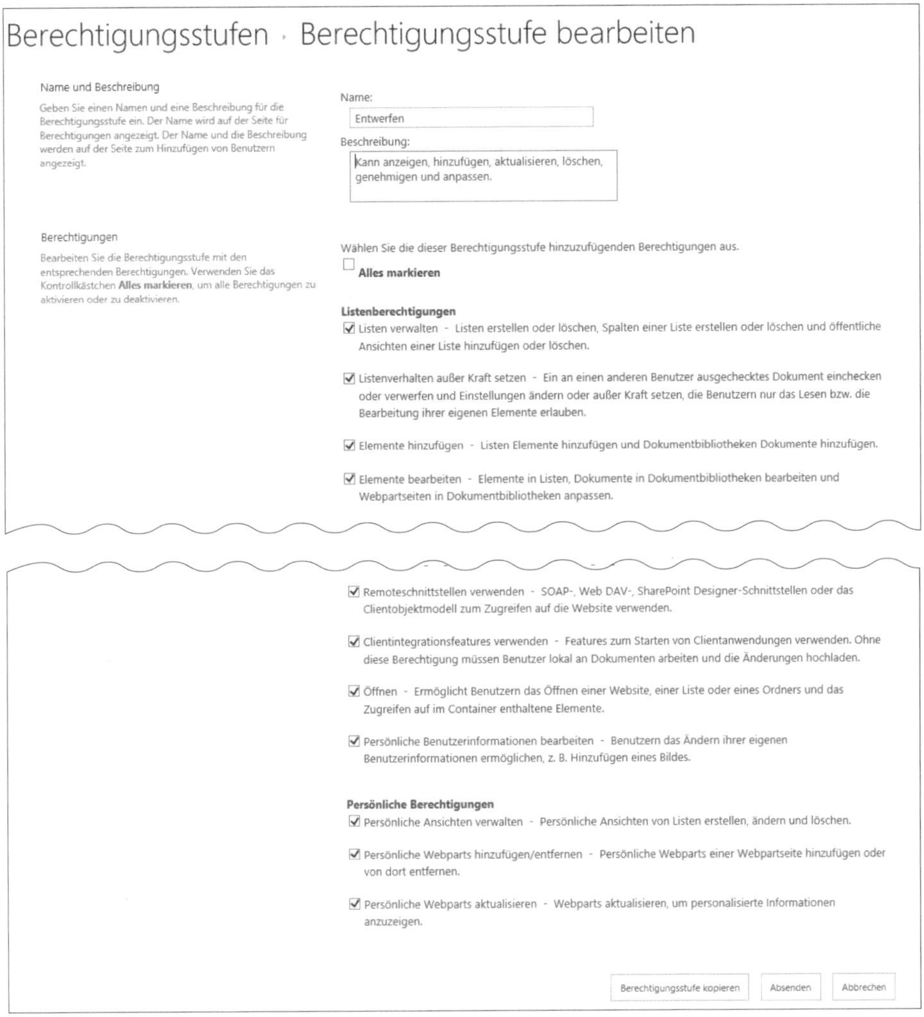

Berechtigungsstufen · Berechtigungsstufe bearbeiten

Name und Beschreibung
Geben Sie einen Namen und eine Beschreibung für die Berechtigungsstufe ein. Der Name wird auf der Seite für Berechtigungen angezeigt. Der Name und die Beschreibung werden auf der Seite zum Hinzufügen von Benutzern angezeigt.

Name:
Entwerfen

Beschreibung:
Kann anzeigen, hinzufügen, aktualisieren, löschen, genehmigen und anpassen.

Berechtigungen
Bearbeiten Sie die Berechtigungsstufe mit den entsprechenden Berechtigungen. Verwenden Sie das Kontrollkästchen **Alles markieren**, um alle Berechtigungen zu aktivieren oder zu deaktivieren.

Wählen Sie die dieser Berechtigungsstufe hinzuzufügenden Berechtigungen aus.

☐ **Alles markieren**

Listenberechtigungen

☑ Listen verwalten - Listen erstellen oder löschen, Spalten einer Liste erstellen oder löschen und öffentliche Ansichten einer Liste hinzufügen oder löschen.

☑ Listenverhalten außer Kraft setzen - Ein an einen anderen Benutzer ausgechecktes Dokument einchecken oder verwerfen und Einstellungen ändern oder außer Kraft setzen, die Benutzern nur das Lesen bzw. die Bearbeitung ihrer eigenen Elemente erlauben.

☑ Elemente hinzufügen - Listen Elemente hinzufügen und Dokumentbibliotheken Dokumente hinzufügen.

☑ Elemente bearbeiten - Elemente in Listen, Dokumente in Dokumentbibliotheken bearbeiten und Webpartseiten in Dokumentbibliotheken anpassen.

☑ Remoteschnittstellen verwenden - SOAP-, Web DAV-, SharePoint Designer-Schnittstellen oder das Clientobjektmodell zum Zugreifen auf die Website verwenden.

☑ Clientintegrationsfeatures verwenden - Features zum Starten von Clientanwendungen verwenden. Ohne diese Berechtigung müssen Benutzer lokal an Dokumenten arbeiten und die Änderungen hochladen.

☑ Öffnen - Ermöglicht Benutzern das Öffnen einer Website, einer Liste oder eines Ordners und das Zugreifen auf im Container enthaltene Elemente.

☑ Persönliche Benutzerinformationen bearbeiten - Benutzern das Ändern ihrer eigenen Benutzerinformationen ermöglichen, z. B. Hinzufügen eines Bildes.

Persönliche Berechtigungen

☑ Persönliche Ansichten verwalten - Persönliche Ansichten von Listen erstellen, ändern und löschen.

☑ Persönliche Webparts hinzufügen/entfernen - Persönliche Webparts einer Webpartseite hinzufügen oder von dort entfernen.

☑ Persönliche Webparts aktualisieren - Webparts aktualisieren, um personalisierte Informationen anzuzeigen.

[Berechtigungsstufe kopieren] [Absenden] [Abbrechen]

Bild 5.6 Die detaillierten Berechtigungen

- Zusätzlich lassen sich eigene Berechtigungsstufen bilden, am einfachsten durch Kopieren und anschließendes Anpassen einer vorhandenen Berechtigungsstufe.
- Die Zuweisung der Berechtigung erfolgt standardmäßig auf der Ebene der Website und wird an alle untergeordneten Objekte vererbt.
- Die Vererbung lässt sich auf Listen- und Elementebene unterbrechen (wobei Ordner als Listenelemente zu betrachten sind). Die untergeordneten Elemente der jeweiligen Ebene erben dabei im Standard wieder die Berechtigung dieser Ebene.

Die damit gebotene Flexibilität reicht Stefan völlig aus, um ein Berechtigungskonzept für das Portal zu entwickeln. Sein Konzept sieht Folgendes vor:

- Die Besuchergruppe und die Autorengruppe werden als SharePoint-Gruppen abgebildet. Hier möchte Stefan die Möglichkeit behalten, Kollegen per Zugriffsanforderung aufzunehmen.
- Die Besuchergruppe wird vorbelegt mit der Domänengruppe *Domänen-Benutzer*. Dadurch erhalten alle Mitarbeiter der Besser Kommunizieren GmbH Zugriff auf das Portal. Diese Gruppe bekommt die Berechtigungsstufe *Nur anzeigen* zugewiesen. Damit können Dokumente nur im Browser angezeigt werden, der Download ist ausgeschlossen.
- Die Autorengruppe bekommt die Berechtigungsstufe *Mitwirken*. Im Gegensatz zu *Bearbeiten* enthält diese Stufe nicht das Recht, Listen anzulegen und Listeneinstellungen zu bearbeiten. Diese Gruppe kann daher nur in der existierenden Struktur arbeiten.
- Für die Gruppe der Herausgeber wird eine eigene Active-Directory-Gruppe angelegt, die dann auch direkt in Exchange Mail aktiviert wird. Es muss also eine universelle Sicherheitsgruppe sein. Dieser AD-Gruppe wird die Berechtigungsstufe *Entwerfen* zugewiesen. Sie enthält das Recht, Inhalte zu genehmigen. Eine Aufnahme in diese Gruppe kann nicht durch Zugriffsanforderungen erfolgen.
- Nur die Websitesammlungsadministratoren erhalten Vollzugriff. Eine eigene Besitzergruppe hält Stefan auf dieser Ebene für nicht notwendig und sogar verwirrend. Berechtigungen können danach nur von den Websitesammlungsadministratoren verwaltet werden.

Stefan legt Matthias Kellner das Konzept zusammengefasst in folgender Tabelle vor:

Gruppe	Vorgesehene Mitglieder	Berechtigungsstufe
Besucher von Intranet	Domänen-Benutzer (AD)	Nur anzeigen
Autoren von Intranet	Werden später benannt	Bearbeiten
Herausgeber von Intranet (AD)	Matthias Kellner, weitere werden später benannt	Entwerfen
Websitesammlungsadministratoren	Hans-Sachse, Admin Stefan Meurer, Admin Sarah Radschläger, Admin	Vollzugriff

Matthias Kellner ist mit dem Konzept einverstanden. Somit macht Stefan sich an die Umsetzung.

1. Im ersten Schritt erstellt er über das Exchange Admin Center die neue Herausgebergruppe. Dazu navigiert er im EAC im Bereich **EMPFÄNGER** auf den Konfigurationsbereich **GRUPPEN**.

Exchange Admin Center

Empfänger | Postfächer Gruppen Ressourcen Kontakte Freigegeben Migration

---

2. Dort klickt er auf das +-Symbol und wählt im Menü den Eintrag **SICHERHEITSGRUPPE**.

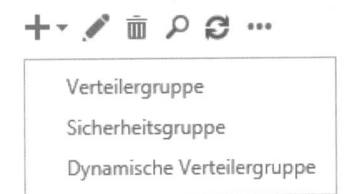

3. Um den Gruppennamen SharePoint-konsistent zu halten, benennt er sie *Herausgeber von Intranet*. Als Alias wählt er *Intranetherausgeber* und gibt noch eine aussagekräftige Beschreibung an.

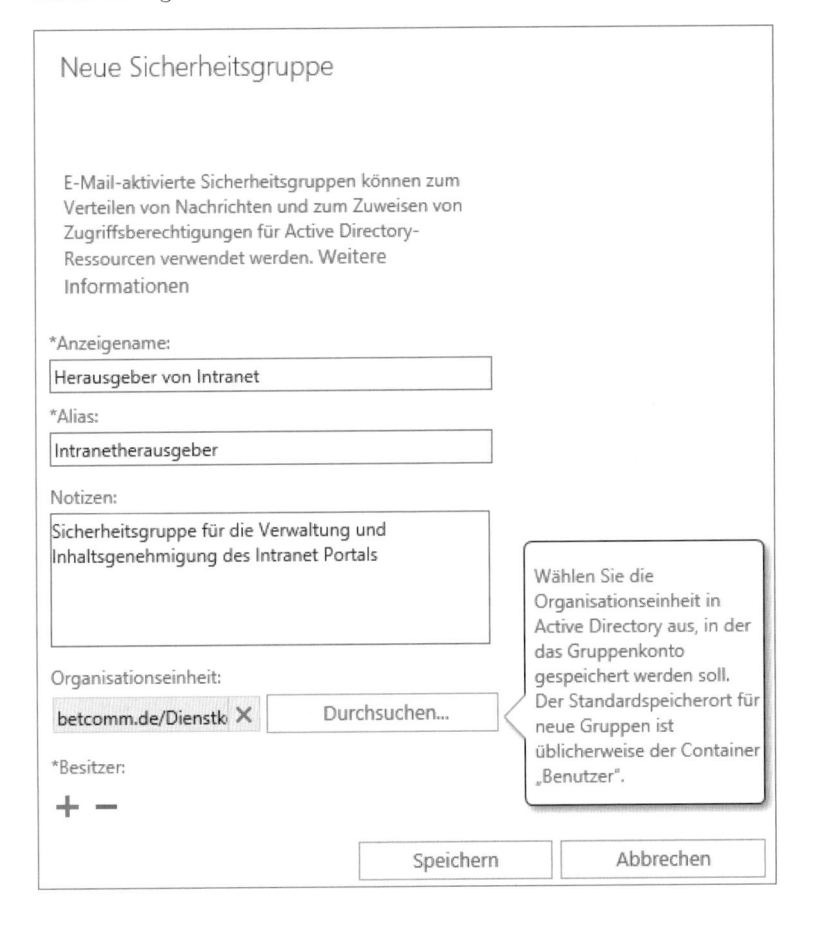

4. Für die Sicherheitsgruppen und Empfänger in SharePoint ist eine Organisationseinheit innerhalb der OU *Dienstkonten/SharePoint* vorgesehen. Daher wählt Stefan diese OU aus.

```
Organisationseinheit auswählen                    ✕

[ Zu suchender Typ                            🔎 ]

    ▲  betcomm.local
       ▶  Benutzer & Gruppen
       ▲  Dienstkonten
             ADFS
             ADRMS
             Exchange
          ▲  SharePoint
                SharePoint-Empfänger
             Skype
             SQL
          Microsoft Exchange Security Groups
          Users


    [ Alle erweitern ]

                        [  OK  ]  [ Abbrechen ]
```

5. Im unteren Abschnitt des Dialogs wählt Stefan alle Administratoren als Besitzer aus und gibt Matthias Kellner als Mitglied an. Die Besitzer werden nicht selbst Mitglieder dieser Gruppe (Stefan deaktiviert die Option *Gruppenbesitzer als Mitglieder hinzufügen*). Außerdem soll der Gruppe niemand ohne Genehmigung beitreten. Deswegen aktiviert Stefan die Option *Besitzergenehmigung erforderlich*.

Neue Sicherheitsgruppe

*Besitzer:

+ −

Stefan Meurer-Admin
Sarah Radschlaeger-Admin
Hans Sachse-Admin

> Gruppen müssen mindestens über einen Besitzer verfügen, der für die Verwaltung der Gruppe zuständig ist. Standardmäßig sind Sie der Besitzer der von Ihnen erstellten Gruppe. Klicken Sie zum Hinzufügen weiterer Besitzer auf „Hinzufügen".

Mitglieder:

☐ Gruppenbesitzer als Mitglieder hinzufügen

+ −

Matthias Kellner (mkellner)

Wählen Sie aus, ob für den Beitritt zur Gruppe eine Besitzergenehmigung erforderlich ist. Nur Besitzer können Mitglieder entfernen.

☑ Besitzergenehmigung erforderlich

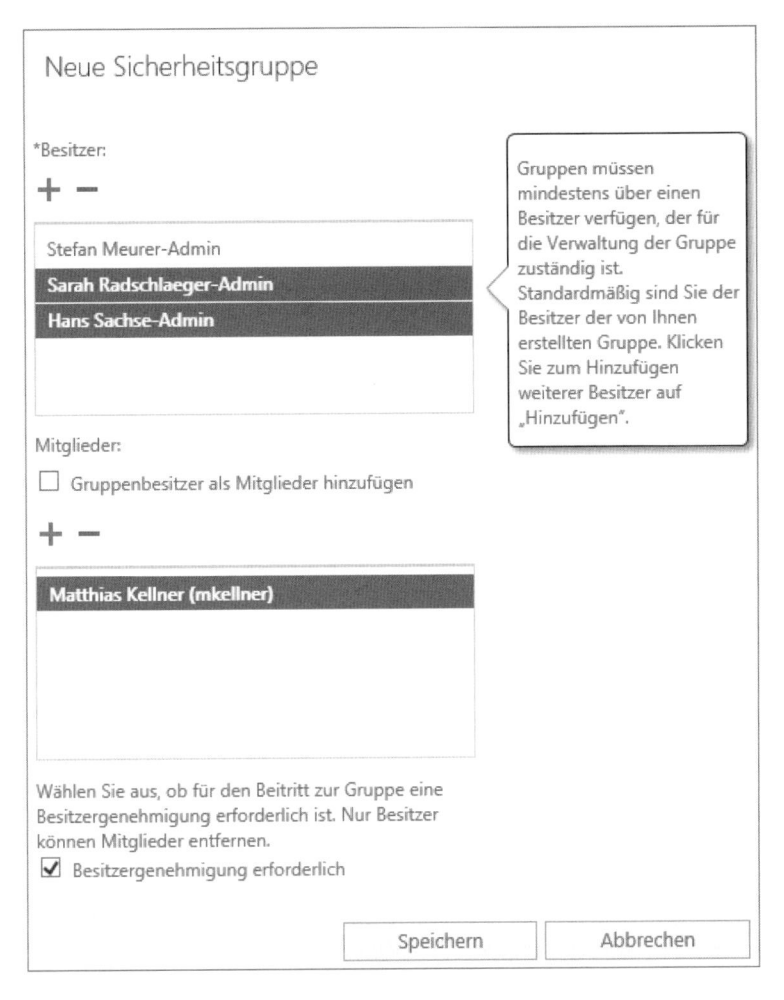

[Speichern]   [Abbrechen]

6. Eine letzte Option, die für die gewünschte Funktion in Zusammenarbeit mit SharePoint erforderlich ist, lässt sich nicht direkt beim Erstellen der Gruppen einstellen. Nach dem Speichern öffnet Stefan daher die Gruppeneinstellungen noch einmal durch einen Doppelklick auf den Gruppennamen und wählt links in der Navigation den Bereich *Zustellungsverwaltung* aus. Dort stellt er fest, dass die Standardeinstellungen in Exchange den Versand an die Gruppe nur für Organisationsmitglieder erlaubt. Das bedeutet, dass sich die Absender gegenüber dem Exchange authentifizieren müssen. Der SharePoint-Server versendet aber als SMTP-Server mit einer Absenderadresse aus der Organisation (Stefan hat sie oben auf *Intranet@betcomm.de* festgelegt), aber nicht mit einem Konto, über das er sich authentifizieren kann. Stefan ändert daher die Einstellungen auf *Absender innerhalb und außerhalb meiner Organisation* und schränkt den Absenderbereich nicht weiter ein.

Herausgeber von Intranet

Allgemein
Besitz
Mitgliedschaft
Mitgliedschafts-
genehmigung
▸ **Zustellungsverwaltung**
Nachrichten-
genehmigung
E-Mail-Optionen
E-Mail-Info
Gruppendelegierung

Standardmäßig können nur Absender innerhalb der Organisation Nachrichten an diese Gruppe senden. Sie können auch zulassen, dass Personen außerhalb der Organisation Nachrichten an diese Gruppe senden können. Wählen Sie eine der folgenden Optionen aus.

○ Nur Absender in meiner Organisation

◉ Absender innerhalb und außerhalb meiner Organisation

Wenn Sie den Versand von Nachrichten an die Gruppe auf bestimmte Personen einschränken möchten, fügen Sie in die Liste unten Benutzer oder Gruppen ein. Nur die angegebenen Absender können Nachrichten an die Gruppe senden. Von anderen Personen gesendete E-Mails werden zurückgewiesen.

+ −

Alle Absender können Nachrichten an die Gruppe senden.

[Speichern] [Abbrechen]

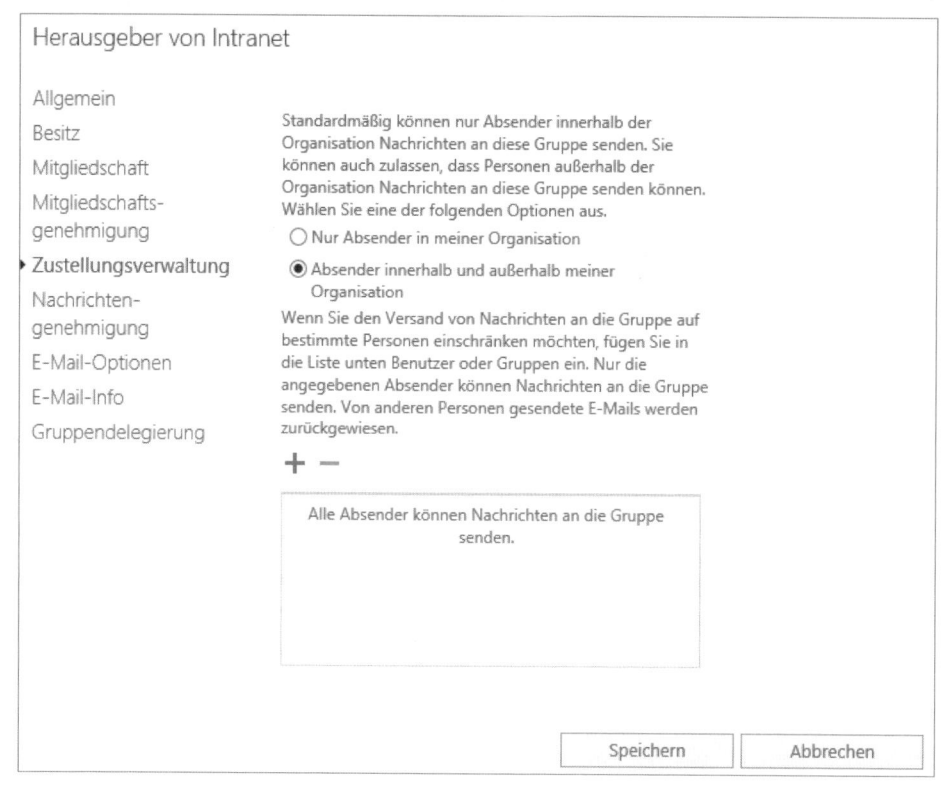

7. Nachdem Stefan auf **SPEICHERN** geklickt hat, muss er der neuen Gruppe im Portal die erforderlichen Rechte zuweisen. Dazu wechselt er zur Berechtigungsverwaltung der Websitesammlung. Dort klickt er im Menüband *Berechtigungen* in der Gruppe *Erteilen* ganz links auf die Schaltfläche **BERECHTIGUNGEN ERTEILEN**.

DURCHSUCHEN	BERECHTIGUNGEN					
Berechtigungen erteilen	Gruppe erstellen	Benutzerberechtigungen bearbeiten	Benutzerberechtigungen entfernen	Berechtigungen überprüfen	Berechtigungsstufen Einstellungen für Zugriffsanforderungen Websitesammlungsadministratoren	
Erteilen		Ändern		Überprüfen	Verwalten	

8. Im Dialogfeld *Intranet ... freigeben* gibt er oben den Namen der neu erstellten Gruppe ein und klickt dann unten auf **OPTIONEN ANZEIGEN**, um die Berechtigungsoptionen zu bearbeiten. Er deaktiviert die Option *Eine E-Mail-Einladung senden* und wählt in der Liste *Wählen Sie eine Gruppe oder Berechtigungsstufe aus* als Berechtigungsstufe *Entwerfen*. Er bestätigt die Einstellungen per Klick auf **FREIGEBEN**. Mit der Berechtigungsstufe *Entwerfen* sind die Gruppenmitglieder in der Lage, die inhaltliche Struktur der Website anzupassen, ohne aber administrative Einstellungen, wie die Berechtigungen, ändern zu können. Zur Berechtigungsstufe *Entwerfen* gehört auch das Recht, Inhalte zu genehmigen.

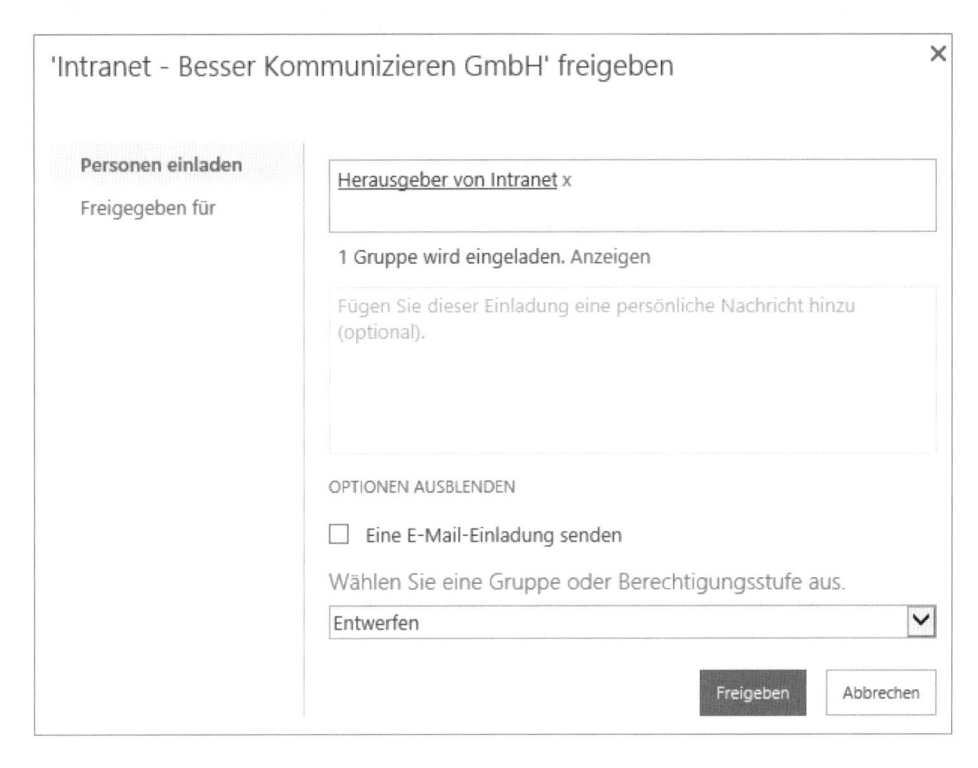

'Intranet - Besser Kommunizieren GmbH' freigeben

Personen einladen

Freigegeben für

Herausgeber von Intranet x

1 Gruppe wird eingeladen. Anzeigen

Fügen Sie dieser Einladung eine persönliche Nachricht hinzu (optional).

OPTIONEN AUSBLENDEN

☐ Eine E-Mail-Einladung senden

Wählen Sie eine Gruppe oder Berechtigungsstufe aus.

Entwerfen

[Freigeben] [Abbrechen]

9. Im nächsten Schritt bearbeitet Stefan die Einstellungen für die Besuchergruppe. Um die Gruppenbenennung einheitlich zu gestalten, benennt er sie im ersten Schritt um in *Besucher von Intranet*. In der Gruppenauflistung klickt er auf den Gruppennamen und gelangt in das Fenster zur Gruppenbearbeitung.

Benutzer und Gruppen › Besucher von Intranet

Neu ▾   Aktionen ▾   Einstellungen ▾

| | | Name | Info | Titel |

In dieser Ansicht der Liste "Benutzerinformationsliste" sind keine Elemente anzeigbar.

10. Er klickt auf **EINSTELLUNGEN** und wählt im Menü den Eintrag **GRUPPENEINSTEL-LUNGEN**.

> Einstellungen ▼
>
> Gruppeneinstellungen
> Einstellungen wie Gruppenname und Berechtigungen verwalten.
>
> Gruppenberechtigungen anzeigen
> Berechtigungen dieser Gruppe für Websites, Listen und Elemente anzeigen.
>
> Zur Standardgruppe machen
> Diese Gruppe zur Standardgruppe für diese Website erklären.
>
> Listeneinstellungen
> Einstellungen wie Spalten und Ansichten verwalten.

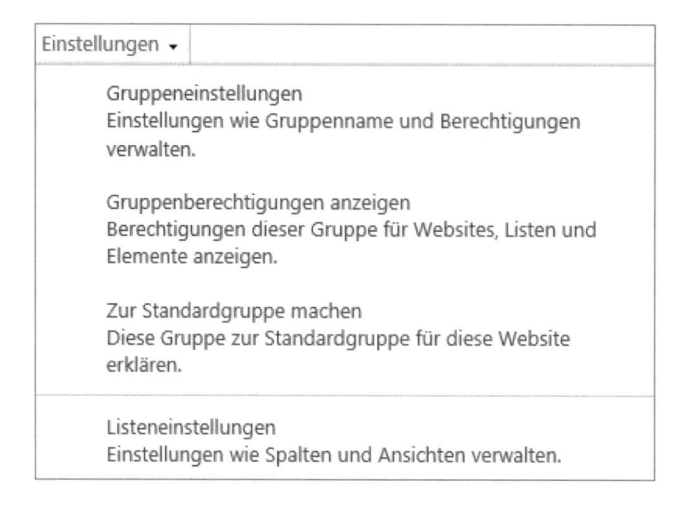

11. In den Einstellungen ändert er den Namen der Gruppe in *Besucher von Intranet*. Alle anderen Einstellungen dieses Dialogfelds behält Stefan erst einmal bei.

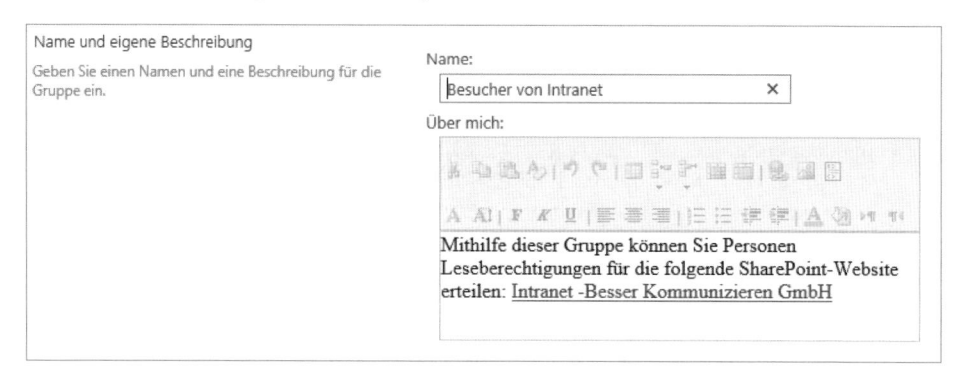

> Name und eigene Beschreibung
> Geben Sie einen Namen und eine Beschreibung für die Gruppe ein.
>
> Name:
> Besucher von Intranet
>
> Über mich:
>
> Mithilfe dieser Gruppe können Sie Personen Leseberechtigungen für die folgende SharePoint-Website erteilen: Intranet -Besser Kommunizieren GmbH

12. Zurück im Fenster *Besucher von Intranet* klickt Stefan nun auf **NEU** und dann auf **BENUTZER HINZUFÜGEN**, um die Domänenbenutzer der Gruppe hinzuzufügen.

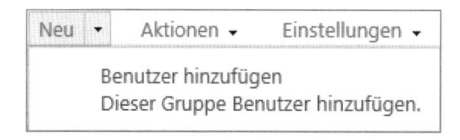

> Neu ▼   Aktionen ▼   Einstellungen ▼
>
> Benutzer hinzufügen
> Dieser Gruppe Benutzer hinzufügen.

13. Es öffnet sich wieder das Freigeben-Dialogfeld, nur dass Stefan diesmal keine Berechtigungsstufe auswählen kann. Er gibt die Gruppe *BETCOMM\domain users* ein und deaktiviert wieder die Option *Eine E-Mail-Einladung senden*.

'Intranet - Besser Kommunizieren GmbH' freigeben

Personen einladen

Freigegeben für

Domä

BETCOMM\domain admins
BETCOMM\domain computers
BETCOMM\domain controllers
BETCOMM\domain guests
BETCOMM\domain users

OPTIONEN AUSBLENDEN

☐ Eine E-Mail-Einladung senden

[Freigeben] [Abbrechen]

14. Nun muss noch die Berechtigungsstufe der Besucher angepasst werden. Dazu navigiert Stefan zurück in die Websiteberechtigungen. Dort aktiviert er die Checkbox vor der Berechtigungsgruppe *Besucher von Intranet* und klickt dann im Menüband *Berechtigungen* in der Gruppe *Ändern* auf **BENUTZERBERECHTIGUNGEN BEARBEITEN**.

	Name	Typ	Berechtigungsstufen
Start			
Notizbuch	☐ Besitzer von Intranet -Besser Kommunizieren GmbH	SharePoint-Gruppe	Vollzugriff
Dokumente			
Unterwebsites	☑ Besucher von Intranet	SharePoint-Gruppe	Lesen

15. Im Dialogfeld *Berechtigungen bearbeiten* deaktiviert Stefan für die Besuchergruppe die Berechtigungsstufe *Lesen* und aktiviert *Nur anzeigen*.

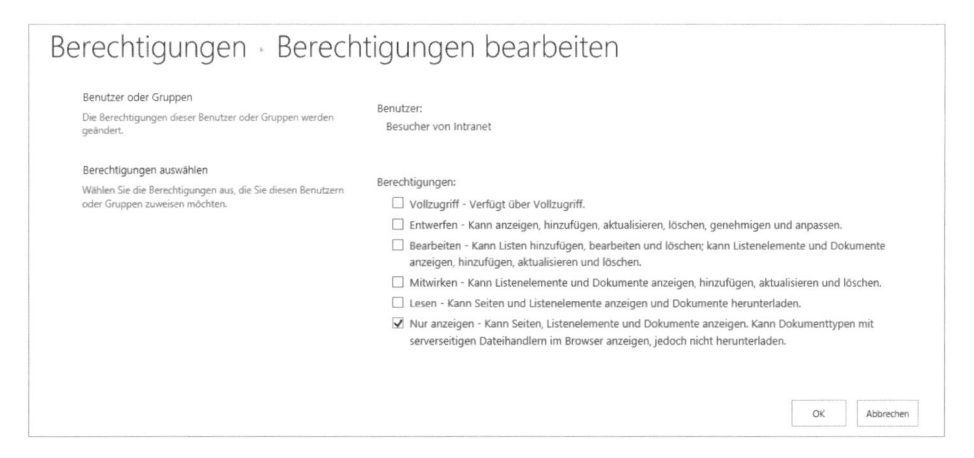

Berechtigungen › Berechtigungen bearbeiten

Benutzer oder Gruppen
Die Berechtigungen dieser Benutzer oder Gruppen werden geändert.

Benutzer:
Besucher von Intranet

Berechtigungen auswählen
Wählen Sie die Berechtigungen aus, die Sie diesen Benutzern oder Gruppen zuweisen möchten.

Berechtigungen:

☐ Vollzugriff - Verfügt über Vollzugriff.

☐ Entwerfen - Kann anzeigen, hinzufügen, aktualisieren, löschen, genehmigen und anpassen.

☐ Bearbeiten - Kann Listen hinzufügen, bearbeiten und löschen; kann Listenelemente und Dokumente anzeigen, hinzufügen, aktualisieren und löschen.

☐ Mitwirken - Kann Listenelemente und Dokumente anzeigen, hinzufügen, aktualisieren und löschen.

☐ Lesen - Kann Seiten und Listenelemente anzeigen und Dokumente herunterladen.

☑ Nur anzeigen - Kann Seiten, Listenelemente und Dokumente anzeigen. Kann Dokumenttypen mit serverseitigen Dateihandlern im Browser anzeigen, jedoch nicht herunterladen.

[OK] [Abbrechen]

16. Nachdem Stefan die Änderungen mit **OK** bestätigt hat, werden sie in der Berechtigungsverwaltung auch entsprechend angezeigt.

| ☐ ☐ Besucher von Intranet | SharePoint-Gruppe | Nur anzeigen |

17. Als Nächstes ist die Autorengruppe einzurichten. Dafür verwendet Stefan die bisherige Mitgliedergruppe. Diese benennt er in *Autoren von Intranet* um und gibt ihr die Berechtigungsstufe *Mitwirken*. Mitglieder fügt er ihr an dieser Stelle noch nicht hinzu. Das Ergebnis wird in der Gruppenauflistung wieder reflektiert.

| ☐ ☐ Autoren von Intranet | SharePoint-Gruppe | Mitwirken |

18. Der letzte Schritt ist etwas kritischer und Stefan fragt sich, ob sein Konzept wirklich funktioniert. Zwei Dinge sind noch zu tun. Erstens ist die Gruppe der Besitzer der Website aus den Berechtigungen zu entfernen und zweitens steht Stefan noch mit Einzelberechtigungen (Vollzugriff) in der Liste. Auch in der Besitzergruppe ist er Mitglied. Diese beiden Berechtigungen vergibt SharePoint standardmäßig beim Erstellen einer neuen Website an den Ersteller. Beides möchte Stefan der Übersichtlichkeit halber auf der Portalsite nicht haben. Zuerst benennt er aber die Besitzergruppe entsprechend der bisherigen Regel in *Besitzer von Intranet* um. Anschließend markiert er sowohl sein eigenes Konto als auch die Berechtigungsgruppe *Besitzer von Intranet* in der Berechtigungsliste und klickt im Menüband *Berechtigungen* in der Gruppe *Ändern* auf die Schaltfläche **BENUTZERBERECHTIGUNGEN ENTFERNEN**. Das Ergebnis für die Portalseite sieht dann wie in der folgenden Abbildung aus:

Name	Typ	Berechtigungsstufen
☐ Autoren von Intranet	SharePoint-Gruppe	Mitwirken
☐ Besucher von Intranet	SharePoint-Gruppe	Nur anzeigen
☐ Excel Services-Viewer	SharePoint-Gruppe	Nur anzeigen
☐ Herausgeber von Intranet	Domänengruppe	Entwerfen

ⓘ Keine Lust mehr, Anforderungen zu genehmigen? Mitgliedern das Freigeben ohne Anforderung der Besitzergenehmigung gestatten

19. Um sicherzustellen, dass er noch alles verwalten kann, führt Stefan einige Tests durch. Er geht in die Gruppenbearbeitung, fügt testweise Benutzer hinzu, meldet sich ab und wieder an und fügt auf der Startseite des Intranets Apps hinzu, löscht sie wieder, lädt Dokumente hoch und gibt sie frei etc. Da alles zu funktionieren scheint, ist er zufrieden und kann das Portal für die inhaltliche Konzeption an Matthias Kellner übergeben.

5.1.2 Abbilden der Kommunikationsprozesse der Geschäftsführung im Portal

Matthias Kellner hat nun die Aufgabe, die Kommunikationsanforderungen der Geschäftsführung in diesem Portal abzubilden. Dazu nimmt er sich die beiden ersten Kommunikationsprozesse vor.

- Veröffentlichen von wichtigen Terminen aus der Geschäftsführung
- Veröffentlichen allgemeiner Neuigkeiten aus der Geschäftsführung

Grundlegende Anforderungen an diese Prozesse sind die Sicherstellung des Informationsflusses und die zielgerichtete Informationsverteilung. Das heißt erstens, dass die Mitarbeiter automatisch über Neuigkeiten informiert werden sollen, und zweitens, dass die Informationen nach Interessengruppen klassifiziert werden müssen. Matthias erkennt hierin die Möglichkeiten der Benachrichtigungsfunktion und der verwalteten Metadaten zur Klassifikation von Inhalten im SharePoint wieder, die er daher auch nutzen möchte.

Für die Veröffentlichung der Inhalte möchte er die Standardlisten des SharePoint nutzen. Für die allgemeinen Neuigkeiten bietet sich eine Ankündigungsliste an, für Termine natürlich die Kalenderfunktion.

Die Ankündigungen und Termine sollen im ersten Schritt aus dem Geschäftsführungssekretariat erstellt, endgültig aber von Matthias selbst klassifiziert und genehmigt werden. Um diese Prozesse abzubilden sind somit mehrere Schritte erforderlich.

- Die Ankündigungsliste und der Kalender sind zu erstellen und zu konfigurieren.
- Die Metadatensätze sind zu erstellen.
- Der Genehmigungsprozess ist in den Listen zu hinterlegen.
- Die Ansichten für die Startseite des Portals sind zu erstellen.
- Maria Bertwein und Ernst Kohlhoff sind in die Autorengruppe aufzunehmen.

Matthias fängt also mit der Erstellung und Konfiguration der beiden Listen an.

Standardlisten dem Portal hinzufügen

1. Er navigiert im Browser zum Intranetportal und meldet sich dort an.
2. Anschließend klickt er links neben seinem Namen auf das Zahnradsymbol und wählt im Menü den Eintrag **APP HINZUFÜGEN**.

3. Auf der Seite *Websiteinhalte – Ihre Apps* scrollt er nach unten, bis er die Apps **ANKÜNDI-GUNGEN** und **KALENDER** findet.

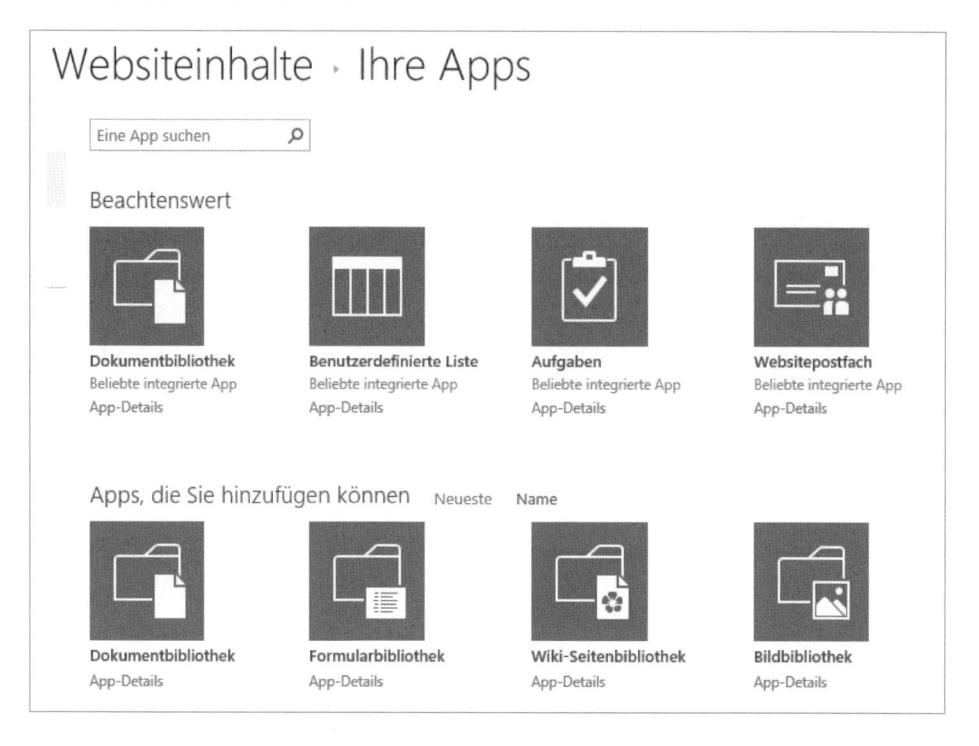

4. Er klickt auf die Kachel für den jeweiligen Listentyp und erstellt die Listen. Die Ankündigungsliste nennt er *Neuigkeiten*, den Kalender *Termine*. Er wählt bewusst einfache Namen ohne Leerzeichen, Umlaute und Sonderzeichen, da die hier vergebenen Namen von SharePoint zum Generieren der URLs der Listen verwendet werden. Die Anzeigenamen lassen sich nachträglich in den Listeneinstellungen ändern, die URLs hingegen nicht.

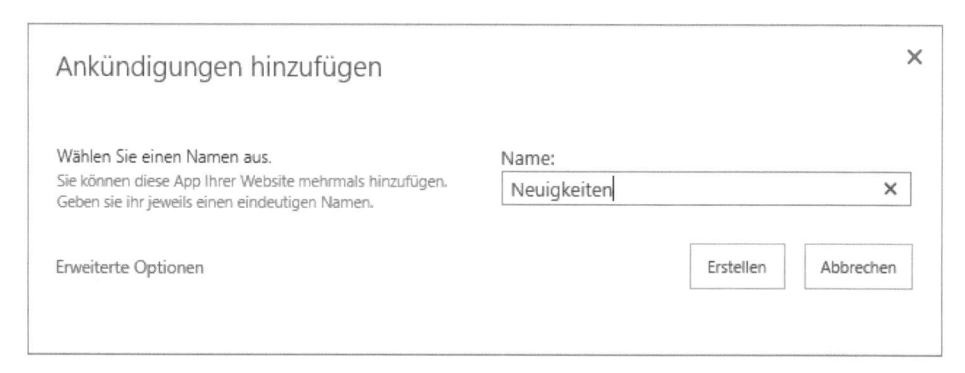

Da in den Neuigkeiten und den Unternehmensterminen Inhalte nur nach Genehmigung veröffentlicht werden sollen, muss Matthias das Genehmigungsverfahren in beiden Listen aktivieren. Zusätzlich möchte er die Genehmigung mit dem im SharePoint verfügbaren Standardworkflow für die die Inhaltsgenehmigung unterstützen.

Inhaltsgenehmigung mit Workflowunterstützung in den Listen einrichten

1. Nach dem Erstellen der Listen gelangt Matthias automatisch auf die Seite *Websiteinhalte*, auf der die neu erstellten Listen mit dem Hinweis *neu* aufgeführt werden.

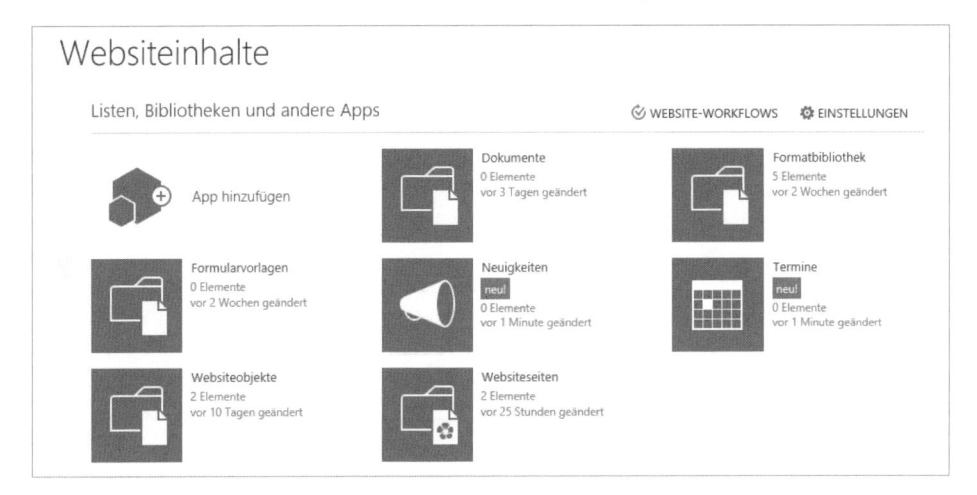

Websiteinhalte

Listen, Bibliotheken und andere Apps   ✓ WEBSITE-WORKFLOWS   ⚙ EINSTELLUNGEN

- App hinzufügen
- **Dokumente** — 0 Elemente — vor 3 Tagen geändert
- **Formatbibliothek** — 5 Elemente — vor 2 Wochen geändert
- **Formularvorlagen** — 0 Elemente — vor 2 Wochen geändert
- **Neuigkeiten** — neu! — 0 Elemente — vor 1 Minute geändert
- **Termine** — neu! — 0 Elemente — vor 1 Minute geändert
- **Websiteobjekte** — 2 Elemente — vor 10 Tagen geändert
- **Websiteseiten** — 2 Elemente — vor 25 Stunden geändert

2. In der Auflistung zeigt Matthias mit der Maus auf die Kachel für die Neuigkeiten und klickt auf die sich dann zeigende Ellipse (…). Im sich öffnenden Dialogfeld klickt er anschließend auf **EINSTELLUNGEN**, um zu den Listeneinstellungen zu gelangen.

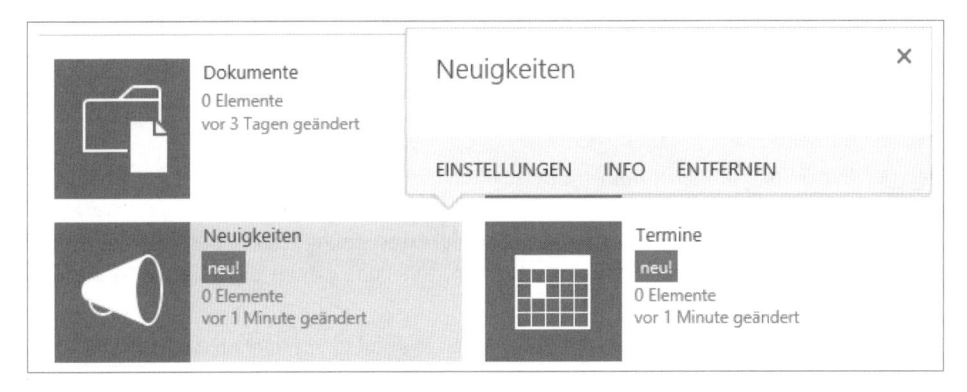

Neuigkeiten   ✕

EINSTELLUNGEN   INFO   ENTFERNEN

- **Dokumente** — 0 Elemente — vor 3 Tagen geändert
- **Neuigkeiten** — neu! — 0 Elemente — vor 1 Minute geändert
- **Termine** — neu! — 0 Elemente — vor 1 Minute geändert

Neuigkeiten · Einstellungen

Listeninformationen
Name: Neuigkeiten
Webadresse: https://intranet.betcomm.local/Lists/Neuigkeiten/AllItems.aspx
Beschreibung:

Allgemeine Einstellungen
- Listenname, -beschreibung und -navigation
- Versionsverwaltungseinstellungen
- Erweiterte Einstellungen
- Überprüfungseinstellungen
- Einstellungen für Benutzergruppenadressierung
- Bewertungseinstellungen
- Formulareinstellungen

Berechtigungen und Verwaltung
- Liste löschen
- Liste als Vorlage speichern
- Berechtigungen für Liste
- Workfloweinstellungen
- Dateiplanbericht generieren
- Einstellungen für die Unternehmensmetadaten und -stichwörter
- Einstellungen für die Informationsverwaltungsrichtlinie

Kommunikation
- Einstellungen für eingehende E-Mail
- RSS-Einstellungen

3. Die Einstellungen für die Inhaltsgenehmigung findet Matthias Kellner unter den **VERSIONSVERWALTUNGSEINSTELLUNGEN**. Gleich die erste Option dient dazu, das Genehmigungsverfahren zu aktivieren.

> Einstellungen › Versionsverwaltungseinstellungen
>
> Inhaltsgenehmigung
>
> Sie können angeben, ob neue Elemente oder Änderungen an vorhandenen Elementen bis zur Genehmigung im Entwurfsstatus bleiben. Erfahren Sie mehr darüber, wie Sie eine Genehmigung anfordern.
>
> Inhaltsgenehmigung für gesendete Elemente erforderlich?
> ● Ja ○ Nein

4. Im unteren Abschnitt der Versionsverwaltungseinstellungen prüft Matthias noch die Berechtigungen auf die Entwürfe. Die Standardeinstellungen entsprechen seinen Vorstellungen: Nur die zur Genehmigung berechtigten Benutzer können die Entwürfe sehen. Also bestätigt Matthias die Einstellungen mit **OK**. Wir erinnern uns: Das Recht, zu genehmigen, hat Stefan der Gruppe der Herausgeber im Portal über die Berechtigungsstufe *Entwerfen* zugewiesen, siehe Abschnitt 5.1.1.

> Entwurfselementsicherheit
>
> Entwürfe sind Nebenversionen oder noch nicht genehmigte Elemente. Geben Sie an, welche Benutzer Entwürfe in 'Liste' anzeigen dürfen. Erfahren Sie mehr darüber, wie Sie angeben können, wer Entwürfe anzeigen und bearbeiten kann.
>
> Wer Entwurfselemente in 'Liste' anzeigen darf
> ○ Alle Benutzer, die Elemente lesen dürfen
> ○ Nur Benutzer, die Elemente bearbeiten dürfen
> ● Nur Benutzer, die Elemente genehmigen dürfen (und der Autor des Elements)
>
> [OK] [Abbrechen]

Die gleichen Einstellungen nimmt Matthias auch in der Kalenderliste vor. Anschließend muss er noch den Workflow zur Inhaltsgenehmigung den Listen zuweisen. Der Workflow muss vorher auf Websitesammlungsebene aktiviert werden, da er in einer Teamwebsite in den Grundeinstellungen nicht aktiviert ist. Die Aktivierung erfolgt über die Websitesammlungsfeatures.

1. Matthias navigiert also zu den *Websiteeinstellungen* und klickt dort im Abschnitt *Websitesammlungsverwaltung* auf **WEBSITESAMMLUNGSFEATURES**.

```
Websitesammlungsverwaltung
Papierkorb
Suchergebnisquellen
Suchergebnistypen
Suchabfrageregeln
Suchschema
Sucheinstellungen
Suchkonfigurationsimport
Suchkonfigurationsexport
Websitesammlungsfeatures
Websitehierarchie
Überwachungseinstellungen für
Websitesammlungen
Überwachungsprotokollberichte
Portal-Websiteverbindung
Inhaltstyp "Richtlinienvorlagen"
Berechtigungen für Websitesammlungs-App
Speichermetriken
Websiterichtlinien
Inhaltstypveröffentlichung
Berichte zu Beliebtheit und Recherche
HTML-Feldsicherheit
Hilfeeinstellungen
SharePoint Designer-Einstellungen
Websitesammlungs-Integritätsprüfungen
Websitesammlungsupgrade
```

2. In der Liste der Websitesammlungsfeatures scrollt Matthias nach unten bis zum Feature *Workflow für die Veröffentlichungsgenehmigung*. Dort klickt er auf **AKTVIEREN**.

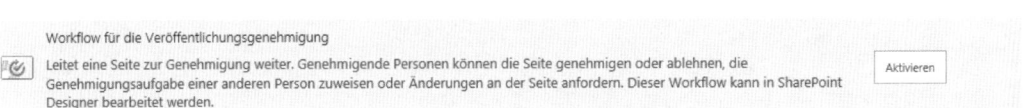

Workflow für die Veröffentlichungsgenehmigung
Leitet eine Seite zur Genehmigung weiter. Genehmigende Personen können die Seite genehmigen oder ablehnen, die Genehmigungsaufgabe einer anderen Person zuweisen oder Änderungen an der Seite anfordern. Dieser Workflow kann in SharePoint Designer bearbeitet werden.   Aktivieren

Anschließend erscheint hinter dem Feature die Meldung *Aktiv*.

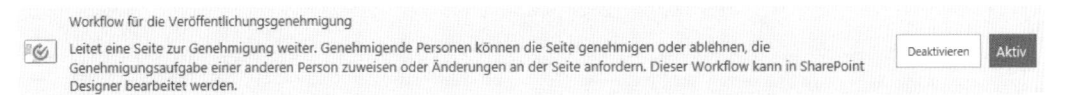

Workflow für die Veröffentlichungsgenehmigung
Leitet eine Seite zur Genehmigung weiter. Genehmigende Personen können die Seite genehmigen oder ablehnen, die Genehmigungsaufgabe einer anderen Person zuweisen oder Änderungen an der Seite anfordern. Dieser Workflow kann in SharePoint Designer bearbeitet werden.   Deaktivieren Aktiv

3. Um den Listen diesen Workflow als eigene Instanz zuzuweisen, navigiert Matthias nun zuerst zurück zur Liste *Neuigkeiten* und klickt im Menüband *Liste* ganz rechts in der Gruppe *Einstellungen* auf die Schaltfläche **WORKFLOWEINSTELLUNGEN** und dann auf **WORKFLOW HINZUFÜGEN**.

4. Auf der Seite *Workflow hinzufügen* wählt er die gerade aktivierte Vorlage *Veröffentlichungsgenehmigung* aus und gibt dem Workflow den eindeutigen Namen *Neuigkeiten veröffentlichen*.

> **Einstellungen › Workflow hinzufügen**
>
> **Workflowdetails**
>
> **Workflow**
> Wählen Sie einen Workflow aus, der dieser Liste hinzugefügt werden soll. Wenn ein Workflow in der Liste fehlt, muss Ihr Websiteadministrator diesen ggf. veröffentlichen oder aktivieren.
>
> Wählen Sie eine Workflowvorlage aus:
> * Dispositionsgenehmigung
> * Drei Status
> * Veröffentlichungsgenehmigung
>
> Beschreibung:
> Leitet ein Dokument zur Genehmigung weiter. Genehmigende Personen können die Seite genehmigen oder ablehnen, die Genehmigungsaufgabe einer anderen Person zuweisen oder Änderungen an der Seite anfordern.
> * kennzeichnet eine SharePoint 2010-Vorlage.
>
> **Name**
> Geben Sie einen Namen für diesen Workflow ein. Der Name identifiziert diesen Workflow.
>
> Geben Sie einen eindeutigen Namen für diesen Workflow ein:
> Neuigkeiten veröffentlichen

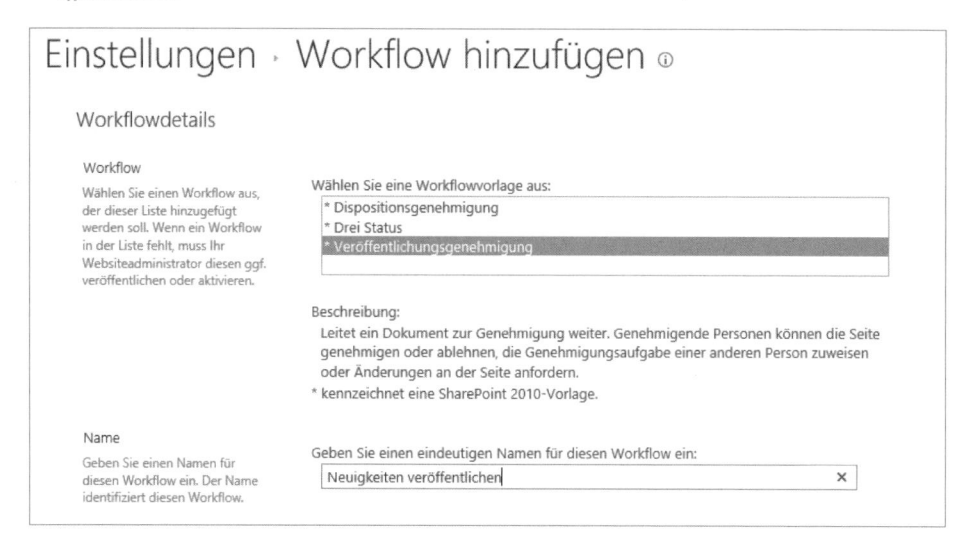

5. Die Einstellungen für die Aufgabenliste und die Workflowhistorie belässt er auf den Standards. Da diese Site über die dafür erforderlichen Listen noch nicht verfügt, werden beide im Zuge der Aktivierung des Listenworkflows neu erstellt.

6. Im unteren Teil des Fensters wählt Matthias noch die erforderlichen Startoptionen aus. Neben dem manuellen Start soll der Workflow automatisch gestartet werden, wenn eine neue Ankündigung erstellt wird. Anschließend klickt Matthias auf **WEITER**.

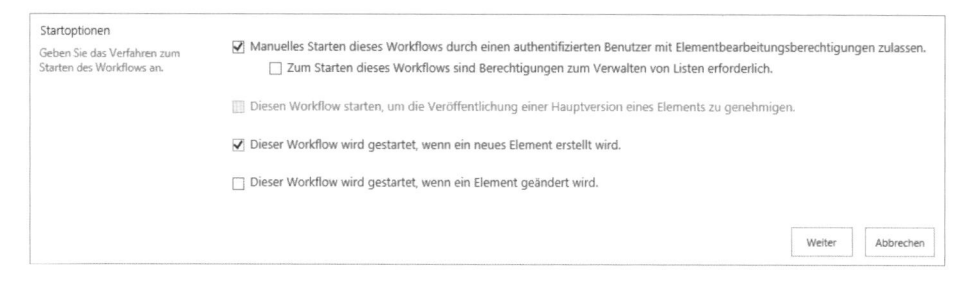

> **Startoptionen**
> Geben Sie das Verfahren zum Starten des Workflows an.
>
> ☑ Manuelles Starten dieses Workflows durch einen authentifizierten Benutzer mit Elementbearbeitungsberechtigungen zulassen.
> ☐ Zum Starten dieses Workflows sind Berechtigungen zum Verwalten von Listen erforderlich.
>
> ☐ Diesen Workflow starten, um die Veröffentlichung einer Hauptversion eines Elements zu genehmigen.
>
> ☑ Dieser Workflow wird gestartet, wenn ein neues Element erstellt wird.
>
> ☐ Dieser Workflow wird gestartet, wenn ein Element geändert wird.
>
> Weiter   Abbrechen

7. Auf der Seite *Workflow ändern* nimmt Matthias die Feinkonfiguration des Workflows vor. Er gibt die *Herausgeber von Intranet* als Empfänger der Aufgaben ein, deaktiviert aber die Option *Gruppen erweitern*, da die Aufgabe ja nur von einem der Herausgeber zu bearbeiten ist. Als Dauer für die Aufgabe legt er einen Tag fest. Dies ist die Zeit, die die Herausgeber zur Bearbeitung der Anforderung bekommen.

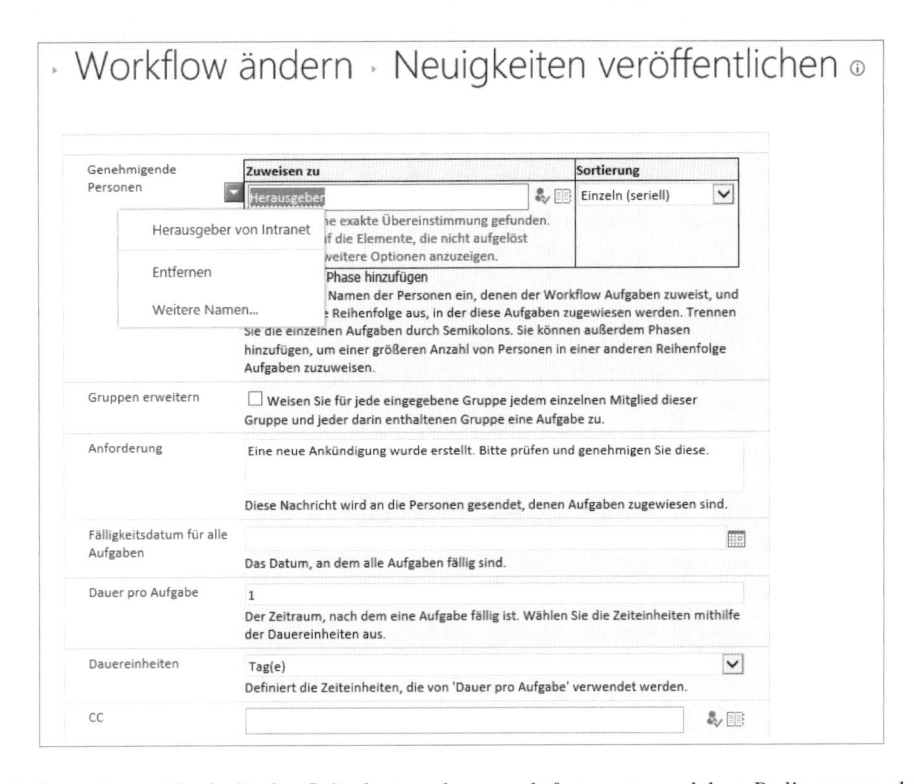

Workflow ändern ▸ Neuigkeiten veröffentlichen

Genehmigende Personen	**Zuweisen zu** Herausgeber Herausgeber von Intranet Entfernen Weitere Namen...	**Sortierung** Einzeln (seriell) ie exakte Übereinstimmung gefunden. if die Elemente, die nicht aufgelöst weitere Optionen anzuzeigen. **Phase hinzufügen** Namen der Personen ein, denen der Workflow Aufgaben zuweist, und e Reihenfolge aus, in der diese Aufgaben zugewiesen werden. Trennen Sie die einzelnen Aufgaben durch Semikolons. Sie können außerdem Phasen hinzufügen, um einer größeren Anzahl von Personen in einer anderen Reihenfolge Aufgaben zuzuweisen.
Gruppen erweitern	☐ Weisen Sie für jede eingegebene Gruppe jedem einzelnen Mitglied dieser Gruppe und jeder darin enthaltenen Gruppe eine Aufgabe zu.	
Anforderung	Eine neue Ankündigung wurde erstellt. Bitte prüfen und genehmigen Sie diese. Diese Nachricht wird an die Personen gesendet, denen Aufgaben zugewiesen sind.	
Fälligkeitsdatum für alle Aufgaben	Das Datum, an dem alle Aufgaben fällig sind.	
Dauer pro Aufgabe	1 Der Zeitraum, nach dem eine Aufgabe fällig ist. Wählen Sie die Zeiteinheiten mithilfe der Dauereinheiten aus.	
Dauereinheiten	Tag(e) Definiert die Zeiteinheiten, die von 'Dauer pro Aufgabe' verwendet werden.	
CC		

8. Im unteren Abschnitt der Seite legt er dann noch fest, unter welchen Bedingungen der Workflow abgebrochen werden soll, und ob der Workflow den Genehmigungsstatus der Neuigkeit nach Bearbeitung der Aufgabe automatisch anpassen darf. Matthias aktiviert alle drei zur Verfügung stehenden Optionen. Er speichert die Einstellungen per Klick auf die Schaltfläche **SPEICHERN**.

Bei erster Ablehnung beenden	☑ Das Dokument automatisch ablehnen, wenn es von einem Teilnehmer abgelehnt wird.
Bei Dokumentänderung beenden	☑ Das Dokument automatisch ablehnen, wenn es geändert wird, bevor der Workflow abgeschlossen ist.
Inhaltsgenehmigung aktivieren	☑ Aktualisiert den Genehmigungsstatus, nachdem der Workflow abgeschlossen ist (verwenden Sie diesen Workflow zum Steuern der Inhaltsgenehmigung).
Speichern	Abbrechen

9. Auf der Seite *Workfloweinstellungen* der Ankündigungsliste *Neuigkeiten* wird der gerade hinzugefügte Workflow nun aufgelistet. Zum Testen des Workflows erstellt Matthias eine neue Ankündigung in der Liste. Daraufhin wird für die Herausgeber eine neue Aufgabe in der Aufgabenliste erstellt.

Die Aufgabenliste wird in der Schnellstartnavigation nicht angezeigt. Matthias geht über die **WEBSITEINHALTE**, um die Aufgabenliste zu öffnen. Als Mitglied der Herausgebergruppe wird er per E-Mail über die Anforderung benachrichtigt.

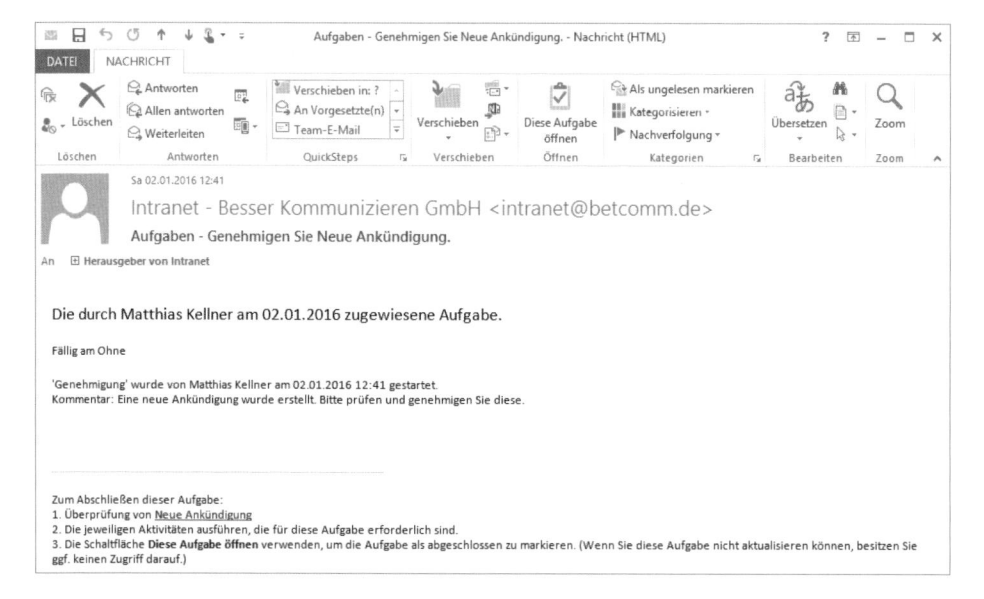

10. In der Aufgabe findet Matthias den Link zur neuen Ankündigung sowie die Schaltflächen zur Genehmigung bzw. Ablehnung der neuen Ankündigung und weitere Bearbeitungsoptionen. Zu beachten ist, dass die Aufgabe der Gruppe *Herausgeber von Intranet* zugewiesen ist. Das hat zur Folge, dass sie in der Ansicht *Meine Aufgaben* für Matthias nicht angezeigt wird, sondern in der Ansicht *Nach meinen Gruppen* aufgeführt wird.

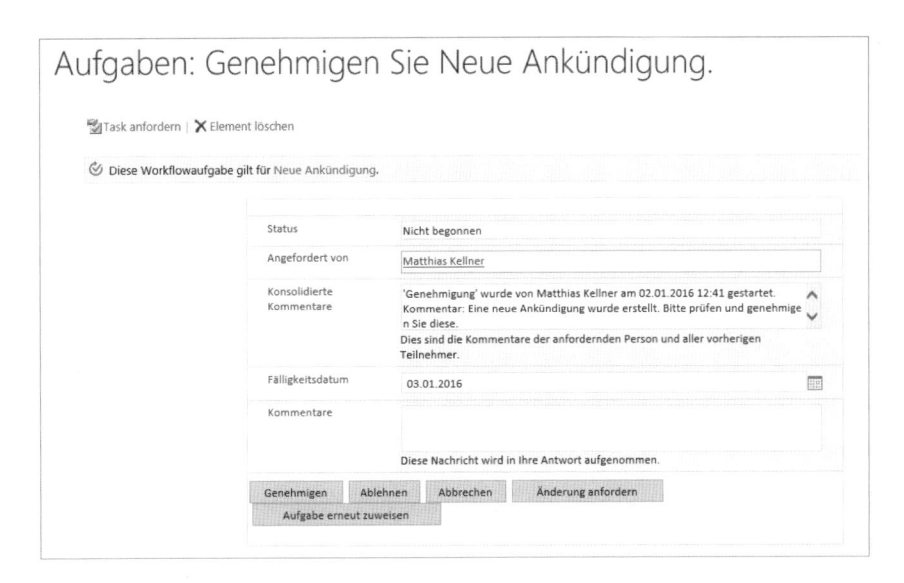

Aufgaben: Genehmigen Sie Neue Ankündigung.

Task anfordern | ✗ Element löschen

Diese Workflowaufgabe gilt für Neue Ankündigung.

Status	Nicht begonnen
Angefordert von	Matthias Kellner
Konsolidierte Kommentare	'Genehmigung' wurde von Matthias Kellner am 02.01.2016 12:41 gestartet. Kommentar: Eine neue Ankündigung wurde erstellt. Bitte prüfen und genehmigen Sie diese. Dies sind die Kommentare der anfordernden Person und aller vorherigen Teilnehmer.
Fälligkeitsdatum	03.01.2016
Kommentare	

Diese Nachricht wird in Ihre Antwort aufgenommen.

[Genehmigen] [Ablehnen] [Abbrechen] [Änderung anfordern]
[Aufgabe erneut zuweisen]

11. Nachdem Matthias die Aufgabe mit **GENEHMIGEN** abgeschlossen hat, wird der Status der Ankündigung auf *Genehmigt* gesetzt.

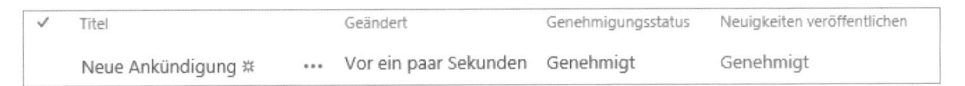

✓	Titel	Geändert	Genehmigungsstatus	Neuigkeiten veröffentlichen
	Neue Ankündigung	Vor ein paar Sekunden	Genehmigt	Genehmigt

Verwaltete Metadaten für die Inhaltsklassifikation nutzen

Im nächsten Schritt muss Matthias die Möglichkeit schaffen, Ankündigungen und Termine nach Unternehmensbereichen zu klassifizieren, um die Kollegen auch zielgerichtet informieren zu können. Dafür möchte Matthias die verwalteten Metadaten nutzen, da eine solche Klassifizierung seiner Meinung nach noch an vielen anderen Stellen genutzt werden kann. Als einfaches Klassifizierungsmerkmal möchte Matthias die Unternehmensabteilungen nutzen. Da diese auch in den Benutzereigenschaften in SharePoint aus dem Active Directory synchronisiert werden, sind sie einfach über dynamische Filter nutzbar. Außerdem werden sie über den Benutzerprofilimport auch schon standardmäßig als Metadaten angelegt. Zusätzlich findet über den Import eine kontinuierliche Aktualisierung statt. Das heißt, wenn die Besser Kommunizieren GmbH eine neue Abteilung bekommt, wird diese, sobald sie in den Benutzereigenschaften einmal zugeordnet wird, in die Metadaten aufgenommen und kann zugewiesen werden.

Matthias muss daher nur den Listen die entsprechende Metadatenspalte zuordnen.

1. Dazu navigiert er wieder zur Liste *Neuigkeiten*, klickt dort im Menüband *Liste* in der Gruppe *Ansichten verwalten* auf **SPALTE ERSTELLEN**.

2. Im Dialogfeld *Spalte erstellen* benennt er die neue Spalte *Abteilung*, wählt als Spaltentyp *Verwaltete Metadaten* aus und gibt eine aussagekräftige Beschreibung an, damit zukünftige Bearbeiter wissen, wie die Spalte zu verwenden ist.

Spalte erstellen

Name und Typ

Geben Sie einen neuen Namen für diese Spalte ein, und wählen Sie den Typ der Informationen aus, die Sie in dieser Spalte speichern möchten.

Spaltenname:

Abteilung

Der Informationstyp in dieser Spalte ist:

- ○ Eine Textzeile
- ○ Mehrere Textzeilen
- ○ Auswahl (Menü)
- ○ Zahl (1 / 1,0 / 100)
- ○ Währung ($, ¥, €)
- ○ Datum und Uhrzeit
- ○ Nachschlagen (in Informationen, die sich bereits auf dieser Website befinden)
- ○ Ja/Nein (Kontrollkästchen)
- ○ Person oder Gruppe
- ○ Link oder Bild
- ○ Berechnet (Berechnung basiert auf anderen Spalten)
- ○ Externe Daten
- ○ Ergebnis der Aufgabe
- ● Verwaltete Metadaten

Zusätzliche Spalteneinstellungen

Bitte geben Sie die detaillierten Optionen für den von Ihnen ausgewählten Informationstyp an.

Beschreibung:

Die betroffene Abteilung, für die die Neuigkeit interessant ist

Diese Spalte muss Informationen enthalten:

○ Ja ● Nein

Eindeutige Werte erzwingen:

○ Ja ● Nein

3. Im unteren Abschnitt des Formulars muss Matthias den richtigen Metadatensatz auswählen. Anschließend erstellt er die Spalte per Klick auf **OK**.

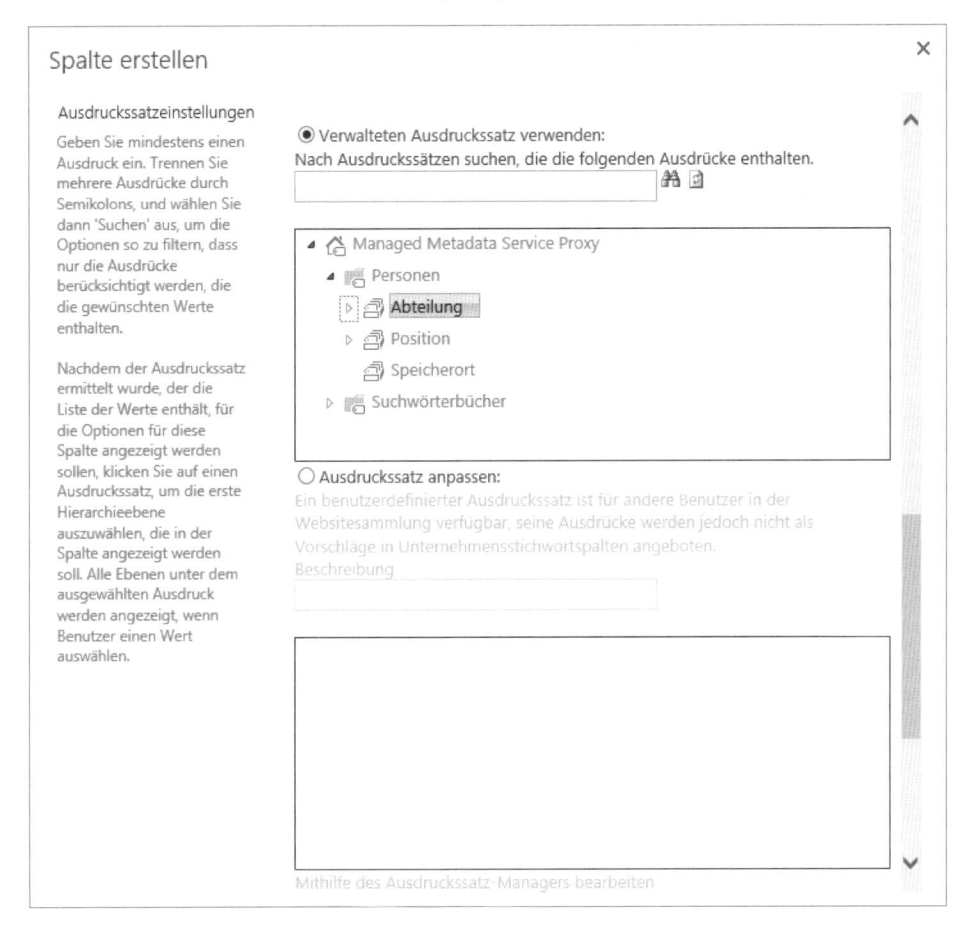

Spalte erstellen

Ausdruckssatzeinstellungen

Geben Sie mindestens einen Ausdruck ein. Trennen Sie mehrere Ausdrücke durch Semikolons, und wählen Sie dann 'Suchen' aus, um die Optionen so zu filtern, dass nur die Ausdrücke berücksichtigt werden, die die gewünschten Werte enthalten.

Nachdem der Ausdruckssatz ermittelt wurde, der die Liste der Werte enthält, für die Optionen für diese Spalte angezeigt werden sollen, klicken Sie auf einen Ausdruckssatz, um die erste Hierarchieebene auszuwählen, die in der Spalte angezeigt werden soll. Alle Ebenen unter dem ausgewählten Ausdruck werden angezeigt, wenn Benutzer einen Wert auswählen.

● Verwalteten Ausdruckssatz verwenden:
Nach Ausdruckssätzen suchen, die die folgenden Ausdrücke enthalten.

▲ Managed Metadata Service Proxy
　▲ Personen
　　▷ Abteilung
　　▷ Position
　　　Speicherort
　▷ Suchwörterbücher

○ Ausdruckssatz anpassen:
Ein benutzerdefinierter Ausdruckssatz ist für andere Benutzer in der Websitesammlung verfügbar, seine Ausdrücke werden jedoch nicht als Vorschläge in Unternehmensstichwortspalten angeboten.
Beschreibung

Mithilfe des Ausdruckssatz-Managers bearbeiten

4. Da Matthias sicherstellen will, dass nur Einträge aus der Liste übernommen werden können, deaktiviert er noch die Option *Ausfüllen zulassen*.
5. Die gleichen Einstellungen nimmt Matthias auch in der Terminliste vor. Nun können die Autoren beim Erstellen von Ankündigungen und Terminen die betroffene Abteilung einfach aus der Liste auswählen.

Auf der Startseite des Portals möchte Matthias nun folgende Informationen einbinden:

- Eine Liste aller Neuigkeiten, die das ganze Unternehmen betreffen (die also nicht für eine Abteilung gefiltert sind)
- Eine Liste aller Termine, die das ganze Unternehmen betreffen (die also nicht für eine Abteilung gefiltert sind)
- Eine Liste der Neuigkeiten, die für die Abteilung des jeweiligen Benutzers des Portals relevant sind

- Eine Liste der Termine, die für die Abteilung des jeweiligen Benutzers des Portals relevant sind
- Eine Liste der anstehenden Veröffentlichungsaufgaben. Diese soll nur den Herausgebern angezeigt werden.

Die gefilterten Listen möchte Matthias über einen Benutzerfilter auf der Startseite realisieren, die Aufgabeliste wird er als zielgruppenorientiertes Webpart einbinden. Darüber hinaus benötigt er aber in allen drei Listen Ansichten, die er für die Einbindung auf der Webseite nutzen kann. In der Ankündigungsliste für die Neuigkeiten ist eine Ansicht erforderlich, die nur die nicht einer Abteilung zugewiesenen Neuigkeiten anzeigt. Die gleiche Ansicht benötigt Matthias auch in der Terminliste. Dort ist aber auch für die nach Abteilungen gefilterte Darstellung eine Ansicht erforderlich, da Matthias keinen Standardkalender auf der Seite einbinden möchte. Zu guter Letzt benötigt er in der Aufgabenliste eine Ansicht, die nur die anstehenden Veröffentlichungsaufgaben anzeigt.

Listeninhalte mit Ansichten zielorientiert filtern

Matthias beginnt diesmal mit der Terminliste.

1. Matthias navigiert zur Liste *Termine*. Dort klickt er im Menüband *Kalender* in der Gruppe *Ansichten verwalten* auf **ANSICHT ERSTELLEN**.
2. In der Auswahl der Ansichtstypen entscheidet sich Matthias für eine *Standardansicht, mit erweiterten Ereignisserien*. Diese hat den Vorteil, dass sie die Einzeltermine einer Terminserie auch einzeln auflistet. Außerdem werden in diesem Ansichtstyp nur zukünftige Termine angezeigt. In der normalen Standardansicht würden die Terminserie als einzelner Eintrag und auch vergangene Termine aufgeführt. Matthias entscheidet sich gegen eine Kalenderansicht, da er erstens die Kalenderdarstellung im Portal nicht für angemessen hält und zweitens die anstehenden Termine bei Bedarf über eine Monatsgrenze hinweg anzeigen lassen möchte.

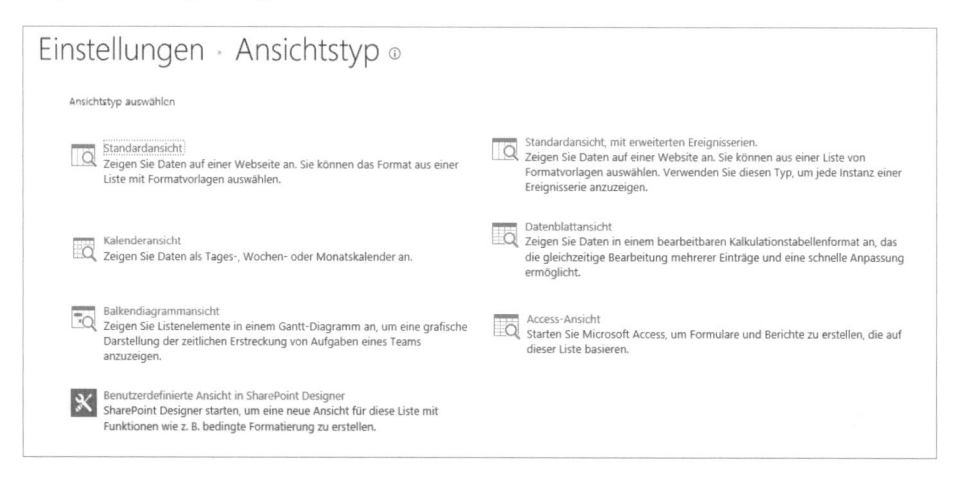

3. Die erste Ansicht benennt Matthias *Anstehende Unternehmenstermine*. Darin nimmt er folgende Einstellungen vor: Nur die Felder *Anfangszeit*, *Titel* und *Ort* sollen angezeigt werden, und zwar in dieser Reihenfolge. Er deaktiviert die nicht benötigten Felder und gibt in der Spalte *Position von links* die Reihenfolge an.

> Die Spalte *Serie* wird SharePoint dieser Ansicht wieder automatisch als erste Spalte hinzufügen, da sie zur Darstellung der Einzeltermine benötigt wird.

4. Da in dieser Ansicht nur die Termine angezeigt werden sollen, die keiner Abteilung zugewiesen sind, definiert er einen Filter, der auf leere Einträge in der Spalte *Abteilung* filtert. Um auf ein leeres Feld zu filtern, wird das Filterkriterium leer gelassen.

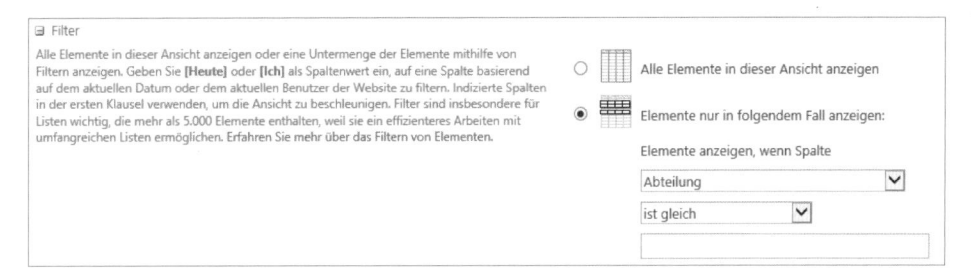

5. Schließlich begrenzt Matthias die Ansicht noch auf fünf Termine, um die Liste auf der Startseite nicht zu lang werden zu lassen.

6. Als zweite Ansicht erstellt Matthias eine Ansicht *Anstehende Abteilungstermine*. Diese erstellt er analog zur ersten Ansicht, nur dass er diesmal keinen Filter angibt. Die Filterung nach Abteilung wird er später über einen Benutzerfilter auf der Startseite des Portals vornehmen. Die Eintragsgrenze setzt er in dieser Ansicht auf zehn Termine.

7. Für die Liste *Neuigkeiten* ist nur die erste Ansicht erforderlich. Für die gefilterte Darstellung nach Abteilung wird Matthias eine Standardansicht des Webparts verwenden. Also erstellt er in der Ankündigungsliste eine Standardansicht mit Namen *Allgemeine Unternehmensneuigkeiten*, in der er nur die Spalten *Titel*, *Textkörper*, *Erstellt* und *Erstellt von* anzeigen lässt. Die Ansicht soll nur alle noch nicht abgelaufenen Ankündigungen anzeigen, daher definiert er einen Filter auf die Spalte *läuft ab* derart, dass nur Einträge angezeigt werden, bei denen das Datum größer oder gleich dem aktuellen Datum ist. Für das aktuelle Datum kennt SharePoint die Variable *[Heute]*. Zusätzlich legt Matthias noch den zur Terminliste analogen Filter fest, damit nur die Einträge angezeigt werden, denen kein Abteilungswert zugordnet wird.

8. Die Anzahl der Einträge begrenzt Matthias in dieser Ansicht nicht. Um die Darstellung auf der Webseite aber übersichtlicher zu halten, wählt er als Formatvorlage für die Ansicht noch *Magazin* aus. Dadurch werden die Einträge nicht in Tabellenform, sondern als Abschnitte angezeigt.

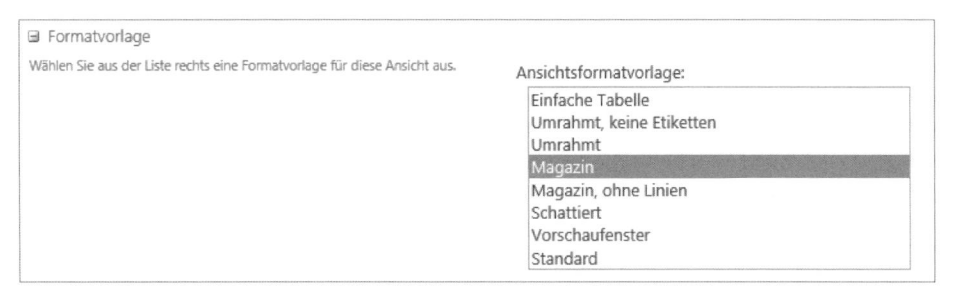

9. Als letzte Ansicht hat Matthias nun noch die Ansicht für die Aufgabenliste zu erstellen. Er navigiert also über die *Websiteinhalte* zur Liste *Aufgaben*. Dort klickt er rechts neben der Ansichtsliste auf die Ellipse (…) und wählt im Menü den letzten Eintrag *Ansicht erstellen*.

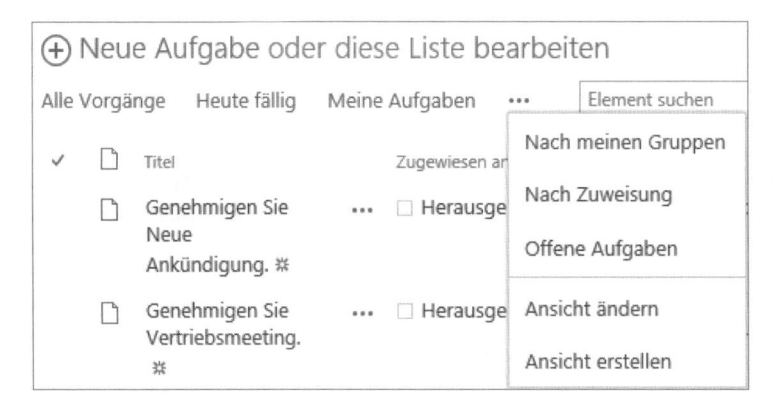

10. Er wählt wieder eine **STANDARDANSICHT** als Typ aus. Die neue Ansicht nennt er *Ausstehende Genehmigungen*. Als Spalten lässt er nur *Titel*, *Fälligkeitsdatum* und *Verwandte Inhalte* anzeigen, *Titel* als erste, *Verwandte Inhalte* als zweite und das *Fälligkeitsdatum* als letzte Spalte der Tabelle. Um nur Aufgaben anzuzeigen, die von den Workflows erstellt wurden und noch nicht bearbeitet sind, definiert er einen kombinierten Filter mit den Spalten *Status ist ungleich, abgeschlossen* und *Workflowname ist ungleich <leer>*.

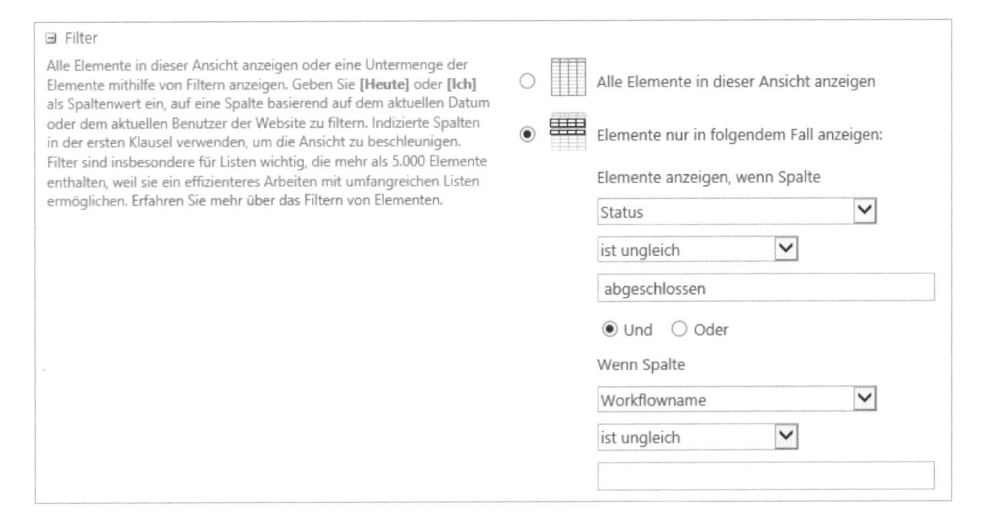

Damit sind alle notwendigen Ansichten erstellt und Matthias begibt sich an die Gestaltung der Startseite des Portals.

1. Er navigiert also zur Startseite. Als Erstes entfernt er die Kacheln für die ersten Schritte, die er für die weitere Arbeit nicht benötigt, durch Klicken auf **ENTFERNEN**. Notfalls kann er diese Aufgaben jederzeit über das Websitemenü wieder aufrufen. Als Nächstes klickt er oben rechts unterhalb seines Namens auf **BEARBEITEN**, um die Seite in den Bearbeitungsmodus zu setzen.

2. Matthias möchte das allgemeine Layout der Seite so ändern, dass er oben einen Textbereich hat, der über die gesamte Seitenbreite geht, und darunter zwei Spalten nebeneinander, in denen er die Termine und die Neuigkeiten aufführt. Er klickt daher im Menüband *Text formatieren* in der Gruppe *Layout* auf die Schaltfläche **TEXTLAYOUT** und wählt im Menü das Layout *Zwei Spalten mit Kopfzeile*.

[Abbildung: Textlayout-Menü mit Optionen: Eine Spalte, Eine Spalte mit Randleiste, Zwei Spalten, Zwei Spalten mit Kopfzeile, Zwei Spalten mit Kopf- und Fußzeile, Drei Spalten, Drei Spalten mit Kopfzeile, Drei Spalten mit Kopf- und Fußzeile]

3. Da die noch eingeblendete Dokumentenbibliothek auf dieser Ebene nicht benötigt wird, löscht er das entsprechende Webpart. Dazu zeigt Matthias mit der Maus auf den Titel des Webparts *Dokumente*. Rechts neben dem Titel zeigt sich daraufhin ein kleiner schwarzer Pfeil. Diesen klickt Matthias an und wählt dann im Menü **LÖSCHEN**. Die Warnung bestätigt er mit **OK** und das Webpart wird aus der Seite entfernt.

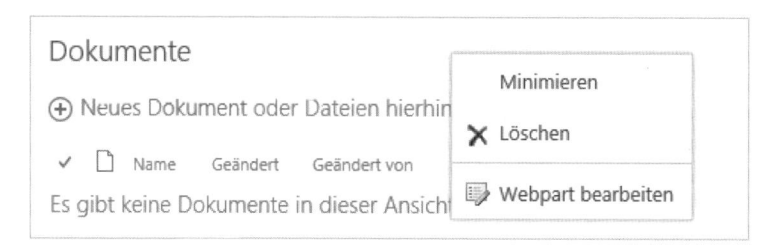

[Abbildung: Dokumente-Webpart mit Kontextmenü (Minimieren, Löschen, Webpart bearbeiten)]

4. Jetzt hat Matthias eine leere Webseite mit drei bearbeitbaren Bereichen vor sich. Im Kopfzeilenbereich schreibt er eine kleine Begrüßung „Willkommen im Intranet der Besser Kommunizieren GmbH". Dieser weist er die Formatvorlage *Überschrift 1* zu (Menüband *Text formatieren*, Gruppe *Formatvorlagen*, Schaltfläche **ÜBERSCHRIFT 1**).

5. Nun muss er noch die Listen hinzufügen. Dazu klickt er zuerst in die linke Spalte der Seite. Hier möchte Matthias die aktuellen Informationen aus dem Unternehmen anzeigen lassen. Daher gibt er der Spalte auch eine Überschrift *Aus dem Unternehmen*, die er mit der Formatvorlage **ÜBERSCHRIFT 2** formatiert. Dann öffnet er das Menüband *Einfügen* und klickt in der Gruppe *Webparts* auf **APP-WEBPART**.

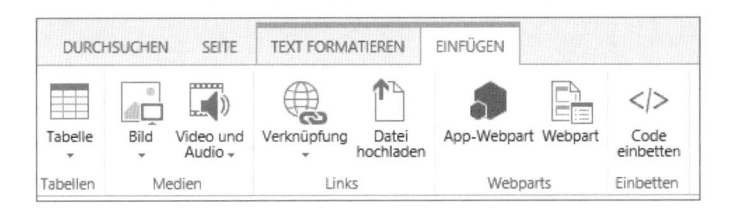

6. Nun fügt Matthias die Terminliste ein.

7. Das Webpart muss Matthias noch konfigurieren. Er möchte natürlich die Ansicht *Anstehende Unternehmenstermine* anzeigen lassen und dem Webpart eine sinnvolle Überschrift geben. Außerdem möchte er auf der Startseite keine Bearbeitungsmöglichkeiten der Liste zulassen. Um diese Einstellungen vorzunehmen, zeigt er mit der Maus auf die Überschrift des Webparts und klickt anschließend auf den kleinen schwarzen Pfeil rechts neben dem Titel. Im Menü wählt er den Eintrag **WEBPART BEARBEITEN**.

8. Rechts werden nun die Einstellungen für das Webpart in einem eigenen Aufgabenbereich angezeigt. Im Abschnitt *Listenansichten* wählt Matthias in der Liste *Ausgewählte Ansicht* den gewünschten Eintrag **ANSTEHENDE UNTERNEHMENSTERMINE** aus. Darunter wählt er in der Liste *Symbolleistentyp* den Eintrag **KEINE SYMBOLLEISTE**, um die Bearbeitungsmöglichkeiten zu beschränken.

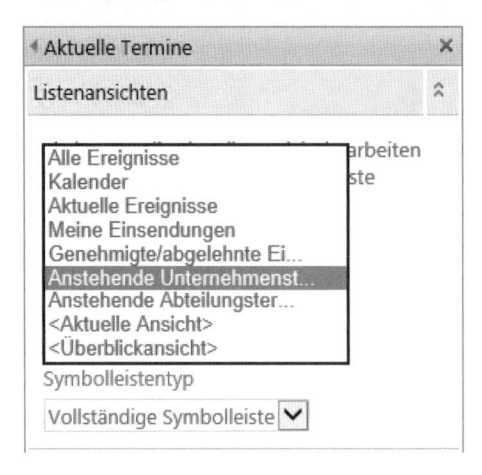

9. Um einen ansprechenden Titel zu vergeben, öffnet Matthias den Abschnitt *Darstellung* per Klick auf das davorstehende +-Symbol. Im Feld *Titel* trägt er die gewünschte Überschrift „Aktuelle Termine" ein.

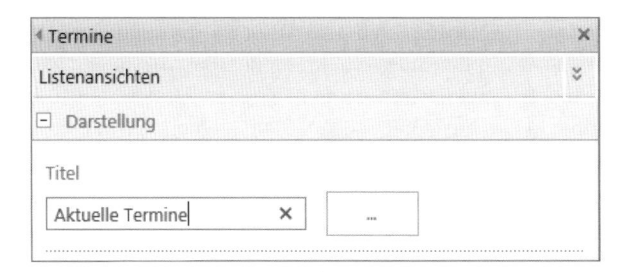

10. Darunter fügt er das App-Webpart *Neuigkeiten* mit der Ansicht *Allgemeine Unternehmensneuigkeiten* ein. Diesem gibt der die Überschrift „Aktuelles aus dem Unternehmen".

11. In der rechten Spalte möchte Matthias die abteilungsspezifischen Informationen anzeigen lassen. Außerdem sollen hier die aktuellen Genehmigungsaufgaben der Herausgeber aufgeführt werden. Er vergibt auch diesem Bereich eine Überschrift, und zwar „Aus meiner Abteilung".

12. Darunter fügt er das App-Webpart *Aufgaben* mit der Ansicht *Ausstehende Genehmigungen* ein. Diesem gibt er den Titel *Zu genehmigende Inhalte*. Da diese Informationen nur den Herausgebern angezeigt werden sollen, muss Matthias die entsprechende Zielgruppe für das Webpart angeben. Dazu öffnet er in den Webparteinstellungen den Abschnitt **ERWEITERT**. Im Feld *Zielgruppen* gibt er nun „Herausgeber von Intranet" ein und lässt den Eintrag überprüfen, indem er auf die Schaltfläche **NAMEN ÜBERPRÜFEN** klickt. Der Gruppenname wird unterstrichen, ist also vom SharePoint als gültige Gruppe erkannt worden.

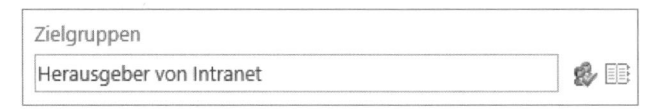

13. Zum Filtern der nächsten beiden Webparts (Abteilungsneuigkeiten und -termine) benötigen wir jetzt noch Informationen über den angemeldeten Benutzer, da wir ja nach der entsprechenden Abteilung filtern möchten. Diese können wir mit einem Benutzerfilter-Webpart auslesen. Matthias klickt daher im Menüband *Einfügen* in der Gruppe *Webparts* auf **WEBPART**. Links in der Kategorienliste wählt er die Kategorie **FILTER** und findet rechts das Webpart **AKTUELLER BENUTZERFILTER**.

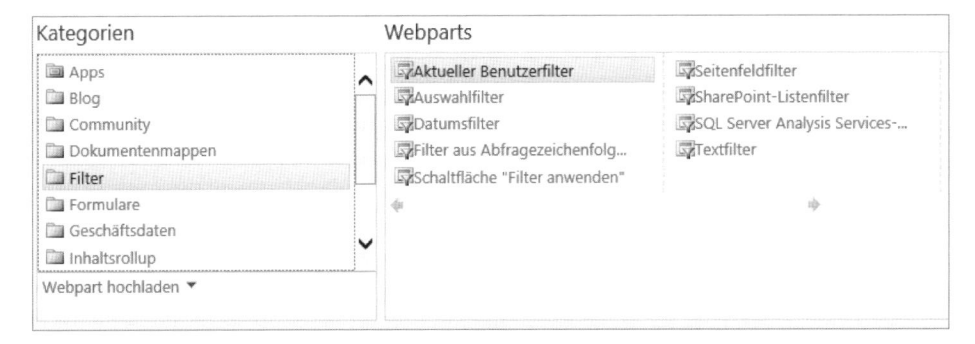

14. Die Konfiguration des Benutzerfilters erfolgt wieder über die Webparteinstellungen. Das Webpart wird allerdings auf der Seite als leerer Kasten angezeigt. Um die Einstellungen zu öffnen, klickt Matthias in diesen Kasten und öffnet anschließend das Menüband *Webpart*. Durch Klicken auf die Schaltfläche **WEBPARTEIGENSCHAFTEN** in der Gruppe *Eigenschaften*, ganz links, kann er nun die Eigenschaften des Webparts öffnen.

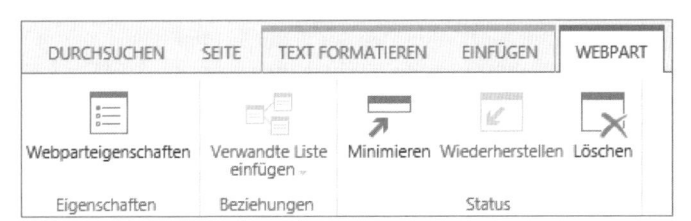

15. Im Abschnitt *Filter* legt Matthias fest, dass die Eigenschaft *Abteilung* des angemeldeten Benutzers aus dessen SharePoint-Profil durch den Filter zurückgegeben werden soll.

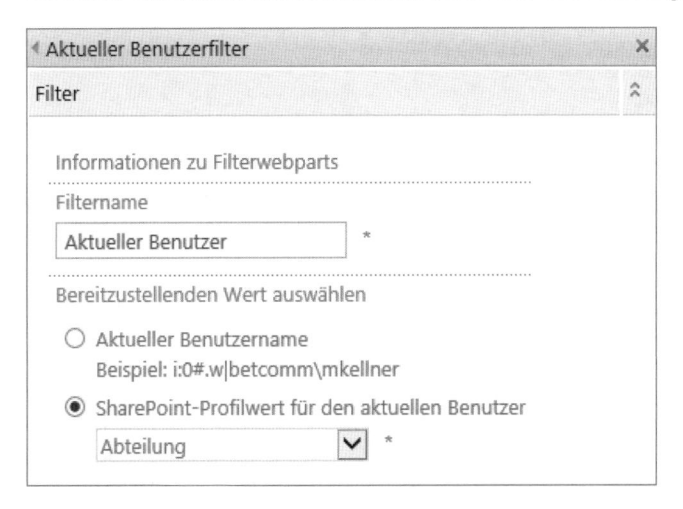

16. Bevor Matthias die Filterwerte weitergeben kann, muss er die Zielwebparts einbinden. Er fügt also unterhalb des Filterwebparts erneut die Terminliste hinzu. Diese nennt er nun *Aktuelle Abteilungstermine* und wählt die Ansicht *Anstehende Abteilungstermine*.
17. Darunter fügt er noch die Neuigkeiten-Liste ein. Für diese wählt er diesmal die *Überblicksansicht* und behält den Titel *Neuigkeiten* bei.

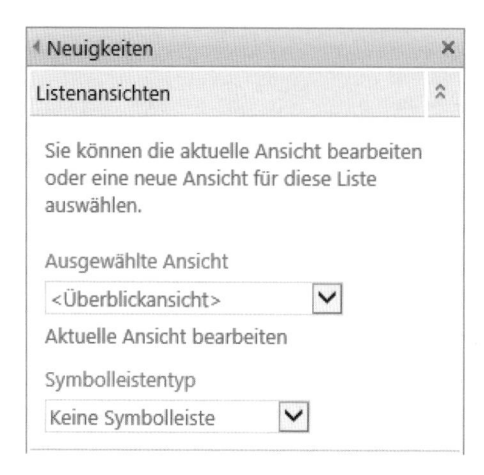

18. Nun kann Matthias den Benutzerfilter mit diesen Webparts verbinden. Eine Filterverbindung dient dazu, die Inhalte der Zielwebparts nach einem Spaltenwert zu filtern, der über ein anderes Webpart weitergegeben wird. In diesem Fall ist das der Wert des Feldes *Abteilung* aus den Benutzereigenschaften, den der Benutzerfilter liefert. Dieser Wert wird genutzt, um die angezeigten Termine und Neuigkeiten nach der Spalte *Abteilung*, die als Metadatenspalte beiden Listen hinzugefügt wurde, zu filtern. Matthias geht wieder in die Webparteigenschaften des Benutzerfilter-Webparts. Nachdem er die Eigenschaften geöffnet hat, klickt er auf den schwarzen Pfeil rechts neben dem Titel des Webparts und wählt im Menü den Punkt **VERBINDUNGEN**, dann **FILTERWERTE SENDEN AN** und anschließend **AKTUELLE ABTEILUNGSTERMINE** aus.

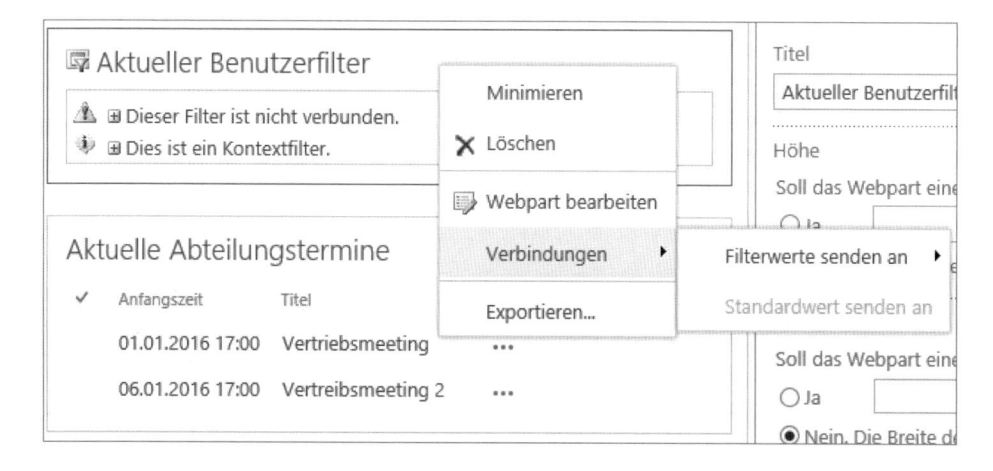

19. In dem sich öffnenden Dialogfeld *Verbindung wählen* muss Matthias die erforderlichen Einstellungen vornehmen. Auf der ersten Seite des Dialogs wählt er die Option **FILTERWERTE ABRUFEN VON**. Anschließend klickt Matthias auf **KONFIGURIEREN**.

> Das Dialogfeld beschreibt die Verbindung immer aus der Sicht des zu filternden Webparts und vergisst dabei die schon vordefinierte Einstellung. Stattdessen startet es immer mit *Parameterwerte abrufen von*.

20. Auf der zweiten Seite des Dialogs *Verbindung konfigurieren* sind jetzt die zu vergleichenden Felder auszuwählen. Das Anbieterfeld (also das Feld, das den Wert zum Filtern liefert) ist bei dieser Art Filter nicht konfigurierbar, da der Benutzerfilter nur einen Wert zurückliefert. Als Consumerfeld (die Spalte, die in der Zielliste zum Filtern genutzt wird) wählt Matthias die Spalte *Abteilung* aus.

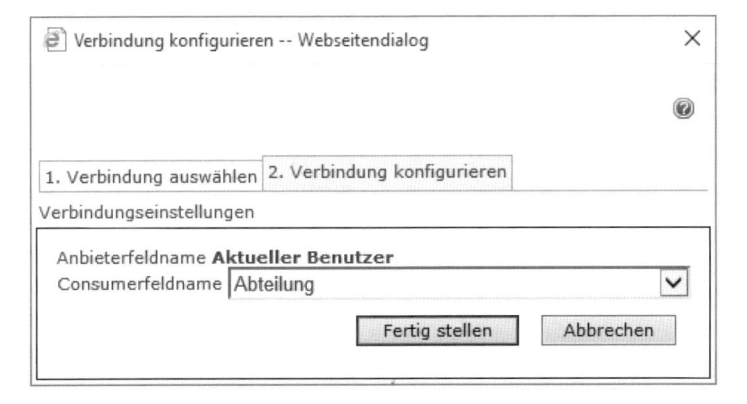

21. Die gleichen Einstellungen legt Matthias anschließend auch für das Webpart *Neuigkeiten* fest. Beide Verbindungen werden dann im Filterwebpart angezeigt.

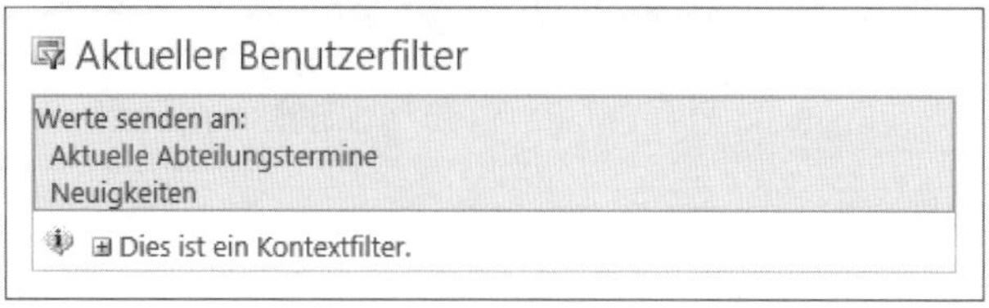

```
 Aktueller Benutzerfilter
Werte senden an:
Aktuelle Abteilungstermine
Neuigkeiten
   Dies ist ein Kontextfilter.
```

Damit ist das Portal in seiner ersten Version konfiguriert. Matthias speichert die Seite, indem er oben rechts auf **SPEICHERN** klickt. Anschließend nimmt er einige Einträge in den Listen vor und testet die Seite mit seiner Kollegin Frauke Laurentz aus dem Vertrieb. Während Matthias die Termine seiner Abteilung, seine Genehmigungsaufgaben und auch nicht genehmigte Elemente angezeigt bekommt (Bild 5.7), …

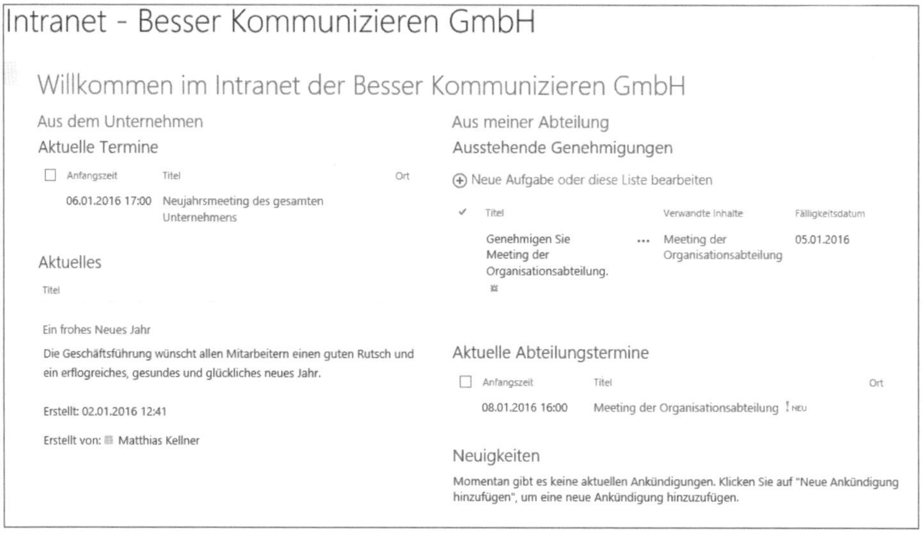

Bild 5.7 Matthias Version des Intranets

… sieht Frauke die Informationen der Vertriebsabteilung ohne die Aufgabenliste (Bild 5.8).

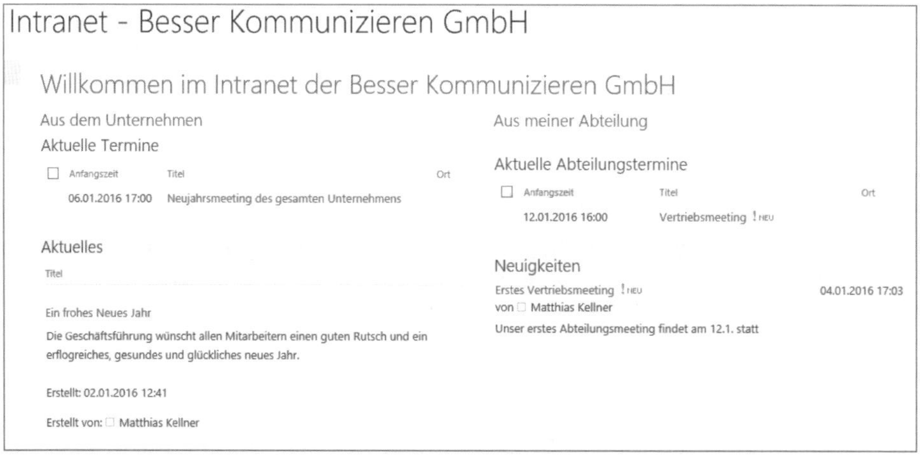

Bild 5.8 Fraukes Ansicht derselben Seite

> **Zielgruppenfilterung kontra Metadatenfilterung**
>
> In unserem Beispiel hat Matthias für die Filterung der Termine und Neuigkeiten nach Abteilung ein Metadatenfeld angelegt. In dem Aufgabenwebpart hat er dann die Zielgruppenfilterung des SharePoint genutzt. Die Frage stellt sich, warum er die Zielgruppenfilterung nicht auch in der Terminliste und in der Ankündigungsliste genutzt hat, zumal diese Option in den Listeneinstellungen gesetzt werden kann.
>
> Mit der Listeneinstellung *Benutzergruppenadressierung aktivieren* wird der Liste eine Spalte *Zielgruppen* hinzugefügt, die die Zuweisung von Zielgruppen zu einem einzelnen Element erlaubt.
>
> Die größte Einschränkung der Zielgruppenfilterung besteht darin, dass sie in normalen Listenansichten nicht wirkt und auch nicht über Listenfilter eingefügt werden kann. Das heißt, beim Aufruf einer Liste in einer beliebigen Ansicht werden immer alle Elemente angezeigt (außer natürlich die über die Filtereinstellungen der Liste ausgeblendeten Elemente). Eine Filterung der Elemente nach Zielgruppen wird nur in einem Webpart unterstützt, dem Webpart für die *Inhaltsabfrage* (das übrigens nicht zu verwechseln ist mit dem Webpart für die *Inhaltssuche*). Dieses Webpart ist nur in einer Website mit aktiviertem Veröffentlichungsfeature verfügbar. Außerdem lässt sich die Darstellung der Elemente darin nur über XML-Transformationen, die per Code zu definieren sind, vornehmen. Durch diese Einschränkungen reduziert sich die Nutzbarkeit der Zielgruppen in SharePoint insbesondere auf Kollaborationssites auf einige wenige Szenarien. Eines ist das von Matthias genutzte Aus- und Einblenden einzelner Webparts auf den Webseiten.

Damit das neue Intranet nun von den Anwendern auch aktiv genutzt wird, möchte Matthias noch einige zentrale Einstellungen vornehmen. Zuerst möchte er allen Mitarbeitern die Möglichkeit geben, sich über Neuigkeiten per E-Mail benachrichtigen zu lassen.

Zusätzlich soll das Intranet standardmäßig zur Startseite des Internet Explorers werden. Dies möchte Matthias über Gruppenrichtlinien steuern. Dabei sollen die internen Domänen zugleich in die Sicherheitszone der lokalen Intranetsites des Internet Explorers aufgenommen werden, da nur dann wirklich ein Single Sign On im Intranet funktioniert, also die Benutzer beim Zugriff auf das Intranet nicht erneut Anmeldeinformationen eingeben müssen.

Da Matthias nicht selbst administriert, gibt er diese letzte Aufgabe zunächst an Sarah Radschläger weiter, die für die Desktopverwaltung zuständig ist.

Das Intranet per Gruppenrichtlinie veröffentlichen

Sarah erstellt für die Veröffentlichung des Intranets und die dafür erforderlichen Einstellungen ein neues Gruppenrichtlinienobjekt in der Gruppenrichtlinienverwaltungskonsole und verknüpft es mit der Organisationseinheit *Benutzer & Gruppen*, in der die Benutzerkonten des Unternehmens verwaltet werden. Das Gruppenrichtlinienobjekt nennt sie *Internet*

Explorer Einstellungen. Darin nimmt sie drei Einstellungen im Zweig *Benutzereinstellungen* vor. Den Zweig *Computereinstellungen* deaktiviert sie für dieses GPO.

1. Im Pfad *Benutzerkonfiguration/Richtlinien/Administrative Vorlagen/Windows-Komponenten/Internet Explorer/Internetsystemsteuerung/Sicherheitsseite* öffnet Sarah die Einstellung *Liste der Site zu Zonenzuweisungen.* Sie aktiviert diese Einstellung und trägt dort für die Zone *Lokales Intranet* die Domänen des Unternehmens ein, indem sie diese mit dem Wert „1" versieht ("1„ steht für die Zone *Lokales Intranet*). Dadurch ist sichergestellt, dass der Internet Explorer für die Websites dieser Domänen die Benutzeranmeldung durchreicht und die Benutzer sich nicht ein zweites Mal authentifizieren müssen.

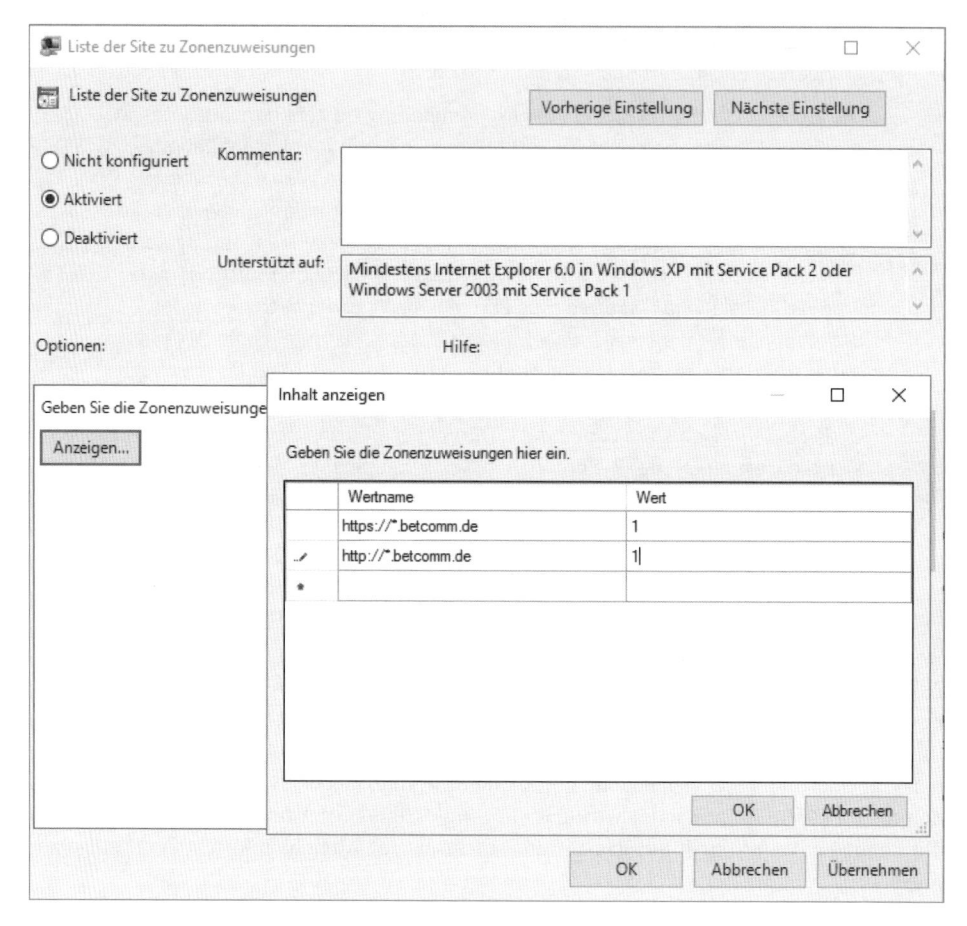

Wertname	Wert
https://*.betcomm.de	1
http://*.betcomm.de	1

2. Als Zweites legt Sarah für die Benutzer die Homepage fest, indem sie im Pfad *Benutzerkonfiguration/Richtlinien/Administrative Vorlagen/Windows-Komponenten/Internet Explorer* die Einstellung *Änderungen der Einstellungen zur sekundären Startseite deaktivieren* aktiviert und dort das Intranet fest vordefiniert. Sie wählt diese Einstellung, um den Benutzern weiterhin die Möglichkeit zu geben, eine primäre Homepage selbst zu definieren. Als zweite Seite legt Sarah noch die MySite der Benutzer fest, da auch diese zukünftig intensiver genutzt werden soll.

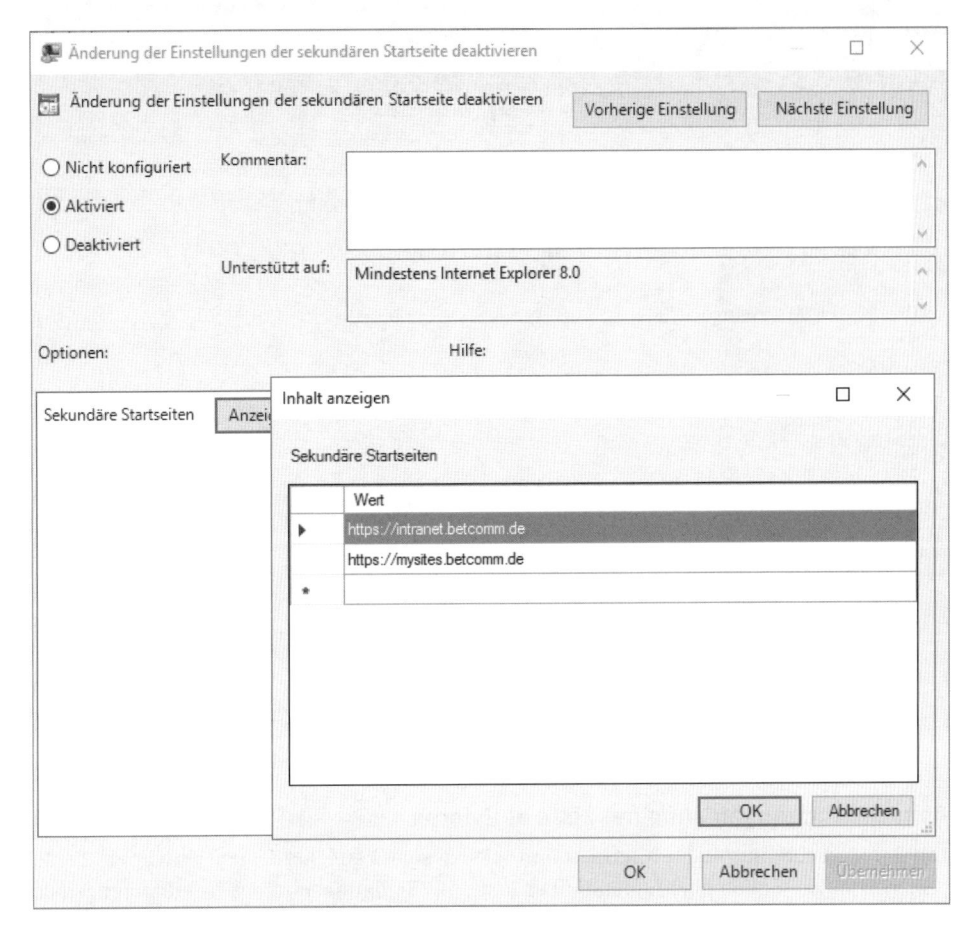

3. Mit der dritten Option legt Sarah ihren Anwendern noch eine Verknüpfung zum Intranet auf den Desktop. Diese legt sie im Pfad *Benutzerkonfiguration/Einstellungen/Windows-Einstellungen/Verknüpfungen* mit den entsprechenden Einstellungen und einem Systemicon an.

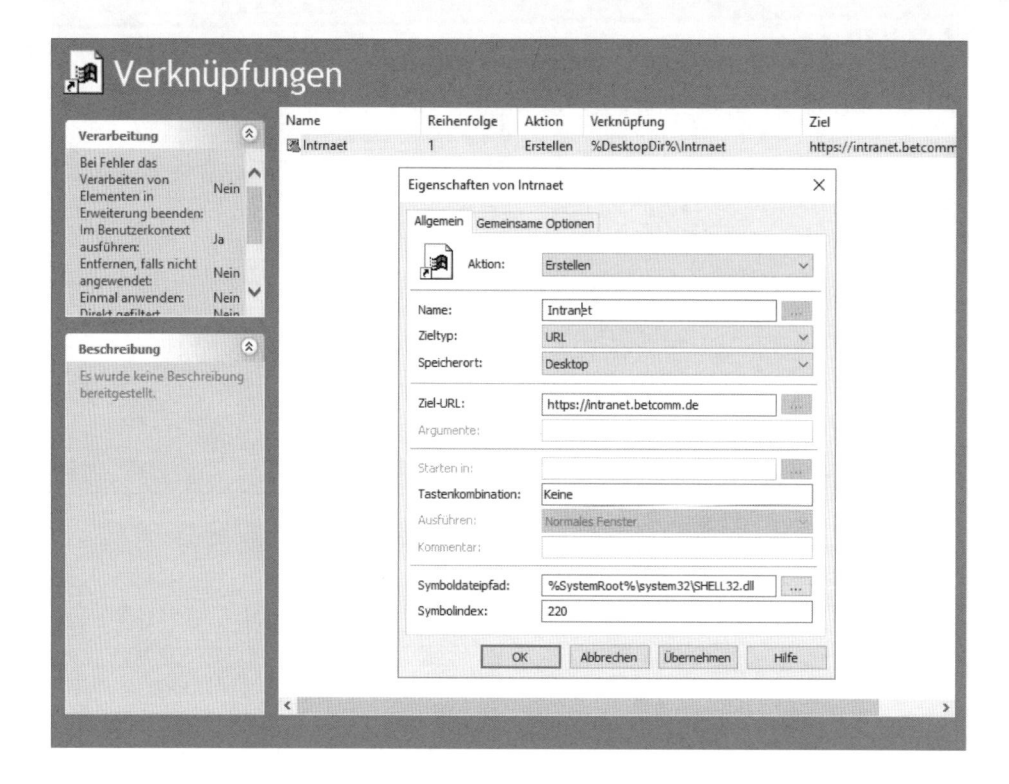

Benachrichtigungen auf einer Liste aktivieren

Die Benachrichtigung kann Matthias nun wieder selbst auf den Listen aktivieren. Seine Kollegen sollen täglich eine Infomail über neue Ankündigungen in der Ankündigungsliste bekommen, sobald diese veröffentlicht sind. Er navigiert daher zur Liste *Neuigkeiten*, um die entsprechenden Einstellungen vorzunehmen.

1. Im Menüband *Liste* in der Gruppe *Freigeben und Verfolgen* klickt er auf die Schaltfläche BENACHRICHTIGEN und dann auf BENACHRICHTIGUNGEN FÜR DIESE LISTE FESTLEGEN.

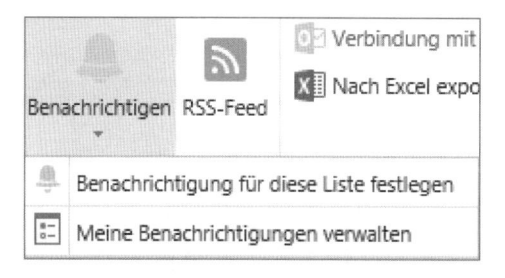

2. Im Dialogfeld *Neuigkeiten – Neue Benachrichtigung* trägt er im Feld *Benutzer* alle Benutzer des Unternehmens ein. Diese werden per E-Mail über die eingerichtete Benachrichtigung informiert. Die Benachrichtigungseinstellungen können die Benutzer über ihre persönlichen Einstellungen in SharePoint später wieder anpassen.

```
Neuigkeiten - Neue Benachrichtigung                                    ×

                                                     OK      Abbrechen

Benachrichtigungstitel
Geben Sie den Titel für       Neuigkeiten
diese Benachrichtigung
ein. Dieser wird in den
Betreff der
Benachrichtigung
eingefügt.

Benachrichtigungen         Benutzer:
senden an
Sie können                    Sarah Radschläger x    Matthias Kellner x    Hans Sachse x
Benutzernamen und             Stefan Meurer x
E-Mail-Adressen
eingeben. Trennen Sie sie
durch ein Semikolon.

Zustellungsart
Die Zustellungsart von     Benachrichtigungen senden via:
Nachrichten angeben.         ● E-Mail              MKellner@betcomm.de
                             ○ Textnachricht (SMS)
                                ☐ URL in Textnachricht (SMS) senden
```

3. Im unteren Teil des Dialogfeldes nimmt Matthias die gewünschten Feineinstellungen vor. Zunächst sollen die Benutzer nur über neue Ankündigungen informiert werden und auch nur über diejenigen, die für das gesamte Unternehmen gelten. Daher wählt er als Änderungstyp *Neue Elemente werden hinzugefügt* und im Abschnitt *Für diese Änderungen* die Option *Ein Element geändert wird, das in folgender Ansicht angezeigt wird* für die Ansicht *Allgemeine Unternehmensneuigkeiten* (wir erinnern uns, diese enthält nur die Ankündigungen ohne Abteilungszuordnung). Außerdem legt er fest, dass die Benachrichtigung täglich um 12:00 Uhr gesendet werden soll.

Neuigkeiten - Neue Benachrichtigung

Änderungstyp
Geben Sie den Typ der Änderungen an, über die Sie benachrichtigt werden möchten.

Nur benachrichtigen, wenn:
- ○ Alle Änderungen
- ● Neue Elemente werden hinzugefügt
- ○ Vorhandene Elemente werden geändert
- ○ Element werden gelöscht

Für diese Änderungen Benachrichtigungen senden
Geben Sie an, ob Benachrichtigungen auf der Grundlage bestimmter Kriterien gefiltert werden sollen. Sie können auch festlegen, dass in Ihren Benachrichtigungen nur Elemente enthalten sein sollen, die in einer bestimmten Ansicht enthalten sind.

Benachrichtigung versenden, wenn:
- ○ Beliebige Änderungen vorgenommen werden
- ○ Jemand anders ändert eine Ankündigung
- ○ Jemand anders ändert eine Ankündigung erstellt von mir
- ○ Jemand anders ändert eine Ankündigung zuletzt von mir geändert
- ○ Eine Ankündigung mit Ablaufdatum wird hinzugefügt oder geändert.
- ● Ein Element geändert wird, das in der folgenden Ansicht angezeigt wird:

  [Allgemeine Unternehmensneuigkeiten ▼]

Zeitpunkt des Versendens von Benachrichtigungen
Geben Sie an, wie häufig Sie benachrichtigt werden möchten (mobile Warnungen sind nur für sofortiges Senden verfügbar).

- ○ Benachrichtigung sofort versenden
- ● Tägliche Zusammenfassung versenden
- ○ Wöchentliche Zusammenfassung versenden

Zeit:
[Montag ▼] [12:00 ▼]

4. Matthias' Kollegen werden über die neu eingerichtete Benachrichtigung per E-Mail informiert und können sie über den mitgelieferten Link auch direkt anpassen.

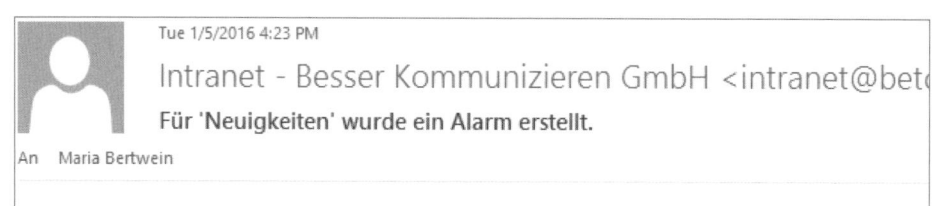

Tue 1/5/2016 4:23 PM

Intranet - Besser Kommunizieren GmbH <intranet@bet

Für 'Neuigkeiten' wurde ein Alarm erstellt.

An Maria Bertwein

'Stefan Meurer-Admin' hat für Sie die Benachrichtigung 'Neuigkeiten' abonniert unter 'Intranet - Besser Kommunizieren GmbH'.

Sie erhalten Benachrichtigungen gemäß den Angaben zur Zustellungsmethode und den zeitlichen und anderen Kriterien, die beim Erstellen der Benachrichtigung ausgewählt wurden.

Sie können diese Benachrichtigung oder Ihre anderen persönlichen Benachrichtigungen auf der Seite Meine Benachrichtigungen auf dieser Website ändern.

Termine per E-Mail veröffentlichen

Jetzt möchte Matthias der Autorengruppe das Erstellen von Terminen noch vereinfachen. Termine sollen einfach per E-Mail an die Kalenderliste geschickt werden können. Damit können sie schon aus der Planung mit Outlook veröffentlicht werden. Da der Veröffentlichung noch das Genehmigungsverfahren vorgeschaltet ist, wird eine versehentliche Veröffentlichung verhindert. Das beruhigt nicht nur Matthias, sondern auch Erhard Hauenstein und Henrike Siegel, die Sorge hatten, dass vertrauliche Termine darüber veröffentlicht werden könnten.

Die Grundvoraussetzungen dafür sind durch Stefan Meurer bei der Installation der Systemumgebung schon eingerichtet worden. Auf SharePoint ist der Standard-SMTP-Server der Internet Information Services installiert und Exchange hat einen Sendeconnector für die Domänen *sp01.betcomm.de* und *sharepoint.betcomm.de*, die vom SharePoint genutzt werden (Bild 5.9). Außerdem hat das Farmkonto des SharePoint die Berechtigung, Kontakte in der dafür vorgesehenen Organisationseinheit *SharePoint-Empfänger* anzulegen.

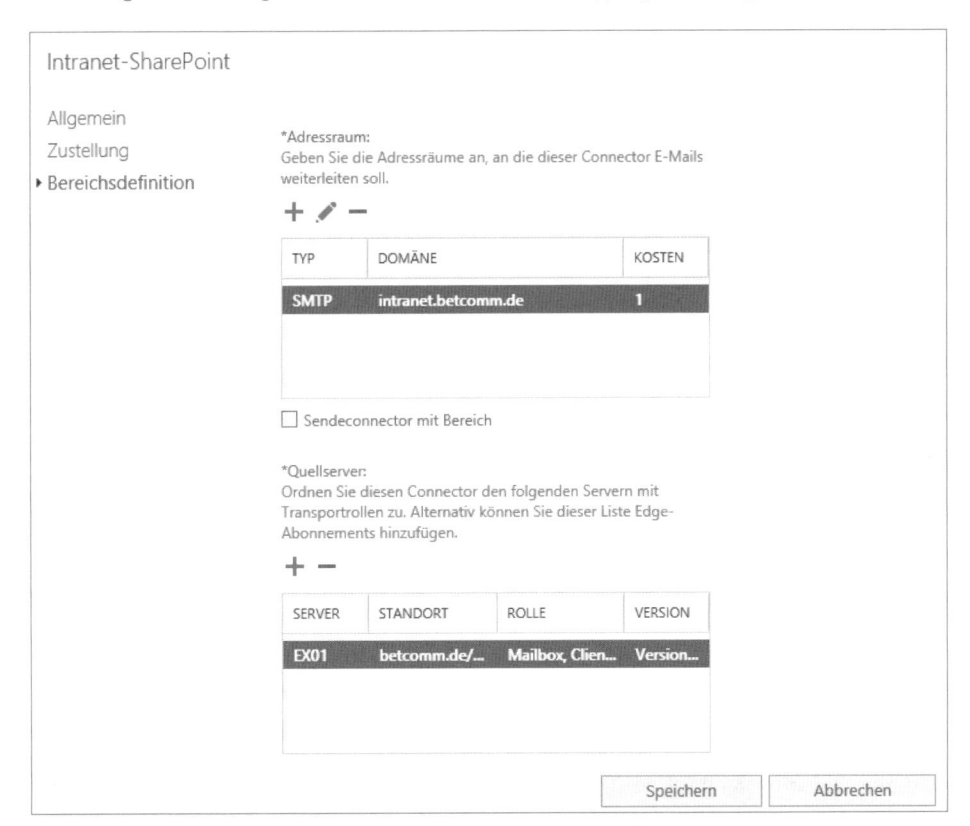

Bild 5.9 Der Sendeconnector für SharePoint im Exchange

Daher kann Matthias direkt in der Terminliste die E-Mail-Aktivierung vornehmen.

1. Er navigiert also zu den Listeneinstellungen der Terminliste. Dort klickt er rechts im Abschnitt *Kommunikation* auf den Link EINSTELLUNGEN FÜR EINGEHENDE E-MAIL.

Kommunikation

- Einstellungen für eingehende E-Mail
- RSS-Einstellungen

2. Die Einstellungen legt Matthias nun wie folgt fest. Er aktiviert den Empfang von E-Mails in der Liste und gibt der Liste die Adresse *Intranettermine*. Die Domäne wird aus den Einstellungen in SharePoint automatisch ergänzt. Da er in der Liste keine Dokumente an Terminen veröffentlichen möchte, deaktiviert Matthias die Option *E-Mai Anlagen speichern*. Damit auch die Einreichung von Terminen per E-Mail nur für die Autoren gestattet ist, belässt er die E-Mail-Sicherheitsrichtlinie auf der Standardoption *E-Mail-Nachrichten auf Basis von Berechtigungen für Liste akzeptieren*.

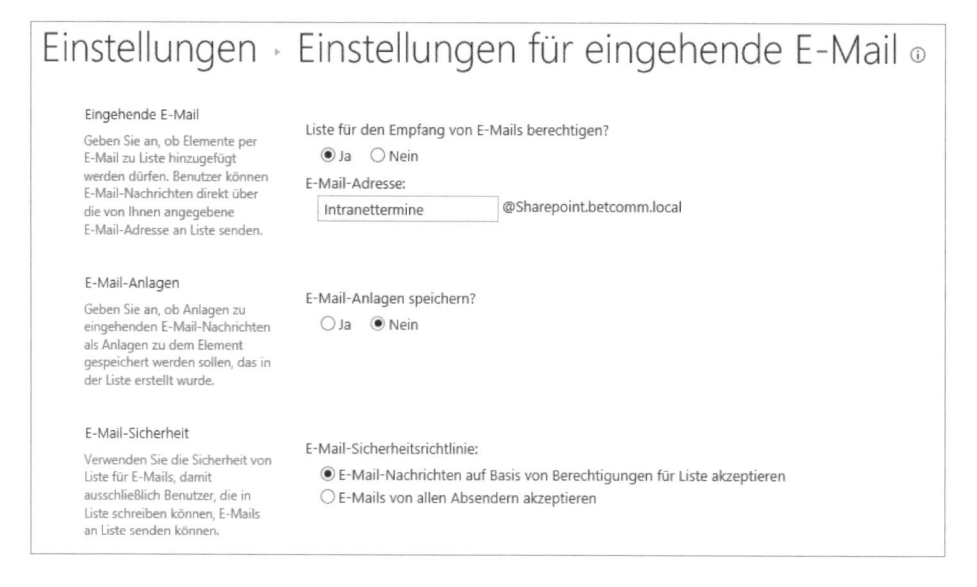

Einstellungen ▸ Einstellungen für eingehende E-Mail

Eingehende E-Mail
Geben Sie an, ob Elemente per E-Mail zu Liste hinzugefügt werden dürfen. Benutzer können E-Mail-Nachrichten direkt über die von Ihnen angegebene E-Mail-Adresse an Liste senden.

Liste für den Empfang von E-Mails berechtigen?
◉ Ja ○ Nein
E-Mail-Adresse:
[Intranettermine] @Sharepoint.betcomm.local

E-Mail-Anlagen
Geben Sie an, ob Anlagen zu eingehenden E-Mail-Nachrichten als Anlagen zu dem Element gespeichert werden sollen, das in der Liste erstellt wurde.

E-Mail-Anlagen speichern?
○ Ja ◉ Nein

E-Mail-Sicherheit
Verwenden Sie die Sicherheit von Liste für E-Mails, damit ausschließlich Benutzer, die in Liste schreiben können, E-Mails an Liste senden können.

E-Mail-Sicherheitsrichtlinie:
◉ E-Mail-Nachrichten auf Basis von Berechtigungen für Liste akzeptieren
○ E-Mails von allen Absendern akzeptieren

3. Damit der dadurch geschaffene Exchange-Empfänger auch sinnvoll genutzt wird und den Absendern das dahinterstehende Genehmigungsverfahren bewusst ist, lässt Matthias durch Stefan noch eine E-Mail-Info am dazugehörigen Kontakt in Exchange definieren. E-Mail-Infos werden den Absendern schon bei der Adressierung der E-Mail im Outlook angezeigt. Eine Benachrichtigung über das Genehmigungsverfahren erfolgt nach Eingang der E-Mail noch durch den Workflow.

Intranettermine

Allgemein
Kontaktinformationen
Organisation
E-Mail-Optionen
▸ E-Mail-Info

Sie können eine Warnmeldung erstellen, die angezeigt wird, wenn Benutzer diesen externen Kontakt als Empfänger einer neuen E-Mail auswählen.

```
<body>
Die an die Intranettermine gesendeten Einladungen
werden nach der Genehmigung durch einen
Herausgeber auf der Startseite des Intranets
veröffentlicht.
```

4. Nachdem die Einstellungen vorgenommen sind und er Maria Bertwein und Ernst Kohlhoff der Autorengruppe hinzugefügt hat, testet Matthias das Verfahren mit Maria.
5. Maria erstellt in Outlook eine neue Besprechungseinladung und trägt die Internettermine als Empfänger ein. Wie geplant wird ihr die E-Mail-Info angezeigt.

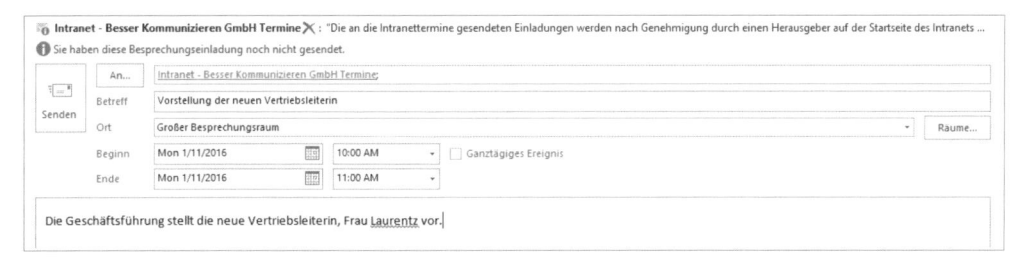

An... Intranet - Besser Kommunizieren GmbH Termine;
Betreff Vorstellung der neuen Vertriebsleiterin
Ort Großer Besprechungsraum
Beginn Mon 1/11/2016   10:00 AM
Ende Mon 1/11/2016   11:00 AM

Die Geschäftsführung stellt die neue Vertriebsleiterin, Frau Laurentz vor.

> Wenn, wie in unserem Fall, eine Liste mit einem Workflow versehen ist, zum Beispiel zur Genehmigung von Elementen, und gleichzeitig E-Mail-aktiviert wird, sind – abhängig von der Art des Workflows – zusätzliche Voraussetzungen erforderlich. Für Workflows, die auf der SharePoint-2010-Workflowumgebung arbeiten (wie zum Beispiel die Standardworkflowvorlagen, von denen Matthias oben den Genehmigungsworkflow verwendet), muss die Impersonation des Dienstkontos eingerichtet werden. Dies geschieht mit einem kurzen stsadm-Statement, das auch noch unter SharePoint 2016 unterstützt wird:
>
> ```
> stsadm -o setproperty -pn
> declarativeworkflowautostartonemailenabled -pv true
> ```
>
> Für Workflows, die auf der SharePoint 2013-Infrastruktur mit dem Workflow Manager basieren, ist die Aktivierung des Websitefeatures *Workflows dürfen App-Berechtigungen verwenden* erforderlich.
>
> Außerdem kann es erforderlich sein, den Workflow einmal mit dem SharePoint Designer und einem Administratorenkonto (nicht dem Farmkonto) zu öffnen und neu zu speichern und zu veröffentlichen, damit das Benutzerkonto, unter dem der Workflow ausgeführt wird, das Administratorkonto und nicht das Konto des Timerdienstes (im Standard das Farmkonto) ist.

> Wenn diese Einstellungen nicht getroffen sind, kann es sein, dass der Workflow nicht gestartet wird, wenn ein Dokument per E-Mail in der Liste eingereicht wird, oder auch die E-Mails für die Benachrichtigungen aus dem Workflow nicht gesendet werden können.
>
> Die Ursache hierfür liegt darin begründet, dass bei der Einreichung von Dokumenten per E-Mail der Timerdienst das E-Mail-Element aus dem Mail-Drop-Verzeichnis des lokalen SMTP-Servers holt und dieses in der Liste ablegt. Das Dokument wird dann unter der Identität des Systemkontos eingereicht. Dieses Konto hat aber nicht die Berechtigungen, Workflows zu starten, und verfügt in der Regel auch nicht über eine E-Mail-Adresse, an die Benachrichtigungen gesendet werden können.

■ 5.2 Sicherstellen der Integrität der Informationen

Für die Informationsflüsse in die und aus der Geschäftsführung gelten nach Meinung von Henrike Siegel und Erhard Hauenstein besondere Integritätsanforderungen. Bei Entscheidungsprozessen muss nachvollziehbar sein, wer wann die Freigabe gegeben hat. Die Urheberschaft des Antrags muss ebenso ermittelbar sein wie der Änderungsverlauf an den Daten.

Matthias Kellner geht davon aus, dass diese Anforderungen für das Intranetportal mit den bisher eingerichteten Funktionen durchweg erfüllt sind. Zur Sicherheit prüft er die einzelnen Punkte ab.

- Da auf das Intranetportal nur authentifizierte Benutzer der Besser Kommunizieren GmbH zugreifen können, ist für jede Veröffentlichung nachvollziehbar, wer sie erstellt hat und durch wen sie genehmigt wurde. Dies wird in den Informationen des einzelnen Eintrags aufgeführt. Schon in der Übersicht auf der Startseite wird der Ersteller der Neuigkeit benannt.

> Das neue Intranetportal ist aktiv ! NEU
>
> Interne Neuigkeiten werden zukünftig über unser neues Portal https://intranet.betcomm.de verteilt.
>
> Erstellt: 25.04.2016 11:38
>
> Erstellt von: ☐ Stefan Meurer-Admin

- In den Detailinformationen des Elements wird die genehmigende Person als diejenige angezeigt, die das Element zuletzt geändert hat. Die Genehmigung ist immer die letzte Änderung am sichtbaren Element. Jede andere Änderung würde die Genehmigung aufheben und eine neue Genehmigung erfordern, bevor das Element wieder den Benutzern angezeigt wird.

Titel	Das neue Intranetportal ist aktiv
Textkörper	Interne Neuigkeiten werden zukünftig über unser neues Portal https://intranet.betcomm.de verteilt.
Läuft ab	31.05.2016
Abteilung	
Genehmigungsstatus	Genehmigt

Erstellt am 25.04.2016 11:38 von ☐ Stefan Meurer-Admin
Zuletzt geändert am 25.04.2016 11:41 von ☐ Matthias Kellner

[Schließen]

- Auch in den Benachrichtigungs-E-Mails wird der Ersteller der Neuigkeit angezeigt.
- Über die Berechtigungsstruktur der Website ist klar festgelegt, dass nur Autoren Neuigkeiten und Termine im Portal veröffentlichen können. Auch darüber ist die Urheberschaft der Nachrichten sichergestellt.
- Das eingerichtete Genehmigungsverfahren mit dem dazugehörigen Workflow sorgt für eine Überprüfung der Meldungen, bevor sie den Benutzern übermittelt werden.
- Allerdings stellt Matthias bei seinen Tests fest, dass zwar die Genehmigung für das Element aufgehoben wird, die Benutzer allerdings die bisherige Version der Neuigkeit ohne die Änderungen angezeigt bekommen und der Genehmigungsworkflow nicht erneut gestartet wird. Außerdem ist nach der Genehmigung der Änderung nicht mehr ermittelbar, wer die Änderung durchgeführt hat, da die letzte Änderung immer die Genehmigung selbst ist und nur diese protokolliert wird. Dieses Verhalten möchte Matthias noch verbessern. Zukünftig soll bei Änderungen der Genehmigungsworkflow erneut gestartet werden und alle Änderungen sollen nachvollziehbar sein. Matthias sieht in der Versionsverwaltung von SharePoint die geeignete Lösung für diese Anforderung.

Einrichten der Versionierung auf einer Liste

Matthias navigiert im Intranetportal zur Liste der Neuigkeiten und dort zu den Listeneinstellungen. In der linke Spalte der Einstellungen (*Allgemeine Einstellungen*) klickt er auf den zweiten Eintrag **VERSIONSVERWALTUNGSEINSTELLUNGEN**. Dort hatte er auch die Inhaltsgenehmigung eingerichtet.

Im zweiten Abschnitt *Versionsverlauf für Element* aktiviert er nun die Versionierung. Nach einiger Überlegung legt er die Anzahl der sichtbaren Versionen auf *10* fest. Dies sollte seiner Meinung nach bei den Neuigkeiten reichen, um den Elementverlauf nachzuvollziehen. Nur für die letzten zwei genehmigten Versionen möchte er auch die Entwürfe festhalten. Sobald ein Element genehmigt wurde, sind die Entwürfe seiner Meinung nach nicht mehr relevant, zur Sicherheit möchte er aber auch die Entwürfe der vorherigen Genehmigung eines Elements aufheben (Bild 5.10).

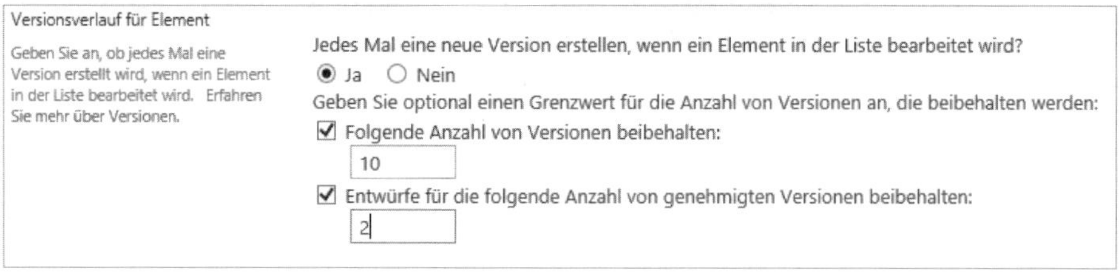

Bild 5.10 Versionierungseinstellungen

Abschließend muss er noch die Workfloweinstellungen so ändern, dass auch bei Änderungen der Genehmigungsworkflow gestartet wird.

Dazu navigiert er in den Listeneinstellungen zu den **WORKFLOWEINSTELLUNGEN** (mittlere Spalte der Einstellungen *Berechtigungen und Verwaltung,* fünfter Eintrag). In den Workfloweinstellungen klickt er auf den vorhanden SharePoint 2010-Workflow **NEUIGKEITEN VERÖFFENTLICHEN** (Bild 5.11).

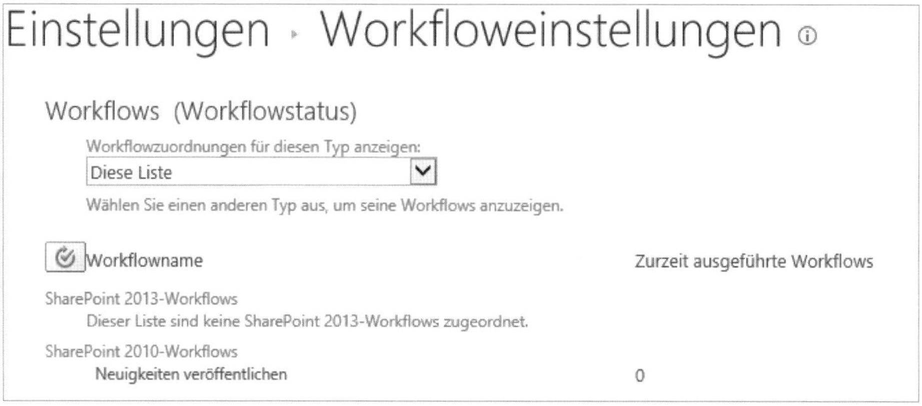

Bild 5.11 Der vorhandene Workflow in den Workfloweinstellungen der Liste

Auf der Seite *Workflow ändern* aktiviert er nun im unteren Abschnitt *Startoptionen* zusätzlich die Option *Dieser Workflow wird gestartet, wenn ein Element geändert wird.* (Bild 5.12)

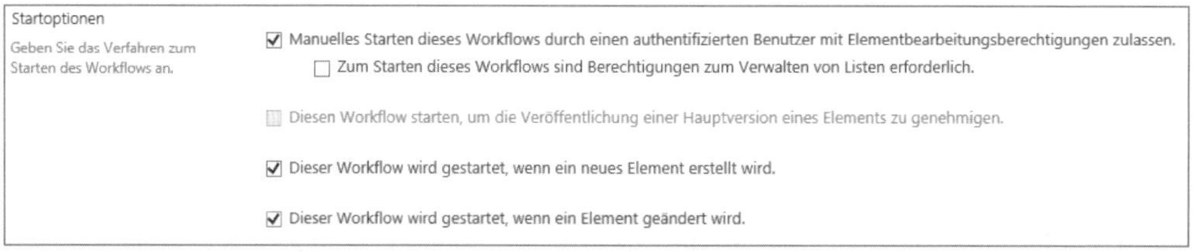

Bild 5.12 Die aktualisieren Startoptionen des Workflows

Anschließend klickt Matthias auf **WEITER**. Die Einstellungen auf der nächsten Einstellungsseite lässt Matthias unverändert und klickt auf **SPEICHERN**.

Matthias testet die neuen Einstellungen, indem er an einer vorhandenen Meldung einige Änderungen durchführt. Bei jeder Änderung erstellt der Workflow eine neue Aufgabe für ihn. Nimmt er eine weitere Änderung vor, bricht der Genehmigungsworkflow ab, schließt die vorhandene Aufgabe mit dem Ergebnis *Abgelehnt* und erstellt eine neue Genehmigungsaufgabe, so dass Matthias immer nur die aktuellste Version genehmigen muss. Dies entspricht der Einstellung, die Matthias auf der zweiten Seite der Workfloweinstellungen bei der Erstellung des Workflows aktiviert hatte (Bild 5.13).

Bei Dokumentänderung beenden	☑ Das Dokument automatisch ablehnen, wenn es geändert wird, bevor der Workflow abgeschlossen ist.

Bild 5.13 Bei Änderungen den Workflow abbrechen

Zusätzlich prüft Matthias die Informationen im Versionsverlauf der Meldung. Dazu navigiert er zur Liste *Neuigkeiten*, klickt neben dem geänderten Element auf die Ellipse (…) und wählt im Kontextmenü den Eintrag **VERSIONSVERLAUF** (Bild 5.14).

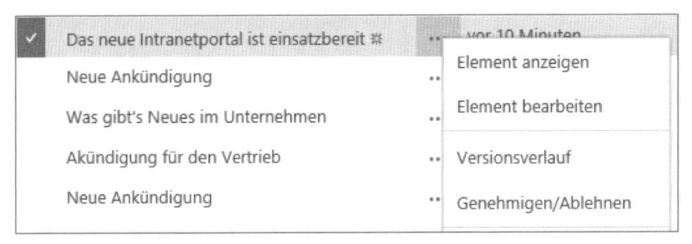

Bild 5.14 Den Versionsverlauf aufrufen

Wie gewünscht zeigt der Versionsverlauf nun alle Änderungen mit den Informationen über den Urheber an (Bild 5.15).

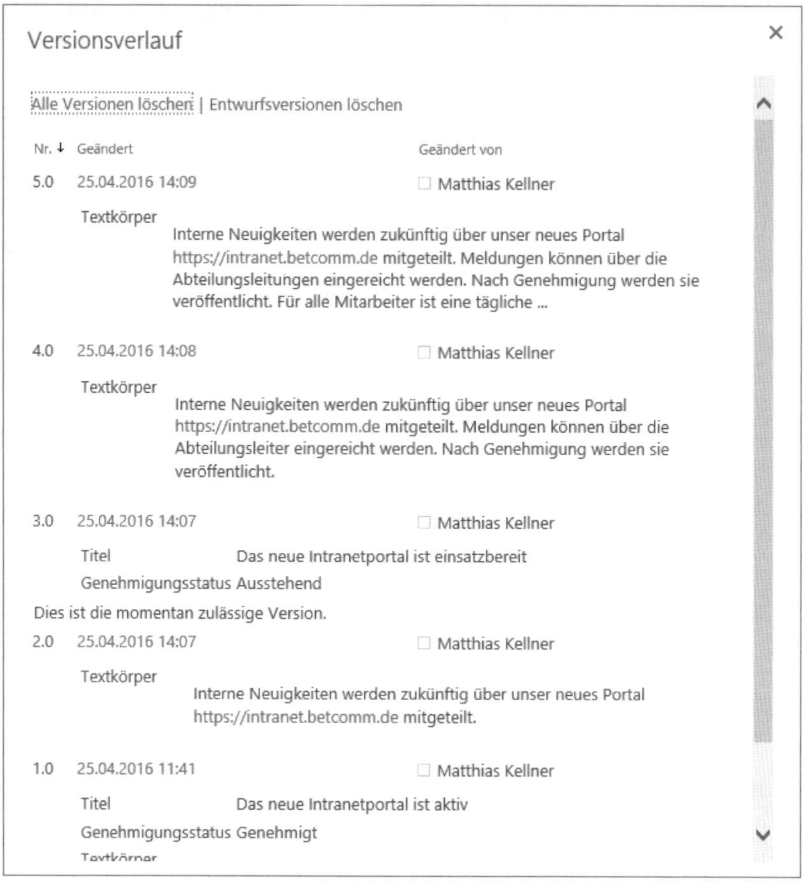

Bild 5.15 Der Versionsverlauf der geänderten Neuigkeit

Nachdem der Test somit erfolgreich bestanden wurde, nimmt Matthias die entsprechenden Einstellungen auch in der Terminliste und an dem dazugehörigen Workflow *Termine genehmigen* vor.

5.3 Genehmigungsprozesse in SharePoint und Exchange abbilden

Ein zentrales Werkzeug für die Umsetzung von Genehmigungsprozessen in der Unternehmenskommunikation hat Matthias in dem neuen Portal schon eingesetzt. Das in der Neuigkeitenliste und der Terminliste eingerichtete Verfahren der Inhaltsgenehmigung stellt sicher, dass Informationen in diesen Listen nicht ohne vorherige Prüfung durch dazu berechtigte Personen veröffentlicht werden können. Die beiden Workflows, basierend auf dem Standardworkflow zur Inhaltsgenehmigung von SharePoint, dienen in erster Linie dazu, den Prozess durch automatische Benachrichtigungen zu vereinfachen. Es fällt nicht schwer, sich vorzustellen, dass damit eine Reihe von Szenarien und Anforderungen im Unternehmen umgesetzt werden können, wie z. B. das Genehmigen von Anträgen oder Raumbuchungen. Einige dieser Szenarien möchte Matthias später mit seinen eigenen Kollegen der Organisationabteilung angehen.

Zuerst widmet er sich aber einer weiteren Anforderung der Geschäftsführung. Da Henrike Siegel und Erhard Hauenstein als Geschäftsführer des Unternehmens unter anderem auf der öffentlichen Website des Unternehmens namentlich genannt werden, bekommen sie sehr häufig unaufgefordert E-Mails diverser Anbieter. Das Sichten und Prüfen der einzelnen Nachrichten kostet viel Zeit. Daher soll zukünftig eine Vorsortierung der Mails durch das Geschäftsführungssekretariat, also durch Ernst Kohlhoff und Maria Bertwein, stattfinden. Gleichzeitig soll es aber persönlich bekannten Absendern möglich sein, diese Vorsortierung zu umgehen. Für interne Absender, also die Mitarbeiter der Besser Kommunizieren GmbH, soll die Vorsortierung ebenfalls nicht angewendet werden. Deren Mails sollen direkt an die Geschäftsführung zugestellt werden. Matthias möchte dazu die Transportregeln in Exchange nutzen. Diese bieten seiner Meinung nach alle Möglichkeiten, den gefragten Prozess abzubilden. Den Prozess zeichnet er sich zunächst in Visio als Swimlane-Diagramm auf (Bild 5.16) – in Visio heißt die Vorlage dafür *Funktionsübergreifendes Flussdiagramm*.

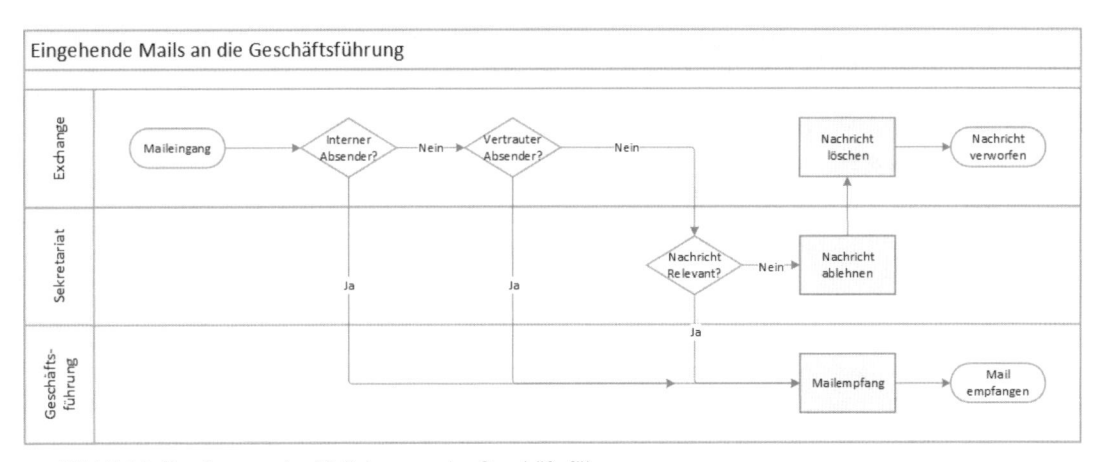

Bild 5.16 Der Prozess des Maileingangs der Geschäftsführung

Matthias übergibt diese Anforderung an Stefan Meurer und beauftragt ihn, den dargestellten Prozess mithilfe einer Transportregel in Exchange umzusetzen.

Moderationsregeln in Exchange erstellen

Stefan navigiert zum Exchange Admin Center (in unserem Fall *https://mail.betcomm.de/ecp*). Dort wählt er im Navigationsbereich den Abschnitt *Nachrichtenfluss*. Der Bereich *Regeln* ist die erste Option, so dass er mit der Erstellung der Regel direkt beginnen kann (Bild 5.17).

Bild 5.17 Nachrichtenflussoptionen in Exchange 2016

1. Stefan klickt auf das +-Zeichen und wählt im Menü den Regeltyp **NACHRICHTEN AN EINEN MODERATOR SENDEN...** aus.

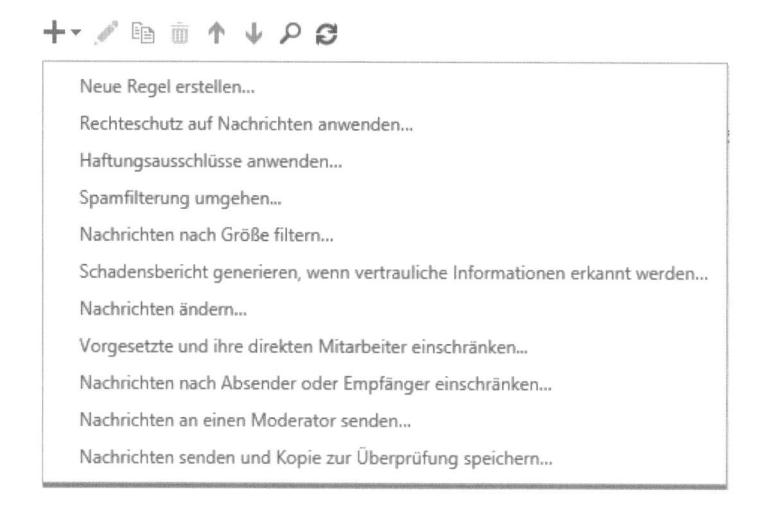

2. Im Dialogfeld *Neue Regel* trägt er als Namen für die Regel *Externe Mails für Erhard Hauenstein* ein.

3. Da die Regel nur auf externe Absender angewendet werden soll, wählt er im Feld *Diese Regel anwenden, wenn ...* die Bedingung **ABSENDER BEFINDET SICH IN ...** aus.

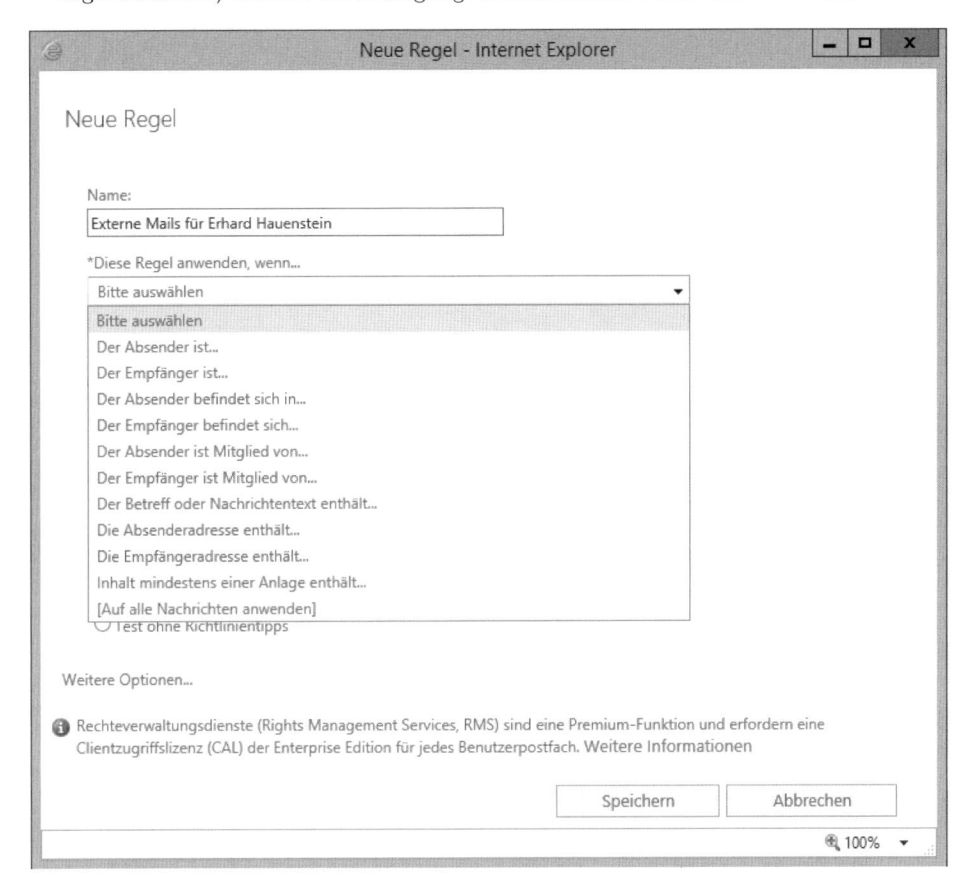

4. Als Option wählt er im anschließenden Dialogfeld **AUSSERHALB DER ORGANISATION**.

5. Um eine zweite Bedingung hinzuzufügen, klickt Stefan zuerst im unteren Bereich des Dialogfeldes auf **WEITERE OPTIONEN**. Damit werden weitere Einstellungsoptionen im Dialogfeld eingeblendet. Stefan klickt nun auf die Schaltfläche **BEDINGUNG HINZUFÜGEN**.

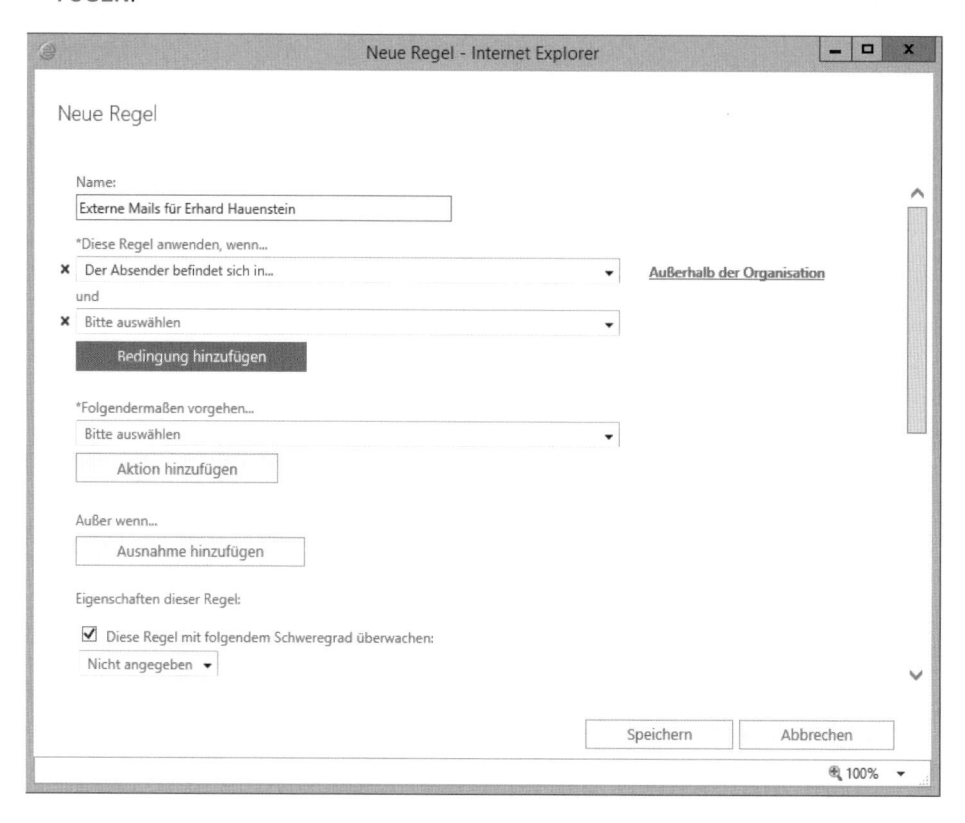

6. Zum Hinzufügen der zweiten Bedingung klickt Stefan in das Bedingungsfeld, zeigt mit der Maus auf den Menüeintrag **EMPFÄNGER** und klickt anschließend auf **IST DIESE PERSON**. Aus der Empfängerliste wählt er den Eintrag für Erhard Hauenstein aus.

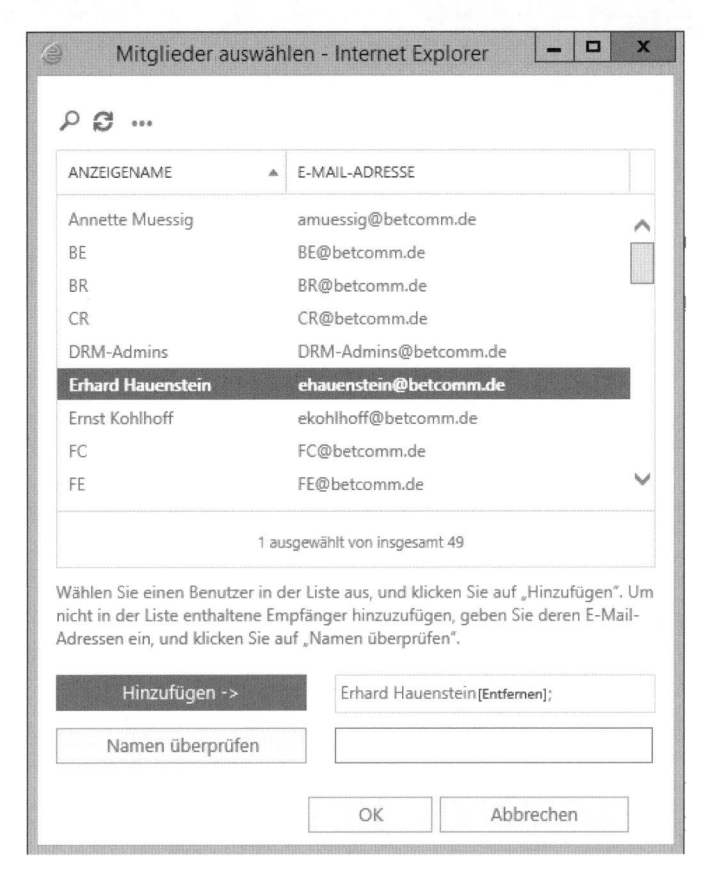

7. Im nächsten Schritt muss Stefan die durchzuführende Aktion angeben. Er wählt im entsprechenden Feldmenü den Eintrag **NACHRICHT ZUR GENEHMIGUNG WEITERLEITEN** mit der Option **AN DIESE PERSONEN** aus. Anschließend wählt er Ernst Kohlhoff aus.

[Screenshot: Neue Regel – Internet Explorer Dialog mit Feldern Name "Externe Mails für Erhard Hauenstein", Bedingungen "Der Absender befindet sich in... Außerhalb der Organisation" und "Der Empfänger ist... 'Erhard Hauenstein'", sowie Aktionsauswahl "Nachricht zur Genehmigung weiterleiten..." mit Untermenü "An diese Personen / An den Vorgesetzten des Absenders".]

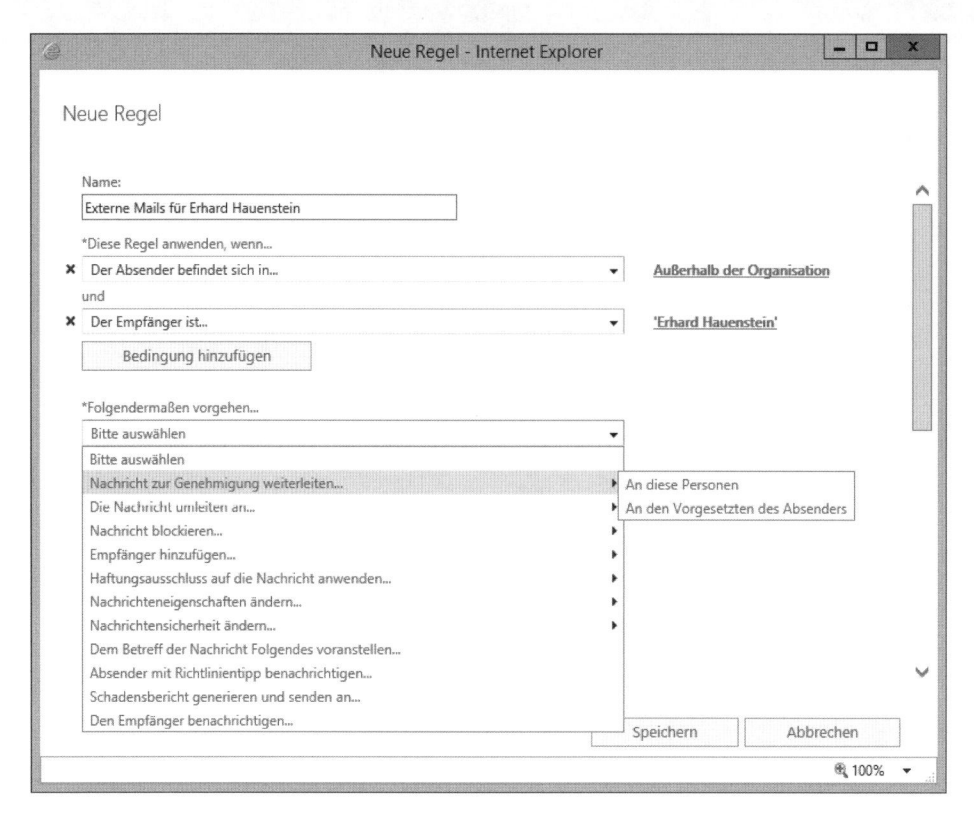

8. Abschließend ist noch die Ausnahme zur Umgehung der Regel zu definieren. Stefan möchte dazu auf den Betreff der E-Mail zugreifen. Wenn im Betreff der Begriff „persönlich" genannt wird, soll die Nachricht direkt an Erhard Hauenstein gesendet werden. Dieser kann das Verfahren den Absendern mitteilen, die die Genehmigung umgehen können sollen. Stefan klickt im Dialogfeld auf **AUSNAHME HINZUFÜGEN**. Im Feldmenü wählt er den Eintrag **BETREFF ODER NACHRICHTENTEXT** mit der Option **BETREFF EINES DER FOLGENDEN WÖRTER ENTHÄLT**.

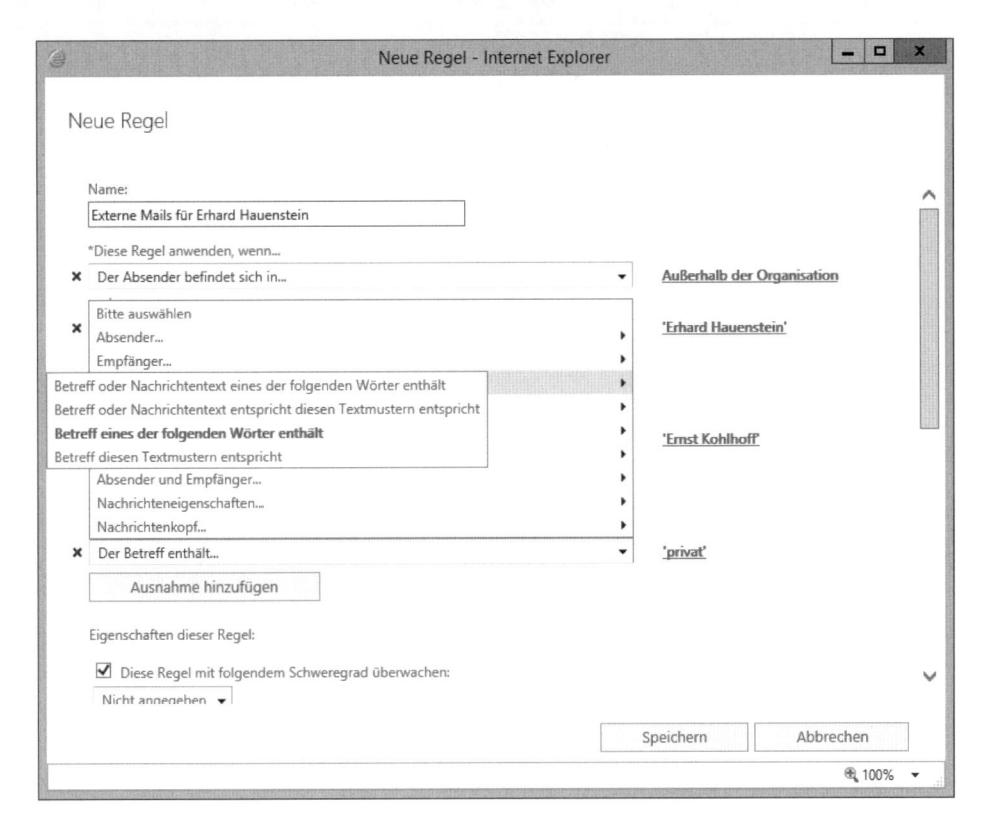

9. Als Begriff gibt er „persönlich" ein und klickt anschließend auf das +-Symbol, um diesen der Liste hinzuzufügen.

10. Im unteren Bereich des Regelformulars gibt Stefan als Kommentar noch „Nachrichtengenehmigung durch Ernst Kohlhoff" ein, um die Regelaktion zu beschreiben. Alle anderen Einstellungen belässt er auf dem Standard. Die vollständige Regel sieht nun folgendermaßen aus:

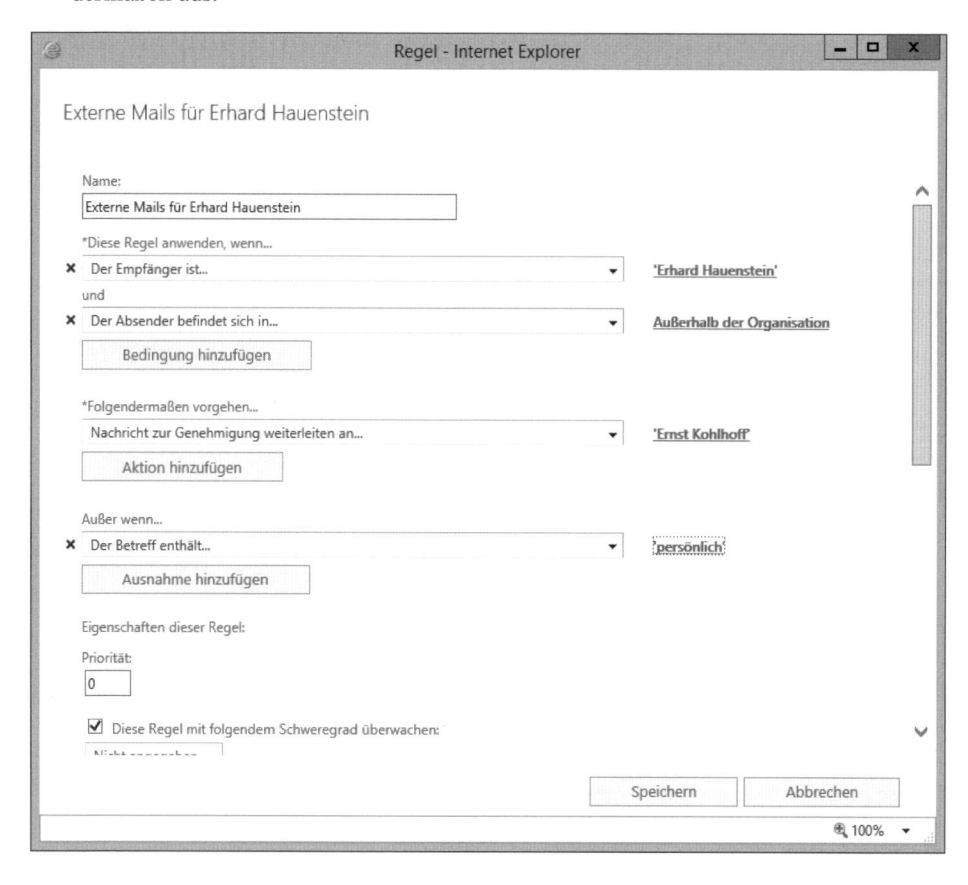

Stefan testet die verschiedenen Szenarien der Regel. Wenn eine Nachricht von außen an Erhard Hauenstein gesendet wird, erhält Ernst Kohlhoff eine Genehmigungsnachricht, in der er die Mail prüfen und dann einfach über zwei Schaltflächen genehmigen oder ablehnen kann (Bild 5.18).

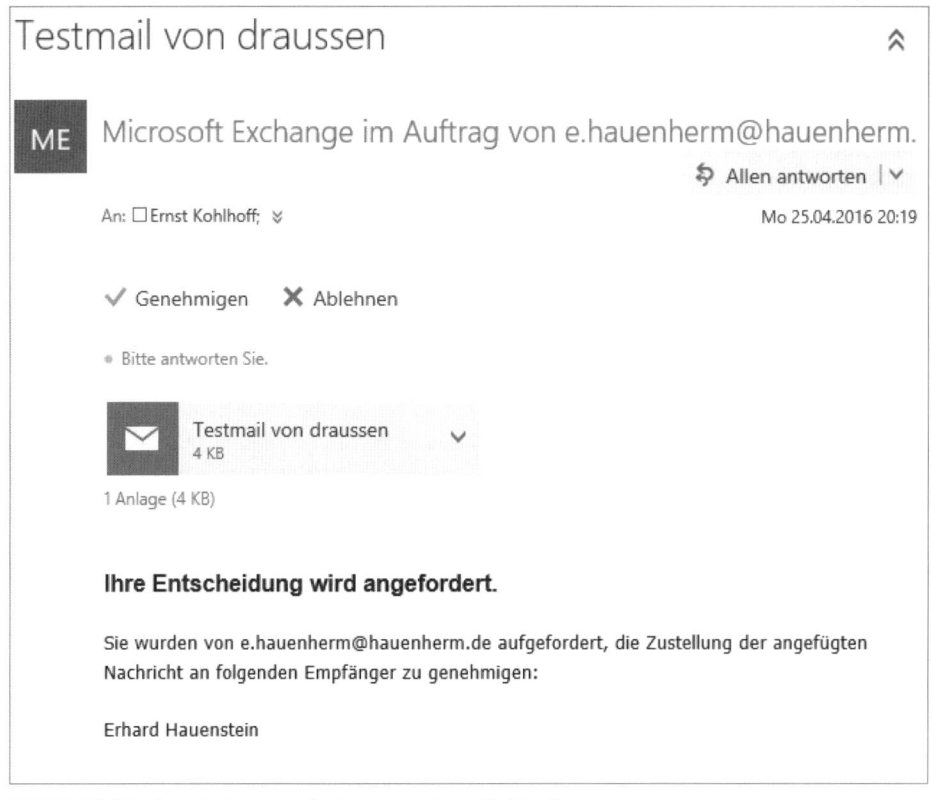

> **Testmail von draussen**
>
> **ME** Microsoft Exchange im Auftrag von e.hauenherm@hauenherm.
>
> ↩ Allen antworten | ⌄
>
> An: ☐ Ernst Kohlhoff; ⌄
> Mo 25.04.2016 20:19
>
> ✓ Genehmigen ✗ Ablehnen
>
> • Bitte antworten Sie.
>
> ✉ Testmail von draussen
> 4 KB
>
> 1 Anlage (4 KB)
>
> **Ihre Entscheidung wird angefordert.**
>
> Sie wurden von e.hauenherm@hauenherm.de aufgefordert, die Zustellung der angefügten Nachricht an folgenden Empfänger zu genehmigen:
>
> Erhard Hauenstein

Bild 5.18 Die Genehmigungsanforderung an Ernst Kohlhoff

Nach der Genehmigung wird die Ursprungsnachricht an Erhard Hauenstein zugestellt. Wird die Nachricht aber mit dem Wort „Persönlich" im Betreff gekennzeichnet, wird sie sofort an den Geschäftsführer zugestellt. Das Gleiche gilt für Nachrichten von internen Absendern, also den Mitarbeitern der Besser Kommunizieren GmbH. Diese werden ebenfalls direkt zugestellt.

Da das Verfahren wie gewünscht funktioniert, erstellt Stefan die zweite Regel für Henrike Siegel mit Maria Bertwein als Genehmigungsinstanz.

5.4 Effizienter Umgang mit Stellvertretungen

Mit der Einrichtung der Moderationsregel für die Postfächer der Geschäftsführung wird schon eine Anforderung für die Stellvertretung erfüllt. Eingehende Nachrichten an die Geschäftsführer werden über das Sekretariat gefiltert und können damit auch nicht mehr verloren gehen. Die Anforderungen an die Stellvertretung gehen aber weiter. Dazu gehört auch die Terminplanung für die Geschäftsführung durch die Sekretariate und die gegenseitige Vertretung der Geschäftsführer bei der Erledigung anfallender Aufgaben, insbesondere bei längerer Abwesenheit.

Die dazu erforderlichen Funktionen werden zum großen Teil nicht über Einstellungen in den Servern gesteuert, sondern werden in den Clientanwendungen abgebildet. An erster Stelle ist hier natürlich Outlook zu nennen, über das ein Großteil der Kommunikation abgewickelt wird. Matthias Kellner bespricht die genauen Anforderungen mit Henrike Siegel und Erhard Hauenstein. Folgende Funktionen möchten die beiden umgesetzt haben:

- Die Sekretariatsmitarbeiter sollen im Auftrag der Geschäftsführer E-Mails beantworten können. Dabei sollen sowohl Maria Bertwein als auch Ernst Kohlhoff jeweils für beide Geschäftsführer antworten können. Zusätzlich soll Henrike Siegel auch für Erhard Hauenstein und umgekehrt Erhard Hauenstein für Henrike Siegel E-Mails beantworten können. Die Antworten sollen dabei für alle vier Mitglieder nachvollziehbar sein, das heißt jeder der Betroffenen soll feststellen können, ob eine E-Mail bearbeitet bzw. beantwortet wurde.
- Die Terminverwaltung für die Geschäftsführer soll komplett in die Hände des Sekretariats gelegt werden.
- Bei längerer Abwesenheit, wie z. B. Urlaubszeiten soll die komplette Kommunikation an den jeweils anderen Geschäftsführer gehen.
- Im Bedarfsfall möchten die Geschäftsführer Mails einfach per Mausklick an den jeweils anderen Geschäftsführer oder das Sekretariat zur Erledigung weiterleiten können.
- Private E-Mails sollen weiterhin vom gemeinsamen Zugriff ausgenommen werden.
- Auch die Kommunikation über Skype for Business soll, soweit wie möglich, nach den entsprechenden Regeln funktionieren.

Nur die erste dieser Anforderungen, das Versenden von E-Mails im Auftrag, lässt sich nach Matthias Meinung über die Berechtigungsverwaltung in Exchange zentral steuern, die weiteren Anforderungen sind über Einstellungen in Outlook einzurichten. Matthias beauftragt also wieder Stefan, die entsprechenden Berechtigungen in Exchange einzurichten.

Stellvertreterrechte am Postfach in Exchange einrichten

1. Stefan meldet sich mit seinem administrativen Konto am Exchange Admin Center an und öffnet die Eigenschaften des Postfachs von Erhard Hauenstein. In den Eigenschaften klickt er links auf die letzte Einstellung **POSTFACHSTELLVERTRETUNG**.

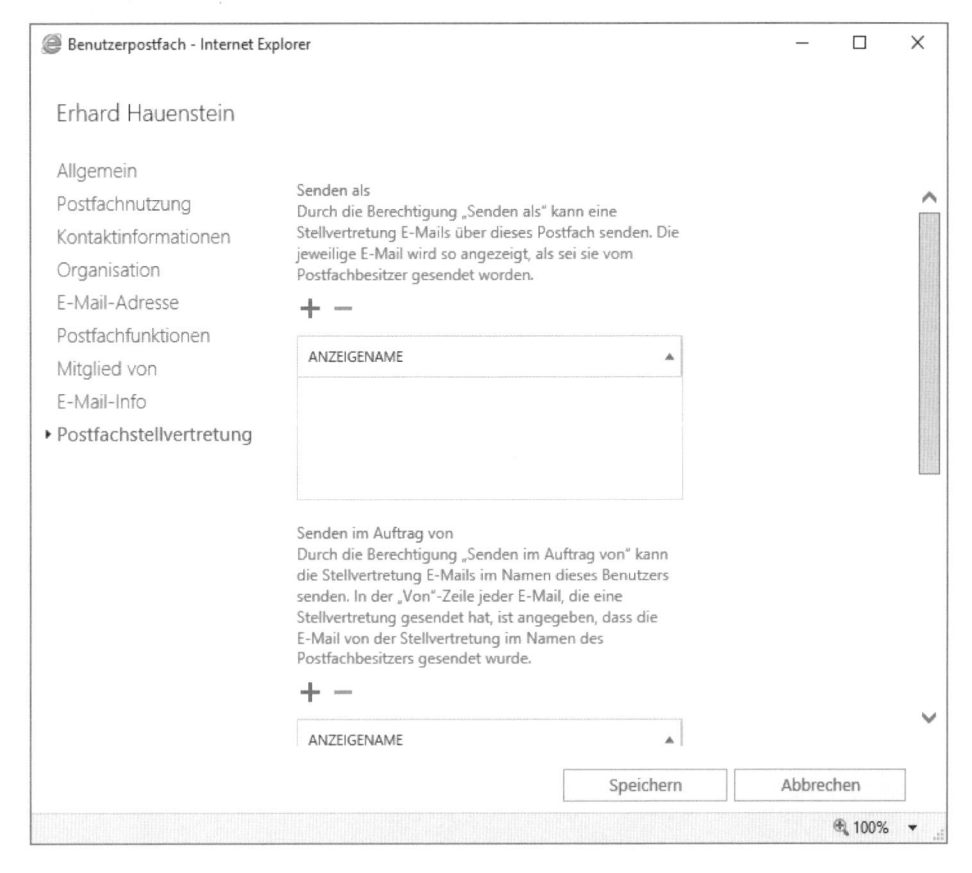

Benutzerpostfach – Internet Explorer

Erhard Hauenstein

- Allgemein
- Postfachnutzung
- Kontaktinformationen
- Organisation
- E-Mail-Adresse
- Postfachfunktionen
- Mitglied von
- E-Mail-Info
- ▸ Postfachstellvertretung

Senden als
Durch die Berechtigung „Senden als" kann eine Stellvertretung E-Mails über dieses Postfach senden. Die jeweilige E-Mail wird so angezeigt, als sei sie vom Postfachbesitzer gesendet worden.

＋ －

ANZEIGENAME

Senden im Auftrag von
Durch die Berechtigung „Senden im Auftrag von" kann die Stellvertretung E-Mails im Namen dieses Benutzers senden. In der „Von"-Zeile jeder E-Mail, die eine Stellvertretung gesendet hat, ist angegeben, dass die E-Mail von der Stellvertretung im Namen des Postfachbesitzers gesendet wurde.

＋ －

ANZEIGENAME

[Speichern] [Abbrechen]

🔍 100%

2. Hier findet Stefan drei Berechtigungsstufen vor, *Senden als*, *Senden im Auftrag von* und *Vollzugriff*. Die drei Stufen arbeiten wie folgt:

   Senden als gibt den eingetragenen Benutzern das Recht, eine E-Mail aus dem Postfach zu senden, ohne dass kenntlich wird, dass die E-Mail nicht vom Postfachbesitzer gesendet wurde (als Absender der Mail wird der Postfachbesitzer genannt).

   Senden im Auftrag von gibt den eingetragenen Benutzern das Recht, eine E-Mail zu senden, bei der sie selbst als Absender genannt sind, aber kenntlich gemacht wird, dass sie im Namen des Postfachbesitzers agieren. Diese beiden Berechtigungsstufen geben keine weiteren Rechte auf das Postfach, das heißt, auch nicht das Recht, das Postfach zu öffnen.

   Vollzugriff gibt dem eingetragenen Benutzer den gleichen Zugriff auf das Postfach wie dem Besitzer, aber nicht das Recht, aus diesem Postfach zu senden.

3. Stefan fügt Ernst Kohlhoff, Maria Bertwein und Henrike Siegel der Berechtigungsstufe *Senden im Auftrag von* hinzu. Dazu klickt er auf das +-Symbol und wählt die drei Einträge aus der Benutzerliste aus.

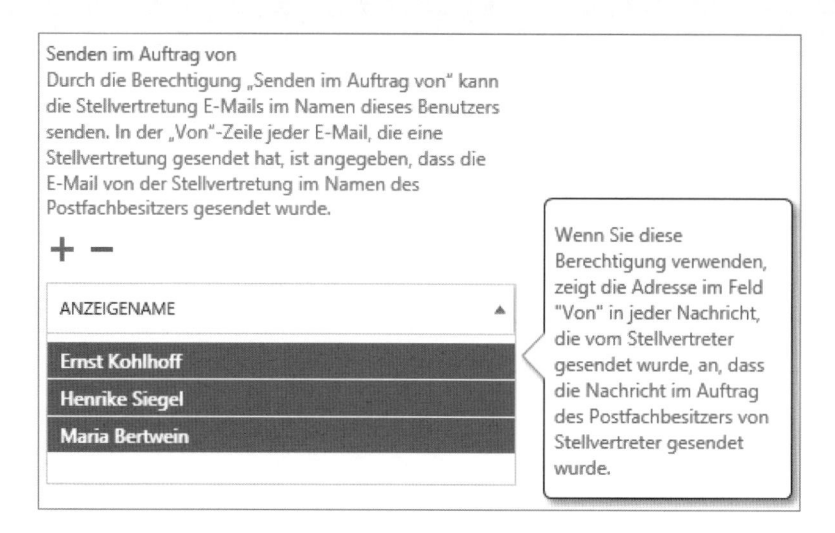

Senden im Auftrag von
Durch die Berechtigung „Senden im Auftrag von" kann die Stellvertretung E-Mails im Namen dieses Benutzers senden. In der „Von"-Zeile jeder E-Mail, die eine Stellvertretung gesendet hat, ist angegeben, dass die E-Mail von der Stellvertretung im Namen des Postfachbesitzers gesendet wurde.

ANZEIGENAME
Ernst Kohlhoff
Henrike Siegel
Maria Bertwein

Wenn Sie diese Berechtigung verwenden, zeigt die Adresse im Feld "Von" in jeder Nachricht, die vom Stellvertreter gesendet wurde, an, dass die Nachricht im Auftrag des Postfachbesitzers von Stellvertreter gesendet wurde.

Stefan lässt die neuen Berechtigungen von Maria testen. Im ersten Schritt versucht sie, eine E-Mail aus Erhard Hauensteins Postfach zu versenden.

1. Sie erstellt in Outlook eine neue Mail. Um einen anderen Absender anzugeben, öffnet sie im Mailformular das Menüband **OPTIONEN** und klickt dort auf die Schaltfläche **VON**. Damit wird im Formular das Feld *Von* eingeblendet.

2. Anschließend klickt sie auf die Schaltfläche **VON** und wählt Erhard Hauenstein aus dem Adressbuch als Absender aus. Als Adressaten gibt sie Stefan Meurer an und fügt einen kurzen Betreff und Text hinzu. Die Mail kommt wie gewünscht bei Stefan an mit dem Vermerk, dass sie im Auftrag von Erhard Hauenstein gesendet wurde.

Maria Bertwein im Auftrag von Erhard Hauenstein | Stefan Meurer-Admin
Testmail im Auftrag von Erhard Hauenstein

Diese Mail habe ich im Auftrag von Erhard Hauenstein gesendet.

3. Maria macht noch den Gegentest und versucht eine E-Mail im Auftrag von Stefan zu senden. Sie kann Stefans Adresse ebenfalls als Absender auswählen. Nachdem sie die E-Mail aber gesendet hat, bekommt sie eine Unzustellbarkeitsmeldung (Non Delivery Report, NDR) des Exchange Servers mit dem Hinweis, dass sie nicht berechtigt ist, aus diesem Postfach zu senden, zurück und die Mail kommt auch bei Stefan nicht an.

```
Unzustellbar: Testmail im Auftrag von Stefan Meurer
Systemadministrator
Gesendet   Tue 4/26/2016 5:45 PM
An

   Ihre Nachricht hat einige oder alle Empfänger nicht erreicht.

       Betreff:     Testmail im Auftrag von Stefan Meurer
       Gesendet am: 4/26/2016 5:45 PM

   Folgende(r) Empfänger kann/können nicht erreicht werden:

       Stefan Meurer-Admin am 4/26/2016 5:45 PM
            Diese Nachricht konnte nicht gesendet werden. Versuchen Sie es später
   erneut, oder wenden Sie sich an den Netzwerkadministrator. Sie besitzen nicht die
   Berechtigung, die Nachricht im Auftrag des angegebenen Benutzers zu senden. Fehler:
   [0x80070005-0x0004dc-0x000524].
```

> Auch in Outlook Web App lässt sich eine E-Mail im Auftrag eines anderen Benutzers senden. Allerdings ist die Bedienung hier etwas verwirrend. Nachdem man auf + geklickt hat, um eine neue E-Mail zu erstellen, klickt man auf die Ellipse (…) oberhalb des Mailformulars und wählt den Menüeintrag **ABSENDER ANZEIGEN**. Damit wird auch hier das *Von*-Feld eingeblendet. Man kann hier aber nur aus schon verwendeten Absendern auswählen. Die Option, aus dem Adressbuch auszuwählen, wird erst verfügbar, nachdem man die eigene Absenderadresse aus dem *Von*-Feld gelöscht hat und eine neue Adresse eingibt.

4. Zum Abschluss testet Maria noch, ob sie auch Zugriff auf den Posteingang von Erhard Hauenstein hat. Dazu klickt sie in Outlook auf den Reiter **DATEI** und dann links auf **ÖFFNEN UND EXPORTIEREN**.

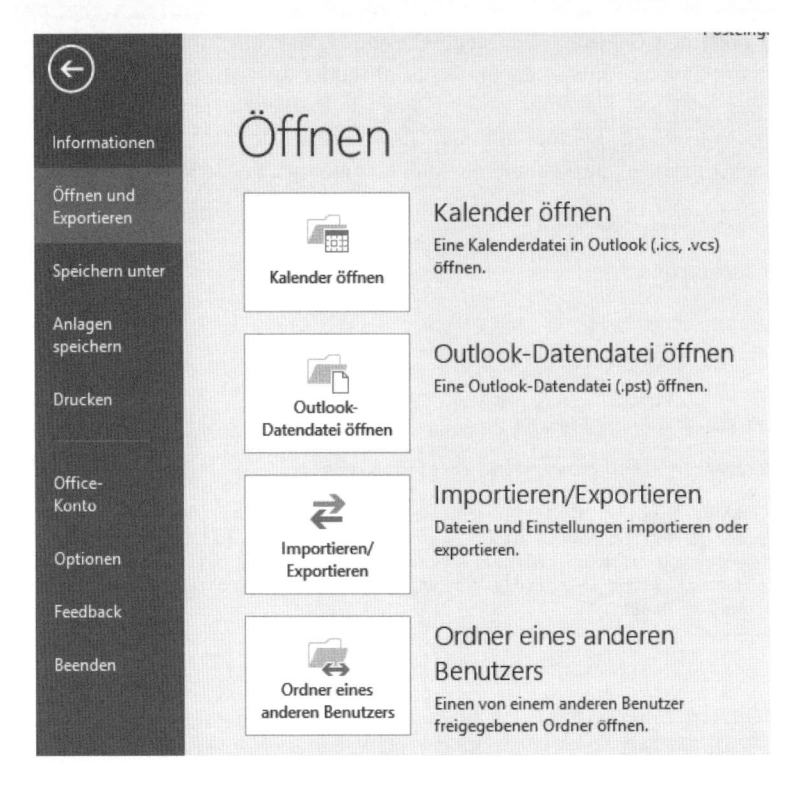

5. Auf der Seite *Öffnen* klickt sie auf die Schaltfläche **ORDNER EINES ANDEREN BENUTZERS** und gibt in das erscheinende Dialogfeld Erhard Hauensteins Namen ein.

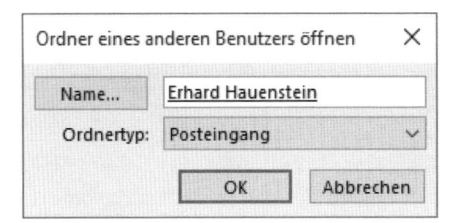

6. Der Versuch schlägt fehl. Die Fehlermeldung ist zwar nicht sehr aussagekräftig, deutet aber darauf hin, dass Maria die Berechtigungen auf Erhards Posteingang fehlen.

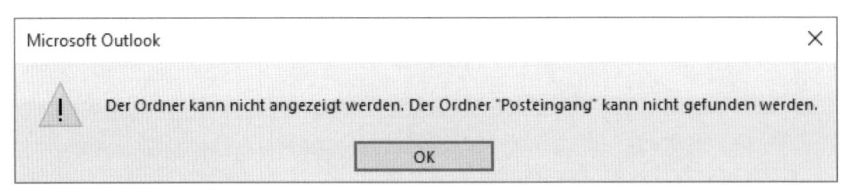

Stellvertretungen in Outlook definieren

Stefan ist mit den Tests soweit zufrieden. Allerdings sind zwei der ursprünglichen Anforderungen damit noch nicht erfüllt:

- E-Mails, die Maria im Namen von Erhard versendet, werden nicht unter den gesendeten Objekten in Erhards Postfach gespeichert, sondern in dem entsprechenden Ordner in Marias Postfach. Damit sind die Antworten für Erhard und andere Kollegen nur dann nachvollziehbar, wenn Maria eine Kopie an ihn und die anderen Kollegen senden würde.
- Solange Maria, wie oben gesehen, keinen Zugriff auf Erhards Posteingang hat, kann sie natürlich in seinem Namen auch keine E-Mails beantworten.

Damit die von Maria im Auftrag von Erhard Hauenstein gesendeten Mails im Ordner *Gesendete Elemente* gespeichert werden, müssen die entsprechenden Berechtigungen für das Postfach gesetzt werden. Da Stefan für Maria nicht einfach *Vollzugriff* auf das gesamte Postfach vergeben möchte, müssen die Einstellungen über Outlook von Erhard selbst vorgenommen werden. Erhard öffnet daher Outlook und nimmt folgende Einstellungen vor:

1. Zuerst legt er die Stellvertretereinstellungen fest. Dazu klickt er in Outlook oben links auf DATEI, um die Kontoinformationen zu öffnen.
2. In den Kontoinformationen klickt er auf die Schaltfläche KONTOEINSTELLUNGEN und dann auf den Menüeintrag ZUGRIFFSRECHTE FÜR STELLVERTRETUNG.

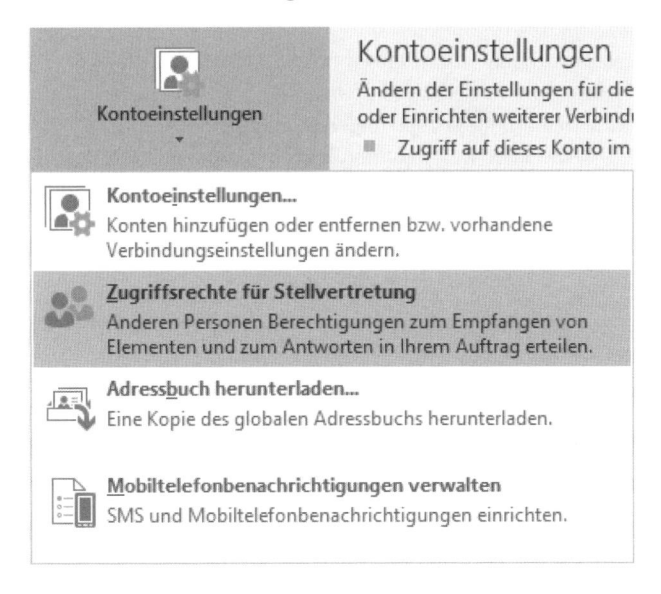

3. Seine Stellvertreter, also diejenigen Mitarbeiter, die in seinem Auftrag E-Mails versenden können, werden im Fenster *Stellvertreter* schon aufgeführt. Erhard könnte jetzt durch Auswählen einer der genannten Personen und durch Klicken auf BERECHTIGUNGEN die Zugriffsrechte jedes einzelnen Stellvertreters ändern.

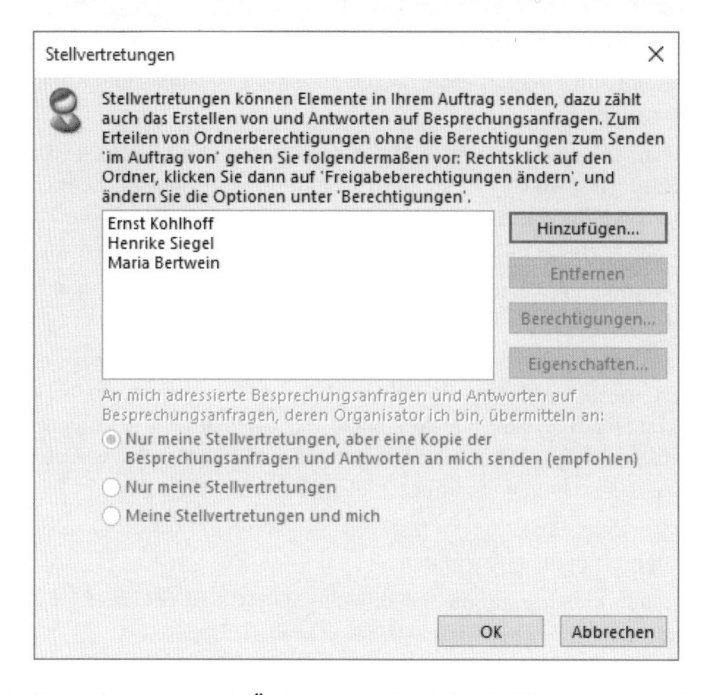

4. Da er dann aber jede Änderung dreimal durchführen müsste, will sich Erhard den Aufwand vereinfachen. Da die Besser Kommunizieren GmbH im Active Directory für jede Abteilung eine Mail-aktivierte Sicherheitsgruppe angelegt hat, möchte er die benötigten Rechte einfach der Gruppe *GF* zuweisen. Dann können auch bei Personaländerungen die Berechtigungen einfach durch die Aufnahme oder das Entfernen eines Mitglieds der Gruppe gesteuert werden. Er klickt daher auf **HINZUFÜGEN...** und wählt die Gruppe *GF* als Stellvertreter aus dem Adressbuch aus.

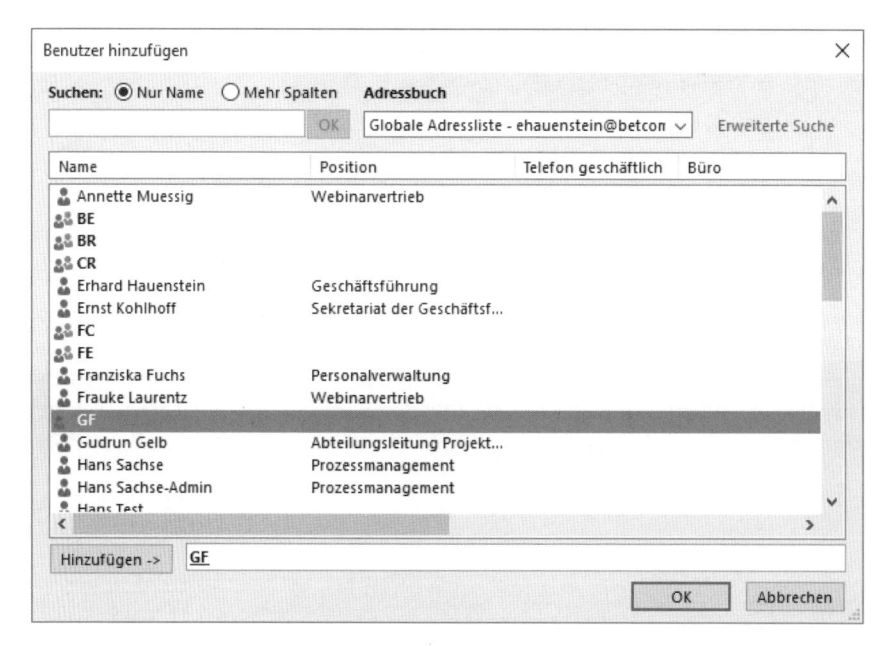

5. Nachdem Erhard die Auswahl mit **OK** bestätigt hat, öffnet sich das Dialogfeld *Berechtigungen der Stellvertretungen*. Über das Dialogfeld können vier Berechtigungsstufen für jeden Standardordner im Postfach vergeben werden: *Keine, Prüfer (Elemente lesen), Autor (Elemente lesen und erstellen)* und *Bearbeiter (Elemente lesen, erstellen und ändern)*. Erhard gibt den Mitgliedern der Gruppe *GF* Bearbeiterzugriff auf seinen Kalender, seine Aufgaben und seine Kontakte. Für den Posteingang vergibt er die Berechtigungsstufe *Autor*. Damit wird verhindert, dass E-Mails im Posteingang verändert werden können. Die standardmäßig aktivierte Option *Erhält Kopien der an mich gesendeten Besprechungsanfragen* deaktiviert er. Besprechungsanfragen sollen in seinem Namen nur von Ernst Kohlhoff bearbeitet werden. Auch die Option *Stellvertreter kann private Elemente sehen* lässt er deaktiviert. Die Kennzeichnung *Privat*, die Outlook an E-Mails, Kalendereinträge und Kontakten kennt, möchte er dazu nutzen, einzelne Elemente vom Zugriff durch die Stellvertreter auszunehmen.

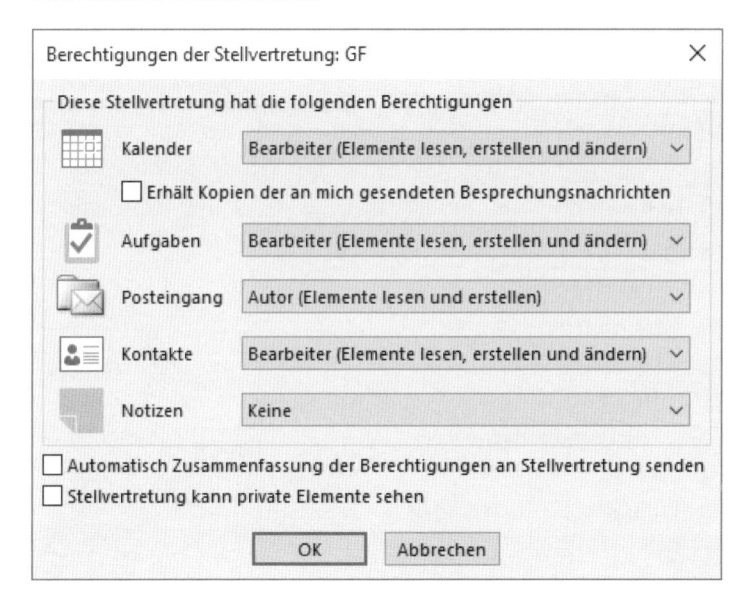

6. Jetzt muss Erhard noch die Berechtigungen für Ernst Kohlhoff ändern, damit dieser die Besprechungsanfragen an Erhard erhält. Dazu markiert er Ernsts Eintrag in der Liste seiner Stellvertreter und klickt auf **BERECHTIGUNGEN**. Um die Option *Erhält Kopien der an mich gesendeten Besprechungsnachrichten* aktivieren zu können, muss er Ernst vorher explizit Bearbeiterrechte auf seinen Kalender geben.

7. Da in der Berechtigungsliste sowohl die Gruppe GF als auch die einzelnen Mitglieder aufgelistet werden, würden sich die Zugriffsberechtigungen auf die Ordner dahingehend überschreiben, dass immer nur die minimale Berechtigung angewendet wird. Das heißt, Maria bekommt nicht die Berechtigungen der Gruppe, sondern effektiv keinen Zugriff auf die einzelnen Ordner, da ihre persönlichen Berechtigungen geringer sind (nämlich keine) als die Gruppenberechtigung. Hier verhält sich Exchange anders als z. B. das Windows-Dateisystem. Daher löscht Erhard die Einträge für Maria Bertwein und Henrike Siegel aus der Liste. Ernsts Eintrag, für den spezielle Berechtigungen benötigt werden (der Empfang von Besprechungsanfragen), ändert er so, dass seine Einstellungen den Einstellungen der Gruppe entsprechen.

8. Die damit aktivierten weitergehenden Einstellungen für Besprechungsanfragen unterhalb der Liste der Stellvertreter belässt Erhard auf dem empfohlenen Standard, so dass er auch selbst Kopien der Anfragen und Antworten bekommt (siehe die Abbildung zu Schritt 3).

Leider reichen diese Einstellungen noch nicht aus, um die gewünschten Anforderungen umzusetzen. Erstens werden damit keine Berechtigungen auf den Ordner *Gesendete Elemente* gesetzt. Diese sind aber notwendig, um die von den Stellvertretern beantworteten Mails darin zu speichern. Und zweitens reichen diese Stellvertreterrechte nicht aus, um das Postfach von Erhard bei seinen Stellvertretern in Outlook einzubinden. Mit den jetzt vergebenen Rechten müsste Ernst jeden Ordner aus Erhards Postfach, auf den er zugreifen möchte, einzeln und jedes Mal erneut öffnen. Zwei Berechtigungen sind daher von Erhard noch zu setzen, erstens auf den Ordner *Gesendete Elemente* und zweitens auf den Root-Ordner des Postfachs. Diese letzte Einstellung ermöglicht den Stellvertretungen, das Postfach von Erhard dauerhaft in Outlook einzubinden.

1. Im linken Navigationsbereich von Outlook klickt Erhard nun zuerst mit der rechten Maustaste auf den Ordner **GESENDETE ELEMENTE** und dann im Kontextmenü auf den Eintrag **EIGENSCHAFTEN**.

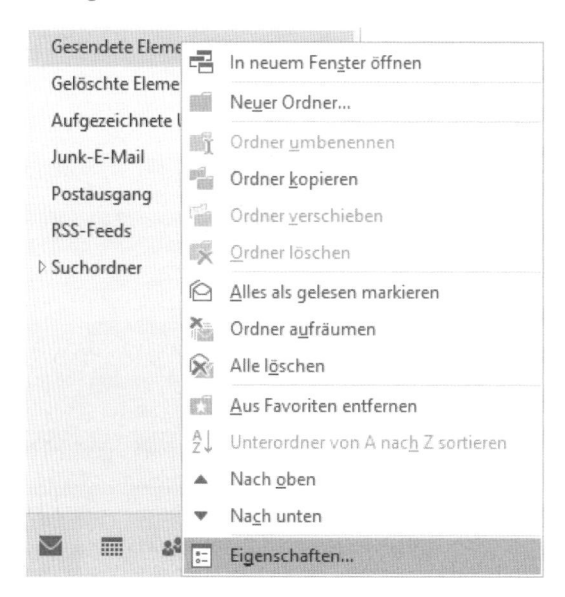

2. In den Eigenschaften aktiviert Erhard den Reiter *Berechtigungen*, fügt dort die Gruppe *GF* hinzu und weist ihr die Berechtigungsstufe *Autor* zu. Hier stehen im Vergleich zur Stellvertreterregelung auch weitere Berechtigungsstufen zur Auswahl, die eine feinere Steuerung der Berechtigungen ermöglichen. Darüber hinaus lassen sich im unteren Bereich des Dialogfeldes auch spezifische Kombinationen einzelner Rechte auswählen. Diese werden dann in der Berechtigungszuordnung mit der Berechtigungsstufe *Benutzerdefiniert* angezeigt.

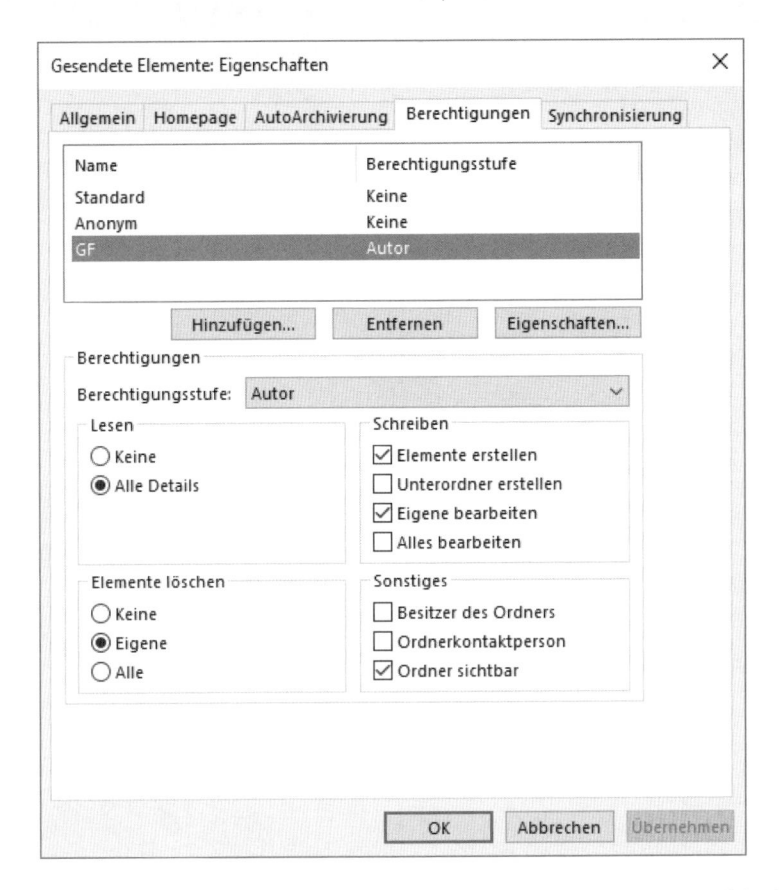

3. Abschließend vergibt Erhard noch die benötigten Berechtigungen auf das Postfach selbst. Dazu klickt er mit der rechten Maustaste auf die oberste Ebene seiner Ordnerstruktur in Outlook. Diese ist einfach mit seiner E-Mail-Adresse benannt (*ehauenstein@betcomm.de*). Dort findet er direkt im Kontextmenü einen Eintrag **ORDNERBERECHTIGUNGEN**.

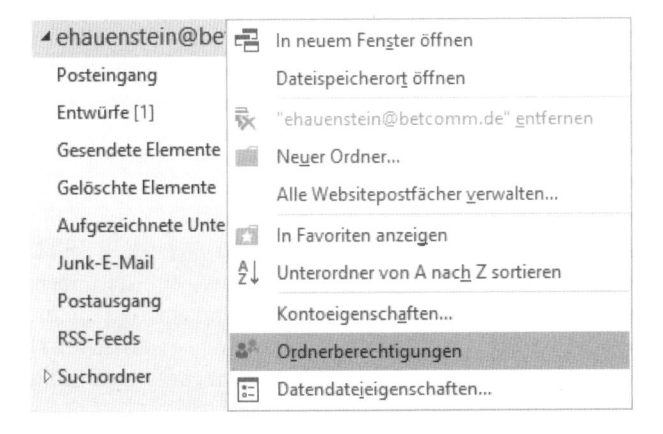

4. Auch hier fügt Erhard die Gruppe GF hinzu, vergibt ihr aber nur das Recht *Ordner sichtbar*. Diese Berechtigung reicht aus, dass die Stellvertreter sein Postfach dauerhaft in Outlook einbinden können.

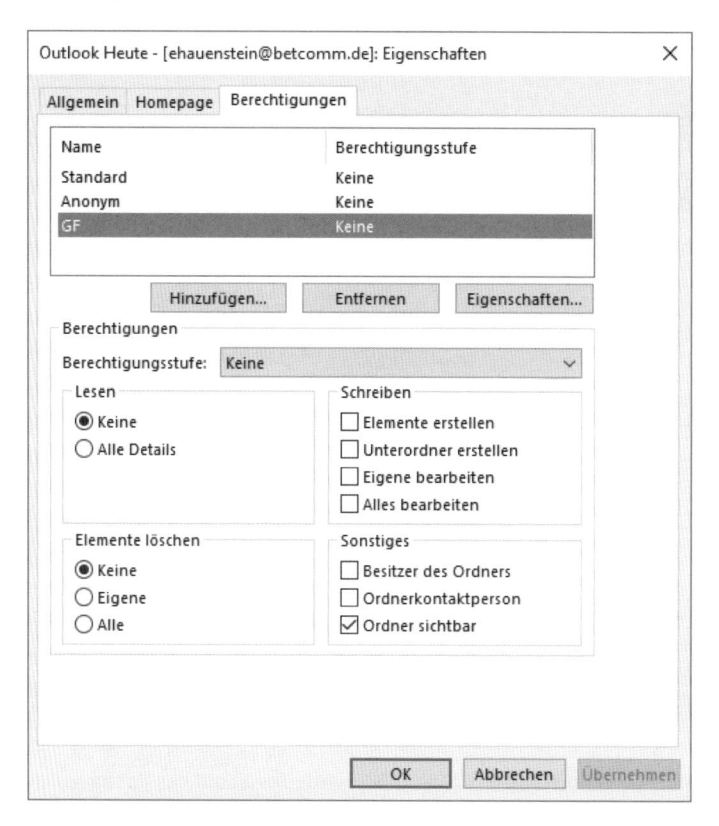

Damit sind von Erhards Seite alle Vorbereitungen für seine Stellvertretungen getroffen. Nun müssen noch einige Einstellungen in den Outlook-Einstellungen der Stellvertretungen vorgenommen werden, damit diese wie gewünscht arbeiten können. Dazu setzt sich Stefan mit Ernst zusammen und konfiguriert dessen Outlook.

Als Stellvertreter in Outlook agieren

Um die Aufgaben als Stellvertreter effizient durchführen zu können, ist es sinnvoll, dass die Stellvertreter auf die für sie relevanten Postfächer dauerhaft zugreifen können. Die dazu erforderlichen Berechtigungen hat Erhard Hauenstein an seinem Postfach zusammen mit Stefan Meurer eingerichtet. Nun ist es an Ernst Kohlhoff, dieses Postfach auch in sein Outlook dauerhaft einzubinden. Zwar könnte er auch die einzelnen Ordner bei Bedarf über die Funktion **ORDNER EINES ANDEREN BENUTZERS ÖFFNEN** anzeigen lassen. Dies müsste er aber jedes Mal erneut machen, da der Ordner bei dieser Vorgehensweise nur sichtbar ist, solange Ernst darin arbeitet. Ernst möchte daher die Grundeinstellungen seines Outlook-Kontos so ändern, dass Erhards Postfach schon beim Starten geöffnet wird.

1. In Outlook öffnet Ernst daher durch Klicken auf den Reiter **DATEI** die Kontoinformationen. Dort klickt er auf die Schaltfläche **KONTOEINSTELLUNGEN** und dann im sich öffnenden Menü erneut auf **KONTOEINSTELLUNGEN**.
2. Im entsprechenden Dialogfeld markiert er sein Konto und klickt dann darüber auf die Schaltfläche **ÄNDERN**.

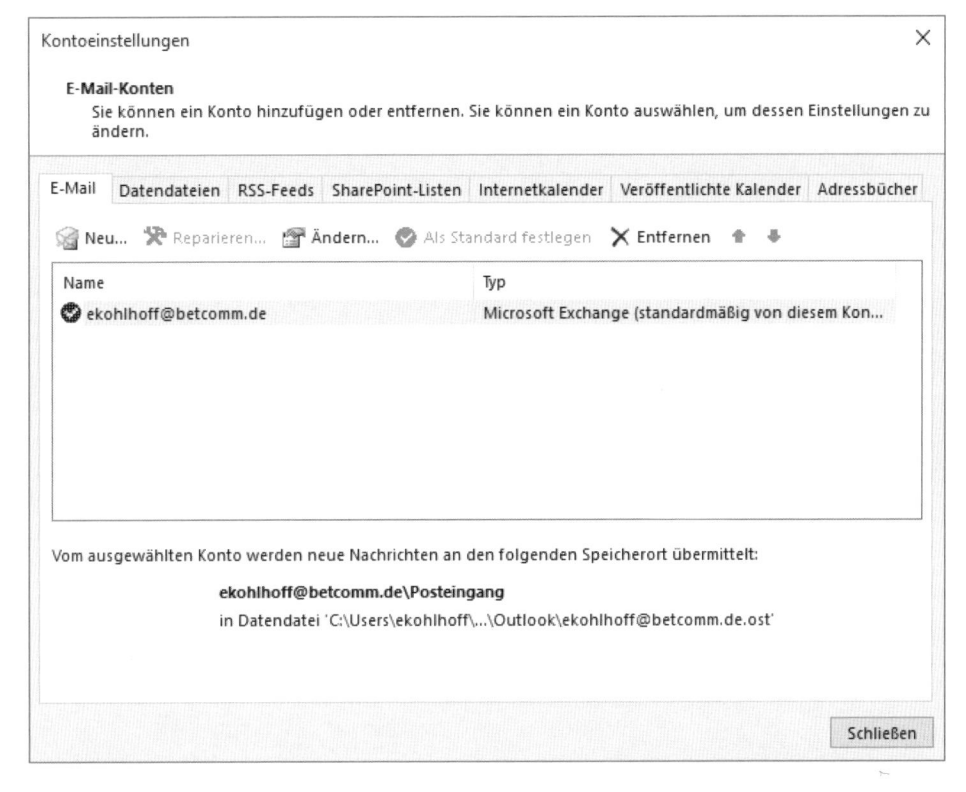

3. Im Dialogfeld *Konto ändern* klickt Ernst unten rechts auf die Schaltfläche **WEITERE EINSTELLUNGEN**.

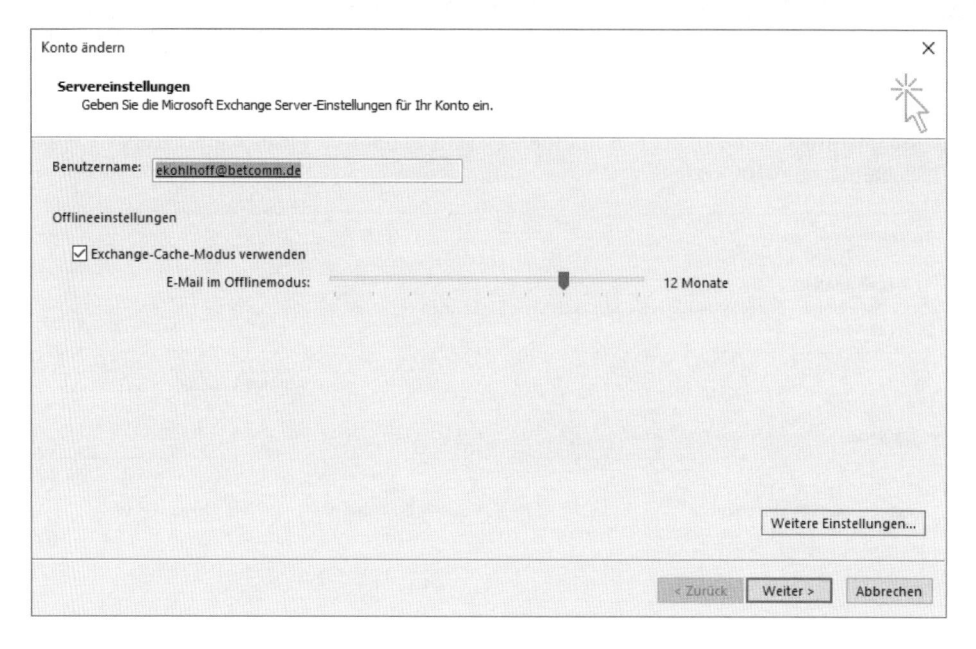

4. Im Dialogfeld *Microsoft Exchange* aktiviert er den Reiter *Erweitert*. Dort klickt er auf **HINZUFÜGEN**, um Erhards Postfach den zu öffnenden Postfächern hinzufügen. Er gibt Erhards Postfach (*ehauenstein*) im Dialogfeld *Postfach hinzufügen* ein und klickt auf **OK**. Erhards Postfach wird der Liste der zu öffnenden Postfächer hinzugefügt.

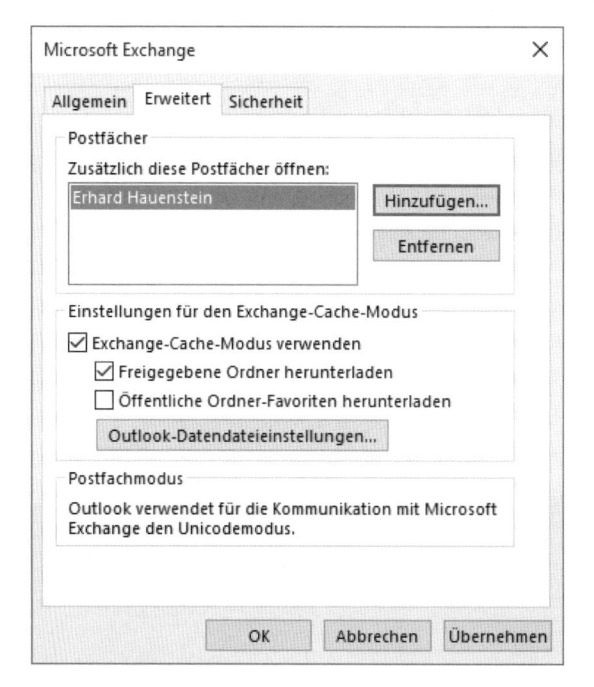

5. Nachdem Ernst die Einstellungen mit **OK** bestätigt hat, klickt er im Dialogfeld *Konto ändern* auf **WEITER** und dann auf **FERTIG STELLEN**.

Erhards Konto wird links im Navigationsbereich unterhalb von Ernsts Konto mit den freigegebenen Ordnern eingeblendet. Ernst prüft noch den Zugriff auf die anderen freigegebenen Outlook-Elemente wie Kalender, Kontakte und Aufgaben. In allen findet er die entsprechenden Ordner aus Erhards Postfach im Navigationsbereich eingeblendet. Im Kalender werden zusätzlich die Kalender seines Teams aufgeführt (Bild 5.19). Als Team betrachtet Exchange alle Benutzer, die über ein Postfach verfügen und denselben Manager haben. Daher wird z. B. Henrike Siegel nicht in Ernsts Team aufgeführt. Erhard Hauenstein ist nicht ihr Manager.

Durch Aktivieren der Checkbox vor den Kalendern lassen sich hier auch mehrere Kalender gleichzeitig anzeigen. Dies ist für die Kalenderüberlagerung und die Planungsansicht in Outlook sinnvoll, da darüber schnell die verfügbaren Zeiten der Teammitglieder geprüft werden können.

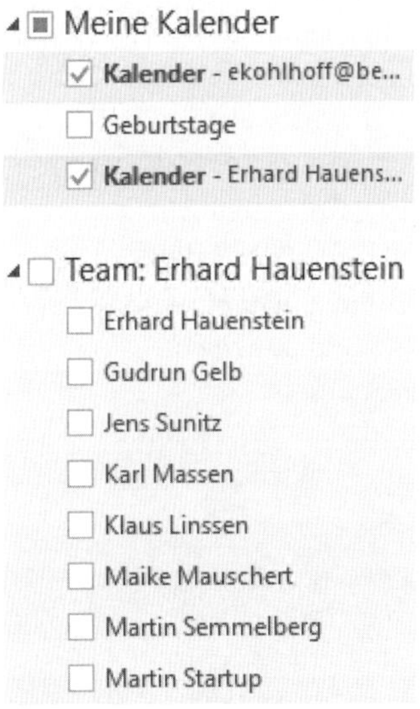

▲ ■ Meine Kalender
  ☑ **Kalender** - ekohlhoff@be...
  ☐ Geburtstage
  ☑ **Kalender** - Erhard Hauens...

▲ ☐ Team: Erhard Hauenstein
  ☐ Erhard Hauenstein
  ☐ Gudrun Gelb
  ☐ Jens Sunitz
  ☐ Karl Massen
  ☐ Klaus Linssen
  ☐ Maike Mauschert
  ☐ Martin Semmelberg
  ☐ Martin Startup

Bild 5.19
Freigegebene Kalender öffnen

Nachdem die Konfiguration der Berechtigungen und Zugriffe bei Ernst und Erhard wie gewünscht funktioniert, nimmt Stefan zusammen mit den Mitgliedern aus der Geschäftsführung und dem Sekretariat die entsprechenden Einstellungen auch für die weiteren Postfächer vor.

> Bei der Berechtigungsvergabe an Postfachordner empfehle ich unbedingt, diese so früh wie möglich durchzuführen – das heißt vor der Erstellung weiterer Ordner im Postfach – und dafür möglichst nur Gruppeneinträge zu verwenden. Berechtigungen werden in Outlook nur beim Erstellen neuer Unterordner vererbt. Sind die Ordner erstellt, werden Änderungen an den Berechtigungen übergeordneter Ordner nicht mehr an die untergeordneten Ordner weitergegeben. Das führt dazu, dass bei umfangreichen Ordnerstrukturen, die in Outlook-Postfächern keine Seltenheit sind, die Berechtigungsanpassung sehr aufwendig sein kann, da die Berechtigungen auf jedem einzelnen Ordner manuell geändert werden müssen.
>
> Verwendet man konsequent Gruppen, können Berechtigungsänderungen einfach durch die Gruppenmitgliedschaft gesteuert werden. Wenn bei der Besser Kommunizieren GmbH z. B. Maria ihre Stelle kündigen würde (was wir unserem Unternehmen nicht wünschen) und eine neue Sekretärin eingestellt würde, können dieser dieselben Berechtigungen an Erhards Postfach vergeben werden, einfach, indem sie in die Gruppe *GF* aufgenommen wird. Erhard müsste keine Einstellung in seinem Postfach ändern. Hätten wir die Berechtigungen direkt für Marias Konto vergeben, müsste Erhard alle Ordner in seinem Postfach einzeln mit den neuen Berechtigungen versehen, indem er Maria aus der Zugriffliste jedes Ordners löscht und das Konto der neuen Sekretärin stattdessen mit denselben Berechtigungsstufen hinzufügt.
>
> Konsequenterweise sollten auch die Berechtigungen für Ernst über eine Gruppe abgebildet werden. Dazu könnte Stefan z. B. eine Gruppe *Erhards Sekretariat* erstellen, in der nur Ernst Mitglied wird. Diese Gruppe kann Erhard dann für die Vergabe der Berechtigungen verwenden. In der vorstehenden Beschreibung habe ich nur aus Gründen der Übersichtlichkeit darauf verzichtet.
>
> Nur bei der Festlegung der Exchange-Berechtigungen *Senden im Auftrag von* und *Senden als* können keine Gruppen ausgewählt werden. Hier müssen immer Einzelkonten eingetragen werden. Wenn man sich allerdings nach den oben am Beispiel von Erhards Postfach beschriebenen Berechtigungsänderungen die Einstellungen in Exchange für das Postfach anschaut, findet man tatsächlich die Gruppe *GF* in der Liste für *Senden im Auftrag von*.

Im Auftrag gesendete E-Mails in dem Postfach speichern, in dessen Auftrag gesendet wird

Ein letzter Punkt ist aber noch offen. Derzeit landen alle im Auftrag gesendeten Mails noch im Ordner „Gesendete Elemente" des Absenders und nicht im Postfach, in dessen Auftrag gesendet wird. Dies lässt sich für Benutzerpostfächer nur durch einen Registrierungseintrag steuern. Da diese Einstellung bei der Besser Kommunizieren GmbH für alle Stellvertretungen gelten soll, möchte Stefan die Änderung mithilfe einer Gruppenrichtlinie steuern. Er verbindet sich also mit der Gruppenrichtlinienverwaltung auf dem Domänencontroller.

1. Mit einem Rechtsklick auf die Organisationseinheit *Benutzer & Gruppen* und der entsprechenden Option im Kontextmenü erstellt und verknüpft er hier ein neues Gruppenrichtlinienobjekt, dem er den Namen *Outlook Einstellungen* gibt (analog zum schon erstellten Gruppenrichtlinienobjekt *Internet Explorer Einstellungen*).
2. Er öffnete das neue Gruppenrichtlinienobjekt zur Bearbeitung und navigiert in den Zweig *Benutzerkonfiguration/Einstellungen/Windows-Einstellungen/Registrierung*.

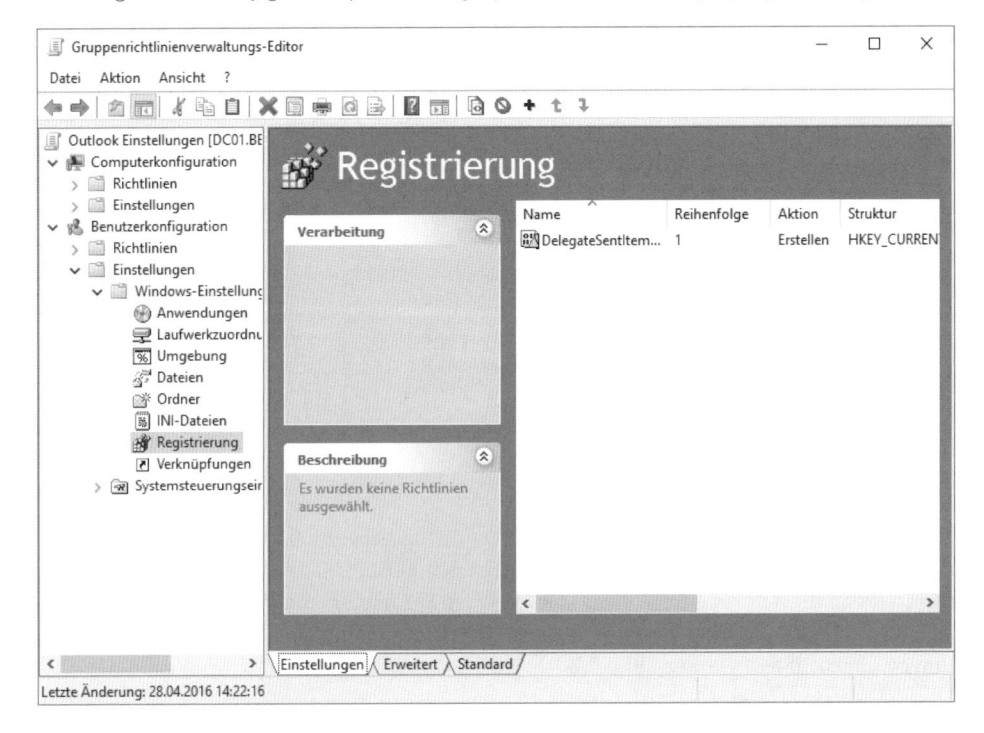

3. Dort erstellt er wieder über einen Rechtsklick und die Menüauswahl **NEU/REGISTRIERUNGSEINSTELLUNG** ein neues Registrierungsobjekt.
4. Als Aktion wählt er *Erstellen*, im Feld Struktur *HKEY_CURRENT_USER* und trägt im Feld *Schlüsselpfad* den Pfad zu den Outlook-Einstellungen ein: *SOFTWARE\Microsoft\Office\16.0\Outlook\Preferences*. „16.0" steht hierbei für die Outlook-Version 2016. Bei Version 2013 muss der Pfad „15.0" lauten, bei einem 2010er-Outlook „14.0".
5. Der Name des neuen Eintrags muss *DelegateSentItemsStyle* lauten, der Typ muss *REG_DWORD* sein. Der Wert 1 bedeutet, dass *im Auftrag von (Send on behalf)* und *als (Send as)* von der Stellvertretung gesendete E-Mails in dem Postfach abgelegt werden, in dessen Namen agiert wird. Der Wert 0 würde bedeuten, dass die E-Mails im Postfach der Stellvertretung gespeichert werden. Die vollständigen Einstellungen sehen wie folgt aus:

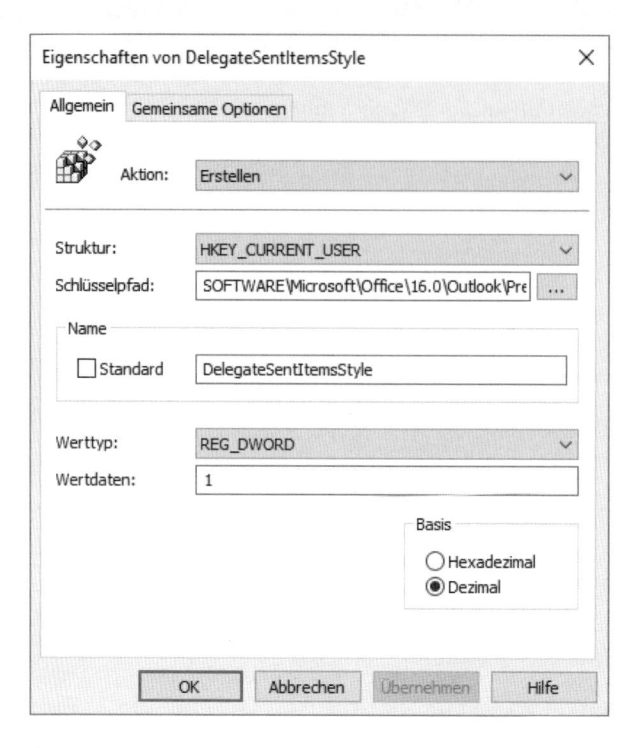

Bild (Eigenschaften von DelegateSentItemsStyle):

- Allgemein | Gemeinsame Optionen
- Aktion: Erstellen
- Struktur: HKEY_CURRENT_USER
- Schlüsselpfad: SOFTWARE\Microsoft\Office\16.0\Outlook\Pre…
- Name: ☐ Standard | DelegateSentItemsStyle
- Werttyp: REG_DWORD
- Wertdaten: 1
- Basis: ○ Hexadezimal ● Dezimal
- [OK] [Abbrechen] [Übernehmen] [Hilfe]

Stefan speichert die Einstellungen und schließt die Gruppenrichtlinienkonsole. Vorsichtshalber wartet er die Replikation zwischen den Domänencontrollern ab. Dann geht er wieder zu Ernst und führt dort einmal GPUPDATE mit dem Parameter */force* in der Kommandozeile aus. Anschließend prüft er mithilfe des Registrierungseditors (regedit.exe), ob die Einstellungen übernommen wurden (Bild 5.20).

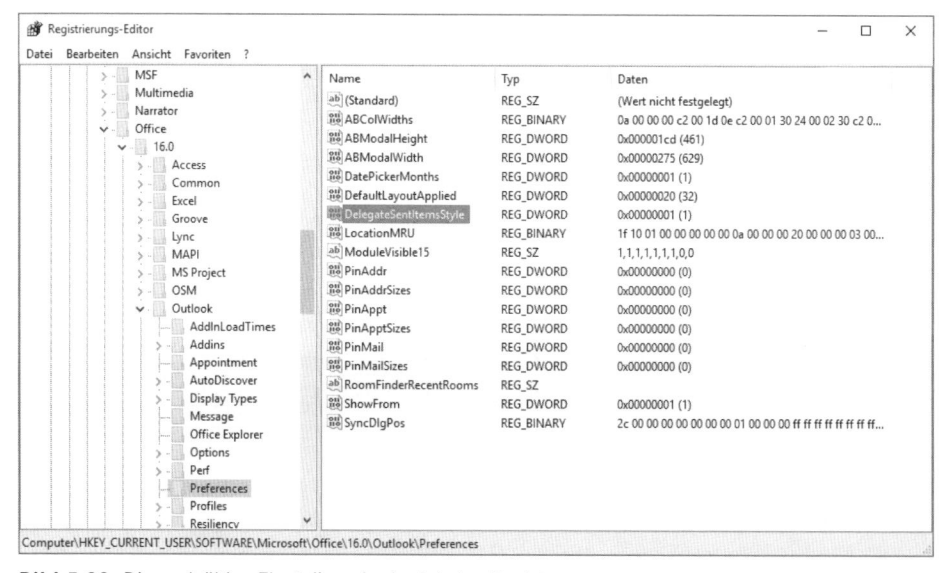

Bild 5.20 Die endgültige Einstellung in der lokalen Registry

Die Einstellung für die Ablage im Auftrag gesendeter E-Mails hat eine lange Historie in Exchange und wurde immer wieder auf unterschiedlichen Wegen gelöst. Der hier beschriebene Weg ist leider sehr aufwendig und hat den Nachteil, dass er nur auf ein lokal installiertes Outlook anwendbar ist.
Die Web App ist von dieser Einstellung unberührt und legt dort gesendete E-Mails weiterhin im Ordner *Gesendete Elemente* des angemeldeten Benutzers ab. Seit dem kumulativen Update 9 (CU9) für Exchange 2013 und in Exchange 2016 gibt es auch eine Postfacheigenschaft, über die sich das Verhalten steuern lässt. Diese Eigenschaft ist aber nur an freigegebenen Postfächern änderbar. An Benutzerpostfächern lässt sich die Einstellung (noch) nicht ändern. Sie hat aber den Vorteil, dass sie, da sie auf dem Postfach eingestellt wird, unabhängig von der Zugriffsmethode arbeitet. Um die Einstellung zu ändern, bedarf es eines kurzen PowerShell-Statements in der Exchange-Verwaltungsshell:

```
Set-mailbox -identity <Name des Postfachs>
-MessageCopyForSendOnBehalfEnabled $true
```

Soll das Verhalten auch für den Versand von E-Mails im Namen des Postfachs geändert werden, heißt die Eigenschaft *MessageCopyForSendAsEnabled* und das Statement somit:

```
Set-mailbox -identity <Name des Postfachs>
-MessageCopyForSendAsEnabled $true
```

Diese Einstellung ist natürlich hervorragend geeignet für Gruppenpostfächer, wie z. B. ein Helpdesk-Postfach. Ich werde darauf später noch einmal zurückkommen.

Lesebereichseinstellungen anpassen

Eine letzte Einstellung nimmt Ernst noch in seinem eigenen Outlook vor. Er ändert die Lesebereichsoption so, dass E-Mails aus der Vorschauansicht heraus nie als gelesen markiert werden. Der Grund für diese Einstellung liegt darin, dass Exchange die *Gelesen*-Markierung einer Mail nicht pro Benutzer, sondern pro Postfach verwaltet. Das heißt, wenn Ernst eine E-Mail in Erhards Postfach gelesen hat, wird diese auch für Erhard als *gelesen* markiert. Das empfindet Erhard als verwirrend, da er diese Mail ja noch nicht gelesen hat.

Um die Lesebereichsoptionen zu ändern, klickt Ernst in seinem Posteingang auf den Reiter **ANSICHT**. Das Menüband *Ansicht* wird geöffnet. Darin klickt Ernst in der Gruppe *Layout* auf die Schaltfläche **LESEBEREICH** und dann im Menü auf **OPTIONEN** (Bild 5.21).

Bild 5.21
Die Lesebereichsoptionen öffnen

Die Lesebereichseinstellungen legt Ernst nun so fest, dass keine E-Mails, die er in der Vorschauansicht gelesen hat, als gelesen markiert werden (Bild 5.22).

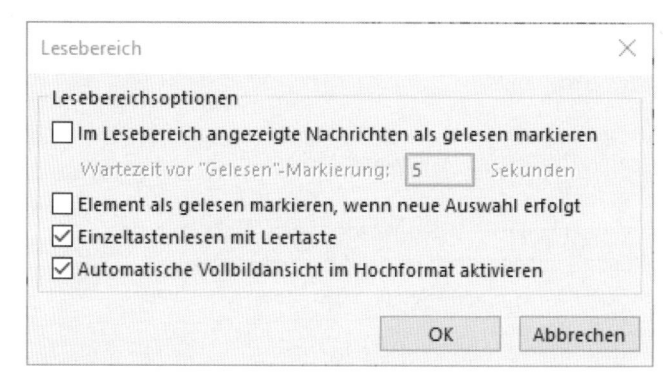

Bild 5.22 Lesebereichsoptionen

Zu beachten ist bei dieser Einstellung, dass sie nur auf den Vorschaubereich wirkt. E-Mails, die Ernst per Doppelklick in Erhards Postfach öffnet, werden in jedem Fall als gelesen markiert. Hier muss Ernst die Markierung bei Bedarf manuell zurücksetzen, wenn er die Mail wieder geschlossen hat (Rechtsklick auf die Mail, *Als ungelesen markieren*).

Mit diesen Einstellungen sind zwar die grundlegenden Anforderungen erfüllt, allerdings gibt es noch eine Reihe von Szenarien, die Erhard gerne abgedeckt haben möchte. Erstens sucht er einfache Möglichkeiten, seine Stellvertretungen zu informieren und zweitens sieht er noch den Fall einer längeren Abwesenheit, wie z. B. seinen Urlaub, vor. Für die erste Anforderung schlägt Matthias ihm die Erstellung von QuickSteps in Outlook vor. Die zweite Anforderung möchte er mittels Abwesenheitsregeln in Outlook erfüllen.

Um ihm die Arbeitsweise von QuickSteps näherzubringen, erstellt Matthias mit Erhard einige standardisierte QuickSteps.

Outlook-Aktionen mit QuickSteps automatisieren

QuickSteps, die mit Outlook 2010 eingeführt wurden, bieten die Möglichkeit, wiederkehrende Aktionen oder auch Kombinationen von Aktionen an Outlook-Elementen zu automatisieren, so dass sie mit wenigen Mausklicks oder sogar Tastenkürzeln aufgerufen und ausgeführt werden können. Für einige Standardaktionen werden schon bei der Einrichtung des Postfachs QuickSteps angelegt, die sinnvoll zu nutzen sind. So gibt es z. B. einen QuickStep *Team-E-Mail*, der eine neue E-Mail erstellt, die an alle Mitglieder der Exchange-Organisation gesendet wird, die denselben Manager in den AD-Eigenschaften ihres Kontos eingetragen haben (also dieselbe Liste, aus der die Kalender des Teams ausgewählt werden, Bild 5.19). Ebenso gibt es einen QuickStep *An Vorgesetzte(n)*, der die ausgewählte Nachricht an den aus dem Adressbuch ermittelten Manager weiterleitet (Bild 5.23).

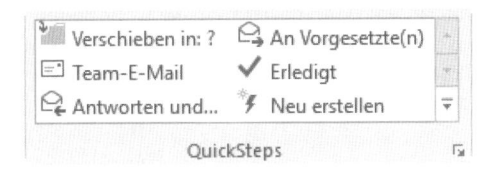

Bild 5.23
Die vordefinierten QuickSteps in Outlook

Die Adressaten in diesen QuickSteps werden aus dem Adressbuch vorbelegt. Beim ersten Aufruf eines solchen QuickSteps muss die Adressatenliste aber noch einmal bestätigt werden (Bild 5.24). Natürlich lassen sich die QuickSteps auch jederzeit wieder ändern.

Bild 5.24 Das erste Einrichten eines Standard-QuickSteps

Erhard Hauenstein hätte gerne vier neue QuickSteps:

- Einen QuickStep, der eine ausgewählte Nachricht mit dem Hinweis „Zur Kenntnisnahme" an Henrike Siegel weiterleitet.
- Einen QuickStep, der eine ausgewählte Nachricht mit dem Hinweis „Bitte erledigen" an Ernst Kohlhoff weiterleitet.
- Einen QuickStep, der eine neue Nachricht an alle Mitglieder der zweiten Führungsebene sendet, nicht nur an die ihm direkt unterstellten. Letztere sind ja mit dem Standard-QuickStep *Team-E-Mail* schon abgedeckt.
- Einen QuickStep, der aus einer ausgewählten Nachricht einen Kalendereintrag erstellt.

Stefan unterstützt ihn bei der Erstellung des ersten QuickSteps. Die weiteren kann Erhard dann selbständig anlegen.

1. Zuerst klickt Stefan in Outlook im Menüband *Start* in der Gruppe *QuickSteps* auf **NEU ERSTELLEN**.
2. Im Dialogfeld *QuickStep bearbeiten* trägt Stefan im Feld *Name* „An Henrike weiterleiten" ein, klickt dann in das Feld *Aktion auswählen* und selektiert aus der Liste der Aktionen im Bereich *Antworten* die Aktion **WEITERLEITEN**.

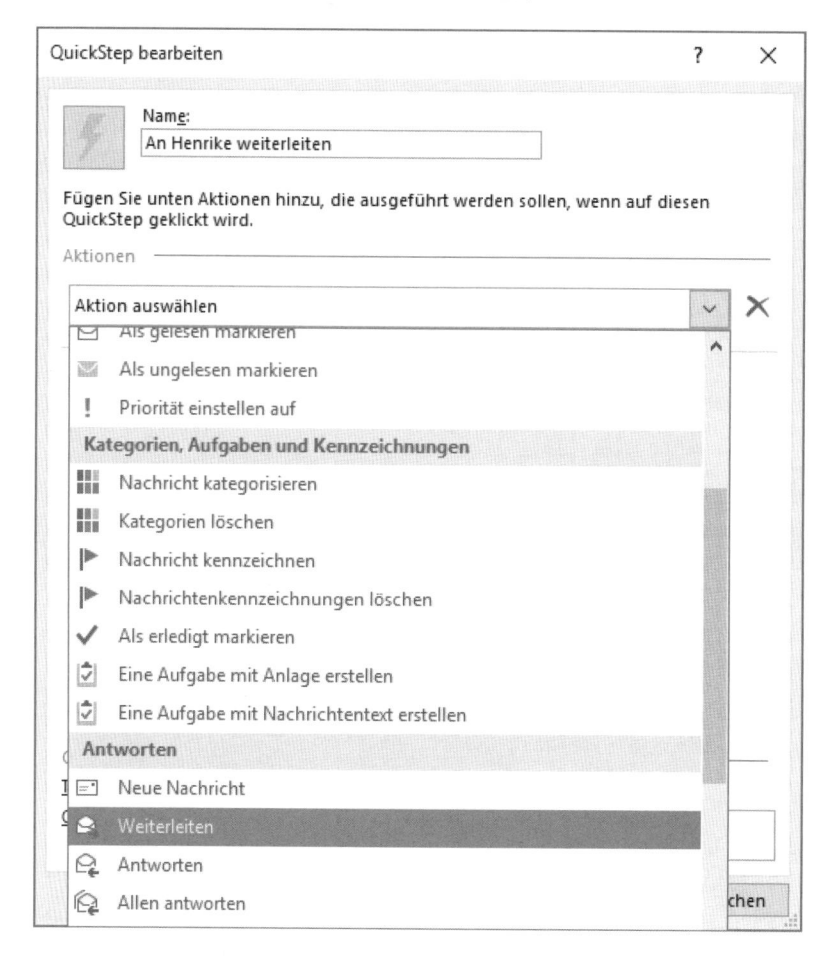

3. Als Adressat der Mail wählt er Henrike Siegel aus und klickt dann unter dem Adressatenfeld auf **OPTIONEN ANZEIGEN**.
4. Im Feld *Betreff* ändert er das Standardpräfix *WG* in *ZK*.
5. In den Optionen trägt er im Feld *Text* nun noch „Zur Kenntnisnahme" ein.
6. Abschließend vergibt er noch unten im Feld *QuickInfo-Text* eine kurze Beschreibung. Der fertige QuickStep wird in der folgenden Abbildung dargestellt.

Erhard testet den neuen QuickStep, der jetzt in der Auswahl der QuickSteps im Menüband angezeigt wird, und ist mit dem Ergebnis zufrieden. Die Weiterleitungsmail wird wie gewünscht aufgebaut (Bild 5.25). Daraufhin erstellt er die weiteren QuickSteps selbstständig und bittet auch Henrike und die Sekretariatsmitarbeiter, sich die benötigten QuickSteps bei Bedarf unter Anleitung von Stefan oder Sarah zu erstellen.

Er selbst probiert eine Reihe weiterer Aktionen und auch Aktionskombinationen aus, so dass er E-Mails z. B. mit einer selbstdefinierten Kennzeichnung versehen lässt, sobald er sie an Ernst zur Erledigung weitergeleitet hat.

Henrike gefällt insbesondere die genaue Kennzeichnung der E-Mails im Betreff. Darüber kann sie die weitergeleiteten E-Mails schnell erkennen und auch besser filtern und suchen.

Bild 5.25 Die per QuickStep erstellte Weiterleitungsmail an Henrike

Einrichten von Abwesenheitsregeln in Outlook

Um alle Anforderungen für die Stellvertretungen abzudecken, ist jetzt noch zu überlegen, wie bei Abwesenheit eines der Geschäftsführer mit den für ihn eingehenden E-Mails verfahren werden soll. Erhard hat vorgeschlagen, dass E-Mails dann automatisch an den jeweils anderen Geschäftsführer weitergeleitet werden sollen, ausgenommen privater E-Mails. Stefan sieht die Möglichkeit, diese Funktion über spezielle Mailregeln in Outlook abzubilden, die nur bei aktivierten Abwesenheitsassistenten angewendet werden. Damit können Erhard und seine Mitarbeiter diese Einstellungen flexibler nutzen, als wenn dafür Umleitungsregeln im Exchange eingerichtet würden.

Um die entsprechenden Abwesenheitsregeln zu erstellen, öffnet Erhard die Einstellungen des Abwesenheitsassistenten. Die Regeln kann er auch erstellen, ohne den Abwesenheitsassistenten aktivieren zu müssen.

1. In Outlook navigiert er über den Reiter *Datei* in die Kontoinformationen und klickt dort auf die Schaltfläche **AUTOMATISCHE ANTWORTEN**.

2. Im Dialogfeld *Automatische Antworten* kann Erhard neben der Laufzeit des Abwesenheitsassistenten unterschiedliche Nachrichten für interne und externe Absender einrichten. Unten links im Dialogfeld klickt Erhard auf die Schaltfläche **REGELN...**, um die Regeleinstellungen für die Abwesenheit zu öffnen. Darin klickt er wiederum auf **REGEL HINZUFÜGEN...**, um eine neue Regel zu erstellen. Das Dialogfeld *Regel bearbeiten* für die Abwesenheitsregeln unterscheidet sich auch in Outlook 2016 vom normalen Regelassistenten, bietet aber alle benötigten Funktionen.

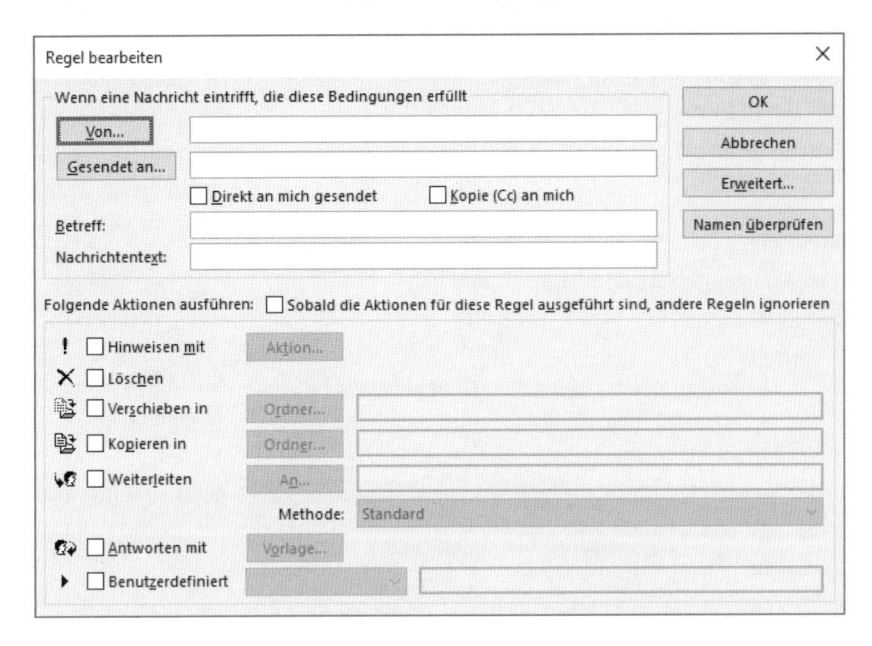

3. Als Erstes möchte Erhard eine Regel für die privaten E-Mails erstellen, damit diese nicht weitergeleitet werden. Um die entsprechende Einschränkung festzulegen, klickt er rechts auf **ERWEITERT...** und aktiviert dann für das Feld **VERTRAULICHKEIT** die Einstellung **PRIVAT** (siehe die folgende Abbildung). Diese Einstellung bezieht sich auf die entsprechende Vertraulichkeitseinstellung, die Absender an einer E-Mail festlegen können. Dadurch wird verhindert, dass Stellvertreter mit Zugriff auf das Empfängerpostfach eine solche E-Mail lesen können, wenn ihnen über die Stellvertreterrechte nicht die zusätzliche Berechtigung *Stellvertretung kann private Elemente sehen* vergeben wurde (vgl. die Abbildung zu Schritt 5).

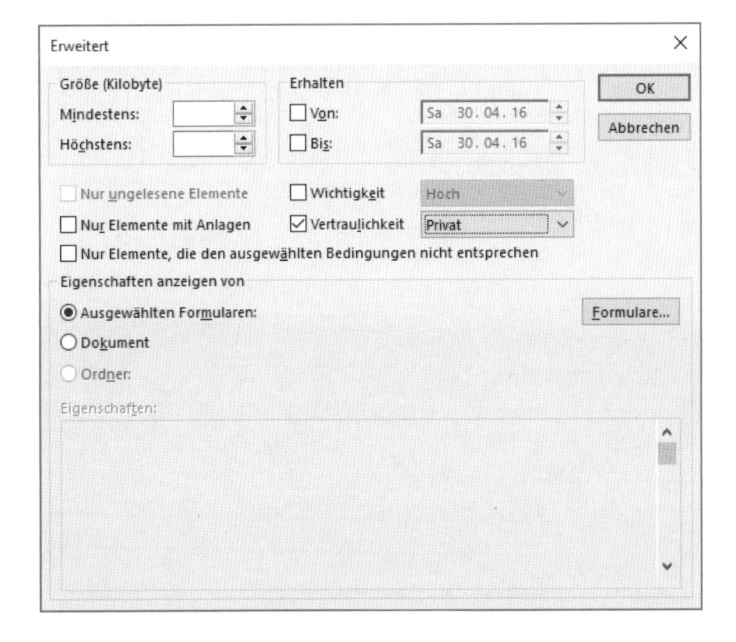

4. Erhard möchte festlegen, dass diese Regel auf alle Nachrichten, die direkt an ihn gesendet werden, angewendet wird. Daher gibt er keine weiteren Kriterien an, sondern aktiviert nur die Option **DIREKT AN MICH GESENDET**.

5. Die privaten Nachrichten sollen während seiner Abwesenheit in einen speziellen Ordner verschoben werden, den er über den Regelassistenten auch direkt anlegen lassen kann.

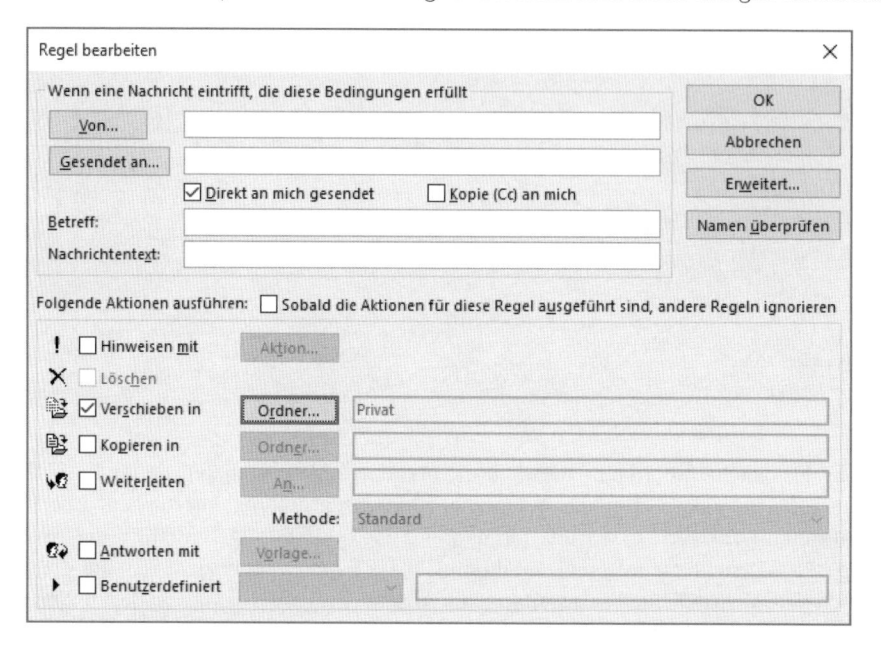

6. Erhard denkt noch daran, dass er die Berechtigungen für den neuen Ordner kontrollieren und bei Bedarf anpassen muss, da dieser jetzt mit der Erstellung die Berechtigungen des übergeordneten Ordners übernommen hat.

7. Als zweite Regel erstellt Erhard die Weiterleitungsregel an Henrike. Diese unterscheidet sich in den Einstellungen nur dadurch, dass er als Filterkriterium nur **DIREKT AN MICH GESENDET** aktiviert und als Aktion nur die Option **WEITERLEITEN** mit Henrike Siegel als Empfänger auswählt.

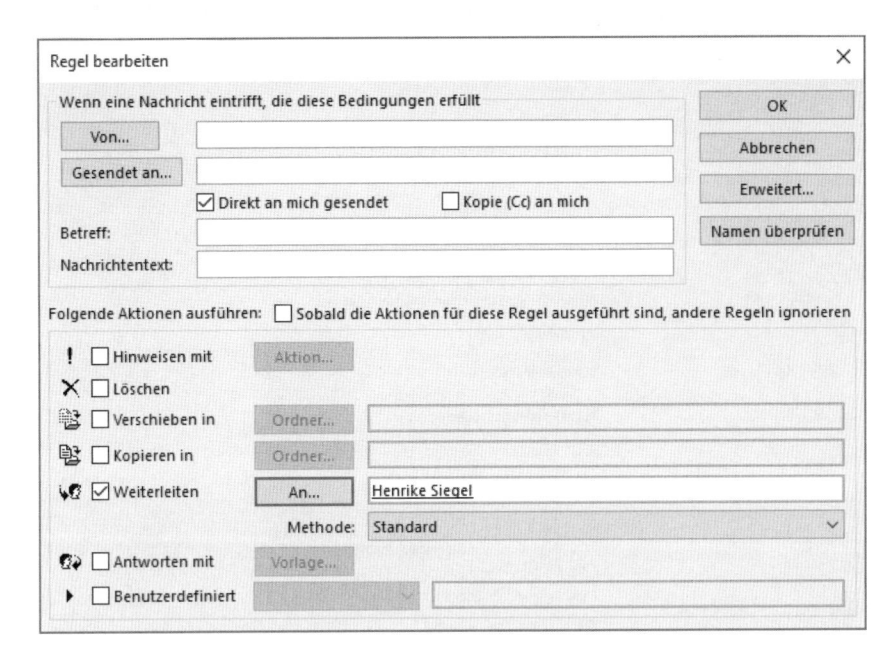

Regel bearbeiten

Wenn eine Nachricht eintrifft, die diese Bedingungen erfüllt

- Von...
- Gesendet an...
- ☑ Direkt an mich gesendet ☐ Kopie (Cc) an mich
- Betreff:
- Nachrichtentext:

Folgende Aktionen ausführen: ☐ Sobald die Aktionen für diese Regel ausgeführt sind, andere Regeln ignorieren

- ! ☐ Hinweisen mit — Aktion...
- ✕ ☐ Löschen
- ☐ Verschieben in — Ordner...
- ☐ Kopieren in — Ordner...
- ☑ Weiterleiten — An... Henrike Siegel
- Methode: Standard
- ☐ Antworten mit — Vorlage...
- ▶ ☐ Benutzerdefiniert

8. Im Dialogfeld *Regeln für automatische Antworten* sortiert Erhard die Regeln nun so, dass die privaten E-Mails zuerst verschoben werden und dann die im Posteingang eingehenden Mails an Henrike weitergeleitet werden. Da letztere nur weitergeleitet werden, bleiben die E-Mails auch in seinem Posteingang erhalten, so dass er sie jederzeit auch selbst prüfen kann.

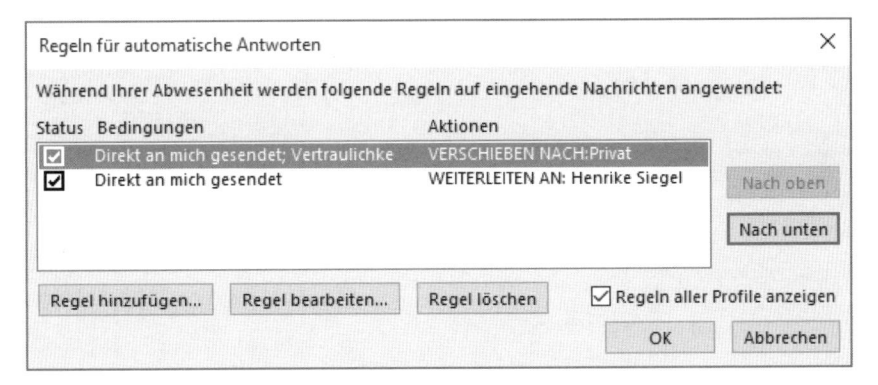

Regeln für automatische Antworten

Während Ihrer Abwesenheit werden folgende Regeln auf eingehende Nachrichten angewendet:

Status	Bedingungen	Aktionen
☑	Direkt an mich gesendet; Vertraulichke	VERSCHIEBEN NACH:Privat
☑	Direkt an mich gesendet	WEITERLEITEN AN: Henrike Siegel

Regel hinzufügen... | Regel bearbeiten... | Regel löschen | ☑ Regeln aller Profile anzeigen

Stellvertretungsfunktionen in Skype for Business

In Skype for Business sind ähnliche Funktionen verfügbar wie in Outlook. Voraussetzung dafür ist aber, dass dem Benutzer Enterprise-VoIP als Telefoniefunktion und eine dazugehörige VoIP-Richtlinie zugewiesen sind (Bild 5.26).

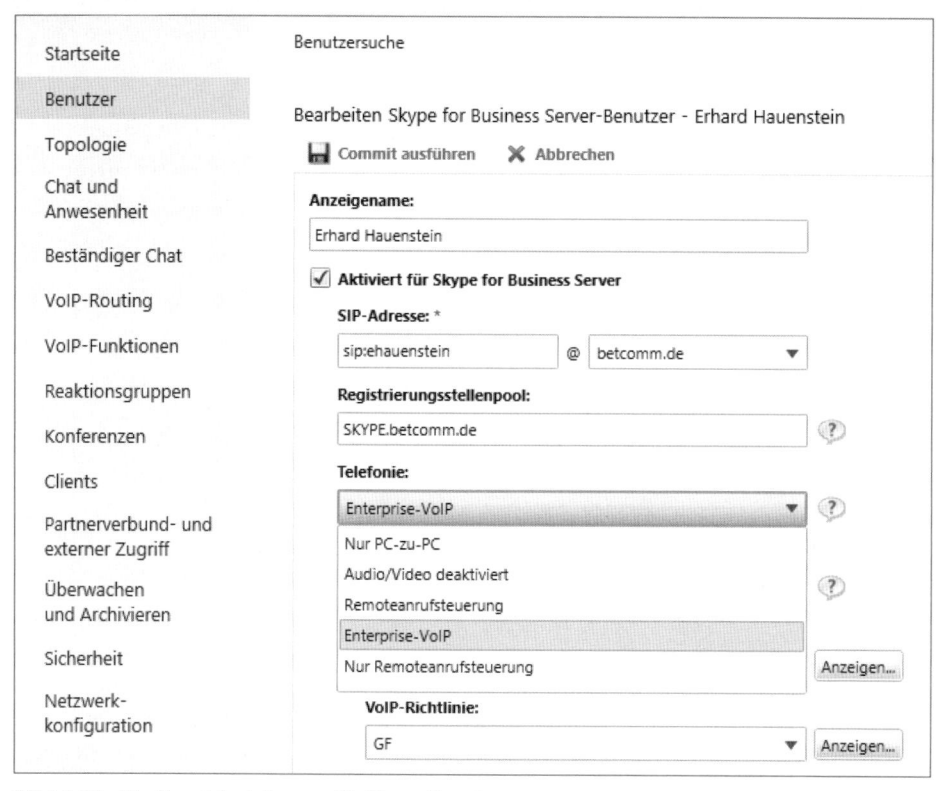

Bild 5.26 Die Grundeinstellungen für Skype-Benutzer

Die Richtlinie steuert, welche Funktionen der Anrufweiterleitung und Teamanrufe für den Benutzer verfügbar sind (Bild 5.27).

Bild 5.27 Die Einstellungen der VoIP-Richtlinie

Sind diese Voraussetzungen gegeben, kann der Benutzer die entsprechenden Einstellungen in Skype for Business selbst setzen.

Stefan geht mit Erhard die benötigten Einstellungen durch. Alle Einstellungen finden sich unter den *Einstellungen für Anrufweiterleitungen*, die sich über das Zahnradsymbol im Untermenü *Extras* aufrufen lassen (Bild 5.28).

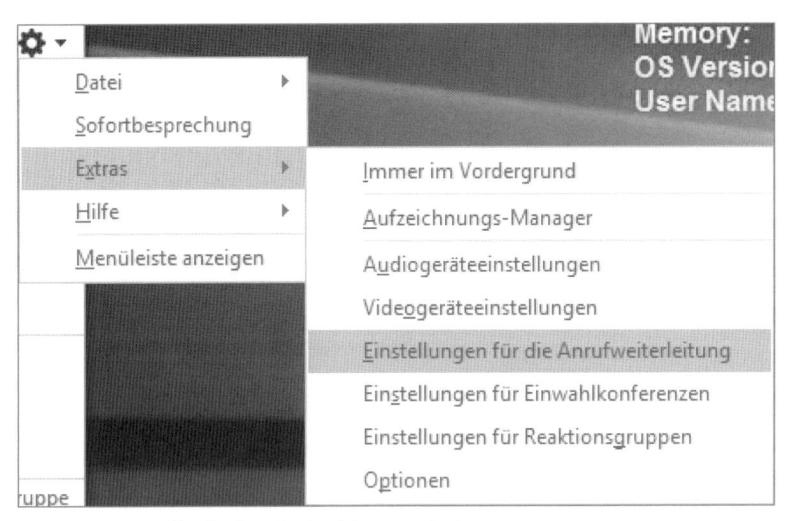

Bild 5.28 Einstellungen für die Anrufweiterleitung aufrufen

In den Weiterleitungseinstellungen kann Stefan Folgendes festlegen (Bild 5.29):

- Eine Stellvertretung, die für Erhard Anrufe entgegennehmen und tätigen kann, sowie Skype-Besprechungen in Erhards Namen planen kann.
- Eine Teamaufrufgruppe, an die eingehende Anrufe weitergeleitet werden.
- Eine grundsätzliche Weiterleitung für alle eingehenden Anrufe.
- Eine bedingte Weiterleitung, wenn Erhard nicht abnimmt.

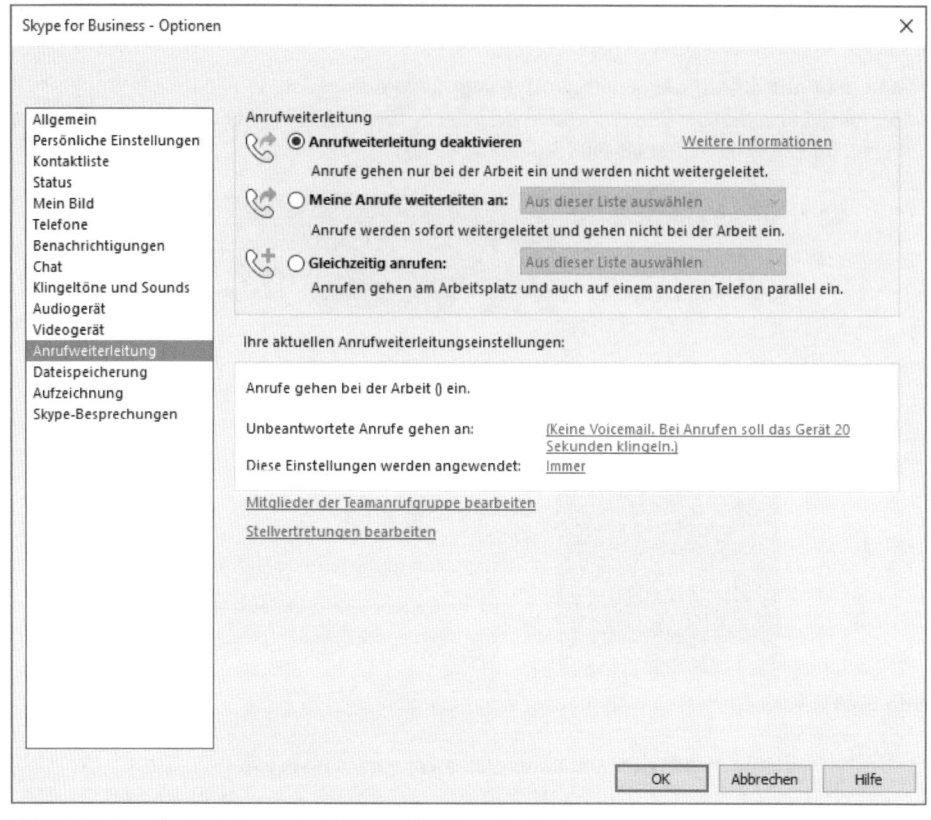

Bild 5.29 Anrufweiterleitungseinstellungen in Skype for Business

Stefan bespricht die Möglichkeiten mit Erhard. Sie möchten folgende Einstellungen festlegen:

- Ernst soll als Erhards Stellvertreter eingetragen werden.
- Für die gesamte Geschäftsführung soll eine Teamaufrufgruppe erstellt werden.
- Alle eingehenden Anrufe sollen an Ernst weitergeleitet werden.
- Zusätzlich soll eine Weiterleitung an Maria stattfinden, wenn Ernst nicht abnimmt.

Stefan geht folgendermaßen vor, um diese Einstellungen einzurichten:

1. Zuerst klickt er unten im Dialogfeld *Skype for Business – Optionen* im Abschnitt *Anrufweiterleitung* auf **STELLVERTRETUNGEN BEARBEITEN**.
2. Im Dialogfeld *Anrufweiterleitung – Stellvertretungen* klickt er auf **HINZUFÜGEN** und wählt dann Ernst Kohlhoff aus dem Adressbuch aus.

5.4 Effizienter Umgang mit Stellvertretungen

Anrufweiterleitung - Stellvertretungen

Stellvertretungen können in Ihrem Auftrag Skype-Besprechungen planen sowie Anrufe tätigen und annehmen (wenn das Feld aktiviert ist).

Anrufe empfangen	Stellvertretung

Hinzufügen... | Entfernen

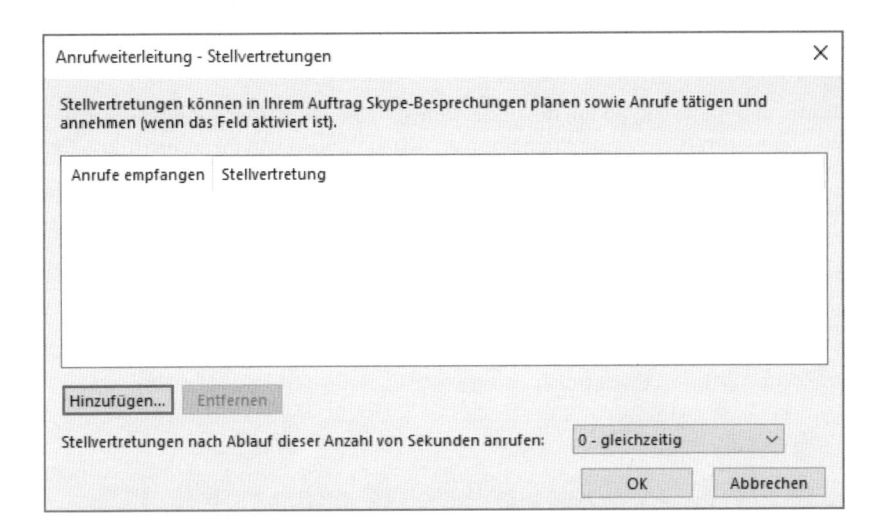

Stellvertretungen nach Ablauf dieser Anzahl von Sekunden anrufen: 0 - gleichzeitig

OK | Abbrechen

3. Anschließend klickt er auf **MITGLIEDER DER TEAMAUFRUFGRUPPE BEARBEITEN**.
4. Im Dialogfeld *Anrufweiterleitung - Teamaufrufgruppe* klickt er ebenfalls auf **HINZUFÜGEN** und wählt dann Ernst, Maria, Henrike und Erhard selbst als Mitglieder aus.
5. Abschließend legt er in den Einstellungen der dauerhaften Weiterleitung fest, dass die Anrufe an Ernst bzw. seine Stellvertretung weitergeleitet werden.

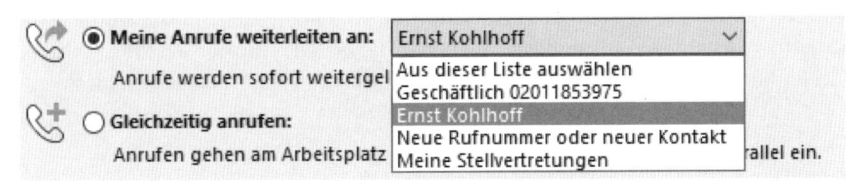

⊙ **Meine Anrufe weiterleiten an:** Ernst Kohlhoff

Anrufe werden sofort weitergel...
- Aus dieser Liste auswählen
- Geschäftlich 02011853975
- Ernst Kohlhoff
- Neue Rufnummer oder neuer Kontakt
- Meine Stellvertretungen

○ **Gleichzeitig anrufen:**

Anrufen gehen am Arbeitsplatz ... rallel ein.

Je nach Bedarf kann Erhard nun die erforderliche Weiterleitung auswählen und dabei auf seine vordefinierte Stellvertretung oder das gesamte Team der Geschäftsführung zugreifen. Die gerade gültige Einstellung wird in Skype for Business angezeigt, so dass Erhard sie auch schnell deaktivieren bzw. ändern kann (Bild 5.30).

Skype for Business

Was passiert heute?

Erhard Hauenstein
Verfügbar ▼
Standort festlegen ▼

ⓘ Anrufe werden an Ernst Kohlhoff weiterge... | Deaktivieren | ×

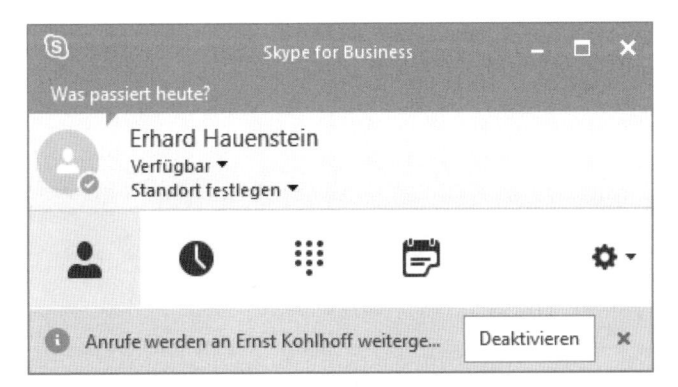

Bild 5.30 Erhards Einstellungen

Ebenso kann er z. B. seine Anrufe nur an Ernst weiterleiten, wenn er selbst nicht am Platz ist bzw. nicht abnimmt.

Ernst legt dies in seinem Skype for Business so fest, dass nicht abgenommene Anrufe an Maria weitergeleitet werden. Seine Einstellungen sehen danach wie folgt aus (Bild 5.31):

Ihre aktuellen Anrufweiterleitungseinstellungen:	
Anrufe gehen bei der Arbeit () ein.	
Unbeantwortete Anrufe gehen an:	Maria Bertwein in 20 Sekunden
Diese Einstellungen werden angewendet:	Immer

Bild 5.31 Ernsts Einstellungen

Ein weiterer Vorteil, den Skype for Business mit der Integration in Exchange bietet, ist die Verfolgung des Benutzerkalenders. Termine im Kalender des Benutzers wertet Skype for Business für die Anwesenheits- und Statuseinstellungen aus. Das heißt, wenn Erhard in einer Besprechung ist, die in seinem Kalender eingetragen ist, wird er in Skype automatisch auf *In Besprechung* gesetzt und ist damit für Skype-Anrufe nicht verfügbar.

Mit diesen letzten Einstellungen haben Erhard, Stefan und Matthias die grundlegenden Anforderungen der Geschäftsführung an die eingehenden und ausgehenden Kommunikationsprozesse der Abteilung erfüllt. Im nächsten Schritt möchte sich Matthias nun Vertrieb und Marketing vornehmen, um zu überprüfen, wie die neue Plattform sich für die effiziente Kommunikation mit den Kunden der Besser Kommunizieren GmbH einsetzen lässt.

6 Kundenkommunikation im Vertrieb

Nachdem Matthias Kellner mit der Umsetzung der Anforderungen aus der Geschäftsführung einiges an Wissen über den integrierten Einsatz der Microsoft-Produkte aufgebaut hat, nimmt er sich im nächsten Schritt der Anforderungen des Vertriebs und des Marketings an. Zuerst setzt er sich mit Frauke Laurentz, die ihn ja schon bei den ersten Schritten mit SharePoint unterstützt hat, und Annette Müßig vom Seminarvertrieb zusammen. Sie überlegen, welche Kommunikationsprozesse zu planen sind und welche Tools dafür geeignet sind.

Zwei Prozesse würden sie gerne auf SharePoint umsetzen. Das Seminarangebot der Besser Kommunizieren GmbH soll auf einer öffentlichen Website präsentiert werden können. Die Daten sollen aber auch intern für weitere Zecke nutzbar sein.

Außerdem soll eine einfache Möglichkeit geschaffen werden, Kundenanfragen entgegenzunehmen und die Weiterbearbeitung nachvollziehbar zu machen, damit keine Anfragen unbeantwortet bleiben.

Jens Sunitz und Karl Maßen vom Projektvertrieb benötigen keinen Produktkatalog. Über die öffentliche Website werden nur das Kompetenzportfolio der Besser Kommunizieren GmbH präsentiert. Anfragen und Angebote für Projekte sind aber für jeden Kunden individuell. Dessen ungeachtet sollen auch die Projektangebote einheitlich und zentral verwaltet werden. Insbesondere sollen die erforderlichen Dokumente für die Angebotserstellung standardisiert werden.

Im Seminarvertrieb werden natürlich auch Individualangebote geschrieben. Dafür gelten ähnliche Anforderungen wie im Projektvertrieb. Matthias möchte daher ein einheitliches Verfahren entwickeln, das für beide gültig ist.

6.1 SharePoint als Marketingplattform

Da die Besser Kommunizieren GmbH intern mit SharePoint als Kommunikationsplattform arbeitet, möchte Matthias auch die öffentliche Website und insbesondere den Produktkatalog darüber abwickeln. Er verspricht sich davon auch eine bessere Integration der externen und der internen Daten, wie z. B. beim Anmeldeworkflow.

Allerdings möchte er nicht nur eine strikte Sicherheitstrennung zwischen dem internen Datenbereich und dem öffentlichen Bereich des SharePoint aufrechterhalten, sondern auch funktional den öffentlichen Bereich so einfach wie möglich halten. Für die öffentliche Website sieht er daher eine eigene Webanwendung vor, während er die interne Site für den Vertrieb als zusätzliche Websitesammlung anlegen lässt.

> Die Frage, die Matthias hier entscheiden musste, ist eine der zentralen Fragen bei der Planung inhaltlicher Strukturen in einer SharePoint-Umgebung. Grundsätzlich kann man für die Abgrenzung funktionaler Bereiche in Share-Point zwischen drei Ebenen wählen: der Webanwendung (Web Application), der Websitesammlung (Web Site Collection) und der Website (Web Site). Eine Webanwendung wird in der Regel im Sicherheitskontext eines eigenen Anwendungspools mit einem eigenen Benutzerkonto ausgeführt. Sie enthält eine Root-Websitesammlung und definiert in der klassischen SharePoint-Struktur die URL, über die Websites aufgerufen werden. Weitere Websitesammlungen können entweder in verwalteten Pfaden (Managed Paths) oder, seit SharePoint 2013, als sogenannte Hostheader-Websitesammlungen in einer eigenen URL angelegt werden. Auf der Ebene der Webanwendungen werden funktionale Eigenschaften und Grundeinstellungen sowie Zugriffseinschränkungen festgelegt. So findet hier z. B. die Verbindung zu den Dienstanwendungen über Dienstanwendungsproxygruppen statt. Damit wird definiert, auf welche Dienste Anwender zugreifen können, z. B. welche Suchindizes abgefragt werden, welche externen Datenverbindungen genutzt werden können, auf welchen Metadatendienst zugegriffen wird etc. Außerdem werden auf dieser Ebene die Authentifizierungsanbieter und die Zugriffsrichtlinien, z. B. für den anonymen Zugriff, zugeordnet.
>
> Websitesammlungen wiederum enthalten eine Root-Website und können weitere Websites in nahezu beliebiger Tiefe unterhalb der Root-URL enthalten. Auf der Ebene der Websitesammlung wird über die Aktivierung bzw. Deaktivierung von Websitesammlungsfeatures festgelegt, welche Funktionen Benutzer innerhalb der Website nutzen können. Die Websitesammlung stellt einen eigenen administrativen Kontext dar, der von der speziellen Benutzergruppe der Websitesammlungsadministratoren/Websitesammlungsbesitzer verwaltet wird. Insbesondere bildet die Websitesammlung eine Sicherheitsgrenze in SharePoint. Auf dieser Ebene werden SharePoint-Benutzergruppen und Berechtigungsstufen verwaltet. Das heißt, Gruppen und Berechtigungsstufen einer Websitesammlung stehen zwar allen Websites innerhalb der Websitesammlung zur Verfügung, können aber nicht in anderen Websitesammlungen verwendet werden.
>
> Die Website ist in SharePoint in erster Linie ein inhaltlicher Kontext. Hier werden die Inhalte in Listen und Bibliotheken verwaltet. Inhalte, die zusammengehören, sollten möglichst in derselben Website verwaltet werden, da z. B. Lookup-Spalten (Nachschlagespalten) nur auf Listen innerhalb der Website angewendet werden können. Zwar bietet SharePoint inzwischen auch die Möglichkeit, Inhalte aus mehreren Websites über Suchwebparts zusammenzufassen, das systematische Verknüpfen von Inhalten ist aber mit

> einfachen Mitteln weiterhin nur innerhalb einer Website möglich. Auch auf der Websiteebene gibt es eine eigene Berechtigungsverwaltung.
>
> Es gibt in den meisten Szenarien keine pauschale Lösung für die SharePoint-Struktur. Wie man aus der kurzen Beschreibung ersehen kann, sind die verschiedenen Aspekte der Zugriffssteuerung und des inhaltlichen Zusammenhalts gegeneinander abzuwägen. Man sollte sich nicht scheuen, vor der Umsetzung die verschiedenen Szenarien durchzutesten, um zu klären, welche Struktur für die eigenen Anforderungen am geeignetsten ist.

Diese ersten Schritte sind natürlich wieder von Stefan Meurer durchzuführen. Er spricht mit Matthias kurz ab, welche Features erforderlich sind und welche Websitevorlagen er für die Websites verwenden soll. Sie kommen überein, dass die interne Site mit der Vorlage für einen Produktkatalog starten soll, die externe Site aber auf einem Veröffentlichungsportal basieren soll. Außerdem soll Stefan für die öffentliche Site den anonymen Zugriff aktivieren. Schließlich sollen der Produktkatalog des Unternehmens und die Präsentationsseiten des Projektvertriebs für alle Besucher der Website einsehbar sein.

Eine öffentliche SharePoint-Site anlegen

1. Im ersten Schritt erstellt Stefan wieder im Active Directory ein neues Dienstkonto für die öffentliche Webanwendung. Dieses nennt er *SP-WWW* und fügt es den verwalteten Konten im SharePoint hinzu.

   Da die Website später öffentlich verfügbar sein wird, möchte Stefan das Konto besonders schützen. Nachdem er es angelegt hat, klickt er in der Liste der Dienstkonten hinter dem Kontonamen auf die Schaltfläche **BEARBEITEN** und aktiviert in den Eigenschaften des Kontos die automatische Kennwortänderung.

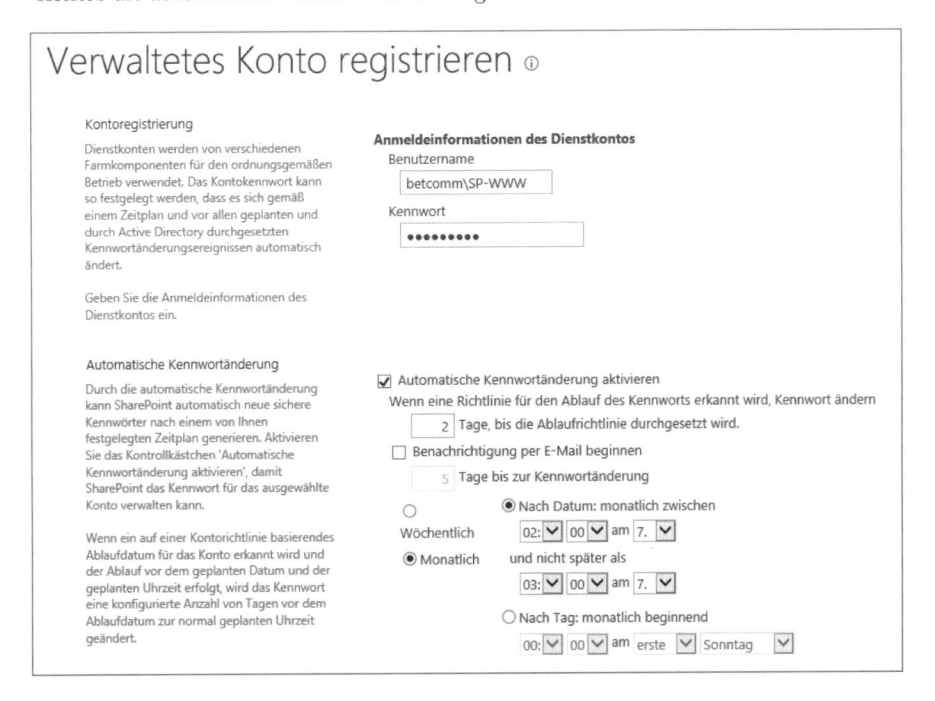

2. Anschließend erstellt Matthias noch einen DNS-Eintrag für „WWW", der auf die IP-Adresse des SharePoint Servers verweist.

3. Nun kann er eine neue Webanwendung erstellen. Dieser gibt er den Hostheader *www.betcomm.de*. Als Port wählt er wieder den Standard-SSL-Port 443.

IIS-Website	
Wählen Sie entweder eine vorhandene IIS-Website aus, oder erstellen Sie eine neue Website als Server der Microsoft SharePoint Foundation-Anwendung.	○ Vorhandene IIS-Website verwenden Default Web Site ▼ ● Neue IIS-Website erstellen Name SharePoint - www.betcomm.de443
Wenn Sie eine vorhandene IIS-Website auswählen, muss diese auf allen Servern der Farm vorhanden sein und denselben Namen aufweisen. Andernfalls schlägt diese Aktion fehl.	Port 443 Hostheader www.betcomm.de
Wenn Sie sich dafür entscheiden, eine neue IIS-Website zu erstellen, wird diese automatisch auf allen Servern der Farm erstellt. Wenn Sie eine IIS-Einstellung ändern möchten, die hier nicht angezeigt wird, können Sie diese Option verwenden, um die Basiswebsite zu erstellen, und sie später mit den Standardtools von IIS aktualisieren.	Pfad C:\inetpub\wwwroot\wss\VirtualDirectories\ww

4. Da es sich um eine öffentliche Website handelt, aktiviert Stefan die anonyme Authentifizierung für die neue Webanwendung und aktiviert SSL.

Sicherheitskonfiguration	
	Anonymen Zugriff zulassen
Wenn Sie Secure Sockets Layer (SSL) verwenden möchten, müssen Sie das Zertifikat auf jedem Server hinzufügen, der die Verwaltungstools von IIS verwendet; andernfalls kann von dieser IIS-Website nicht auf die Webanwendung zugegriffen werden.	● Ja ○ Nein SSL (Secure Sockets Layer) verwenden ● Ja ○ Nein

5. Nachdem er das neue verwaltete Konto dem Anwendungspool als Dienstkonto zugewiesen hat und den Datenbanknamen in *WSS_Content_www* geändert hat, wählt Stefan für die Dienstanwendungsverbindungen noch den Eintrag *Benutzerdefiniert* aus und aktiviert nur die benötigten Dienstanwendungen.

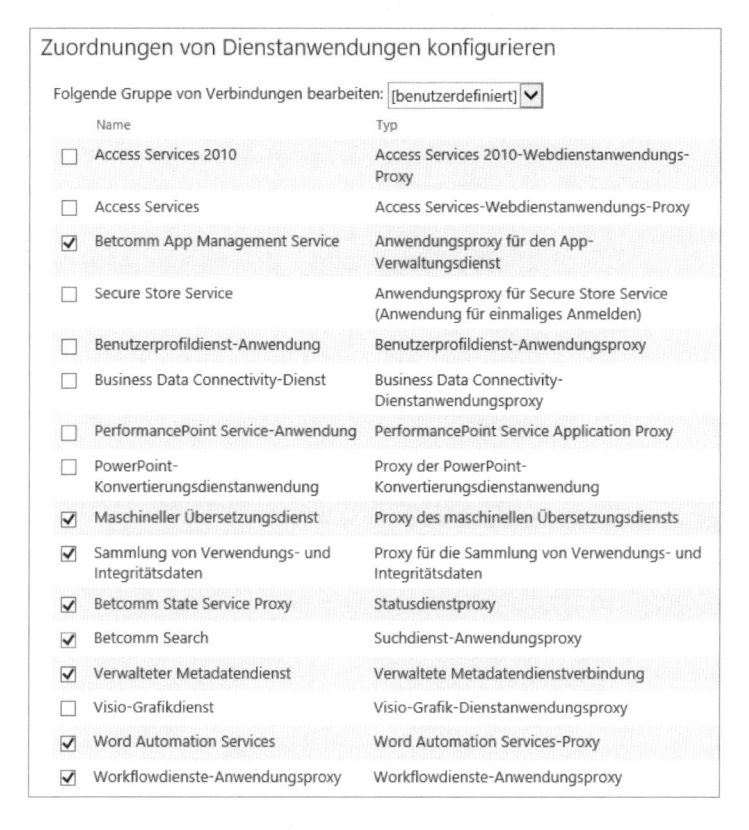

Zuordnungen von Dienstanwendungen konfigurieren

Folgende Gruppe von Verbindungen bearbeiten: [benutzerdefiniert] ▼

	Name	Typ
☐	Access Services 2010	Access Services 2010-Webdienstanwendungs-Proxy
☐	Access Services	Access Services-Webdienstanwendungs-Proxy
☑	Betcomm App Management Service	Anwendungsproxy für den App-Verwaltungsdienst
☐	Secure Store Service	Anwendungsproxy für Secure Store Service (Anwendung für einmaliges Anmelden)
☐	Benutzerprofildienst-Anwendung	Benutzerprofildienst-Anwendungsproxy
☐	Business Data Connectivity-Dienst	Business Data Connectivity-Dienstanwendungsproxy
☐	PerformancePoint Service-Anwendung	PerformancePoint Service Application Proxy
☐	PowerPoint-Konvertierungsdienstanwendung	Proxy der PowerPoint-Konvertierungsdienstanwendung
☑	Maschineller Übersetzungsdienst	Proxy des maschinellen Übersetzungsdiensts
☑	Sammlung von Verwendungs- und Integritätsdaten	Proxy für die Sammlung von Verwendungs- und Integritätsdaten
☑	Betcomm State Service Proxy	Statusdienstproxy
☑	Betcomm Search	Suchdienst-Anwendungsproxy
☑	Verwalteter Metadatendienst	Verwaltete Metadatendienstverbindung
☐	Visio-Grafikdienst	Visio-Grafik-Dienstanwendungsproxy
☑	Word Automation Services	Word Automation Services-Proxy
☑	Workflowdienste-Anwendungsproxy	Workflowdienste-Anwendungsproxy

6. Nachdem die neue Webanwendung erstellt wurde, wechselt Stefan in den IIS-Manager und beantragt dort ein neues Domänenzertifikat bei der internen Zertifizierungsstelle für *www.betcomm.de*. Später bei der Produktivsetzung der neuen Website wird er das interne Zertifikat durch ein öffentliches Zertifikat ersetzen.

7. Anschließend erstellt Stefan die Root-Websitesammlung in der neuen Webanwendung.

Webanwendung
Wählen Sie eine Webanwendung aus.

Wenn Sie eine neue Webanwendung erstellen möchten, wechseln Sie zu Neue Webanwendung.

Webanwendung: https://www.betcomm.de/ ▼

Titel und Beschreibung
Geben Sie einen Titel und eine Beschreibung für Ihre neue Website ein. Der Titel wird auf jeder Seite der Website angezeigt.

Titel:
Besser Kommunizieren GmbH

Beschreibung:

Websiteadresse
Geben Sie Namen und Pfad der URL an, um eine neue Website zu erstellen. Sie können auch eine Website mit einem bestimmten Pfad erstellen.

Zum Hinzufügen eines neuen URL-Pfads wechseln Sie zur Seite für Verwaltete Pfade definieren.

URL:
https://www.betcomm.de /

8. Passend für eine öffentliche Website wählt er als Vorlage das **VERÖFFENTLICHUNGS-PORTAL** aus dem Bereich *Veröffentlichen*.

Vorlagenauswahl	
	Sprache auswählen: Deutsch
	Vorlage auswählen: Zusammenarbeit | Enterprise | **Veröffentlichen** | Benutzerdefiniert
	Veröffentlichungsportal Unternehmenswiki Produktkatalog
	Eine Startwebsitehierarchie für eine im Internet veröffentlichte Website oder ein großes Intranetportal. Diese Website kann problemlos mit einem unverkennbaren Branding angepasst werden. Sie umfasst eine Homepage, eine Unterwebsite mit Beispielpresseerklärungen, ein Suchcenter und eine Anmeldeseite. Normalerweise verfügt diese Website über deutlich mehr Leser als Mitwirkende, und sie wird zum Veröffentlichen von Webseiten mit Genehmigungsworkflows verwendet.
Primärer Websitesammlungsadministrator Geben Sie den Administrator für diese Websitesammlung an. Es kann nur eine Benutzeranmeldung bereitgestellt werden. Sicherheitsgruppen werden nicht unterstützt.	**Benutzername:** Matthias Kellner
Sekundärer Websitesammlungsadministrator Geben Sie optional einen sekundären Websitesammlungsadministrator an. Es kann nur eine Benutzeranmeldung bereitgestellt werden. Sicherheitsgruppen werden nicht unterstützt.	**Benutzername:** Stefan Meurer-Admin

Damit ist die Basis für den öffentlichen Webauftritt der Besser Kommunizieren GmbH erstellt. Die Startseite macht deutlich, dass hier noch einiges an Arbeit zu erledigen ist (Bild 6.1).

Bild 6.1 Die Homepage des neuen Veröffentlichungsportals

Website für den Produktkatalog anlegen

Auf der internen Website des Seminarvertriebs möchten Frauke Laurentz und Annette Müßig die Seminarangebote mithilfe der Produktkatalog-Funktion und dem Feature *Cross-Site-Publishing* in SharePoint veröffentlichen. Voraussetzung dafür ist eine einheitliche Klassifizierung der Produkte über einen Metadatenbaum und eine Websitesammlung mit Produktinformationen, aus denen der Katalog gespeist wird. Der Metadatenbaum wird in der Dienstanwendung für die verwalteten Metadaten verwaltet. Die Websitesammlung für den Produktkatalog muss Stefan noch erstellen. Er legt sie innerhalb des Intranets im verwalteten Pfad */websites/Seminare* mithilfe der Vorlage **PRODUKTKATALOG** aus dem Bereich *Veröffentlichen* an (Bild 6.2).

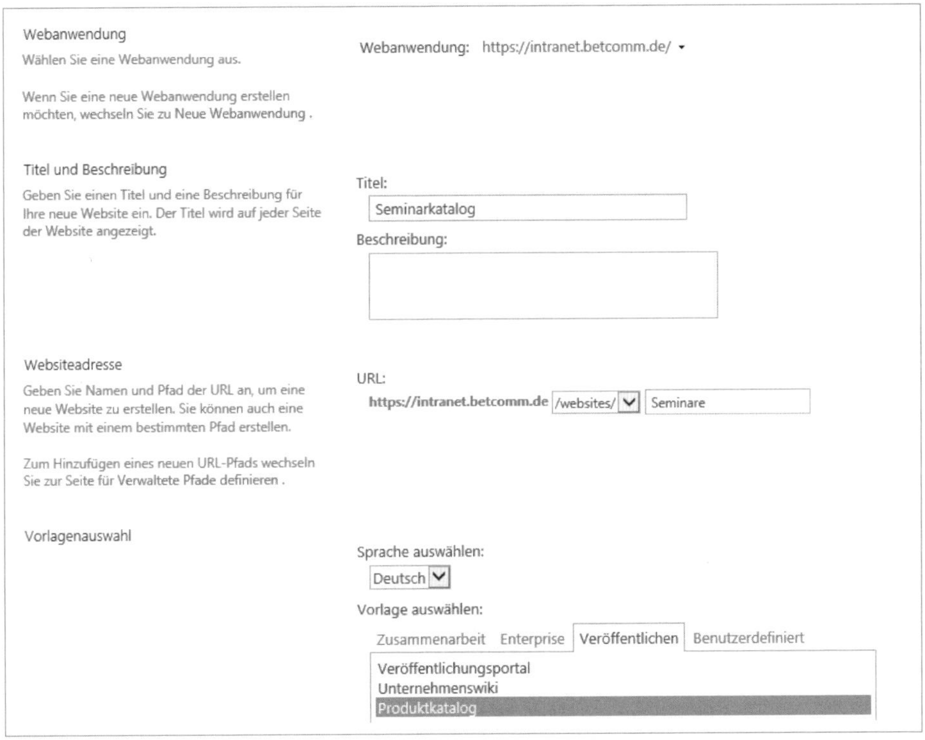

Bild 6.2 Eine neue Websitesammlung für den Produktkatalog anlegen

Als Websitesammlungsbesitzer gibt er Matthias Kellner und Frauke Laurentz an. Sie können dann weitere Administratoren benennen. Nachdem die neue Websitesammlung erstellt wurde, fügt Stefan sie noch als Link der *Leiste für häufig verwendete Hyperlinks* im Intranet hinzu.

1. Dazu öffnet er die Homepage des Intranets und klickt oben rechts in der Navigation auf **LINKS BEARBEITEN**.
2. Anschließend klickt er auf **+ LINK**.
3. Im Dialogfeld *Link hinzufügen* gibt er die entsprechenden Informationen ein und klickt anschließend auf **OK**.

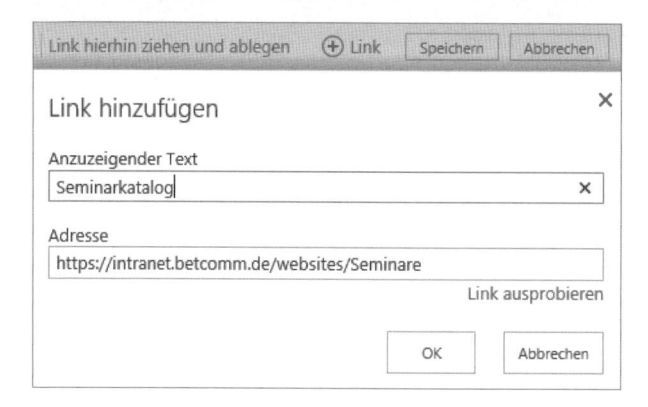

4. Abschließend klickt er in der Navigationsleiste auf **SPEICHERN**, um die geänderte Navigation festzulegen.

Nun kann Frauke Laurentz über die Startseite des Intranets einfach auf den Seminarkatalog zugreifen. Die Website bringt eine Reihe von Funktionen zur Verwaltung eines Produktkatalogs mit. Allerdings sind auch hier diverse Grundeinstellungen vorzunehmen, über die die Eigenschaften der Produkte und ihre Klassifizierung gesteuert werden. Die Startseite der Katalogsite bietet einen ersten Überblick über die erforderlichen Schritte (Bild 6.3).

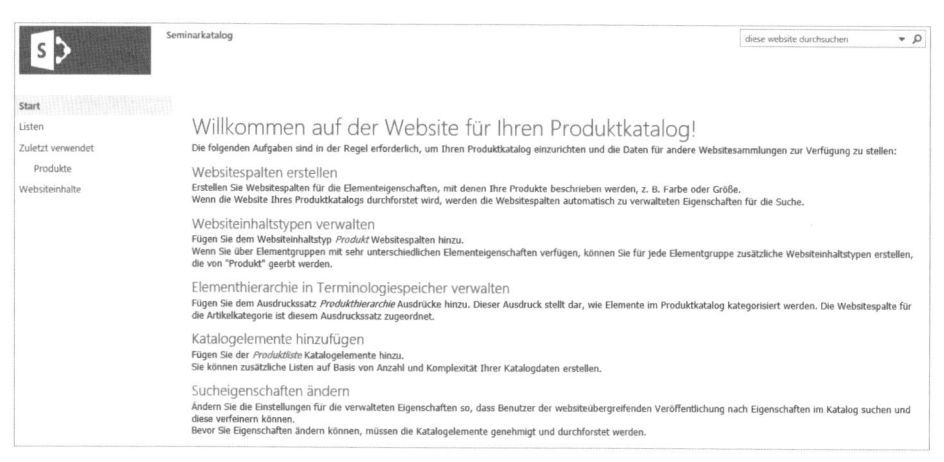

Bild 6.3 Die Startseite des Produktkatalogs

> Für die Veröffentlichung der Seminarangebote der Besser Kommunizieren GmbH verwendet Matthias ein Feature, das mit SharePoint 2013 eingeführt wurde, das sogenannte *Cross-Site-Publishing-Feature* (auf Deutsch: „Websiteübergreifende Veröffentlichung von Sammlungen"). Das Feature wird auf Websitesammlungsebene verwaltet und ist in der Vorlage für den Produktkatalog standardmäßig aktiviert. Es erlaubt die websiteübergreifende Veröffentlichung von Inhalten, so dass in einer Website die Inhalte gepflegt werden, die dann über einen Freigabeworkflow in einer anderen Website als eigene Webseiten präsentiert werden. Die Funktion kann sowohl innerhalb einer Webanwendung als auch anwendungsübergreifend oder sogar über

SharePoint-Farmen hinweg angewendet werden. Die Zielwebsitesammlung für die Veröffentlichung muss nach dem Anlegen des Produktkatlogs mit diesem noch explizit verbunden werden.

Die Verbindung zwischen dem Produktkatalog und der Veröffentlichungssite wird über zwei zentrale Dienstanwendungen hergestellt. Die Produktliste in der Veröffentlichungssite wird über die Suchfunktion in SharePoint ermittelt. Die Klassifizierung der Ergebnisse und die darauf aufsetzende verwaltete Navigation basiert auf dem Metadatenbaum für die Produktkategorien. Die Produktkategorien werden im Terminologiespeicher der Dienstanwendung für die verwalteten Metadaten der Websitesammlung des Produktkatalogs verwaltet. Daher ist es bei der Zuordnung der Dienstanwendungen sinnvoll und hilfreich, wenn die Veröffentlichungssite und die Websitesammlung für den Produktkatalog mit derselben Suchdienstanwendung und mit derselben Metadaten-Dienstanwendung verbunden sind. Stefan hat diese Verbindungen bei der Auswahl der Dienstanwendungsverknüpfungen für das Veröffentlichungsportal eingerichtet (siehe weiter oben Schritt 5).

Bevor die Verbindung mit dem Veröffentlichungsportal hergestellt werden kann, müssen Frauke und Annette den Produktkatalog aufbauen. Dazu sind mehrere Schritte erforderlich:

- Die Eigenschaften der Seminare müssen als Websitespalten erstellt werden und der Produktliste zugeordnet werden.
- Der Metadatenbaum zur Klassifizierung der Seminare muss erstellt werden.
- Es muss mindestens ein Produkt (ein Seminar) in der Liste angelegt sein, damit die Verbindung hergestellt werden kann.
- Die Liste muss mindestens einmal indiziert worden sein und die zu veröffentlichenden Elemente im Suchindex erfasst sein, damit über die Verbindung Ergebnisse angezeigt werden können.

Anpassen der Produktliste

Frauke und Annette benennen zuerst die Produktliste um in *Seminare*. Dazu navigieren sie in die Listeneinstellungen und nehmen unter *Listenname,-beschreibung und -navigation* die entsprechenden Änderungen vor.

Anschließend prüfen sie die vorhandenen Produkteigenschaften, indem sie das Formular zur Erstellung eines neuen Produktes aufrufen. Dazu navigieren sie zurück in die Liste und klicken oberhalb der Liste auf **+ NEUES ELEMENT**. Das Formular zeigt folgende vordefinierte Felder (siehe auch Bild 6.4):

- Titel
- Artikelnummer
- Gruppennummer
- Sprach-Tag
- Rollupbild
- Artikelkategorie

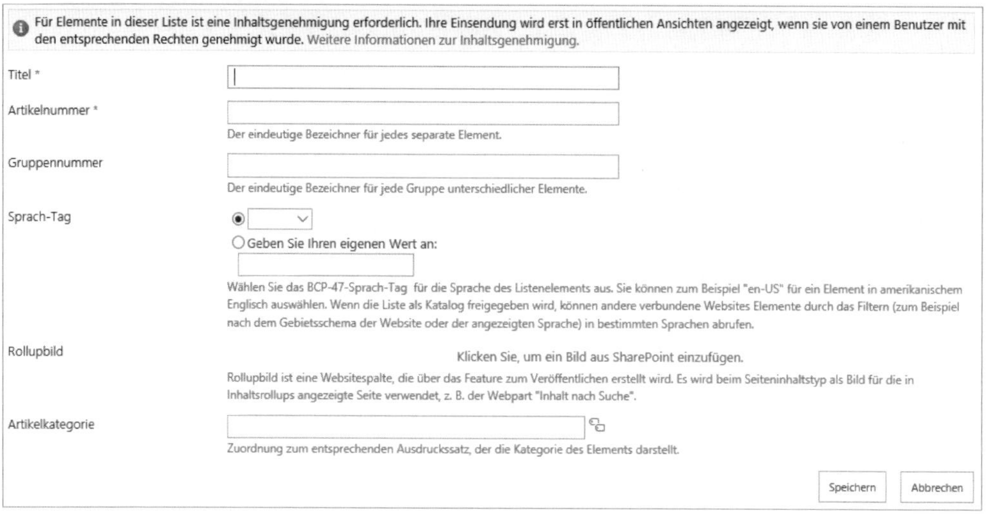

6 Kundenkommunikation im Vertrieb

> Für Elemente in dieser Liste ist eine Inhaltsgenehmigung erforderlich. Ihre Einsendung wird erst in öffentlichen Ansichten angezeigt, wenn sie von einem Benutzer mit den entsprechenden Rechten genehmigt wurde. Weitere Informationen zur Inhaltsgenehmigung.

Feld	
Titel *	
Artikelnummer *	Der eindeutige Bezeichner für jedes separate Element.
Gruppennummer	Der eindeutige Bezeichner für jede Gruppe unterschiedlicher Elemente.
Sprach-Tag	◉ [Auswahl] ○ Geben Sie Ihren eigenen Wert an: Wählen Sie das BCP-47-Sprach-Tag für die Sprache des Listenelements aus. Sie können zum Beispiel "en-US" für ein Element in amerikanischem Englisch auswählen. Wenn die Liste als Katalog freigegeben wird, können andere verbundene Websites Elemente durch das Filtern (zum Beispiel nach dem Gebietsschema der Website oder der angezeigten Sprache) in bestimmten Sprachen abrufen.
Rollupbild	Klicken Sie, um ein Bild aus SharePoint einzufügen. Rollupbild ist eine Websitespalte, die über das Feature zum Veröffentlichen erstellt wird. Es wird beim Seiteninhaltstyp als Bild für die in Inhaltsrollups angezeigte Seite verwendet, z. B. der Webpart "Inhalt nach Suche".
Artikelkategorie	Zuordnung zum entsprechenden Ausdruckssatz, der die Kategorie des Elements darstellt.

[Speichern] [Abbrechen]

Bild 6.4 Die vordefinierten Felder der Produktliste

Die Felder sind der Liste über den Websiteinhaltstyp *Produkt mit Bild* hinzugefügt worden, wie leicht über die Listeneigenschaften feststellbar ist (Bild 6.5).

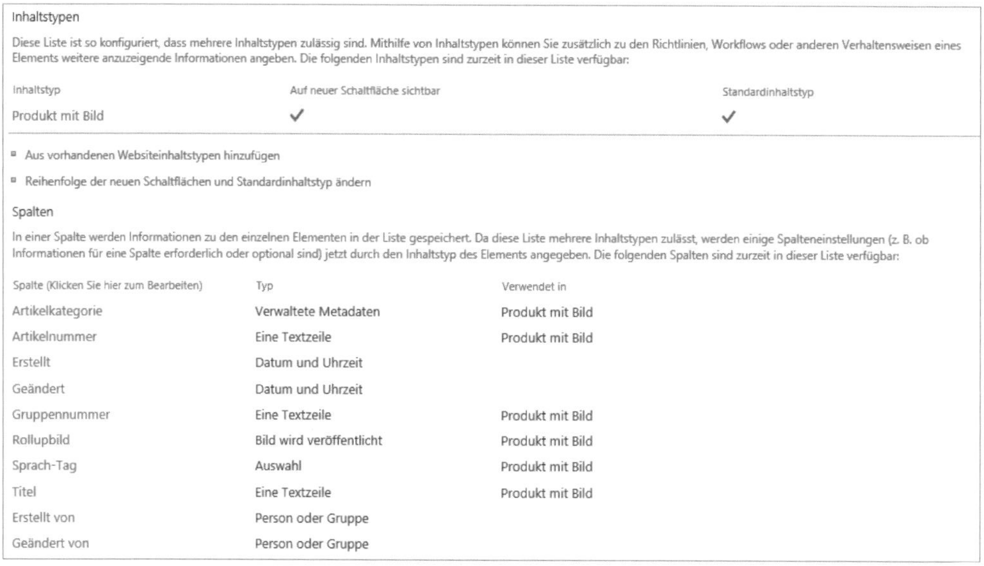

Inhaltstypen

Diese Liste ist so konfiguriert, dass mehrere Inhaltstypen zulässig sind. Mithilfe von Inhaltstypen können Sie zusätzlich zu den Richtlinien, Workflows oder anderen Verhaltensweisen eines Elements weitere anzuzeigende Informationen angeben. Die folgenden Inhaltstypen sind zurzeit in dieser Liste verfügbar:

Inhaltstyp	Auf neuer Schaltfläche sichtbar	Standardinhaltstyp
Produkt mit Bild	✓	✓

- Aus vorhandenen Websiteinhaltstypen hinzufügen
- Reihenfolge der neuen Schaltflächen und Standardinhaltstyp ändern

Spalten

In einer Spalte werden Informationen zu den einzelnen Elementen in der Liste gespeichert. Da diese Liste mehrere Inhaltstypen zulässt, werden einige Spalteneinstellungen (z. B. ob Informationen für eine Spalte erforderlich oder optional sind) jetzt durch den Inhaltstyp des Elements angegeben. Die folgenden Spalten sind zurzeit in dieser Liste verfügbar:

Spalte (Klicken Sie hier zum Bearbeiten)	Typ	Verwendet in
Artikelkategorie	Verwaltete Metadaten	Produkt mit Bild
Artikelnummer	Eine Textzeile	Produkt mit Bild
Erstellt	Datum und Uhrzeit	
Geändert	Datum und Uhrzeit	
Gruppennummer	Eine Textzeile	Produkt mit Bild
Rollupbild	Bild wird veröffentlicht	Produkt mit Bild
Sprach-Tag	Auswahl	Produkt mit Bild
Titel	Eine Textzeile	Produkt mit Bild
Erstellt von	Person oder Gruppe	
Geändert von	Person oder Gruppe	

Bild 6.5 Die Inhaltstypeinstellungen der Produktliste

Um Inhalte im SharePoint speichern zu können, muss es für den zu speichernden Inhalt eine Liste geben. Über die Spalten (Felder) der Liste wird definiert, welche Eigenschaften einem spezifischen Inhalt zugeordnet sind. In einer Kalenderliste ist z. B. definiert, dass ein Ereignis im Kalender einen Titel hat, einen Ort, ein Anfangs- und ein Enddatum etc. Neben der Definition der Inhaltstypen auf der Ebene der Liste bietet SharePoint eine abstraktere Ebene der Inhaltsdefinition an, die Websiteinhaltstypen. Hinter einem Websiteinhaltstyp steht keine Liste, das heißt noch kein konkreter Speicherort in SharePoint, sondern nur eine abstrakte Beschreibung eines zu speichernden Inhalts. Die Eigenschaften eines Websiteinhaltstyps werden über zugeordnete Websitespalten angegeben. Auch hierbei handelt es sich um eine abstrakte Definitionsebene. Websitespalten sind Spaltendefinitionen, die unabhängig von einer Liste existieren. Genauso wie Websiteinhaltstypen können auch Websitespalten den Listen zugeordnet werden.

Der Vorteil dieser abstrakten Definitionsebene liegt in der Vererbung der Eigenschaften. Wenn einer Liste ein Websiteinhaltstyp zugewiesen wird, werden der Liste die diesem Inhaltstyp zugewiesenen Spalten ebenfalls hinzugefügt. Streng genommen wird dabei ein Listeninhaltstyp erstellt, der mit dem Websiteinhaltstyp verbunden bleibt. Wenn danach dem Websiteinhaltstyp weitere Spalten zugeordnet werden, werden diese auch der Liste wieder hinzugefügt. Damit steht eine zentrale Verwaltungsebene zur Verfügung, über die sichergestellt werden kann, dass die in SharePoint gespeicherten Inhalte immer die gewünschten Eigenschaften enthalten.

Schon auf der abstrakten Ebene der Website können Inhaltstypen voneinander abgeleitet sein und Eigenschaften vererben. Dies gilt im hier beschriebenen Fall für den Inhaltstyp *Produkt mit Bild*, der vom Inhaltstyp *Produkt* abgeleitet ist.

Neben den Spaltendefinitionen können Websiteinhaltstypen auch weitere Eigenschaften beinhalten und an abgeleitete Inhaltstypen vererben. So können ihnen z. B. Workflows zugeordnet sein oder bei Dokumenteninhaltstypen spezifische Dokumentvorlagen.

Die oberste Ebene der Websiteinhaltstypen ist die Websitesammlung. Die hier angelegten Websiteinhaltstypen können auf allen Websites und Listen innerhalb der Websitesammlung verwendet werden. Websiteinhaltstypen, die auf einer untergeordneten Website angelegt werden, können nur in dieser Website und ihr wiederum untergeordneten Websites verwendet werden. Für eine farmweite Zentralisierung von Inhaltstypen kennt SharePoint noch die Möglichkeit, eine Websitesammlung als Inhaltstyphub zu definieren. Über diesen Verteilungsknoten können Inhaltstypen mithilfe des verwalteten Metadatendienstes für andere Websitesammlungen, die mit demselben Metadatendienst verbunden sind, veröffentlicht werden.

Zusätzliche Websitespalten erstellen und einem Inhaltstyp zuordnen

Wollten Frauke und Annette unterschiedliche Seminartypen anlegen, könnten sie dafür auch weitere Inhaltstypen auf Basis des Websiteinhaltstyps *Produkt* erstellen und diesen jeweils eigene Spalten hinzufügen. Da die Seminare bei der Besser Kommunizieren GmbH aber einheitlich beschrieben werden können, gehen Frauke Laurentz und Annette Müßig davon aus, dass sie mit dem Standardinhaltstyp auskommen. Ihnen fehlen nur zwei Spalten, eine für die Seminarbeschreibung und eine für die Seminardauer. Diese müssen sie als Websitespalten erstellen und dann dem Inhaltstyp *Produkt mit Bild* zuordnen. Dazu gehen sie wie folgt vor:

1. Frauke navigiert zu den Websiteeinstellungen des Seminarkatalogs und klickt dort im Abschnitt *Web-Designer-Kataloge* auf **WEBSITESPALTEN**.
2. Oberhalb der Liste der vorhandenen Websitespalten klickt sie auf **ERSTELLEN**, um eine neue Spalte zu definieren.
3. Als Erstes erstellt sie die Spalte für die Seminarbeschreibung, die sie auch genauso benennt. Als Spaltentyp wählt sie *Mehrere Textzeilen*.

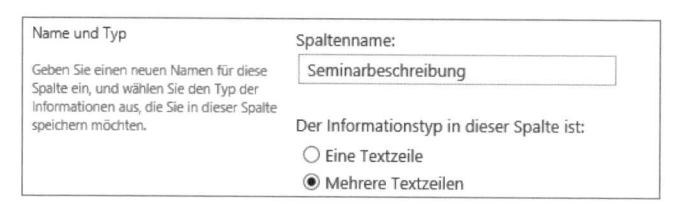

4. Sie ordnet die Spalte der Gruppe *Produktkatalogspalten* zu. Die Zuordnung dient der besseren Identifizierung der Spalte und hat keine technischen Auswirkungen.

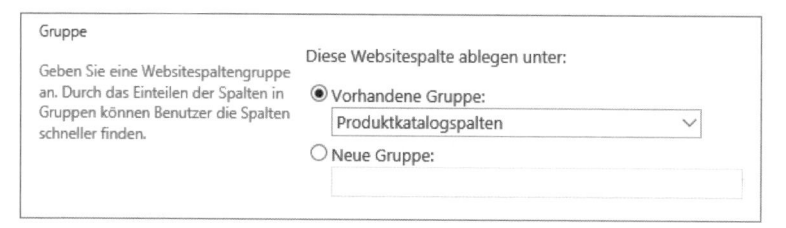

5. Für die Textlänge wählt sie 10 Zeilen, um ausreichend Platz für die Beschreibung zu haben. Außerdem lässt sie die erweiterten Rich-Text-Formatierungen zu, um Funktionen wie Fett- oder Kursivdruck verwenden zu können.

Zusätzliche Spalteneinstellungen

Bitte geben Sie die detaillierten Optionen für den von Ihnen ausgewählten Informationstyp an.

Beschreibung:

Diese Spalte muss Informationen enthalten:
○ Ja ● Nein

Unbegrenzte Länge in Dokumentbibliotheken zulassen:
○ Ja ● Nein

Anzahl der zu bearbeitenden Zeilen:
10

Geben Sie den zulässigen Texttyp an:
○ Nur-Text
● Rich-Text, erweitert (Rich-Text mit Bildern, Tabellen und Links)

Änderungen an vorhandenen Text anfügen
○ Ja ● Nein

6. Nachdem Frauke auf **OK** geklickt hat, erstellt sie eine weitere Spalte *Seminardauer* als Zahlspalte. Hier gibt sie in der Beschreibung der Spalte noch „Seminardauer in Tagen" an, damit deutlich ist, in welcher Einheit die Dauer angegeben wird. Diese Spalte legt sie ebenfalls in der Gruppe *Produktkatalogspalten* an.

Gruppe

Geben Sie eine Websitespaltengruppe an. Durch das Einteilen der Spalten in Gruppen können Benutzer die Spalten schneller finden.

Diese Websitespalte ablegen unter:
● Vorhandene Gruppe:
Produktkatalogspalten
○ Neue Gruppe:

Zusätzliche Spalteneinstellungen

Bitte geben Sie die detaillierten Optionen für den von Ihnen ausgewählten Informationstyp an.

Beschreibung:
Seminardauer in Tagen

Diese Spalte muss Informationen enthalten:
○ Ja ● Nein

Eindeutige Werte erzwingen:
○ Ja ● Nein

Sie können einen Minimal- und einen Maximalwert festlegen:
Min: Max:

Anzahl Dezimalstellen:
Automatisch

Standardwert:
● Zahl ○ Berechneter Wert

☐ Als Prozentsatz anzeigen (zum Beispiel 50 %)

7. Nun müssen die Spalten noch dem Websiteinhaltstyp *Produkt mit Bild* hinzugefügt werden. Frauke navigiert also zurück zu den Websiteeinstellungen und klickt im Abschnitt *Web-Designer-Kataloge* auf **WEBSITEINHALTSTYPEN**.

8. In der Liste der Websiteinhaltstypen scrollt sie nach unten bis zur Gruppe *Produkt-Inhaltstypen*. Dort findet sie zwei vordefinierte Inhaltstypen, *Produkt* und *Produkt mit Bild*.

Produktkatalog-Inhaltstypen		
Produkt	Element	Seminarkatalog
Produkt mit Bild	Produkt	Seminarkatalog

9. Der Inhaltstyp *Produkt mit Bild* wurde in der Produktliste verwendet. Frauke vermutet, dass die Artikelspalten auf dem Inhaltstyp *Produkt* definiert sind und an den davon abgeleiteten Inhaltstyp *Produkt mit Bild* vererbt werden. Sie prüft das, indem sie in der Liste der Websiteinhaltstypen auf **PRODUKT MIT BILD** klickt, um die Informationen zum Inhaltstyp anzuzeigen. Wie erwartet sind dort unter *Quelle* die entsprechenden Vererbungen eingetragen. Nur die Spalte *Rollupbild* ist direkt an diesem Inhaltstyp definiert.

Informationen zum Websiteinhaltstyp

Name: Produkt mit Bild
Beschreibung: Inhaltstyp für Produkte mit Bildern.
Übergeordnetes Element: Produkt
Gruppe: Produktkatalog-Inhaltstypen

Einstellungen

- Name, Beschreibung und Gruppe
- Erweiterte Einstellungen
- Workfloweinstellungen
- Diesen Websiteinhaltstyp löschen
- Einstellungen für die Informationsverwaltungsrichtlinie
- Dokumentkonvertierung für diesen Inhaltstyp verwalten

Spalten

Name	Typ	Status	Quelle
Titel	Eine Textzeile	Erforderlich	Element
Artikelnummer	Eine Textzeile	Optional	Produkt
Gruppennummer	Eine Textzeile	Optional	Produkt
Sprach-Tag	Auswahl	Optional	Produkt
Rollupbild	Bild wird veröffentlicht	Optional	
Artikelkategorie	Verwaltete Metadaten	Optional	Produkt

10. Daher entschließt Frauke sich, die neuen Spalten dem Inhaltstyp *Produkt* zuzuordnen und von dort an die abgeleiteten Inhaltstypen zu vererben. Die Spalten sollen schließlich für alle Seminarangebote verwendet werden. Sie klickt also in den Inhaltstypinformationen auf das übergeordnete Element **PRODUKT**.

11. Unterhalb der Spaltenauflistung klickt sie dann auf **AUS VORHANDENEN WEBSITE-SPALTEN HINZUFÜGEN** und wählt dann aus der Gruppe *Produktkatalogspalten* die neu erstellten Spalten aus und klickt auf **HINZUFÜGEN**.

12. Sie vergewissert sich noch, dass die Aktualisierung der abgeleiteten Inhaltstypen auf *Ja* steht und klickt auf **OK**.

13. In den Informationen zum Inhaltstyp klickt sie nun unten auf **SPALTENREIHENFOLGE** und verschiebt die neuen Spalten an die vierte und fünfte Position, um sie in den Listenformularen an der entsprechenden Position anzeigen zu lassen.

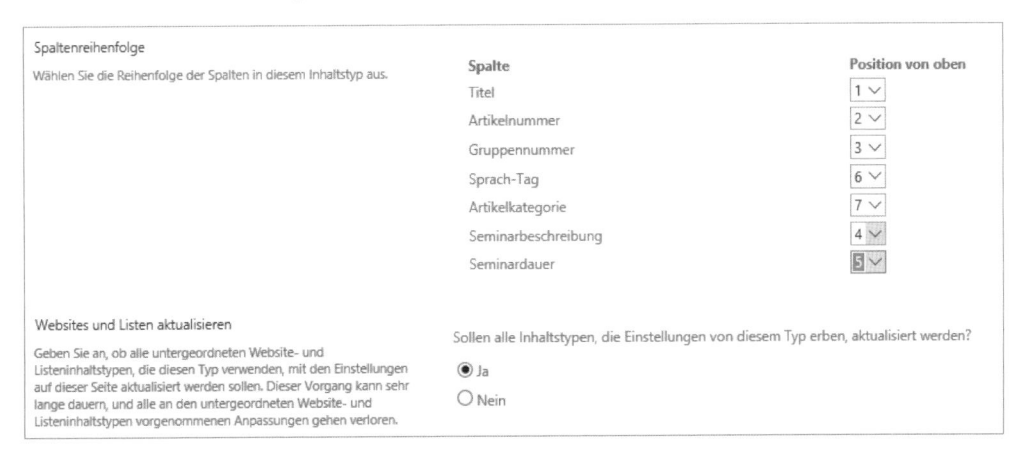

14. Abschließend prüft sie wieder die Einstellungen am Inhaltstyp *Produkt mit Bild*. Hier sind die neun Spalten nun auch eingetragen.

Informationen zum Websiteinhaltstyp
Name: Produkt mit Bild
Beschreibung: Inhaltstyp für Produkte mit Bildern.
Übergeordnetes Element: Produkt
Gruppe: Produktkatalog-Inhaltstypen

Einstellungen

- Name, Beschreibung und Gruppe
- Erweiterte Einstellungen
- Workfloweinstellungen
- Diesen Websiteinhaltstyp löschen
- Einstellungen für die Informationsverwaltungsrichtlinie
- Dokumentkonvertierung für diesen Inhaltstyp verwalten

Spalten

Name	Typ	Status	Quelle
Titel	Eine Textzeile	Erforderlich	Element
Artikelnummer	Eine Textzeile	Optional	Produkt
Gruppennummer	Eine Textzeile	Optional	Produkt
Seminarbeschreibung	Mehrere Textzeilen	Optional	Produkt
Seminardauer	Zahl	Optional	Produkt
Sprach-Tag	Auswahl	Optional	Produkt
Artikelkategorie	Verwaltete Metadaten	Optional	Produkt
Rollupbild	Bild wird veröffentlicht	Optional	

15. Auch an das Listenformular sind die Einstellungen wie gewünscht vererbt worden.

Für Elemente in dieser Liste ist eine Inhaltsgenehmigung erforderlich. Ihre Einsendung wird erst in öffentlichen Ansichten angezeigt, wenn sie von einem Benutzer mit den entsprechenden Rechten genehmigt wurde. Weitere Informationen zur Inhaltsgenehmigung.

Titel *

Artikelnummer *
Der eindeutige Bezeichner für jedes separate Element.

Gruppennummer
Der eindeutige Bezeichner für jede Gruppe unterschiedlicher Elemente.

Seminarbeschreibung

Seminardauer
Seminardauer in Tagen

Sprach-Tag

Damit sind die erforderlichen Einstellungen in der Liste definiert. Nun müssen Frauke und Annette den Metadatenbaum für die Klassifizierung der Seminare anlegen. Zuerst erstellen sie einen Plan für die Kategorien. Dabei sehen sie zwei Grundkategorien vor, Technologieseminare und Managementseminare. Innerhalb der Technologieseminare werden zuerst die Hersteller und anschließend die Produkte unterschieden. Für die Managementseminare soll es vorerst nur eine weitere Klassifikationsebene nach Themenbereichen geben. Der vollständige Metadatenbaum sieht wie folgt aus:

- Technologieseminare
  - Microsoft
    - SharePoint
    - Exchange
    - Skype for Business
    - Windows Server
    - SQL Server
    - Active Directory
- Managementseminare
  - Projektmanagement
  - Kommunikation
  - Change Management

Dieser Metadatenbaum muss in den Ausdruckssatz für die Produkthierarchie eingetragen werden. Der entsprechende Ausdruckssatz ist durch die Websitevorlage in der Websitesammlung vordefiniert. Frauke öffnet daher die Terminologiespeicherverwaltung.

1. Sie navigiert zu den Websiteeinstellungen des Seminarkatalogs und klickt dort im Abschnitt *Websiteverwaltung* auf **TERMINOLOGIESPEICHERVERWALTUNG**.

2. In der *Terminologiespeicherverwaltung* öffnet sie die Navigationsstruktur links so weit, bis sie im Knoten für ihre Websitesammlung den Ausdruckssatz *Produkthierarchie* findet.

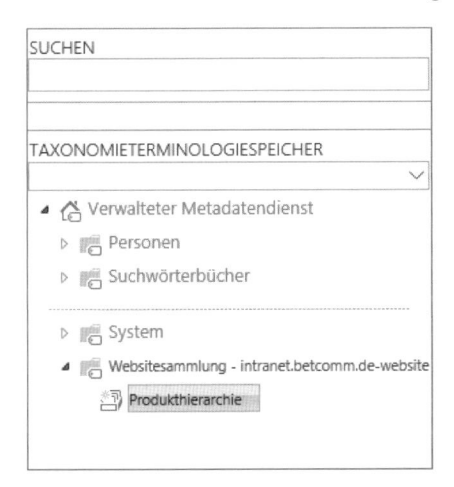

3. Frauke zeigt auf den Eintrag *Produkthierarchie* und klickt dann rechts auf den kleinen schwarzen Pfeil. Im Kontextmenü klickt sie auf **AUSDRUCK ERSTELLEN**.

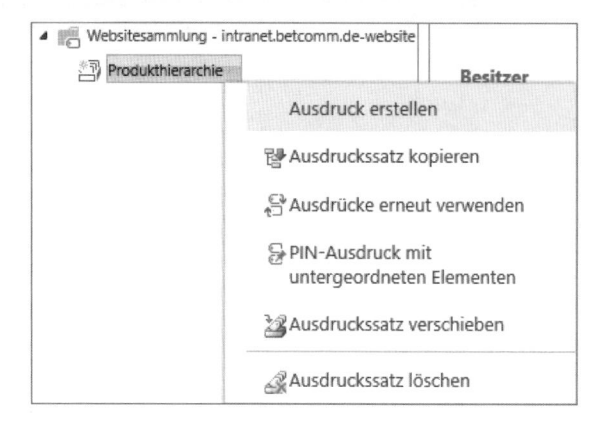

4. Als neuen Ausdruck gibt sie „Technologieseminare" ein, drückt die Eingabetaste und kann dann direkt den nächsten Ausdruck „Managementseminare" eingeben. Um einen Unterausdruck zu erstellen, zeigt sie auf den übergeordneten Ausdruck, klickt wieder auf den kleinen schwarzen Pfeil rechts und kann dann den neuen Ausdruck eingeben. Durch Drücken der Eingabetaste wird jeweils ein neuer Ausdruck auf derselben Gliederungsebene erstellt. Der vollständige Baum sieht wie folgt aus:

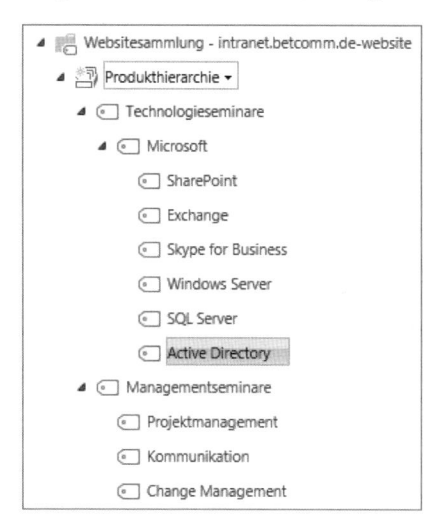

Damit dieser Metadatenbaum auch von der Zielwebsitesammlung, dem Veröffentlichungsportal, gelesen werden kann, muss Frauke eine letzte Einstellung vornehmen. Auf dem Knoten der Websitesammlung des Terminologiespeichers wird die URL des Veröffentlichungsportals in die Zugriffsliste eingetragen.

Dazu markiert Frauke im Baum links den Knoten für die Websitesammlung und trägt dann rechts im Feld *Zugriff auf die Websitesammlung* die URL des Portals *https://www.betcomm.de* ein (Bild 6.6).

Bild 6.6 Den Zugriff auf die Websitesammlung festlegen

Als Voraussetzung für das Einrichten der Produktkatalog-Verbindung und um die Arbeitsweise testen zu können, legt Frauke zwei Seminareinträge im Produktkatalog an. Das Kategorienfeld greift wie gewünscht auf die Produkthierarchie zu und bietet bei der Eingabe passende Einträge an (Bild 6.7).

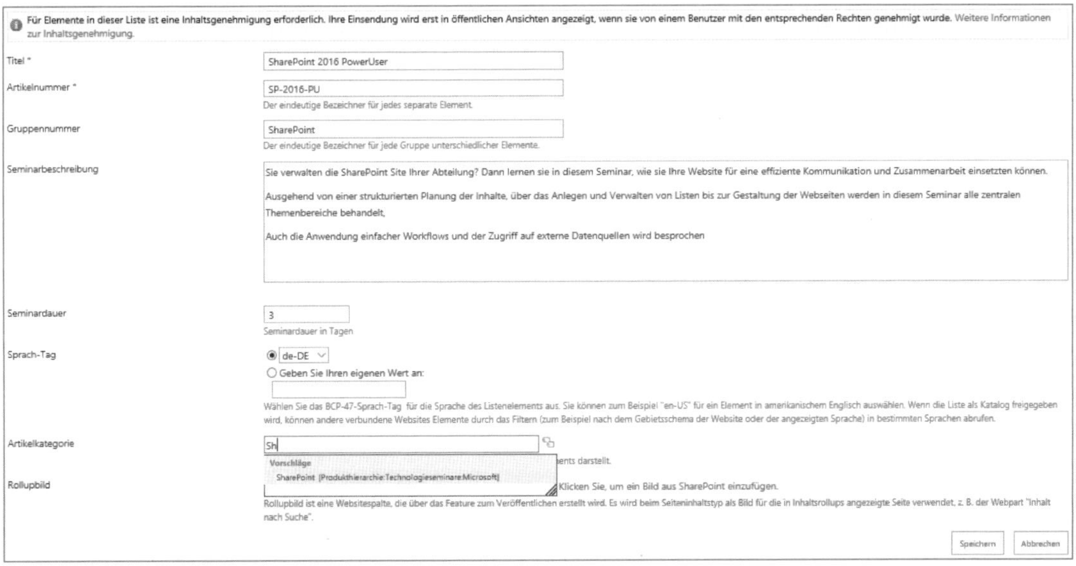

Bild 6.7 Ein neuer Seminareintrag

Für die Rollupbilder nutzt Frauke die Bildbibliothek *Bilder der Websitesammlung* in der Veröffentlichungswebsite (also der Site *www.betcomm.de*). Sie hat vorab einige Bilder in die Bildbibliothek hochgeladen.

> Bei der Veröffentlichung der Inhalte werden die URLs der Bildverweise an die Veröffentlichungswebsite als relative URLs weitergegeben. Das führt dazu, das die Bildverweise nicht gefunden werden, wenn die Bilder in einer Bildbibliothek auf der Website, in der die Produktinhalte liegen, gespeichert werden. Verweisen die URLs aber auf die Zielwebsite, werden die Bilder problemlos gefunden. Daher ist es sinnvoll, die Bilder direkt auf der Veröffentlichungswebsite zu speichern und in den Produkteigenschaften darauf zu verweisen.
>
> Das ist sicherlich noch ein kleines Handicap in der Arbeit mit einem Produktkatalog und erschwert auch das Einbinden der Bilder. Diese Vorgehensweise verhindert aber, dass die Produkte nach der Veröffentlichung noch einmal angepasst werden müssen.

Nach der Auswahl des Rollupbildes im Seminareintrag kann Frauke einige Detaileinstellungen setzen, die bei der Präsentation des Bildes auf der Veröffentlichungssite angewendet werden, wie z. B. die Auflösung und die Größe des Bildes anpassen (Bild 6.8).

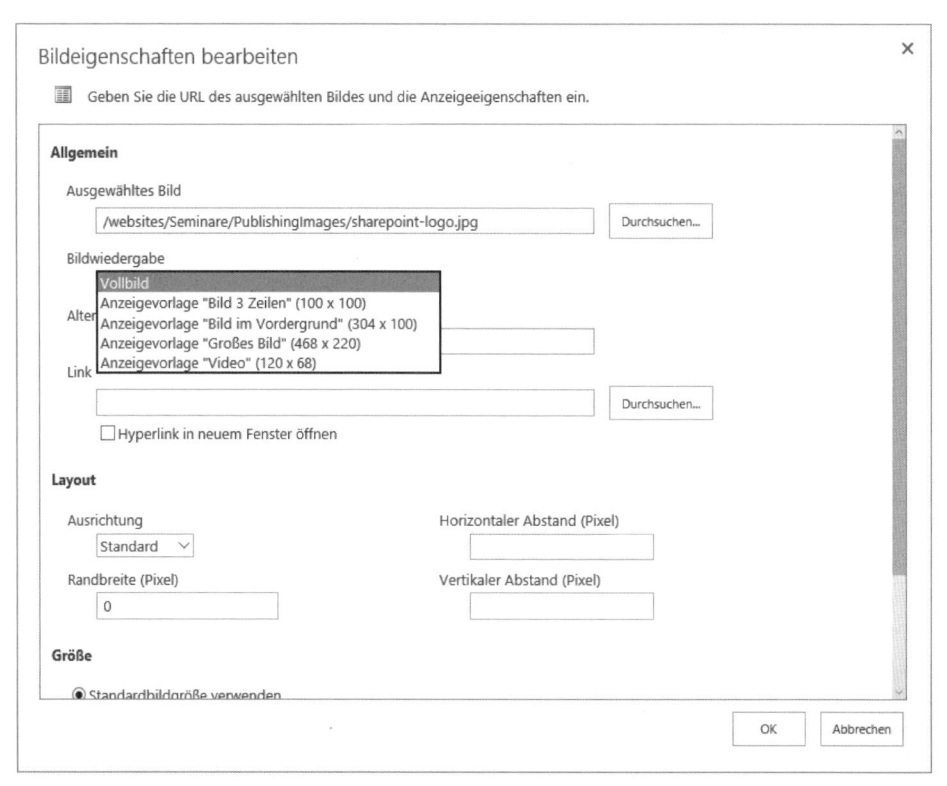

Bild 6.8 Einstellungen für die Bildwiedergabe im Produktkatalog

Da im Produktkatalog standardmäßig die Inhaltsgenehmigung aktiviert ist, muss Frauke die beiden Einträge nach dem Anlegen noch genehmigen, damit sie verwendet werden können. Dies geschieht wieder über das Kontextmenü der Einträge (...), in dem der Eintrag GENEHMIGEN/ABLEHNEN anzuklicken ist, um das Genehmigungsformular zu öffnen. Frauke setzt den Genehmigungsstatus beider Elemente auf *Genehmigt*.

Bibliothek als Katalog freigeben

Im letzten Schritt ist nun die Seminarliste als Produktkatalog für andere Websites freizugeben. Dazu wechselt Frauke in die Listeneinstellungen.

1. Im linken Abschnitt *Allgemeine Einstellungen* klickt Frauke auf den letzten Eintrag KATALOGEINSTELLUNGEN.
2. In den Katalogeinstellungen aktiviert sie zunächst die Option DIESE BIBLIOTHEK ALS KATALOG FREIGEBEN.
3. Anschließend möchte sie den anonymen Zugriff aktivieren, da die Listenelemente auf einer öffentlichen Website auch von anonymen Benutzern angezeigt werden sollen.
4. Zur eindeutigen Identifizierung der Elemente können maximal fünf Felder der Liste verwendet werden. Frauke entscheidet sich für die Felder *Artikelkategorie*, *Gruppennummer* und *Artikelnummer*.
5. Die Navigationshierarchie soll über die Produkthierarchie gesteuert werden. Da diese mit dem Feld *Artikelkategorie* verbunden ist, wählt sie das Feld auch als Navigationsspalte aus. Da es in Fraukes Liste auch nur ein hierarchisches Auswahlfeld gibt, ist es auch die einzige zur Verfügung stehende Option. Den Zugriff für die Zielwebsite hatte Frauke nach der Erstellung der Hierarchieausdrücke eingerichtet, so dass die Spalte auch von der Veröffentlichungswebsite gelesen werden kann. Die angezeigte Warnung im Dialogfeld kann sie daher ignorieren. Die vollständigen Einstellungen sehen wie folgt aus:

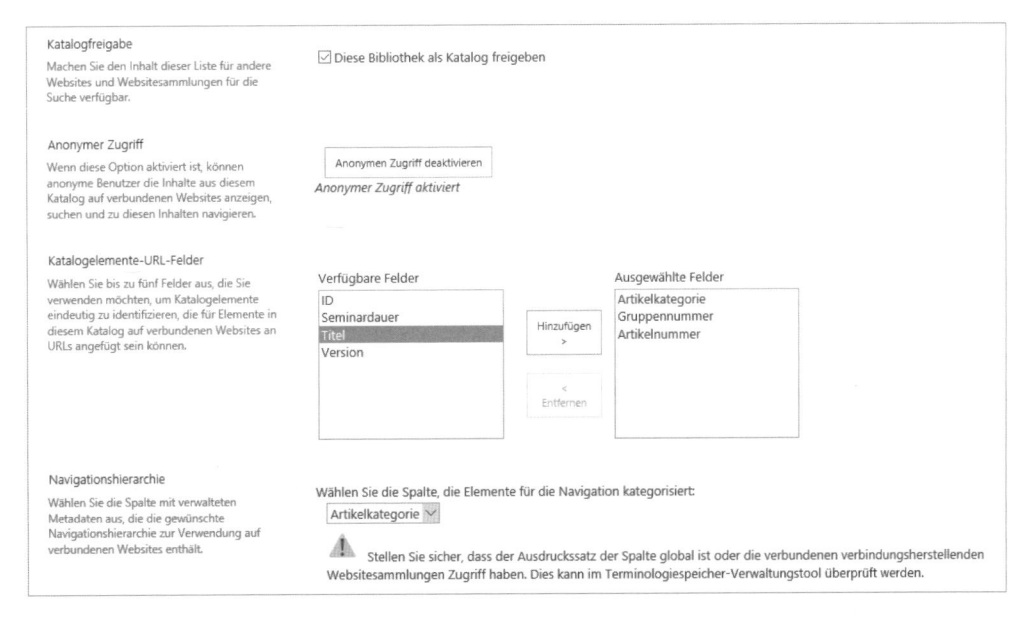

6. Abschließend stößt Frauke noch eine Neuindizierung der Liste an. Dazu klickt sie oberhalb der Katalogeinstellungen auf SEITE „ERWEITERTE EINSTELLUNGEN", um die erweiterten Einstellungen der Liste zu öffnen.

> **Liste neu indizieren**
>
> Gehen Sie zur Seite "Erweiterte Einstellungen", um die Suchindizierung zu aktivieren bzw. zu deaktivieren oder um eine Neuindizierung des gesamten Inhalts auszulösen.
>
> Seite "Erweiterte Einstellungen"

7. In den erweiterten Einstellungen der Liste klickt sie anschließend ungefähr in der Mitte der Einstellungen auf LISTE NEU INDIZIEREN, um die Listenelemente in den Suchindex aufzunehmen.

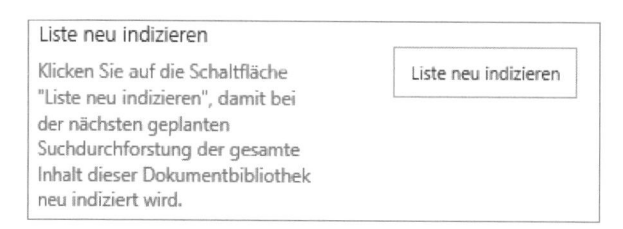

> **Liste neu indizieren**
>
> Klicken Sie auf die Schaltfläche "Liste neu indizieren", damit bei der nächsten geplanten Suchdurchforstung der gesamte Inhalt dieser Dokumentbibliothek neu indiziert wird.
>
> Liste neu indizieren

8. Die anschließende Warnung akzeptiert Frauke, indem sie im Warnungsdialog nochmal auf LISTE NEU INDIZIEREN klickt.

Nachdem damit der Produktkatalog soweit vorbereitet ist, sind nun die Einstellungen auf der anderen Seite der Verbindung, der Veröffentlichungssite vorzunehmen. Dort ist die Katalogverbindung anzulegen und zu konfigurieren. Bevor das aber geschehen kann, muss der Produktkatalog einmal von der SharePoint-Suche durchforstet werden. Frauke bittet daher Stefan, die Durchforstung anzustoßen.

Vollständige Durchforstung der Produktliste anstoßen

1. Stefan loggt sich in der Zentraladministration des SharePoint ein und klickt auf der Startseite der Zentraladministration im Bereich *Anwendungsverwaltung* auf DIENSTANWENDUNGEN VERWALTEN. In der Liste der Dienstanwendungen klickt er auf den Namen der Suchdienstanwendung. Bei der Besser Kommunizieren GmbH heißt sie *Betcomm Search*.

Betcomm Search	Suchdienstanwendung	Gestartet
Betcomm Search	Suchdienst-Anwendungsproxy	Gestartet

2. In der Suchverwaltung klickt er nun links im Abschnitt *Durchforstung wird ausgeführt* auf den Link INHALTSQUELLEN

> Durchforstung wird ausgeführt.
> Inhaltsquellen
> Durchforstungsregeln
> Servernamenszuordnungen
> Dateitypen
> Index zurücksetzen
> Anhalten/Fortsetzen
> Regeln für Crawlerauswirkungen

3. Stefan zeigt mit der Maus auf die Inhaltsquelle *Lokale SharePoint-Websites*, klickt auf den kleinen schwarzen Pfeil und dann im Kontextmenü auf VOLLSTÄNDIGE DURCHFORSTUNG STARTEN.

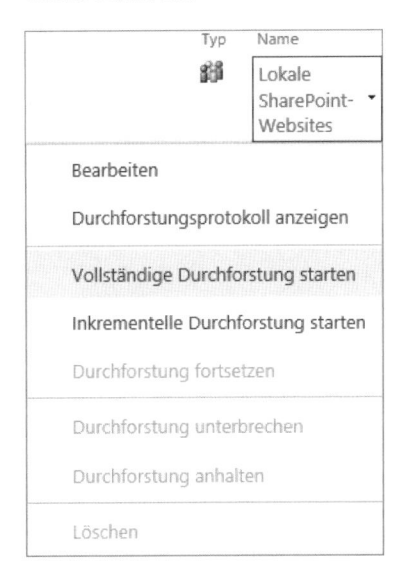

Typ	Name
👥	Lokale SharePoint-Websites ▼

- Bearbeiten
- Durchforstungsprotokoll anzeigen
- **Vollständige Durchforstung starten**
- Inkrementelle Durchforstung starten
- Durchforstung fortsetzen
- Durchforstung unterbrechen
- Durchforstung anhalten
- Löschen

4. Die Meldung der Website bestätigt er mit OK. Anschließend aktualisiert er die Webseite, bis hinter der Inhaltsquelle wieder *Im Leerlauf* (Idle) angezeigt wird.

Typ	Name	Status	Dauer der aktuellen Durchforstung	Dauer der letzten Durchforstung	Letzte abgeschlossene Durchforstung	Nächste vollständige Durchforstung
👥	Lokale SharePoint-Websites	Im Leerlauf		00:03:30	24.05.2016 14:52:25	25.05.2016 00:00

Damit ist die Durchforstung abgeschlossen und Frauke kann sich nun um die öffentliche Website kümmern.

Verbindung mit der Produktliste herstellen

Nachdem Stefan Frauke und Annette der Gruppe der Websitebesitzer der öffentlichen Website hinzugefügt hat, öffnet Frauke die Site über die URL *https://www.betcomm.de*. Zwei grundlegende Dinge sind hier zu erledigen.

- Da die öffentliche Website nicht nur den Seminarkatalog, sondern später auch die Angebote der Projektabteilung sowie allgemeine Informationen zum Unternehmen darbieten soll, muss Frauke einen Navigationslink erstellen, unter dem der Seminarkatalog erreichbar sein wird.
- Die Verbindung mit dem Katalog muss eingerichtet und konfiguriert werden.

Frauke beginnt mit der Einrichtung des Navigationslinks

1. Sie öffnet die Websiteeinstellungen der Website. Im Abschnitt *Websiteverwaltung* klickt sie zuerst auf TERMINOLOGIESPEICHERVERWALTUNG.

2. Hier wird im Knoten *Websitesammlung – www.betcomm.de* ein Ausdruckssatz *Websitenavigation* angeboten. Dieser Ausdruckssatz steuert die Navigation der Website, das heißt er bestimmt Verfügbarkeit und die Hierarchie der Navigationseinträge.

3. Unterhalb dieses Knotens legt Frauke einen Ausdruck *Seminarkatalog* an. Darunter sollen alle Seminarseiten erstellt werden.

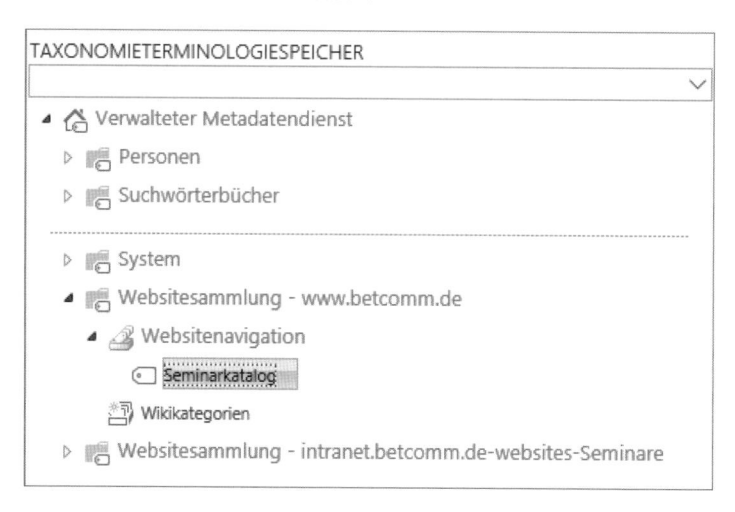

```
TAXONOMIETERMINOLOGIESPEICHER
                                                                    ⌄
▲ 🏠 Verwalteter Metadatendienst
    ▷ 📁 Personen
    ▷ 📁 Suchwörterbücher
    ▷ 📁 System
    ▲ 📁 Websitesammlung - www.betcomm.de
        ▲ 🧩 Websitenavigation
             ● Seminarkatalog
             🗐 Wikikategorien
    ▷ 📁 Websitesammlung - intranet.betcomm.de-websites-Seminare
```

4. Sie erkennt dabei, dass die Websitesammlung auch die Metadaten aus dem Produktkatalog eingebunden hat. Die Websitesammlung *Intranet – Seminare* wird im Terminologiespeicher ebenfalls aufgeführt.

5. Um die Katalogverbindung herzustellen, navigiert Frauke zurück zu den Websiteeinstellungen der Site und klickt dort im Abschnitt *Websiteverwaltung* auf **KATALOGVERBINDUNGEN VERWALTEN**.

6. Im Fenster *Katalogverbindungen verwalten* klickt sie auf den Link **MIT EINEM KATALOG VERBINDEN**.

```
✎ LINKS BEARBEITEN

Websiteeinstellungen · Katalogverbindungen verwalten ⓘ

Mit einem Katalog verbinden
```

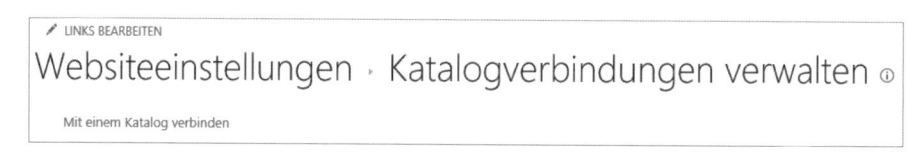

7. Der von ihr eingerichtete Seminarkatalog wird in der Liste der verfügbaren Kataloge angezeigt. Frauke klickt rechts neben der URL auf **VERBINDEN**.

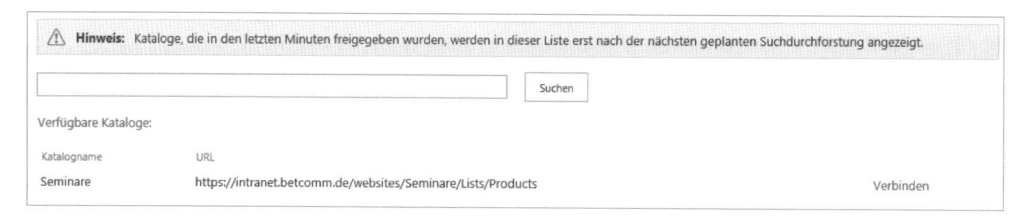

⚠ Hinweis:	Kataloge, die in den letzten Minuten freigegeben wurden, werden in dieser Liste erst nach der nächsten geplanten Suchdurchforstung angezeigt.	
	[ ] Suchen	
Verfügbare Kataloge:		
Katalogname	URL	
Seminare	https://intranet.betcomm.de/websites/Seminare/Lists/Products	Verbinden

8. Vier Einstellungen steuern das Verhalten der Katalogverbindung. Zuerst muss Frauke entscheiden, in welcher Weise der Seminarkatalog eingebunden werden soll. Sie hat die Möglichkeit, den Katalog vollständig als integrativen Bestandteil des Websitecontents zu integrieren oder ihn nur als Inhaltsquelle für Suchwebparts und andere Funktionen zur Verfügung zu stellen. Frauke entscheidet sich für die vollständige Integration. Ihr Ziel ist es, über die Pflege des Katalogs direkt neue Inhalte auf der Website veröffentlichen zu können.

   Mit der Aktivierung der zweiten Option würden die Inhalte des Katalogs im Portal zwar anzeigbar sein, aber nicht über eigene Seiten dargestellt werden. Das heißt, wenn ein Besucher auf ein entsprechendes Element klickt, wird er auf die Formularseiten des Produktkatalogs geleitet. Die Option ist dann hilfreich, wenn mehrere Produktkataloge über denselben Metadatenbaum eingebunden werden. Mit der vollständigen Integration des ersten Katalogs werden die Seiten definiert, die zum Anzeigen der Elemente genutzt werden sollen. Jeder weitere einzubindende Katalog greift dann auf dieselben Seitendefinitionen zu.

9. Als Nächstes muss Frauke festlegen, wie die Einbindung in die Navigation erfolgen soll. Hier verwendet sie den vorab definierten Navigationseintrag *Seminarkatalog* als übergeordnetes Navigationselement. Einen Stammbegriff aus der Hierarchie kann sie nicht verwenden, da beide Stammbegriffe des Katalogs, Managementseminare und Technologieseminare, als Kategorien verwendet werden sollen.

10. Die dritte Einstellung legt fest, wie SharePoint die URLs zu den Katalogeinträgen generieren soll. Obwohl der Katalog dieselbe Webseite für die Darstellung aller Inhalte verwendet, wird für jedes Element im Katalog eine eigene benutzerfreundliche URL erstellt. Wenn die Benutzer dann zu den einzelnen Elementen des Kataloges navigieren, wird diese URL als Adresse im Browser angezeigt.

Frauke entscheidet sich für eine spezifische URL, die neben dem Seminartyp (dieser steht im Feld *Gruppennummer*) noch die Artikelnummer umfasst. Die über die Metadaten zugeordneten Artikelkategorien werden über den Navigationsbaum in die URL eingebunden. Daher hat Frauke sie aus den URL-Feldern entfernt).

Mit diesen Einstellungen lautet eine vollständige URL zu einem Katalogelement z. B.: *https://www.betcomm.de/seminarkatalog/technologieseminare/microsoft/exchange/Admin/EXCH-16-Admin*. Die einzelnen Token der URL kann Frauke später zur Definition der Suchwebparts verwenden.

11. Die letzten beiden Einstellungen auf der Seite lässt Frauke unverändert. Sie möchte die erforderlichen Seitenlayouts für die Produktdarstellung von SharePoint selbst erstellen lassen.

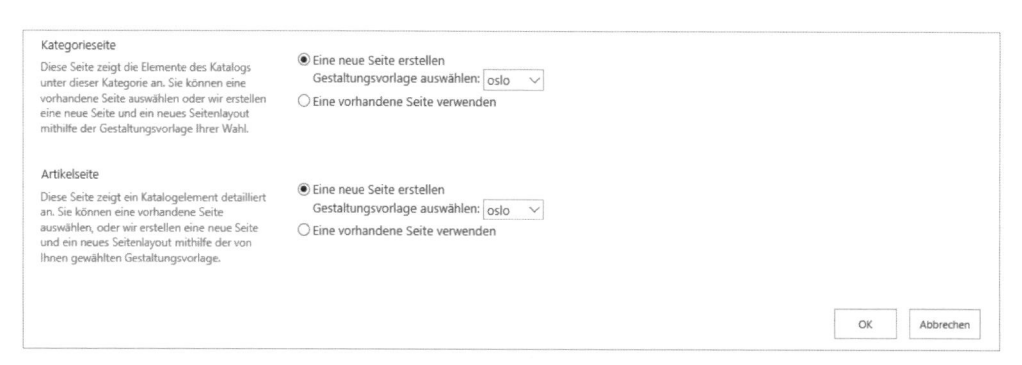

Damit ist die Verbindung zum Produktkatalog eingerichtet und Frauke kümmert sich anschließend um die Darstellung der Produkte auf den Webseiten.

Im Veröffentlichungsportal werden die Produkte mithilfe von Suchwebparts eingebunden. Die Präsentation der Suchergebnisse in den Suchwebparts basiert auf Anzeigevorlagen

(Display Templates). Über die Anzeigevorlagen wird gesteuert, welche Eigenschaften der Elemente dem Benutzer im Ergebnis angezeigt werden und wie sie dargestellt werden. Als Eigenschaften sind dabei nur verwaltete Eigenschaften (Managed Properties) der SharePoint-Suche verwendbar. Die SharePoint-Suche indiziert in der Regel alle Spalten in den Listen und hält damit alle Eigenschaften der Elemente im Index. Benutzerdefinierte Eigenschaften können aber, im Gegensatz zu vielen Standardeigenschaften von SharePoint-Elementen, nicht direkt abgefragt werden und explizit als Eigenschaftenfelder in den Suchergebnissen zurückgeliefert werden.

Für weitergehende Aufgaben der Suche, wie z.B. die Verfeinerung der Ergebnisse oder die Präsentation von Ergebnissen können nur verwaltete Eigenschaften verwendet werden. Verwaltete Eigenschaften verweisen aber auf die durchsuchten Eigenschaften (Crawled Properties) im Index. Damit also benutzerdefinierte Eigenschaften in den Suchergebnissen spezifisch abgefragt werden können, müssen sie entsprechenden verwalteten Eigenschaften zugeordnet werden. SharePoint bietet dabei die Möglichkeit, sowohl die vorhandenen verwalteten Eigenschaften anzupassen, als auch neue verwaltete Eigenschaften zu erstellen.

Damit also die Seminarbeschreibung, die Frauke als neue Spalte im Produktkatalog angelegt hat, für die Suchergebnisse verwendet werden kann, muss sie sie einer verwalteten Eigenschaft zuordnen. Da es schon eine verwaltete Eigenschaft *Description* im Standardsuchschema von SharePoint gibt, hält Frauke es für sinnvoll, diese auch für die Seminarbeschreibung zu verwenden.

Die Verwaltung der Eigenschaften erfolgt im Suchschema. Dieses lässt sich sowohl auf Farmebene als auch auf Websitesammlungsebene anpassen. Da die Seminareigenschaften websiteübergreifend verwendet werden, lässt Frauke die benötigten Einstellungen von Stefan auf Farmebene vornehmen.

Produkteigenschaften für die Suche vorbereiten

1. Stefan navigiert dazu zur Zentraladministration des SharePoint und öffnet über die Verwaltung der Dienstanwendungen die Suchdienstverwaltung.

2. Links in der Navigation klickt Stefan im Abschnitt *Abfragen und Ergebnisse* auf den Eintrag **SUCHSCHEMA**. Dieser öffnet die Auflistung der verwalteten Eigenschaften. Die Zuordnungen von durchforsteten Eigenschaften zu verwalteten Eigenschaften lassen sich sowohl über die verwalteten Eigenschaften als auch über die durchforsteten Eigenschaften einstellen. Da sich Stefan nicht sicher ist, unter welchem Namen die Eigenschaft *Seminarbeschreibung* indiziert wurde, wählt er den Weg über die durchforsteten Eigenschaften. Dazu klickt er auf der Seite *Verwaltete Eigenschaften* oben auf **DURCHFORSTETE EIGENSCHAFTEN**.

```
Betcomm Search: Verwaltete Eigenschaften

Verwaltete Eigenschaften | Durchforstete Eigenschaften | Kategorien                    1-50 | ▶

Verwenden Sie diese Seite, um verwaltete Eigenschaften anzuzeigen, zu erstellen oder zu ändern, sowie um durchforstete Eigenschaften zu verwalteten Eigenschaften zuzuordnen. Durchforstete Eigenschaften werden automatisch aus dem durchforsteten Inhalt extrahiert. Sie können verwaltete Eigenschaften verwenden, um Suchergebnisse einzuschränken und den Inhalt von Eigenschaften in Suchergebnissen darzustellen. Änderungen an Eigenschaften werden erst nach der nächsten vollständigen Durchforstung übernommen. Beachten Sie, dass die Einstellungen, die Sie anpassen können, von Ihrer aktuellen Berechtigungsstufe abhängig sind.

Filter
Verwaltete Eigenschaft [            ]
              ➔
```

3. Auf der Seite *Durchforstete Eigenschaften* gibt Stefan im Filterfeld den Begriff *Seminarbeschreibung* ein und klickt darunter auf den grünen Pfeil, um nach der Eigenschaft zu suchen. Es werden alle durchforsteten Eigenschaften aufgelistet, die auf diesem Spaltennamen basieren.

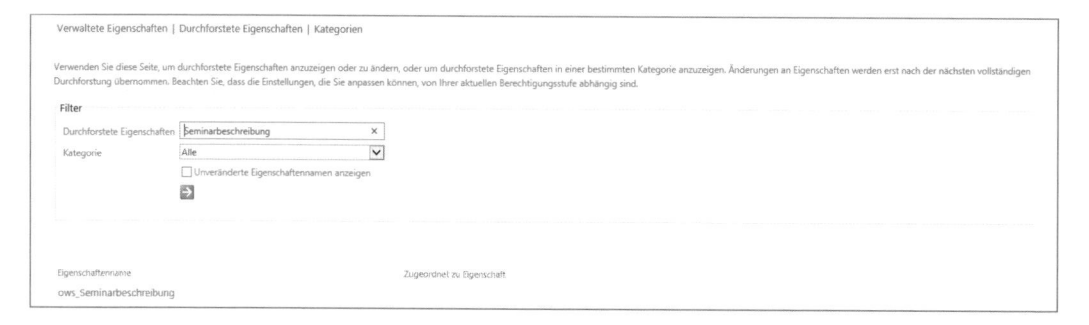

```
Verwaltete Eigenschaften | Durchforstete Eigenschaften | Kategorien

Verwenden Sie diese Seite, um durchforstete Eigenschaften anzuzeigen oder zu ändern, oder um durchforstete Eigenschaften in einer bestimmten Kategorie anzuzeigen. Änderungen an Eigenschaften werden erst nach der nächsten vollständigen Durchforstung übernommen. Beachten Sie, dass die Einstellungen, die Sie anpassen können, von Ihrer aktuellen Berechtigungsstufe abhängig sind.

Filter
Durchforstete Eigenschaften [Seminarbeschreibung  ×]
Kategorie                   [Alle                ▼]
                            ☐ Unveränderte Eigenschaftennamen anzeigen
              ➔

Eigenschaftenname                        Zugeordnet zu Eigenschaft
ows_Seminarbeschreibung
```

4. Um die Zuordnung der Eigenschaft zu einer verwalteten Eigenschaft zu ändern, klickt Stefan auf den Eigenschaftennamen, also **OWS_SEMINARBESCHREIBUNG**. Auf der Verwaltungsseite der Eigenschaft klickt er rechts auf **ZUORDNUNG HINZUFÜGEN**.

```
Auf dieser Seite können Sie die Einstellungen der Eigenschaft anzeigen oder ändern. Beachten Sie, dass die Einstellungen, die Sie anpassen können, von Ihrer aktuellen Berechtigungsstufe abhängig sind.

Name und Informationen
Der Name und die Beschreibung der durchforsteten    Eigenschaftenname: ows_Seminarbeschreibung
Eigenschaft. Diese Informationen werden über den Filter oder
den Protokollhandler ausgegeben.                    Kategorie: SharePoint
                                                    Eigenschaftensatz-ID: 00130329-0000-0130-c000-000000131346

Zuordnungen zu verwalteten Eigenschaften
Diese Eigenschaft zu mindestens einer verwalteten Eigenschaft
zuordnen.
                                                                                    [ Zuordnung hinzufügen ]
                                                                                    [ Zuordnung entfernen  ]
```

5. Da die neue Eigenschaft der Standardeigenschaft *Description* zugeordnet werden soll, sucht Stefan im Dialog *Auswahl für verwaltete Eigenschaft* nach diesem Namen und wählt die entsprechende Eigenschaft aus. Die Auswahl bestätigt er mit **OK**.

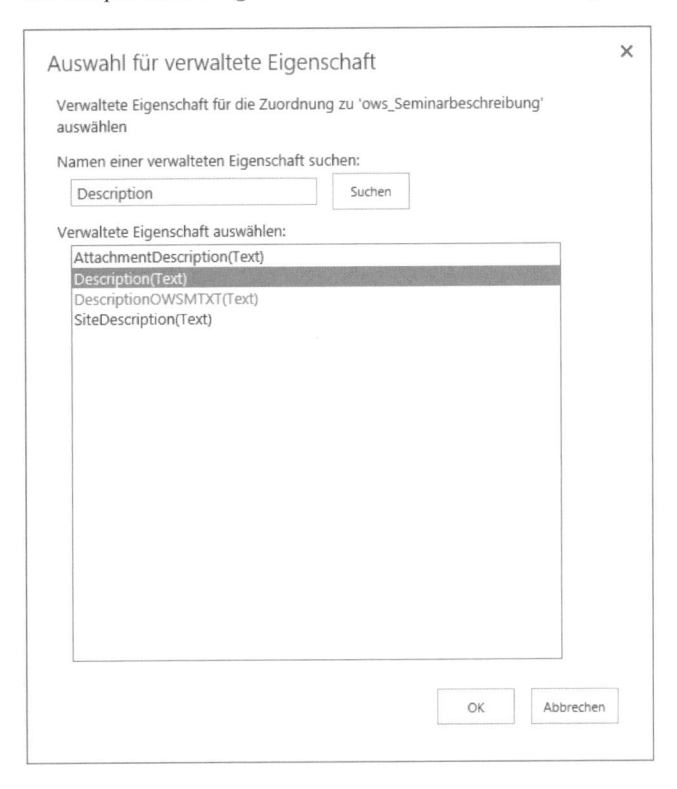

6. Die Zuordnung wird in das Feld *Zuordnung zu verwalteten Eigenschaften* übernommen und in den Eigenschaften sowohl der durchforsteten als auch der verwalteten Eigenschaft angezeigt. Stefan prüft dies, indem er auf der Seite der verwalteten Eigenschaften nach „Description" sucht und sich die Einstellungen der Eigenschaft anzeigen lässt. Im Abschnitt *Zuordnungen zu durchforsteten Eigenschaften* prüft er, ob *ows_Seminarbeschreibung* hier aufgelistet wird.

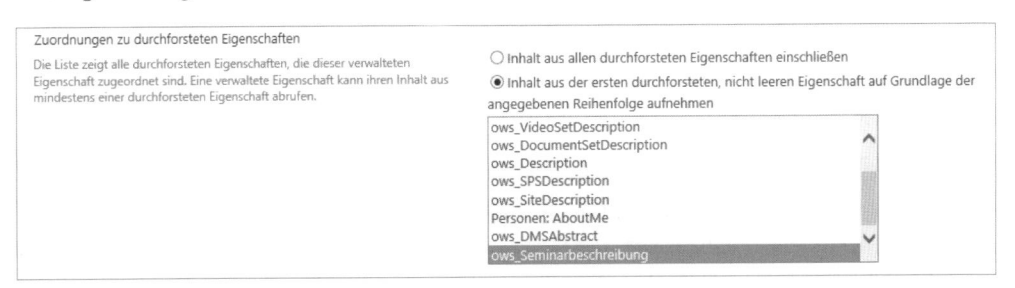

7. Abschließend stößt er noch einmal eine Neuindizierung der Inhaltsquelle an, um sicherzustellen, dass die Inhalte auch im Index entsprechend zugordnet sind.

Damit haben Frauke und Stefan den Produktkatalog so weit vorbereitet, dass Frauke sich nun um die grundlegende Darstellung der Produkte in der Veröffentlichungssite kümmern kann.

Mit der Verbindung zu einem Produktkatalog werden in der Seitenbibliothek zwei Webseiten erstellt, die SharePoint für die Darstellung der Katalogelemente verwendet. Frauke hat die beiden Seiten erstellen lassen, als sie die Verbindung zum Produktkatalog eingerichtet hat. Die Seite *Catalogitem-Produkthierarchie* wird genutzt, um die Einzelelemente des Katalogs anzuzeigen, die Seite *Kategorie-Produkthierarchie* zur Anzeige der Kategorieebenen des Produktkatalogs. Beide Seiten basieren auf dem Webpart für die Inhaltssuche (im Englischen *Content Search Webpart*, kurz CSWP).

Das Webpart nutzt den Metadatenbaum des Produktkatalogs, um die anzuzeigenden Elemente auszuwählen. Wenn ein Benutzer in der Navigation auf einen Navigationseintrag klickt, wird der ausgewählte Navigationseintrag an das Suchwebpart als Filterkriterium übergeben. Somit müssen für den Produktkatalog nur zwei Seiten gestaltet werden und nicht, wie in einer klassischen SharePoint-Veröffentlichungsinfrastruktur, eine ganze Reihe von Seitenvorlagen, über die wiederum manuell für jeden Inhalt Seiten erstellt werden.

Die Zuordnung der Seiten zu den Ebenen des Produktkatalogs erfolgt über die Terminologiespeicherverwaltung der Veröffentlichungssite. Die Einstellungen können auf jeder Ebene und für jedes Element einzeln festgelegt werden. Das ist hilfreich, wenn der Produktkatalog einzelne Produktarten unterschiedlich darstellen soll.

Auf jeder Seite kann das Webpart für die Inhaltssuche so angepasst werden, dass andere Eigenschaften eingelesen werden. Über die Auswahl der Anzeigevorlage im Webpart wird zudem gesteuert, wie die Eigenschaften der Elemente dargestellt werden.

Frauke verschafft sich zuerst einen Überblick über die verschiedenen Einstellungen. Sie navigiert zur Startseite der Veröffentlichungssite. Die Produkthierarchie ist sowohl links in der Navigation als auch oben eingebunden (Bild 6.9).

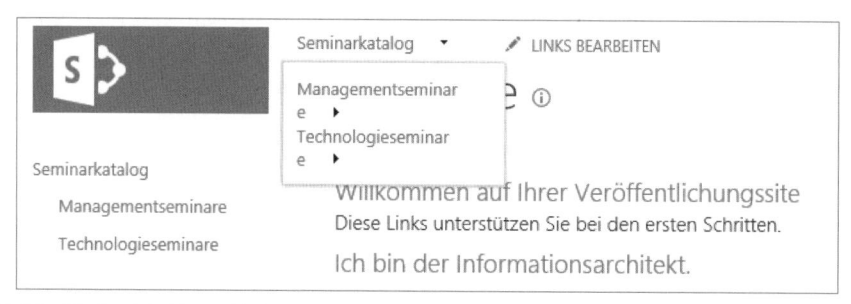

Bild 6.9 Die Produkthierarchie in der Websitenavigation

Frauke klickt in der Navigation auf den Eintrag **TECHNOLOGIESEMINARE**, um die Darstellung auf der Kategorieebene zu prüfen. Sie sieht, dass die Bilder wie gewünscht angezeigt werden. Für jedes Seminar wird der Titel sowie ein Teil der Seminarbeschreibung angezeigt (Bild 6.10).

6.1 SharePoint als Marketingplattform

Seminarkatalog ▾ ✎ LINKS BEARBEITEN

Seminarkatalog > Technologieseminare

Exchange 2016 Administration
Sie lernen alle Ebenen der Administration des Exch...

Exchange 2016 Power User
Sie erlernen die erweiterete Funktion von Outlook,...

SharePoint 2016 PowerUser
Sie verwalten die SharePoint Site Ihrer Abteilung?...

Bild 6.10 Die Produktkategorie-Seite

Bis dahin ist Frauke schon ganz zufrieden, auch wenn die Darstellung sicherlich noch optimiert werden kann. Die gewünschten Informationen werden aber auf der Seite angezeigt. Nun klickt Frauke auf einen der Seminareinträge auf der Seite, um die Darstellung für ein einzelnes Katalogelement zu prüfen. Sie bekommt folgende Seite angezeigt (Bild 6.11):

Managementseminare ▾   **Technologieseminare** ▾   ✎ LINKS BEARBEITEN

Exchange 2016 Power User

Wiederverwendung von Katalogelement
Frauke Laurentz

Mittwoch, 25. Mai 2016
Frauke Laurentz
3
Montag, 27. Juni 2016
PowerUser
Exchange 2016 Power User
Exchange

Bild 6.11 Die Darstellung eines einzelnen Produktes

Hier fehlen die für ihre Kunden wichtigen Informationen. Weder die Seminarbeschreibung noch das Produktbild werden angezeigt. Das möchte Frauke natürlich ändern.

Vorher wirft sie aber noch einen Blick in die Terminologiespeicherverwaltung, um die Seitenzuordnung zu prüfen. Sie navigiert über das Zahnrad oben rechts zu den **WEBSITE-EINSTELLUNGEN**. Im Abschnitt *Websiteverwaltung* klickt sie auf **TERMINOLOGIESPEICHERVERWALTUNG**. Im Terminologiespeicher-Verwaltungstool öffnet sie den Zweig für die Websitesammlung der Veröffentlichungssite bis zum Ausdruck *Technologieseminare*. Dort wiederum klickt sie auf den Seitenreiter **AUSDRUCKSGESTEUERTE SEITEN**, um die Seitenzuordnung anzuzeigen. Dieser kann sie entnehmen, dass der Kategorie *Technologieseminare* die Standardseite *Kategorie-Produkthierarchie* zugeordnet ist und den dazugehörigen Katalogelementen die Seite *CatalogItem-Produkthierarchie* (Bild 6.12).

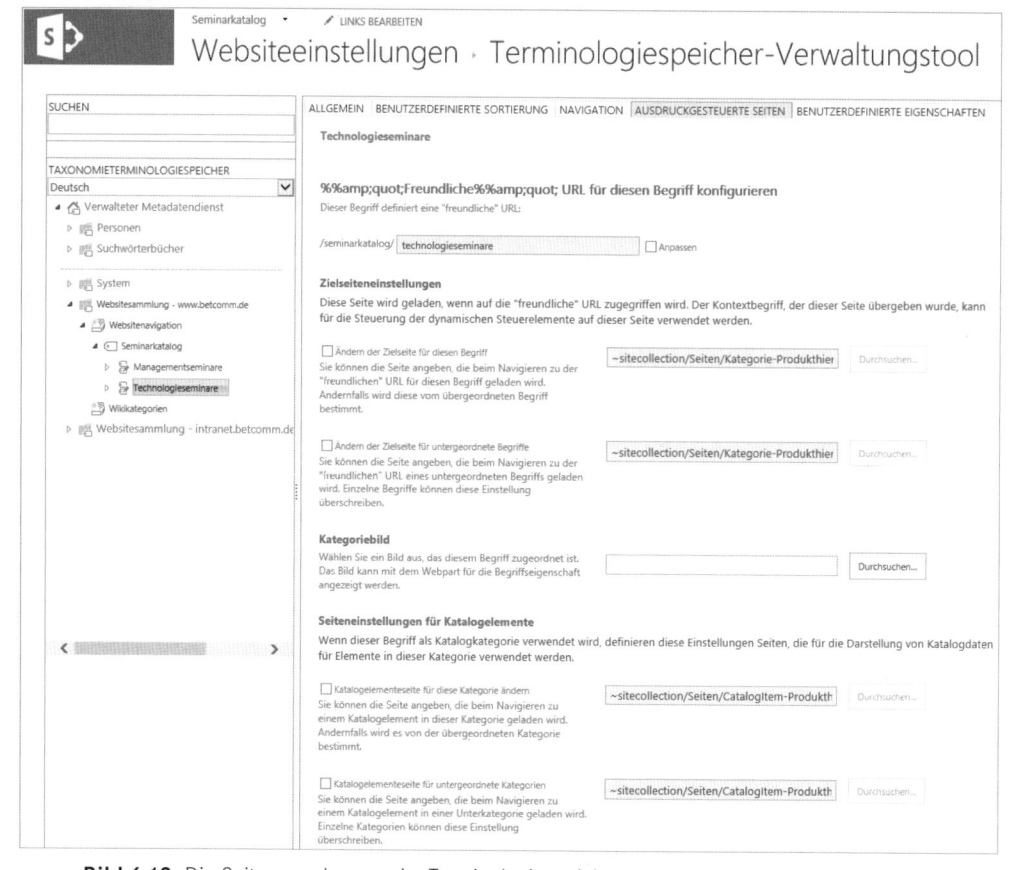

Bild 6.12 Die Seitenzuordnungen im Terminologiespeicher

Diese Einstellungen machen deutlich, wie granular sich die Darstellung des Produktkatalogs steuern lässt. Für jeden Bereich können zwei Seiten angegeben werden, eine für die Kategorien und eine für die einzelnen Elemente innerhalb der Kategorie. Frauke könnte jeweils eine Seite für die Elemente der ausgewählten Ebene und für die Elemente der untergeordneten Ebene angeben. Da diese Einstellungen auf jeder Ebene der Produkthierarchie zur Verfügung stehen, lassen sich alle Zweige der Hierarchie bei Bedarf auch einzeln steuern.

Als Erstes möchte Frauke nun die Darstellung für die einzelnen Seminare auf der Seite für die Katalogelemente anpassen. Um deutlich zu machen, welche Anpassungen im SharePoint auf welcher Ebene erfolgen, halten wir uns noch einmal schematisch vor Augen, aus welchen Ebenen sich die Webseite für ein Produkt zusammensetzt, die der Benutzer im Browser am Ende betrachtet (Bild 6.13).

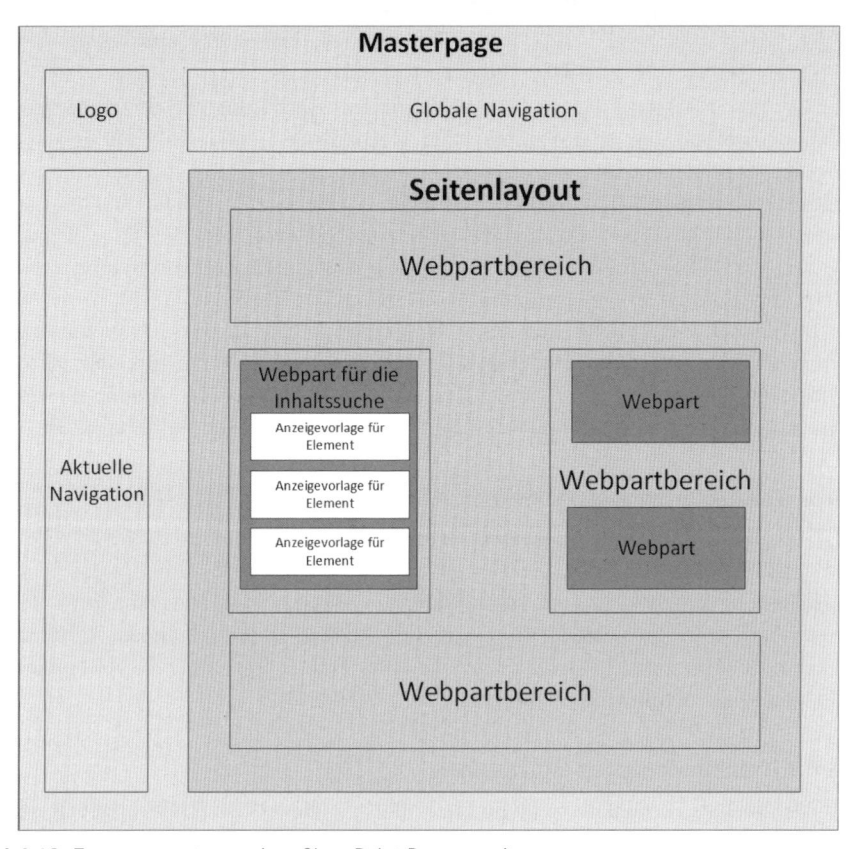

Bild 6.13 Zusammensetzung einer SharePoint-Browserseite

Über die Masterpage wird das grundlegende Design der Website gesteuert. Hier sind unter anderem die Platzhalter für zentrale Elemente wie die Navigation, das Websitelogo und den Inhaltsbereich definiert. In einem Veröffentlichungsportal werden in der Regel zwei Masterpages verwendet, eine für die veröffentlichten Seiten und eine für die Verwaltungsseiten.

Die Gestaltung der einzelnen Seiten wird in einem Veröffentlichungsportal über Seitenlayouts gesteuert. Diese enthalten Felder für Inhaltsbestandteile und Webpartzonen, in die die Funktionsbausteine als Webparts eingefügt werden. Beim Erstellen einer neuen Seite wählt der Autor das passende Seitenlayout aus und fügt auf der Seite die entsprechenden Inhaltsbestandteile entweder über die Bibliotheksspalten oder in Form von Webparts hinzu. Auch für einen Produktkatalog werden Seitenlayouts als Basis für die Katalogseiten verwendet.

Mit der vollständigen Integration der Fast Search wurden in SharePoint 2013 Möglichkeiten geschaffen, rein suchgetriebene Seiten zu gestalten. Diese nutzen insbesondere ein Webpart, das Webpart für die Inhaltssuche. Mit dem Aufruf einer URL für eine solche Seite werden dem Webpart Filterkriterien für die Auswahl der darzustellenden Inhalte übergeben. Die Inhalte werden über den Suchindex aus einer oder mehreren Listen anhand der zu filternden Eigenschaften zurückgeliefert und die anzuzeigenden Eigenschaften über die dem jeweiligen Inhaltstyp zugeordnete Anzeigevorlage ausgewählt. Bei den Anzeigevorlagen handelt es sich um HTML-Definitionen, die über JavaScript-Snippets in die ASPX-Seiten in SharePoint eingebunden werden.

Mit der Version 2013 hat Microsoft das Verfahren zur Gestaltung der einzelnen Bestandteile einer Seite von den SharePoint-eigenen Mechanismen entkoppelt. Für jede Ebene, Masterpage, Seitenlayout und Anzeigevorlage stehen reine HTML-Seitendefinitionen zur Verfügung, die mit jedem HTML-Editor bearbeitet werden können. Sobald ein entsprechendes Element dem jeweiligen Designkatalog hinzugefügt wird, generiert SharePoint eine dazugehörige ASPX-Seite mit den benötigten Code-Elementen. Die Verbindung zwischen der ursprünglichen HTML-Seite und der ASPX-Seite bleibt bestehen. Für die Webdesigner im SharePoint hat das zur Folge, dass nur noch der HTML Code angepasst werden muss, um das Seitendesign zu bearbeiten. Das Gestalten der einzelnen Elemente geschieht dann, wie im Webdesign üblich, über zugeordnete Cascading Style Sheets (CSS). Damit sind für die meisten Anpassungen keine detaillierten Kenntnisse des SharePoint-eigenen Codes erforderlich.

In einem Veröffentlichungsportal wird diese Arbeit über den Design Manager, der in die Websiteverwaltung eingebunden ist, systematisch unterstützt.

Wie in der Einleitung zu diesem Buch dargestellt, möchte ich nicht zu tief in das Branding in SharePoint einsteigen. Mit dem Produktkatalog verwenden wir aber eine Funktion, die das neue Verfahren der suchgetriebenen Seiten nutzt. Für die folgenden Arbeiten, die Frauke nun ausführen muss, erleichtert ein grundlegendes Wissen über diese Abhängigkeiten die Nachvollziehbarkeit der benötigten Anpassungen.

Seite für Katalogelemente anpassen

1. Frauke öffnet also erneut die Seite für ein Katalogelement. Oben rechts klickt sie auf das Zahnradmenü und dann auf **SEITE BEARBEITEN**, um die Seite zu editieren. Zunächst möchte sie die Zusammensetzung der Seite prüfen.

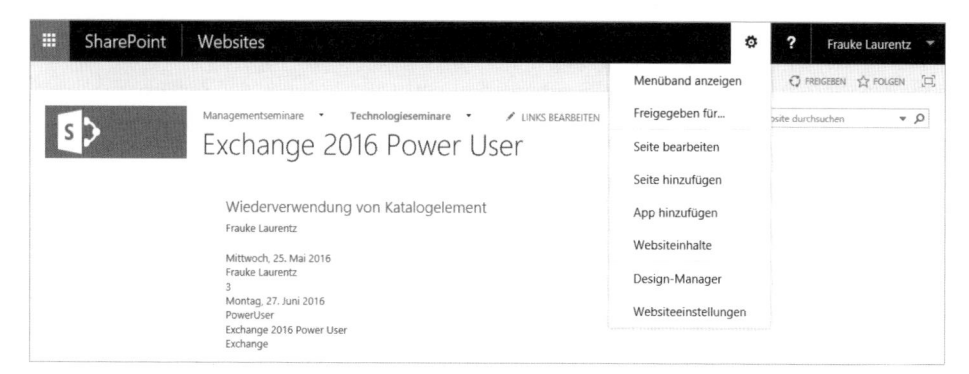

2. Nachdem die Seite im Bearbeitungsmodus geladen ist, wird deutlich, wie die einzelnen Elemente auf der Seite eingebunden sind. Die Seite verfügt über einige dynamische Seitenfelder, z. B. für den Titel der Seite oder die Element-URL. Im Feld *Seiteninhalt* kann statischer Inhalt der Seite erfasst werden. Als einziges Webpart ist das Webpart *Wiederverwendung von Katalogelement* eingebunden. Die Informationen zum Katalogelement werden aber wiederum in einem nicht bearbeitbaren Bereich der Seite eingebunden.

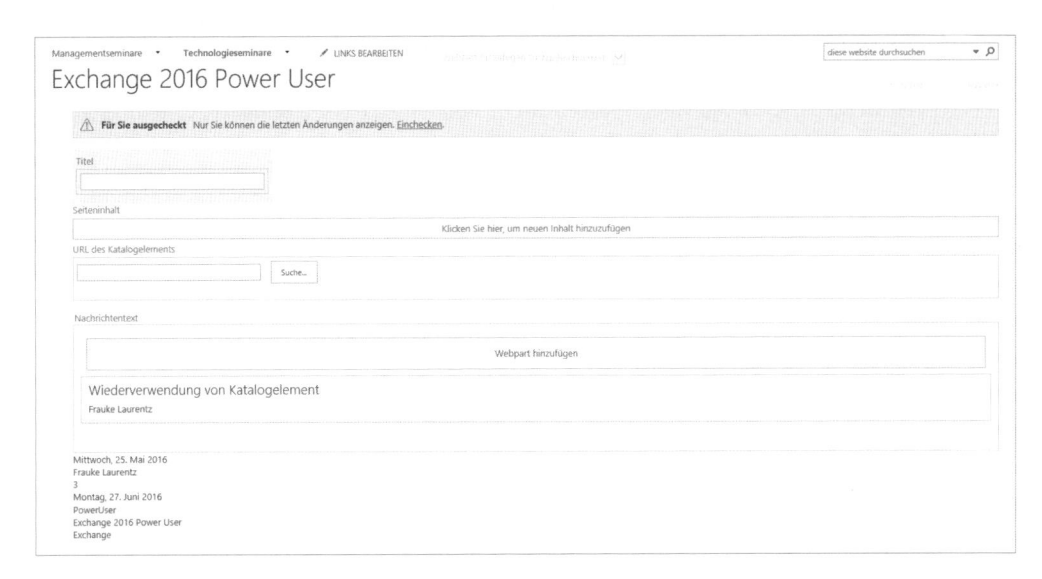

3. Als Frauke versucht, über den Link **WEBPART HINZUFÜGEN** ein weiteres Webpart hinzuzufügen, ist auch das nicht möglich. Sie bekommt zwar die Auswahl der Webparts angezeigt, die Schaltfläche zum Hinzufügen ist aber deaktiviert. Dieses Seitenlayout lässt sich offensichtlich nicht wie gewünscht anpassen. Frauke ändert daher zuerst das Seitenlayout für die Seite. Dazu klickt sie im Menüband *Seite* auf **SEITENLAYOUT** und wählt in der Gruppe *Katalogelement erneut verwenden* das Seitenlayout **LEERES KATALOGELEMENT** aus.

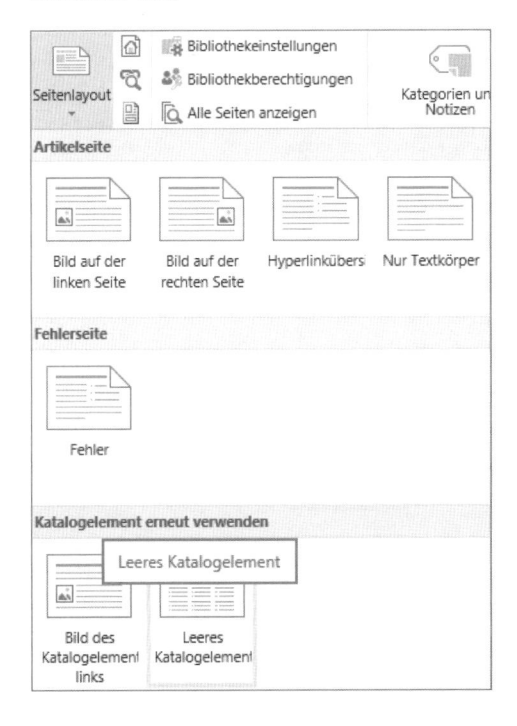

4. Das Seitenlayout *Leeres Katalogelement* enthält die Verbindung zur Katalogauswahl über das Feld *URL des Katalogelements* und verschiedene Bereiche für die Einbindung weiterer Webparts. Standardmäßig ist auch ein Inhaltsverzeichniswebpart für den Produktkatalog eingebunden.

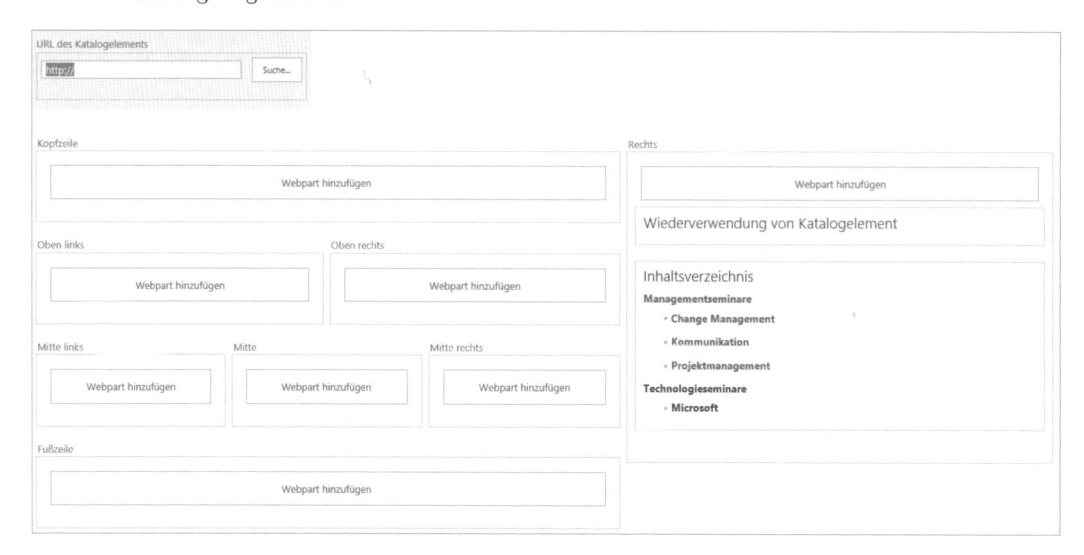

5. In dieses Seitenlayout kann Frauke nun die gewünschten Webparts einfügen. Für die Darstellung der Katalogelemente benötigt sie das Webpart für die Inhaltssuche. Dieses Webpart wird durch die Veröffentlichungsinfrastruktur in der Website aktiviert. In normalen Teamsites steht es daher nicht zur Verfügung. Frauke klickt im Bereich der *Kopfzeile* auf den Link **WEBPART HINZUFÜGEN**. Oberhalb der Seite wird der Webpartkatalog eingeblendet. Hier wählt Frauke links die Kategorie **INHALTSROLLUP** aus und wählt dann unter *Webparts* das Webpart **INHALTSSUCHE**. Um das Webpart der Kopfzeile hinzuzufügen, klickt sie abschließend rechts auf **HINZUFÜGEN**.

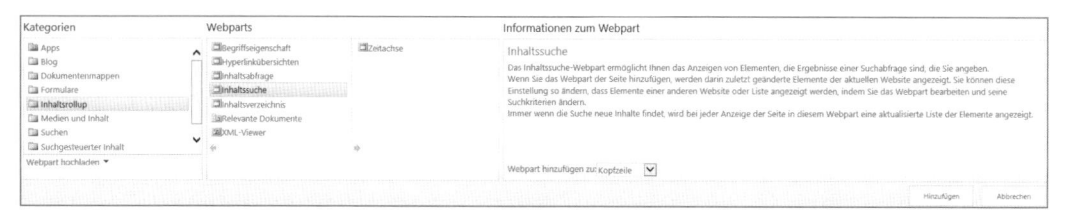

6. Das Webpart ist so anzupassen, dass es das über den Navigationsausdruck gewählte Katalogelement anzeigt. Dazu muss Frauke die Abfrage des Webparts ändern. Sie klickt das Webpart auf der Seite an, klickt auf den Pfeil für das Kontextmenü und klickt im Menü auf **WEBPART BEARBEITEN**.

7. Rechts auf der Seite wird der Bearbeitungsbereich für das Webpart geöffnet. Hier kann Frauke alle benötigten Einstellungen vornehmen.

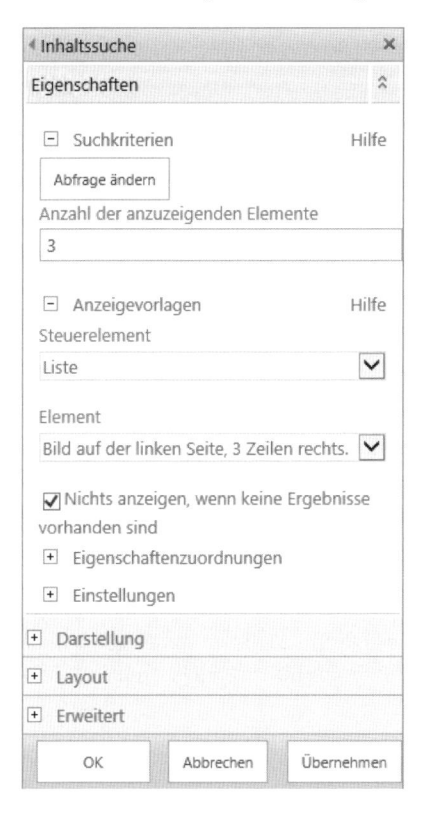

8. Um die Abfrage zu ändern, klickt Frauke im Abschnitt *Suchkriterien* auf die Schaltfläche **ABFRAGE ÄNDERN**. Damit wird der Abfrageeditor (Query Builder) des SharePoint geöffnet. In diesem sind zwei Einstellungen auf der Seite *Grundlagen* vorzunehmen. Unter *Wählen Sie eine Abfrage aus* ist der Produktkatalog *Seminare Ergebnisse (Websitesammlung)* als Ergebnisquelle der Abfrage auszuwählen. Über die eingerichtete Katalogverbindung ist der Produktkatalog der Suche als eigener Ergebnisbereich hinzugefügt worden. Danach muss Frauke unter *Nach Tag einschränken* die zweite Option **NACH NAVIGATIONSAUSDRUCK DER AKTUELLEN SEITE EINSCHRÄNKEN** auswählen. Sind die Einstellun-

gen korrekt gesetzt, werden in der Suchergebnisvorschau nur noch die Elemente des Produktkatalogs angezeigt.

9. Damit hat Frauke die Ergebnisse auf den Kategorienausdruck der Produkthierarchie eingeschränkt. Bei dem Seminarkatalog ist es aber, wie in vielen Katalogen, so, dass zu jeder Kategorie mehrere Elemente existieren. Frauke möchte hier aber immer genau nur ein Element anzeigen. Sie könnte das auf der Seite des Kataloges dadurch erreichen, dass sie den entsprechenden Metadatenbaum so weit herunterbricht, bis tatsächlich jedes Element genau einen Eintrag darin hat. Auf der anderen Seite kann sie die Abfrage des Suchwebparts auch über eine Eigenschaft der Elemente einschränken. Gut geeignet dazu ist natürlich die Artikelnummer. Diese sollte für jeden Artikel eindeutig sein. Was Frauke prüfen muss, ist, zu welcher verwalteten Eigenschaft die Artikelnummer gehört, damit sie diese dem Filter hinzufügen kann. Stefan prüft daraufhin das Suchschema und findet folgende Zuordnung:

10. Da die Artikelnummer auch für die Erstellung der URLs für die Elementseiten als letzter Teil des Pfades verwendet wird, kann Frauke nun diese Informationen an das Webpart weitergeben und die Eigenschaft *UsageAnalyticsID* danach filtern lassen. Dazu schaltet sie im Abfrage-Editor in den erweiterten Modus um, indem sie oben rechts auf **IN ERWEITERTEN MODUS WELCHSELN** klickt.
11. Unter *Eigenschaftenfilter* im Feld *Eigenschaft wählen* wählt sie zuerst **ALLE VERWALTETEN EIGENSCHAFTEN ANZEIGEN** aus, um dann im selben Feld die Eigenschaft **USAGEANALYTICSID** zu wählen. Im Feld *Wert auswählen* wählt sie nun **WERT EINES TOKENS AUS EINER URL** und klickt anschließend auf **EGENSCHAFTENFILTER HINZUFÜGEN**. Dem bisherigen Abfragetext wird dadurch der folgende Text angehängt: UsageAnalyticsId:{URLToken.1}. Der Wert 1 für das URL-Token gibt an, dass der letzte Teilpfad der URL ausgelesen werden soll, also der Text nach dem letzten Schrägstrich „/". Die Zählung erfolgt von rechts nach links. Wollte Frauke also den vorletzten Teilpfad auslesen, müsste sie den Wert auf 2 setzen.

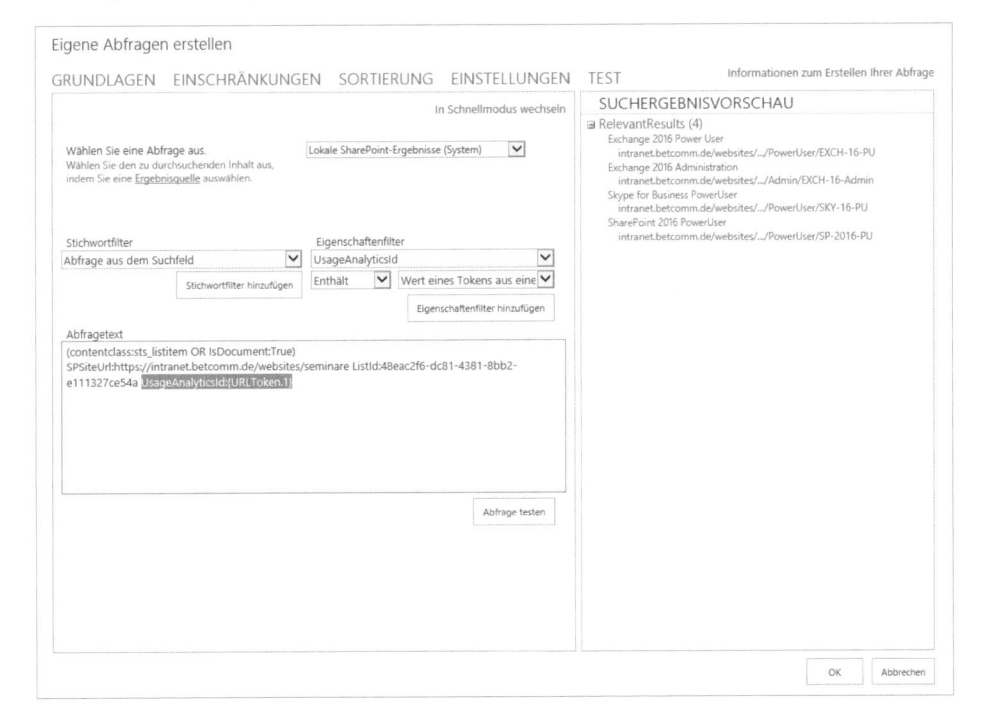

12. Frauke bestätigt die Einstellungen mit **OK**. Anschließend ändert sie in den Webparteinstellungen die *Anzahl der anzuzeigenden Elemente* auf 1, da ja nur jeweils ein Katalogelement angezeigt werden soll. Die Einstellungen für die Anzeigenvorlage behält sie bei. Sie schließt auch hier die Einstellungen mit **OK** ab und checkt die Seite über den entsprechenden Link im gelben Benachrichtigungsbereich oberhalb der Seite ein, um das Ergebnis zu prüfen. Sie testet die neue Seite auch für andere Seminare aus dem Seminarkatalog, indem sie sie über die Navigation auswählt.

Mit einigen Darstellungen auf der Seite ist Frauke aber noch nicht ganz zufrieden. Die Seminarbeschreibung wird nicht vollständig angezeigt, der Hinweis *Wiederverwendung von Katalogelement* stört und für die Navigation fehlt ein Titel. Die letzten beiden Punkte sind leicht zu ändern. Für das Webpart *Wiederverwendung von Katalogelement* reicht es, den Chromtyp auf **KEIN** zu setzen. Dadurch wird der Titel des Webparts, das keine Inhalte anzeigt, ausgeblendet. Für das Inhaltsverzeichnis soll hingegen ein Titel angezeigt werden. Als Titel wählt Frauke *Seminarkatalog* und setzt den Chromtyp hier auf **NUR TITEL**.

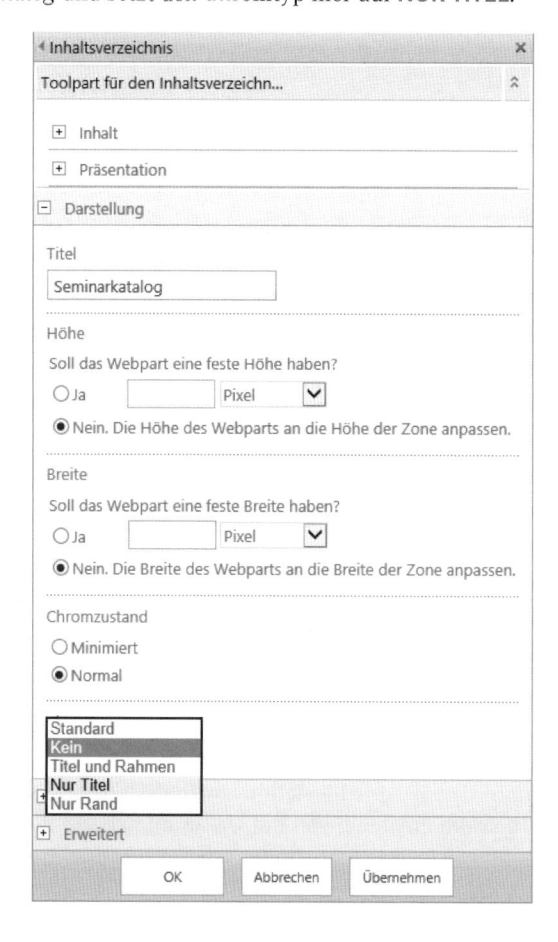

Die Anpassung des Suchwebparts erweist sich als aufwendiger. Nachdem Frauke die verschiedenen Anzeigevorlagen, die im Webpart verfügbar sind, ausprobiert hat, stellt sie fest, dass keine davon den Text der Seminarbeschreibung vollständig anzeigt. Zwar bieten einige der Anzeigevorlagen, wie auch die augenblicklich ausgewählte *Bild auf der linken Seite, 3 Zeilen rechts*, die Möglichkeit, bis zu drei Felder anzuzeigen. Alle Felder werden allerdings maximal mit einer Zeile Text angezeigt. Frauke bleibt daher nichts anderes übrig, als eine benutzerdefinierte Anzeigevorlage für die Seminare zu erstellen.

Eine benutzerdefinierte Anzeigevorlage erstellen

1. Frauke startet den SharePoint Designer und öffnet die Veröffentlichungswebsite, indem sie auf der Starseite des SharePoint Designers auf **WEBSITE ÖFFNEN** klickt und die URL der Site eingibt.

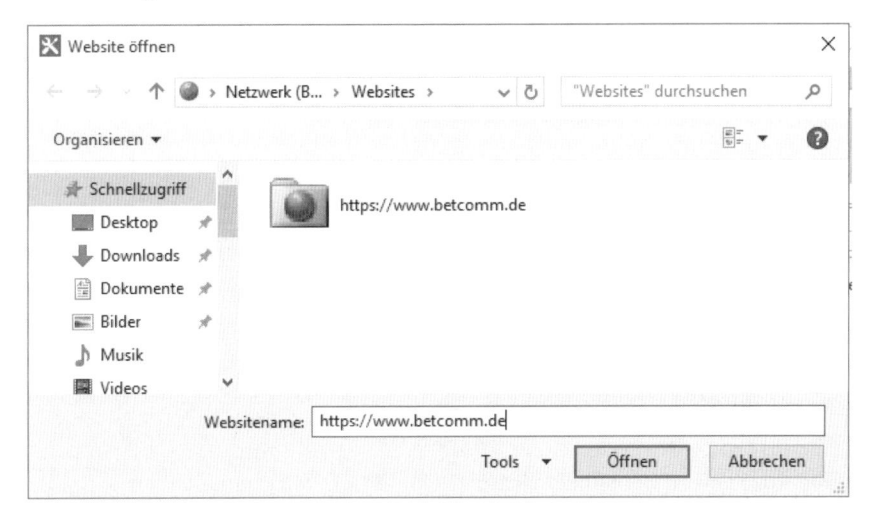

2. In der Navigation des SharePoint Designers wählt sie die unterste Option *Alle Dateien* und öffnet darunter den Pfad *_catalogs/masterpage/Display Templates/Content Web Parts*. In diesem Verzeichnis liegen die Anzeigevorlagen, die im Webpart für die Inhaltssuche ausgewählt werden können.

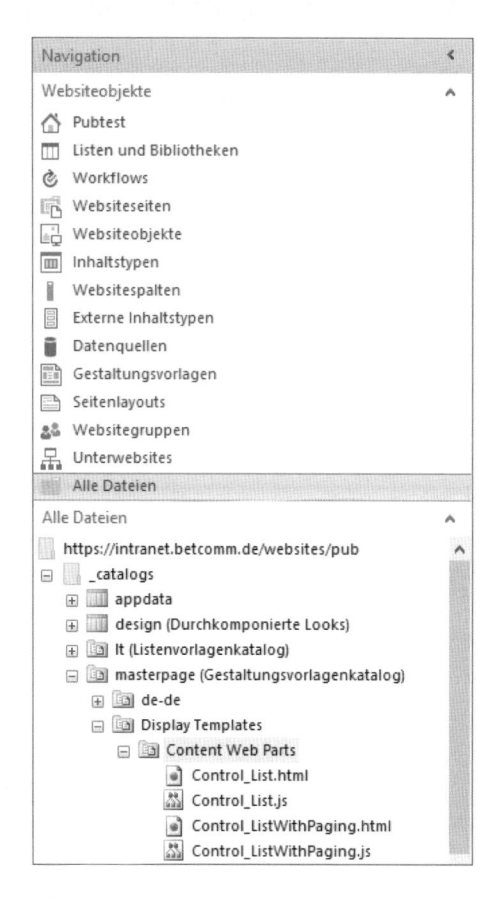

3. Für jede Anzeigevorlage befindet sich hier eine HTML-Datei und eine JavaScript-Datei. Wie schon einleitend erwähnt, findet die Anpassung der Anzeigevorlagen rein über die HTML-Dateien statt. SharePoint passt die JavaScript-Dateien bei Änderungen der HTML-Vorlagen automatisch an.

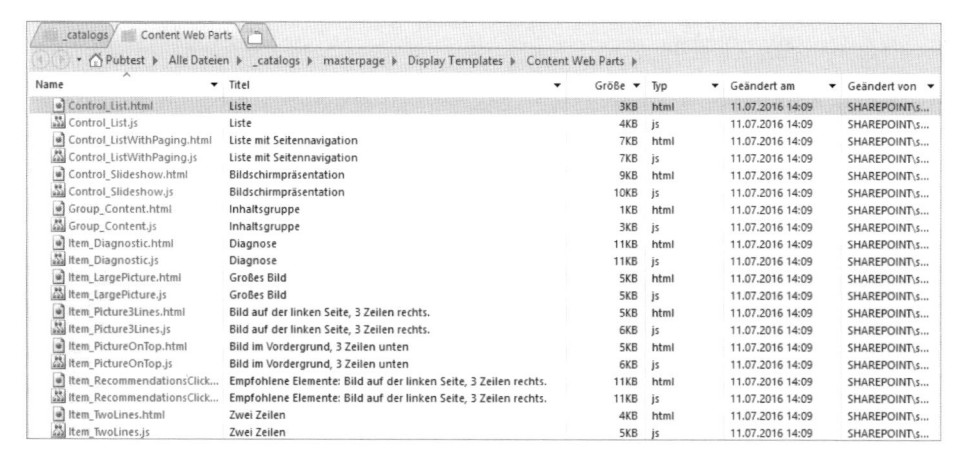

4. Da Frauke mit der grundlegenden Darstellung der Anzeigevorlagen *Bild auf der linken Seite, 3 Zeilen rechts* zufrieden ist, möchte sie diese als Ausgangspunkt für die Anpassungen nehmen. Sie kopiert daher die Datei *Item_Picture3Lines.html*, indem sie mit der rechten Maustaste darauf klickt, im Kontextmenü **KOPIEREN** auswählt und anschließend mit der rechten Maustaste in den leeren Bereich des Fensters klickt und im Kontextmenü **EINFÜGEN** wählt. Zum Schluss benennt sie die Datei in *Item_Picture3Lines_ext.html* über die entsprechende Aktion im Kontextmenü um.

5. Frauke wartet einen Moment, bis SharePoint die dazugehörige JavaScript-Datei erstellt hat. Dann checkt sie die HTML-Datei über die entsprechende Aktion im Kontextmenü aus. Beide Dateien werden nun mit einem grünen Häkchen versehen, das den ausgecheckten Status anzeigt.

✓	Item_Picture3Lines_ext.html	Bild auf der linken Seite, 3 Zeilen rechts.	6KB	html	12.07.2016 14:59	SHAREPOINT\system
✓	Item_Picture3Lines_ext.js	Bild auf der linken Seite, 3 Zeilen rechts.	6KB	js	12.07.2016 14:59	Frauke Laurentz

6. Schließlich öffnet sie die Datei über die entsprechende Aktion des Kontextmenüs im erweiterten Modus.

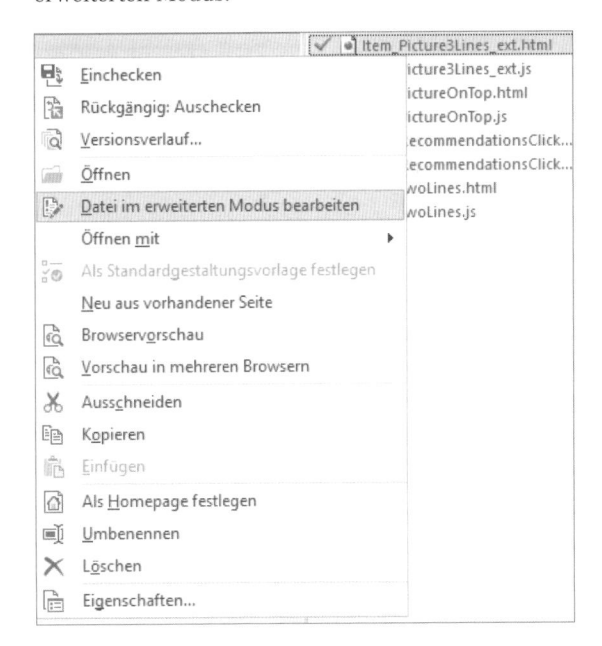

7. Die Datei wird nun in der Codeansicht in SharePoint Designer geöffnet. Auf zwei Dinge muss Frauke sich konzentrieren. Erstens muss die Anzeigevorlage identifizierbar sein und zweitens muss das Feld, in das der Inhalt der Seminarbeschreibung eingefügt wird, so eingestellt werden, dass die Beschreibung vollständig mehrzeilig angezeigt wird. Die Datei selbst besteht teilweise aus klassischem HTML-Code, teilweise aus Anweisungen, die SharePoint zur Erstellung der JavaScript-Datei verwendet. Letztere sind im Code auskommentiert, erkennbar an den Kommentarzeichen <!--- und ---> sowie an der grauen Schrift. Die klassischen HTML-Tags, wie z. B. `div`, sind farblich gekennzeichnet.

8. Frauke ergänzt den `title`-Tag um die erweiterte Beschreibung der Anzeigevorlage, so dass die Zeile nun folgendermaßen lautet:

   `<title>Bild auf der linken Seite, 3 Zeilen rechts, vollständige Beschreibung.</title>`

   Der hier angegebene Text wird hinterher bei der Auswahl der Anzeigevorlage in den Webparteinstellungen angezeigt.

9. In der Zeile für die Eigenschaftenzuordnung (der Tag lautet `<mso:ManagedPropertyMapping msdt:dt="string">`) erkennt Frauke, dass das Feld *Beschriftung* standardmäßig der zweiten Zeile zugeordnet ist. Dies konnte sie schon in den Feldzuordnungen im Webpart selbst sehen.

⊟ Anzeigevorlagen	Hilfe
Steuerelement	
Liste ⌄	
Element	
Bild auf der linken Seite, 3 Zeilen rechts. ⌄	
☑ Nichts anzeigen, wenn keine Ergebnisse vorhanden sind	
⊟ Eigenschaftenzuordnungen	
☑ Ändern Sie die Zuordnung von verwalteten Eigenschaften für die Felder in der Elementanzeigevorlage.	
Bild-URL	
PublishingImage;PictureURL;PictureThu ⌄	
Link-URL	
Path ⌄	
Zeile 1	
Title ⌄	
Zeile 2	
Description ⌄	
Zeile 3	
⌄	
⊞ Einstellungen	

10. Frauke sucht also im Code die Formatierungsanweisung für die zweite Zeile und findet sie in der Codezeile `<div class="cbs-picture3LinesLine2 ms-noWrap" title="_#= $htmlEncode(line2.defaultValueRenderer(line2)) =#_" id="_#= line2Id =#_" > _#= line2 =#_</div>`. Hier entfernt sie den Verweis auf die Style-Sheet-Klasse `class="cbs-picture3LinesLine2 ms-noWrap"`, die den Zeilenumbruch verhindert. Die Zeile lautet danach `<div  title="_#= $htmlEncode(line2.defaultValueRenderer(line2)) =#_" id="_#= line2Id =#_" > _#= line2 =#_</div>`.

11. Frauke speichert die Änderungen und schließt die Datei, indem sie mit der rechten Maustaste auf den Reiter in SharePoint Designer klickt und nacheinander die entsprechenden Aktionen im Kontextmenü wählt. Anschließend checkt sie die Datei über das Kontextmenü ein und veröffentlicht die Änderungen als neue Hauptversion. Standardmäßig ist die Versionierung für die Designdateien (Masterpages, Seitenlayouts und Anzeigevorlagen) in SharePoint aktiviert, damit fehlerhafte Änderungen leichter rückgängig gemacht werden können. Allerdings muss daran gedacht werden, dass nur veröffentlichte Hauptversionen lesenden Benutzern angezeigt werden. Damit die Änderungen also für alle Benutzer sichtbar werden, muss Frauke die Hauptversion veröffentlichen.

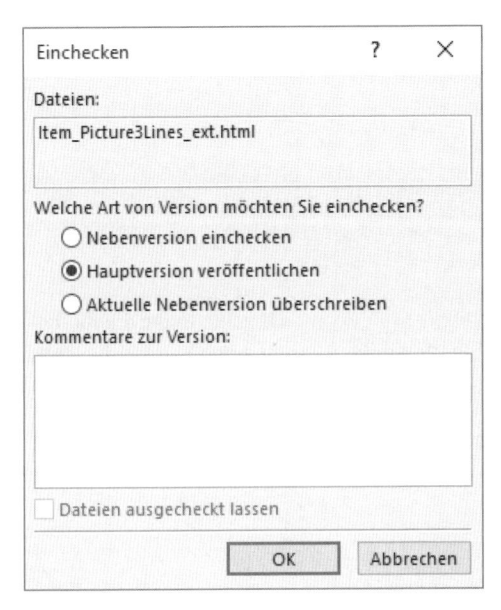

12. Frauke aktualisiert die Dateiauflistung in SharePoint Designer, um sicherzustellen, dass auch die JavaScript-Datei eingecheckt wird. Nachdem die grünen Häkchen sowohl vor der HTML- als auch vor der JavaScript-Datei verschwunden sind, wechselt sie zurück zum Browser und zur Seite für ein Katalogelement. Hier muss sie die neue Anzeigevorlage nun noch zuweisen. Dazu editiert sie die Seite wieder und öffnet die Webparteinstellungen für das Webpart für die Inhaltssuche. Unter den Anzeigevorlagen für Listenelemente ist jetzt die neue Vorlage *Bild auf der linken Seite, 3 Zeilen rechts, vollständige Beschreibung* zu finden). Frauke wählt sie aus, bestätigt die Änderungen an den Webparteinstellungen und checkt die Seite anschließend ein.

13. Zum Abschluss prüft Frauke das Ergebnis wieder mit verschiedenen Elementen des Katalogs, indem sie diese über die Navigation aufruft. Auch lange Seminarbeschreibungen werden jetzt vollständig angezeigt.

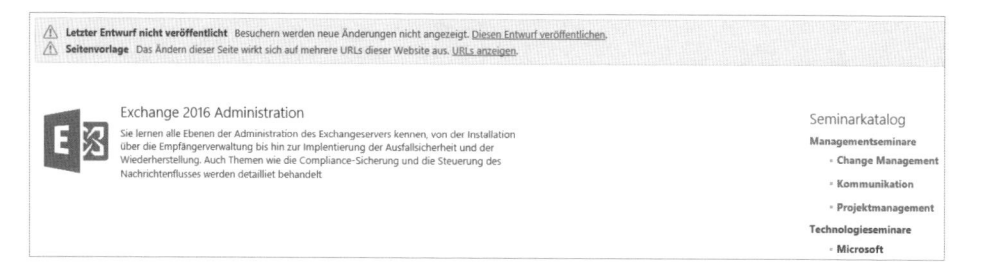

Man kann sicherlich unterschiedlicher Meinung darüber sein, ob die Gestaltung einer eigenen Anzeigevorlage noch in den Aufgabenbereich der Anwender gehört oder doch eher von geschulten Webdesignern vorgenommen werden sollte. Hier ging es mir darum, die notwendigen Anpassungen zu zeigen, um die Funktion des Produktkatalogs auszuschöpfen.

In der Praxis sollten die Anpassungen der Darstellung natürlich über die zugeordneten Style-Sheet-Dateien erfolgen und nicht einfach durch Löschen der Tags in den Definitionsdateien.

Der Vorteil, den Microsoft mit SharePoint 2013 erwirkt hat, liegt darin, dass sich das Design der Seiten nun über klassische HTML-Funktionen anpassen lässt und keine XML-Transformationen mehr kodiert werden müssen. Die vorstehende Beschreibung in diesem Abschnitt zur Erstellung einer eigenen Anzeigevorlage soll auch deutlich machen, mit welch einfachen Mitteln sich über das neue Verfahren die gewünschten Ergebnisse erreichen lassen.

Der letzte Test betrifft den anonymen Zugriff auf den Seminarkatalog. Damit Benutzer auch ohne Anmeldung die Inhalte sehen können, hatte Stefan den anonymen Zugriff für die Webanwendung aktiviert. Zusätzlich muss der Zugriff auch auf der Website selbst noch aktiviert werden. Als Websitebesitzerin kann Frauke es auf dieser Ebene selbst durchführen.

Die Website für den anonymen Zugriff freigeben

1. Über die *Websiteeinstellungen* navigiert Frauke zu den *Websiteberechtigungen*. Im Menüband *Berechtigungen* klickt sie dort in der Gruppe *Verwalten* auf **ANONYMER ZUGRIFF**.
2. In den Einstellungen für den anonymen Zugriff legt Frauke nun fest, dass anonyme Benutzer Zugriff auf die gesamte Website bekommen. Für den Zugriff auf die metadatengesteuerten Seiten ist diese Zugriffsart am einfachsten zu verwalten. Damit wird zwar der anonyme Zugriff auf alle Listen und Elemente aktiviert, die die Berechtigungen von der Website erben. Allerdings können anonyme Benutzer damit immer noch keine Elemente erstellen oder gar Einstellungen von Listen, Elementen oder der Website anzeigen oder ändern.

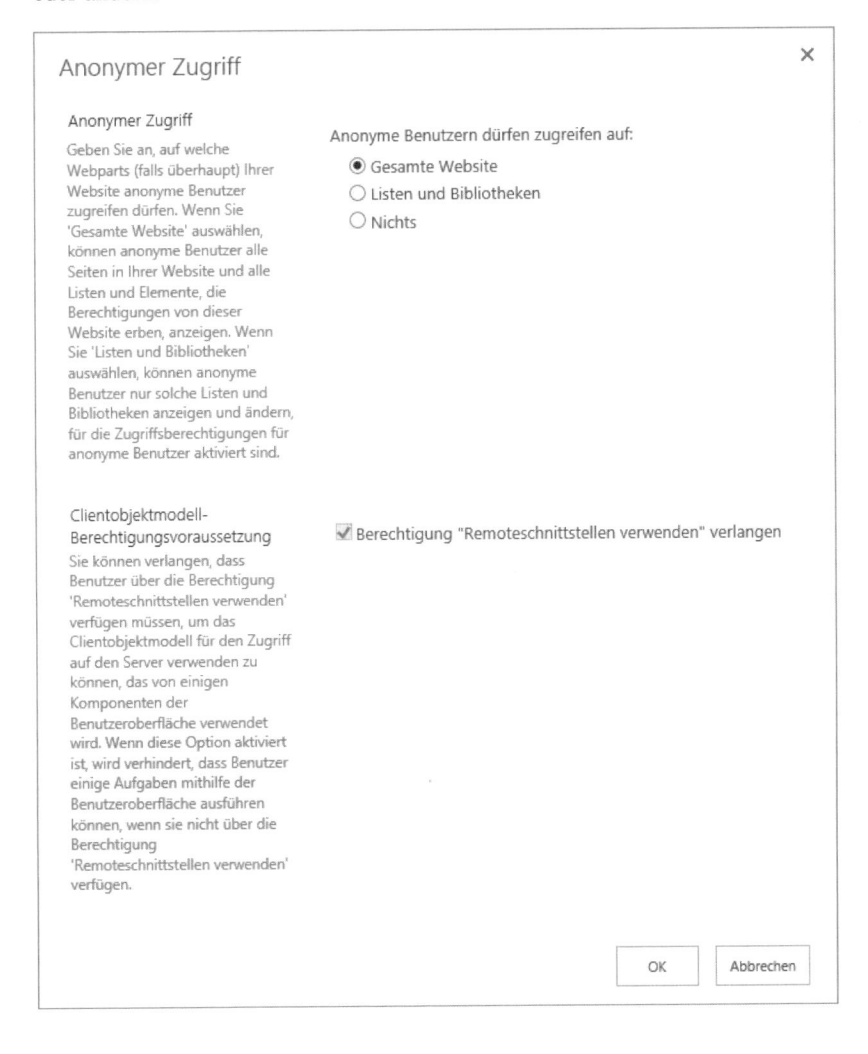

3. Abschließend muss Frauke sicherstellen, dass alle benötigten Elemente auch für anonyme Benutzer sichtbar sind. Das betrifft die Bilder der Websitesammlung, die Seiten, auf denen die Elemente dargestellt werden, die Seitenlayouts dafür, die Anzeigevorlagen etc.

4. Auf den Elementen der Bibliotheken (Bilder der Websitesammlung, Seiten) prüft Frauke das über das jeweilige Kontextmenü. Wenn darin die Punkte *Auschecken* und *Veröffentlichung dieser Version aufheben* auftauchen, ist das Element eingecheckt und veröffentlicht. Wenn an den entsprechenden Stellen *Einchecken* bzw. *Hauptversion veröffentlichen* steht, ist das Element für anonyme Benutzer noch nicht sichtbar (in der Seitenbibliothek sind die Punkte erst im Untermenü *Erweitert* aufgeführt).

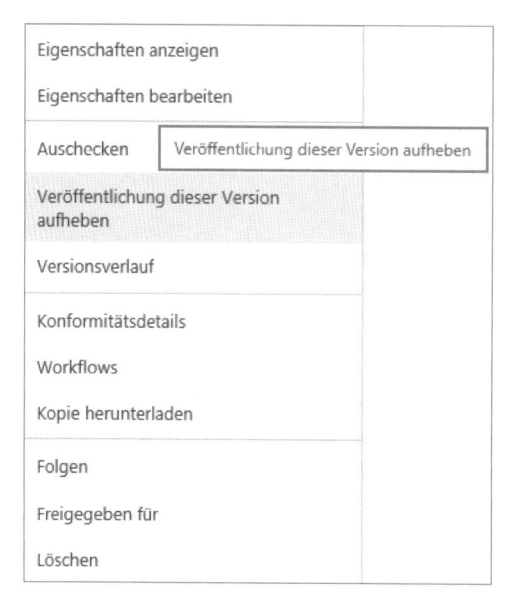

```
Eigenschaften anzeigen
Eigenschaften bearbeiten
Auschecken            Veröffentlichung dieser Version aufheben
Veröffentlichung dieser Version
aufheben
Versionsverlauf
Konformitätsdetails
Workflows
Kopie herunterladen
Folgen
Freigegeben für
Löschen
```

5. Für die Seitenlayouts und die Anzeigevorlagen kann Frauke den Design Manager verwenden, um den Status zu prüfen. Der Design Manager findet sich in Veröffentlichungswebsites im Websitemenü (Zahnrad) und bietet eine systematische Vorgehensweise zum Anpassen des Websitedesigns über die verschiedenen Ebenen, wie die Navigation zeigt.

   1. Willkommen
   2. Gerätekanäle verwalten
   3. Designdateien hochladen
   4. Gestaltungsvorlagen bearbeiten
   5. Anzeigevorlagen bearbeiten
   6. Seitenlayouts bearbeiten
   7. Design veröffentlichen und übernehmen
   8. Designpaket erstellen

6. Über die Punkte **5. ANZEIGEVORLAGEN BEARBEITEN** und **6. SEITENLAYOUTS BEARBEITEN** kann Frauke den Status der angepassten Anzeigevorlagen und Seitenlayouts prüfen. Die Elemente müssen in der Spalte *Genehmigungsstatus* auf *Genehmigt* stehen, damit anonyme Benutzer sie sehen können. Ist der Status *Entwurf* oder *Ausstehend*, sind sie für anonyme Benutzer nicht sichtbar. In der Regel macht sich das dadurch bemerkbar, dass Benutzer aufgefordert werden, sich zu authentifizieren, wenn sie auf eine Seite navigieren, die eines dieser Elemente verwendet.

Entwurfs-Manager: Seitenlayouts bearbeiten

Seitenlayouts definieren durch das Formatieren von Weppartzonen innerhalb gängiger Elemente einer Gestaltungsvorlage das Erscheinungsb zum Bearbeiten Ihrer Seitenlayouts mithilfe des HTML-Editors zugeordnet haben. Um eine Vorschau Ihres Seitenlayouts anzuzeigen, klicken S Ihres HTML-Seitenlayouts den Codeausschnittkatalog, um Codeausschnitte für die SharePoint-Funktionalität zu erhalten, die Sie in Ihre HTML

en
- Erstellen eines Seitenlayouts

Name	Status	Zugeordneter Inhaltstyp	Genehmigungsstatus
CatalogItem-Produkthierarchie	Konvertierung erfolgreich.	Katalogelement erneut verwenden	Genehmigt

Nachdem Frauke alle Ebenen geprüft hat, öffnet sie die Website mit einem anderen Browser als anonymer Benutzer und prüft, ob alles wie gewünscht arbeitet. Anschließend baut sie den Produktkatalog weiter aus, indem sie zusätzliche Suchwebparts mit angepassten Anzeigevorlagen in die Seiten einbindet und einen weiteren Katalog für die Seminartermine aufbaut und mit der Website verbindet. Das Ergebnis sieht dann wie folgt aus (Bild 6.14):

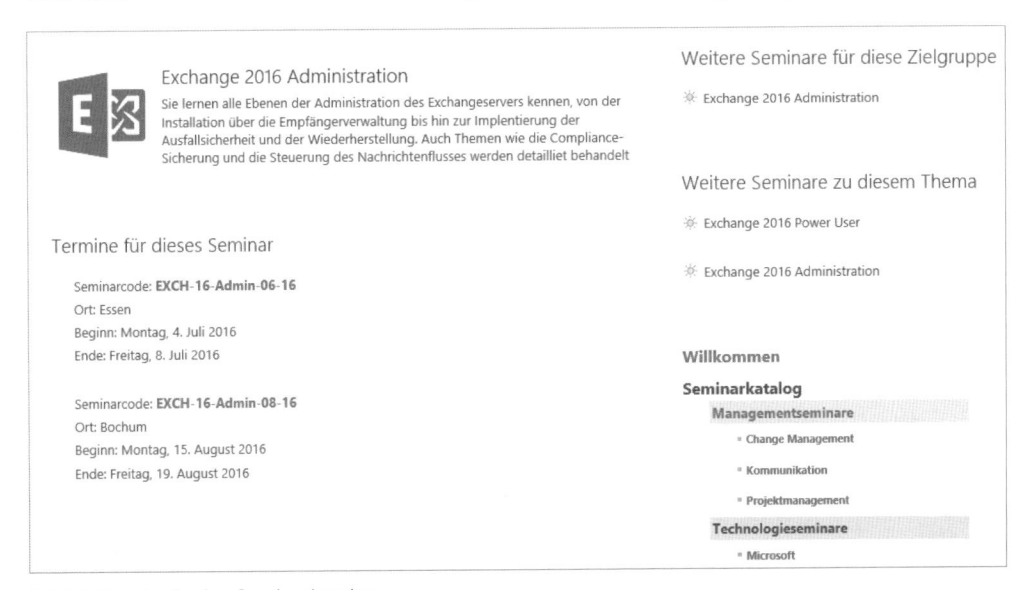

Exchange 2016 Administration
Sie lernen alle Ebenen der Administration des Exchangeservers kennen, von der Installation über die Empfängerverwaltung bis hin zur Implentierung der Ausfallsicherheit und der Wiederherstellung. Auch Themen wie die Compliance-Sicherung und die Steuerung des Nachrichtenflusses werden detailliet behandelt

Termine für dieses Seminar

Seminarcode: **EXCH-16-Admin-06-16**
Ort: Essen
Beginn: Montag, 4. Juli 2016
Ende: Freitag, 8. Juli 2016

Seminarcode: **EXCH-16-Admin-08-16**
Ort: Bochum
Beginn: Montag, 15. August 2016
Ende: Freitag, 19. August 2016

Weitere Seminare für diese Zielgruppe
- Exchange 2016 Administration

Weitere Seminare zu diesem Thema
- Exchange 2016 Power User
- Exchange 2016 Administration

Willkommen
Seminarkatalog
　Managementseminare
　　- Change Management
　　- Kommunikation
　　- Projektmanagement
　Technologieseminare
　　- Microsoft

Bild 6.14 Der fertige Seminarkatalog

Hier eine kurze Zusammenfassung aller Schritte, die Frauke durchgeführt hat:

- Oben links finden wir das bekannte Suchwebpart mit der mehrzeiligen Anzeigenvorlage.
- Unten links ist eine zusätzliche Produktliste, die denselben Metadatenbaum verwendet, als Katalog eingebunden (damit ist keine vollständige Integration der Liste in die Veröffentlichungswebsite mehr möglich, da jeder Metadatenbaum nur einmal integriert werden kann. Das Suchwebpart filtert nach dem letzten Teil der Seiten-URL (Exch-16-Admin), da dieser Text auch als erster Teil der Produktnummer verwendet wird. Die Anzeigevorlage wurde auf vier Zeilen erweitert, denen die Eigenschaften Seminarcode, Ort, Anfang und Ende zugeordnet wurden. Die Zeilenbeschriftungen wurden als statischer Text in das HTML der Vorlage eingebunden.
- Oben rechts und in der Mitte filtern die Suchwebparts über die Kategorien, die als vorletzte bzw. drittletzte Elemente der URL verwendet werden. Die Bildverknüpfung der mehrzeiligen Anzeigevorlage wurde durch eine statische URL, die auf ein Icon in den Bildern der Websitesammlung verweist, ersetzt.
- Unten rechts ist das Inhaltsverzeichnis mit einigen Einstellungen für die Präsentation angepasst worden. Die entsprechenden Einstellmöglichkeiten finden sich standardmäßig in den Webparteinstellungen.

6.1.1 Kundenumfragen in SharePoint einrichten

Die Veröffentlichungssite möchten Frauke und Annette noch für weitere Kommunikationswege mit ihren Kunden nutzen. Eine Idee, die die beiden schon länger verfolgen, sind Kundenumfragen. Frauke und Annette möchten ihre Kunden in regelmäßigen Abständen bitten, einige kurze Fragen zur Zufriedenheit zu beantworten. Die Antworten sollen in SharePoint gespeichert werden und auswertbar sein. Da Annette aus früheren Erfahrungen mit SharePoint die Listenvorlage für Umfragen schon kennt, erklärt sie sich bereit, die Funktion aufzubauen.

Eine Umfrage erstellen

Allerdings hat SharePoint auf dem Weg dahin ein paar Hürden aufgebaut. Als Erstes muss Annette erkennen, dass die Listenvorlage *Umfrage* in der Veröffentlichungssite nicht verfügbar ist. Diese Hürde ist aber schnell genommen. Der Grund für die Nichtverfügbarkeit liegt einfach darin, dass in Veröffentlichungssites das Feature *Teamzusammenarbeitslisten* standardmäßig nicht aktiviert ist. Also geht Annette über die Websiteeinstellungen zu den Websitefeatures und aktiviert das entsprechende Feature (siehe Bild 6.15).

	Teamzusammenarbeitslisten		
	Stellt Teamzusammenarbeitsfunktionen für eine Website zur Verfügung, indem Standardlisten verfügbar gemacht werden, z. B. Dokumentbibliotheken und Probleme.	Deaktivieren	Aktiv

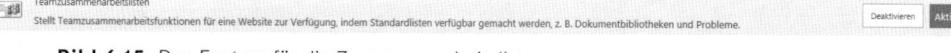

Bild 6.15 Das Feature für die Zusammenarbeitslisten

Jetzt kann Annette die App *Umfrage* hinzufügen.

1. Im Websitemenü (Zahnrad) klickt sie auf **APP HINZUFÜGEN**.
2. Auf der Seite *Websiteinhalte/Ihre Apps* klickt sie auf **UMFRAGE**.
3. Sie benennt die Umfrage „Wie zufrieden sind Sie mit uns?". Nachdem die Umfrage erstellt wurde, öffnet Annette sie.

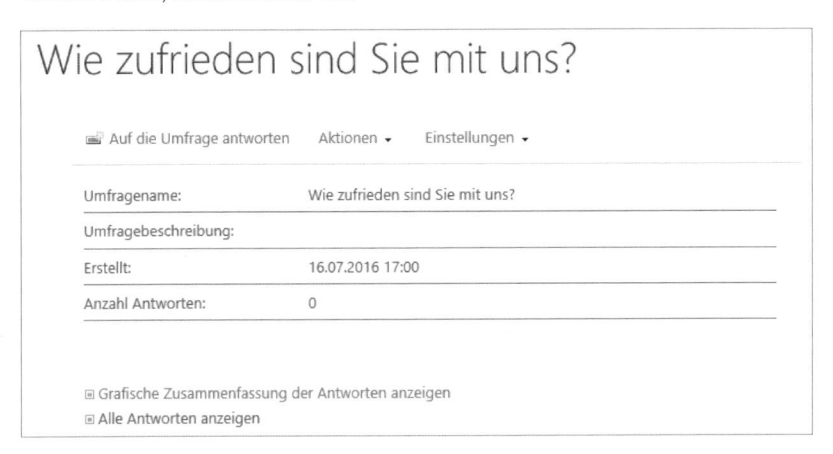

```
Wie zufrieden sind Sie mit uns?

    Auf die Umfrage antworten    Aktionen ▾    Einstellungen ▾

    Umfragename:              Wie zufrieden sind Sie mit uns?
    Umfragebeschreibung:
    Erstellt:                 16.07.2016 17:00
    Anzahl Antworten:         0

    ▪ Grafische Zusammenfassung der Antworten anzeigen
    ▪ Alle Antworten anzeigen
```

4. Als Erstes möchte Annette der Umfrage die erforderlichen Fragen hinzufügen. Sie klickt also auf **EINSTELLUNGEN** und im Menü auf **FRAGEN HINZUFÜGEN**.
5. Als Fragentypen stehen ihr nun alle von SharePoint unterstützten Spaltentypen zur Verfügung. Ausgewählt ist im Standard der Spaltentypen *Auswahl (Menü)*. Als Erstes möchte Annette erfragen, wie der Kunde auf die Besser Kommunizieren GmbH aufmerksam geworden ist. Dazu bietet sich dieser Fragentyp an, da Annette die Antwortmöglichkeiten vordefinieren kann. Sie gibt als Frage *Wodurch sind Sie auf uns aufmerksam geworden?* ein. Als Antwortmöglichkeiten gibt sie ein *Durch unsere Website, Über unseren Newsletter, Über eine Anzeige, Auf einer Veranstaltung, Durch einen Kollegen/Freund*. Als Anzeigeformat wählt sie *Dropdownmenü*. Um den Kunden die Möglichkeit zu geben, auch eigene Werte einzugeben, aktiviert Annette die Option *Ausfülloption zulassen*. Einen Standardwert gibt sie nicht ein, um den Kunden nichts vorzugeben.

Einstellungen · Neue Frage ⓘ

Frage und Typ

Geben Sie Ihre Frage ein, und wählen Sie den Antworttyp aus.

Frage:

> Wodurch sind Sie auf uns aufmerksam geworden?

Der Antworttyp zu dieser Frage ist:
- ○ Eine Textzeile
- ○ Mehrere Textzeilen
- ⦿ Auswahl (Menü)
- ○ Bewertungsskala (Auswahlmatrix oder Likert-Skala)
- ○ Zahl (1 / 1,0 / 100)
- ○ Währung ($, ¥, €)
- ○ Datum und Uhrzeit
- ○ Nachschlagen (in Informationen, die sich bereits auf dieser Website befinden)
- ○ Ja/Nein (Kontrollkästchen)
- ○ Person oder Gruppe
- ○ Seitentrennzeichen (fügt einen Seitenumbruch in Ihre Umfrage ein)
- ○ Externe Daten
- ○ Verwaltete Metadaten

Zusätzliche Frageeinstellungen

Bitte geben Sie die detaillierten Optionen für den von Ihnen ausgewählten Antworttyp an.

Antwort für diese Frage erforderlich:
○ Ja ⦿ Nein

Eindeutige Werte erzwingen:
○ Ja ⦿ Nein

Geben Sie jede Auswahl in einer neuen Zeile ein:

> Durch unsere Website
> Über unseren Newsletter
> Über eine Anzeige
> Auf einer Veranstaltung
> Durch einen Kollegen/Freund

Auswahl anzeigen durch:
- ⦿ Dropdownmenü
- ○ Optionsfelder
- ○ Kontrollkästchen (Mehrfachauswahl zulassen)

Ausfülloptionen zulassen:
⦿ Ja ○ Nein

Standardwert:
⦿ Auswahl ○ Berechneter Wert

---

6. Um die nächste Frage zu erfassen, klickt Annette unten auf **NÄCHSTE FRAGE**.
7. Jetzt möchte sie die Zufriedenheit der Kunden erfragen. Dazu bietet sich der Fragentyp *Bewertungsskala* an. Darin kann Annette mehrere Teilfragen erfassen. Außerdem kann

sie die Struktur der Bewertungsskala und die Beschriftung anpassen. Annette entscheidet sich für eine vierstufige Skala und verwendet die Bezeichnungen *Verbesserungswürdig, Gut, Überragend*.

Frage und Typ	Frage:
Geben Sie Ihre Frage ein, und wählen Sie den Antworttyp aus.	Wie zufrieden sind Sie mit uns?
	Der Antworttyp zu dieser Frage ist:
	Bewertungsskala (Auswahlmatrix oder Likert-Skala)
Zusätzliche Frageeinstellungen	
Bitte geben Sie die detaillierten Optionen für den von Ihnen ausgewählten Antworttyp an.	Antwort für diese Frage erforderlich: ◉ Ja ○ Nein
Eine Bewertungsskalafrage besteht aus einer Frage und Teilfragen, die auf einer Skala von z. B. 1 bis 5 bewertet werden. Geben Sie eine Frage im Feld 'Frage' ein, und geben Sie dann Teilfragen zur Hauptfrage ein. Wählen Sie einen Zahlenbereich aus, um die Anzahl der Optionen zu definieren, aus denen der Benutzer auswählen kann. Über den Optionsfeldern wird der Bereichstext zur Beschreibung der Bedeutung der Skala angezeigt, z. B. 'Niedrig', 'Mittel' und 'Hoch' oder 'Stimme überhaupt nicht zu', 'Egal' und 'Stimme absolut zu'. Verwenden Sie die Option 'Nicht zutreffend', wenn Sie Benutzern ermöglichen möchten, 'Nicht zutreffend' oder eine ähnliche Antwort auszuwählen, wenn eine Frage nicht zutreffend ist.	Geben Sie jede Teilfrage in einer eigenen Spalte ein: Wie gut erkennen wir Ihre Anforderungen? Wie schnell reagieren wir auf Ihre Anfragen? Wie gut gehen wir auf Ihre speziellen Bedürfnisse Wie ist unser Preis-/Leistungsverhältnis?
	Zahlenbereich: 4 ▾
	Bereichstext: Verbessern Gut Überragen
	Option 'Nicht zutreffend' anzeigen: ☐

8. Annette vervollständigt die Umfrage mit drei weiteren Fragen. Als mehrzeiligen Text erfragt sie Verbesserungswünsche des Kunden und optional bietet sie jeweils noch ein einzeiliges Textfeld zur Eingabe des Namens und der E-Mail-Adresse an. Der vollständige Fragebogen sieht nun so aus:

Wodurch sind Sie auf uns aufmerksam geworden?			
● [Dropdown]			
○ Geben Sie Ihren eigenen Wert an:			
[Textfeld]			
Wie zufrieden sind Sie mit uns? *			
	Verbesserungswürdig 1	2	Gut 3	Überragend 4
Wie gut erkennen wir Ihre Anforderungen?	○	○	○	○
Wie schnell reagieren wir auf Ihre Anfragen?	○	○	○	○
Wie gut gehen wir auf Ihre speziellen Bedürfnisse ein?	○	○	○	○
Wie ist unser Preis-/Leistungsverhältnis?	○	○	○	○

Wo können wir uns verbessern? Geben Sie uns einen Hinweis.

[mehrzeiliges Textfeld]

Möchten Sie uns Ihren Namen nennen?

[Textfeld]

Wenn Sie uns Ihre E-Mail Adresse mitteilen, nehmen wir gerne mit Ihnen Kontakt auf.

[Textfeld]

Da der Kunden für die Umfrage später direkt auf dieses Eingabeformular geleitet werden soll, möchte Annette noch einige einleitende Bemerkungen hinzufügen. Über die Listeneinstellungen lassen sich allerdings nur Fragen erstellen. Annette muss also das Formular selbst anpassen. Da die Umfrageliste kein Menüband hat, fehlt hier auch die Schaltfläche zum Anpassen der Formulare. Bei den meisten anderen Listen ist diese im Menüband *Liste* in der Gruppe *Liste anpassen* vorhanden. Annette wählt daher einen anderen Weg.

Das Listenformular der Umfrage anpassen

1. Sie öffnet das Umfrageformular für eine neue Antwort, indem sie auf der Startseite der Umfrage auf den Link **AUF DIE UMFRAGE ANTWORTEN** klickt. Dadurch wird das Formular *NewForm.aspx* der Liste geladen.

2. Wie der Dateiname des Formulars schon zeigt, handelt es sich dabei auch um eine dynamische Webseite. Annette klickt daher im Websitemenü (Zahnrad) auf den Eintrag **SEITE BEARBEITEN**. Die Seite wird im Bearbeitungsmodus geöffnet.
3. Anders als bei Wiki-Seiten kann Annette hier jetzt nicht direkt Text auf der Seite erfassen, sondern muss zuerst ein entsprechendes Webpart hinzufügen. Dazu klickt sie oberhalb des Umfrageformulars auf **WEBPART HINZUFÜGEN**.
4. Aus der Kategorie *Medien und Inhalt* wählt sie das Inhalts-Editor-Webpart aus (Content Editor Webpart, CEWP) und klickt auf **HINZUFÜGEN**.

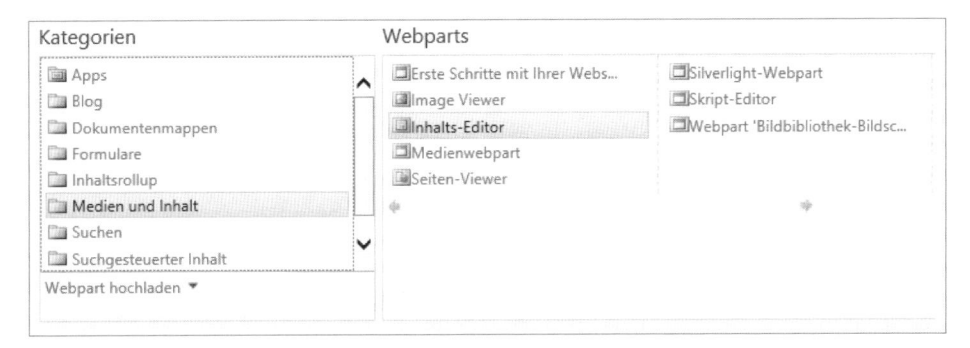

Kategorien	Webparts	
Apps	Erste Schritte mit Ihrer Webs...	Silverlight-Webpart
Blog	Image Viewer	Skript-Editor
Dokumentenmappen	Inhalts-Editor	Webpart 'Bildbibliothek-Bildsc...
Formulare	Medienwebpart	
Inhaltsrollup	Seiten-Viewer	
Medien und Inhalt		
Suchen		
Suchgesteuerter Inhalt		
Webpart hochladen ▼		

5. Das Webpart wird oberhalb des Umfrageformulars eingefügt. Um den Inhalt zu erfassen, klickt Annette im Webpart auf **KLICKEN SIE HIER, UM NEUEN INHALT HINZUZUFÜGEN**.

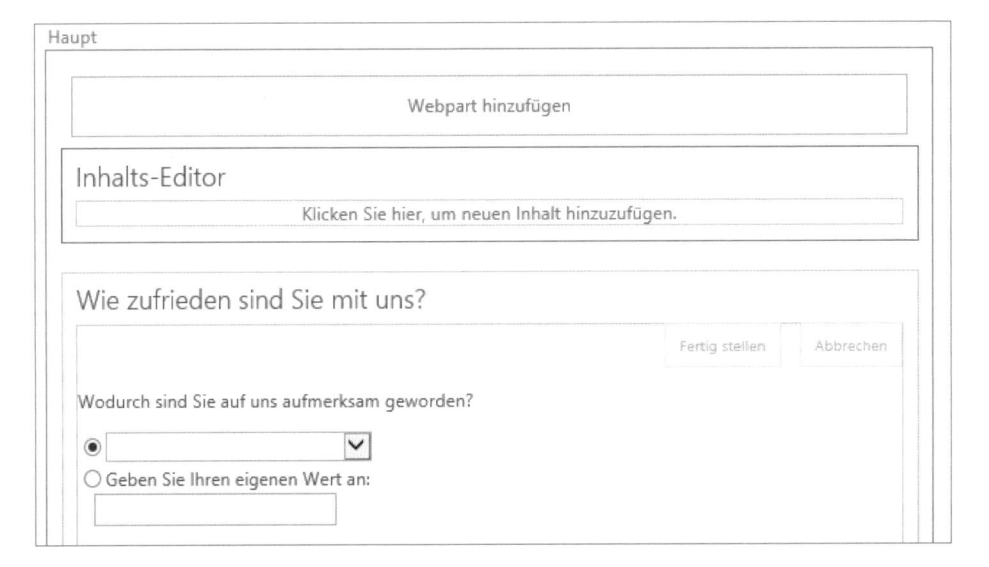

6. Annette gibt ihren Text ein. Über das Menüband *Text formatieren* stehen ihr zahlreiche Formatierungen zur Verfügung, zusätzlich kann sie über das Menüband *Einfügen* auch Bilder und weitere Elemente in das Webpart einfügen. Nachdem sie ihre Bearbeitung abgeschlossen hat, klickt Annette im Menüband *Seite* in der Gruppe *Bearbeiten* auf **BEARBEITUNG BEENDEN**. Anschließend lädt sie das Formular erneut.

In dieser Form möchte Frauke das Formular ihren Kunden bei Bedarf zur Verfügung stellen. Den Kunden möchte sie dabei nur den Link auf das Formular per Mail senden und ihnen die Möglichkeit geben, es anonym auszufüllen. Dazu muss natürlich sichergestellt sein, dass die Kunden nicht die Eingaben anderer Kunden sehen können. Einige Grundeinstellungen der Liste sind daher anzupassen. Sie navigiert also zu den Einstellungen der Umfrageliste.

Umfrage für den anonymen Zugriff vorbereiten

1. Unter den allgemeinen Einstellungen klickt sie auf **ERWEITERTE EINSTELLUNGEN**. Hier finden sich im Abschnitt *Berechtigungen auf Elementebene* zwei Einstellungen für den Lese- und Bearbeitungszugriff auf die Listenelemente. Annette ändert die erste Einstellung analog zur zweiten, so dass auch der Lesezugriff nur auf vom Benutzer erstellte Elemente zulässig ist.

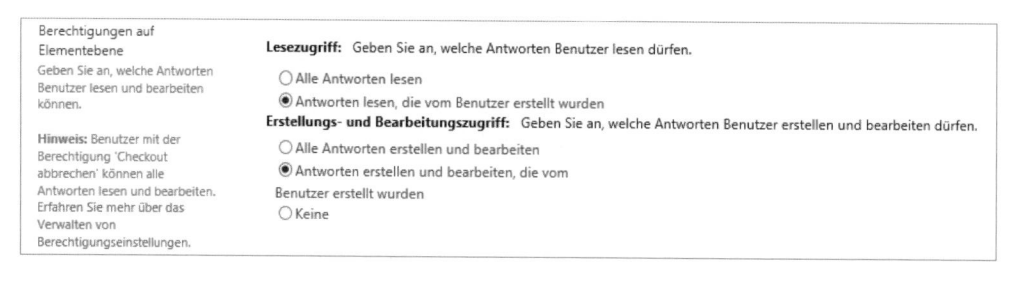

Mit diesen Einstellungen ist sichergestellt, dass die Antworten nur von den Besitzern der Website gelesen werden können. Auch die nachträgliche Bearbeitung durch anonyme Benutzer ist damit unterbunden.

2. Annette versucht nun, das Formular auch ohne Anmeldung mit einem anderen Browser zu öffnen. Dabei wird sie aber immer wieder nach Anmeldeinformationen gefragt und bekommt ohne Anmeldung nur eine HTTP-Fehlermeldung „401 UNAUTHORIZED" angezeigt. Der Grund hierfür liegt darin, dass zwar für die Website der anonyme Zugriff eingerichtet ist, die anonymen Benutzer aber dennoch keinen Zugriff auf die gesamte Sitestruktur haben. SharePoint erlaubt für anonyme Benutzer nur den Zugriff auf die in Seitenbibliotheken abgelegten Seiten und die darin verwendeten Elemente. Listenelemente können nur im Rahmen einiger Webparts angezeigt werden. Der Zugriff auf Anwendungsseiten wird unterbunden. Bei den Formularen einer Liste handelt es sich um sogenannte Anwendungsseiten. Dieses Verhalten lässt sich über zwei Wege abschalten. Einerseits besteht die Möglichkeit das Feature *ViewFormPagesLockDown* auf der Website mittels des PowerShell-Cmdlets `disable-SPFeature -Identity ViewFormPages-LockDown -Url <Website-URL>` für die gesamte Website abzuschalten. Damit würden anonyme Benutzer aber weitreichende Berechtigungen auf der Website bekommen, in der Regel mehr als für eine Liste erforderlich.

Der andere Weg besteht darin, für die Liste die Berechtigungsvererbung abzuschalten und den anonymen Benutzern nur auf dieser Ebene die Berechtigungen zum Anzeigen von Anwendungsseiten zu geben. Leider ist die Berechtigungsebene für anonyme Benutzer nicht über die Browseroberfläche im SharePoint zu bearbeiten, sondern muss per PowerShell angepasst werden. Annette bittet daher Stefan, diese Änderungen für sie durchzuführen.

3. Stefan öffnet also auf dem SharePoint-Server die SharePoint Management Shell. Dort gibt er der Reihe nach die folgenden Befehle ein:

```
$web = get-spweb https://www.betcomm.de
$list = $web.lists["Wie zufrieden sind Sie mit uns?"]
$List.BreakRoleInheritance($True)
$list.AnonymousPermMask64 = $List.AnonymousPermMask64 -bor ([int][Microsoft.SharePoint.SPBAsePermissions]::ViewFormPages)
$list.AnonymousPermMask64 = $List.AnonymousPermMask64 -bor ([int][Microsoft.SharePoint.SPBAsePermissions]::AddListItems)
$list.AnonymousPermMask64 = $List.AnonymousPermMask64 -bor ([int][Microsoft.SharePoint.SPBAsePermissions]::EditListItems)
$List.Update()
```

Im ersten Schritt speichert er damit die Website in einer Variablen (`$web`). Diese nutzt er im zweiten Schritt zum Auslesen der Liste. Das Ergebnis wird wieder in einer Variablen gespeichert (`$list`).

Der dritte Schritt unterbricht einfach die Berechtigungsvererbung in der Liste, indem die entsprechende Listeneigenschaft (`BreakRoleInheritance`) auf „wahr" (`$true`) gesetzt wird.

Die nächsten drei Schritte dienen jeweils dazu, den anonymen Benutzern, repräsentiert durch die Berechtigungsmaske (`AnonymousPermMask64`) drei zusätzliche Berechtigungen zuzuweisen, das Anzeigen von Anwendungsseiten (`ViewFormPages`), das Hinzufügen von Elementen (`AddListItems`) und das Ändern von Elementen (`EditListItems`).

Die letzte Zeile dient dazu, die Änderungen der Listeneigenschaften an der Liste zu speichern, indem die Methode Update aufgerufen wird.

Um die Listenberechtigungen zu prüfen, fragt Stefan die zugewiesenen Berechtigungen über die Eigenschaften der Liste ab:

```
$list.AnonymousPermMask64
```

Als Ergebnis werden alle den anonymen Benutzer zugeordneten Berechtigungen aufgelistet:

```
ViewListItems, AddListItems, EditListItems, ViewVersions, ViewFormPages, Open,
ViewPages, UseClientIntegration
```

Nachdem Stefan diese Änderungen vorgenommen hat, kann Annette auch ohne Anmeldung an SharePoint das Formular ausfüllen und speichern. Nach einigen Testeinträgen meldet sie sich wieder am SharePoint an und navigiert zur Umfrage. Auf der Startseite sieht sie nun die eingegangenen Antworten (Bild 6.16).

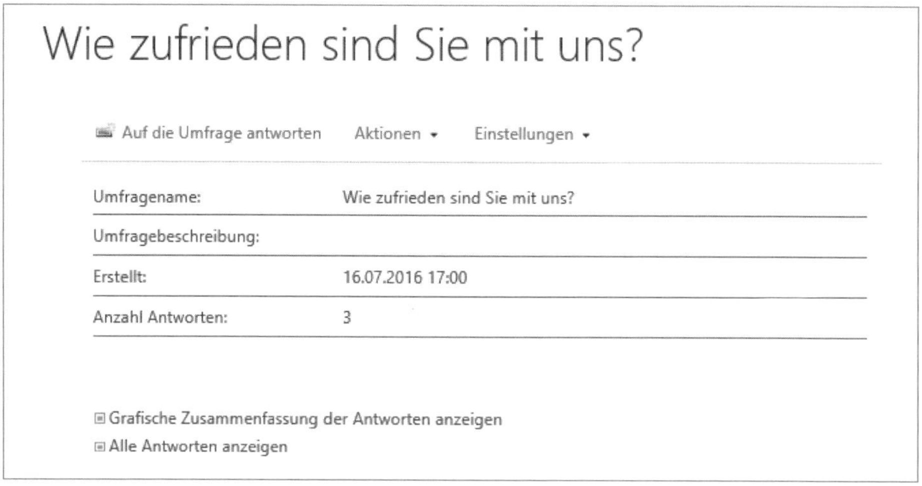

Wie zufrieden sind Sie mit uns?

Auf die Umfrage antworten	Aktionen ▾ Einstellungen ▾
Umfragename:	Wie zufrieden sind Sie mit uns?
Umfragebeschreibung:	
Erstellt:	16.07.2016 17:00
Anzahl Antworten:	3

▪ Grafische Zusammenfassung der Antworten anzeigen
▪ Alle Antworten anzeigen

Bild 6.16 Die eingegangenen Umfrageantworten

Am besten gefällt ihr die Möglichkeit, die Ergebnisse in einer grafischen Auswertung anzeigen zu lassen (Bild 6.17).

1. Wodurch sind Sie auf uns aufmerksam geworden?

- Durch unsere Website
  0 (0%)
- Über unseren Newsletter
  1 (33%)
- Über eine Anzeige
  1 (33%)
- Auf einer Veranstaltung
  1 (33%)
- Durch einen Kollegen/Freund
  0 (0%)

Gesamt: 3

2. Wie zufrieden sind Sie mit uns?

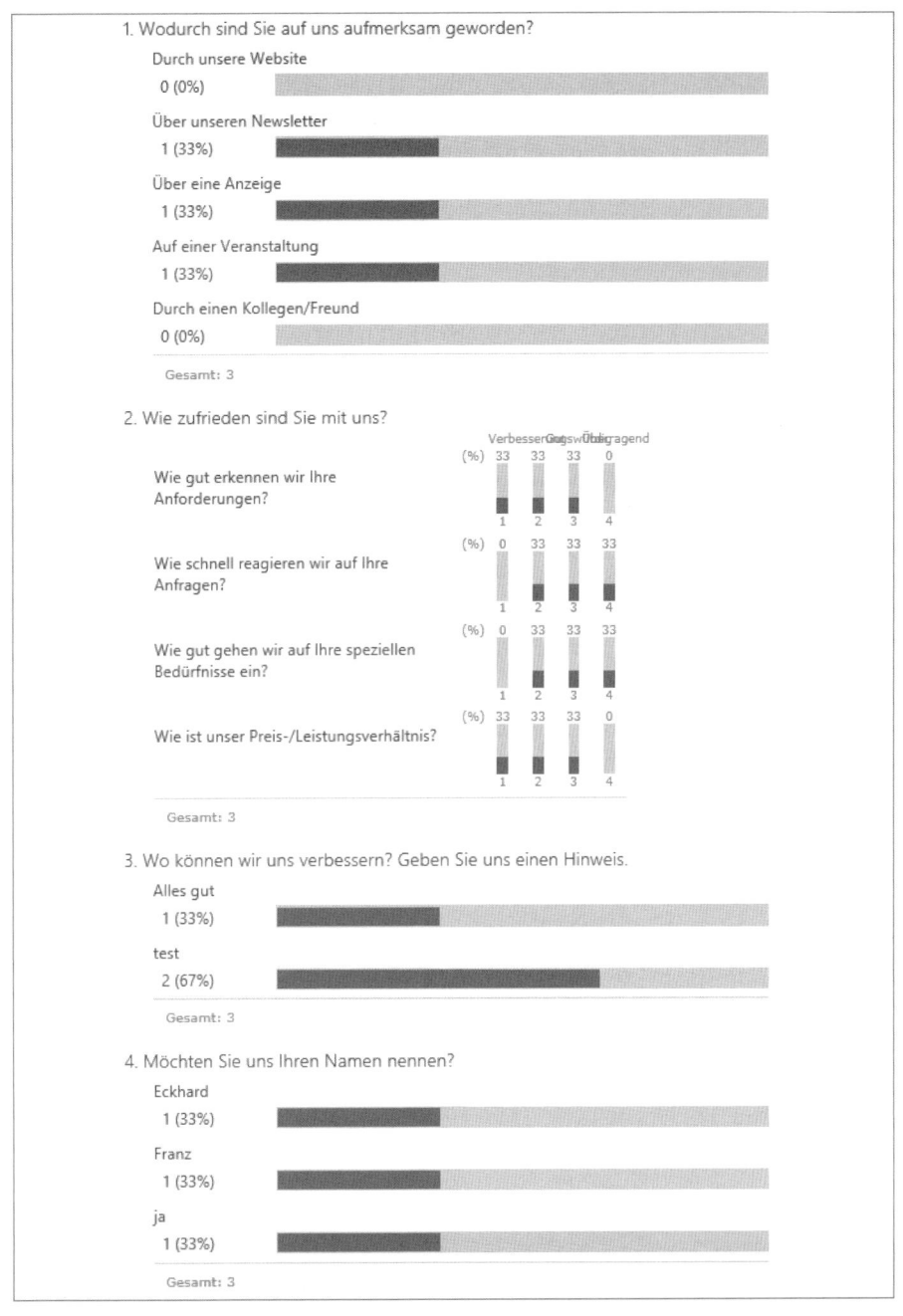

	Verbesserungswürdig	Gut	Übertragend	
	(%)	33	33	33	0
Wie gut erkennen wir Ihre Anforderungen?	1	2	3	4
	(%)	0	33	33	33
Wie schnell reagieren wir auf Ihre Anfragen?	1	2	3	4
	(%)	0	33	33	33
Wie gut gehen wir auf Ihre speziellen Bedürfnisse ein?	1	2	3	4
	(%)	33	33	33	0
Wie ist unser Preis-/Leistungsverhältnis?	1	2	3	4

Gesamt: 3

3. Wo können wir uns verbessern? Geben Sie uns einen Hinweis.

- Alles gut
  1 (33%)
- test
  2 (67%)

Gesamt: 3

4. Möchten Sie uns Ihren Namen nennen?

- Eckhard
  1 (33%)
- Franz
  1 (33%)
- ja
  1 (33%)

Gesamt: 3

Bild 6.17 Grafische Auswertung der Antworten

Damit hat Annette eine einfache Möglichkeit geschaffen, bei Bedarf die Zufriedenheit ihrer Kunden abzufragen, indem sie ihnen einfach einen Link zum Eingabeformular (*NewForm.aspx*) der Liste zusendet.

6.1.2 Kundendaten und Dokumente verknüpfen

Im nächsten Schritt möchte das gesamte Vertriebsteam eine zentrale Kundenverwaltung einrichten, in der möglichst die gesamte Kundenkommunikation erfasst werden kann und für alle Vertriebsmitarbeiter sinnvoll nachvollziehbar ist. Da darin nicht nur Daten des Seminarvertriebs, sondern auch der Projektberatung gepflegt werden sollen, legt Stefan Meurer dafür innerhalb des Intranets eine eigene Teamwebsite mit eigenen Berechtigungen an und fügt Frauke, Annette, Karl Maßen und Jens Sunitz der Gruppe der Websitebesitzer hinzu, so dass sie gemeinsam die benötigten Strukturen der Site aufbauen können.

Basis einer effektiven Kundenverwaltung ist natürlich die Pflege der Stammdaten der Kunden. Da die Besser Kommunizieren GmbH vorwiegend im Firmenumfeld tätig ist, entschließt sich das Vertriebsteam, die Daten in zwei Listen zu verwalten, eine für die Firmendaten und eine für die Daten der Ansprechpartner. In der Ansprechpartnerliste erfolgt die Zuordnung zu einer Firma über ein entsprechendes Nachschlagefeld. Als Basis beider Listen dient die Kontaktlistenvorlage. Die Spalten werden den konkreten Anforderungen angepasst.

Kundenverwaltung einrichten

Jens erstellt als Erstes die Firmenliste.

1. Im Websitemenü klickt er auf **APP HINZUFÜGEN**, wählt die Listenvorlagen **KONTAKTE** aus und benennt die neue Liste *Kunden*.

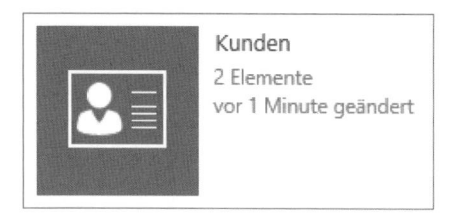

   Kunden
   2 Elemente
   vor 1 Minute geändert

2. Als Nächstes passt Jens die Spalten der Liste an. Er löscht alle Spalten, die für Firmenangaben nicht erforderlich sind, wie *Vorname*, *Telefon (privat)* etc. Die Spalte *Nachname*, die als Titelfeld verwendet wird, benennt er in *Firmenname* um.

3. Bei den ausgeblendeten Spalten stellt Jens fest, dass er diese nicht löschen kann. Ausgeblendete Spalten werden auf der Ebene der Inhaltstypen verwaltet. Zwar ließe sich die Inhaltstypverwaltung in der Liste über die **ERWEITERTEN EINSTELLUNGEN** aktivieren, um dann den Listeninhaltstyp zu bearbeiten. Da die Spalten aber ausgeblendet sind und somit in den Formularen nicht stören, verzichtet Jens darauf. Nachdem er alle Spalten wie gewünscht bearbeitet hat, zeigt das Listenformular nur noch die benötigten Informationen.

Firmenname *	
E-Mail-Adresse	
Telefon (Zentrale)	
Faxnummer (Zentrale)	
Adresse	
Ort	
Bundesland/Kanton	
PLZ	
Land/Region	
Webseite	Geben Sie die Webadresse ein: (Klicken Sie hier zum Testen) http:// Geben Sie die Beschreibung ein:
Notizen	

Klicken Sie, um Hilfe zum Hinzufügen grundlegender HTML-Formatierungen anzuzeigen.

Speichern Abbrechen

4. Abschließend benennt Jens die Standardansicht *Alle Kontakte* in *Alle Kunden* um.

Name
Geben Sie einen Namen für diese Ansicht von 'Liste' an. Dieser Name sollte beschreibend sein, z. B. "Sortiert nach Autor", sodass die Websitebesucher wissen, was sie erwartet, wenn Sie auf diesen Hyperlink klicken.

Name anzeigen:
Alle Kunden
Webadresse dieser Ansicht:
https://intranet.betcomm.de/Vertrieb/Lists/Firmen/ AllItems .aspx

5. Im nächsten Schritt erstellt Jens eine zweite Kontaktliste, die er *Ansprechpartner* nennt. In dieser Liste nimmt er die folgenden Änderungen vor.

6. Er erstellt eine neue Spalte *Anrede* als Auswahlspalte.

Name und Typ

Geben Sie einen neuen Namen für diese Spalte ein, und wählen Sie den Typ der Informationen aus, die Sie in dieser Spalte speichern möchten.

Spaltenname:

Anrede

Der Informationstyp in dieser Spalte ist:
- ○ Eine Textzeile
- ○ Mehrere Textzeilen
- ● Auswahl (Menü)
- ○ Zahl (1 / 1,0 / 100)
- ○ Währung ($, ¥, €)
- ○ Datum und Uhrzeit
- ○ Nachschlagen (in Informationen, die sich bereits auf dieser Website befinden)
- ○ Ja/Nein (Kontrollkästchen)
- ○ Person oder Gruppe
- ○ Link oder Bild
- ○ Berechnet (Berechnung basiert auf anderen Spalten)
- ○ Ergebnis der Aufgabe
- ○ Externe Daten
- ○ Verwaltete Metadaten

Zusätzliche Spalteneinstellungen

Bitte geben Sie die detaillierten Optionen für den von Ihnen ausgewählten Informationstyp an.

Beschreibung:

Diese Spalte muss Informationen enthalten:
○ Ja ● Nein

Eindeutige Werte erzwingen:
○ Ja ● Nein

Geben Sie jede Auswahl in einer neuen Zeile ein:

```
Herr
Frau
Mr.
Ms.
```

7. Die Spalte *Vollständiger Name* löscht er zuerst und erstellt sie dann neu als berechnete Spalte mit der Formel `[Anrede]&" "&[Vorname]&" "&[Nachname]`.

8. Die Beziehung zur Kundenliste möchte Jens natürlich über eine Nachschlagespalte herstellen. Da er davon ausgeht, dass diese Spalte nicht nur für die Ansprechpartner, sondern auch für andere Objekte innerhalb der Website nützlich sein wird, erstellt er die neue Spalte als Websitespalte. Er navigiert also über das Websitemenü (Zahnrad) zu den Websiteeinstellungen.

9. Dort klickt er im Abschnitt *Web-Designer-Kataloge* auf **WEBSITESPALTEN**.

10. In der Liste der Websitespalten erkennt er, dass eine Spalte *Firma* schon als Standardkontaktspalte existiert. Daher erstellt er die neue Spalte mit dem Namen *Kunde*. Dazu klickt er oberhalb der Liste auf **ERSTELLEN**. Als Spaltentyp wählt er *Nachschlagen (in Informationen, die sich bereits auf dieser Website befinden)*. Um die Spalten der Vertriebsplattform später besser identifizieren zu können, legt er bei dieser ersten Spalte eine neue Gruppe an, die er *Vertriebsspalten* nennt. Im Abschnitt *Zusätzliche Spalteneinstel-*

lungen gibt er eine kurze Beschreibung der Spalte an und legt fest, dass die Informationen aus der Liste *Firmen* kommen und über die Spalte *Firmenname* nachgeschlagen werden. Als zusätzliche Spalte markiert er noch die *Telefonnummer (Zentrale)*, da er es als sinnvoll erachtet, wenn auch diese an den Kontakten angezeigt wird.

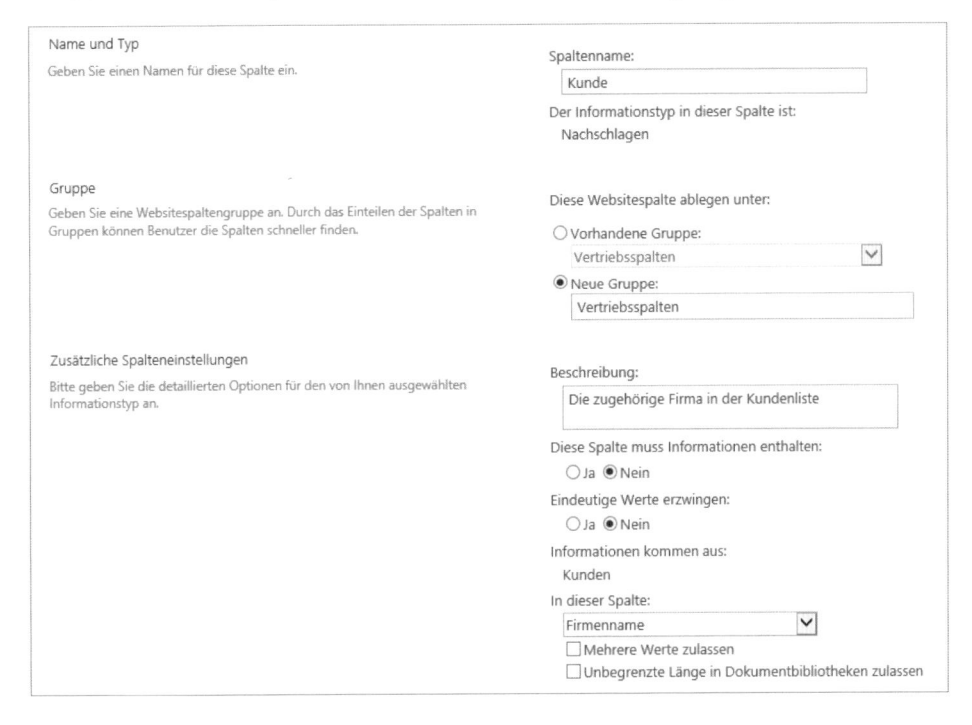

11. Nachdem er die neue Spalte durch Klicken auf OK erstellt hat, navigiert Jens zurück zur Liste *Ansprechpartner* und öffnet dort wieder die Listeneinstellungen. Unterhalb der Spaltenauflistung klickt er auf **AUS VORHANDENEN WEBSITESPALTEN HINZUFÜGEN**.
12. Er wählt die neu erstellte Gruppe *Vertriebsspalten* aus, markiert die Spalte *Kunde* und klickt dann zuerst auf **HINZUFÜGEN** und anschließend auf **OK**.

13. Da auch die Ansprechpartner später den Dokumenten und weiteren Informationen auf der Website hinzugefügt werden, möchte Jens noch eine Spalte erstellen, die für die einfache und eindeutige Auswahl genutzt werden kann. Anders als bei der Firmenliste, wo er davon ausgeht, dass der Firmenname eindeutig genug ist, sieht er bei der Auswahl über den Nachnamen einer Person in einer großen Liste durchaus die Gefahr, dass ein Nachname mehrfach vorkommt und eine eindeutige Auswahl darüber nicht möglich ist. Er möchte daher eine berechnete Spalte erstellen, in der Informationen mehrerer Spalten so weit zusammengefasst werden, dass der Ansprechpartner eindeutig identifiziert werden kann. Leider kann er den Firmennamen in dieser Berechnung nicht verwenden, da Nachschlagespalten in Formeln nicht eingefügt werden können. Jens entscheidet sich daher für eine Kombination aus Vor- und Nachnamen und der E-Mail-Adresse. Die Berechnung soll das Ergebnis „Nachname, Vorname (E-Mail-Adresse)" zurückgeben. Er erstellt somit in der Liste eine weitere berechnete Spalte, die er *Auswahl* nennt und in der er die Formel `[Nachname]&", "&[Vorname]&" ("&[E-Mail-Adresse]&")"` verwendet. Das Ergebnis soll als einfache Textzeile zurückgegeben werden.

14. Da auch die Verknüpfung zu den Ansprechpartnern an verschiedenen Informationstypen der Vertriebssite genutzt werden wird, erstellt Jens direkt noch eine weitere Websitespalte, die die neue Auswahlspalte als Nachschlagespalte nutzt und zusätzlich die E-Mail-Adresse und geschäftliche Telefonnummer des Ansprechpartners liefert. Er benennt die Spalte *Ansprechpartner* und ordnet sie ebenfalls der Gruppe *Vertriebsspalten* zu.

15. Zum Abschluss optimiert Jens noch die Ansichten und Formulare in der Ansprechpartnerliste. In den Listeneinstellungen unterhalb der Spaltenliste klickt er zuerst auf **SPALTENSORTIERUNG**, um die Anzeige der Felder im Formular anzupassen. Er entscheidet sich für eine Reihenfolge, die der natürlichen Eingabe entspricht, beginnend mit der Anrede als erstes Feld, dann dem Vornamen und dem Nachnamen, gefolgt von Firmenname und Position. Darunter sollen die E-Mail-Adresse und die geschäftlichen Telefonnummern angezeigt werden, zum Schluss die Adresse, Postleitzahl und Ort.

Einstellungen › Spaltensortierung ändern

Feldreihenfolge
Wählen Sie die Reihenfolge der Felder aus, indem Sie unter "Position von oben" eine Zahl für jedes Feld auswählen.

Feldnamen anzeigen	Position von oben
Nachname	3
Phonetischer Nachname	4
Vorname	2
Phonetischer Vorname	5
E-Mail-Adresse	9
Phonetischer Firmenname	7
Position	8
Telefon (geschäftlich)	10
Telefon (privat)	13
Mobiltelefonnummer	11
Faxnummer	12
Adresse	14
Ort	16
Bundesland/Kanton	17
PLZ	15
Land/Region	18
Webseite	19
Notizen	20
Anrede	1
Vollständiger Name	21
Firmenname	6
Auswahl	22

16. Nachdem er die Spalte *Website* noch aus der Liste gelöscht hat, da die Information schon an den Firmen gepflegt wird, prüft Jens das Listenformular und ist so weit zufrieden damit.

17. Die letzten Einstellungen, die er an der Liste vornimmt, betreffen wieder die Ansichten. Zuerst benennt er die Ansicht *Alle Kontakte* in *Alle Ansprechpartner* um, entfernt alle berechneten Spalten aus der Ansicht und legt auch hier eine sinnvolle Spaltenreihenfolge fest. Für die Sortierung der Ansicht wählt Jens das berechnete Feld *Auswahl*.

18. Anschließend erstellt er noch eine zweite Ansicht *Nach Kunde*, in der er die Einträge nach dem Firmennamen gruppieren lässt. Die Darstellung soll zuerst reduziert erfolgen, um möglichst viele Firmeneinträge anzeigen zu können. Daher legt Jens auch den Schwellwert für die anzuzeigenden Gruppen auf *500* fest. Damit können die Vertriebsmitarbeiter schnell und einfach die Ansprechpartner eines Kunden anzeigen lassen, ohne erst über mehrere Webseiten navigieren zu müssen. Das Feld *Firmenname* nimmt er aus der Spaltenauswahl für die Ansicht wieder heraus, da es ja für die Spaltenköpfe verwendet wird.

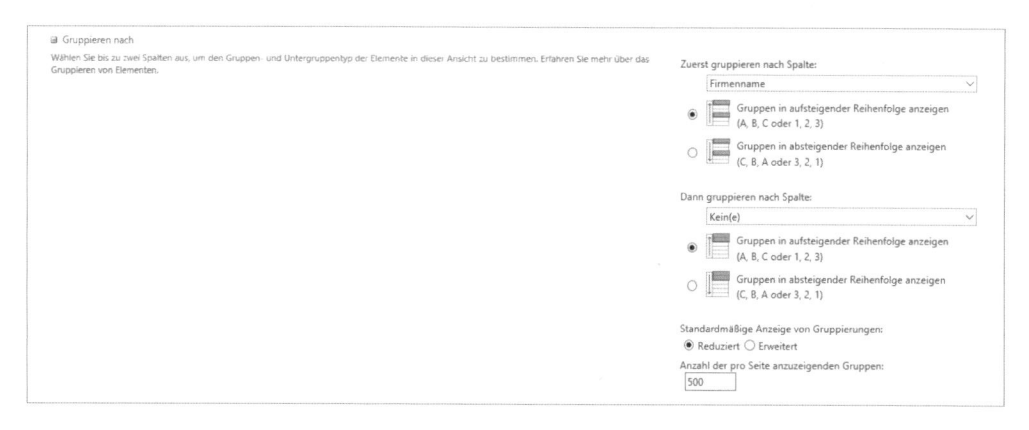

19. Der Vertrieb der Besser Kommunizieren GmbH arbeitet nach dem Prinzip des Key Accounting. Für jeden Firmenkunden gibt es einen Vertriebsansprechpartner, über den in der Regel die Kommunikation mit dem jeweiligen Kunden stattfindet. Auch wenn der Kunde aus beiden Geschäftsbereichen bedient wird, bliebt der Vertriebsansprechpartner derselbe. Jens möchte auch diese Informationen an den Firmen und eventuell anderen Inhalten der Vertriebssite festhalten können. Daher entschließt er sich dazu, noch eine dritte Websitespalte zu erstellen, die er der Firmenliste zuweist. Er navigiert als noch einmal zu den Websitespalten (**WEBSITEMENÜ/WEBSITEEINSTELLUNGEN/WEBSITESPALTEN**) und erstellt dort eine Spalte namens *Key Account*. Als Typ wählt er diesmal *Person oder Gruppe*. Als Key Accounter kommen nur die Vertriebsmitarbeiter und bei besonders wichtigen Kunden eventuell die Geschäftsführer in Frage. Daher schränkt Jens die Auswahl auf die Benutzergruppen *Mitglieder von Vertrieb* ein. In diese Gruppe werden später alle Unternehmensmitarbeiter aufgenommen, die aktiv am Vertrieb mitarbeiten.

Name und Typ

Geben Sie einen neuen Namen für diese Spalte ein, und wählen Sie den Typ der Informationen aus, die Sie in dieser Spalte speichern möchten.

Spaltenname:

[Key Account]

Der Informationstyp in dieser Spalte ist:
- ○ Eine Textzeile
- ○ Mehrere Textzeilen
- ○ Auswahl (Menü)
- ○ Zahl (1 / 1,0 / 100)
- ○ Währung ($, ¥, €)
- ○ Datum und Uhrzeit
- ○ Nachschlagen (in Informationen, die sich bereits auf dieser Website befinden)
- ○ Ja/Nein (Kontrollkästchen)
- ● Person oder Gruppe
- ○ Link oder Bild
- ○ Berechnet (Berechnung basiert auf anderen Spalten)
- ○ Ergebnis der Aufgabe
- ○ Vollständiger HTML-Inhalt mit Formatierung und Einschränkungen für die Veröffentlichung
- ○ Bild mit Formatierung und Einschränkungen für die Veröffentlichung
- ○ Link mit Formatierung und Einschränkungen für die Veröffentlichung
- ○ Hyperlinkübersichtsdaten
- ○ Rich-Media-Daten für die Veröffentlichung
- ○ Verwaltete Metadaten

Gruppe

Geben Sie eine Websitespaltengruppe an. Durch das Einteilen der Spalten in Gruppen können Benutzer die Spalten schneller finden.

Diese Websitespalte ablegen unter:
- ● Vorhandene Gruppe:
  [Vertriebsspalten]
- ○ Neue Gruppe:

Zusätzliche Spalteneinstellungen

Bitte geben Sie die detaillierten Optionen für den von Ihnen ausgewählten Informationstyp an.

Beschreibung:

[Der zuständige Vertriebsmitarbeiter]

Diese Spalte muss Informationen enthalten:
○ Ja ● Nein

Eindeutige Werte erzwingen:
○ Ja ● Nein

Mehrfachauswahl zulassen:
○ Ja ● Nein

Folgende Auswahl zulassen:
● Nur Personen ○ Benutzer und Gruppen

Auswählen aus:
- ○ Alle Benutzer
- ● SharePoint-Gruppe:
  [Mitglieder von Vertrieb]

Feld anzeigen:
[Name (mit Anwesenheit)]

20. Die neue Spalte fügt er der Liste *Kunden* hinzu.
21. Jetzt kann er für diese Liste auch noch eine Ansicht *Meine Kunden* erstellen, die auf Basis des angemeldeten Benutzers in der neuen Spalte die Kundenliste filtert.

Filter

Alle Elemente in dieser Ansicht anzeigen oder eine Untermenge der Elemente mithilfe von Filtern anzeigen. Geben Sie **[Heute]** oder **[Ich]** als Spaltenwert ein, auf eine Spalte basierend auf dem aktuellen Datum oder dem aktuellen Benutzer der Website zu filtern. Indizierte Spalten in der ersten Klausel verwenden, um die Ansicht zu beschleunigen. Filter sind insbesondere für Listen wichtig, die mehr als 5.000 Elemente enthalten, weil sie ein effizienteres Arbeiten mit umfangreichen Listen ermöglichen. Erfahren Sie mehr über das Filtern von Elementen.

○ Alle Elemente in dieser Ansicht anzeigen
● Elemente nur in folgendem Fall anzeigen:

Elemente anzeigen, wenn Spalte
[Key Account]
[ist gleich]
[[Ich]]

Damit hat Jens die Grundlagen geschaffen, alle Inhalte auf der Website Kunden und Ansprechpartnern zuordnen zu können und sie darüber gezielt zu strukturieren. Als Nächstes sind die Ablagestrukturen für Dokumente und sonstige Informationen anzupassen, in denen die jetzt zur Verfügung stehenden Metadaten verwendet werden.

> Jens hat die erforderlichen Spalten als Websitespalten erstellt, da er davon ausgeht, dass diese auch in anderen Listen genutzt werden. Dabei hat er Spaltennamen verwendet, die SharePoint noch nicht nutzt. Später wird er die Ansprechpartnerliste als Kontaktliste in Outlook einbinden. Die neu erstellten Spalten der Liste werden jedoch nicht mit Kontaktdaten in Outlook synchronisiert, selbst wenn Jens gleichlautende Spaltennamen verwendet. Die Synchronisierung der Daten erfolgt bei den meisten Spalten anhand der englischen Originalspaltennamen. Das heißt, für die Synchronisierung der Spalte *Firma* in einem Outlook-Kontakt mit einer Kontaktliste in SharePoint sucht Outlook nach einer Spalte *Company* in der Liste. Wenn wir also die vorhandene Spalte *Firma* löschen und eine neue Spalte mit dem Originalnamen *Company* erstellen, wird der Inhalt der Spalte auch wieder mit Outlook synchronisiert, wenn wir allerdings die Spalte *Firma* nennen, funktioniert die Synchronisierung mit Outlook nicht. Den englischen Originalnamen sieht man in SharePoint, wenn man eine vorhandene Spalte zur Bearbeitung auswählt und dann einen genauen Blick in die URL wirft. Dort findet man nach der Listen-GUID einen Parameter für das Formular *FldEditEX.aspx*, der den Feldnamen anzeigt: *FldEditEx.aspx?List=%7B0231039B%2DF4DC%2D420F% 2D83DF%2D2BFFC3207893%7D&Field=Company*. Nachträglich kann man den Spaltennamen übrigens wieder ändern. Der interne Name bleibt erhalten und die Synchronisierung mit Outlook funktioniert.

6.1.3 Metadaten statt Ordnerstrukturen

Erstes Ziel von Jens ist es, alle direkten Kommunikationsdokumente der Kunden an einem Ort verwalten zu können und nach Kunden und Ansprechpartnern abfragen zu können. Am besten soll darüber die gesamte Kommunikationshistorie mit den Kunden zur Verfügung stehen. Natürlich soll auch eine chronologische Darstellung möglich sein.

Jens entschließt sich, dafür eine neue Dokumentbibliothek anzulegen, der er Dokumentvorlagen für die wichtigsten Inhaltstypen des Vertriebs zuordnet. Den Inhaltstypen kann er dann auch die in 6.1.2 erstellten *Firmen* und *Ansprechpartner* als Felder zuordnen.

Um die Kundenverwaltung noch weiter zu vereinfachen, möchte Jens eine Webseite anlegen, über die möglichst alle Informationen zu einem Kunden einfach abfragbar sind.

Bevor er aber die Dokumentbibliothek anlegt, will Jens noch die Dokumentvorlagen des Vertriebs anpassen. Bisher hat jeder Vertriebsmitarbeiter die Standardbriefvorlage des Unternehmens mit persönlichen Informationen wie Telefonnummer, E-Mail-Adresse erweitert und dann als persönliche Vorlage lokal gespeichert. Da die Vorlagen zukünftig zentral gespeichert werden sollen, möchte Jens sie so weit automatisieren, dass die benötigten Absenderinformationen aus den Benutzerinformationen eingelesen werden. Leider gibt es dafür auch in Word 2016 noch keinen einfachen Weg, da Active-Directory-Daten in Word nur sehr begrenzt als Felder eingelesen werden können. Da Jens mit den Active-Directory Daten nicht sonderlich vertraut ist und der Meinung ist, dass diese Funktionen in einer generellen Briefvorlage des Unternehmens genutzt werden sollten, bespricht er sich kurz mit Matthias Kellner. Sie kommen überein, dass Stefan Meurer eine allgemeine Briefvorlage als Inhaltstyp erstellen soll, auf die dann Jens für die Vertriebsvorlagen zugreifen kann. Stefan soll ein kleines Makro in die Vorlage einbinden, das Active-Directory-Informationen des angemeldeten Benutzers ausliest und in Formularfelder des Dokumentes einfügt.

Benutzerinformationen aus dem Active Directory automatisch in ein Dokument einfügen

1. Stefan startet Word mit einer der Standardvorlagen der Besser Kommunizieren GmbH. Diese enthalten schon einen Absenderabschnitt oben rechts.
2. Damit Stefan Makros erstellen kann, muss er sich zuerst das Menüband *Entwicklertools* in Word anzeigen lassen. Dazu klickt er in Word zuerst auf den Reiter DATEI und dann auf OPTIONEN.
3. In den Word-Optionen wählt er links in der Navigationsleiste den Abschnitt MENÜBAND ANPASSEN und aktiviert dann ganz rechts im Bereich *Hauptregisterkarten* die einzig deaktivierte Registerkarte ENTWICKLERTOOLS.

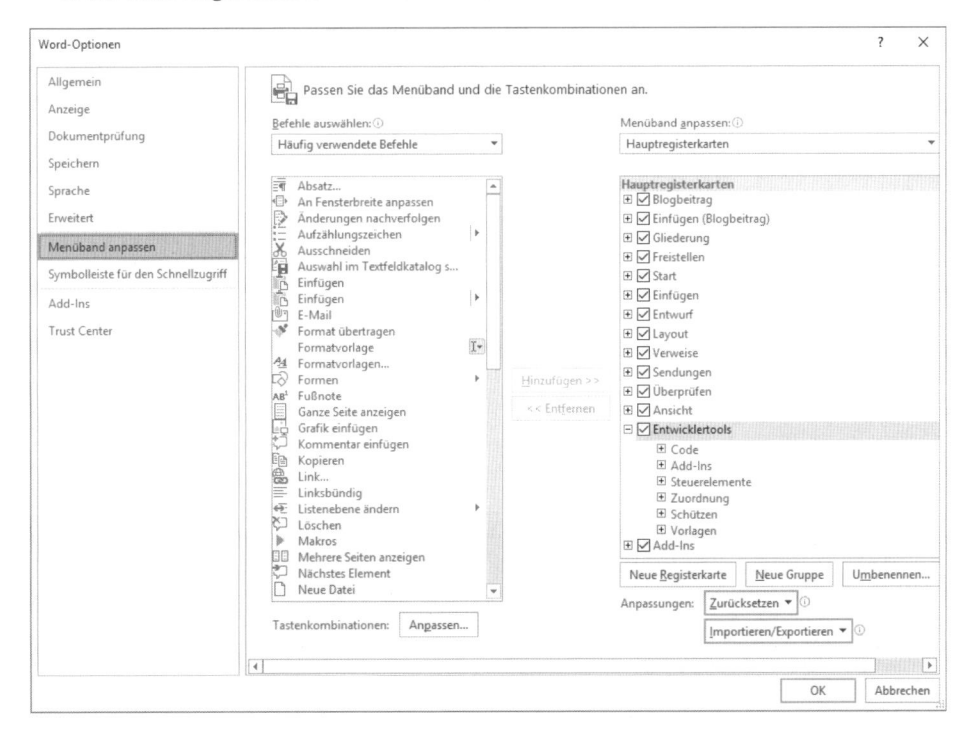

4. Nachdem Jens auf **OK** geklickt hat, wird die Registerkarte **ENTWICKLERTOOLS** in Word angezeigt. Stefan klickt links in der Gruppe *Code* auf **MAKROS**, um ein neues Makro zu erstellen.

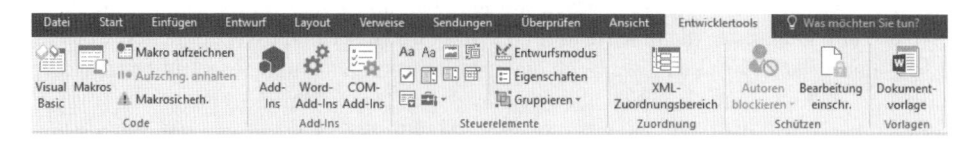

5. Dem neuen Makro gibt er den Namen *ADDatenEinlesen* und klickt dann auf **ERSTELLEN**.

6. In das Code-Fenster gibt Stefan dann folgenden Code ein, den er als guter Entwickler natürlich auch kommentiert:

Listing 6.1 ActiveDirectoryInfo

```
Sub ActiveDirectoryInfo()

' Variablen definieren
Dim qQuery, objSysInfo, objuser
Dim Name, Telefon, Fax, Mail, Nachname, Vorname, Strasse, PLZ, Ort, Land, Mobil, Position

' Active Directory-Informationen des angemeldeten Benutzers auslesen
Set objSysInfo = CreateObject("ADSystemInfo")
qQuery = "LDAP://" & objSysInfo.UserName
Set objuser = GetObject(qQuery)

' Variablen mit Active-Directory-Attributen füllen
Name = objuser.firstname & " " & objuser.lastname
Telefon = objuser.TelephoneNumber
Fax = objuser.facsimileTelephoneNumber
Mail = objuser.Mail
Nachname = objuser.lastname
```

```
Vorname = objuser.firstname
Strasse = objuser.streetAddress
PLZ = objuser.postalcode
Ort = objuser.l
Land = objuser.c
Mobil = objuser.mobile
Position = objuser.Title

' Textmarken des Dokuments den Variablen zuordnen (Name und Position werden
zweimal verwendet)
InsertADInfo "ADTelefon", Telefon
InsertADInfo "ADName", Name
InsertADInfo "ADName1", Name
InsertADInfo "ADFax", Fax
InsertADInfo "ADMail", Mail
InsertADInfo "ADStrasse", Strasse
InsertADInfo "ADPLZ", PLZ
InsertADInfo "ADOrt", Ort
InsertADInfo "ADLand", Land
InsertADInfo "ADMobil", Mobil
InsertADInfo "ADPosition", Position
InsertADInfo "ADPosition1", Position

End Sub

' Prozedur zum Einfügen des Variableninhalts an der entsprechenden Textmarke
Public Sub InsertADInfo(Textmarke, Variable)
If ActiveDocument.Bookmarks.Exists(Textmarke) = True Then
ActiveDocument.FormFields(Textmarke).Result = Variable
End If
End Sub

' Anweisung, das Makro beim Erstellen neuer Dokumente auszuführen
Sub AutoNew()
Call ActiveDirectoryInfo
End Sub
```

Im ersten Abschnitt des Makros werden die Variablen für die Abfrage, die Objekte und die benötigten Eigenschaften definiert. Der zweite Abschnitt liest die benötigten Informationen über eine LDAP-Abfrage nach den Informationen des angemeldeten Benutzers aus. Danach werden die einzelnen AD-Attribute den Eigenschaftenvariablen zugeordnet. Auch wenn nicht alle Eigenschaften im Dokument verwendet werden, legt Stefan hier schon für jedes AD-Attribut eine Eigenschaft an. Das vereinfacht spätere Anpassungen an abgeleiteten Inhaltstypen. Im letzten Abschnitt der ersten Routine werden dann die Eigenschaften den Textmarken zugeordnet. Die Textmarkennamen müssen so wie hier benannt im Dokument an den Feldern zugeordnet werden. Da einige Felder mehrfach verwendet werden, gibt Stefan hierfür zwei unterschiedliche Textmarken an. Die Subroutine `InsertADInfo` springt nur bis zur ersten Textmarke im Dokument. Eine gleichnamige zweite Textmarke würde also nicht mehr gefüllt werden.

Die Subroutine zum Einfügen hat Stefan dann darunter definiert. Diese sucht nach der entsprechenden Textmarke im Dokument und ersetzt den Inhalt des Feldes mit dem Inhalt der zugordneten Variablen anhand der vorgenannten Zuordnungsliste.

Die letzte Routine ruft das Makro jedes Mal auf, wenn ein Dokument mit der Vorlage neu erstellt wird. Mit der Funktion `AutoOpen()` könnte Stefan das Makro auch bei jedem Öffnen eines Dokumentes aufrufen lassen. Dies ist aber hier nicht sinnvoll, da ja die Absendereigenschaften nicht bei jedem Öffnen eines Briefes angepasst werden sollen.

7. Nun muss Stefan noch die Felder mit den Textmarken dem Dokument hinzufügen. Dazu geht er an die entsprechende Position im Dokument und klickt dann im Menüband *Entwicklertools* in der Gruppe *Steuerelemente* auf die Schaltfläche **VORVERSIONSTOOLS**.

8. Aus dem Bereich *Formulare aus Vorversionen* klickt er auf den ersten Feldtyp **TEXTFELD (FORMULARSTEUERELEMENT)**.

9. Das entsprechende Feld wird an der Cursorposition eingefügt. Stefan klickt das Feld mit der rechten Maustaste an und wählt im Kontextmenü **EIGENSCHAFTEN**, um die Eigenschaften des Feldes zu bearbeiten. Damit das Feld mit den Informationen aus dem Makro befüllt werden kann, muss ihm im Abschnitt *Feldeinstellungen* die entsprechende Textmarke zugewiesen werden.

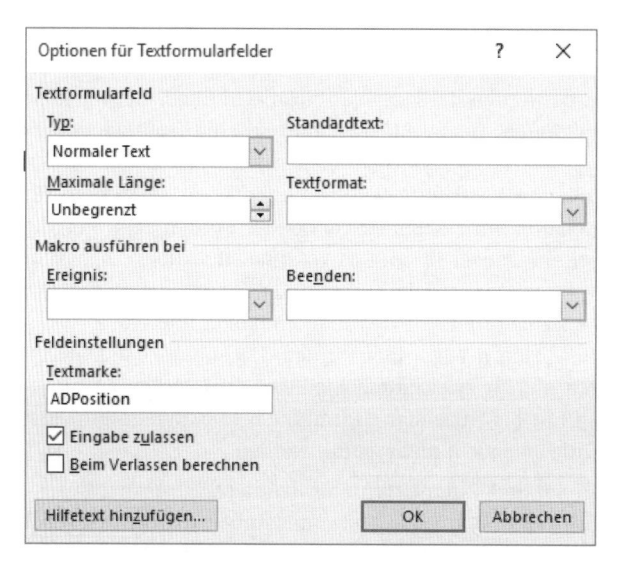

10. Zum Schluss fügt Stefan noch das Datum als Feld ein. Das Datum soll aber nicht bei jedem Öffnen des Dokuments aktualisiert werden. Daher wählt er dafür das Datumssteuerelement aus den Entwicklertools (**DATUMSAUSWAHL-INHALTSSTEUERELEMENT**).

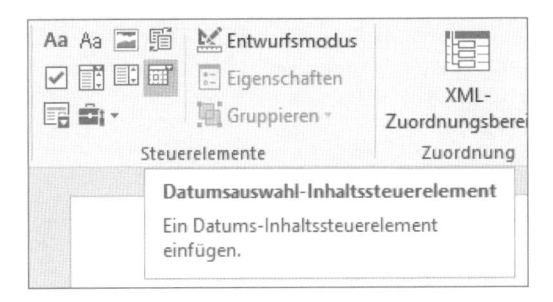

Datumsauswahl-Inhaltssteuerelement
Ein Datums-Inhaltssteuerelement einfügen.

11. Die endgültige Vorlage sieht nun wie folgt aus. Die Feldmarkierungen machen deutlich, wo die Felder angelegt sind. Da die Vorlage Makros enthält, speichert Stefan sie im Format *.dotm ab.

Besser Kommunizieren GmbH
Besser-Kommunizieren-Allee 1
DE-45123 Essen

Ihr Ansprechpartner:
Stefan Meurer-Admin
Servermanagement
Mail: smeurer-admin@betcomm.de
Tel: (0201) 123455
Mobil: (0173)12345566
Fax:(0201) 12345-77

[Empfängername]
[Position]
[Firmenname]
[Straße]
[Straße 2]
[PLZ Ort]

10.08.2016

Sehr geehrte/r Frau/Herr [**Empfängername**],

Mit freundlichen Grüßen

Stefan Meurer-Admin
Servermanagement

Jetzt muss Stefan diese Vorlage noch als Inhaltstyp im Intranet verfügbar machen. Dazu geht er zur Startseite des Intranets. Über das **WEBSITEMENÜ** (Zahnrad) navigiert er zu den **WEBSITEEINSTELLUNGEN**. In den Websiteeinstellungen im Abschnitt *Web-Designer-Kataloge* öffnet er die **WEBSITEINHALTSTYPEN** der Websitesammlung. Oberhalb der Liste klickt er auf **ERSTELLEN**. Den Inhaltstyp nennt er *Standardbrief* und erstellt dabei eine neue Gruppe für die Besser-Kommunizieren-Inhaltstypen (Bild 6.18).

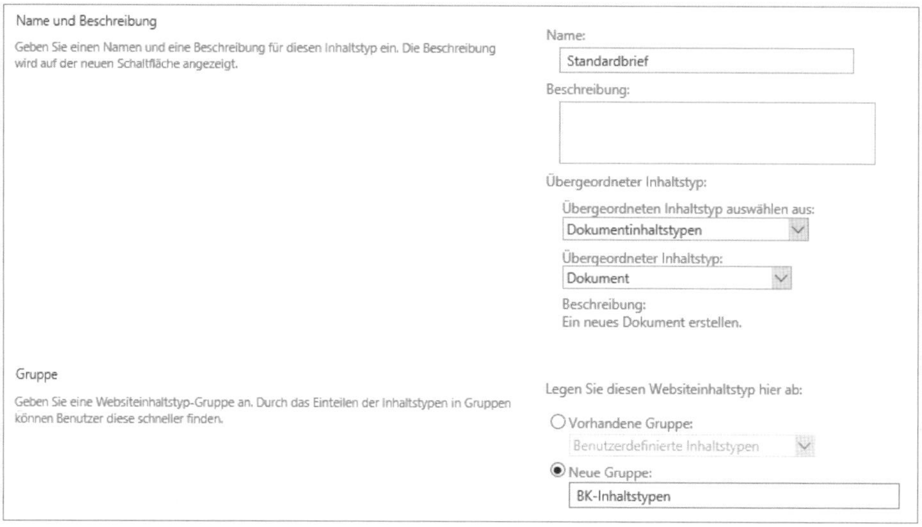

Bild 6.18 Der Inhaltstyp für den Standardbrief

Nachdem Stefan den Inhaltstyp erstellt hat, klickt er in den Eigenschaften des Inhaltstyps auf **ERWEITERTE EINSTELLUNGEN**, um die Dokumentvorlage für den Inhaltstyp hochzuladen (Bild 6.19).

Bild 6.19 Eine Dokumentvorlage für einen Inhaltstyp hochladen

Damit sind die Vorarbeiten von Stefans Seite abgeschlossen. Jens kann diesen Inhaltstyp jetzt den Dokumentbibliotheken zuordnen und ihn als Vorlage für die Vertriebsdokumente verwenden. Da Stefan den Inhaltstyp auf der Ebene der Websitesammlung erstellt hat, steht er damit automatisch auch in allen Websites des Intranets zur Verfügung, so dass zukünftig auch die anderen Abteilungen damit arbeiten können.

Jens beginnt also damit, die erforderlichen Einstellungen in der Vertriebswebsite vorzunehmen. Dazu muss er die Bibliothek für die Dokumente anlegen, die Inhaltstypen erstellen und diese der Bibliothek zuweisen. Jens sieht Inhaltstypen sowohl für ausgehende Informationen als auch für eingehende Informationen vor. Für ausgehende Informationen sind dies insbesondere Angebote und die diese begleitenden Dokumente, wie z. B. eine Kalkulation und eine Präsentation. Als eingehende Dokumente sollen Aufträge und Anfragen in der Bibliothek gespeichert werden. Jens wichtigstes Ziel für die Erstellung der Inhaltstypen ist die Verknüpfung mit den Metadaten der Kundendatenbank. Diese Daten müssen einheitlich über alle Dokumente verwendet werden. Durch die vorbereiteten Websitespalten kann Jens das sicherstellen. An einigen Dokumenten sind weitere Informationen als Metadaten festzuhalten. Dazu sind den entsprechenden Inhaltstypen bei Bedarf weitere Spalten zuzuordnen, wie z. B. eine Spalte für die Angebotssumme bei Angeboten.

Jens beginnt mit der Erstellung der Bibliothek.

Eine Bibliothek für Kundendokumente einrichten

1. Über **WEBSITEINHALTE/APP HINZUFÜGEN** legt Jens eine neue Dokumentbibliothek mit dem Namen *Kundendokumente* an.
2. Anschließend erstellt er die für die Kundendokumente benötigten Inhaltstypen, inklusive der dazugehörigen Dokumentvorlagen. Er beginnt mit dem Angebotsanschreiben. Dieses erstellt er als vom Standardbrief abgeleiteten Inhaltstyp. Für die Vertriebsinhaltstypen nutzt Jens eine eigene Gruppe, die er mit diesem ersten Inhaltstyp anlegt.

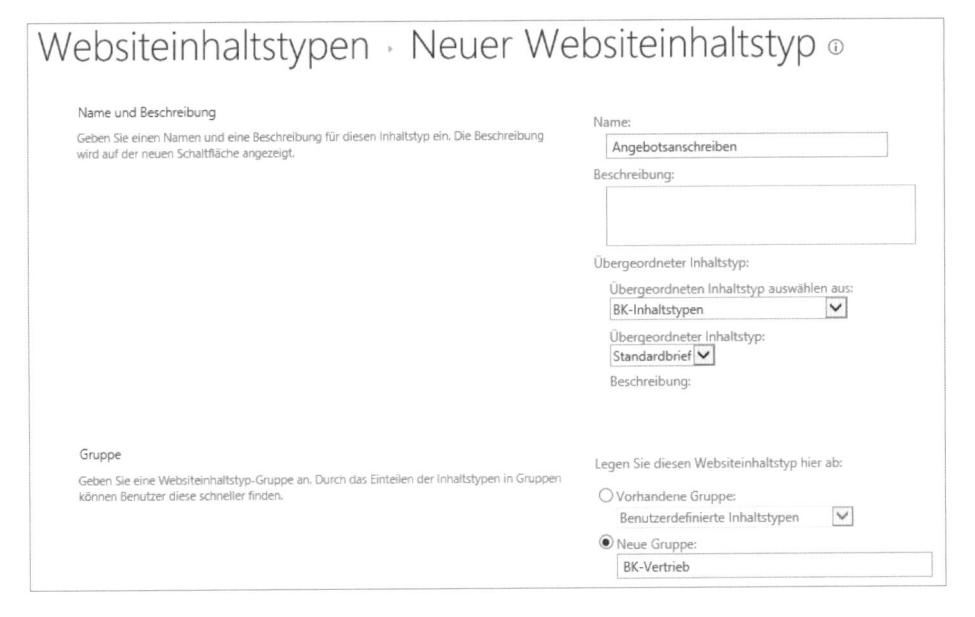

3. Dem Angebotsanschreiben muss Jens nun noch die erforderlichen Spalten hinzufügen. In den Eigenschaften des Inhaltstyps klickt er dazu unterhalb der Spaltenauflistung auf **AUS VORHANDENEN WEBSITESPALTEN HINZUFÜGEN**, um die Spalten *Kunde*, *Ansprechpartner* und *Key Account* hinzuzufügen. Um die Spalten schneller zu finden, kann Jens die Auswahl auf die Gruppe *Vertriebsspalten* einschränken. Er markiert die drei Spalten und klickt dann auf **HINZUFÜGEN**.

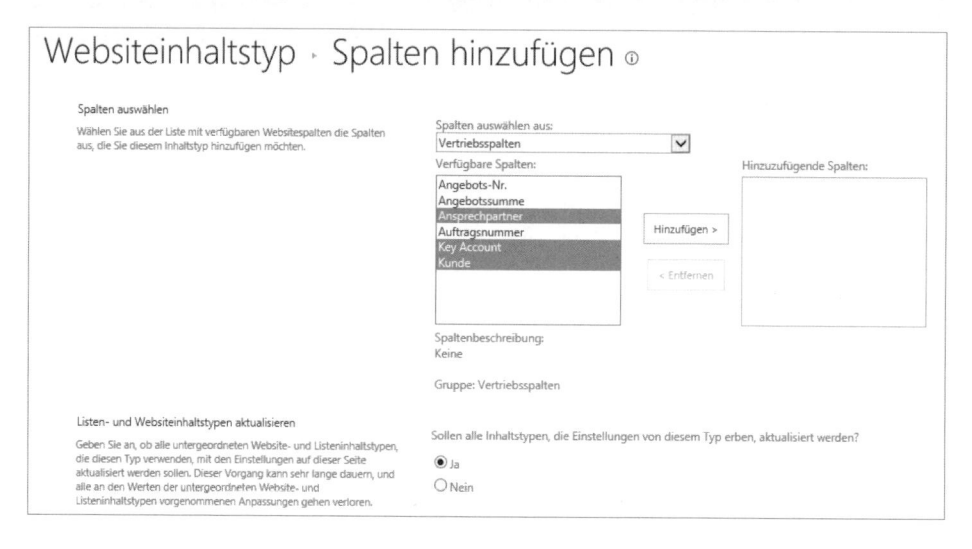

4. Für das Angebot ist noch eine weitere Spalte erforderlich, die Jens noch nicht angelegt hat. Die Angebotssumme soll ebenfalls als Metadatum am Dokument ersichtlich sein. Daher klickt Jens nach dem Hinzufügen der vorhandenen Spalten in den Eigenschaften des Inhaltstyps unter der Spaltenauflistung nun noch auf **AUS NEUER WEBSITESPALTE HINZUFÜGEN** und erstellt eine neue Spalte *Angebotssumme* als Währungsspalte in der Gruppe *Vertriebsspalten*.

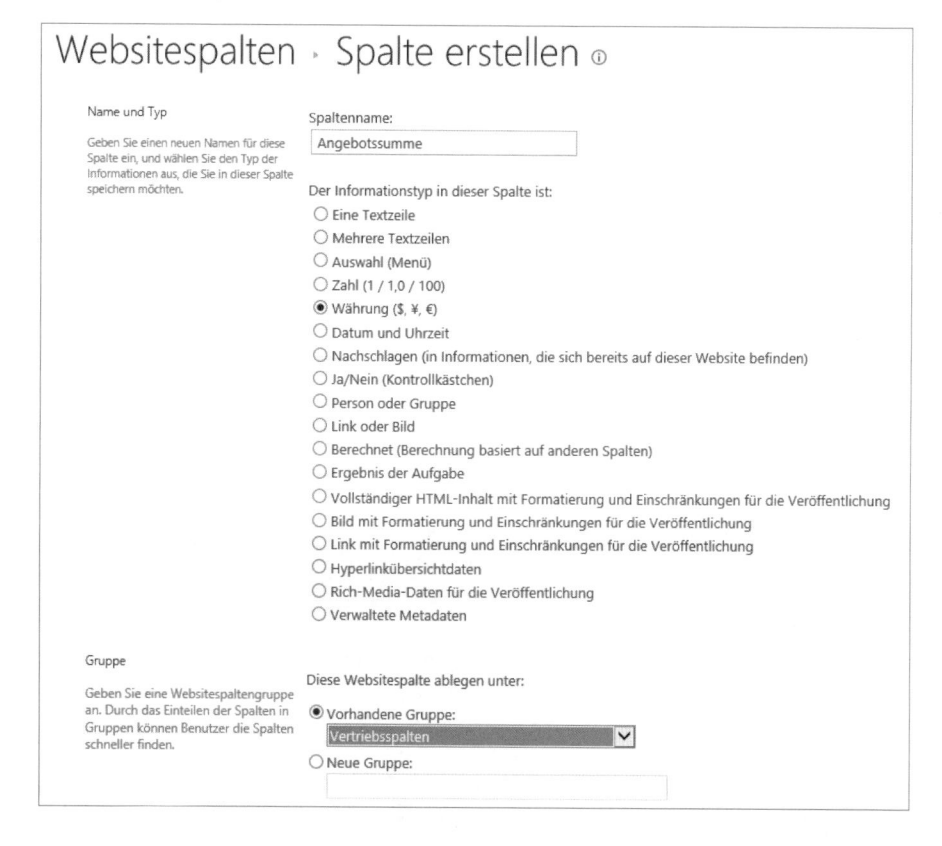

5. Nachdem der Inhaltstyp fertiggestellt ist, muss Jens ihn noch der Dokumentbibliothek zuweisen. Dazu navigiert er in der Vertriebssite zur Bibliothek *Kundendokumente* und öffnet die Eigenschaften der Dokumentbibliothek (Menüband **BIBLIOTHEK**, Gruppe *Einstellungen*, Schaltfläche **BIBLIOTHEKEINSTELLUNGEN**).
6. In den Einstellungen klickt er in der linken Spalte auf **ERWEITERTE EINSTELLUNGEN**.
7. In den erweiterten Einstellungen aktiviert er die oberste Option *Verwaltung von Inhaltstypen zulassen?*. Dies ist notwendig, damit der Bibliothek Inhaltstypen zugewiesen werden können.

```
Einstellungen › Erweiterte Einstellungen

Inhaltstypen
Geben Sie an, ob die Verwaltung      Verwaltung von Inhaltstypen zulassen?
von Inhaltstypen für
'Dokumentbibliothek' zulässig ist.    ◉ Ja   ◯ Nein
Jeder Inhaltstyp wird in der
neuen Schaltfläche angezeigt und
kann eine bestimmte Gruppe von
Spalten, Workflows und anderen
Verhaltensweisen besitzen.
```

8. Nachdem er die neue Einstellung mit **OK** gespeichert hat, findet Jens unter den Eigenschaften der Dokumentbibliothek einen neuen Abschnitt *Inhaltstypen*. Derzeit wird dort nur *Dokument* als Inhaltstyp aufgeführt. Um neue Inhaltstypen zuzuweisen klickt Jens unterhalb der Liste auf **AUS VORHANDENEN WEBSITEINHALTSTYPEN HINZUFÜGEN**.

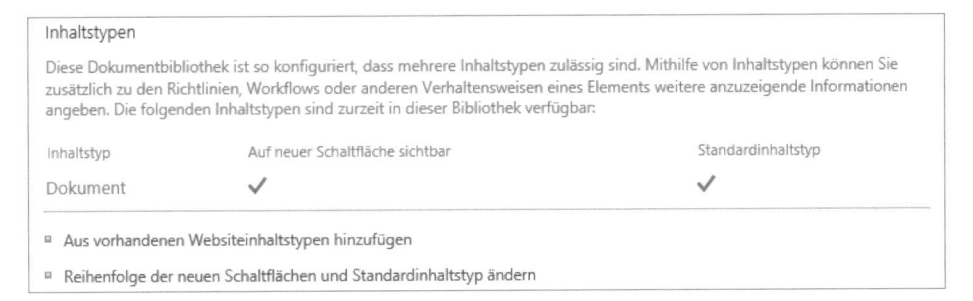

```
Inhaltstypen
Diese Dokumentbibliothek ist so konfiguriert, dass mehrere Inhaltstypen zulässig sind. Mithilfe von Inhaltstypen können Sie
zusätzlich zu den Richtlinien, Workflows oder anderen Verhaltensweisen eines Elements weitere anzuzeigende Informationen
angeben. Die folgenden Inhaltstypen sind zurzeit in dieser Bibliothek verfügbar:

Inhaltstyp        Auf neuer Schaltfläche sichtbar       Standardinhaltstyp
Dokument          ✓                                     ✓

  ▫ Aus vorhandenen Websiteinhaltstypen hinzufügen
  ▫ Reihenfolge der neuen Schaltflächen und Standardinhaltstyp ändern
```

9. Auf der Seite *Inhaltstypen hinzufügen* wählt Jens zuerst den Standardbrief aus der Gruppe *BK-Inhaltstypen* und dann das Angebotsanschreiben aus der Gruppe *BK-Vertrieb* aus. Er klickt jeweils auf **HINZUFÜGEN** und abschließend auf **OK**.

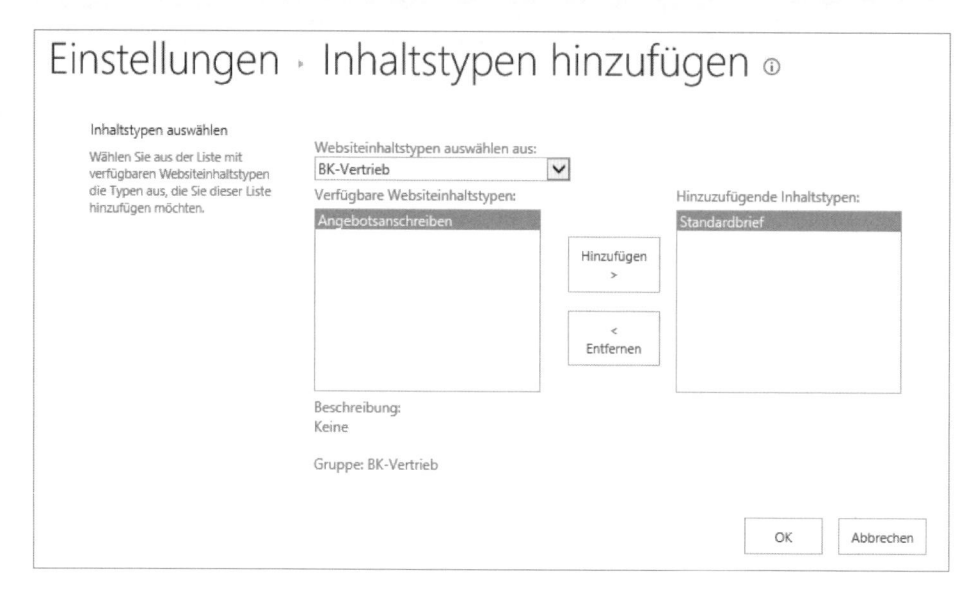

> **Einstellungen** › **Inhaltstypen hinzufügen**
>
> **Inhaltstypen auswählen**
> Wählen Sie aus der Liste mit verfügbaren Websiteinhaltstypen die Typen aus, die Sie dieser Liste hinzufügen möchten.
>
> Websiteinhaltstypen auswählen aus:
> BK-Vertrieb
>
> Verfügbare Websiteinhaltstypen:
> Angebotsanschreiben
>
> Hinzufügen >
>
> < Entfernen
>
> Hinzuzufügende Inhaltstypen:
> Standardbrief
>
> Beschreibung:
> Keine
>
> Gruppe: BK-Vertrieb
>
> OK   Abbrechen

10. Nun werden in den Bibliothekeinstellungen im Abschnitt *Inhaltstypen* alle drei Dokumentinhaltstypen, *Dokument*, *Standardbrief* und *Angebotsanschreiben* aufgeführt. Über den Link **REIHENFOLGE DER NEUEN SCHALTFLÄCHE UND STANDARDINHALTSTYP ÄNDERN** (es geht natürlich um die Schaltfläche *Neues Dokument*, nicht um eine neue Schaltfläche) ändert Jens die Reihenfolge noch so, dass der *Standardbrief* als erste Option und das allgemeine Dokument als letzte Option aufgeführt wird.

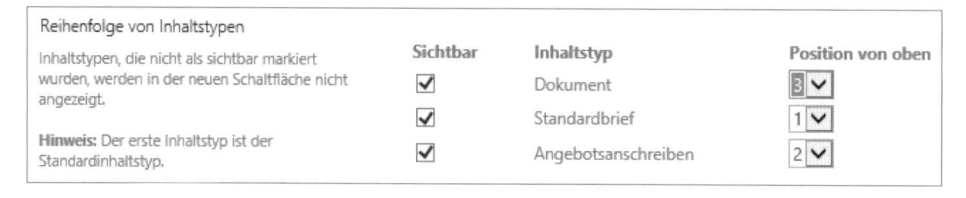

> **Reihenfolge von Inhaltstypen**
>
> Inhaltstypen, die nicht als sichtbar markiert wurden, werden in der neuen Schaltfläche nicht angezeigt.
>
> **Hinweis:** Der erste Inhaltstyp ist der Standardinhaltstyp.
>
> | Sichtbar | Inhaltstyp | Position von oben |
> |---|---|---|
> | ✓ | Dokument | 3 |
> | ✓ | Standardbrief | 1 |
> | ✓ | Angebotsanschreiben | 2 |

11. Das Ergebnis kann Jens über die Schaltfläche **NEU** in der Dokumentbibliothek prüfen.

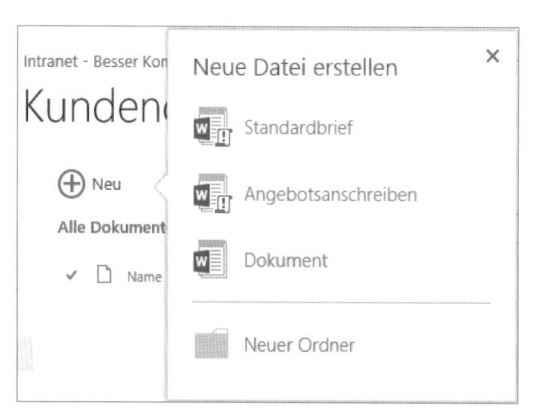

> Intranet - Besser Kon
> **Kunden**
>
> ⊕ Neu
> Alle Dokument
>
> **Neue Datei erstellen** ✕
>
> 📄 Standardbrief
>
> 📄 Angebotsanschreiben
>
> 📄 Dokument
>
> ─────────────
>
> 📁 Neuer Ordner

Derzeit verwendet der Inhaltstyp *Angebotsanschreiben* noch die Dokumentvorlage des Standardbriefs, wie Stefan Meurer ihn erstellt hat. Natürlich möchte Jens für sich und seine Kollegen die Anwendung in einem Anschreiben noch weiter vereinfachen. Er möchte daher für das Anschreiben eine Dokumentvorlage erstellen, die die Daten aus der Ansprechpartnerliste der Vertriebswebsite nutzt, so dass die Adressen im Anschreiben nicht manuell eingegeben werden müssen und die Daten auch weiterhin zentral gepflegt werden können.

6.2 Kundenkommunikation mit Exchange und Outlook

Das zentrale Werkzeug für die Kommunikation ist bei Jens und seinen Kollegen Outlook. Schon bisher haben sie mit gemeinsamen Kontaktordnern gearbeitet und einige von ihnen haben auch schon Outlook als Datenquelle für den Seriendruck in Word genutzt. Jens möchte nun diese Funktionen auch für die Anschreiben in SharePoint nutzen. Da er in der Word-Seriendruckfunktion aber nirgendwo eine direkte Verbindung zum SharePoint einrichten kann, geht er den Umweg über Outlook, indem er die Ansprechpartnerliste als Adressbuch in Outlook einbindet. Dazu geht er wie folgt vor:

SharePoint-Kontaktliste als Outlookadressbuch nutzen

1. Er öffnet zuerst die Liste *Ansprechpartner* im Browser und klickt dann auf die Registerkarte LISTE. Danach klickt er in der Gruppe *Verbinden und Exportieren* auf die Schaltfläche VERBINDUNG MIT OUTLOOK HERSTELLEN.

2. Es folgen einige Sicherheitsabfragen, die Jens mit ZULASSEN bzw. JA bestätigt. Die Liste wird in Outlook unter seinen Kontakten im Abschnitt *Andere Kontakte* eingebunden.

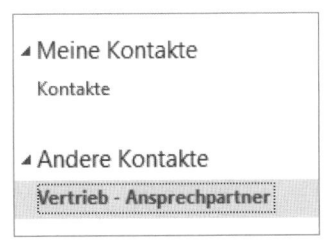

3. An den Kontakten stellt Jens sofort fest, dass die von ihm der Liste hinzugefügte Spalte *Anrede* nicht in Outlook übernommen wird, obwohl Outlook eine gleichnamige Spalte für Kontakte pflegt. Jens macht sich kurz die Mühe, die Spalte bei den Testkontakten nach-

zupflegen. An den Kontakten, die er später aus anderen Outlook-Kontaktlisten übernimmt (was er einfach per Drag-and-drop erledigt), ist die Spalte gepflegt. Daher hält sich die Nacharbeit in Grenzen.

4. Als er dann aber eine E-Mail adressieren möchte und in der Mail auf die Schaltfläche **AN** klickt, um das Adressbuch zu öffnen, stellt er fest, dass die Liste nicht in der Adressbuchauswahl auftaucht.

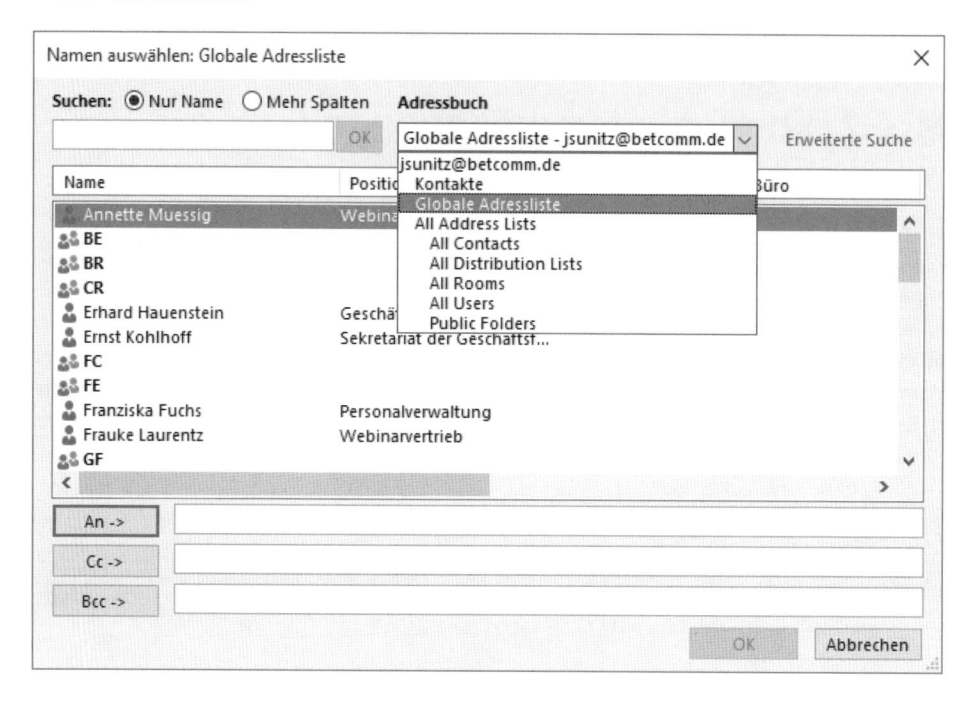

5. Damit die Liste auch als Adressbuch in Outlook (und darüber auch für den Seriendruck in Word) zur Verfügung steht, muss er sie noch den Adressbüchern hinzufügen. Dazu klickt er zuerst mit der rechten Maustaste auf den neuen Kontaktordner und im dazugehörigen Kontextmenü auf **EIGENSCHAFTEN**.

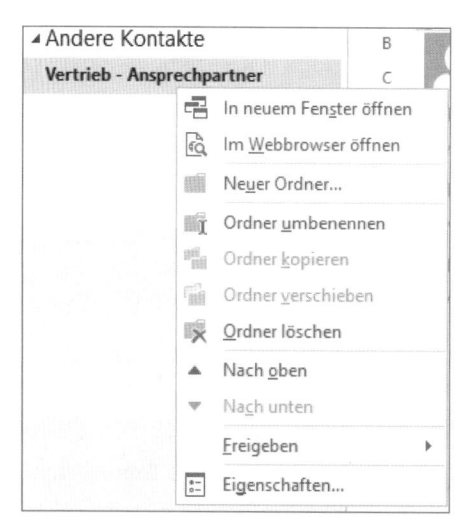

6. In den Eigenschaften des Ordners wählt er nun den Reiter **OUTLOOK-ADRESSBUCH** aus und aktiviert dort die Option **DIESEN ORDNER ALS E-MAIL-ADRESSBUCH ANZEIGEN**. Den Namen des Adressbuchs behält er bei.

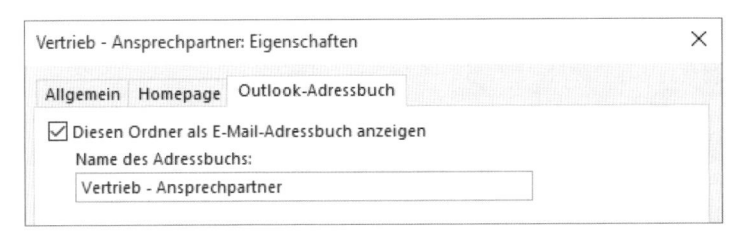

```
Vertrieb - Ansprechpartner: Eigenschaften                    X

  Allgemein   Homepage   Outlook-Adressbuch

  ☑ Diesen Ordner als E-Mail-Adressbuch anzeigen
     Name des Adressbuchs:
     Vertrieb - Ansprechpartner
```

Damit kann Jens die Kontaktliste im SharePoint nicht nur über Outlook pflegen und Kontaktinformationen nachschlagen, sondern jederzeit daraus auch E-Mails versenden und andere Kommunikationsarten aufrufen, soweit sie über die Kontaktinformationen zur Verfügung stehen. Ein weiterer Vorteil der Einbindung in Outlook besteht darin, dass die Liste jetzt auch offline zur Verfügung steht. Outlook synchronisiert den Inhalt, sobald es eine Verbindung zum SharePoint-Server bekommt, die Daten werden aber auch angezeigt, wenn keine Verbindung zum SharePoint-Server besteht.

Da Jens den Ordner nun unter diesem Namen als Seriendruckquelle in der Dokumentvorlage nutzen möchte, bittet er seinen Kollegen Karl Maßen und seine Kolleginnen Annette Müßig und Frauke Laurentz, die letzten Einstellungen in Outlook ebenfalls vorzunehmen.

Jetzt muss Jens noch die Vorlage für das Angebotsanschreiben so anpassen, dass der Adressat eines neuen Anschreibens aus der Kontaktliste ausgewählt werden kann. Im ersten Schritt erstellt er dafür in der Bibliothek ein neues Angebotsanschreiben. Da er darin die Seriendruckfunktionen nutzen möchte, kann er das Anschreiben nicht mit Word Web App erstellen, sondern muss mit Word arbeiten. Seriendruck wird in Word Web App bzw. Word Online nicht unterstützt.

Seriendruckdokument über Outlook und SharePoint einrichten

Jens navigiert also wieder zur Bibliothek *Kundendokumente* und klickt dort auf **NEU**. In der Liste der Vorlagen klickt er dann auf **ANGEBOTSANSCHREIBEN**. In Word wird ein neues Dokument mit der Vorlage geöffnet (da die Vorlage eingebettete Makros enthält, wird sie nicht in Word Web App geöffnet).

> Die Erstellung eines Seriendruckdokumentes unterscheidet sich in Word 2016 nicht vom Verfahren in den älteren Versionen. Der wichtigste Unterschied besteht darin, dass SharePoint-Listen jetzt als Datenquellen für den Seriendruck genutzt werden können. Dies war bis zur Word-Version 2013 nicht möglich. Auch die ersten Versionen von Office 2016 unterstützen es noch nicht. Spätestens ab Build 16.0.7167.2040 und in Verbindung mit SharePoint 2016 wird die Funktion aber unterstützt.
>
> Unter Word 2013 und älteren Versionen gab es nur die Möglichkeit, die SharePoint-Listen mit einer Access-Datenbank zu verknüpfen, in der Datenbank eine Ansicht über die verknüpften Tabellen zu erstellen und diese Ansicht dann als Datenquelle für den Seriendruck zu nutzen. Ein einfaches Einbinden der SharePoint-Liste in Outlook oder Excel genügte nicht.

1. Nachdem das Dokument geöffnet ist, klickt Jens in Word auf den Reiter **SENDUNGEN**, um die entsprechende Registerkarte zu öffnen.
2. Auf der Registerkarte *Sendungen* klickt er zuerst in der Gruppe *Seriendruck starten* auf **SERIENDRUCK STARTEN** und dann im Menü auf **BRIEFE**.

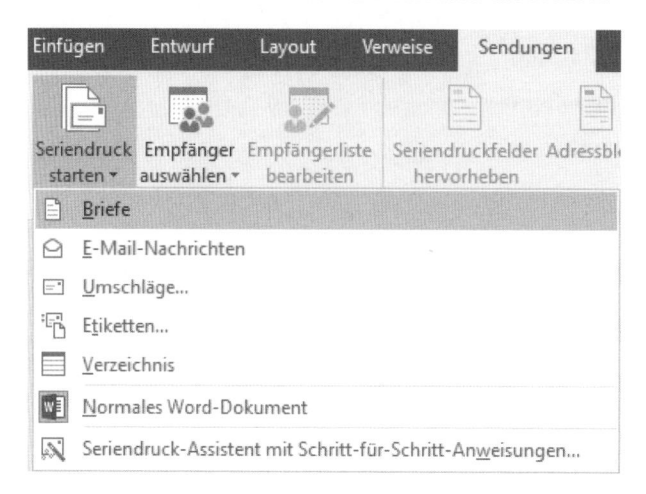

3. Jetzt klickt Jens auf die Schaltfläche daneben, **EMPFÄNGER AUSWÄHLEN**, und wählt dort im Menü **AUS OUTLOOK-KONTAKTEN AUSWÄHLEN**...

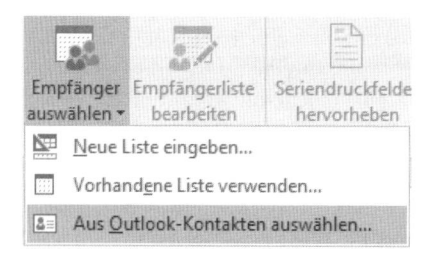

4. In der Kontaktlistenauswahl markiert er die verbundene SharePoint-Liste *Vertrieb - Ansprechpartner* und klickt auf **OK**.

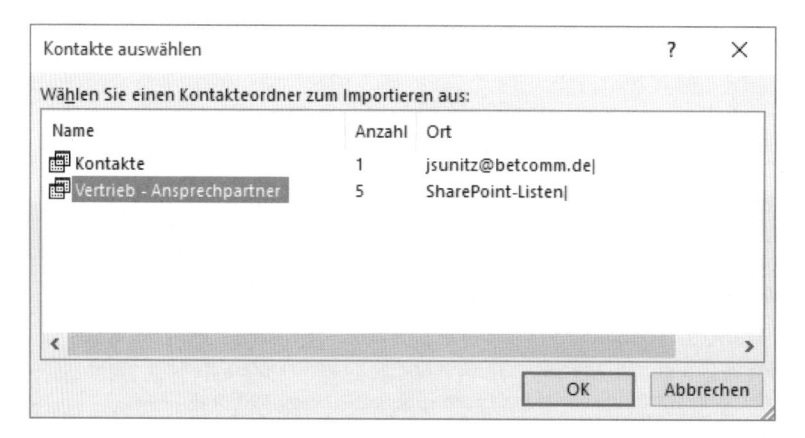

5. Im nächsten Dialogfeld werden alle derzeit in der Liste existierenden Kontakteinträge angezeigt. Standardmäßig sind alle Einträge für den Seriendruck aktiviert. Da Jens hier eine Vorlage für Briefe erstellt, die in der Regel nur an einen Ansprechpartner adressiert werden, deaktiviert er alle Einträge über die entsprechende Checkbox in den Spaltenüberschriften und bestätigt auch dieses Dialogfeld wieder mit **OK**. Dieselbe Auswahl wird hinterher bei der Neuerstellung eines Anschreibens eingeblendet werden.

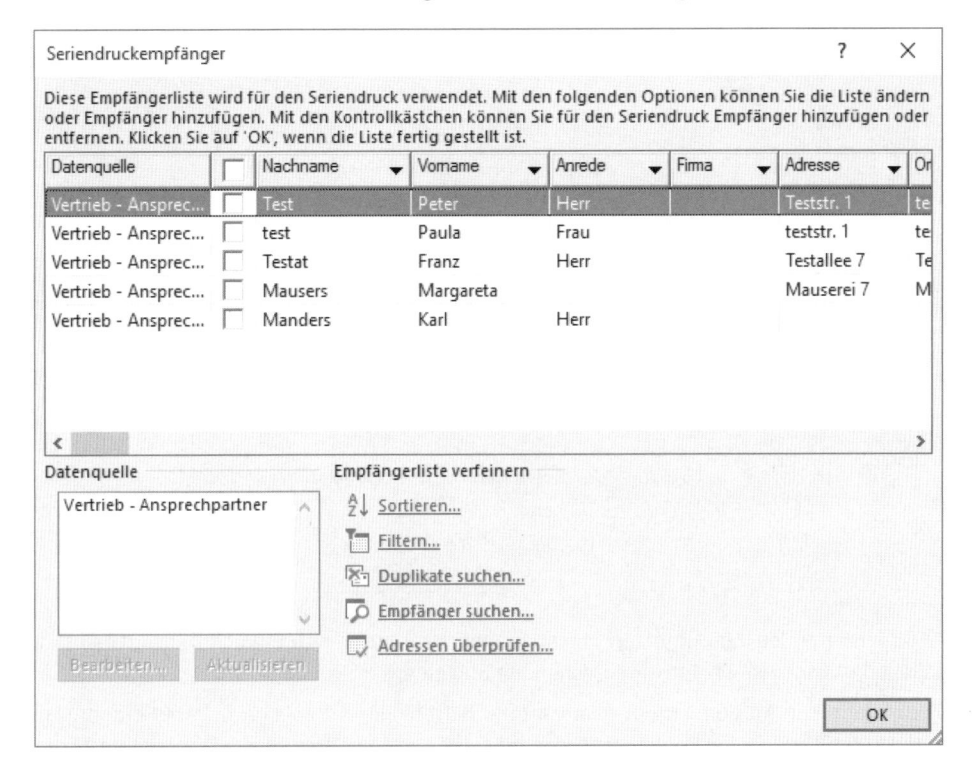

Datenquelle		Nachname	Vorname	Anrede	Firma	Adresse	Or
Vertrieb - Ansprec...		Test	Peter	Herr		Teststr. 1	te
Vertrieb - Ansprec...		test	Paula	Frau		teststr. 1	te
Vertrieb - Ansprec...		Testat	Franz	Herr		Testallee 7	Te
Vertrieb - Ansprec...		Mausers	Margareta			Mauserei 7	M
Vertrieb - Ansprec...		Manders	Karl	Herr			

6. Nun kann Jens dem Dokument die gewünschten Seriendruckfelder hinzufügen. Für zwei Einträge kennt Word auch Feldkombinationen, die sich einfach und effizient nutzen lassen. Der *Adressblock* und die *Grußzeile* basieren darauf, dass Word in der Datenquellen Felder findet, die Standardbezeichnungen haben, aus denen Word die Funktion herleiten kann, also dass z.B. Felder wie *Anrede*, *Vorname*, *Nachname*, *Firma* etc. in der Datenquelle existieren. Jens kann die Feldzuordnung einfach über die Schaltfläche **ÜBEREINSTIMMENDE FELDER FESTLEGEN** in der Gruppe *Schreib- und Einfügefelder* prüfen. Da die Ansprechpartner als Kontaktliste in Outlook funktionieren, verwundert es nicht, dass die Zuordnungen weitestgehend korrekt sind.

Bei Bedarf kann Jens hier noch Änderungen vornehmen. Allerdings stellt er dabei fest, dass die Spalte *Kunde*, die er für die Verknüpfung der Ansprechpartner mit der Kundenliste erstellt hat, nicht angezeigt wird. Die Spalte, ebenso wie die in SharePoint erstellte Spalte *Anrede* werden nicht mit Outlook synchronisiert. Die Spalte *Anrede* in Outlook muss also dort explizit gepflegt werden, wie die Spalte *Firma* für die Adresszuordnung.

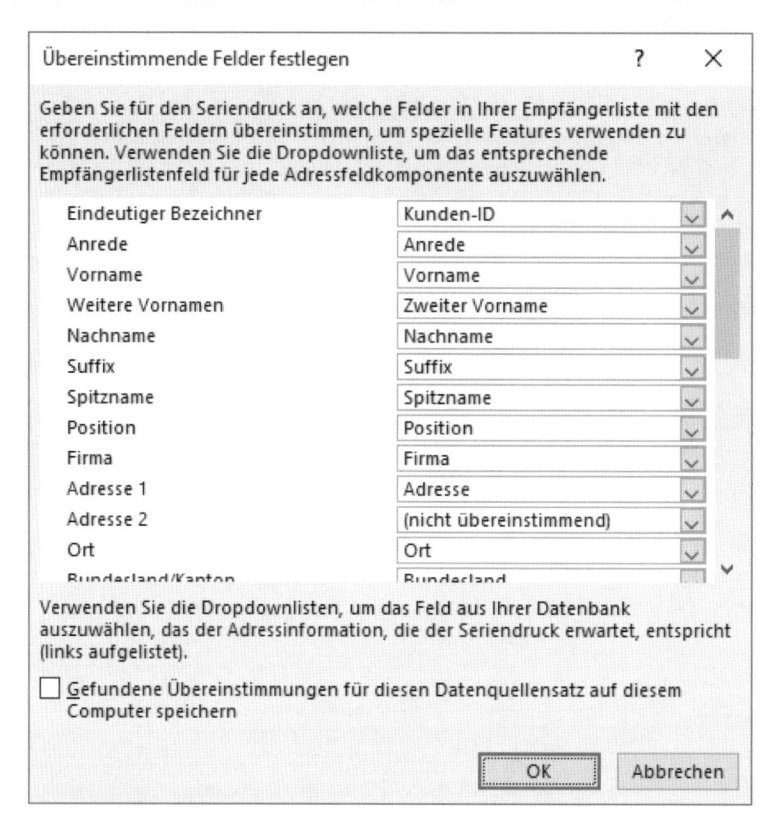

Übereinstimmende Felder festlegen		?	×

Geben Sie für den Seriendruck an, welche Felder in Ihrer Empfängerliste mit den erforderlichen Feldern übereinstimmen, um spezielle Features verwenden zu können. Verwenden Sie die Dropdownliste, um das entsprechende Empfängerlistenfeld für jede Adressfeldkomponente auszuwählen.

Eindeutiger Bezeichner	Kunden-ID
Anrede	Anrede
Vorname	Vorname
Weitere Vornamen	Zweiter Vorname
Nachname	Nachname
Suffix	Suffix
Spitzname	Spitzname
Position	Position
Firma	Firma
Adresse 1	Adresse
Adresse 2	(nicht übereinstimmend)
Ort	Ort
Bundesland/Kanton	Bundesland

Verwenden Sie die Dropdownlisten, um das Feld aus Ihrer Datenbank auszuwählen, das der Adressinformation, die der Seriendruck erwartet, entspricht (links aufgelistet).

☐ Gefundene Übereinstimmungen für diesen Datenquellensatz auf diesem Computer speichern

[OK]   [Abbrechen]

7. Da Jens mit den Zuordnungen einverstanden ist, fügt er nun einfach den Adressblock und die Grußzeile an den entsprechenden Stellen des Dokuments ein.

8. Oberhalb der Anrede erstellt er noch eine Betreffzeile *Angebots Nr.*. Dabei erkennt er, dass natürlich auch die Angebotsnummer ein zentrales Datum des Vertriebs ist, das bisher in keiner Spalte gepflegt wird. Er speichert daher das Dokument in der Bibliothek *Kundendokumente* und schließt Word. Anschließend erstellt er eine Websitespalte *Angebots-Nr.* (und ordnet diese dem Websiteinhaltstyp *Angebotsanschreiben* zu.

Name und Typ	Spaltenname:
Geben Sie einen neuen Namen für diese Spalte ein, und wählen Sie den Typ der Informationen aus, die Sie in dieser Spalte speichern möchten.	Angebots-Nr.

Der Informationstyp in dieser Spalte ist:
- ⦿ Eine Textzeile
- ○ Mehrere Textzeilen
- ○ Auswahl (Menü)
- ○ Zahl (1 / 1,0 / 100)
- ○ Währung ($, ¥, €)
- ○ Datum und Uhrzeit
- ○ Nachschlagen (in Informationen, die sich bereits auf dieser Website befinden)
- ○ Ja/Nein (Kontrollkästchen)
- ○ Person oder Gruppe
- ○ Link oder Bild
- ○ Berechnet (Berechnung basiert auf anderen Spalten)
- ○ Ergebnis der Aufgabe
- ○ Vollständiger HTML-Inhalt mit Formatierung und Einschränkungen für die Veröffentlichung
- ○ Bild mit Formatierung und Einschränkungen für die Veröffentlichung
- ○ Link mit Formatierung und Einschränkungen für die Veröffentlichung
- ○ Hyperlinkübersichtdaten
- ○ Rich-Media-Daten für die Veröffentlichung
- ○ Verwaltete Metadaten

Gruppe

Geben Sie eine Websitespaltengruppe an. Durch das Einteilen der Spalten in Gruppen können Benutzer die Spalten schneller finden.

Diese Websitespalte ablegen unter:
- ⦿ Vorhandene Gruppe: Vertriebsspalten
- ○ Neue Gruppe:

Zusätzliche Spalteneinstellungen

Bitte geben Sie die detaillierten Optionen für den von Ihnen ausgewählten Informationstyp an.

Beschreibung:

Diese Spalte muss Informationen enthalten:
- ○ Ja ⦿ Nein

Eindeutige Werte erzwingen:
- ○ Ja ⦿ Nein

Maximale Anzahl Zeichen: 8

Standardwert:
- ⦿ Text ○ Berechneter Wert
- AG

9. Danach öffnet er das Dokument erneut und kann nun hinter dem Betreff das Feld *Angebots-Nr.* hinzufügen. Dazu positioniert er den Cursor an der entsprechenden Position im Dokument, klickt im Menüband *Einfügen* in der Gruppe *Text* auf **SCHNELLBAUSTEINE** und dann auf **DOKUMENTEIGENSCHAFT** und anschließend auf **ANGEBOTS-NR.**. Das Feld wird an der Cursorposition eingefügt und kann zukünftig direkt im Dokument gepflegt werden.

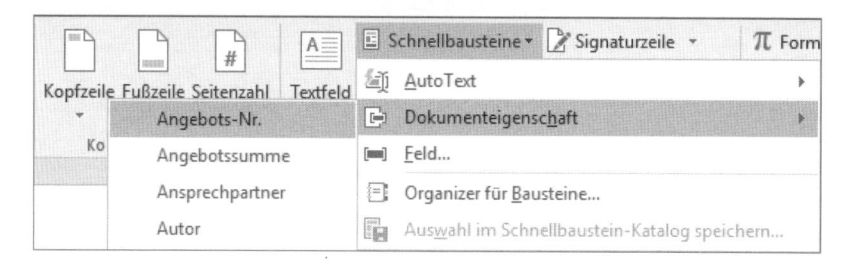

10. Das fertige Dokument speichert Jens nun lokal auf seinem Rechner als Word-Dokument mit Makros im Format *.docm unter dem Namen *Angebotsanschreiben.docm*.

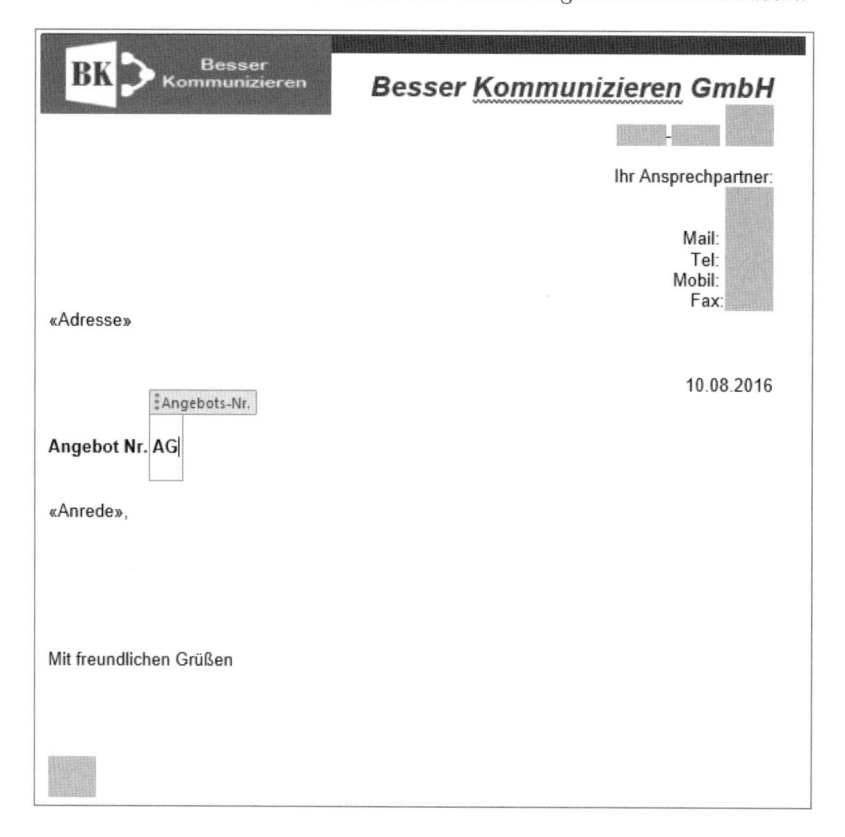

11. Schließlich navigiert er wieder zu den **WEBSITEINHALTSTYPEN**, öffnet die **ERWEITERTEN EIGENSCHAFTEN** des Websiteinhaltstyps *Angebotsanschreiben* und ersetzt darin die existierende Dokumentvorlage durch die soeben erstellte Dokumentvorlage.

> Warum verwendet Jens hier das Dokumentformat *.docm anstelle des Dokumentvorlagenformats *.dotm? Der Grund hierfür liegt darin, dass bei der Verwendung der Seriendruckfunktion in Kombination mit Inhaltssteuerelementen wie dem Feld für die Angebotsnummer bei der Ausgabe des Seriendrucks die Inhaltssteuerelemente gelöscht werden. SharePoint kann aber sowohl Dokumentvorlagen als auch Dokumente für Inhaltstypen verwenden. In beiden Fällen wird in Word ein neues Dokument auf Basis des Inhaltstyps erstellt. Leider gibt es mit den Formularfeldern, die Stefan für die Einbindung der Active-Directory-Daten verwendet hat, ein ähnliches Problem, das sich aber nicht so leicht lösen lässt. Die Lösung dafür wird im Folgenden besprochen.

Nachdem Jens nun davon ausgeht, alle Einstellungen sinnvoll vorgenommen zu haben, testet er die neue Vorlage. Er erstellt ein neues Dokument in der Bibliothek, bestätigt beim Öffnen die Verbindung zur Datenquelle, die Word zweimal abfragt, und kann dann im Menüband *Sendungen* über **EMPFÄNGERLISTE BEARBEITEN** den oder die Empfänger auswählen. Dabei fällt ihm schon auf, dass die Feldinformationen für die Absenderfelder verloren gehen. Dies kann er nicht einfach dadurch beheben, dass er das Makro nochmals aufruft. Wenn er allerdings dann die Dokumente über die Seriendruckfunktion **FERTIG STELLEN UND ZUSAMMENFÜHREN** erstellen lässt, verschwinden die Felder komplett, da Word dabei die Textmarken aus dem Dokument entfernt.

Er bespricht das Problem mit Stefan und Sarah. Diese erinnern sich, schon einmal mit dem Problem konfrontiert gewesen zu sein und damals ein kleines Makro für den Seriendruck genutzt zu haben. Stefan findet das Makro auch wieder. Es ist immer noch von Microsoft unter *https://support.microsoft.com/EN-US/kb/286841* abrufbar. Genau genommen besteht es aus zwei Routinen, die aufeinander bezogen sind. Obwohl ursprünglich für Word 2000 entwickelt, funktioniert es auch unter Word 2016 noch.

Um dieses Makros der Vorlage hinzuzufügen, erstellt Stefan in der Dokumentbibliothek *Kundendokumente* wieder ein neues Dokument auf Basis des Angebotsanschreibens. In Word öffnet er den Visual Basic Editor und darin das Modul, in dem die bisherigen Makros liegen, *NewMacros* in *Betcomm_Standardbrief* (Bild 6.20).

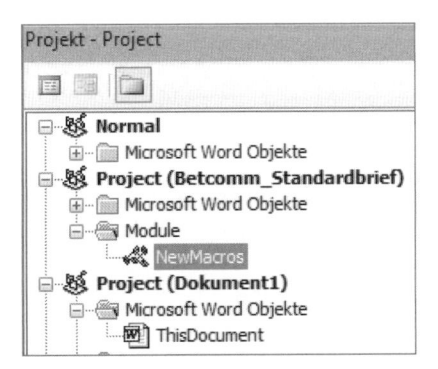

Bild 6.20 Die VBA-Module des Dokuments aus den aufgerufenen Vorlagen

Am Ende des bisherigen Codes fügt er folgende zwei Makros ein:

Listing 6.2 Makro 1: PreserveMailMergeFormFieldsNewDoc

```
Sub PreserveMailMergeFormFieldsNewDoc()

Dim fFieldText() As String
Dim iCount As Integer
Dim fField As FormField
Dim sWindowMain, sWindowMerge As String

On Error GoTo ErrHandler

' Store Main merge document window name.
sWindowMain = ActiveWindow.Caption

' Fill in the form fields
Call ActiveDirectoryInfo

' Loop through all text form fields in the main mail merge document.
For Each aField In ActiveDocument.FormFields

    ' If the form field is a text form field...
    If aField.Type = wdFieldFormTextInput Then

        ' Redim array to hold contents of text field.
        ReDim Preserve fFieldText(1, iCount + 1)

        ' Place content and name of field into array.
        fFieldText(0, iCount) = aField.Result
        fFieldText(1, iCount) = aField.Name

        ' Select the form field.
        aField.Select

        ' Replace it with placeholder text.
        Selection.TypeText "<" & fFieldText(1, iCount) & "PlaceHolder>"

        ' Increment icount
        iCount = iCount + 1

    End If

Next aField

' Perform mail merge to new document.
ActiveDocument.MailMerge.Destination = wdSendToNewDocument
ActiveDocument.MailMerge.Execute

' Find and Replace placeholders with form fields.
doFindReplace iCount, fField, fFieldText()

' Get name of final merged document.
sWindowMerge = ActiveWindow.Caption

' Reactivate the main merge document.
Windows(sWindowMain).Activate

' Find and replace placeholders with form fields.
```

```
doFindReplace iCount, fField, fFieldText()

' Switch back to the merged document.
Windows(sWindowMerge).Activate

ErrHandler:

End Sub
```

Listing 6.3 Makro 2: doFindReplace

```
Sub doFindReplace(iCount As Integer, fField As FormField, _
fFieldText() As String)

' Go to top of document.
Selection.HomeKey Unit:=wdStory

' Initialize Find.
Selection.Find.ClearFormatting

With Selection.Find
    .Forward = True
    .Wrap = wdFindContinue
    .Format = False
    .MatchCase = False
    .MatchWholeWord = False
    .MatchWildcards = False
    .MatchSoundsLike = False
    .MatchAllWordForms = False

    ' Loop form fields count.
    For i = 0 To iCount

        ' Execute the find.
        Do While .Execute(FindText:="<" & fFieldText(1, i) _
            & "PlaceHolder>") = True

            ' Replace the placeholder with the form field.
            Set fField = Selection.FormFields.Add _
                (Range:=Selection.Range, Type:=wdFieldFormTextInput)

            ' Restore form field contents and bookmark name.
            fField.Result = fFieldText(0, i)
            fField.Name = fFieldText(1, i)
        Loop

        ' Go to top of document for next find.
        Selection.HomeKey Unit:=wdStory

    Next
End With

End Sub
```

Im Vergleich zu dem von Microsoft bereitgestellten Code hat Stefan hier zwei kleine Änderungen gemacht. Erstens hat er in den Makros die Anweisung für den Schutz der Dokumente rausgenommen (Formularfelder in Word dienen häufig dazu, Dokumente nur über diese Felder bearbeitbar zu machen) und zweitens hat er im ersten Makro einen Verweis zum Aufruf des ursprünglichen Makros *ActiveDirectoryInfo* eingefügt (`Call ActiveDirectoryInfo`), um sicherzustellen, dass die Absenderfelder auch beim Erstellen der Seriendruckdokumente gefüllt sind. Word hat nämlich die Eigenschaft, bei Auswahl eines neuen Empfängers die Textmarken wieder zu leeren.

Stefan testet die Funktion, speichert das Dokument wieder als Word-Dokument mit Makros (*.docm) ab und lädt es als neue Vorlage in den Websiteinhaltstyp *Angebotsanschreiben* hoch.

Die letzte Hürde besteht jetzt nun noch darin, dass die Benutzer mindestens den Seriendruck über das Makro starten müssen, und nicht die normale Seriendruckfunktion verwenden dürfen. Um den Aufruf der Makros für die Anwender möglichst einfach zu machen, möchte Stefan eigene Schaltflächen dafür in das Menüband einbinden.

Word-Menüband mit eigenen Aktionen anpassen

1. Nachdem er die Makrofunktionen getestet und die neue Vorlage erstellt hat, öffnet Stefan in Word über das Menü DATEI die OPTIONEN und wählt darin den Abschnitt MENÜBAND ANPASSEN.

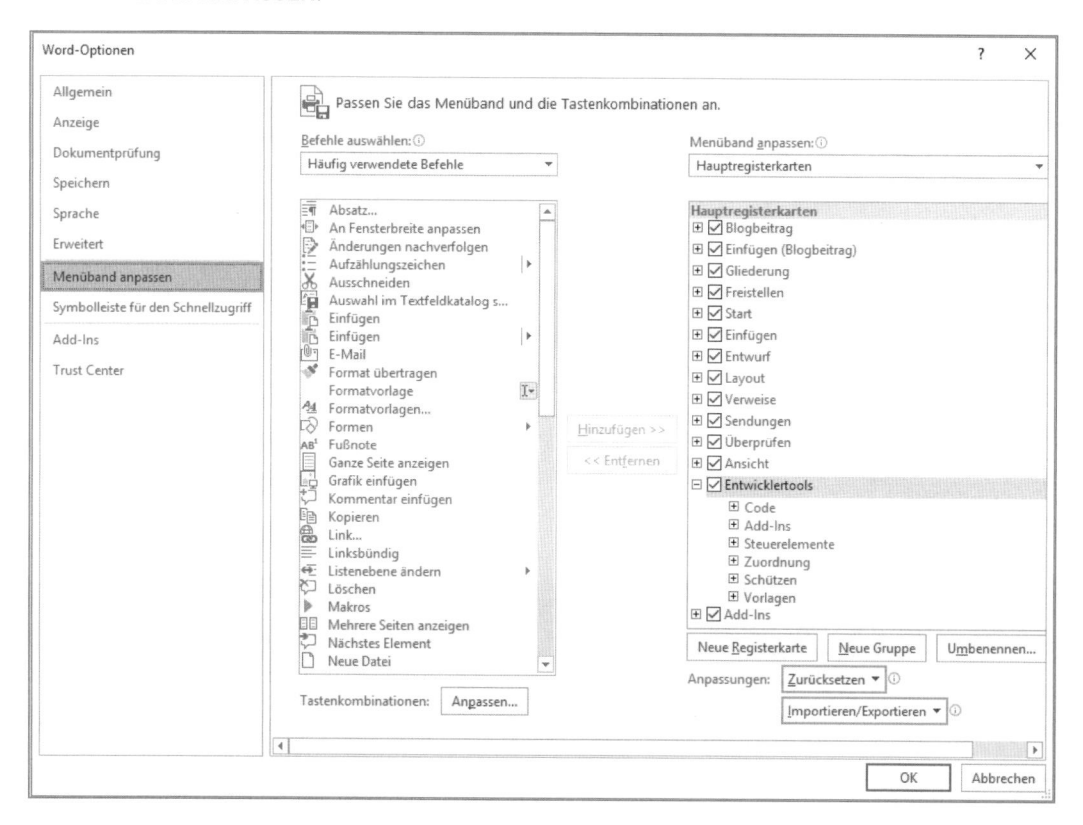

2. Im rechten Bereich unter *Hauptregisterkarten* selektiert er die Registerkarte **START**. Er klickt unten auf **NEUE GRUPPE**, um eine neue Schaltflächengruppe zu erstellen. Die Standardgruppen der Menübänder können in Office nicht angepasst werden.
3. Anschließend klickt Stefan unten auf **UMBENENNEN…**, wählt ein Symbol für die Gruppe aus und benennt sie **BK-ADRESSEN**.

4. Nachdem die Gruppe erstellt ist, wählt Stefan links unter *Befehle auswählen* den Bereich **MAKROS** aus. Darin werden die Makros des geöffneten Dokuments angezeigt. Stefan wählt nacheinander die beiden Makros `PreserveMailMergeFormFieldsNewDoc` und `ActiveDirectoryInfo` aus und klickt anschließend in der Mitte auf **HINZUFÜGEN**, um sie der neuen Gruppe als Schaltflächen hinzuzufügen.

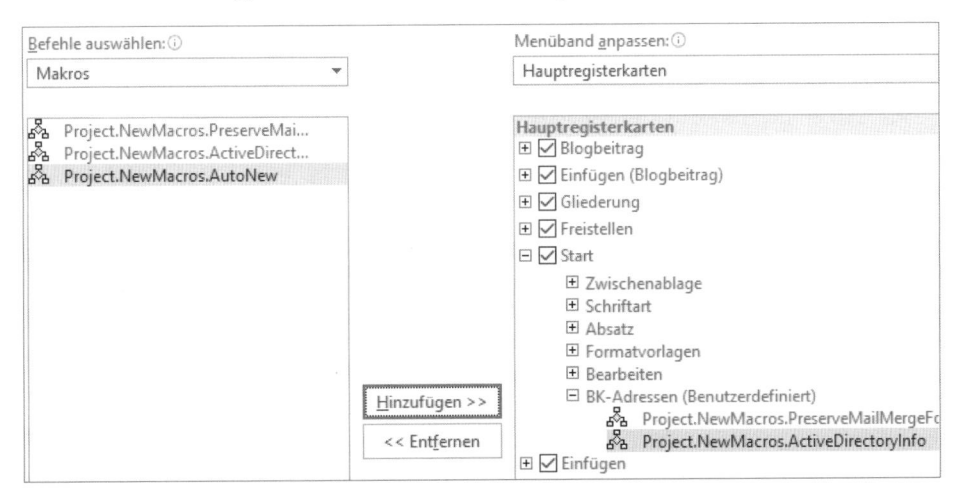

5. Auch diese beiden benennt Stefan mittels der Schaltfläche **UMBENENNEN...** um und wählt »sprechende« Schaltflächensymbole aus.

6. Um alle notwendigen Aktionen für die Brieferstellung in der Gruppe zur Verfügung zu stellen, wählt er anschließend noch aus dem Menüband *Sendungen* die Schaltfläche *Empfängerliste bearbeiten* aus und fügt sie der Gruppe hinzu.

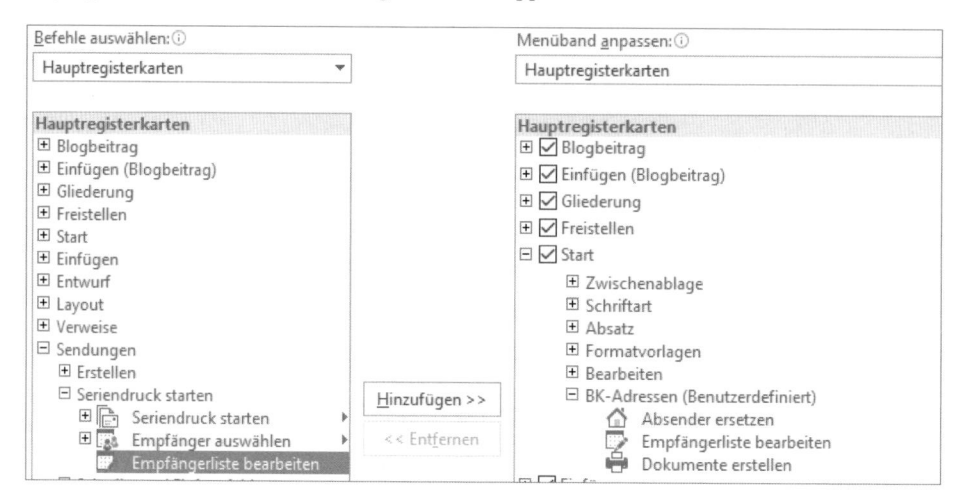

7. Damit er diese Änderungen jetzt nicht einzeln an jedem Arbeitsplatz der Vertriebsmitarbeiter vornehmen muss, exportiert Stefan die Einstellungen über die Schaltflächen **IMPORTIEREN/EXPORTIEREN** und dann **ALLE ANPASSUNGEN EXPORTIEREN**. Die Export-Datei speichert er an einem zentralen Ort, so dass er sie den anderen Mitarbeitern bei Bedarf zur Verfügung stellen kann (auch dies ließe sich wieder mit Hilfe von Gruppenrichtlinien bewerkstelligen).

8. Er gibt Jens die Datei als Erstes. Über **DATEI/OPTIONEN/MENÜBAND ANPASSEN/IMPORTIEREN/EXPORTIEREN** und **ANPASSUNGSDATEI IMPORTIEREN** importiert Jens die Datei. Nach einer vorgeschalteten Sicherheitsabfrage wird die neue Menübandgruppe im Menüband *Start* angezeigt.

Wie können nun die Anwender mit der neuen Vorlage arbeiten? Um ein neues Angebotsanschreiben zu erstellen, klicken sie in der Bibliothek auf die Schaltfläche **NEU** und wählen dann **ANGEBOTSANSCHREIBEN** als Vorlage aus (Bild 6.21).

Bild 6.21 Neues Angebotsanschreiben erstellen

Das Dokument wird in Word erstellt. Zuerst ist dabei die SQL-Abfrage zu bestätigen (Bild 6.22).

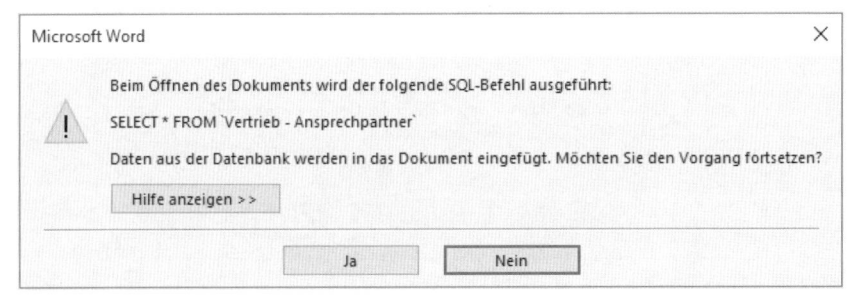

Bild 6.22 Die eingebundene SQL-Abfrage bestätigen

Anschließend muss noch die Datenquelle bestätigt werden (Bild 6.23). Diese Abfrage erfolgt zweimal. Wenn Outlook noch nicht geöffnet ist, wird vorher das Outlookprofil abgefragt.

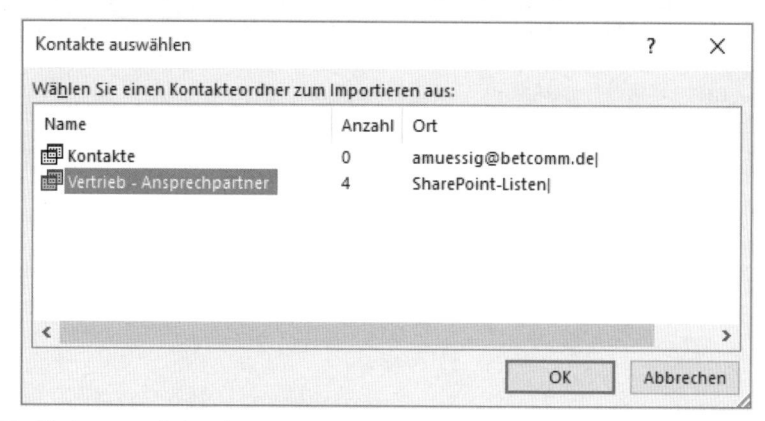

Bild 6.23 Die Datenquelle bestätigen

In diesen Abfragen müssen die Benutzer einfach auf **OK** klicken. Je nach Konfiguration der Sicherheitseinstellungen erfolgt eventuell noch eine Warnung hinsichtlich der Makros (Bild 6.24). Darum werden Stefan und Sarah sich aber später noch kümmern, indem sie die Makros mit einem vertrauenswürdigen Codesignaturzertifikat versehen.

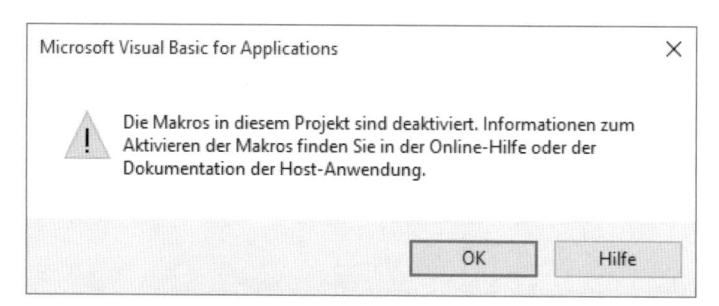

Bild 6.24 Warnung vor nicht vertrauenswürdigen Makros

In diesem Fall müssen die Benutzer den Makroinhalt über die gelbe Infoleiste (Bild 6.25) aktivieren.

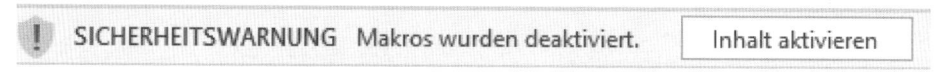

Bild 6.25 Makros aktivieren

Über die Schaltfläche **EMPFÄNGERLISTE BEARBEITEN** können jetzt einfach der oder die Adressaten für das Anschreiben ausgewählt werden (Bild 6.26).

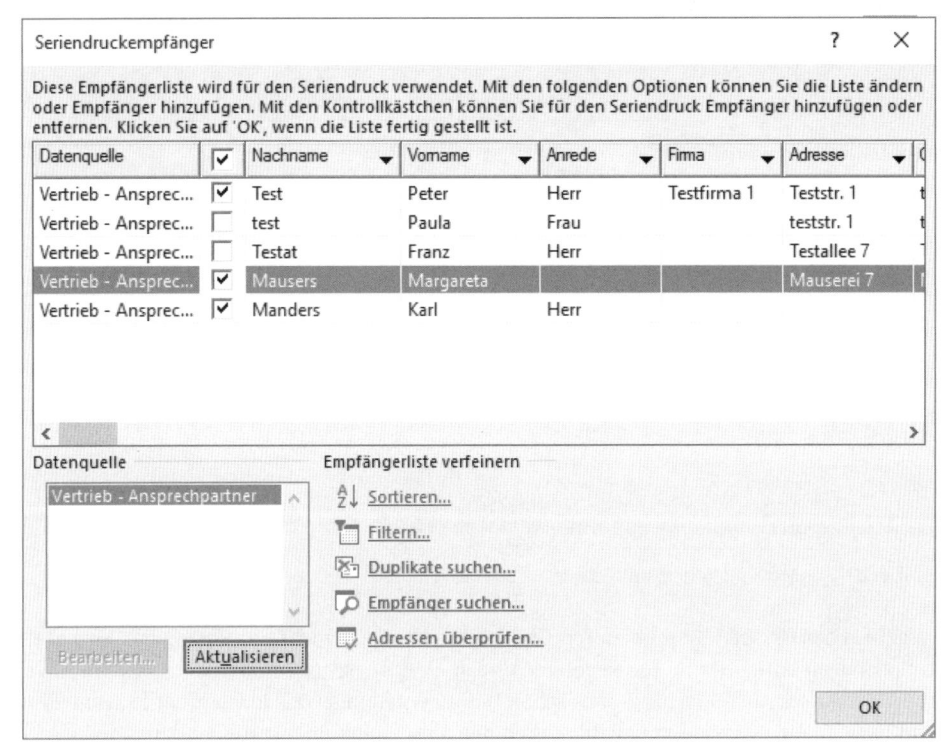

Bild 6.26 Empfänger auswählen

Anschließend wird im Feld für die Angebotsnummer die Nummer und über die neue Schaltfläche **ABSENDER ERSETZEN** der aktuelle Absender eingetragen.

Das Anschreiben kann entweder über die Schaltfläche **DOKUMENTE ERSTELLEN** (siehe ebenfalls als neues Seriendruckdokument ausgegeben werden oder direkt in der Bibliothek gespeichert werden.

Nachdem das Dokument gespeichert wurde, müssen noch die Metadaten, wie der Key Account, der Ansprechpartner und die Firma, hinzugefügt werden. Leider hat Microsoft mit der aktuellen Office-Version eine Reihe von Einschränkungen vorgenommen, die es verhindern, dass die Daten direkt im Dokument gepflegt werden können. So steht in Office 2016 der nützliche Dokumentinformationsbereich, der mit Office 2010 eingeführt wurde, nicht mehr zur Verfügung. Auch die Pflege über die Dokumenteigenschaften ist bei Nachschlagefeldern nur noch bei einem gespeicherten Dokument möglich. Zusätzlich funktioniert auch die Einbindung in das Dokument über die Schnellbausteine, wie Jens es mit der Angebotsnummer gemacht hat, nur noch für einige Felder.

Daher ist es erforderlich, nach dem Speichern des Dokuments die Dokumenteigenschaften einmal zu öffnen und die Metadaten manuell zu pflegen (Bild 6.27).

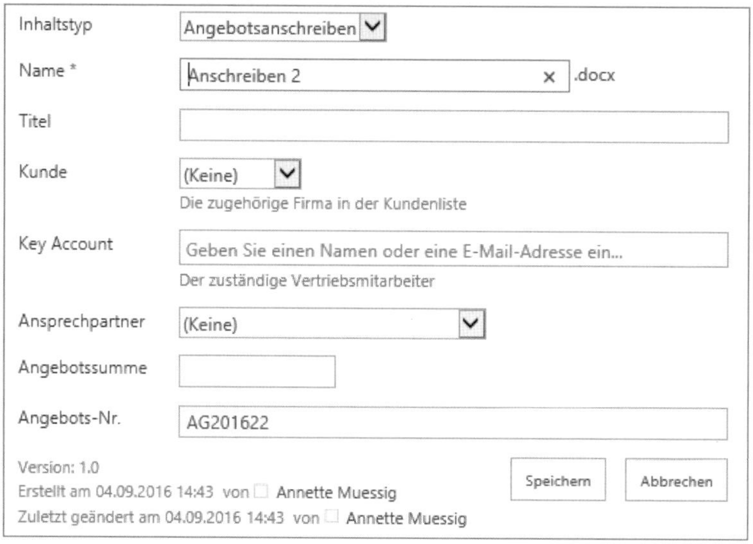

Bild 6.27 Die Metadaten eines Angebotsanschreibens

Angebote der Besser Kommunizieren GmbH bestehen aber nicht nur aus einem Anschreiben, sondern enthalten in der Regel auch noch eine *Angebotspräsentation* und eine *Angebotskalkulation*. Auch hierfür gibt es schon Dokumentvorlagen als PowerPoint-Präsentation und Excel-Mappe. Um sie in der Bibliothek der Kundendokumente nutzen zu können, legt Jens noch zwei Websiteinhaltstypen an, weist diesen dieselben Websitespalten zu wie schon dem Angebotsanschreiben und ordnet sie ebenfalls der Bibliothek als Listeninhaltstyp zu.

Zusätzlich erstellt er noch zwei Websiteinhaltstypen für eingehende Anfragen und Aufträge. Er nennt sie *Kundenanfrage* und *Kundenauftrag*. Beiden ordnet er eine neue Websitespalte *Auftragsnummer* zu, um hinterher die Dokumente danach zusammenfassen zu können. Auch diese Inhaltstypen weist der der Dokumentbibliothek zu, blendet aber in den Einstellungen der Spaltenreihenfolge diese Inhaltstypen aus (Bild 6.28). Schließlich sollen damit keine Dokumente erstellt, sondern eingehende Dokumente klassifiziert werden.

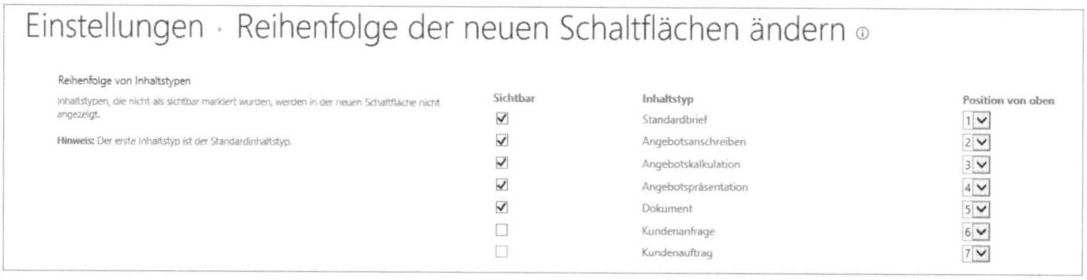

Bild 6.28 Ausgeblendete Inhaltstypen in der Bibliothek

Jens sucht jetzt noch nach einer Möglichkeit, alle Dokumente eines Angebots zusammenzufassen und übersichtlich darzustellen. Außerdem wünscht er sich ein Verfahren, bei dem die wichtigen Metadaten nicht an jedem Dokument einzeln zu pflegen sind. Stefan gibt ihm den Tipp, sich mit den Dokumentenmappen in SharePoint zu beschäftigen. Diese bieten seiner Meinung nach die gewünschten Funktionen.

Dokumentenmappen zur Dokumentenstrukturierung einsetzen

Um Dokumentenmappen als Inhaltstyp nutzen zu können, muss das entsprechende Websitesammlungsfeature aktiviert sein. Stefan prüft das für die Websitesammlung des Intranets und stellt fest, dass es standardmäßig aktiviert zu sein scheint (Bild 6.29).

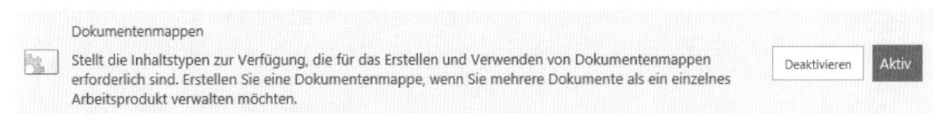

Bild 6.29 Das Websitesammlungsfeature „Dokumentenmappen"

Den Inhaltstyp *Dokumentenmappe* nutzt Jens nun für die Sammlung der Angebotsdokumente.

1. Er erstellt auf Basis des Inhaltstyps *Dokumentenmappe* einen neuen Inhaltstyp namens *Angebot*. Wie üblich speichert er auch diesen in der Gruppe *BK-Vertrieb*.

2. Dann fügt er der Dokumentenmappe alle erforderlichen Websitespalten hinzu. Da aus Angeboten ja auch Aufträge entstehen (jedenfalls hofft Jens das) fügt er auch die Spalte *Auftragsnummer* hinzu.

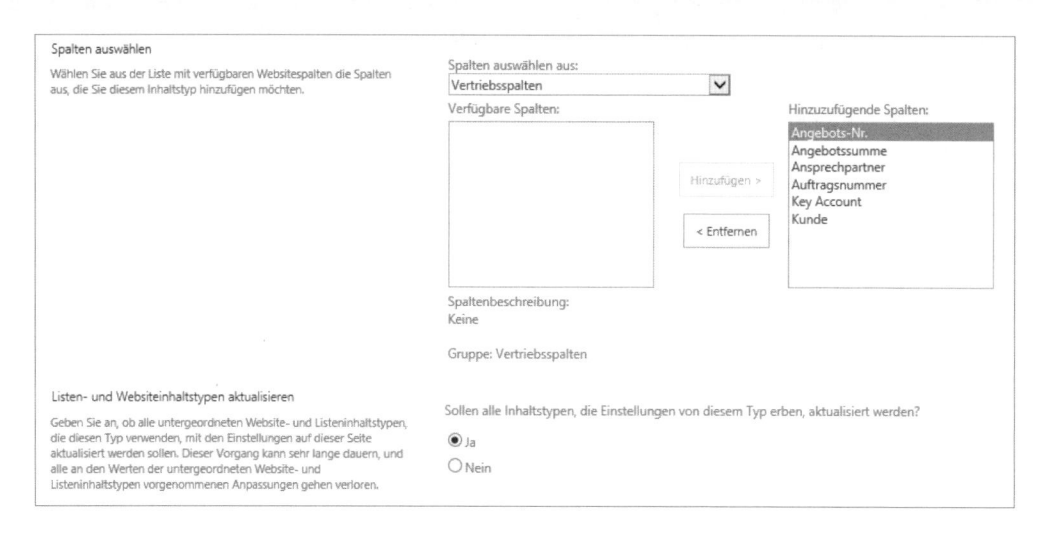

3. Jetzt müssen noch die vordefinierten Inhalte der Dokumentenmappe als Inhaltstypen der Mappe hinzugefügt werden. Dazu klickt Jens in den Eigenschaften der Dokumentenmappe auf **EINSTELLUNGEN FÜR DOKUMENTENMAPPE**. Hier kann er vier zentrale Einstellungen vornehmen. Im ersten Abschnitt *Zulässige Inhaltstypen* legt er fest, welche Arten von Dokumenten in der Mappe erstellt werden können. Jens entscheidet sich für alle Vertriebsdokumente inklusive dem Standardbrief und einem allgemeinen Dokument.

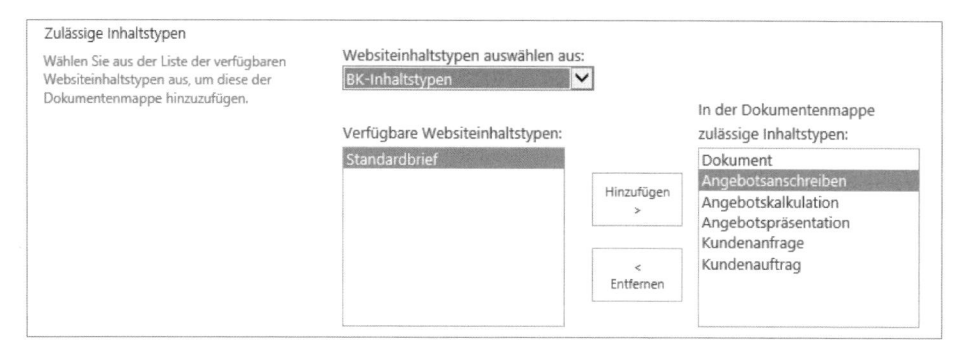

4. Im zweiten Abschnitt *Standardinhalt* definiert Jens, welche Dokumente bei Erstellung eines Angebots in der Dokumentenmappe erstellt werden sollen und welche Vorlagen dafür verwendet werden. Hier sieht er die drei Angebotsdokumente vor, das Anschreiben, die Kalkulation und die Präsentation. Im Gegensatz zu den vorher erstellten Inhaltstypen lädt Jens hier keine Vorlagenformate, wie *.xltx oder *.potx, sondern tatsächlich die entsprechenden Dokumentendateien (die er vorab aus der Bibliothek heraus erstellt hat) hoch. Beim Erstellen einer neuen Dokumentenmappe werden nämlich einfach Kopien der Standardinhalte erzeugt und keine neuen Dokumente auf Basis von Vorlagen erstellt.

Standardinhalt	Inhaltstyp	Ordner	Dateiname		
Wenn neue Dokumentenmappen, die aus diesem Inhaltstyp erstellt werden, bestimmte Elemente enthalten sollen, laden Sie diese Elemente hier hoch, und geben Sie ihre Inhaltstypen an. Geben oder fügen Sie einen Namen in das Feld "Ordner" ein, um einen Ordner in der Dokumentenmappe zu erstellen, in der mindestens ein Element gespeichert wird.	Angebotsanschreiben ⌄		/	C:\Temp\Angebotsanschreiben.docx	Durchsuchen... ⊠ Löschen
	Angebotskalkulation ⌄		/	C:\Temp\Angebotskalkulation.xlsx	Durchsuchen... ⊠ Löschen
	Angebotspräsentation ⌄		/	C:\Temp\Angebotspräsentation.pptx	Durchsuchen... ⊠ Löschen
	Neuen Standardinhalt hinzufügen...				
	☑ Jedem Dateinamen den Namen der Dokumentenmappe hinzufügen				

5. Der dritte Abschnitt *Freigegebene Spalten* beschreibt eine der Funktionen, die Jens gesucht hat, nämlich die automatische Weitergabe der Metadaten. Jens markiert alle Spalten, um alle Daten innerhalb der Dokumentenmappe konsistent zu halten.

Freigegebene Spalten	Freigeben	Spaltenname
Wählen Sie aus, welche Spaltenwerte für die Dokumentenmappe automatisch auf alle im Satz befindlichen Dokumente synchronisiert werden sollen.	☑	Beschreibung
	☑	Angebots-Nr.
	☑	Angebotssumme
	☑	Ansprechpartner
	☑	Auftragsnummer
	☑	Key Account
	☑	Kunde

6. Eine Dokumentenmappe verfügt über eine Webseite als Homepage (im nächsten Abschnitt auch *Willkommensseite* genannt), auf der über ein Webpart die Inhalte aufgelistet werden. Gleichzeitig können die Eigenschaften in einer Art Kopfzeile angezeigt und bei Bedarf bearbeitet werden. Die auf der Homepage anzuzeigenden Eigenschaften legt Jens im vierten Abschnitt *Spalten auf der Homepage* fest. Auch hier entscheidet Jens sich für alle Spalten.

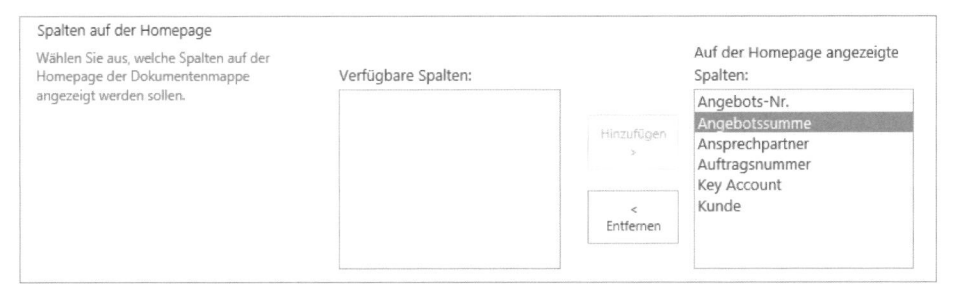

Spalten auf der Homepage	Verfügbare Spalten:		Auf der Homepage angezeigte Spalten:
Wählen Sie aus, welche Spalten auf der Homepage der Dokumentenmappe angezeigt werden sollen.		Hinzufügen > < Entfernen	Angebots-Nr. Angebotssumme Ansprechpartner Auftragsnummer Key Account Kunde

7. Die letzten beiden Einstellungen dienen dazu, die Homepage der Dokumentenmappe anzupassen (Jens könnte ihr weitere Webparts hinzufügen, um zusätzliche Inhalte einzubinden) und die Einstellungen und die Homepage abgeleiteter Inhaltstypen zu aktualisieren. Da Jens sich mit der Arbeitsweise einer Dokumentenmappe erstmal vertraut machen möchte, lässt er diese Einstellungen unberührt und klickt unten auf **OK**, um die geänderten Einstellungen zu speichern.

8. Auch den somit erstellten Inhaltstyp *Angebot* fügt Jens der Dokumentbibliothek *Kundendokumente* hinzu. Jens probiert den neuen Inhaltstyp sofort aus, indem er nun im Dokumentmenü der Bibliothek auf **ANGEBOT** klickt.

9. Mit der neuen Mappe werden die erforderlichen Informationen direkt abgefragt.

10. Jens gibt die Eigenschaften ein bzw. wählt sie in den Listenfeldern aus. Anschließend wird die Homepage des Angebots geöffnet. Die drei Standarddokumente für das Angebot sind schon angelegt worden. Weitere Dokumente kann Jens über **NEU** hinzufügen. An den Eigenschaften der Dokumente erkennt Jens, dass die Metadaten der Mappe übernommen wurden.

■ 6.3 SharePoint, Exchange und Lync als integrierte CRM-Plattform

Über die neue Dokumentenmappe ist Jens seiner Idee der Dokumentenstruktur schon ein großes Stück nähergekommen. Nun möchte er zusätzlich noch den Zugriff auf die Dokumente vereinfachen, indem die zugehörigen Dokumente in den Kundeninformationen und den Informationen der Ansprechpartner direkt angezeigt werden. Dies kann er über die Einbindung der entsprechenden Webparts auf den Formularseiten erreichen. Jens macht einen ersten Test mit dem Formular für die Kunden.

Kundeninformationen im Listenformular zusammenfassen

1. Er navigiert zur Liste *Kunden* und klickt dort auf einen Eintrag. Dadurch wird das Ansichtsformular der Liste (*dispform.aspx*) mit den Spaltenwerten für diesen Eintrag geöffnet.
2. Nun klickt Jens oben rechts auf das Websitemenü (Zahnrad) und darin auf **SEITE BEARBEITEN**. Bei dem Formular handelt es sich um eine Webpartseite, die auch im Browser angepasst werden kann.

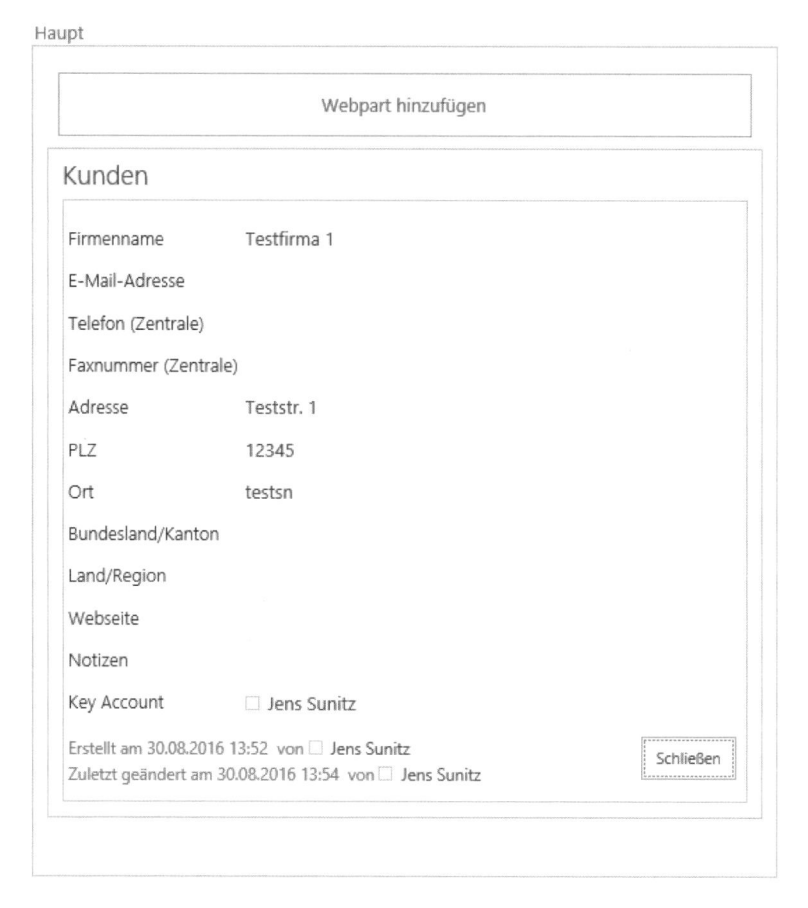

[Abbildung: Haupt – Webpart hinzufügen – Kunden-Formular mit Feldern Firmenname (Testfirma 1), E-Mail-Adresse, Telefon (Zentrale), Faxnummer (Zentrale), Adresse (Teststr. 1), PLZ (12345), Ort (testsn), Bundesland/Kanton, Land/Region, Webseite, Notizen, Key Account (Jens Sunitz); Erstellt am 30.08.2016 13:52 von Jens Sunitz; Zuletzt geändert am 30.08.2016 13:54 von Jens Sunitz; Schaltfläche Schließen]

3. Auf der Seite kann Jens nun auf **WEBPART HINZUFÜGEN** klicken. In der App-Auswahl wählt er in der Kategorie *Apps* das Webpart *Kundendokumente* aus und fügt es der Seite hinzu, in dem er auf **HINZUFÜGEN** klickt.

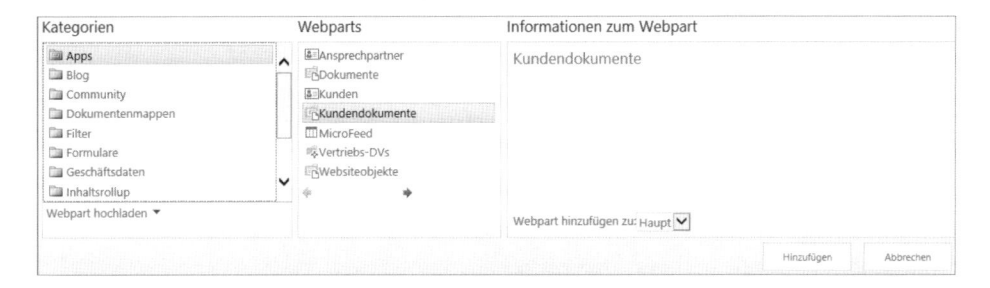

4. Die Bibliothek wird über dem Kundenformular in der Seite eingefügt. Jens ändert die Reihenfolge, indem er das Kundenformular per Drag-and-drop nach oben verschiebt.

5. Anschließend zeigt er auf das Webpart *Kunden* und klickt auf den kleinen schwarzen Pfeil für das Webpartmenü. Hier legt er über **VERBINDUNGEN/ZEILE BEREITSTELLEN FÜR/KUNDENDOKUMENTE** eine Filterverbindung für die Kundendokumente an.

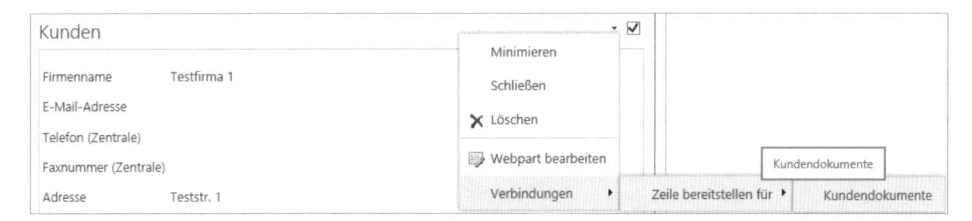

6. Auf der ersten Seite des Verbindungsformulars *Verbindung auswählen* wählt Jens **FILTERWERTE ABRUFEN VON** aus (wir haben schon früher gesehen, dass das Formular die Verbindung immer vom Zielwebpart aus interpretiert).

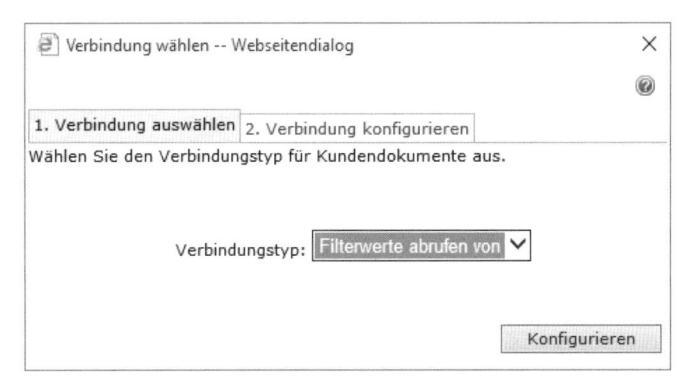

7. Auf der zweiten Seite *Verbindung konfigurieren* ordnet Jens dem Feld *Firmenname* aus der Kundenliste das Feld *Kunde* in der Bibliothek zu. Das Feld *Kunde* hatte er als Nachschlagefeld zur Kundenliste so angelegt, dass es aus der Spalte *Firmenname* ausliest. Insofern enthalten beide Spalten übereinstimmende Werte.

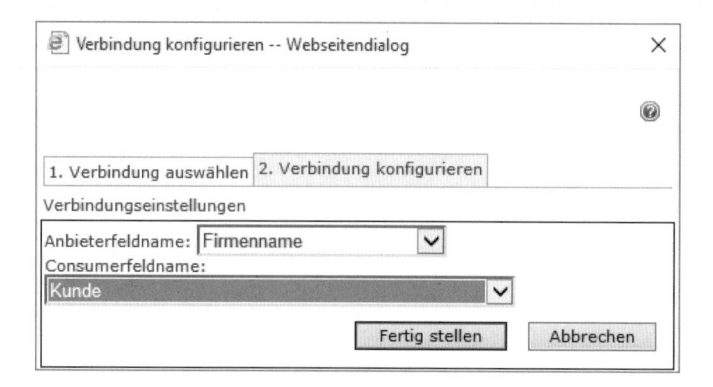

8. Jens klickt auf **FERTIG STELLEN**. Anschließend ändert er den Chromtyp am *Kundendokument*-Webpart noch so, dass der Titel angezeigt wird und klickt dann im Menüband *Seite* auf **BEARBEITUNG BEENDEN**, um das neue Formular zu speichern. Er öffnet einen Eintrag in der Liste, um das Ergebnis zu prüfen. Es sollten nur die Dokumente angezeigt werden, die einem bestimmten Kunden zugeordnet sind.

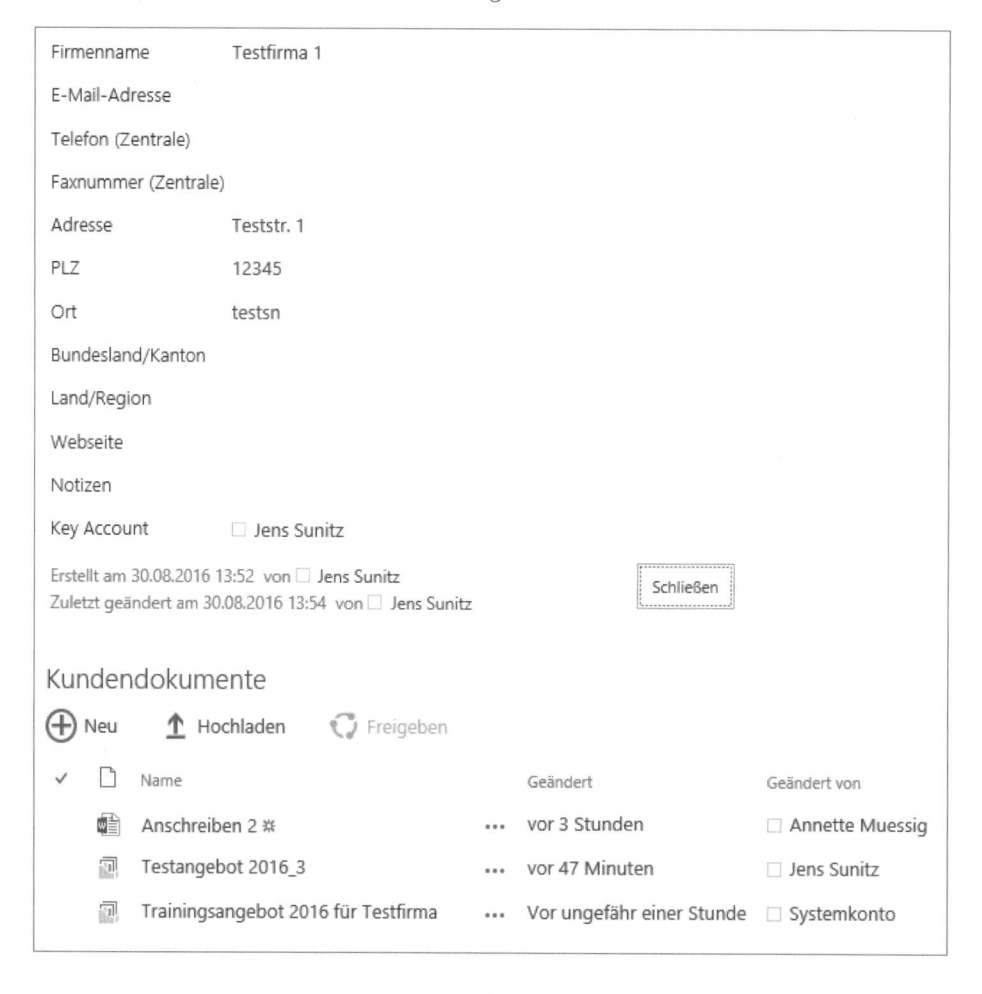

Da das so gut geklappt hat, ergänzt Jens das Formular noch um die Ansprechpartnerliste, die er analog über das Feld *Firmenname* filtert. Im Anzeigeformular für die Ansprechpartnerliste fügt er auch die Kundendokumente als gefiltertes Webpart hinzu. Hier dient das Feld *ID* als Anbieterfeld und das Feld *Ansprechpartner* als Consumerfeld. Da das Feld *Ansprechpartner* der Bibliothek *Kundendokumente* in einer berechneten Spalte, *Auswahl*, nachschlägt, sind die Werte nicht kompatibel. Daher verwendet Jens hier das ID-Feld als Anbieterfeld. Nachschlagefelder verweisen immer auch auf die ID des in der Spalte ausgewählten Elementes. Dies ist bei Problemen mit Filterverbindungen hilfreich.

Im nächsten Schritt möchte Jens seinen Kollegen eine Startseite bieten, auf der sie alle Informationen ihrer Kunden sehen und bearbeiten können. Vorausschauend hat Jens allen Listen die Personenspalte *Key Account* hinzugefügt. Diese kann er jetzt in allen Listen für personalisierte Ansichten verwenden. Er erstellt also in der Kundenliste eine Ansicht *Meine Kunden*, die als Filter die Variable *[Ich]* für die Spalte *Key Account* nutzt (Bild 6.30).

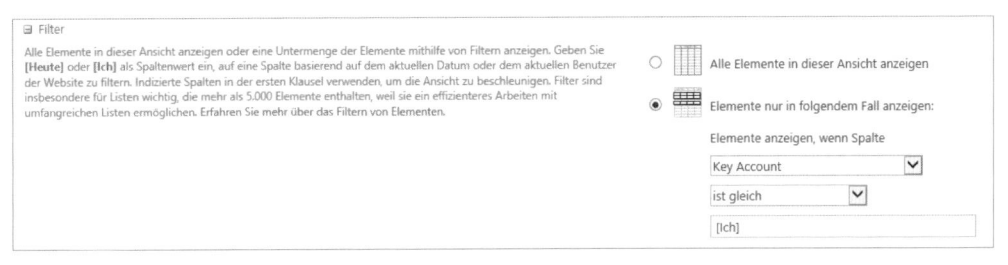

Bild 6.30 Der Filter für die personalisierten Ansichten

Für die Filterfunktion auf der noch zu erstellenden Webseite fügt Jens dieser Ansicht die Spalte *Firmenname* als reine Textspalte hinzu. Diese Spalte war ursprünglich in der Kontaktliste, aus der die Kundenliste entstanden ist, die Spalte *Nachname* und entspricht damit der Titelspalte der Liste. Jens hatte sie beim Aufbau der Liste umbenannt. Die Titelspalte einer Liste kann in einer Ansicht in drei Funktionen hinzugefügt werden, als Elementverlinkung, als Menüspalte und als reiner Text (siehe Bild 6.31). Nur die Textspalte kann in Filterwebparts als Auswahlspalte dienen. Wie im Folgenden zu sehen sein wird, benötigen wir diese Spalte in der Ansicht für den Filter in der Seite *Meine Kunden*.

Bild 6.31 Die drei Ansichtsversionen einer Titelspalte

Analog erstellt Jens eine Ansicht *Meine Ansprechpartner* und eine Ansicht *Meine Kundendokumente*. In der letzteren erweitert er den Filter um ein zweites Kriterium. Hier sollen auch die Dokumente angezeigt werden, die der angemeldete Benutzer erstellt hat. Jens filtert also zusätzlich die Spalte *Erstellt von* auf die Variable *[Ich]* und verbindet beide Filterkriterien mittels Oder-Verknüpfung (Bild 6.32).

Bild 6.32 Der kombinierte Filter für die Dokumentenansicht

Im nächsten Schritt erstellt Jens eine neue Webseite in der Websiteseitenbibliothek der Website *Vertrieb* (**WEBSITEMENÜ/SEITE HINZUFÜGEN**). Diese nennt er *Meine Kunden*. Als Textlayout wählt er **EINE SPALTE MIT RANDLEISTE** (Bild 6.33).

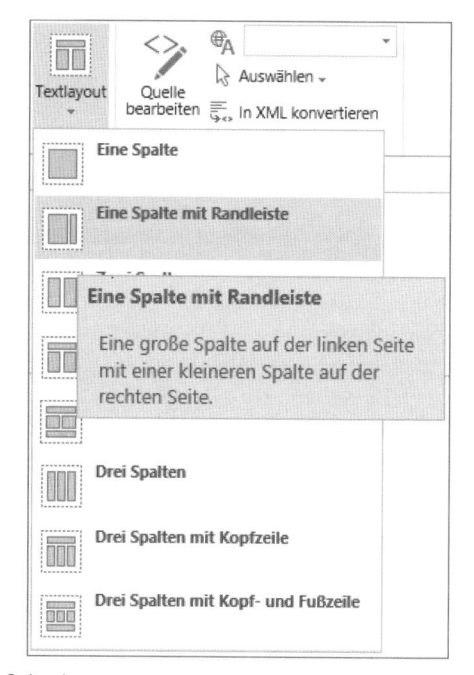

Bild 6.33 Auswahl des Seitenlayouts

Der linken Spalte fügt er der Reihe nach die Webparts **SHAREPOINT-LISTENFILTER** (aus der Kategorie *Filter*), **KUNDEN** und **ANSPRECHPARTNER** (beide aus der Kategorie *Apps*) hinzu. In der Randspalte lässt er die Webparts **SCHALTFLÄCHE „FILTER ANWENDEN"** (Kategorie *Filter*) und **KUNDENDOKUMENTE** (*Apps*) untereinander anzeigen.

Im Anschluss sind die Webparts anzupassen und mit dem Filter zu verbinden. Als Erstes wählt Jens für die Listenwebparts *Kunden*, *Ansprechpartner* und *Kundendokumente* die oben erstellten personalisierten Ansichten aus, **MEINE KUNDEN, MEINE ANSPRECHPARTNER** und **MEINE KUNDENDOKUMENTE**. Außerdem wählt er den Ansichtsnamen als jeweiligen Webparttitel.

Dem SharePoint-Listenfilter gibt er den Namen *Kunden auswählen*. Er verbindet ihn mit der Ansicht **MEINE KUNDEN** in der Kundenliste. Als Wertefeld wählt er die Spalte **FIRMEN-NAME**. Ein Beschreibungsfeld, das anstelle des Wertefeldes für die Auswahl angezeigt würde, ist nicht erforderlich. Das Feld *Firmenname* enthält die für die Auswahl notwendigen eindeutigen Informationen (Bild 6.34). Um das Webpart zu bearbeiten, muss Jens es auf der Seite anklicken und dann über das Menüband **WEBPART** die **WEBPARTEIGENSCHAFTEN** aufrufen. Erst dann öffnet sich rechts, wie üblich, der Toolbereich für das Webpart.

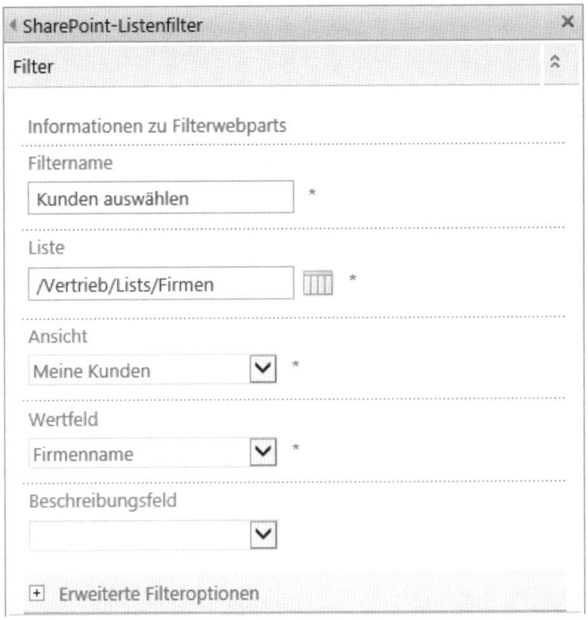

Bild 6.34 Die Filtereinstellungen für den Listenfilter

Das Filterwebpart liefert den ausgewählten Wert aus der Spalte *Firmenname* zurück. Dieser wird jetzt von Jens in den Verbindungen zu den anderen drei Webparts an das jeweilige Consumerfeld übergeben. In der Liste *Kunden* ist dies das Feld *Firmenname* selbst, bei den beiden anderen Listenwebparts, *Ansprechpartner* und *Kundendokumente*, nutzt er dafür die Spalte *Kunde*, die ja als Nachschlagespalte genau auf die Spalte *Firmenname* in der Kundenliste verweist (Bild 6.35).

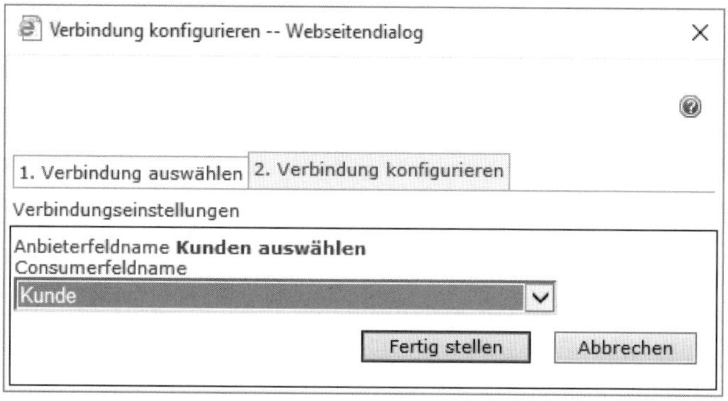

Bild 6.35 Die Filterverbindung zur Liste „Ansprechpartner"

Zum Schluss benennt er in den Webpartoptionen des Webparts *Schaltfläche „Filter anwenden"* die Schaltfläche noch in *Listen filtern* um. Die endgültige Seite fasst dann alle Kundeninformationen der dem jeweiligen Vertriebsmitarbeiter zugeordneten Informationen zusammen. Um darüber auch schnell zu vollständigen Informationen zu gelangen, fügt Jens unterhalb der einzelnen Listenwebparts noch einen Link zur jeweiligen Ansicht *Alle Elemente* ein. Dies kann er einfach über die Wiki-Funktionalität der Seite erreichen, indem er zwei eckige Klammern *[[* als Text eingibt und dann über das Auswahlmenü zur gewünschten Ansicht navigiert (Bild 6.36).

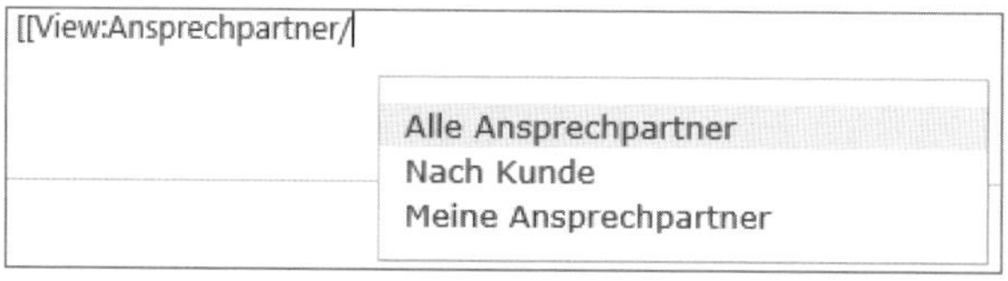

Bild 6.36 Das Auswahlmenü eines Wikilinks

Auf der fertigen Seite kann nun jeder Vertriebsmitarbeiter der Besser Kommunizieren GmbH die zentralen Informationen zu seinen Kunden und Ansprechpartnern inklusive des Schriftverkehrs sehen, als auch über den Listenfilter nach einem speziellen Kunden aus der Liste seiner Kunden suchen und alle Webparts auf der Seite danach filtern (Bild 6.37).

Nachdem die Verwaltung der Kontaktdaten und Dokumente Jens Vorstellungen entspricht, erweitert er die Plattform noch um einen Kalender zur Verwaltung der Kundentermine. Diesem fügt er ebenfalls die definierten Websitespalten hinzu und erstellt auch darin eine Listenansicht (Standardansicht) *Meine Kundentermine* sowie weitere Ansichten für anstehende Termine und vergangene Termine. In diesen letzten beiden Ansichten verwendet er die Variable *[Heute]* für die Filterdefinition. Natürlich bindet er den Kalender auch in Outlook ein, so dass er die Termine auch dort sehen und verwalten kann.

Anschließend fügt er den Kalender der Seite *Meine Kunden* hinzu und verbindet ihn ebenfalls mit dem Listenfilter.

Bild 6.37 Die fertige Seite „Meine Kunden"

Was Jens jetzt noch fehlt, ist die Einbindung des E-Mail-Verkehrs mit den Kunden. Derzeit liegen eingehende und ausgehende E-Mails der Kundenkommunikation in den Postfächern der einzelnen Vertriebsmitarbeiter. Darin können sie den Kunden nicht zugeordnet werden und stehen auch im Vertretungsfall nur über Zugriffsrechte anderen Kollegen zur Verfügung. Jens sieht hier eigentlich ein zentrales Vertriebspostfach vor, das es jedem Kollegen ermöglicht, im Notfall schnell auf eingehende Anfragen der Kunden zu reagieren.

Jens hat von der mit SharePoint 2013 und Exchange 2013 eingeführten Funktion des Websitepostfachs gehört und möchte ausprobieren, ob sich diese Anforderungen damit abdecken lassen. Das Postfach ist relativ schnell erstellt. Vor allem kann Jens die Einrichtung selbst vornehmen, da dazu keine weitergehenden Rechte auf dem Exchange Server erforderlich sind. Das Postfach wird als Exchange-Postfach erstellt und in SharePoint eingebunden. Die Rechtesteuerung erfolgt über die Berechtigungsverwaltung in SharePoint. Das heißt, alle Websitebesitzer bekommen Vollzugriff auf das Postfach; Mitglieder der Website erhalten *Autorenzugriff* inklusive Senderechte.

Um das Postfach zu erstellen, muss Jens nur unter **APP HINZUFÜGEN** die entsprechende App auswählen. Zuvor zeigt er noch die App-Details an und klickt dann auf **HINZUFÜGEN** (Bild 6.38).

Bild 6.38 Die App-Details zum Websitepostfach

Die Einrichtung des Postfachs dauert ein paar Minuten, Jens wird aber per E-Mail verständigt werden, sobald es bereit ist (Bild 6.39).

> ## Das Websitepostfach wurde erstellt.
> Es kann bis zu 30 Minuten dauern, bis Sie Zugriff auf das Websitepostfach erhalten. Wenn das Websitepostfach einsatzbereit ist, wird eine Nachricht an alle Personen gesendet, die in der Standardbesitzer- oder in der Standardmitgliederliste der Website aufgeführt sind.
> Jetzt zurück zur SharePoint-Website

Bild 6.39 Warten auf das Websitepostfach

Nach einiger Zeit wird das neu erstellte Postfach in Outlook angezeigt. Über das Postfach kann Jens nicht nur auf die E-Mails zugreifen, sondern auch auf die Dokumente und Dokumentbibliotheken der Website (Bild 6.40). Dadurch ist es nun möglich, E-Mails und Dokumentenanhänge einfach per Drag-and-drop an die richtigen Ablageorte zu verschieben oder zu kopieren.

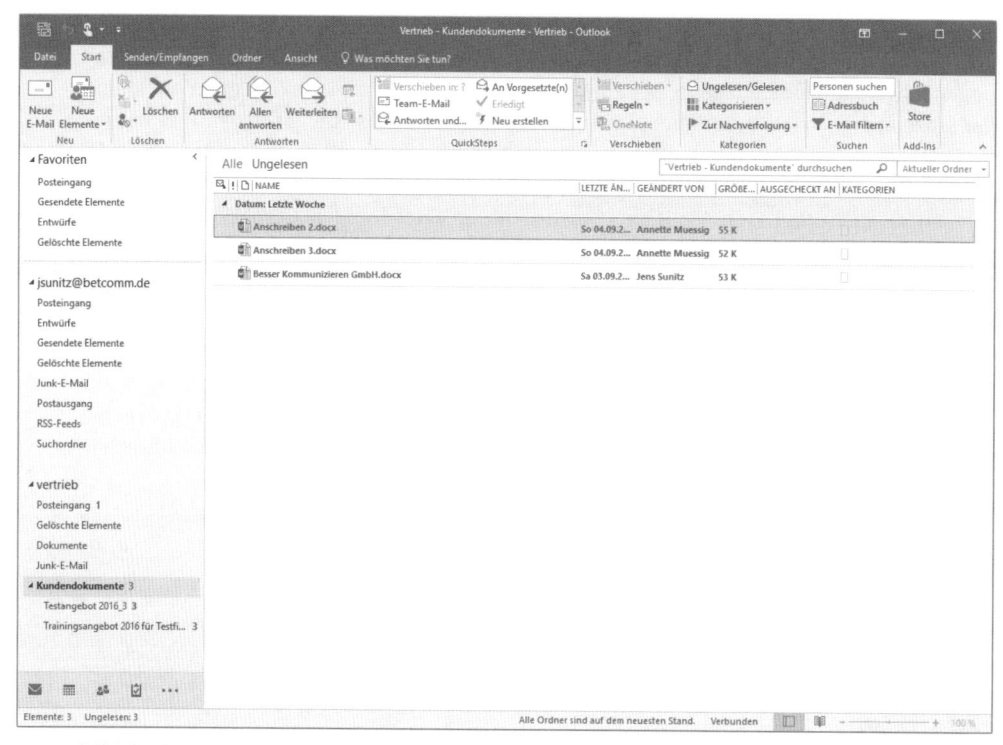

Bild 6.40 Dokumente und E-Mails an einem Ort

Zusammen mit der Einbindung der Ansprechpartnerliste als Adressbuch in Outlook stehen ihm somit alle Funktionen für die effiziente Nutzung der Kundendaten in Outlook zur Verfügung. Einzig die Verwendung der Metadaten ist derzeit in Outlook nicht möglich. So können die Dokumente z. B. nicht nach Firmen gruppiert werden und beim Verschieben von Dokumenten in die Bibliothek werden die Daten nicht abgefragt.

In Exchange 2016 werden Websitepostfächer im Exchange Admin Center nicht mehr angezeigt. Jens kann einige Eigenschaften des Postfachs über das Kontextmenü in Outlook abfragen. Dort findet sich ein Eintrag **EIGENSCHAFTEN VON WEBSITEPOSTFACH**, der eine Website innerhalb des Exchange Admin Centers mit den wichtigsten Informationen zum Websitepostfach anzeigt, insbesondere die Berechtigungen (siehe Bild 6.41) und die Synchronisierungseinstellungen. Änderungen kann Jens hier allerdings nicht vornehmen. Die Berechtigungen auf das Postfach werden direkt durch die Berechtigungsgruppen der Website gesteuert.

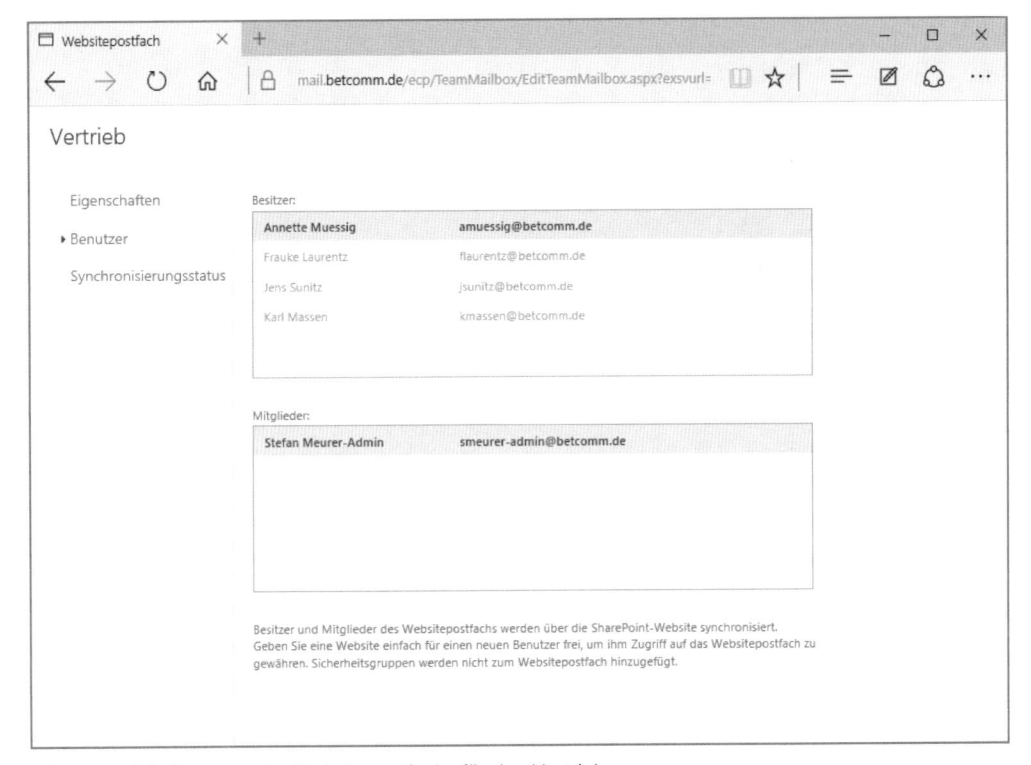

Bild 6.41 Die Benutzer des Websitepostfachs für den Vertrieb

Der Exchange-Administrator kann das Websitepostfach nur über die Exchange Management Shell verwalten. Detailinformationen werden z. B. über das Cmdlet `get-Site-Mailbox` abgefragt (Bild 6.42).

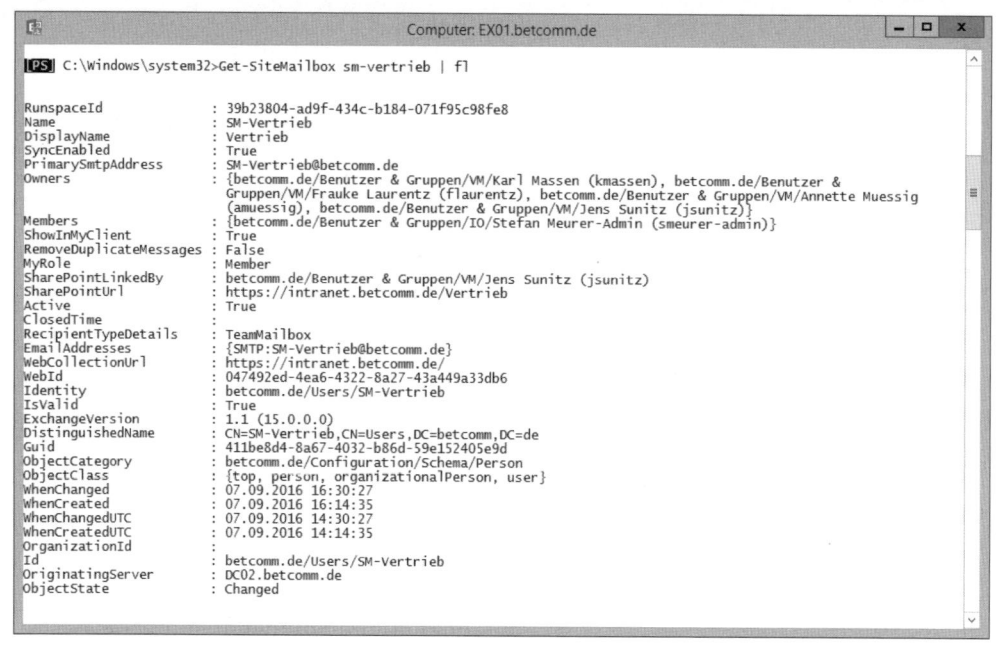

```
                          Computer: EX01.betcomm.de                    _ □ x
[PS] C:\Windows\system32>Get-SiteMailbox sm-vertrieb | fl

RunspaceId                : 39b23804-ad9f-434c-b184-071f95c98fe8
Name                      : SM-Vertrieb
DisplayName               : Vertrieb
SyncEnabled               : True
PrimarySmtpAddress        : SM-Vertrieb@betcomm.de
Owners                    : {betcomm.de/Benutzer & Gruppen/VM/Karl Massen (kmassen), betcomm.de/Benutzer &
                            Gruppen/VM/Frauke Laurentz (flaurentz), betcomm.de/Benutzer & Gruppen/VM/Annette Muessig
                            (amuessig), betcomm.de/Benutzer & Gruppen/VM/Jens Sunitz (jsunitz)}
Members                   : {betcomm.de/Benutzer & Gruppen/IO/Stefan Meurer-Admin (smeurer-admin)}
ShowInMyClient            : True
RemoveDuplicateMessages   : False
MyRole                    : Member
SharePointLinkedBy        : betcomm.de/Benutzer & Gruppen/VM/Jens Sunitz (jsunitz)
SharePointUrl             : https://intranet.betcomm.de/Vertrieb
Active                    : True
ClosedTime                :
RecipientTypeDetails      : TeamMailbox
EmailAddresses            : {SMTP:SM-Vertrieb@betcomm.de}
WebCollectionUrl          : https://intranet.betcomm.de/
WebId                     : 047492ed-4ea6-4322-8a27-43a449a33db6
Identity                  : betcomm.de/Users/SM-Vertrieb
IsValid                   : True
ExchangeVersion           : 1.1 (15.0.0.0)
DistinguishedName         : CN=SM-Vertrieb,CN=Users,DC=betcomm,DC=de
Guid                      : 411be8d4-8a67-4032-b86d-59e152405e9d
ObjectCategory            : betcomm.de/Configuration/Schema/Person
ObjectClass               : {top, person, organizationalPerson, user}
WhenChanged               : 07.09.2016 16:30:27
WhenCreated               : 07.09.2016 16:14:35
WhenChangedUTC            : 07.09.2016 14:30:27
WhenCreatedUTC            : 07.09.2016 14:14:35
OrganizationId            :
Id                        : betcomm.de/Users/SM-Vertrieb
OriginatingServer         : DC02.betcomm.de
ObjectState               : Changed
```

Bild 6.42 Die Eigenschaften der Site Mailbox in der Exchange Management Shell

Zwei Dinge fehlen Jens für die Mailbox noch. Erstens ist er mit der E-Mail-Adresse, die für die Site Mailbox automatisch generiert wurde, nicht einverstanden. Exchange verwendet standardmäßig den Namen der Website, setzt aber die Kennzeichnung „SM-" davor, so dass die Adresse nun *SM-Vertrieb@betcomm.de* lautet. Jens lässt von Stefan die Adresse *Vertrieb@betcomm.de* als primäre Adresse des Postfachs hinzufügen, da diese Adresse auch an die Kunden für Anfragen weitergegeben werden soll. Da die Mailbox nicht im Exchange Admin Center konfiguriert werden kann, nutzt Stefan in der Exchange Management Shell das Cmdlet `Set-Mailbox sm-vertrieb -EmailAddresses SMTP:vertrieb@betcomm.de,smtp:sm-vertrieb@betcomm.de -EmailAddressPolicyEnabled $false`.

Für Nachrichten, die an seine persönliche Adresse gehen, aber in das Vertriebspostfach gehören, legt Jens sich noch einen QuickStep in Outlook an, mit dem er diese einfach in das Vertriebspostfach kopieren kann (Bild 6.43). Jens bevorzugt für den QuickStep die Aktion **IN ORDNER KOPIEREN**, da er damit die Nachricht unverändert im Vertriebspostfach ablegen kann. Bei einer ebenfalls möglichen Weiterleitung würden Text und Betreff der Nachricht angepasst werden.

Abschließend möchte Jens auch noch die Telefoniefunktionen so einrichten, dass eingehende Anrufe an einen anderen Vertriebsmitarbeiter weitergeleitet werden, wenn ein Mitarbeiter nicht verfügbar ist. Daher richtet Stefan auch für den Vertrieb eine VoIP-Richtlinie ein, die, genauso wie bei der Geschäftsführung (vgl. Abschnitt 5.4), die Anrufweiterleitung ermöglicht. Damit können die Vertriebsmitarbeiter konkrete Weiterleitungen für verschiedene Szenarien definieren, wie schon in Abschnitt 5.4 beschrieben.

Bild 6.43 Der QuickStep zum Kopieren von Nachrichten in das Vertriebspostfach

Zusätzlich möchte Jens auch eine zentrale Vertriebsrufnummer einrichten, über die Anrufe an einen verfügbaren Mitarbeiter des Vertriebs weitergeleitet werden. Wenn kein Mitarbeiter verfügbar ist, sollen die Anrufe an eine zentrale Voice-Mailbox des Vertriebs weitergeleitet werden. Die dafür benötigten Funktionen findet Stefan in den sogenannten Reaktionsgruppen des Skype for Business Servers.

Reaktionsgruppe in Skype for Business einrichten

1. Zuerst muss Stefan die zentrale Mailbox aktivieren. Dazu verwendet er den Benutzer des Websitepostfachs. Damit können nicht beantwortete Nachrichten in das Websitepostfach als Voicemail weitergeleitet werden. In der Systemsteuerung für Skype for Business Server 2015 klickt Stefan links auf **BENUTZER** und dann oberhalb der Benutzerliste auf **BENUTZER AKTIVIEREN**.

2. Auf der Seite *Neu Skype for Business Server-Benutzer* klickt er rechts auf **HINZUFÜGEN**, sucht dann nach dem Benutzer *Vertrieb* im Active Directory und bestätigt die Auswahl mit **OK**.

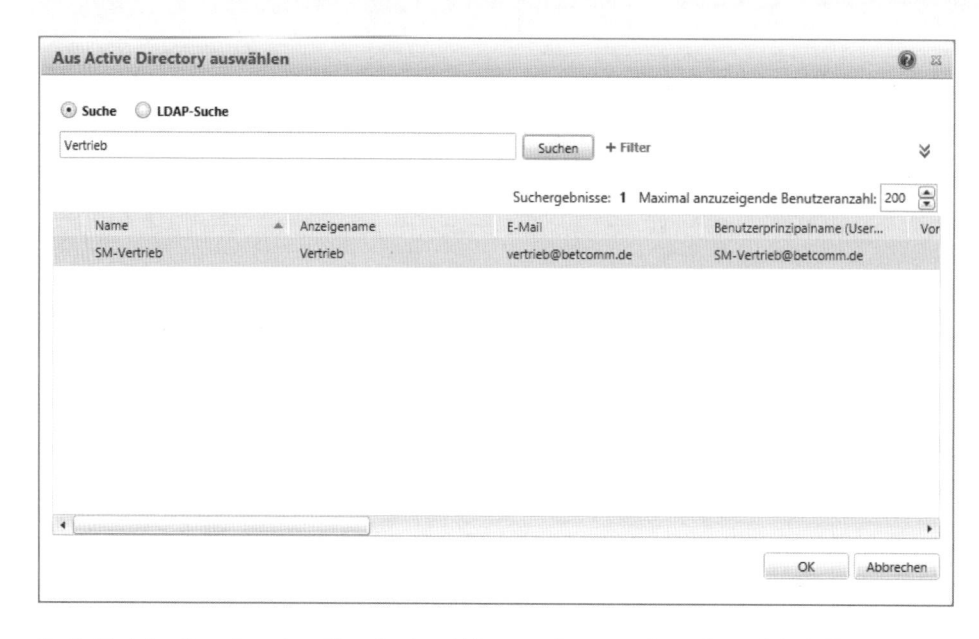

3. Er fügt den Benutzer dem *Standardpool* hinzu und verwendet, wie auch bei allen anderen Benutzern, die E-Mail-Adresse als SIP-URI. Die Einstellungen bestätigt er mit **AKTIVIEREN**.

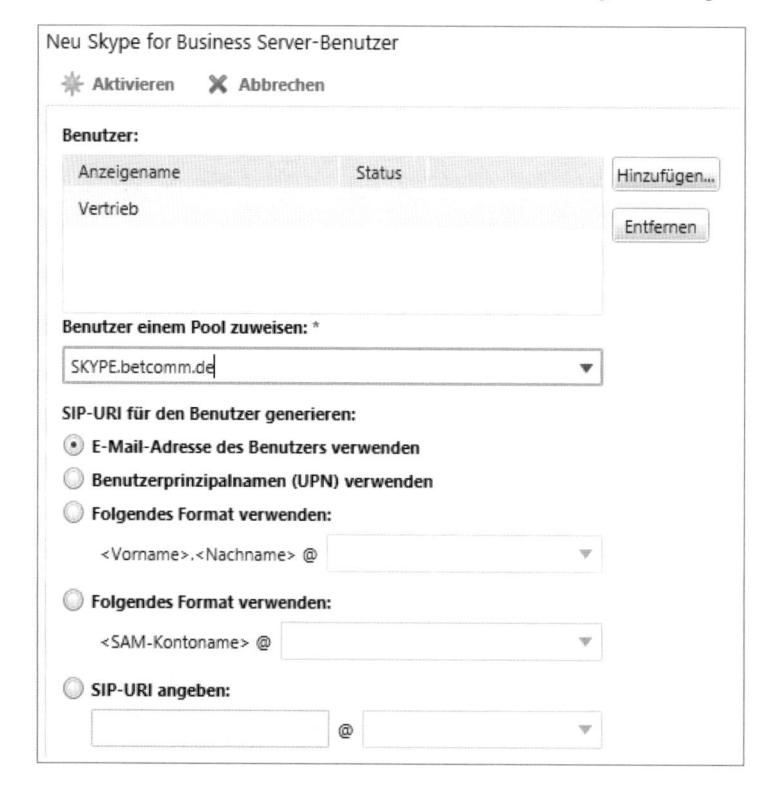

4. Nun wechselt Stefan über das Menü links in den Abschnitt *Reaktionsgruppen*. Dort klickt er zuerst oben auf den dritten Link **GRUPPE**. Oberhalb der Gruppenliste klickt er dann auf **NEU**. In der Dienstabfrage wählt er den Skype for Business Application Server der Besser Kommunizieren GmbH aus (es gibt hier nur einen) und bestätigt die Auswahl mit **OK**.
5. Im Formular für die neue Reaktionsgruppe gibt er einen Namen und eine Beschreibung ein. Die Beteiligungsrichtlinie belässt er auf *Informell*. Dadurch werden die zugeordneten Benutzer automatisch mit der Skype-for-Business-Anmeldung an der Gruppe angemeldet und stehen als Anrufempfänger zur Verfügung. Die Alternative wäre *Formell*, was heißen würde, dass sich die Benutzer jedes Mal zusätzlich explizit an der Gruppe anmelden müssen. Auch die Benachrichtigungszeit und die Routingmethode belässt Stefan auf den Standardeinstellungen. Die Standardroutingmethode leitet Anrufe an den Benutzer mit der längsten Inaktivität weiter.
6. Zur Auswahl der Benutzer (*Agents*) verwendet Stefan die Option **VORHANDENE E-MAIL-VERTEILERLISTE VERWENDEN** und gibt die Verteilerlistenadresse *VM@betcomm.de* ein. In dieser Verteilerliste sind alle Vertriebsmitarbeiter enthalten. Zum Speichern der Einstellungen klickt Stefan auf **COMMIT AUSFÜHREN**.

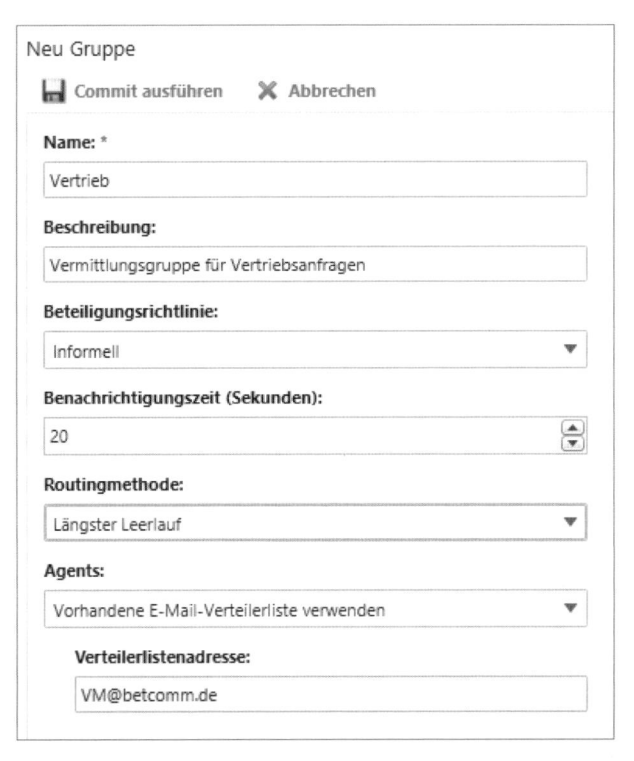

7. Stefan muss eine Warteschleife für die Gruppe erstellen. Dazu klickt er oben auf den Link **WARTESCHLEIFE** und dann wiederum auf **NEU**. Auch hier wählt er wieder den Applikations-Server aus und bestätigt die Auswahl mit **OK**.

8. Nachdem er einen Namen und eine Beschreibung für die Warteschleife eingegeben und sie der Gruppe *Vertrieb* zugeordnet hat, setzt er die Einstellungen für das Warteschleifentimeout und den Warteschleifenüberlauf so, dass die Anrufer an die Voicemail weitergeleitet werden. Die Schwellwerte passt er der allgemeinen Gruppenwartezeit (20 Sekunden) und der Anzahl der Vertriebsmitarbeiter (4 Personen) an. Die Einstellungen bestätigt er wieder mit **COMMIT AUSFÜHREN**.

9. Jetzt muss Stefan noch den Workflow für die Gruppe definieren. Darin wird z. B. definiert, unter welcher Adresse und Rufnummer und zu welchen Zeiten die Gruppe erreichbar ist. Außerdem kann er hier die Willkommensnachricht und die Warteschleifenmusik festlegen. Um den Workflow zu erstellen, klickt Stefan oben auf den ersten Link **WORKFLOW**. Nachdem er auf **WORKFLOW ERSTELLEN ODER BEARBEITEN** geklickt hat, wählt er wieder den Applikations-Server aus. Daraufhin wird ihm das *Reaktionsgruppen-Konfigurationstool* in einem neuen Browserfenster angezeigt.

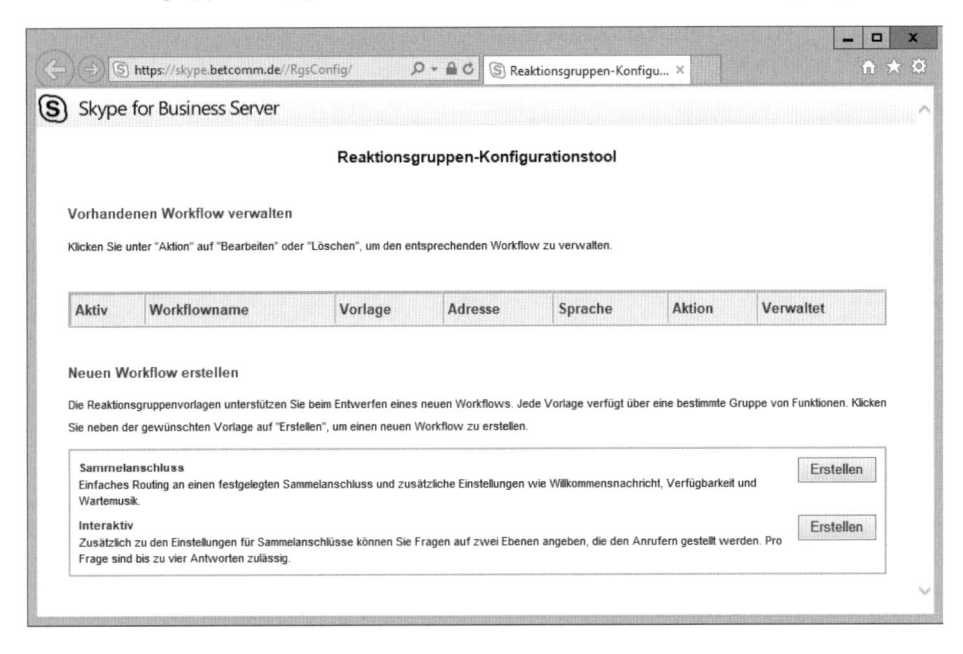

10. Hier wählt Stefan die erste Option *Sammelanschluss* und klickt dahinter auf **ERSTELLEN**. Mit der Option *Interaktiv* könnte er einen Workflow erstellen, der den Benutzer mithilfe von Fragen zum richtigen Empfänger leitet.

11. Zentral sind die Einstellungen im ersten Schritt der Konfiguration. Hier legt Stefan fest, für welche Gruppe der Workflow verwendet wird und mit welcher Telefonnummer er verknüpft ist. Zusätzlich kann er über die Option *Agentenanonymität* die Rufnummer bzw. den Namen der Mitarbeiter verbergen, die den Anruf entgegennehmen, so das beim Anrufer immer nur die Vertriebsgruppe als Gesprächspartner genannt ist. Laut Aussage von Jens ist aber das gerade zu vermeiden. Die Kunden sollen immer wissen, mit wem sie gerade reden. Daher deaktiviert Stefan diese Option.

Sammelanschluss

Schritt 1   **Workflow aktivieren und benennen**

☑ Workflow aktivieren

Wenn Sie den Workflow jetzt nicht aktivieren, können Sie dies später mit dem Reaktionsgruppen-Konfigurationstool nachholen.

☐ Für Partnerverbund aktivieren

☐ Agentanonymität aktivieren

Wenn Sie die Agentanonymität aktivieren, werden einige Anrufmodalitäten deaktiviert. Informationen dazu finden Sie in der Hilfe.

Geben Sie die Adresse der Gruppe ein, die die Anrufe entgegennimmt:

SIP: vm@betcomm.de

Beispiel: sales@contoso.com

Anzeigename:

Besser Kommunizieren Vertrieb

Beispiel: Contoso Vertrieb

Telefonnummer:

TEL: +49201123456

Beispiel: +14255550165

Anzeigenummer:

+49 (201) 123456

Beispiel: +1 (425) 555 01 65

Beschreibung:

Die Ansprechpartner des Vertriebs der Besser Kommunizieren GmbH

Beispiel: Die Gruppe, die Vertriebsanrufe entgegennimmt. Die Beschreibung wird auf einer Skype for Business-Visitenkarte veröffentlicht.

12. Die Schritte zwei und drei lässt Stefan vorerst auf den Standardeinstellungen bzw. unkonfiguriert. Im vierten Schritt gibt er aber dann die Standardgeschäftszeiten der Besser Kommunizieren GmbH an und legt fest, dass Anrufe außerhalb der Geschäftszeiten auch an die Voicemail des Vertriebs weitergeleitet werden.

Schritt 4	Geschäftszeiten angeben
	Ihre Zeitzone
	(UTC+01:00) Amsterdam, Berlin, Bern, Rome, Stockholm, Vienna ▼
	Konfigurieren Sie den Zeitplan für die Geschäftszeiten.
	○ Vordefinierten Zeitplan verwenden ● Benutzerdefinierten Zeitplan verwenden
	Um Betriebszeiten zu bearbeiten oder hinzuzufügen, geben Sie Ihre Öffnungs- und Schließzeiten ein.
	☑ Mo ☑ Di ☑ Mi ☑ Do ☑ Fr ☐ Sa ☐ So
	Öffnen: 08:00 08:00 08:00 08:00 08:00 00:00 00:00
	Schließen: 18:00 18:00 18:00 18:00 18:00 23:59 23:59
	Öffnen:
	Schließen:
	Konfigurieren Sie eine Nachricht, die außerhalb der Geschäftszeiten wiedergegeben wird.
	☐ Nachricht wiedergeben, wenn die Reaktionsgruppe nicht geöffnet ist
	● Text-zu-Sprache verwenden ○ Auswählen einer Aufzeichnung (Keine Datei hochgeladen)
	Beispiel: Leider konnten wir Ihren Anruf nicht entgegennehmen.
	Außerhalb der Geschäftszeiten wird der Anruf folgendermaßen verarbeitet (nach Wiedergabe der Nachricht, wenn eine solche konfiguriert wurde).
	○ Verbindung trennen
	● An Voicemail weiterleiten
	SIP: vertrieb@betcomm.de
	Beispiel: robert@contoso.com
	○ An SIP-URI weiterleiten
	SIP:
	Beispiel: robert@contoso.com
	○ An Telefonnummer weiterleiten
	SIP:
	Beispiel: +14255550165@contoso.com

13. Abschließend weist er den Workflow noch der Warteschleife *Vertrieb* zu und stellt ihn dann über die entsprechende Schaltfläche bereit.

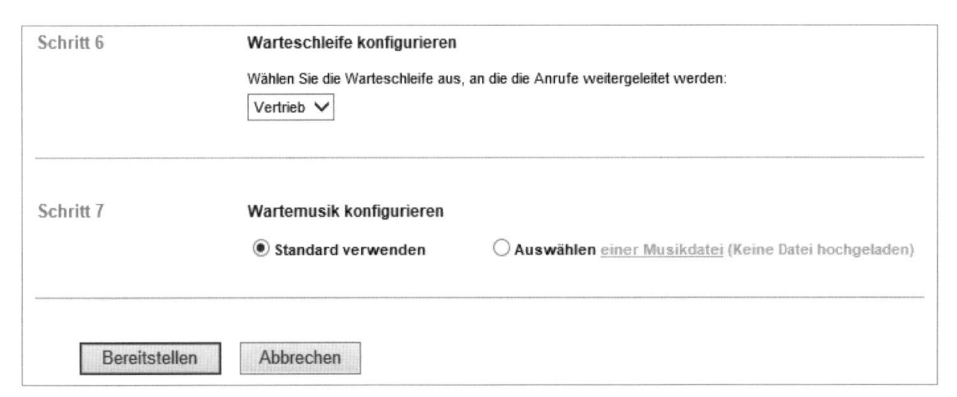

Schritt 6	**Warteschleife konfigurieren**
	Wählen Sie die Warteschleife aus, an die die Anrufe weitergeleitet werden:
	Vertrieb ▼
Schritt 7	**Wartemusik konfigurieren**
	● **Standard verwenden** ○ **Auswählen** einer Musikdatei (Keine Datei hochgeladen)
	[Bereitstellen] [Abbrechen]

14. Die erfolgreiche Einrichtung kann Jens nun in Skype for Business sehen. Dort wird ihm angezeigt, dass er ein Agent der Vertriebsgruppe ist.

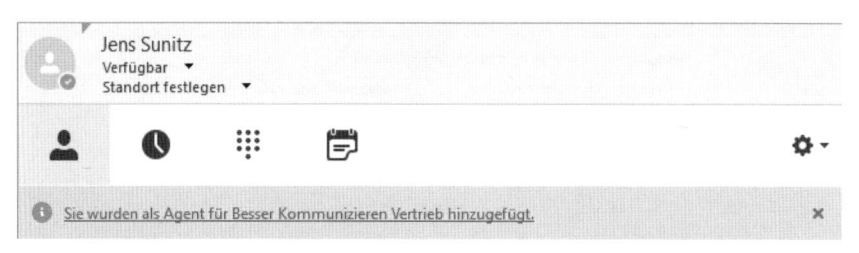

Da nun eingehende Voicemail-Nachrichten auch im Vertriebspostfach ankommen, lassen sie sich natürlich genauso wie andere Dokumente in die Dokumentenablage der Vertriebssite verschieben. Jens denkt noch darüber nach, ob es sinnvoll ist, dafür eine eigene Objektbibliothek anzulegen und diese ebenfalls mit den Websitespalten des Vertriebs zu ergänzen. Da das Telefonaufkommen aber voraussichtlich nicht so hoch sein wird, verzichtet er vorerst darauf. Er fasst für sich nochmals zusammen, was ihm jetzt zur Verfügung steht:

- Alle Daten in der Website können Kunden, Ansprechpartnern und Vertriebsmitarbeitern zugeordnet werden.
- Für Dokumente stehen Vorlagen zur Verfügung, die Adressdaten automatisch aus der Vertriebssite beziehen.
- Für den E-Mail-Versand können die Adressdaten aus der Ansprechpartnerliste direkt in Outlook auch für Serien-E-Mails genutzt werden.
- Alle Daten stehen über die eingebundenen Listen und das Websitepostfach auch in Outlook zur Verfügung.
- Außerdem hat jeder Benutzer eine personalisierte Sicht auf seine Daten über die Seite *Meine Kunden*.
- Ein zentrales Postfach für den Vertrieb kann sowohl in Outlook als auch auf der Vertriebssite eingesehen werden.
- Für Anrufe steht eine zentrale Rufnummer zur Verfügung.
- Nicht angenommene Anrufe werden als Audiodatei in das zentrale Postfach geleitet.

Damit sind nach Jens Meinung die wichtigsten CRM-Werkzeuge in der Umgebung umgesetzt. Nachdem er diese Einschätzung auch an Matthias Kellner zurückgemeldet hat, möchte sich dieser nun dem nächsten Schritt des Projektes zuwenden, der internen Kommunikation.

7 Wissensmanagement, Ressourcenverwaltung und Anwenderunterstützung

Nachdem Matthias Kellner und seine Mitarbeiter die ersten Kommunikationsverfahren und -prozesse für die Geschäftsführung und den Vertrieb eingerichtet beziehungsweise die Kollegen aus den Bereichen bei der Umsetzung unterstützt haben, möchten sie auch in ihrem eigenen Arbeitsbereich, der internen Organisation und der IT, einige Prozesse umsetzen.

Insbesondere ist Matthias aufgefallen, dass Stefan immer wieder einige grundlegende Konfigurationen vornehmen musste, um den beiden Abteilungen effiziente Umsetzungsmöglichkeiten für die dort anstehenden Kommunikationsprozesse zu bieten. Daher möchte er jetzt einige Dinge grundsätzlich angehen, um bei der Umsetzung in den anderen Abteilungen darauf aufbauen zu können. Er nimmt dabei in Kauf, dass eventuell einige der bisher umgesetzten Prozesse noch einmal angepasst werden müssen. Das Projekt profitiert aber von den bis dahin gemachten Erfahrungen, so dass er das nicht als allzu großen Nachteil empfindet. Zumal er der Meinung ist, dass diese Grundlagen ihm ohne die jetzigen Erfahrungen nicht unbedingt in den Blick gekommen wären.

Zwei Dinge möchte Matthias hierbei insbesondere angehen. Einerseits möchte er die in den bisherigen Prozessen genutzten Metadaten systematisch in eine Unternehmensontologie aufgehen lassen. Damit will er sicherstellen, dass die Informationen, die in der Besser Kommunizieren GmbH genutzt werden, einheitlich und für alle Mitarbeiter nachvollziehbar klassifiziert werden können.

Diese Klassifikationsdaten möchte Matthias dann auch für die Suche nach Informationen nutzen. In diesem Zusammenhang will er sich noch einmal grundlegend mit den Suchfunktionen der einzelnen Systeme und den Integrationsmöglichkeiten beschäftigen. Durch die Erfahrungen mit den Suchmaschinen im Internet sind auch die Mitarbeiter der Besser Kommunizieren GmbH inzwischen daran gewöhnt, Informationen nicht mithilfe von Ablagestrukturen und hierarchischen Navigationsbäumen zu finden, sondern einfach über eine sinnvolle Suchabfrage über den gesamten Informationsspeicher. Diese Arbeitsweise möchte Matthias mit einer Integration der verschiedenen Systeme unterstützen.

In diesen Bereich gehört seiner Meinung nach auch das zentrale Management der Dokumenttypen im Unternehmen. Ansätze dazu hat Stefan Meurer ja schon in der vorherigen Projektphase in Abstimmung mit Jens Sunitz entwickelt und umgesetzt.

Natürlich sollen aber auch sehr konkrete Kommunikationsprozesse für die IT umgesetzt werden. Großes Verbesserungspotential sieht Matthias Kellner hier im Umgang mit der Buchung von Besprechungsräumen, von denen die Besser Kommunizieren GmbH einige bereithält. Diese müssen insbesondere in der Projektabwicklung häufig kurzfristig zur Verfügung stehen. Die Suche nach einem freien Raum und die Buchung sollen deshalb möglichst schnell und einfach erfolgen können.

Aber auch die zentrale IT-Aufgabe der Anwenderunterstützung kann nach Matthias Meinung noch deutlich optimiert werden. Zwar betreibt die Besser Kommunizieren GmbH eine Art Helpdesk. Die Informationsverwaltung darin findet aber in erster Linie noch durch viele manuelle Schritte statt. Dadurch werden die Wissensweitergabe und der Zugriff auf vorhandene Erfahrungen erschwert. Das wiederum führt dazu, dass viele Dinge immer wieder neu ausprobiert werden, anstatt erfolgreiche Lösungsverfahren wiederzuverwenden.

■ 7.1 Wissensmanagement im Unternehmen mit SharePoint

Das Wissensmanagement eines Unternehmens hat zum Ziel, im Unternehmen erworbenes oder aufgebautes Wissen möglichst einfach bei Bedarf den Mitarbeitern zur Verfügung zu stellen. Wissen wird im Unternehmen in der Regel nicht nur an einer Stelle verwaltet, sondern ist an verschiedenen Stellen und in unterschiedlichen Formen im Unternehmen vorhanden. Was allgemeinhin als Wissen eines Unternehmens bezeichnet wird, speist sich aus verschiedenen Quellen: dem persönlichen Wissen der Mitarbeiter (in den Köpfen der Mitarbeiter), dem gespeicherten Wissen in Datenquellen, wie zum Beispiel CRM-Systemen, oder auch dem in Prozessen abgebildeten Wissen über Handlungen und Verfahrensweisen.

Aufgrund dieser inhomogenen Struktur des Wissens besteht eine zentrale Anforderung an das Wissensmanagement darin, die Auffindbarkeit der einzelnen Wissenskomponenten sicherzustellen. Nehmen wir den Fall, einer der Vertriebsmitarbeiter unseres Unternehmens, sagen wir Annette Müßig, bekommt vom Kunden eine Anfrage zu einem Skype-for-Business-Training, das die Besser Kommunizieren GmbH nicht als Standardtraining (vielleicht wegen mangelnder Nachfrage) im Programm hat. Dann muss Annette, um das Angebot vorzubereiten, verschiedene Wissensquellen abfragen. Um die Themen abzuklären, muss sie Informationen über das Produkt selbst zusammentragen. Sie muss prüfen, ob die Besser Kommunizieren GmbH ein ähnliches Training schon einmal durchgeführt hat, und schließlich benötigt sie einen Trainer, der das Training durchführen kann. All diese Informationen liegen in unterschiedlichen Quellen. Um darin einheitlich suchen zu können, hilft es Annette, wenn in allen Quellen einheitliche Begrifflichkeiten verwendet werden. Damit kann sie überall zum Beispiel nach Skype for Business suchen und findet die zugehörigen Informationen in den verschiedenen Quellen. Am besten wäre dann noch, wenn Annette nicht jede Quelle einzeln durchsuchen müsste, sondern die Suche an einer zentralen Stelle durchführen könnte.

Damit sind wir bei dem zentralen Werkzeug für den Aufbau eines kommunikationsunterstützenden Wissensmanagements in der Umgebung der Besser Kommunizieren GmbH. Das ist natürlich die SharePoint-Plattform. Diese bietet verschiedene Komponenten, um die oben geschilderten Anforderungen umzusetzen. Einheitliche Begrifflichkeiten, oder besser gesagt die Unternehmensontologie, können wir mit den verwalteten Metadaten in SharePoint aufbauen und verwalten. Für Informationsquellen mit unstrukturierten Informationen können wir diese Metadaten auch in Wörterbüchern definieren, um sie als Eigenschaften aus Dokumentinhalten extrahieren zu können. Der MySite-Bereich und die persönlichen Benutzerprofile ermöglichen die Speicherung und Nutzung der Kenntnisse und Erfahrungen der Mitarbeiter. Die Suchfunktion in SharePoint unterstützt die Anbindung unterschiedlichster Datenquellen und die Suchcenter-Websites bieten einen zentralen Einstiegspunkt für eine umfassende Suche. Die zentrale Verwaltung von Inhaltstypen stellt sicher, dass allen Informationstypen die benötigten Eigenschaften zugeordnet und dabei einheitlich bezeichnet werden.

Matthias Kellner überlegt nun mit Kollegen der einzelnen Abteilungen, welche Metadaten wohl unternehmensweit zur Verfügung gestellt werden sollen. Aus dem Vertrieb werden natürlich die Produktbezeichnungen und die Produkthersteller genannt. Auch die Seminartypen sollen zentral gepflegt werden. Die Geschäftsführung schlägt eine Standortliste, auch wenn sie noch kurz sein wird, vor. Auch die Unternehmensstruktur, insbesondere die Abteilungen, möchten Erhard Hauenstein und Henrike Siegel mit aufnehmen. Matthias Kellner selbst möchte gerne eine Klassifikation für Dokumenttypen haben, die er später für die Inhaltstypen verwenden will.

Stefan Meurer beginnt damit, die Struktur umzusetzen. Über die Dienstanwendungsverwaltung in der Zentraladministration navigiert er zum verwalteten Metadatendienst und öffnet das Terminologiespeicher-Verwaltungstool.

Eine Unternehmenstaxonomie mit verwalteten Metadaten einrichten

1. Zuerst erstellt er dort zwei neue Gruppen, indem er mit der rechten Maustaste auf den Namen des Managed Metadata Service Proxy klickt und im Kontextmenü **NEUE GRUPPE** auswählt. Die erste Gruppe benennt er *Betcomm*. Hier möchte Stefan alle Metadaten verwalten, die für die Strukturierung von Dokumenten und internen Informationen benötigt werden. Der zweiten Gruppen gibt der den Namen *Produktklassifikation*. Darin werden Hersteller- und Produktnamen derjenigen Produkte verwaltet, die von der Besser Kommunizieren GmbH vertrieben bzw. betreut werden.

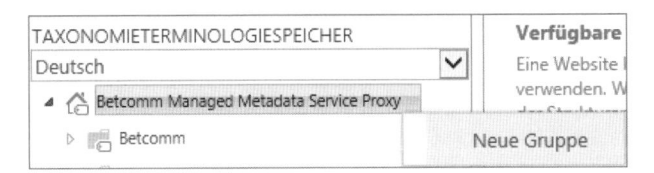

2. Innerhalb der Gruppen legt er analog die benötigten Ausdruckssätze an (Rechtsklick auf die Gruppe, **NEUER AUSDRUCKSSATZ**. Diese können von den Benutzern als Metadatenspalten oder auch für das Tagging von Informationen verwendet werden. In der Gruppe *Betcomm* erstellt Stefan die Ausdruckssätze *Dokumentenklassen* und *Standorte*, in der Gruppe *Produktklassifikation* die Ausdruckssätze *Hersteller* und *Produkte*.

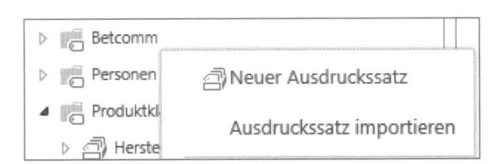

3. Stefan kann nun die Ausdruckshierarchien aufbauen. Dazu klickt er mit der rechten Maustaste auf den Eintrag für den Ausdruckssatz und wählt im Kontextmenü **AUSDRUCK ERSTELLEN**. Jeden neuen Eintrag bestätigt er mit der Eingabetaste, um dann direkt den nächsten Ausdruck auf derselben Ebene einzugeben. Nur zum Wechseln der Ebenen muss Stefan noch das Kontextmenü bemühen.

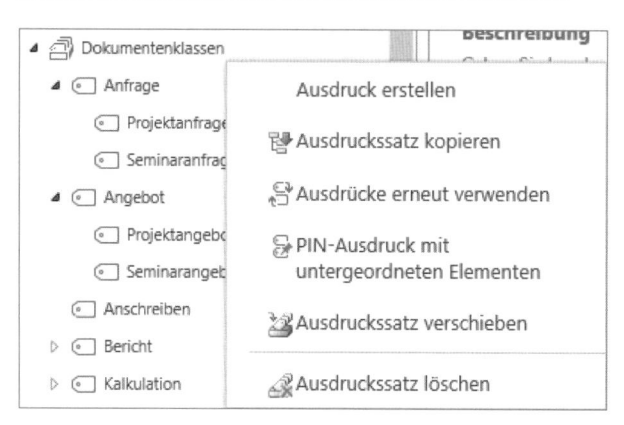

4. In der Gruppe *Produktklassifikation* wiederholen sich die Einträge in der Liste der Hersteller und der Liste der Produkte. Nachdem Stefan die Herstellerliste gepflegt hat, verwendet er die benötigten Ausdrücke daraus in der Produktliste erneut. Dadurch bleiben die Ausdrücke miteinander verbunden, so dass Änderungen im Quellausdruck auch an den entsprechenden Ausdruck in der Produktliste weitergegeben werden. Da Stefan in der Herstellerliste keine Unterausdrücke anlegt, verbindet er die Ausdrücke mittels der Option **AUSDRUCK ERNEUT VERWENDEN** und nicht als **PIN-AUSDRUCK**. Bei einem PIN-Ausdruck werden auch die unterhalb des Ausdrucks angelegten Unterausdrücke an die Zielliste weitergegeben, sie sind dann aber auch nur in der Quellliste bearbeitbar.

5. Um die Verwaltung der Taxonomiebäume zu dezentralisieren und an die fachkundigen Mitarbeiter zu delegieren, muss Stefan zum Abschluss noch einige Berechtigungseinstellungen auf den verschiedenen Ebenen setzen. Zuerst definiert er auf Gruppenebene Matthias Kellner als *Gruppenleiter* und die Kollegen aus der IT-Abteilung als *Mitwirkende*, so dass die in der Gruppe liegenden Daten von jedem IT-Mitarbeiter bearbeitet werden können. Als Gruppenleiter kann Matthias darüber hinaus weitere Mitarbeiter zu Mitwirkenden erklären. In der Gruppe *Produktklassifikation* fügt er anschließend noch die Kollegen des Vertriebs den Mitwirkenden hinzu, um ihnen auch die Pflege der Produktdaten zu ermöglichen.

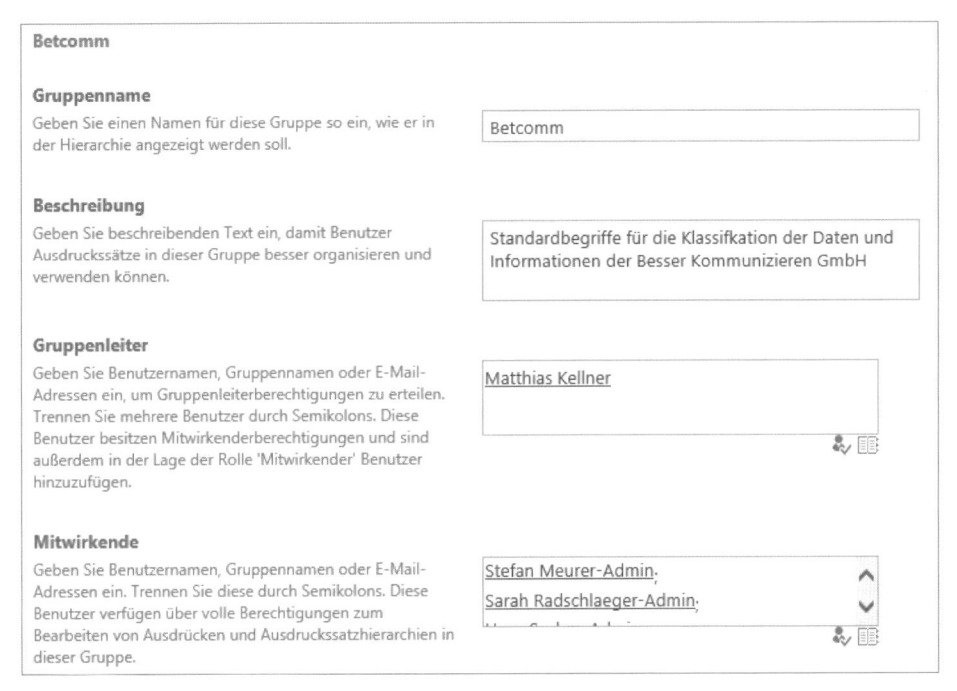

Betcomm

Gruppenname
Geben Sie einen Namen für diese Gruppe so ein, wie er in der Hierarchie angezeigt werden soll.

Betcomm

Beschreibung
Geben Sie beschreibenden Text ein, damit Benutzer Ausdruckssätze in dieser Gruppe besser organisieren und verwenden können.

Standardbegriffe für die Klassifkation der Daten und Informationen der Besser Kommunizieren GmbH

Gruppenleiter
Geben Sie Benutzernamen, Gruppennamen oder E-Mail-Adressen ein, um Gruppenleiterberechtigungen zu erteilen. Trennen Sie mehrere Benutzer durch Semikolons. Diese Benutzer besitzen Mitwirkenderberechtigungen und sind außerdem in der Lage der Rolle 'Mitwirkender' Benutzer hinzuzufügen.

Matthias Kellner

Mitwirkende
Geben Sie Benutzernamen, Gruppennamen oder E-Mail-Adressen ein. Trennen Sie diese durch Semikolons. Diese Benutzer verfügen über volle Berechtigungen zum Bearbeiten von Ausdrücken und Ausdruckssatzhierarchien in dieser Gruppe.

Stefan Meurer-Admin;
Sarah Radschlaeger-Admin;

6. Auf der Ebene der Ausdruckssätze gibt Stefan überall Matthias E-Mail-Adresse als Kontakt an, damit alle Mitarbeiter der Besser Kommunizieren GmbH ihm Vorschläge zur Verbesserung der Klassifikation senden können. Stefan geht wie Matthias davon aus, dass die Klassifikationen nicht von Beginn an alle Fälle abdeckt und dass nur die Einbindung aller Mitarbeiter es ermöglicht, diese Struktur so zu verfeinern, dass sie auch von allen genutzt werden kann und vor allem auch von allen Mitarbeitern mitgetragen wird. In den Ausdruckssätzen der Produktklassifikation trägt Stefan zusätzlich noch die Gruppe *VM* als *Beteiligte* ein, da in erster Linie die Vertriebsmitarbeiter mit den Definitionen der Produkte vertraut sein müssen.

Produkte

Ausdruckssatzname
Geben Sie einen neuen Namen für diesen Ausdruckssatz so ein, wie er in der Hierarchie angezeigt werden soll.
`Produkte`

Beschreibung
Geben Sie beschreibenden Text ein, damit Benutzer den beabsichtigten Verwendungszweck dieses Ausdruckssatzes besser verstehen.

Besitzer
Den primären Benutzer oder die primäre Gruppe dieses Ausdruckssatzes angeben.
`Stefan Meurer-Admin`

Kontakt
Geben Sie eine E-Mail-Adresse für Ausdrucksvorschläge und Feedback ein. Wenn dieses Feld leer gelassen wird, ist die Vorschlagsfunktion deaktiviert.
`m.kellner@betcomm.de`

Beteiligte
Diese Informationen werden verwendet, um Personen und Gruppen in der Organisation zu erfassen, die benachrichtigt werden sollten, bevor größere Änderungen am Ausdruckssatz vorgenommen werden. Sie können mehrere Benutzer oder Gruppen eingeben.
`VM`

Übermittlungsrichtlinie
Wenn ein Ausdruckssatz geschlossen ist, können nur Metadaten-Manager Ausdrücke zu diesem Ausdruckssatz hinzufügen. Wenn er hingegen geöffnet ist, können Benutzer Ausdrücke aus einer Tagginganwendung hinzufügen.
(●) Geschlossen ( ) Öffnen

7. In den meisten Fällen belässt Stefan die Übermittlungsrichtlinie des Ausdruckssatzes auf *Geschlossen*, um zu verhindern, dass jeder Mitarbeiter dem Satz neue Ausdrücke hinzufügen kann. Er möchte sicherstellen, dass die zentralen Verwaltungsdaten in sich konsistent bleiben. Nur für die Liste der Standorte, die Stefan als weitreichende Länderhierarchie aufgebaut hat (Kontinent/Land/Bundesland/Stadt), um sie für alle Arten geographischer Zuordnungen verwenden zu können, definiert er die Übermittlungsrichtlinie auf *Öffnen*. Da er nicht die ganze Hierarchie alleine pflegen kann, dürfen die Mitarbeiter hier bei Bedarf neue Einträge vornehmen.

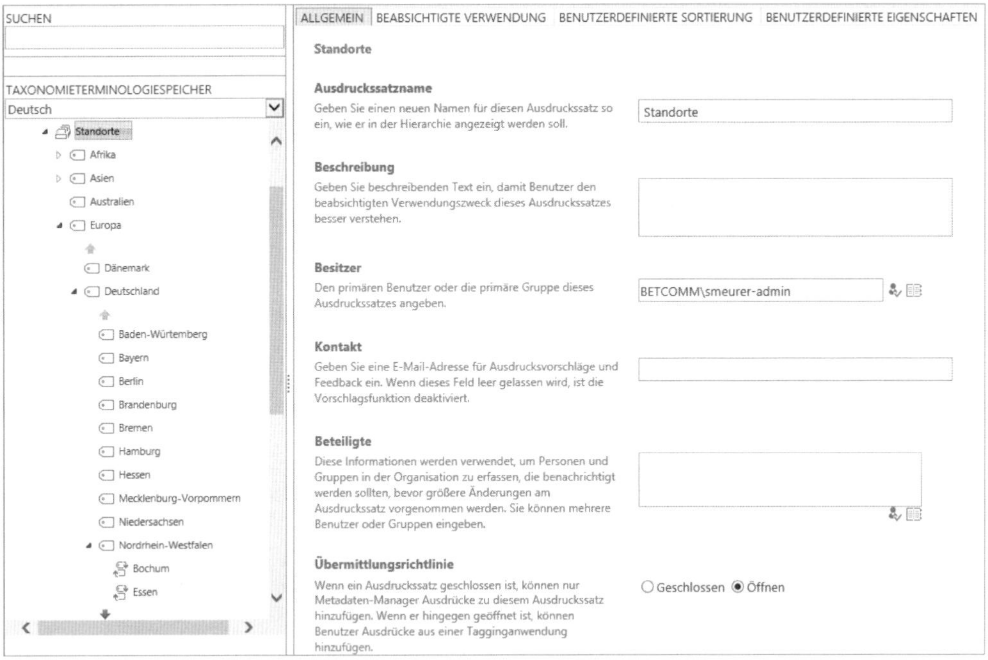

Nachdem Stefan auf diesem Weg den ersten Ansatz einer Taxonomie bzw. einer Ontologie des Unternehmens geschaffen hat, möchte er natürlich noch sicherstellen, dass diese auch genutzt wird. Standardmäßig können zwar alle Ausdruckssätze von den Benutzern für das Tagging an Elementen genutzt werden, Stefan und Matthias möchten aber darüber hinaus die Daten auch strukturiert als spezifische Eigenschaften nutzen. Insbesondere die Dokumentenklassen sollen an allen Dokumenten angegeben werden können und in der Suchfunktion für die Filterung der Ergebnisse genutzt werden können.

Damit die neu erstellten Begrifflichkeiten in der Suchfunktion genutzt werden können, müssen sie zuallererst im Index erfasst sein. Dazu ist es erforderlich, dass die Metadaten als Spalten an Elementen verwendet werden und mindestens ein Element auch einen ausgewählten Wert dafür hat. Stefan definiert daher im Intranet zuerst einige Websitespalten als Metadatenspalten, die er mit den oben angelegten Hierarchiebäumen verbindet. Zur besseren Verwaltbarkeit legt er dafür auch eine eigene Gruppe *BK-Websitespalten* an (Bild 7.1).

BK-Websitespalten		
Dokumentenklasse	Verwaltete Metadaten	Intranet - Besser Kommunizieren GmbH
Hersteller	Verwaltete Metadaten	Intranet - Besser Kommunizieren GmbH
Produkt	Verwaltete Metadaten	Intranet - Besser Kommunizieren GmbH
Standort	Verwaltete Metadaten	Intranet - Besser Kommunizieren GmbH

Bild 7.1 Die neuen Websitespalten der Besser Kommunizieren GmbH

Inhaltstypen anpassen

Im nächsten Schritt muss Stefan die Spalten an Elemente binden. Er könnte das dadurch erreichen, dass er die Spalten vorhandenen Listen hinzufügt oder neue Listen damit erstellt und dann darin Einträge anlegt. Da die meisten dieser Spalten aber übergreifend verwendet werden sollen, geht Stefan einen anderen Weg und weist die Spalten einzelnen Websiteinhaltstypen zu. Zum Beispiel möchte er die Dokumentenklasse als Eigenschaft aller Dokumente in SharePoint definieren. Da bei der Einrichtung der Vertriebssite schon einige Dokumentinhaltstypen erstellt wurden, die Eigenschaften direkt vom Inhaltstyp *Dokument* erben, entscheidet sich Stefan, die Spalte *Dokumentenklasse* einfach dem Inhaltstyp *Dokument* zuzuweisen. Alternativ könnte er auch einen eigenen Inhaltstyp wie *BK-Standarddokument* erstellen, müsste dann aber alle schon erstellten Inhaltstypen löschen und neu erstellen, da der Quellinhaltstyp sich nicht nachträglich ändern lässt. Die Inhaltstypen, die die neue Spalte nicht erben sollen, setzt Stefan vorher in den erweiterten Eigenschaften auf *Schreibgeschützt* (Bild 7.2).

Bild 7.2 Schreibgeschützter Inhaltstyp

Anschließend öffnet er in den Websiteeinstellungen des Intranets unter *Web-Designer-Kataloge* die Liste **WEBSITEINHALTSTYPEN** und klickt dann unter Dokumentinhaltstypen auf den Eintrag **DOKUMENT**. In den Eigenschaften des Inhaltstyps klickt er nun unterhalb der Spalten auf den Link **AUS VORHANDENEN WEBSITESPALTEN HINZUFÜGEN** und wählt dann aus der Gruppe *BK-Websitespalten* die Spalte **DOKUMENTENKLASSE** aus. Die Option zur Aktualisierung abgeleiteter Inhaltstypen lässt er aktiviert (Bild 7.3) und klickt anschließend auf **OK**.

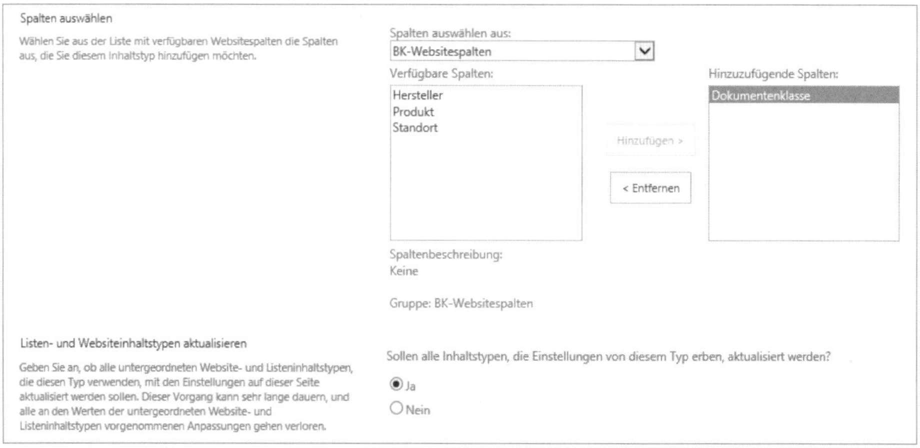

Bild 7.3 Spalte dem Inhaltstyp hinzufügen

Da einige abgeleitete Inhaltstypen standardmäßig schreibgeschützt sind, wird Stefans Aktion von SharePoint mit einer Fehlermeldung quittiert (Bild 7.4).

> **Das hat leider nicht geklappt.**
>
> Der Inhaltstyp "ODC-Datei (Office Data Connection)" unter "/" ist schreibgeschützt.
> Der Inhaltstyp "Universal Data Connection-Datei" unter "/" ist schreibgeschützt.
> Der Inhaltstyp "Designdatei" auf "/" ist versiegelt.
> Der Inhaltstyp "Unbekannter Dokumenttyp" unter "/" ist schreibgeschützt.
> Der Inhaltstyp "ODC-Datei (Office Data Connection)" unter "/Vertrieb/VertriebsDVs" ist schreibgeschützt.
> Der Inhaltstyp "Universal Data Connection-Datei" unter "/Vertrieb/VertriebsDVs" ist schreibgeschützt.
>
> Der Inhaltstyp "Designdatei" auf "/_catalogs/masterpage" ist versiegelt.
>
> TECHNISCHE DETAILS
>
> ZURÜCK ZUR WEBSITE

Bild 7.4 Nicht aktualisierte Inhaltstypen

Da dies aber nur systemeigene Inhaltstypen betrifft, bereitet das Stefan keine Sorgen. Er prüft zuerst an dem Inhaltstyp **BK-STANDARDBRIEF**, ob die Änderungen hier übernommen wurden. Dort wird die Spalte aufgeführt (Bild 7.5).

Spalten			
Name	Typ	Status	Quelle
Name	Datei	Erforderlich	Dokument
Titel	Eine Textzeile	Optional	Element
Dokumentenklasse	Verwaltete Metadaten	Optional	Dokument

Bild 7.5 Die hinzugefügte Spalte am Standardbrief

Anschließend öffnet Stefan die Bibliothek *Kundendokumente* in der Vertriebssite und darin eines der Testdokumente. Auch hier wird jetzt die Spalte im Eigenschaftenformular des Dokumentes aufgeführt (Bild 7.6).

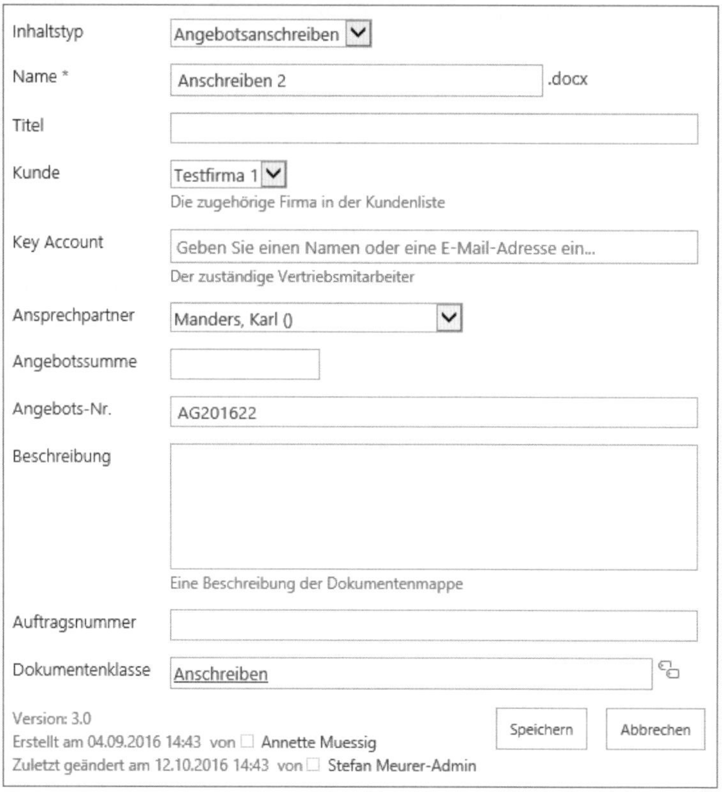

Inhaltstyp	Angebotsanschreiben ▼
Name *	Anschreiben 2 .docx
Titel	
Kunde	Testfirma 1 ▼
	Die zugehörige Firma in der Kundenliste
Key Account	Geben Sie einen Namen oder eine E-Mail-Adresse ein...
	Der zuständige Vertriebsmitarbeiter
Ansprechpartner	Manders, Karl () ▼
Angebotssumme	
Angebots-Nr.	AG201622
Beschreibung	
	Eine Beschreibung der Dokumentenmappe
Auftragsnummer	
Dokumentenklasse	Anschreiben

Version: 3.0
Erstellt am 04.09.2016 14:43 von ☐ Annette Muessig
Zuletzt geändert am 12.10.2016 14:43 von ☐ Stefan Meurer-Admin

[Speichern] [Abbrechen]

Bild 7.6 Die neue Spalte „Dokumentenklasse" in den Dokumenteigenschaften

Beim Zugriff auf den Metadatenspeicher zum Auswählen eines Wertes für die Spalte erkennt Stefan auch die Funktionsweise des Kontakteintrags am hinterlegten Ausdruckssatz. Der Benutzer bekommt oberhalb der Auswahl die Möglichkeit, einen Vorschlag (Feedback) an Matthias Kellner zu senden (Bild 7.7).

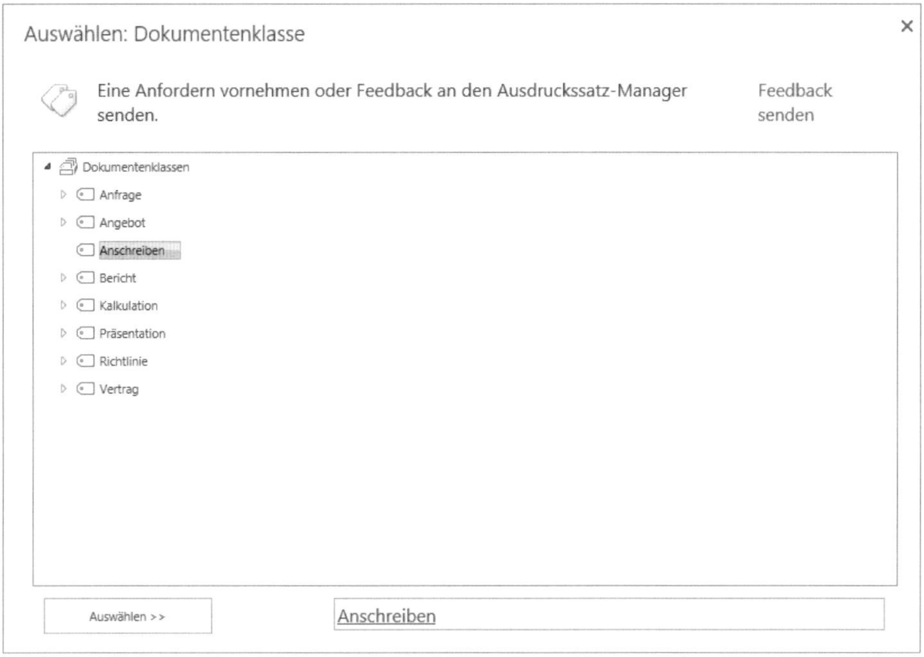

Bild 7.7 Die Wertauswahl für die Dokumentenklasse

Hinter dem Link **FEEDBACK SENDEN** verbirgt sich ein vordefinierter MailTo-Link für eine entsprechende Mail an Matthias (Bild 7.8).

Bild 7.8 Die aufgerufene Feedback-Mail

Auf die gleiche Weise verfährt Stefan mit der Spalte *Standort*. Diese fügt er dem Standardinhaltstyp *Kontakt* hinzu, so dass alle Kontakteinträge mit dieser Eigenschaft versehen werden. Da für diesen Ausdruckssatz die Option **ÖFFNEN** aktiviert ist, haben die Anwender die Möglichkeit, selbst neue Einträge in diesem Ausdruckssatz zu erstellen (Bild 7.9).

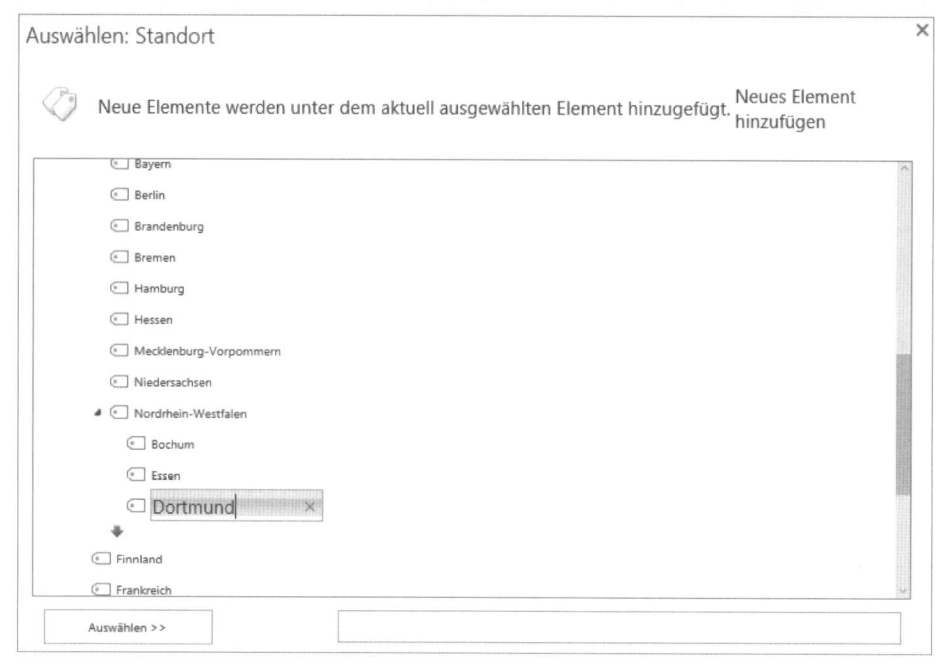

Bild 7.9 Offener Ausdruckssatz *Standorte*

Nachdem Stefan einige Testeinträge so bearbeitet hat, dass sie auch Werte in den Spalten enthalten, kann er sich nun der Suchfunktion im SharePoint zuwenden, um die neuen Informationen auch sinnvoll für die Recherche und Filterung von Suchergebnissen verwenden zu können. Dazu müssen die neuen Eigenschaften im Suchschema als verwaltete Eigenschaften definiert werden, ähnlich wie es mit den Metadaten im Vertriebsbereich gemacht wurde.

Ein Extraktionswörterbuch für die Volltextsuche definieren

Bevor Stefan sich aber dem Suchschema des Suchdienstes zuwendet, möchte er noch einen weiteren Fall abdecken. Es ist seiner Meinung nach in Dokumenten, E-Mails und anderen Schriftstücken sehr häufig der Fall, dass die Begriffe der Eigenschaften nicht in den Metadaten, sondern im Text verwendet werden. Dann werden die Begriffe natürlich weiterhin gefunden, können aber nicht zur Verfeinerung der Suchergebnisse genutzt werden, weil sie über die Volltextsuche keiner Eigenschaft zugeordnet werden. In Form der sogenannten Extraktionswörterbücher bietet SharePoint die Möglichkeit, Begriffe aus der Volltextsuche zu extrahieren und einer verwalteten Eigenschaft zuzuordnen. Die Eigenschaft kann dann wiederum im Ergebniswebpart für die Verfeinerung der Suchergebnisse verwendet werden.

SharePoint unterscheidet zwischen vier Typen von Extraktionswörterbüchern, Wortextraktion, Wortteilextraktion, exakte Wortextraktion und exakte Wortteilextraktion. In den ersten beiden werden Begriffe unabhängig von Groß- und Kleinschreibung erkannt, in den letzten beiden wird die Schreibweise unterschieden. Die Wortteilextraktion erkennt Begriffe auch als Wortteile, die Wortextraktion berücksichtigt nur ganze Worte. Von den ersten beiden Wörterbüchern stehen insgesamt je fünf zur Verfügung, mit der entsprechenden

Anzahl an Verfeinerungseigenschaften. Von den letzten beiden Wörterbüchern existiert jeweils nur eines.

Um die Wörterbücher zu befüllen, müssen die Daten mithilfe einer CSV-Datei und der SharePoint Management Shell importiert werden. Die Struktur der CSV-Datei ist simpel. Benötigt werden zwei Spalten, eine für den Suchbegriff (*Key*) und eine für den angezeigten Wert in der Eigenschaft (*Display Form*). Enthalten die Begriffe Nicht-ASCII-Zeichen, müssen die Dateien im UTF8-Format importiert werden.

Stefan sieht den Bedarf insbesondere für die Produktbegriffe, die er als Eigenschaften definiert hat. Gerade Dokumente, die vom Kunden kommen, enthalten die Begriffe voraussichtlich im Text. Wenn ihnen dann die Eigenschaften nicht zugeordnet werden, würden sie zwar bei einer gezielten Suche gefunden werden, könnten aber nicht aus einer umfangreicheren Ergebnismenge gezielt herausgefiltert werden.

1. Also erstellt Stefan die folgende CSV-Datei. Jede Produktbezeichnung, die in unterschiedlichen Schreibweisen vorkommen könnte, fügt er als eigene Zeile hinzu, wobei der Anzeigename die Begriffe dann zusammenfasst:

    Listing 7.1 Die CSV-Datei für die Produktbezeichnungen

    ```
    Key,Display Form
    SharePoint, SharePoint
    Share Point, SharePoint
    WSS, SharePoint
    SP-Server, SharePoint
    Exchange, Exchange
    Office, Office
    Office 365, Office 365
    Outlook, Outlook
    Word, Word
    Access, Access
    PowerPoint, PowerPoint
    Active Directory, Active Directory
    AD, Active Directory
    Windows, Windows
    Windows Server, Windows Server
    Excel, Excel
    OneNote, OneNote
    One Note, OneNote
    Project, Project
    Visio, Visio
    InfoPath, InfoPath
    Info Path, InfoPath
    SharePoint Designer, SharePoint Designer
    Share Point Designer, SharePoint Designer
    ```

2. Er speichert die Dateien unter dem Namen *Products.csv* ab und öffnet dann auf dem SharePoint-Server die **SHAREPOINT 2016-VERWALTUNGSSHELL** in einer administrativen Sitzung.

3. Zuerst erstellt er eine Variable, in der er die Suchanwendung speichert:

    `$SearchApp = Get-SPEnterpriseSearchServiceApplication`.

    Anschließend ruft er das Import-Cmdlet auf und importiert die Datei *Products.csv* in das Wörterbuch *ExactWordpartExtraction*. Er wählt dieses Wörterbuch (*Exakte Wortteilextrak-*

tion), da er davon ausgeht, dass die Produktnamen auch als Wortteile im Text auftauchen können, als Eigennamen dann aber immer noch die Groß- und Kleinschreibung beachten. Den Pfad zur Datei muss er als UNC-Pfad angeben, ein lokaler Pfad wird von SharePoint nicht akzeptiert. Sollte sich die Produktliste ändern, kann er die Datei auch wieder neu importieren:

```
Import-SPEnterpriseSearchCustomExtractionDictionary
-SearchApplication $SearchApp -FileName \\SP02\Temp\Products.csv
-DictionaryName Microsoft.UserDictionaries.EntityExtraction.Custom.ExactWordPart.1
```

4. SharePoint quittiert den Import mit einer Erfolgsmeldung:

```
PS C:\Windows\system32> Import-SPEnterpriseSearchCustomExtractionDictionary -SearchApplication
Wörterbuchimport wird ausgeführt.
Das Wörterbuch wurde erfolgreich importiert.

PS C:\Windows\system32>
```

Damit SharePoint das Wörterbuch auch für die Textextraktion nutzt, muss Stefan es an den entsprechenden Eigenschaften aktivieren. Dafür bieten sich natürlich in erster Linie Eigenschaften an, die umfangreichen Text enthalten können. Dies sind zum Beispiel *Body* oder *Description*. Stefan öffnet das Suchschema der Suchdienstanwendung in der Zentraladministration. Unter den *Verwalteten Eigenschaften* sucht er nun nach *Description*.

Eigenschaftenname	Typ	Mehrfach	Abfrage	Suche	Abrufen	Einschränken	Sortieren	Sicher	Zugeordnete, durchforstete Eigenschaften	Aliase
AttachmentDescription	Text	-	-	-	Abrufen	-	-	Sicher	ows_MediaLinkDescription	
Description	Text	-	Abfrage	-	Abrufen	-	-	Sicher	Description, Büro: 6, DESCRIPTION	urn:schemas.microsoft.com:fulltextqueryinfo:description
DescriptionOWSMTXT	Text									
DocumentSetDescriptionOWSMTXT	Text									
SiteDescription	Text	-	-	-	Abrufen	-	-	Sicher	ows_SiteDescription	

5. Er klickt auf den Namen der gewünschten Eigenschaft, um die Einstellungen zu öffnen. In den Einstellungen scrollt er ganz nach unten zum Abschnitt *Benutzerdefinierte Entitätsextraktion* und aktiviert dort das soeben importierte Wörterbuch. In gleicher Weise verfährt er für alle weiteren verwalteten Eigenschaften, zum Beispiel für die Eigenschaft *Body*, die den Dokumenteninhalt repräsentiert.

Benutzerdefinierte Entitätsextraktion

Ermöglicht die Zuordnung mindestens einer benutzerdefinierten Entitätsextraktionsfunktion zu dieser verwalteten Eigenschaft. Dies ermöglicht dem System die Extraktion von Entitäten aus der verwalteten Eigenschaft, wenn neue oder aktualisierte Elemente durchforstet werden. Anschließend können die extrahierten Entitäten zum Einrichten von Einschränkungen in dem Webpart verwendet werden.

Es gibt vier Typen benutzerdefinierter Extraktionswörterbücher. Sie können eigene, gesonderte benutzerdefinierte Entitätsextraktions-Wörterbücher erstellen, die Sie mithilfe des PowerShell-Cmdlets "Import-SPEnterpriseSearchCustomExtractionDictionary" bereitstellen.

Das System speichert den ursprünglichen Inhalt der verwalteten Eigenschaft unverändert im Index und kopiert die extrahierten Entitäten zusätzlich in die verwalteten Eigenschaften "WordCustomRefiner1" bis 5, "WordPartCustomRefiner1" bis 5, "WordExactCustomRefiner" und/oder "WordPartExactCustomRefiner".

Diese verwalteten Eigenschaften sind so konfiguriert, dass sie durchsuchbar, abfragbar, abrufbar, sortierbar und einschränkbar sind.

- [ ] Wortextraktion - Benutzerdefiniert1
- [ ] Wortextraktion - Benutzerdefiniert2
- [ ] Wortextraktion - Benutzerdefiniert3
- [ ] Wortextraktion - Benutzerdefiniert4
- [ ] Wortextraktion - Benutzerdefiniert5
- [ ] Wortteilextraktion - Benutzerdefiniert1
- [ ] Wortteilextraktion - Benutzerdefiniert2
- [ ] Wortteilextraktion - Benutzerdefiniert3
- [ ] Wortteilextraktion - Benutzerdefiniert4
- [ ] Wortteilextraktion - Benutzerdefiniert5
- [ ] Wortteilextraktion - Benutzerdefiniert
- [x] Exakte Wortteilextraktion - Benutzerdefiniert

Zusammen mit den oben definierten Metadaten möchte Stefan diese Eigenschaften nun für die Verfeinerung der Suchergebnisse nutzbar machen. Dazu müssen aber die Metadateneigenschaften noch angepasst werden.

Metadaten für die Suche verwenden

1. Stefan wechselt dazu im Suchschema zur Seite **DURCHFORSTETE EIGENSCHAFTEN**. Dort sucht er nach der Eigenschaft *Standort* und stellt fest, dass SharePoint zwei Eigenschaften erstellt hat, von der eine schon einer offensichtlich neu erstellten verwalteten Eigenschaft zugeordnet ist. Diese kann aber leider nicht für den Verfeinerungsbereich der Suche verwendet werden. Stefan muss also eine neue verwaltete Eigenschaft erstellen.

Verwaltete Eigenschaften | Durchforstete Eigenschaften | Kategorien

Verwenden Sie diese Seite, um durchforstete Eigenschaften anzuzeigen oder zu ändern, oder um durchforstete Eigenschaften Durchforstung übernommen. Beachten Sie, dass die Einstellungen, die Sie anpassen können, von Ihrer aktuellen Berechtigungs

Filter

Durchforstete Eigenschaften: Standort
Kategorie: Alle

[ ] Unveränderte Eigenschaftennamen anzeigen

→

Eigenschaftsname	Zugeordnet zu Eigenschaft
ows_Standort	Standort
ows_taxId_Standort	owstaxIdStandort

2. Stefan wechselt daher zur Seite **VERWALTETE EIGENSCHAFTEN**. Dort klickt er oberhalb der Liste auf **NEUE VERWALTETE EIGENSCHAFT** und erstellt eine neue Eigenschaft mit dem Namen *Standort*.
3. Bevor er die Zuordnung der durchforsteten Eigenschaft verwaltet, macht er die neue Eigenschaft für die Suche verwendbar. Dazu aktiviert er im Abschnitt *Haupteigenschaften* die Optionen *Durchsuchbar, Abfragbar, Abrufbar* und setzt die Option *Einschränkbar* auf **JA – AKTIV**.

Haupteigenschaften

Durchsuchbar:
Ermöglicht das Abfragen des Inhalts der verwalteten Eigenschaft. Der Inhalt dieser verwalteten Eigenschaft ist im Volltextindex enthalten. Wenn beispielsweise die Eigenschaft "author" ist, gibt eine einfache Abfrage von "Schmitz" sowohl Elemente zurück, die das Wort "Schmitz" enthalten, als auch Elemente, deren Eigenschaft "author" den Begriff "Schmitz" enthält.

☑ Durchsuchbar

Erweiterte durchsuchbare Einstellungen:
Ermöglicht das Anzeigen und Ändern des Volltextindexes und der Gewichtung der verwalteten Eigenschaft.

[Erweiterte durchsuchbare Einstellungen]

Abfragbar:
Ermöglicht das Abfragen der angegebenen, verwalteten Eigenschaft. Der Feldname der verwalteten Eigenschaft muss in der Abfrage enthalten sein - entweder in der Abfrage selbst angegeben oder programmgesteuert in die Abfrage aufgenommen. Wenn die verwaltete Eigenschaft "author" ist, muss die Abfrage "author:Schmitz" enthalten.

☑ Abfragbar

Abrufbar:
Aktiviert den Inhalt dieser verwalteten Eigenschaft für die Rückgabe in Suchergebnissen. Aktivieren Sie diese Einstellung für verwaltete Eigenschaften, die aufgrund ihrer Relevanz in Suchergebnissen angezeigt werden sollen.

☑ Abrufbar

Mehrere Werte zulassen:
Mehrere Werte desselben Typs in dieser verwalteten Eigenschaft zulassen. Wenn dies beispielsweise die verwaltete Eigenschaft "author" ist und ein Dokument mehrere Autoren besitzt, wird jeder Autorenname als gesonderter Wert in dieser verwalteten Eigenschaft gespeichert.

☐ Mehrere Werte zulassen

Einschränkbar:
Ja - aktiv: Ermöglicht die Verwendung der Eigenschaft als Einschränkung für Suchergebnisse im Front-End. Sie müssen die Einschränkung manuell im Webpart konfigurieren.
Ja - latent: Ermöglicht das spätere Umschalten der Einschränkbarkeit auf aktiv, ohne nach dem Umschalten eine vollständige Neudurchforstung ausführen zu müssen.
Beide Optionen erfordern eine vollständige Durchforstung, um wirksam zu werden.

Einschränkbar: [Ja - aktiv ▼]

4. Anschließend muss er unten im Abschnitt *Zuordnung zu durchforsteten Eigenschaften* noch die durchforstete Eigenschaft *ows_Standort* hinzufügen.

5. In gleicher Weise verfährt Stefan mit der Eigenschaft *Dokumentenklasse*.

Bevor es nun an die Konfiguration des zentralen Suchcenters der Besser Kommunizieren GmbH geht, möchte Stefan noch zwei Inhaltsquellen der Suche hinzufügen. Einerseits sollen die Benutzer nicht nur Ergebnisse aus SharePoint selbst, sondern auch aus den Dateiablagen der freigegebenen Ordner und Laufwerke angezeigt bekommen, andererseits soll die Suche über das Suchcenter auch direkt an eine Internetsuche weitergeleitet werden können.

Für die erste Anforderung muss Stefan eine eigene Inhaltsquelle in der Suchdienstanwendung definieren, die zweite Anforderung lässt sich mit wenigen Konfigurationsschritten über die sogenannte föderierte Suche (Federated Search) in SharePoint einrichten.

Dateifreigaben in die Suche einbinden

Die Besser Kommunizieren GmbH verwaltet Dateifreigaben für die Daten über einen domänenbasierten DFS-Stamm unter dem Namensraum *//betcomm.de/Data*. Der DFS-Stamm wird auf den beiden Domänencontrollern DC01 und DC02 vorgehalten, die darin enthaltenen Freigaben liegen auf diversen Servern.

Die in den freigegebenen Ordnern liegenden Dateien sollen über die zentrale Suche in SharePoint gefunden werden können. Dazu muss Stefan den DFS-Stamm als Inhaltsquelle dem Suchdienst hinzufügen.

1. Stefan öffnet also in der **ZENTRALADMINISTRATION** die Suchverwaltung, indem er zuerst unter Anwendungsverwaltung auf **DIENSTANWENDUNG VERWALTEN** und anschließend in der Liste der Dienstanwendungen auf den Namen der Suchdienstanwendung klickt.

2. In der Suchverwaltung klickt er in der Navigation links im Abschnitt *Durchforstung wird ausgeführt* auf **INHALTSQUELLEN**.

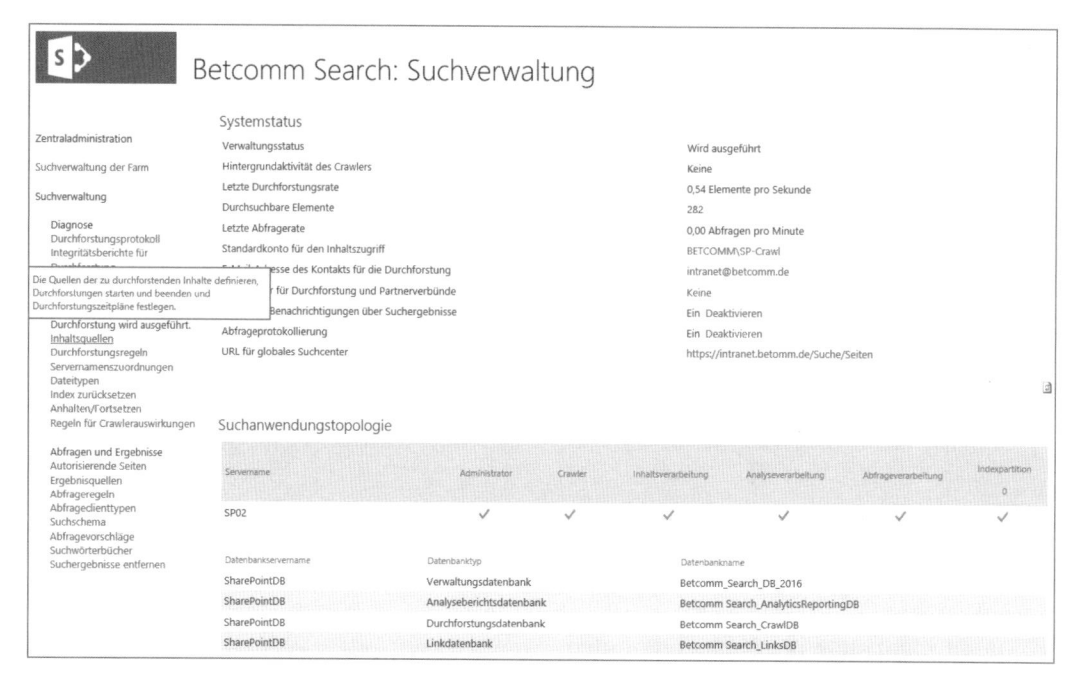

3. Standardmäßig enthält die SharePoint-Suche nur die Inhaltsquelle *Lokale SharePoint-Websites*, unter der alle Websites von SharePoint zusammengefasst werden. Stefan klickt auf der Seite *Inhaltsquellen verwalten* oberhalb der Liste der Inhaltsquellen auf die Schaltfläche **NEUE INHALTSQUELLE**.

4. Die neue Inhaltsquelle benennt er *Betcomm Dateien*, wählt als Inhaltsquellentyp *Dateifreigaben* aus und gibt als Startadresse den Namen des DFS-Stammes an. Durch die Verwendung des DFS kommt Stefan hier mit einer Startadresse aus, da alle Freigaben unterhalb dieser Adresse erreichbar sind. Natürlich lässt Stefan nicht nur den Startordner, sondern auch alle darin liegenden Unterordner durchforsten. Schließlich legt er noch den Zeitplan so fest, dass die Freigaben stündlich inkrementell durchforstet werden und einmal täglich eine vollständige Durchforstung erfolgt.

Name Geben Sie einen Namen zur Beschreibung der Inhaltsquelle ein.	Name: * Betcomm Dateien
Inhaltsquellentyp Wählen Sie den Typ des zu durchforstenden Inhalts aus. Hinweis: Dieser kann nach dem Erstellen der Inhaltsquelle nicht mehr geändert werden, weil andere Einstellungen von ihm abhängig sind.	Wählen Sie den Typ des zu crawlenden Inhalts aus: ○ SharePoint-Websites ○ Websites ● Dateifreigaben ○ Öffentliche Exchange-Ordner ○ Branchendaten ○ Benutzerdefiniertes Repository
Startadressen Geben Sie die URLs ein, an denen das Suchsystem mit dem Crawlen beginnen soll. Hierzu gehören die Inhalte einer Dateifreigabe, z. B. Dokumente und sonstige Dateien.	Geben Sie unten Startadressen (eine pro Zeile) ein: * \\betcomm.de\Data Beispiele: \\Server\Verzeichnis oder file://Server/Verzeichnis
Einstellungen für Durchforstung Geben Sie das Verhalten für das Crawlen dieses Inhaltstyps an. Wählen Sie die zu durchforstenden Ordner aus.	Wählen Sie das Crawlverhalten für die Startadressen in der Inhaltsquelle aus: ● Den Ordner und alle Unterordner jeder Startadresse durchforsten ○ Nur den Ordner jeder Startadresse durchforsten
Zeitpläne für Durchforstung Wählen Sie den Zeitplan für die Durchforstung dieser Inhaltsquelle aus.	Inkrementelle Durchforstung Every 1 hour(s) from 12:00 AM for 24 hour(s) every day, starting 4/4/2016 ▼ Zeitplan bearbeiten Vollständige Durchforstung At 12:00 AM every day, starting 4/4/2016 ▼ Zeitplan bearbeiten
Inhaltsquellenpriorität Wählen Sie die Priorität für diese Inhaltsquelle aus. Das Durchforstungssystem verarbeitet Inhaltsquellen mit hoher Priorität vor Inhaltsquellen mit normaler Priorität.	Wählen Sie die Priorität für diese Inhaltsquelle aus: Normal ▼

5. Sicherstellen muss Stefan nun noch, dass das Crawlkonto des Suchdienstes auch lesenden Zugriff auf alle Dateien hat. Dafür muss er eventuell die Berechtigungen an einigen Ordnern anpassen. Da das Crawlkonto ein normales Benutzerkonto ist, ist es natürlich in den Gruppen *Jeder* und *Authentifizierte Benutzer* enthalten, so dass Anpassungen nur an Ordnern mit spezifischen Berechtigungen erforderlich sind. Mit dem Crawlkonto bekommen andere Benutzer keine Rechte an den Inhalten. SharePoint nimmt bei der Rückgabe von Suchergebnissen eine Sicherheitskürzung vor. Das heißt, er überprüft die Berechtigungen des angemeldeten Benutzers und liefert nur die Ergebnisse zurück, auf die der Benutzer auch Zugriffsrechte besitzt. Ergebnisse, für die der angemeldete Benutzer

keine Berechtigungen hat, werden nicht über die Suche zurückgegeben. Dies funktioniert natürlich bei Dateifreigaben innerhalb der Windows-Umgebung dadurch, dass sowohl die Freigaben als auch SharePoint selbst AD-Konten verwenden. Dafür benötigt das Durchforstungskonto zusätzlich das Recht, die Sicherheitsprotokolle zu verwalten. Hat es diese nicht, zeigt die erste Durchforstung im Durchforstungsprotokoll eine Fehlermeldung.

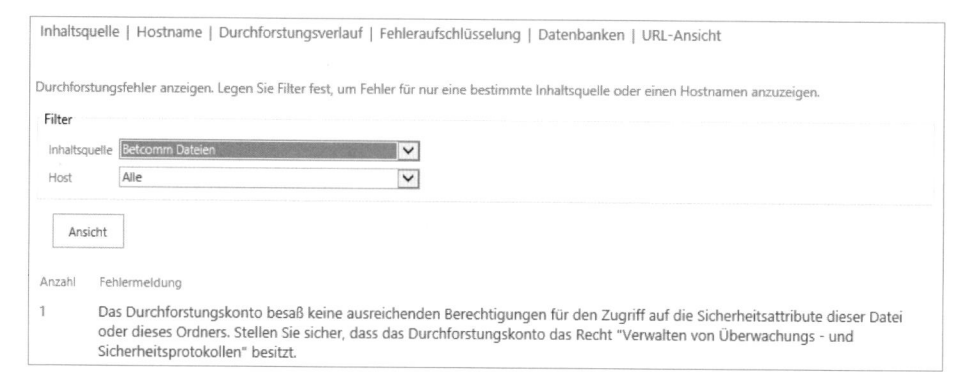

6. Am einfachsten lässt sich diese Berechtigung über eine Gruppenrichtlinie auf die Server zuweisen, die die durchsuchenden Freigaben beherbergen. Die entsprechende Einstellung findet sich im Gruppenrichtlinienobjekt im Pfad *Computerkonfiguration/Windows-Einstellungen/Sicherheitseinstellungen/Lokale Richtlinien/Zuweisen von Benutzerrechten*.

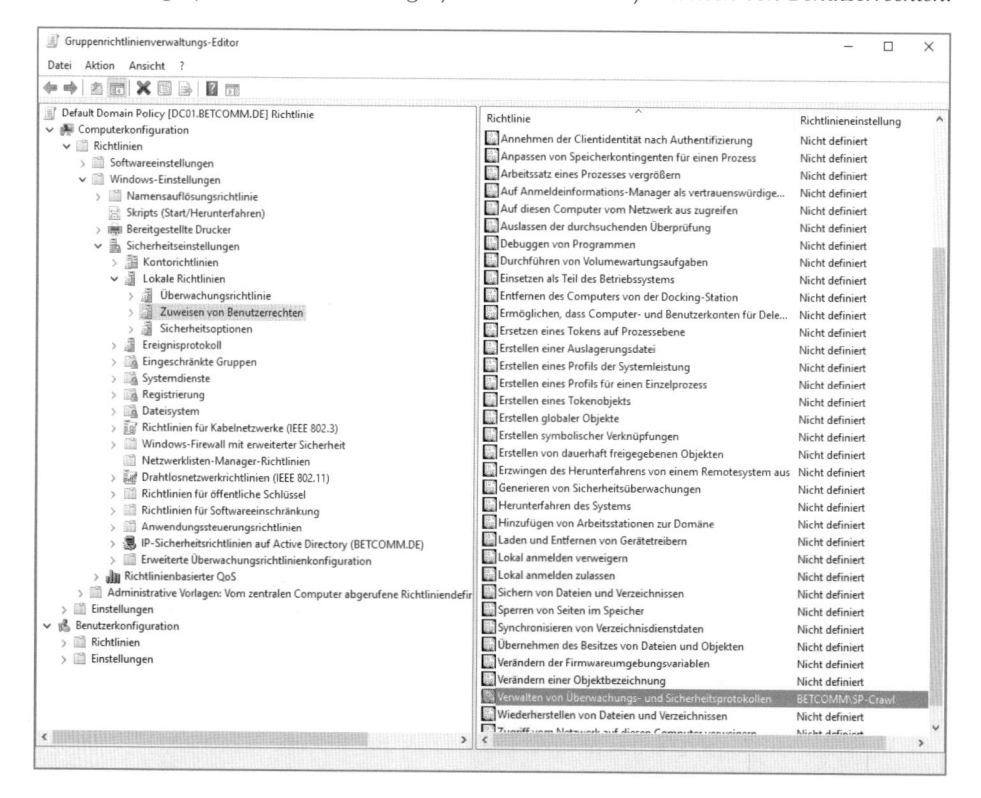

7. Nach der Einrichtung der Quelle startet Stefan direkt eine vollständige Durchforstung, indem er die entsprechende Option aus dem Kontextmenü der Inhaltsquelle auswählt.

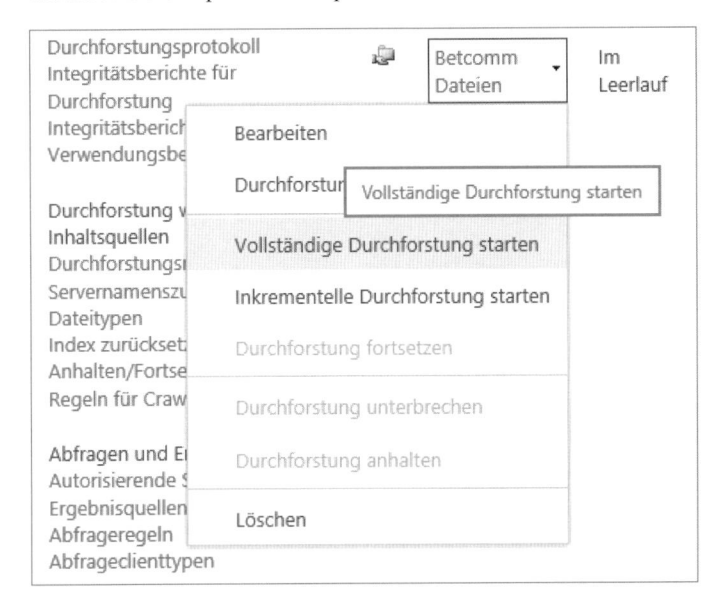

Neben der Suche nach internen Informationen möchten Stefan und Matthias das zukünftige Suchportal auch für den Zugriff auf die Internetsuche zur Verfügung stellen. Natürlich möchten sie dabei nicht selbst einen Suchindex des gesamten Internets aufbauen, sondern einfach die Suchabfrage bei Bedarf an eine Internetsuchmaschine weiterleiten. Diese Funktion nennt sich in SharePoint föderierte Suche. SharePoint benutzt für die Weitergabe ein standardisiertes Protokoll *OpenSearch*. Die Konfiguration erfolgt dabei nicht als Inhaltsquelle, sondern unter dem Bereich *Ergebnisquellen*.

Einrichten einer Ergebnisquelle für die Internetsuche

1. Stefan klickt also in der Suchverwaltung im Abschnitt *Abfragen und Ergebnisse* auf den Eintrag **ERGEBNISQUELLEN**.
2. Auf der Seite *Ergebnisquellen verwalten* klickt er oberhalb der Liste auf **NEUE ERGEBNISQUELLE**.
3. Stefan nutzt für die Suchabfrage Microsofts eigene Suchmaschine Bing. Die Ergebnisquelle nennt er der Einfachheit halber *Internet*. Er wählt das Protokoll **OPENSEARCH 1.0/1.1** aus. Die Abfragetransformation enthält einfach nur den Verweis auf den Suchbegriff {searchTerms}. Nur die Quell-URL muss Stefan durch eigene Recherchen ermitteln. Bei Bing lautet diese: *http://www.bing.com/search?q={?searchterms}&format=rss&Market=de-de*. Neben der Weitergabe des Suchbegriffs über die Variable {searchterms} werden noch das Rückgabeformat und die Sprachauswahl für die Ergebnisse an die Bing-Suche übermittelt. Der Zugriff auf Bing erfolgt natürlich **ANONYM**.

Allgemeine Informationen

Namen müssen auf jeder Verwaltungsebene eindeutig sein. Beispielsweise können zwei Ergebnisquellen auf einer Website nicht denselben Namen haben, während aber eine auf der Website vorhandene und eine von der Websitesammlung bereitgestellte Ergebnisquelle dies können.

Beschreibungen werden als QuickInfos angezeigt, wenn Ergebnisquellen in anderen Konfigurationsseiten ausgewählt werden.

Name
`Internet`

Beschreibung

Protokoll

Wählen Sie "Lokaler SharePoint" für Ergebnisse aus dem Index dieses Suchdiensts.

Wählen Sie "OpenSearch 1.0/1.1" für Ergebnisse aus einem Suchmodul, das dieses Protokoll verwendet.

Wählen Sie "Exchange" für Ergebnisse aus einer Exchange-Quelle.

Wählen Sie "Remote-SharePoint" für Ergebnisse aus dem Index eines Suchdiensts, der sich in einer anderen Farm befindet.

○ SharePoint lokal
○ Remote-SharePoint
● OpenSearch 1.0/1.1
○ Exchange

Abfragetransformation

Ändern Sie eingehende Abfragen so, dass sie stattdessen diesen neuen Abfragetext verwenden. Nehmen Sie die eingehende Abfrage in den neuen Text auf, indem Sie die Abfragevariable "{searchTerms}" verwenden.

Mithilfe dieser Funktion können Sie Ergebnisse eingrenzen. Um beispielsweise nur OneNote-Elemente zurückzugeben, legen Sie den neuen Text auf "{searchTerms} fileextension=one" fest. Somit wird aus der eingehenden Abfrage "sharepoint" die Abfrage "sharepoint fileextension=one". Starten Sie den Abfrage-Generator, um weitere Optionen anzuzeigen.

`{searchTerms}`   [Abfrage-Generator starten]

Weitere Informationen zu Abfragetransformationen.

Quell-URL

Geben Sie die URL der OpenSearch-Quelle ein. Nehmen Sie die Abfrage in die URL auf, indem Sie die Abfragevariable "{searchTerms}" verwenden, die automatisch durch die Abfrage ersetzt wird.

`http://www.bing.com/search?q={?searchterms}`

Anmeldeinformationen

Wählen Sie "Standardauthentifizierung", wenn Benutzer mit dieser Quelle eine Verbindung unter Verwendung der Standardauthentifizierung von SharePoint herstellen.

Wählen Sie "Allgemein", wenn alle Benutzer mit dieser Quelle eine Verbindung mit denselben Anmeldeinformationen herstellen.

● Anonym: Diese Quelle erfordert keine Authentifizierung.

Allgemein:

○ Standardauthentifizierung - einen Benutzernamen und ein Kennwort angeben
○ Digestauthentifizierung - einen Benutzernamen und ein Kennwort angeben
○ NTLM - Anwendungspoolidentität verwenden
○ NTLM - einen Benutzernamen und ein Kennwort angeben
○ Formularauthentifizierung - Formularanmeldeinformationen angeben
○ Cookieauthentifizierung - Cookie für die Authentifizierung verwenden

Damit sind die Vorbereitungen für die Konfiguration des Suchcenters abgeschlossen und Stefan wendet sich dem Suchcenter selbst zu. Das Suchcenter der Besser Kommunizieren GmbH ist als eigene Websitesammlung im verwalteten Pfad *https://intranet.betcomm.de/Suche* auf Basis der Websitevorlage *Unternehmenssuchcenter* erstellt worden. Im Vergleich zu einem *Basissuchcenter* bietet das Unternehmenssuchcenter mehrere vordefinierte Ergebnisseiten, zum Beispiel für die Personensuche oder die Suche in den Newsfeeds. Diese lassen sich um benutzerdefinierte Seiten erweitern. Das Suchcenter ist als eigene Websitesammlung eingerichtet worden, da die Vorlage *Unternehmenssuchcenter* die Aktivierung des Websitesammlungsfeatures für die Veröffentlichungsinfrastruktur erfordert. Dieses Feature möchte Stefan innerhalb der Intranetsite aber nicht aktivieren, da damit weitreichende Änderungen an der Arbeitsweise einhergehen.

Zwei grundlegende Änderungen muss Stefan im Suchcenter vornehmen. Erstens sind die neu definierten Metadaten dem Verfeinerungsbereich der Ergebnisseiten hinzuzufügen und zweitens möchte er für die Internetsuche eine eigene Ergebnisseite einrichten.

Verfeinerungskriterien einer Ergebnisseite hinzufügen

1. Die Seiten des Suchcenters liegen in der Bibliothek *Seiten der Website*. Also öffnet Stefan die Bibliothek über die Websiteinhalte. Darin findet er eine Reihe von Seiten. Die Namen der Ergebnisseiten enden alle auf **results*, so dass Stefan die Seiten leicht erkennen kann.

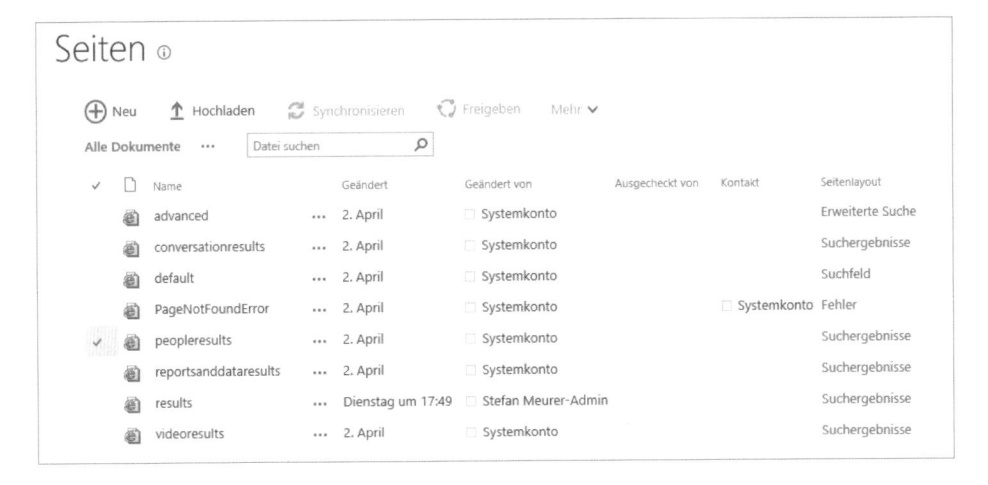

Name	Geändert	Geändert von	Ausgecheckt von	Kontakt	Seitenlayout
advanced	2. April	Systemkonto			Erweiterte Suche
conversationresults	2. April	Systemkonto			Suchergebnisse
default	2. April	Systemkonto			Suchfeld
PageNotFoundError	2. April	Systemkonto		Systemkonto	Fehler
peopleresults	2. April	Systemkonto			Suchergebnisse
reportsanddataresults	2. April	Systemkonto			Suchergebnisse
results	Dienstag um 17:49	Stefan Meurer-Admin			Suchergebnisse
videoresults	2. April	Systemkonto			Suchergebnisse

2. Stefan nimmt sich zuerst die allgemeine Ergebnisseite *results.aspx* vor und öffnet diese zur Bearbeitung. Die Seite enthält insgesamt vier Webparts, das Suchfeld, die Suchnavigation, die Suchergebnisse und das Einschränkungswebpart. Alle anderen Ergebnisseiten sind mit den gleichen Webparts aufgebaut. Sie unterscheiden sich nur in den Einstellungen des Suchergebniswebparts.

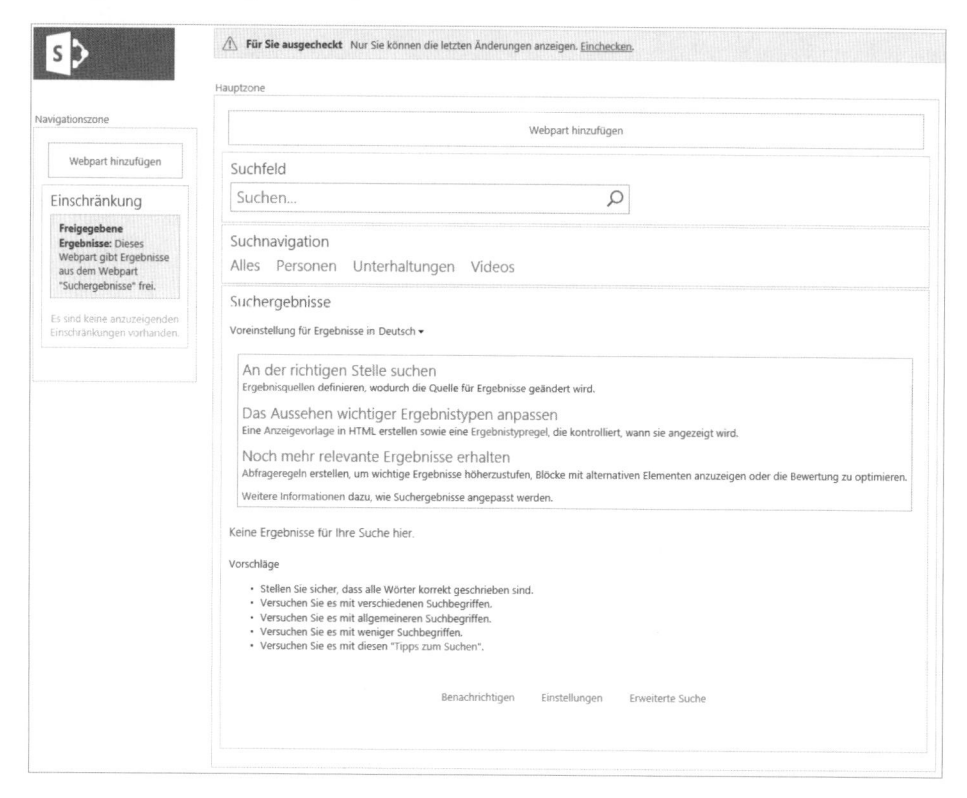

3. Um dem Verfeinerungsbereich zusätzliche Einschränkungen hinzuzufügen, öffnet Stefan die Eigenschaften des Webparts *Einschränkung*. In den Webparteigenschaften klickt er dann auf die Schaltfläche **EINSCHRÄNKUNGEN AUSWÄHLEN...**

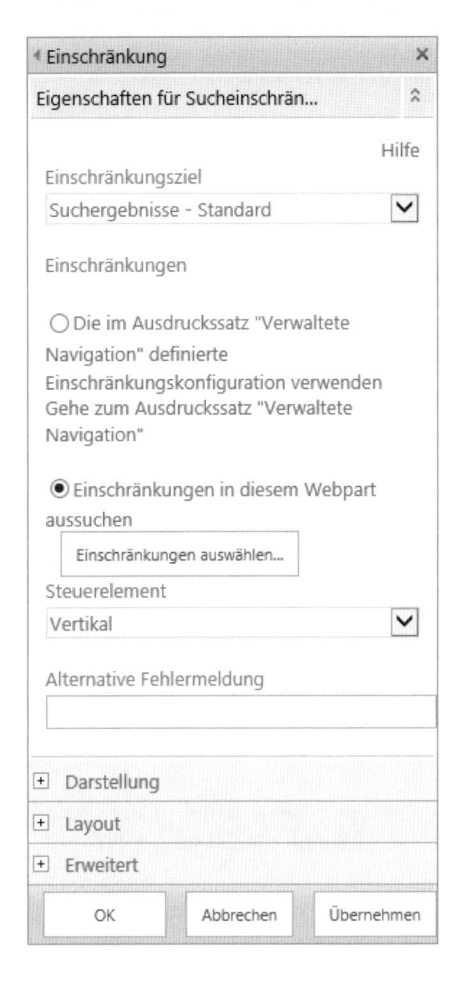

4. In der Liste der verfügbaren Einschränkungen sucht er nun der Reihe nach die Eigenschaften *Dokumentenklasse*, *Standort* und die *WordPartExactCustomRefiner* und fügt sie mit der Schaltfläche **HINZUFÜGEN** der Liste der *ausgewählten Einschränkungen* hinzu.

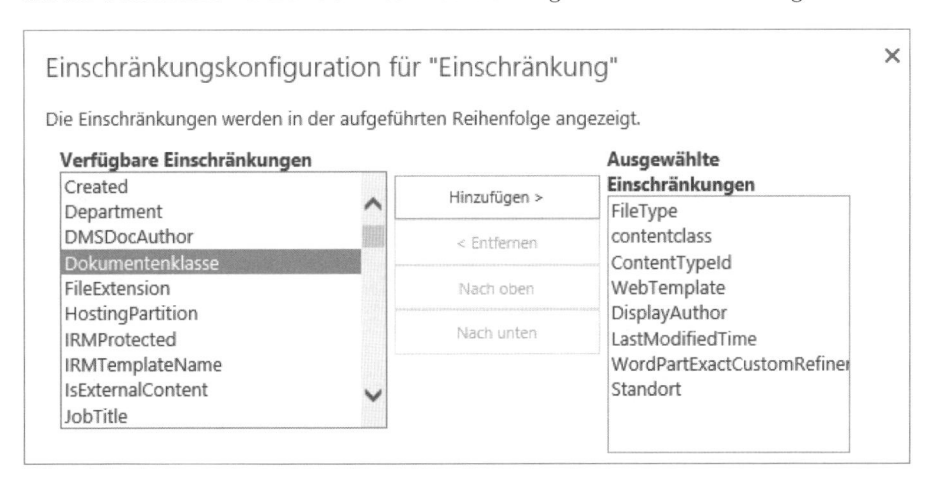

5. Für jede neue Einschränkung gibt er unten im Konfigurationsbereich noch einen sprechenden Anzeigenamen an und legt die Sortier- und Anzeigeeinstellungen fest.

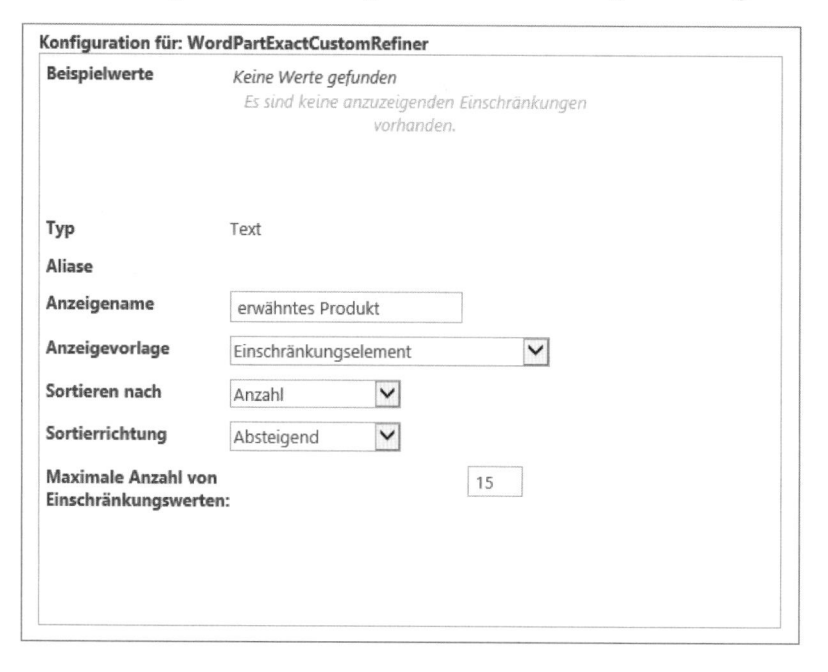

```
Konfiguration für: WordPartExactCustomRefiner

Beispielwerte          Keine Werte gefunden
                       Es sind keine anzuzeigenden Einschränkungen
                                    vorhanden.

Typ                    Text
Aliase
Anzeigename            erwähntes Produkt
Anzeigevorlage         Einschränkungselement         ▼
Sortieren nach         Anzahl           ▼
Sortierrichtung        Absteigend       ▼
Maximale Anzahl von                            15
Einschränkungswerten:
```

6. Die neuen Einstellungen legt er fest, indem er zuerst im Konfigurationsdialog für die Einschränkungen auf **OK** klickt, dann in den Webparteigenschaften noch einmal **OK** klickt und schließlich die geänderte Seite **EINCHECKT** und **VERÖFFENTLICHT**.
7. Anschließend gibt er einen Suchbegriff ein, um die neuen Einstellungen zu testen.

Eine neue Ergebnisseite für die Internetsuche erstellen

Im nächsten Schritt erstellt Stefan eine zusätzliche Ergebnisseite und bindet diese über das Webpart der Suchnavigation ein. Außerdem passt er die Suchseiten so an, dass die Benutzer auch einfach in das Intranet zurücknavigieren können.

1. In der Seitenbibliothek erstellt Stefan zuerst über den Link **+ NEU** eine neue Seite. Dieser gibt er den Namen *Internet*. Als Dateiname (URL) wählt er analog zu den übrigen Ergebnisseiten *internetresults.aspx*. Da nur ein Seitenlayout zur Verfügung steht, braucht er hier keine Auswahl zu treffen.

Seite erstellen

Seitentitel und -beschreibung
Geben Sie einen URL-Namen, einen Titel und eine Beschreibung für die Seite ein.

Titel:
Internet

Beschreibung:

URL-Name:
Seiten/ internetresults .aspx

Seitenlayout
Wählen Sie ein Seitenlayout aus, um zu steuern, wie die Seite angezeigt wird.

(Willkommenseite) Suchergebnisse

Dieses Seitenlayout enthält ein Registerkartensteuerelement und Such-Webparts. Es enthält Webpartzonen, die in einer rechten Spalte, Kopfzeile, Fußzeile, 2 Spalten und 2 Zeilen angeordnet sind.

2. Das Seitenlayout enthält schon die vier Webparts, so dass Stefan mit der Bearbeitung der Einstellungen beginnen kann, nachdem er die Seite geöffnet hat. Anpassen muss er hier zuerst das Webpart der Suchergebnisse. Da auf dieser Seite die Ergebnisse aus *Bing* angezeigt werden sollen, muss Stefan die Abfrage so ändern, das sie auf die definierte Ergebnisquelle verweist. Dazu öffnet er die Webparteigenschaften und klickt dort auf **ABFRAGE ÄNDERN**.

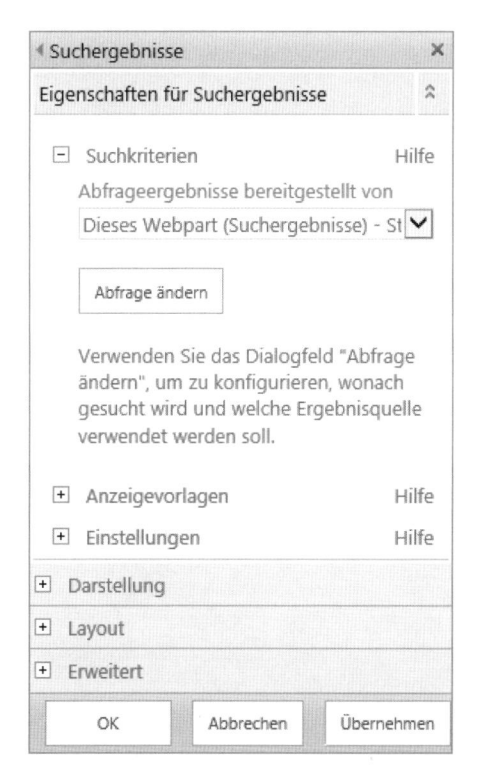

Suchergebnisse

Eigenschaften für Suchergebnisse

☐ Suchkriterien   Hilfe

Abfrageergebnisse bereitgestellt von

Dieses Webpart (Suchergebnisse) - St ▼

[Abfrage ändern]

Verwenden Sie das Dialogfeld "Abfrage ändern", um zu konfigurieren, wonach gesucht wird und welche Ergebnisquelle verwendet werden soll.

☐ Anzeigevorlagen   Hilfe
☐ Einstellungen   Hilfe
☐ Darstellung
☐ Layout
☐ Erweitert

[OK] [Abbrechen] [Übernehmen]

3. Die einzige Einstellung, die Stefan zu ändern hat, ist die Auswahl der Ergebnisquelle. Das erfolgt direkt auf der ersten Seite der Abfrageeinstellungen über das Auswahlfeld *Wählen Sie eine Abfrage aus.* Stefan wählt die oben erstellte Ergebnisquelle **INTERNET** aus.

4. Auch hier speichert Stefan die Einstellungen, indem er zweimal auf **OK** klickt und die Seite **EINCHECKT** und **VERÖFFENTLICHT**. Durch die Fehlermeldung lässt er sich nicht verunsichern. Sie besagt einfach nur, dass kein Suchbegriff weitergegeben werden konnte.

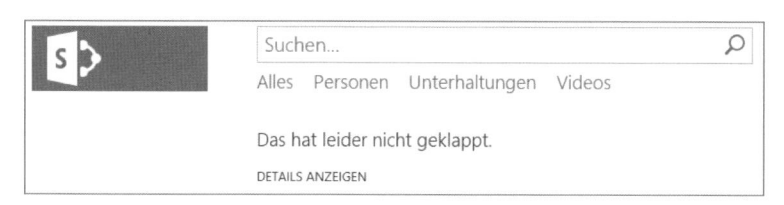

5. Stefan schickt also eine Suche ab, um zu sehen, ob Ergebnisse von Bing zurückkommen. Und tatsächlich, es funktioniert.

```
test

Alles   Personen   Unterhaltungen   Videos

Voreinstellung für Ergebnisse in Deutsch ▼

test - Stiftung Warentest
test erscheint monatlich und vergleicht unabhängig und objektiv Produkte des
täglichen Lebens. Neben den Untersuchungen gibt es Reports, Tipps und Trends ...
www.test.de/shop/test-hefte/

Test - CHIP
Mehr als 120 Produkte durchlaufen monatlich das CHIP Testcenter. Bei CHIP im Test:
Smartphones, Notebooks, Digitalkameras, Fernseher, Staubsauger ...
www.chip.de/Test_12430122.html
```

Es sind keine anzuzeigenden Einschränkungen vorhanden.

6. Jetzt muss Stefan die Seite nur noch der Suchnavigation hinzufügen. Diese wird zentral über die Sucheinstellungen des Suchcenters gesteuert, so dass Stefan die Einstellungen nur einmal und nicht auf jeder Suchseite erneut setzen muss. Stefan öffnet dazu die **SUCHEINSTELLUNGEN** der *Website* (nicht der *Websitesammlung*) in den **WEBSITE-EINSTELLUNGEN**.

```
Suchen
Ergebnisquellen
Ergebnistypen
Abfrageregeln
Schema
Sucheinstellungen
Durchsuchbare Spalten
Suche und Offlineverfügbarkeit
Konfigurationsimport
Konfigurationsexport
```

7. Im Abschnitt *Suchnavigation konfigurieren* klickt er auf **HYPERLINK HINZUFÜGEN**.

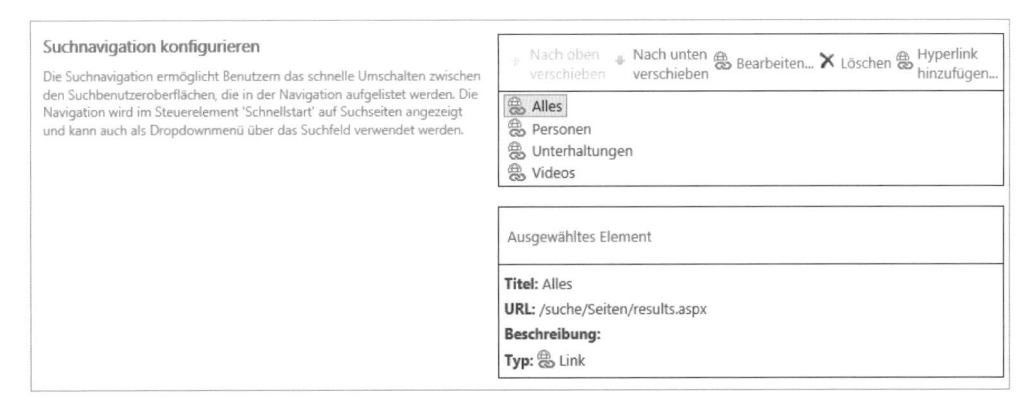

Suchnavigation konfigurieren

Die Suchnavigation ermöglicht Benutzern das schnelle Umschalten zwischen den Suchbenutzeroberflächen, die in der Navigation aufgelistet werden. Die Navigation wird im Steuerelement 'Schnellstart' auf Suchseiten angezeigt und kann auch als Dropdownmenü über das Suchfeld verwendet werden.

↑ Nach oben verschieben   ↓ Nach unten verschieben   Bearbeiten...   ✗ Löschen   Hyperlink hinzufügen...

- Alles
- Personen
- Unterhaltungen
- Videos

Ausgewähltes Element

Titel: Alles
URL: /suche/Seiten/results.aspx
Beschreibung:
Typ: Link

8. Als Titel des Hyperlinks gibt Stefan *Internet* an, klickt dann auf **DURCHSUCHEN...** und wählt die neu erstellte Seite als URL aus.

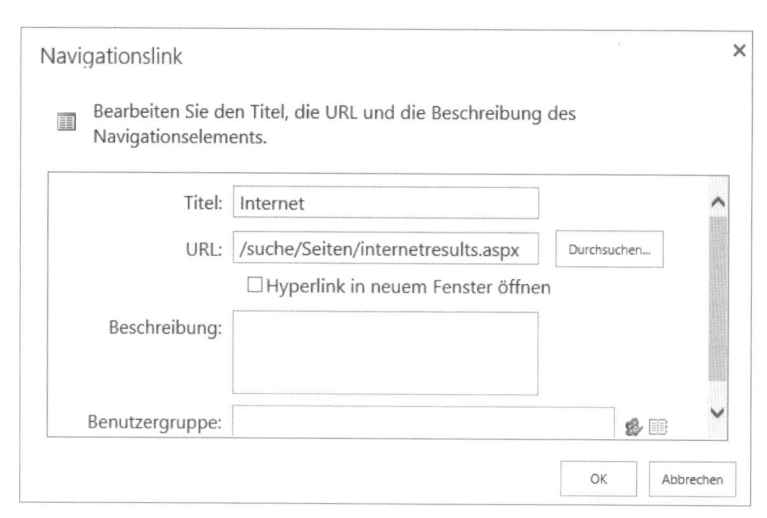

Navigationslink	×

Bearbeiten Sie den Titel, die URL und die Beschreibung des Navigationselements.

Titel:	Internet
URL:	/suche/Seiten/internetresults.aspx	Durchsuchen...

☐ Hyperlink in neuem Fenster öffnen

Beschreibung:

Benutzergruppe:

OK   Abbrechen

9. Mit **OK** wird der Link als letzter in der Navigationsreihe angelegt. Das entspricht auch Stefans Vorstellungen, da die Internetrecherche einfach eine zusätzliche Suchoption für die Benutzer darstellt und nicht vorrangig vor der internen Suche stehen soll. Also klickt Stefan in den Sucheinstellungen ebenfalls auf **OK** und prüft das Ergebnis mit einer erneuten Suchabfrage. Durch einfachen Klick auf den Link können die Benutzer jetzt ihre Anfrage direkt an Bing senden und bekommen die Ergebnisse in SharePoint angezeigt.

test	Internet durchsuchen

Alles   Personen   Unterhaltungen   Videos   Internet

10. Eine letzte Änderung pflegt Stefan noch im Suchcenter ein. Das Suchcenter verfügt in den Standardeinstellungen über keine weiteren Navigationselemente, so dass auch kein Link zum Intranet verfügbar ist. Das irritiert die Anwender, da sie, ohne eine Suchabfrage zu tätigen, tatsächlich nur über die Zurück-Schaltfläche des Browsers wieder zum Intranet zurückgelangen. Daher navigiert Stefan noch einmal zu den Websiteeinstellungen des Suchcenters und klickt im Abschnitt *Aussehen und Verhalten* auf den Link **NAVIGATION**.

11. Da es sich bei einem Unternehmenssuchcenter um eine Veröffentlichungssite handelt, bietet sie relativ umfangreiche Navigationseinstellungen. Stefan möchte nur einen Link in der globalen Navigation (diese entspricht den *Häufig verwendeten Hyperlinks* in einer Teamsite) anzeigen. Daher aktiviert er für die globale Navigation die **STRUKTURIERTE NAVIGATION** anstelle der standardmäßig aktivierten verwalteten Navigation.

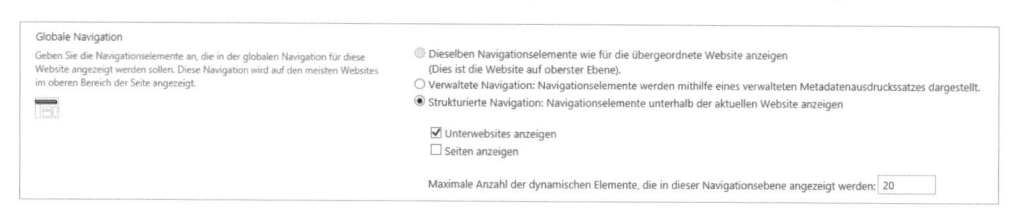

Globale Navigation

Geben Sie die Navigationselemente an, die in der globalen Navigation für diese Website angezeigt werden sollen. Diese Navigation wird auf den meisten Websites im oberen Bereich der Seite angezeigt.

○ Dieselben Navigationselemente wie für die übergeordnete Website anzeigen
(Dies ist die Website auf oberster Ebene.)
○ Verwaltete Navigation: Navigationselemente werden mithilfe eines verwalteten Metadatenausdruckssatzes dargestellt.
● Strukturierte Navigation: Navigationselemente unterhalb der aktuellen Website anzeigen

☑ Unterwebsites anzeigen
☐ Seiten anzeigen

Maximale Anzahl der dynamischen Elemente, die in dieser Navigationsebene angezeigt werden: 20

12. Nun kann er unten im Abschnitt *Strukturelle Navigation: Bearbeitung und Sortierung* eine neue **ÜBERSCHRIFT HINZUFÜGEN**. Diese benennt er *Zurück zum Intranet* und verweist darin auf die Startseite des Intranets *https://intranet.betcomm.de*.

13. Jetzt zeigt auch das Suchcenter die globale Navigation an und bietet den Benutzer darin eine einfache Möglichkeit, wieder ins Intranet zurückzugelangen.

Damit nun aber auch das Suchcenter von allen Websites verwendet wird, muss Stefan es an den einzelnen Websitesammlungen noch angeben. Standardmäßig werden Suchabfragen innerhalb einer Website an lokale Ergebnisseiten gesendet. Das kann Stefan leicht prüfen, indem er eine Suchabfrage im Intranet tätigt. Als Ergebnisseite wird die lokale Seite *osssearch-results.aspx* aufgerufen, die die oben durchgeführten Anpassungen natürlich nicht aufweist.

1. Stefan navigiert also im Intranet in die *Websiteeinstellungen* und ruft im Abschnitt *Websitesammlungsverwaltung* den Link **SUCHEINSTELLUNGEN** auf.
2. In den Sucheinstellungen gibt er die Suchcenter-URL an und die URL zur Ergebnisseite. Dabei muss er nach der Deaktivierung der Option *Dieselben Ergebnisseiteneinstellungen verwenden wie das übergeordnete Element* einmal die Einstellungen speichern, um anschließend die neue Ergebnisseiten-URL eingeben zu können.

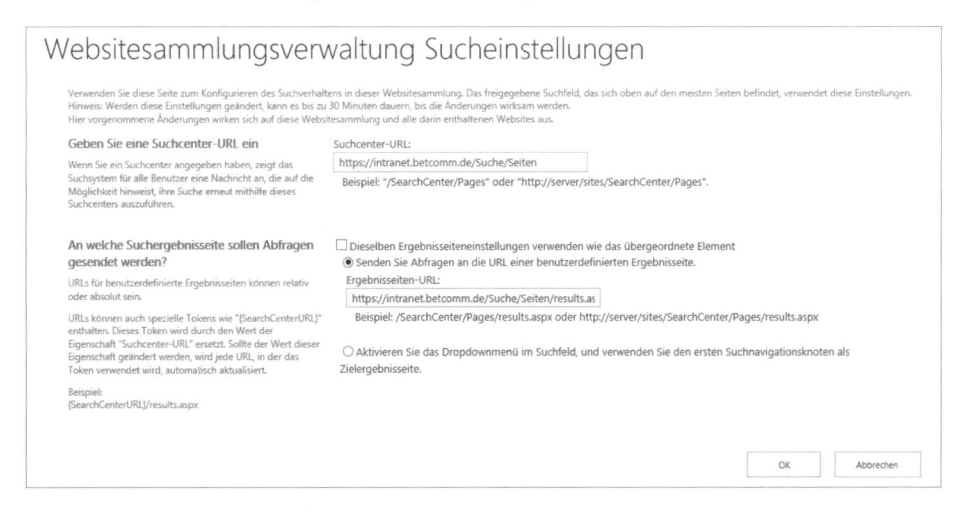

3. Damit werden die Benutzer nach Eingabe einer Suchabfrage direkt zum neuen Suchcenter geleitet.

Wie in den obigen Abbildungen zum Suchcenter sichtbar, enthält dieses einen Bereich für die Personensuche. Die Personensuche im SharePoint setzt entsprechend gepflegt Benutzerprofile im MySite-Bereich voraus. Insbesondere Informationen zu Kenntnissen und Projekten können über die Personensuche genutzt werden, um gezielt Ansprechpartner zu spezifischen Themen im Unternehmen zu finden.

Der MySite-Bereich ist von Stefan bei der Einrichtung der SharePoint-Umgebung erstellt worden. Die persönlichen Websitesammlungen der Benutzer werden unterhalb einer eigenen Webanwendung *https://MySites.betcomm.de* angelegt. Ein Teil der Profilinformationen werden über den Benutzerprofildienst aus dem Active Directory des Unternehmens synchronisiert. Dies sind vor allem Kontaktinformationen wie *Telefonnummer* und *E-Mail-Adresse*. Wie in Kapitel 5 beschrieben, gehören dazu aber auch organisatorische Informationen wie die *Abteilung*, die *Positionsbezeichnung* und der jeweilige *Vorgesetzte*. Die ersten beiden Informationen werden in SharePoint auch direkt in Metadatenbäume eingepflegt, so dass zum Beispiel die Abteilungsliste nicht noch einmal aufgebaut werden muss. Auf der Startseite des Intranets hat Matthias diese Informationen zum Filtern der Webparts genutzt.

Matthias Kellner möchte die Personensuche auch bei der Besser Kommunizieren GmbH für die Suche in den Benutzerprofilen einsetzen. Dazu sind neben der Einrichtung der MySite und der Benutzerprofilsynchronisierung nur wenige Schritte erforderlich.

Einrichten der Personensuche

Wichtigste Voraussetzung für eine erfolgreiche Durchforstung der Benutzerprofile ist die Berechtigung für das Crawlkonto. Die Berechtigungen werden über die Berechtigungsverwaltung des Benutzerprofildienstes gesteuert.

1. Stefan öffnet also die Zentraladministration des SharePoint. Dort navigiert er zur Verwaltung der Dienstanwendungen und wählt die Dienstanwendung des Benutzerprofildienstes aus. Er muss aufpassen, dass er nicht auf den Namen der Dienstanwendung klickt, da damit die Verwaltungsseite geöffnet würde. Stefan markiert die Zeile der Benutzerprofildienst-Anwendung.

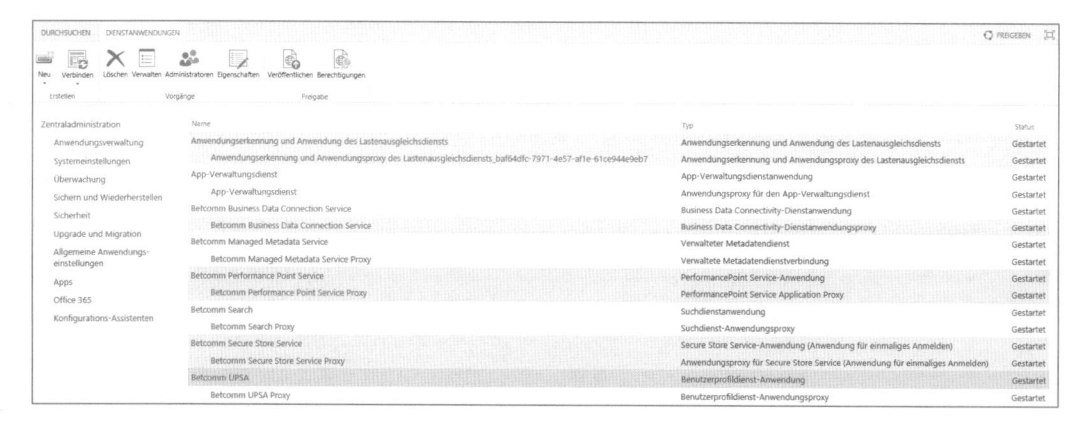

2. Im Menüband *Dienstanwendungen* klickt er nun in der Gruppe *Vorgänge* auf **ADMINISTRATOREN**, um die Berechtigungsverwaltung der Dienstanwendung zu öffnen.
3. Der Kontenliste fügt er dann das Crawlkonto des Suchdienstes hinzu und aktiviert für dieses die Berechtigung **PERSONENDATEN FÜR SUCHCRAWLER ABRUFEN**.

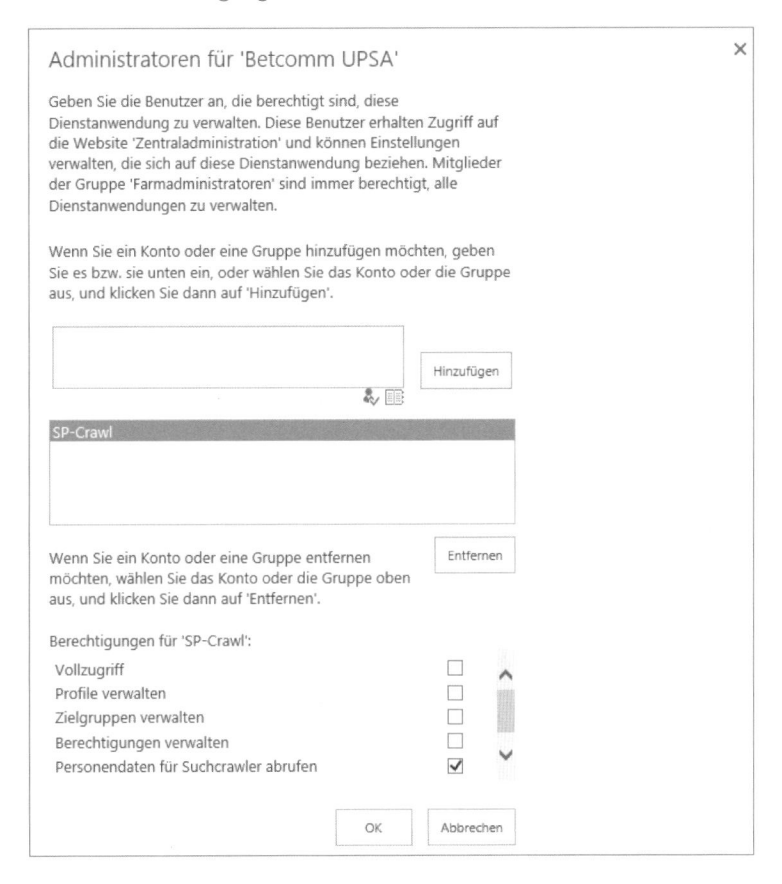

4. Anschließend erstellt Stefan noch eine spezielle Durchforstungsregel für die Benutzerprofile. Die Startadresse der Benutzerprofile (des MySite-Hosts) wird automatisch der Standardinhaltsquelle *Lokale SharePoint-Sites* hinzugefügt. Eine spezielle Durchforstungsregel hat den Vorteil, dass darin ein eigenes Zugriffskonto angegeben werden kann. Soll für die Durchforstung auch ein eigener Zeitplan verwendet werden, kann für die Startadresse der Benutzerprofile auch eine eigene Inhaltsquelle verwendet werden. Stefan öffnet die Suchdienstverwaltung des SharePoint und klickt links im Abschnitt *Durchforstung wird ausgeführt* auf **DURCHFORSTUNGSREGELN**.
5. Auf der Seite *Durchforstungsregeln verwalten* klickt er dann auf **NEUE DURCHFORSTUNGSREGEL**.
6. Da er das Standardkonto für die Durchforstung verwendet, braucht er nur festlegen, dass alle Untersites mit durchforstet werden sollen.

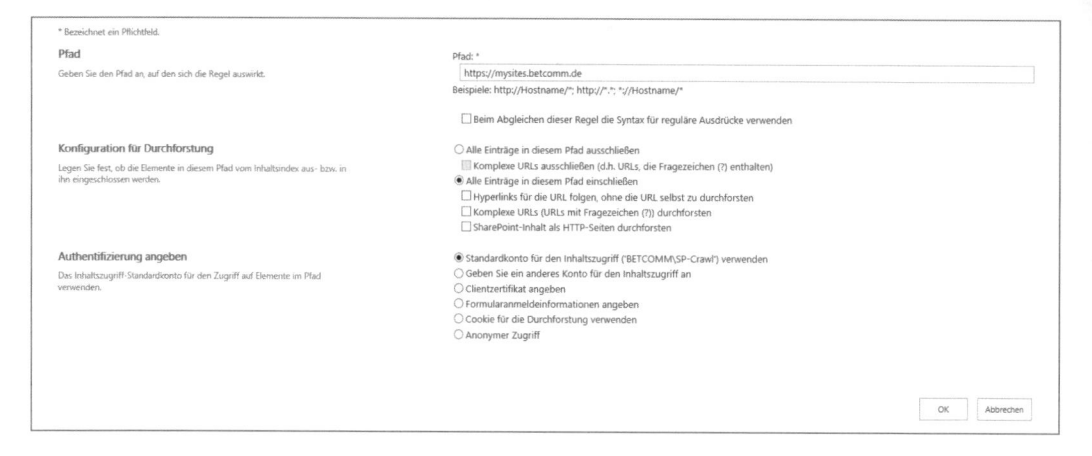

* Bezeichnet ein Pflichtfeld.	
Pfad	**Pfad:** *
Geben Sie den Pfad an, auf den sich die Regel auswirkt.	https://mysites.betcomm.de
	Beispiele: http://{Hostname}/*; http://*.*; *://{Hostname}/*
	☐ Beim Abgleichen dieser Regel die Syntax für reguläre Ausdrücke verwenden
Konfiguration für Durchforstung	○ Alle Einträge in diesem Pfad ausschließen
Legen Sie fest, ob die Elemente in diesem Pfad vom Inhaltsindex aus- bzw. in ihn eingeschlossen werden.	☐ Komplexe URLs ausschließen (d.h. URLs, die Fragezeichen (?) enthalten)
	● Alle Einträge in diesem Pfad einschließen
	☐ Hyperlinks für die URL folgen, ohne die URL selbst zu durchforsten
	☐ Komplexe URLs (URLs mit Fragezeichen (?)) durchforsten
	☐ SharePoint-Inhalt als HTTP-Seiten durchforsten
Authentifizierung angeben	● Standardkonto für den Inhaltszugriff ('BETCOMM\SP-Crawl') verwenden
Das Inhaltszugriff-Standardkonto für den Zugriff auf Elemente im Pfad verwenden.	○ Geben Sie ein anderes Konto für den Inhaltszugriff an
	○ Clientzertifikat angeben
	○ Formularanmeldeinformationen angeben
	○ Cookie für die Durchforstung verwenden
	○ Anonymer Zugriff
	OK Abbrechen

7. Stefan stößt zum Abschluss noch eine vollständige Durchforstung aller Inhaltsquellen an, um dann zu prüfen, ob die Personensuche wie gewünscht funktioniert. In seinem eigenen Benutzerprofil hat er dazu vorher entsprechende Informationen in den Feldern *Fragen* und *Erledigte Projekte* hinterlegt.

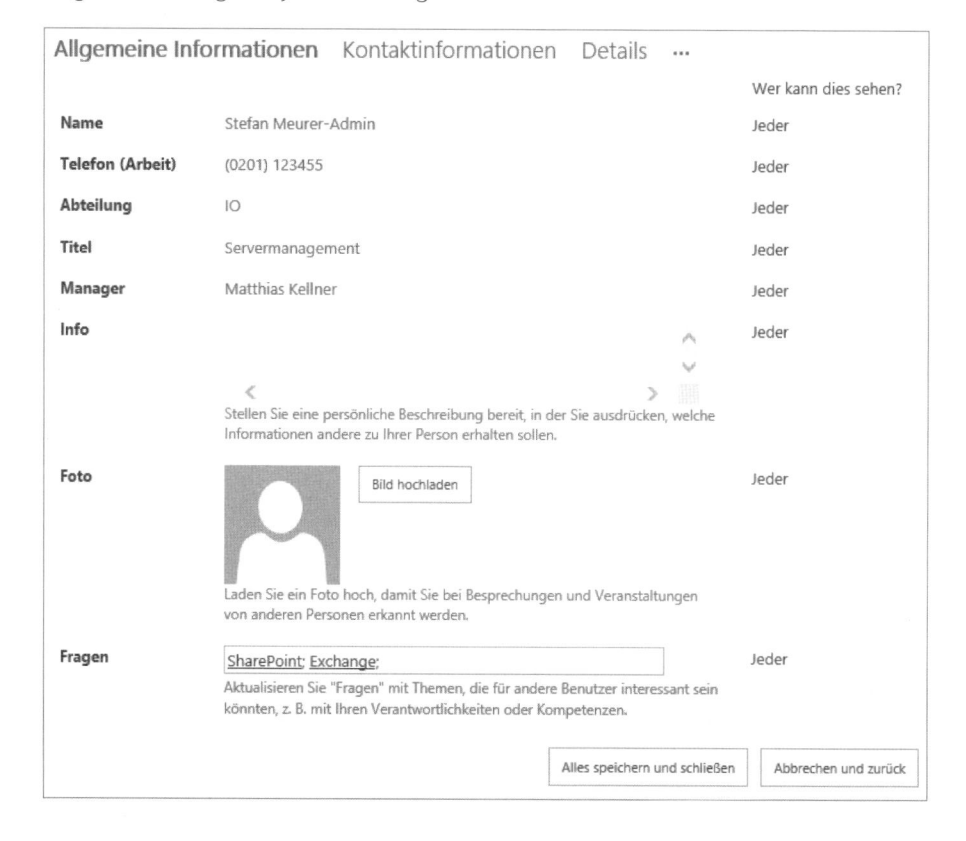

Allgemeine Informationen	Kontaktinformationen	Details	...	
				Wer kann dies sehen?
Name	Stefan Meurer-Admin			Jeder
Telefon (Arbeit)	(0201) 123455			Jeder
Abteilung	IO			Jeder
Titel	Servermanagement			Jeder
Manager	Matthias Kellner			Jeder
Info				Jeder
	Stellen Sie eine persönliche Beschreibung bereit, in der Sie ausdrücken, welche Informationen andere zu Ihrer Person erhalten sollen.			
Foto	[Bild hochladen]			Jeder
	Laden Sie ein Foto hoch, damit Sie bei Besprechungen und Veranstaltungen von anderen Personen erkannt werden.			
Fragen	SharePoint; Exchange;			Jeder
	Aktualisieren Sie "Fragen" mit Themen, die für andere Benutzer interessant sein könnten, z. B. mit Ihren Verantwortlichkeiten oder Kompetenzen.			
		Alles speichern und schließen		Abbrechen und zurück

8. Im Suchcenter sucht Stefan nach SharePoint und öffnet dann die Ergebnisseite für die Personensuche. Dort werden nun die Ergebnisse aus den beiden Feldern ebenfalls angezeigt.

Neben den Profilinformationen bietet der MySite-Bereich jedem Benutzer auch einen persönlichen Blog. In ihren Blogs halten die Mitarbeiter der Besser Kommunizieren GmbH häufig auch Erfahrungen aus den Projekten und mit den Kunden fest. Zwar können einzelne Benutzer sich in SharePoint mithilfe der *Folgen*-Funktion über neue Blogbeiträge informieren lassen. Dies bezieht sich aber immer auf den Blog eines einzelnen Kollegen. Um über alle neue Blogbeiträge informiert zu werden, müsste man jedem Kollegen folgen. Werden Blogsites auch außerhalb der MySite eingesetzt, müssen die Benutzer diese ebenfalls alle einzeln zum Folgen markieren.

Matthias möchte auch hier eine zentrale Funktion auf der Startseite des Intranets einrichten, um alle Benutzer über aktuelle Blogbeiträge zu benachrichtigen. Darüber verspricht er sich auch eine höhere Akzeptanz der Blogfunktion, da die Aktivitäten einzelner Kollegen damit stärker beachtet werden. Da Stefan und Matthias sich jetzt mit der Suchfunktion im SharePoint schon einigermaßen auskennen, fällt ihnen auch die passende Lösung sofort in den Blick. Sie verwenden dafür einfach das Webpart der Inhaltssuche, das sie so anpassen, dass es nur nach dem Inhaltstyp für Blogbeiträge innerhalb der MySite und der Startadresse des Intranets sucht.

Aktuelle Blogbeiträg auf der Startseite anzeigen

1. Stefan wechselt zur Startseite des Intranets und klickt oben rechts auf **BEARBEITEN**.
2. In die linke Spalte der Seite fügt er unterhalb der Ankündigungswebparts das Webpart für die Inhaltssuche ein. Dieses findet er im Bereich *Inhaltsrollup* des Webpartkatalogs.

3. Anschließend öffnet er die Eigenschaften des Webparts, indem er neben dem Webparttitel auf den kleinen schwarzen Pfeil und im Menü dann auf **WEBPART BEARBEITEN** klickt.
4. In den Eigenschaften klickt er nun auf **ABFRAGE ÄNDERN**.
5. Die ersten Einstellungen kann Stefan im Schnellmodus des Abfrageeditors vornehmen. Auf der Seite *Grundlagen* wählt er als Abfragetyp die **ABFRAGE NACH EINEM INHALTS-TYP** aus. Dann schränkt er die Abfrage unter *Nach App einschränken* auf den MySite-Bereich ein und wählt schließlich den Inhaltstyp **BEITRAG** zur Einschränkung aus. Dazu muss er zuerst **ALLE INHALTSTYPEN ANZEIGEN** im Auswahlmenü anklicken.

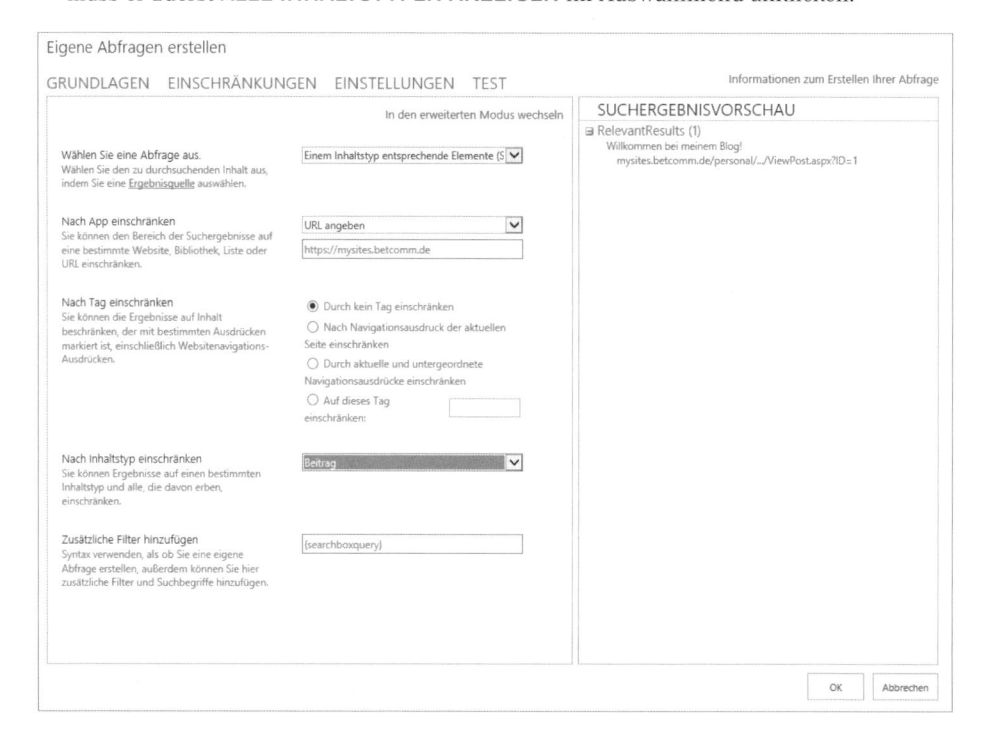

7.1 Wissensmanagement im Unternehmen mit SharePoint

6. Um die Abfrage noch auf aktuelle Beiträge einzuschränken, wechselt Stefan in den erweiterten Modus des Abfrageeditors.

7. Unter den Eigenschaftenfiltern wählt Stefan noch den Filter **LASTMODIFIEDTIME** aus, gibt als Vergleichsoperator **GRÖSSER ALS** an und wählt dann aus der Liste der vordefinierten Filter **HEUTIGES DATUM (-5 TAGE)**.

8. Stefan klickt auf **EIGENSCHAFTENFILTER HINZUFÜGEN**. Anschließend ändert er im Abfragetext den letzten Wert von 5 auf 10, so dass die Abfrage alle Blogbeiträge zurückliefert, die in den letzten zehn Tagen geändert oder erstellt wurden.

9. Nachdem er im Abfrageeditor die Einstellungen mit **OK** gespeichert hat, ändert Stefan noch den Titel des Webparts in *Aktuelle Blogbeiträge* und wählt als Chromtyp **NUR TITEL** aus. Anschließend testet er das Webpart.

7.2 Zentrale Vorlagenverwaltung mit SharePoint

Nachdem sich Stefan und Matthias beim Aufbau der Vertriebssite mit den Möglichkeiten von Dokumentinhaltstypen in SharePoint intensiv beschäftigt haben, möchte Matthias die Funktion nutzen, um die Vorlagenverwaltung im Unternehmen noch stärker zu zentralisieren. Das grundsätzliche Verfahren wurde in Kapitel 6 auch schon eingehend beschrieben. Allerdings ist ein Punkt noch einzurichten.

Stefan hatte auf der Intranetsite einen Websiteinhaltstyp für einen Standardbrief angelegt und Jens davon abgeleitete Inhaltstypen für den Vertrieb. Da schon jetzt die SharePoint-Struktur mit ihren verschiedenen Webanwendungen, Websitesammlungen und Websites wächst, möchte Matthias die Dokumentvorlagen so einrichten, dass sie auch in allen anderen Websitesammlungen genutzt werden können.

SharePoint kennt hierfür die Funktion des Inhaltstyp-Veröffentlichungshubs. Dahinter verbirgt sich eine zentrale Websitesammlung, über die Inhaltstypen für andere Websitesammlungen veröffentlicht werden können. Die Veröffentlichung nutzt den Metadatendienst von SharePoint. Das heißt, alle Webanwendungen, die mit demselben Metadatendienst verbunden sind, können veröffentlichte Inhaltstypen aus dem Veröffentlichungshub übernehmen. Darüber werden die Inhaltstypen wiederum an alle Websitesammlungen der Webanwendung weitergegeben. Innerhalb der Websitesammlungen sind diese dann über die normalen Vererbungsstrukturen, wie sie in Kapitel 6 beschrieben wurden, in allen Websites nutzbar.

Stefan muss also nichts anderes tun, als den Inhaltstyp-Veröffentlichungshub festzulegen, um die Dokumentvorlagen an Websites des SharePoint weiterzugeben.

Den Inhaltstyp-Veröffentlichungshub definieren

1. Stefan öffnet wieder die Dienstanwendungsverwaltung in der Zentraladministration des SharePoint.
2. Hier markiert er den Eintrag für den verwalteten Metadatendienst, ohne ihn anzuklicken.
3. Im Menüband *Dienstanwendungen* klickt er nun in der Gruppe *Vorgänge* auf **EIGENSCHAFTEN**.
4. In den Eigenschaften trägt Stefan die URL des Intranets unter *Inhaltstyphub* ein und klickt auf **OK**.

Geben Sie die URL der Websitesammlung (Inhaltstyphub) ein, von der diese Dienstanwendung Inhaltstypen abruft.	Inhaltstyphub
	https://intranet.betcomm.de
	☑ Veröffentlichungsimportfehler von Websitesammlungen mithilfe dieser Dienstanwendung melden.

5. Da für die Websitesammlung, die als Inhaltstyphub dient, die Aktivierung des entsprechenden Features erforderlich ist, erhält Stefan einen Warnhinweis, dass die Aktivierung nicht vorgenommen werden konnte.

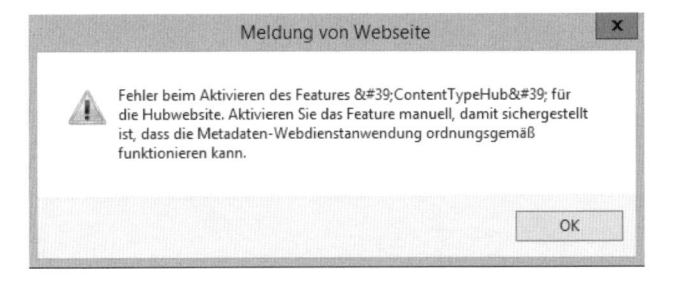

> **Meldung von Webseite**
>
> ⚠ Fehler beim Aktivieren des Features 'ContentTypeHub' für die Hubwebsite. Aktivieren Sie das Feature manuell, damit sichergestellt ist, dass die Metadaten-Webdienstanwendung ordnungsgemäß funktionieren kann.
>
> OK

6. Also öffnet Stefan noch die Startseite des Intranets und navigiert über das Zahnradsymbol oben rechts zu den Websiteeinstellungen.
7. In den Websiteeinstellungen klickt er im Abschnitt *Websitesammlungsverwaltung* auf **WEBSITESAMMLUNGSFEATURES**.
8. In den Websitesammlungsfeatures aktiviert er nun das Feature *Inhaltstyp-Veröffentlichungshub*, indem er dahinter auf **AKTIVIEREN** klickt.

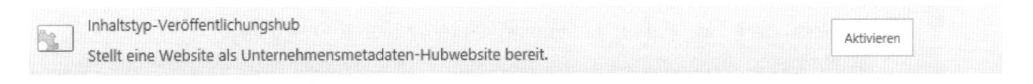

Inhaltstyp-Veröffentlichungshub	Aktivieren
Stellt eine Website als Unternehmensmetadaten-Hubwebsite bereit.	

9. Jetzt kann Stefan die Veröffentlichungsfunktion testen. Er navigiert zurück zu den Websiteeinstellungen und klickt im Abschnitt *Web-Designer-Kataloge* auf **WEBSITEINHALTSTYPEN**.
10. Dort öffnet er den in Kapitel 6 erstellten Inhaltstyp *Standardbrief* in der Gruppe *BK-Inhaltstypen*.

11. Die Inhaltstypverwaltung weist jetzt einen Abschnitt *Veröffentlichung für diesen Inhaltstyp verwalten* auf.

12. Je nach Status des Inhaltstyps kann Stefan diesen jetzt darüber erstmalig **VERÖFFENTLICHEN, ERNEUT VERÖFFENTLICHEN** oder die **VERÖFFENTLICHUNG AUFHEBEN**.

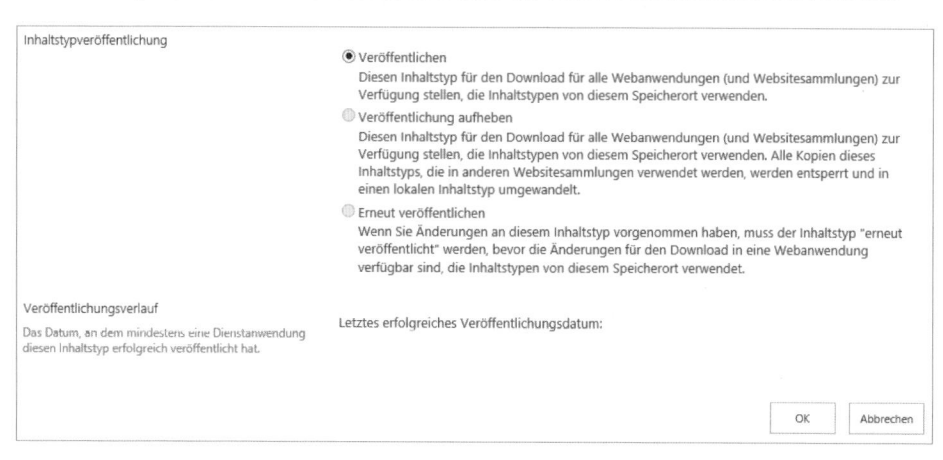

Inhaltstypveröffentlichung

● Veröffentlichen
Diesen Inhaltstyp für den Download für alle Webanwendungen (und Websitesammlungen) zur Verfügung stellen, die Inhaltstypen von diesem Speicherort verwenden.

○ Veröffentlichung aufheben
Diesen Inhaltstyp für den Download für alle Webanwendungen (und Websitesammlungen) zur Verfügung stellen, die Inhaltstypen von diesem Speicherort verwenden. Alle Kopien dieses Inhaltstyps, die in anderen Websitesammlungen verwendet werden, werden entsperrt und in einen lokalen Inhaltstyp umgewandelt.

○ Erneut veröffentlichen
Wenn Sie Änderungen an diesem Inhaltstyp vorgenommen haben, muss der Inhaltstyp "erneut veröffentlicht" werden, bevor die Änderungen für den Download in eine Webanwendung verfügbar sind, die Inhaltstypen von diesem Speicherort verwendet.

Veröffentlichungsverlauf
Das Datum, an dem mindestens eine Dienstanwendung diesen Inhaltstyp erfolgreich veröffentlicht hat.

Letztes erfolgreiches Veröffentlichungsdatum:

[OK] [Abbrechen]

13. Stefan veröffentlicht den Inhaltstyp und prüft dann dessen Verfügbarkeit in der öffentlichen Website, die ja auch mit demselben Metadatendienst verbunden ist.

14. Dazu navigiert er in die Websiteeinstellungen der öffentlichen Website. Dort klickt er unter *Websitesammlungsverwaltung* auf **INHALTSTYPVERÖFFENTLICHUNG**. Darin werden die synchronisierten Inhaltstypen aufgelistet.

Inhaltstyp-Veröffentlichungshubs

Alle veröffentlichten Inhaltstypen aktualisieren
Bei der nächsten Ausführung des Zeitgeberauftrags 'Inhaltstypabonnent' alle veröffentlichten Inhaltstypen aktualisieren.

☐ Alle veröffentlichten Inhaltstypen bei der nächsten Aktualisierung aktualisieren

Fehlerprotokoll für die Inhaltstypveröffentlichung
Das Fehlerprotokoll der Inhaltstypveröffentlichung enthält Fehler, die während der Inhaltstypveröffentlichung für diese Website aufgetreten sind.

Fehlerprotokoll für die Inhaltstypveröffentlichung

Hubs
Diese Dienstanwendungen veröffentlichen Inhaltstypen für diese Websitesammlung. Wählen Sie die Hub-URL aus, um Inhaltstypen zu bearbeiten, die von diesen Speicherorten veröffentlicht wurden, oder um einen neuen Inhaltstyp zu erstellen und zu veröffentlichen. Wählen Sie den Inhaltstyp aus, um den abonnierten Inhaltstyp für diese Websitesammlung anzuzeigen.

Betcomm Managed Metadata Service Proxy
https://intranet.betcomm.de/_layouts/15/mngctype.aspx

Abonnierter Inhaltstyp	Inhaltstypgruppe
Standardbrief	BK-Inhaltstypen

> Nicht immer funktioniert die Einrichtung eines Inhaltstyphubs problemlos. Insbesondere zwei Punkte sollte man nach der Einrichtung überprüfen. Wichtig sind die Eigenschaften der Metadatendienstverbindung, über die die Synchronisierung erfolgt. Diese kann man prüfen, indem man in der Verwaltung der Dienstanwendungen die Zeile des Anwendungsproxys für den Metadatendienst markiert und dann im Menüband auf **EIGENSCHAFTEN** klickt. Der Proxy verfügt über vier Eigenschaften, die aktiviert sein sollten (Bild 7.10).

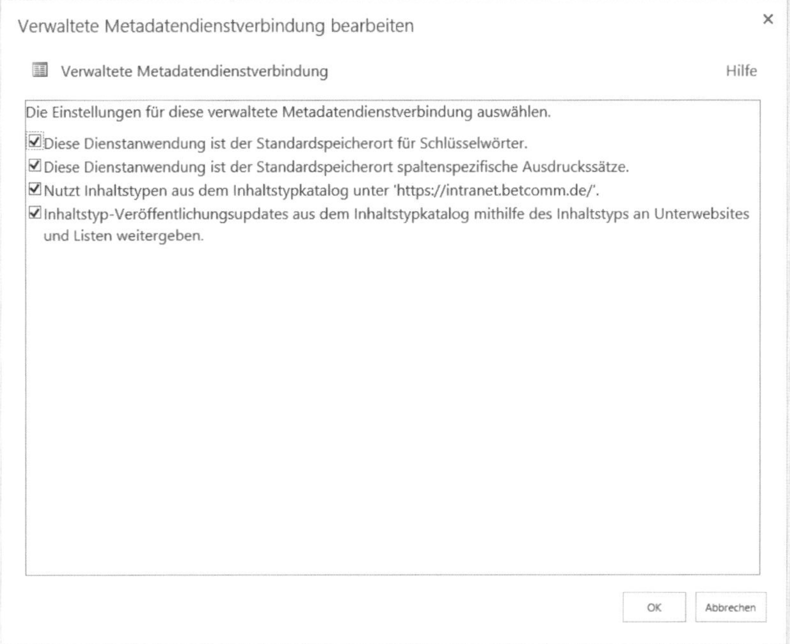

Bild 7.10 Die Eigenschaften des Dienstproxys

Sollte insbesondere die vierte Eigenschaft nicht aktiviert sein, funktioniert die Veröffentlichung der Inhaltstypen nicht. Allerdings gibt SharePoint darüber keine Fehlermeldung.

Der zweite Punkt, der zu beachten ist, sind die Einstellungen an den Timerjob-Definitionen für die Inhaltstypveröffentlichung. Diese besteht aus zwei Jobs, der Veröffentlichung selbst und dem Abonnement. Während normalerweise nur ein Veröffentlichungsjob existiert, wird für jede mit dem Metadatendienst verknüpfte Webanwendung ein Abonnementjob angelegt. Der Veröffentlichungsjob wird standardmäßig nur einmal täglich ausgeführt, die Abonnements stündlich (Bild 7.11). Die Veröffentlichung muss durchgeführt sein, damit die Abonnements neue Inhaltstypen erkennen.

Inhaltstypabonnent	SharePoint - 80	Stündlich
Inhaltstypabonnent	SharePoint - intranet.betcomm.de443	Stündlich
Inhaltstypabonnent	SharePoint - MySites.betcomm.de443	Stündlich
Inhaltstypabonnent	SharePoint - www.betcomm.de443	Stündlich
Inhaltstyphub		Täglich

Bild 7.11 Die Timerjobs der Inhaltstypveröffentlichung

Die Jobdefinitionen kann man in der Zentraladministration unter ÜBERWACHUNG/AUFTRAGSDEFINITIONEN ÜBERPRÜFEN anzeigen und anpassen. Dazu klickt man in der Liste der Jobdefinitionen auf den Namen des Jobs. Darüber kann man den Job auch direkt ausführen lassen, ohne die nächste reguläre Ausführung abwarten zu müssen. Erst wenn die Jobs durchgelaufen sind, sind die neuen Inhaltstypen in den Zielwebanwendungen sichtbar.

7.3 Räume und Ressourcen mit Exchange und SharePoint verwalten

Als Nächstes möchte Matthias Kellner die Verwaltung der Besprechungsräume vereinfachen. Natürlich ist ihm die Funktion der Ressourcenpostfächer in Exchange bekannt und er sieht darin auch die effizienteste Möglichkeit, den Buchungsprozess umzusetzen. Allerdings möchte er die Raumbelegung auch im Intranet sichtbar machen, einerseits damit seine Kollegen schnell prüfen können, ob ein Raum frei ist und zweitens, um eine einfache Möglichkeit zu bieten, den aktuellen Raum einer Besprechung herauszufinden.

Derzeit sieht die Raumbuchung bei der Besser Kommunizieren GmbH so aus, dass der Raum telefonisch beim Sekretariat angefragt wird. Das Sekretariat prüft die Verfügbarkeit und trägt den Raum in einen zentralen Kalender ein. Mit der Rückmeldung wird in der Regel noch der Bedarf nach dem Catering für die Besprechung, das z. B. für Kundenmeetings vorgesehen ist, abgefragt und dieses dann auch über das Sekretariat organisiert.

Diesen Prozess möchte Matthias jetzt elektronisch unterstützen und dabei auch vereinfachen. Die Verfügbarkeit eines Raumes soll von jedem Mitarbeiter geprüft werden können. Mit der Besprechungseinladung per Mail, die auch jetzt schon bei der Besser Kommunizieren genutzt wird, soll auch die Buchungsanfrage eingereicht werden können. Wenn der Raum zugesagt wird, soll die Besprechung in einem Kalender im SharePoint veröffentlicht und der Organisator über die Zusage informiert werden. Dabei möchte Matthias auch den Hinweis auf das unabhängig davon zu organisierende Catering der Besprechung automatisch einbinden.

Zuerst erstellt Matthias ein Ablaufdiagramm des Prozesses, um die Schritte im Blick zu behalten (Bild 7.12).

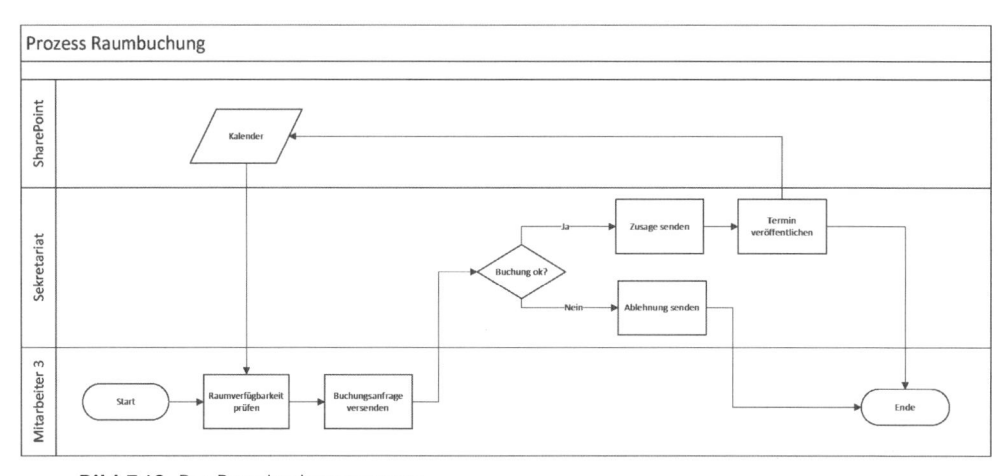

Bild 7.12 Der Raumbuchungsprozess

Um den Prozess in der gewünschten Form abzubilden, sind mehrere Schritte notwendig:
- Die Raumpostfächer müssen in Exchange angelegt werden.
- Die Kalender sind in SharePoint anzulegen und für den Mailempfang einzurichten.
- Das Genehmigungsverfahren muss in Exchange definiert werden.
- Die Weiterleitungsregel für SharePoint ist zu definieren.

Wie üblich beauftragt Matthias Stefan mit der Umsetzung. Zunächst legt Stefan die Raumpostfächer in Exchange an und definiert an diesen das Buchungsverfahren.

Raumpostfächer in Exchange einrichten

1. Im Exchange Admin Center navigiert Stefan im Abschnitt *Empfänger* auf die Seite *Ressourcen*.
2. Er klickt auf das +-Symbol und wählt im Menü den Eintrag **RAUMPOSTFACH**.

3. Im Dialogfeld *Neues Raumpostfach* gibt Stefan die Informationen zum Raum an.

4. Insgesamt legt Stefan drei Besprechungsräume an, die er *Essen 1*, *Essen 2*, und *Bochum 1* nennt. Im Dialogfeld werden nur die wichtigsten Einstellungen beim Erstellen abgefragt. Zum Konfigurieren detaillierter Einstellungen öffnet Stefan die Eigenschaften jedes Raumes durch einen Doppelklick auf das jeweilige Postfach. In den Dialogfeldern ergänzt Stefan die allgemeinen Angaben und die Kontaktinformationen zu den jeweiligen Räumen.

5. Anschließend richtet er die Buchungsverfahren über die Einstellungen zur Stellvertretung der Räume ein. Der Besprechungsraum *Essen 1* wird von Maria Bertwein verwaltet. Besprechungsanfragen, die nicht von der Geschäftsführung kommen, müssen von Maria genehmigt werden. Stefan öffnet daher *Stellvertretungen für Buchungen*. Standardmäßig ist hier *Benutzerdefinierte Einstellungen zum Annehmen oder Ablehnen von Buchungsanfragen verwenden* ausgewählt.

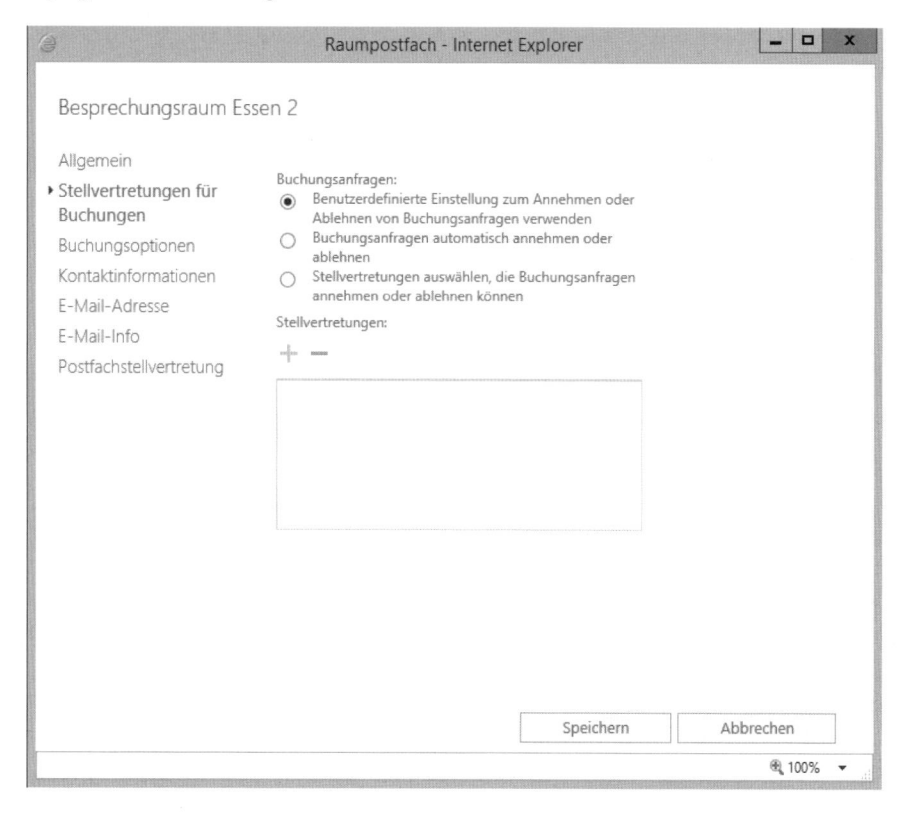

Dies bedeutet, dass die Einstellungen über eine Richtlinie gesteuert werden. Die Richtlinie lässt sich in Exchange in den Outlook-Web-App-Optionen des Postfachs einrichten oder über die PowerShell mittels des Cmdlets `Set-CalendarProcessing`, insbesondere mit den Parametern `BookInPolicy`, `RequestInPolicy` und `RequestOutOfPolicy` bzw. `AllBookInPolicy`, `AllRequestInPolicy` und `AllRequestOutOfPolicy`. Stefan wird die Richtlinie noch den Anforderungen entsprechend anpassen (Schritt 9ff).

6. Stefan wählt für den Besprechungsraum *Essen 1* die dritte Option und trägt Maria Bertwein als Stellvertretung ein. Ist diese Option einmal gesetzt, ist die erste Option nicht mehr verfügbar.

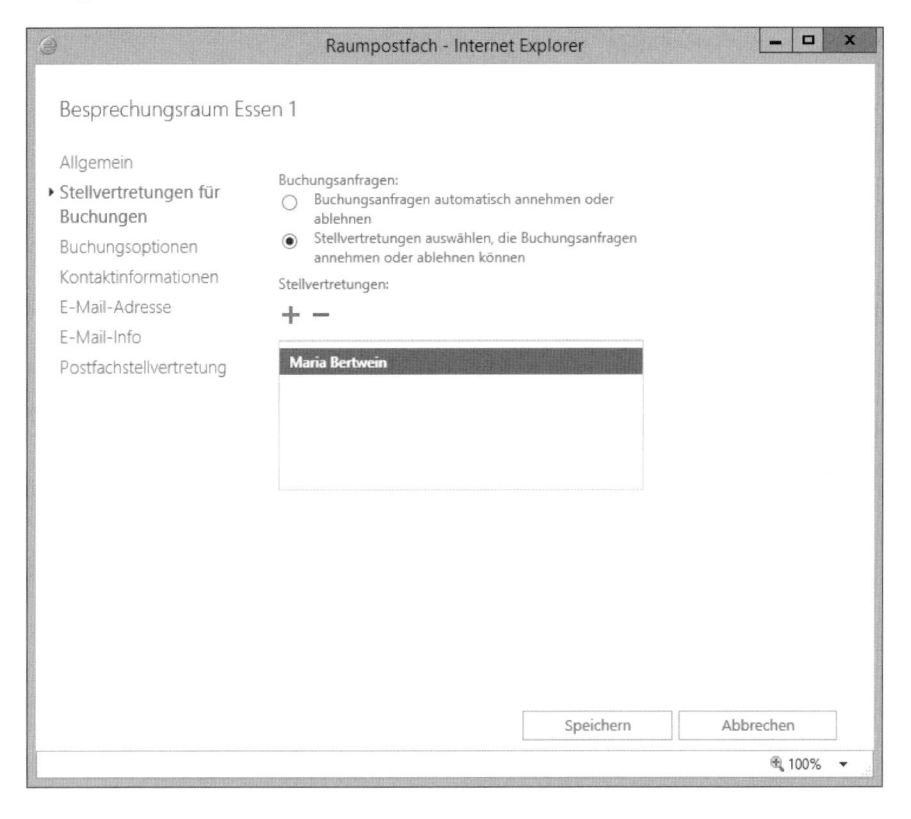

7. Unter den **BUCHUNGSOPTIONEN** ändert Stefan noch die Einstellungen zur Vorlaufzeit und maximalen Dauer von Buchungen und gibt im Antworttext noch einen Hinweis auf das Catering ein. In die Antwortmail auf die Buchungsanfrage für den Raum wird dieser Hinweis eingebunden.

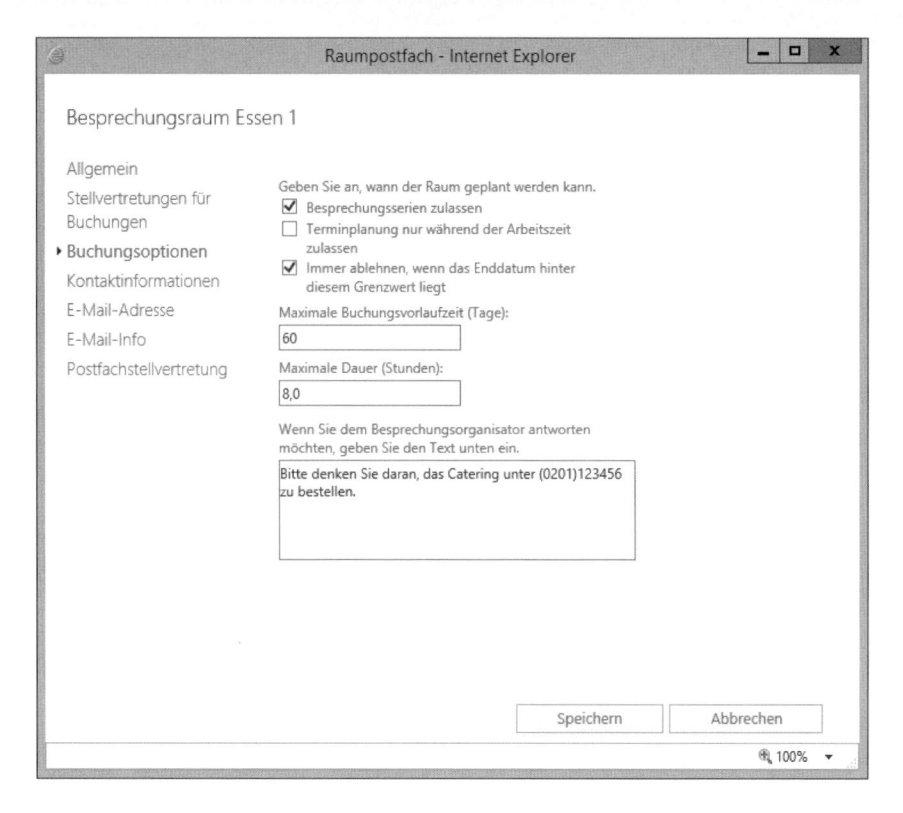

8. Abschließend gibt Stefan unter E-Mail-Info noch die Informationen zum Besprechungsraum an, die den Benutzern schon bei der Auswahl des Raumes angezeigt werden, noch bevor sie die Anfrage absenden. Diese Informationen sind hilfreich, um sicherzustellen, dass den Benutzern das Buchungsverfahren bewusst ist.

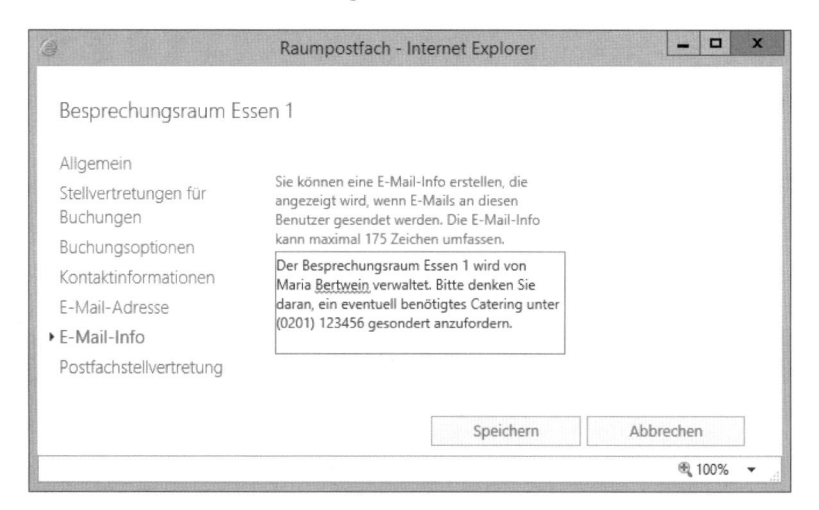

9. Nachdem damit die grundlegenden Einstellungen zum Buchungsverfahren getroffen sind, muss Stefan jetzt noch die detaillierte Buchungsrichtlinie einrichten. Dazu klickt er

im Exchange Admin Center oben rechts auf seinen Namen und wählt im Menü den Eintrag **ANDERER BENUTZER**.

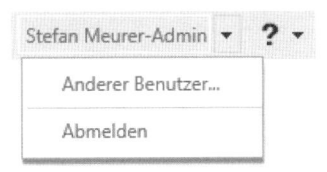

10. Im Dialogfeld *Postfach auswählen* markiert Stefan den Besprechungsraum *Essen 1* und klickt dann auf **OK**.
11. In einem neuen Browserfenster werden die Outlook-on-the-Web-Optionen des Raumpostfachs angezeigt. Ein Hinweis oberhalb des Fensters zeigt an, dass Stefan gerade im Auftrag des Besprechungsraums arbeitet. Um die Buchungsrichtlinie zu bearbeiten, klickt Stefan unten links in der Navigationsleiste auf **EINSTELLUNGEN**.

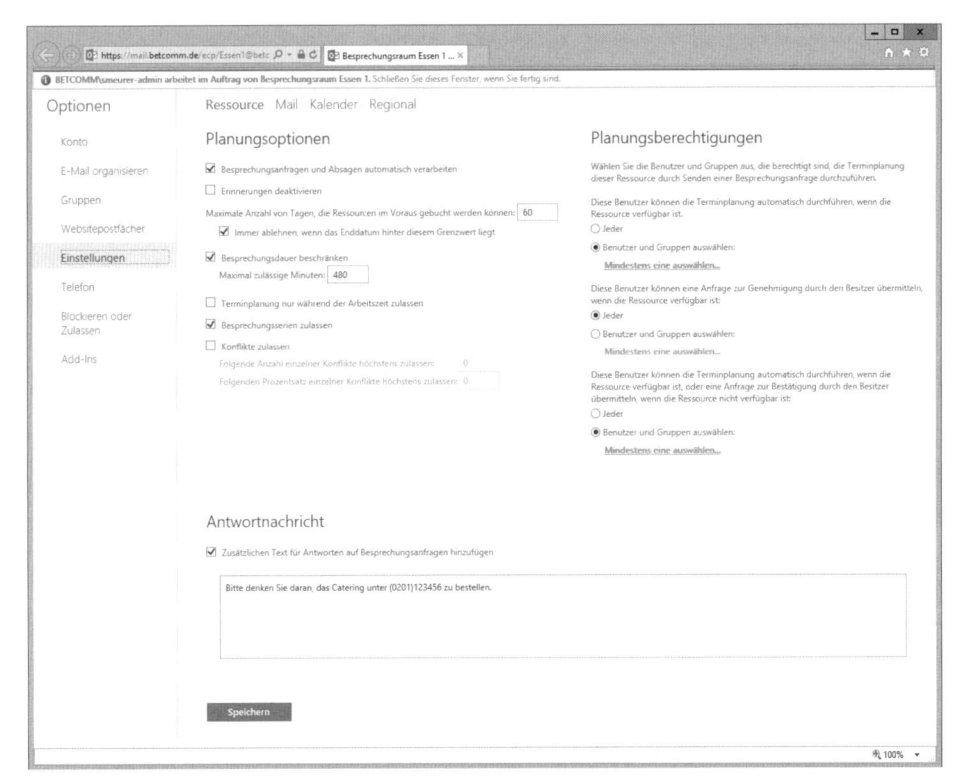

12. Viele der Einstellungen, die Stefan in den Postfacheigenschaften festgelegt hat, finden sich hier wieder. Zusätzlich kann er aber nun rechts unter den *Planungsberechtigungen* detailliert festlegen, von welchen Benutzern Buchungsanfragen entgegengenommen werden und welche Benutzer ohne Genehmigung buchen dürfen. Die drei Optionsfelder entsprechen den Cmdlet-Parametern `BookInPolicy`, `RequestInPolicy` und `RequesOutOfPolicy`. Ist für das jeweilige Optionsfeld *Jeder* aktiviert, ist der entsprechende All-Parameter auf `$true` gesetzt. Da die Geschäftsführung einen priorisierten Zugriff

auf den Raum benötigt, klickt Stefan im dritten Optionsfeld auf **MINDESTENS EINE AUSWÄHLEN…**, um hier die Gruppe *GF* einzutragen. Das entsprechende Cmdlet in der Exchange Management Shell lautet folgendermaßen: `set-calendarprocessing "Besprechungsraum Essen 1" -RequestOutOfPolicy GF`.

Damit sind die grundlegenden Einstellungen in Exchange abgeschlossen. Für die Anzeige der Raumverfügbarkeit im Intranet muss Stefan nun noch die drei dazugehörigen Kalender in SharePoint anlegen, Mail-aktivieren und in einer Ansicht zusammenfassen.

Mail-aktivierte Kalender in SharePoint anlegen

1. Er öffnet also die Startseite des Intranets, klickt oben rechts auf das Zahnradsymbol und dann auf **APP HINZUFÜGEN**.
2. Aus den App-Vorlagen wählt er den Kalender aus und benennt die drei Kalender entsprechend der Räume.
3. Anschließend öffnet er die Einstellungen des jeweiligen Kalenders und klickt oben rechts im Abschnitt *Kommunikation* auf **EINSTELLUNGEN FÜR EINGEHENDE E-MAIL**.
4. Er vergibt den Räumen die entsprechenden E-Mail-Adressen, deaktiviert die Anhänge und belässt die E-Mail-Sicherheitseinstellungen auf den Standardeinstellungen. Bei der Wahl der E-Mail-Adresse ist darauf zu achten, dass eine andere Adresse verwendet wird als der Alias für das Postfach in Exchange, da dazu ja schon eine Adresse im Adressbuch bzw. ein Eintrag im Active Directory existiert.

5. Da im Intranet nicht drei Kalender nebeneinander angezeigt werden sollen, erstellt Stefan im ersten Raumkalender eine überlagerte Ansicht, die alle drei Kalender zusammenfasst. Dazu klickt er im Kalender *Besprechungsraum Essen 1* auf den Reiter **KALENDER**, um die entsprechende Registerkarte zu öffnen.

   Auf der Registerkarte *Kalender* klickt er in Gruppe *Ansichten verwalten* auf **KALENDERÜBERLAGERUNG**. Auf der Seite *Kalenderüberlagerungseinstellungen* klickt Stefan auf **NEUER KALENDER**.

   ![Einstellungen · Kalenderüberlagerungseinstellungen — Neuer Kalender. Zusätzliche Kalender: Die folgenden Kalender sind zurzeit in dieser Ansicht verfügbar. Sie maximale Anzahl von Kalendern pro Ansicht ist 10. Spalten: Kalender (klicken Sie zum Bearbeiten) | Beschreibung | Sichtbar in Ansicht. OK / Abbrechen]

6. Auf der nächsten Seite gibt Stefan den Namen des Raumes im Feld *Kalendername* ein, wählt als Kalendertyp **SHAREPOINT** aus und wählt eine Farbe für die Darstellung der Termine dieses Kalenders in der Ansicht. Die URL der aktuellen Website sollte schon eingetragen sein, so dass Stefan auf **AUFLÖSEN** klicken kann, um dann im Feld *Liste* die gewünschte Kalenderliste und darunter im Feld *Listenansicht* die entsprechende Kalenderansicht auszuwählen. Grundsätzlich sind hier alle Listen auswählbar, die über eine Kalenderansicht verfügen. Über die URL lassen sich auch Kalender anderer Websites anzeigen. Einzige Voraussetzung dafür sind die Berechtigungen der Benutzer. Diese müssen mindestens Anzeigeberechtigungen auf die Zielliste haben. Stefan aktiviert noch die Option **IMMER ANZEIGEN**, um sicherzustellen, dass der Kalender dauerhaft der Ansicht hinzugefügt wird. Er bestätigt die Einstellungen mit **OK**. Für den Kalender *Besprechungsraum Bochum 1* verfährt Stefan analog.

Einstellungen ▸ Kalenderüberlagerungseinstellungen ⓘ

Name und Typ
Geben Sie einen Namen für diesen Kalender ein, und wählen Sie den Kalendertyp aus, den Sie in der Ansicht speichern möchten.

Kalendername:
[Besprechungsraum Essen 2]

Der Kalendertyp ist:
◉ SharePoint
◯ Exchange

Kalenderüberlagerungseinstellungen
Bitte geben Sie die detaillierten Optionen für den von Ihnen ausgewählten Informationstyp an.

Beschreibung:
[   ]

Farbe:
[Olivgrün, #767956 ▾] ▪

Web-URL:
[https://intranet.betcomm.de] [Auflösen]

Liste:
[Besprechungsraum Essen 2 ▾]

Listenansicht:
[Kalender ▾]

☑ Immer anzeigen

[OK] [Abbrechen]

7. Als letzten Kalender fügt Stefan der Ansicht noch den Outlook-Kalender hinzu. Dazu wählt er die Option **EXCHANGE** und gibt dann die URL zu Outlook Web Access ein. Anschließend klickt er auf **SUCHEN**, um die Exchange-Webservices-URL automatisch ausfüllen zu lassen. Auch hier aktiviert er die Option **IMMER ANZEIGEN**. Dadurch wird der persönliche Kalender des angemeldeten Benutzers der Ansicht hinzugefügt. Andere Exchange-Kalender lassen sich über diesen Weg nicht anzeigen. Außerdem werden aus den Outlook-Kalendern die Termine nur mit ihrem Frei/Gebucht-Status angezeigt, da der Zugriff mit dem SharePoint-Dienstkonto erfolgt. Detaillierte Termininformationen können darüber nicht angezeigt werden.

Was Stefan jetzt noch fehlt, ist die Synchronisierung der beiden Kalender, des Raumkalenders in Outlook und des dazugehörigen SharePoint-Kalenders. Grundsätzlich stehen dafür drei Möglichkeiten zur Verfügung, sieht man von der manuellen Übertragung der Termine oder einem programmatischen Ansatz ab. Da die SharePoint-Kalender E-Mail-aktiviert sind, können die eingehenden Terminanfragen über drei Wege an die SharePoint-Kalender weitergeleitet werden:

- über eine Transportregel in Exchange,
- per Outlook-Regel im Postfach des Raumverwalters,
- per Outlook-Regel im Raumpostfach selbst.

Der zentralisierteste Ansatz über den Exchange Server wird von Stefan natürlich bevorzugt. Bei seinen Tests stellt er aber fest, dass zwar die Termine im SharePoint-Kalender eingetragen werden, allerdings unabhängig davon, ob sie vom Raumverwalter genehmigt werden. Und was noch verwirrender ist, auch wenn der Raumverwalter den Termin ablehnt, bleibt er im SharePoint-Kalender stehen, obwohl er im Postfach des Raumes gelöscht ist. Bei einer Absage des Organisators ändert sich der Betreff des Termins so, dass er dem Betreff der Einladungs-E-Mail angepasst wird (es wird einfach der Betreff um *Abgesagt:* erweitert). Terminänderungen werden allerdings in SharePoint übernommen. So gut dieses Verfahren bei einfachen Kalendern funktioniert, in Kombination mit den Buchungsrichtlinien des Exchange führt es zu manuellem Aufwand, da der Raumverwalter dann selbst daran denken muss, Termine bei einer Absage aus dem SharePoint-Kalender zu löschen.

Allerdings funktionieren die anderen beiden Ansätze noch weniger. Zwar lässt sich in Marias Postfach (Maria verwaltet den Besprechungsraum *Essen 1*) eine Regel erstellen, die alle Einladungen, die sie zusagt, an den SharePoint-Kalender weiterleitet. Allerdings lässt sich darin nicht nach der Raumbezeichnung filtern, da diese weder im Betreff noch im Textfeld der Mail verwendet wird. Die Felder, in denen der Raum genannt wird, lassen sich über die Regelbedingungen nicht auslesen. Dies führt dazu, dass alle Besprechungen, denen Maria zusagt, unabhängig davon ob sie selbst eingeladen ist oder als Raumverwalterin antwortet, im SharePoint-Kalender eingetragen werden. Auch nicht gerade sehr effizient.

Die dritte Option funktioniert noch weniger. Da das hinter dem Raumpostfach stehende Benutzerkonto deaktiviert ist, können darüber nicht aktiv E-Mails versandt werden. Nur die Buchungsautomatik steht zur Verfügung.

Stefan führt aber noch einen weiteren Test durch. Da aus dem Raumpostfach ja Antworten auf die Buchungsanfragen gesendet werden, lässt er die Antworten ebenfalls an den SharePoint-Kalender weiterleiten. Dabei stellt er fest, dass SharePoint auch hier den Betreff des Termins dem Buchungstyp anpasst. Das bringt Stefan auf die Idee, einfach mit zwei Regeln zu arbeiten, eine für eingehende Nachrichten an den Raumkalender und eine für ausgehende Nachrichten aus dem Raum. Er muss zwei Regeln verwenden, da eine Oder-Verknüpfung zwischen zwei Bedingungen in Exchange nicht möglich ist. Als Stefan dieses Verfahren testet, stellt er fest, dass SharePoint die Nachrichten den vorhandenen Kalendereinträgen zuordnet, so dass keine Doppeleinträge entstehen. Die unterschiedlichen Zustände des jeweiligen Eintrags werden am Betreff deutlich, so dass Stefan diesen für einen Ansichtsfilter verwenden kann. Damit lässt sich eine Ansicht erstellen, in der nur noch bestehende Einträge angezeigt werden. Tatsächlich werden auch bei diesem aufwendigen Verfahren mit zwei Regeln keine Einträge im SharePoint-Kalender gelöscht. Stefan implementiert nun das Verfahren für den Besprechungsraum *Essen 1*.

Exchange-Ressourcenbuchungen mit SharePoint-Kalendern nutzen

1. Zuerst öffnet Stefan wieder das *Exchange Admin Center* und navigiert dort zum Abschnitt *Nachrichtenfluss*.
2. Unter dem Reiter *Regeln* klickt Stefan oben auf das +-Zeichen und wählt im Menü **NEUE REGEL ERSTELLEN**.

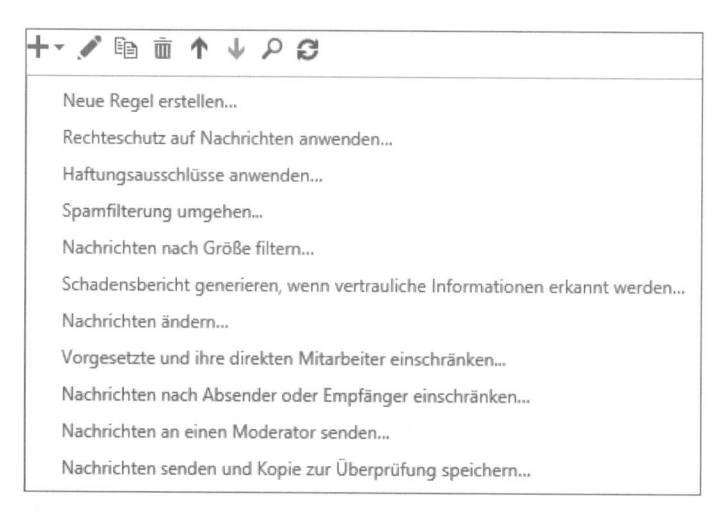

3. Die erste Regel *Gesendet von Besprechungsraum Essen 1* konfiguriert Stefan wie folgt. Unter *Diese Regel anwenden, wenn …* wählt er den Bedingungstyp **DER ABSENDER IST** aus und wählt dann das Raumpostfach als Absender aus. Anschließend klickt er unten auf **WEITERE OPTIONEN** um eine weitere Bedingung hinzufügen zu können.

4. Dazu klickt er auf **BEDINGUNG HINZUFÜGEN** und wählt in der zweiten Bedingung den Typ **NACHRICHTENEIGENSCHAFTEN** aus und dann **SCHLIESSEN DEN NACHRICHTEN-TYP EIN**. Als Nachrichtentyp wählt er anschließend **KALENDERFUNKTIONEN** aus. Damit stellt Stefan sicher, dass nur Kalender-relevante Informationen weitergeleitet werden.

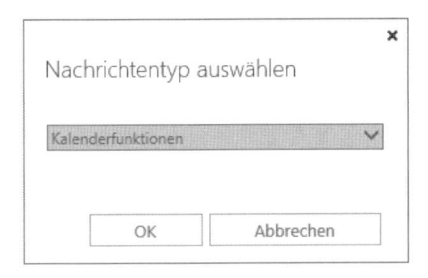

5. Unter *Folgendermaßen vorgehen …* wählt Stefan anschließend die Option **EMPFÄNGER HINZUFÜGEN** und darin **IN DAS FELD „CC"**. Alle anderen Einstellungen belässt er im Standard.

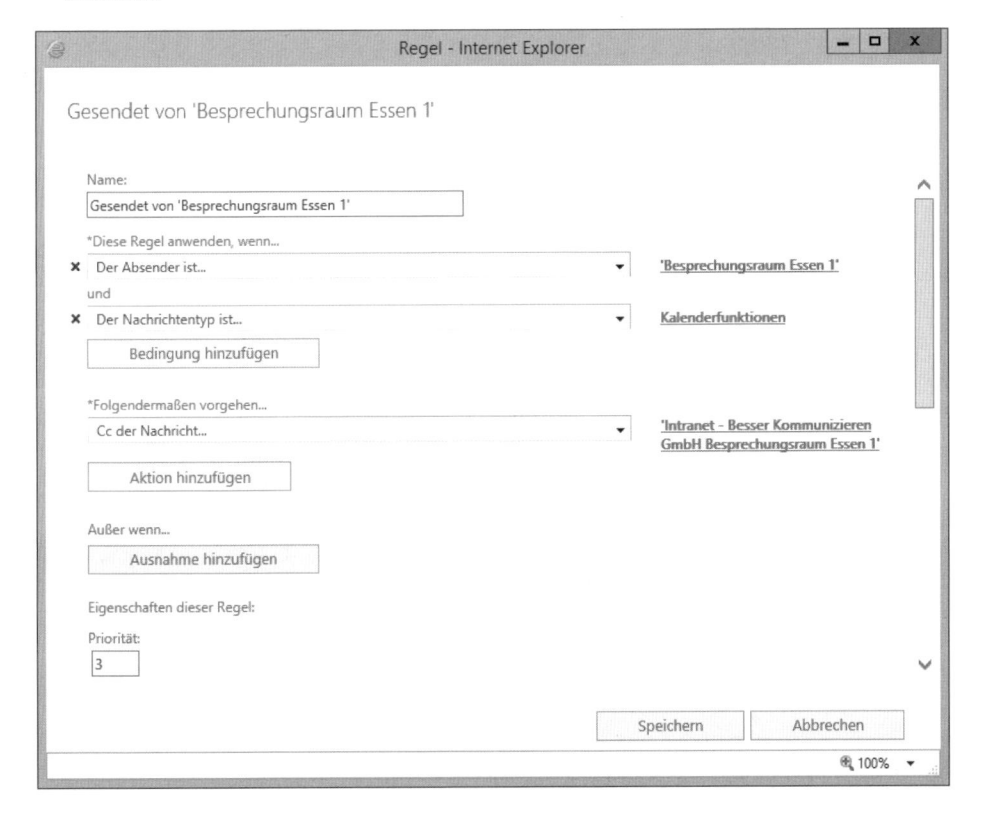

6. Die zweite Regel erstellt Stefan analog, mit dem einzigen Unterschied, dass in diesem Fall die erste Bedingung **DER EMPFÄNGER IST…** lautet.

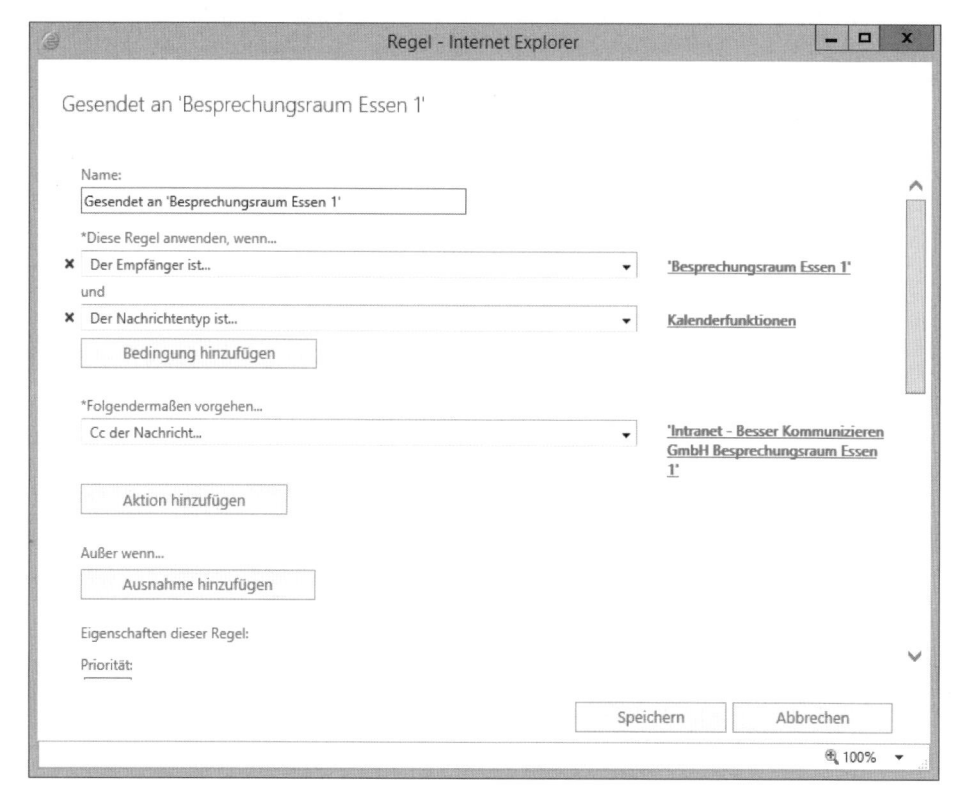

![Screenshot des Dialogs "Regel - Internet Explorer" mit dem Namen "Gesendet an 'Besprechungsraum Essen 1'", Bedingungen "Der Empfänger ist… 'Besprechungsraum Essen 1'" und "Der Nachrichtentyp ist… Kalenderfunktionen", Aktion "Cc der Nachricht… 'Intranet – Besser Kommunizieren GmbH Besprechungsraum Essen 1'".]

Diese beiden Regeln bewirken im SharePoint-Kalender jetzt Folgendes:

- Wird eine neue Besprechungsanfrage an den Raumkalender gesendet, wird diese im SharePoint-Kalender mit dem Betreff *Tentative* und dem ursprünglichen Einladungsbetreff angezeigt. Der Raumkalender hat die Besprechung vorbehaltlich der Genehmigung angenommen.
- Nimmt Maria die Besprechung an, wird der Betreff als *Zugesagt* mit der Angabe des Besprechungsorganisators angezeigt. Dies entspricht dem Eintrag im Raumkalender.
- Lehnt Maria die Besprechung ab, wird sie mit dem Betreff *Abgelehnt* versehen. Dies entspricht der Mail, die der Raumkalender an den Organisator sendet
- Sagt der Organisator die Besprechung ab, wird der Betreff geändert in *Abgesagt* mit dem Besprechungstitel. Dies entspricht der E-Mail, die der Raumkalender vom Organisator bekommt (Bild 7.13).

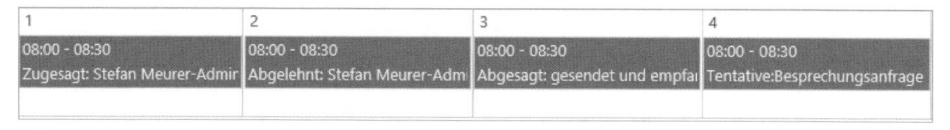

1	2	3	4
08:00 - 08:30	08:00 - 08:30	08:00 - 08:30	08:00 - 08:30
Zugesagt: Stefan Meurer-Admir	Abgelehnt: Stefan Meurer-Adm	Abgesagt: gesendet und empfa	Tentative:Besprechungsanfrage

Bild 7.13 Die vier Zustände einer Besprechung im SharePoint-Kalender

In jedem Fall bleibt die Besprechung somit im SharePoint-Kalender bestehen, auch wenn sie aus dem persönlichen Kalender des Organisators oder aus dem Raumkalender gelöscht wird. Um die Ansicht aber auch im SharePoint-Kalender konsistent zu halten, entschließt Stefan sich, die abgesagten und abgelehnten Einträge auszublenden und nur die vorbehaltlich oder vollständig zugesagten Einträge anzuzeigen. Er passt also die Ansichten der drei Kalender mithilfe eines kombinierten Filters an (Bild 7.14).

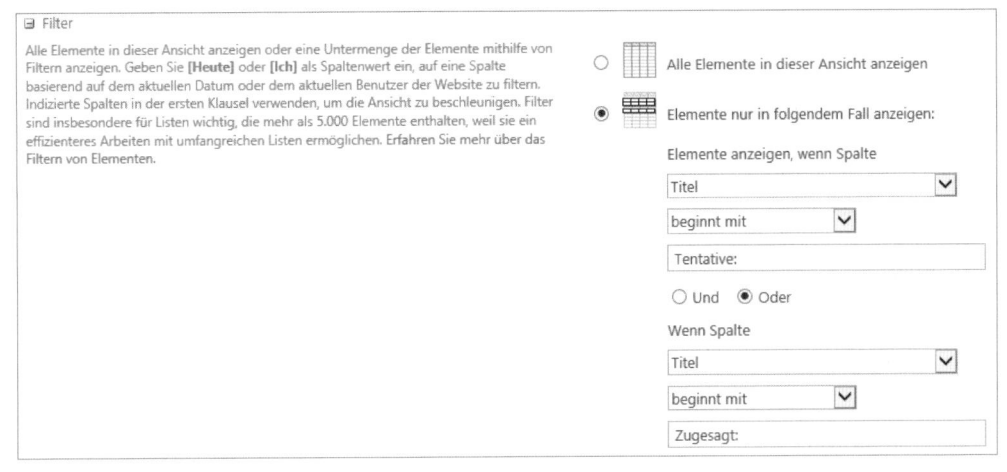

Bild 7.14 Der Filter zum Ausblenden gelöschter und abgesagter Termine

Damit ist auch die Besprechungsraumplanung für das Unternehmen vollständig abgebildet. Natürlich könnte Stefan auch noch den Status der Besprechung im SharePoint-Kalender über eigene Ansichten, und im Rahmen der Kalenderüberlagerung dann mit eigenen Farben, darstellen. Das nimmt er sich aber erst mal für später vor.

Stefan wendet sich nun klassischen IT-Prozessen zu. Zwei Verfahren möchte er in der neuen Plattform ausprobieren, einen typischen Antragsprozess und die Helpdesk-Unterstützung.

7.4 IT-Prozesse mit SharePoint und Exchange abbilden

Da Stefan nun Standardprozesse der IT abbildet, legt er zuerst eine eigene Website an, in der die Abteilung *IO* ihre Informationen verwaltet.

Der Antragsprozess, den Stefan beispielhaft umsetzen möchte, ist der Prozess zur Beantragung einer Projektwebsite. Das Verfahren sieht vor, dass jeder Mitarbeiter der Besser Kommunizieren GmbH eine Projektsite beantragen kann. Der Antrag muss aber von der Abteilungsleitung und von der IT genehmigt werden. Die Kosten für den Betrieb werden der Abteilung berechnet und die IT muss das Sitewachstum im Blick behalten.

Alle Projektwebsites werden in einer eigenen Websitesammlungsstruktur im Pfad *https://intranet.betcomm.de/Projekte* verwaltet. Die Wurzelsite soll später für das projektübergreifende Reporting genutzt werden.

Um eine Projektwebsite zu erstellen, benötigt die IT verschiedene Informationen. Neben dem Namen des Projektes, der Website und der gewünschten URL sind dies insbesondere Informationen über die Benutzer, wie Besitzer und Mitglieder der Site. Da für das Reporting später auch von Bedeutung ist, ob das Projekt für einen Kunden durchgeführt wird, muss diese Information bei der Beantragung mit angegeben werden.

SharePoint-Listenformulare als Antragsformulare gestalten

Stefan erstellt daraufhin eine neue benutzerdefinierte Liste, der er die entsprechenden Spalten hinzufügt (Bild 7.15). Damit das Listenformular auch einem Antrag entspricht, versieht er die Felder mit ausführlichen Kommentaren.

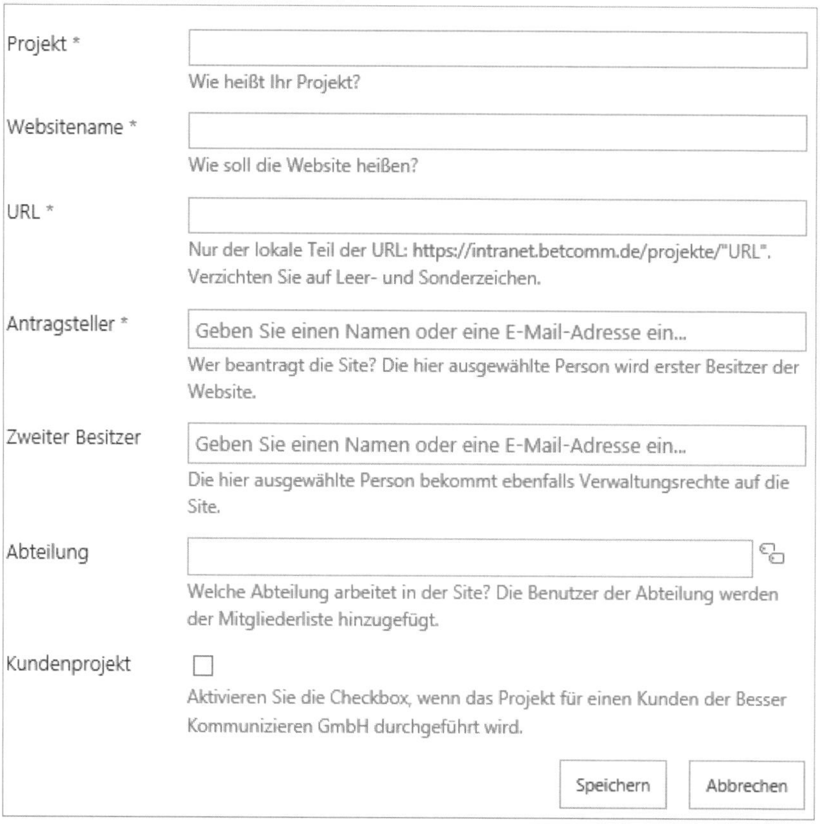

Bild 7.15 Die benötigten Informationen für eine Projektwebsite im Formular

Wie im Bild ersichtlich, verwendet Stefan für die Abteilung wieder eine Metadatenspalte und für die Kundeneigenschaft einfach eine Ja/Nein-Spalte mit Standardwert *nein*. Bei der URL muss sichergestellt sein, dass diese innerhalb der Struktur eindeutig ist. Daher legt Stefan an dieser Spalte noch die Eigenschaft **EINDEUTIGE WERTE ERZWINGEN** fest. Um unvollständige Anträge zu verhindern, definiert er die ersten vier Spalten als Pflichtspalten über die Einstellung DIESE SPALTE MUSS INFORMATIONEN ENTHALTEN (Bild 7.16).

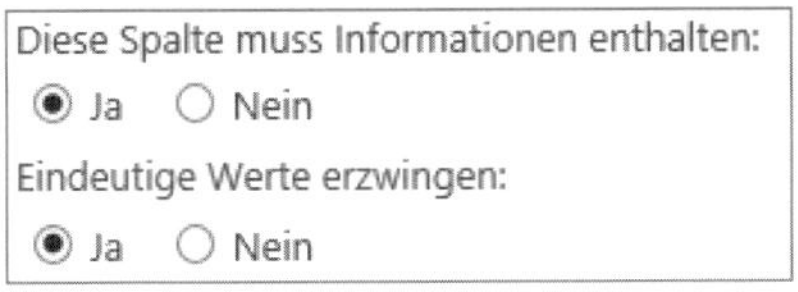

```
Diese Spalte muss Informationen enthalten:
  ● Ja    ○ Nein
Eindeutige Werte erzwingen:
  ● Ja    ○ Nein
```

Bild 7.16 Pflichtspalten und eindeutige Werte festlegen

Die Standardlistenformulare listen die Felder in der definierten Reihenfolge untereinander auf, haben aber keine Überschriften oder weitergehende Erläuterung außerhalb der Feldbeschreibungen. Stefan möchte die Benutzer später direkt auf das Antragsformular verweisen, ohne dass sie vorher über die Liste navigieren müssen. Daher soll das Formular aussagekräftiger sein und erläuternde Informationen enthalten.

1. Stefan öffnet das Formular, indem er in der Liste auf NEUES ELEMENT klickt.
2. Anschließend klickt er oben rechts auf das Zahnradsymbol und dann im Menü auf SEITE BEARBEITEN.
3. Nun zeigt er auf das Listenformularwebpart, klickt rechts auf den kleinen schwarzen Pfeil und dann auf WEBPART BEARBEITEN.
4. In den Webparteinstellungen ändert er den Titel des Webparts in *Antrag für eine neue Projektsite* und wählt unter *Chromtyp* TITEL UND RAHMEN aus.
5. Die Einstellungen speichert er, indem er in den Webparteinstellungen auf OK und anschließend oben links im Menüband *Seite* in der Gruppe *Bearbeiten* auf BEARBEITUNG BEENDEN klickt.

Das Formular entspricht nun eher Stefans Vorstellungen eines Antrags (Bild 7.17).

```
┌─────────────────────────────────────────────────────────────────┐
│  Antrag für eine neue Projektsite                               │
│                                                                 │
│   Projekt *          ┌──────────────────────────────────────┐   │
│                      └──────────────────────────────────────┘   │
│                      Wie heißt Ihr Projekt?                     │
│                                                                 │
│   Websitename *      ┌──────────────────────────────────────┐   │
│                      └──────────────────────────────────────┘   │
│                      Wie soll die Website heißen?               │
│                                                                 │
│   URL *              ┌──────────────────────────────────────┐   │
│                      └──────────────────────────────────────┘   │
│                      Nur der lokale Teil der URL: https://intranet.betcomm.de/projekte/"URL". │
│                      Verzichten Sie auf Leer- und Sonderzeichen.│
│                                                                 │
│   Antragsteller *    ┌──────────────────────────────────────┐   │
│                      │ Geben Sie einen Namen oder eine E-Mail-Adresse ein... │
│                      └──────────────────────────────────────┘   │
│                      Wer beantragt die Site? Die hier ausgewählte Person wird erster Besitzer der │
│                      Website.                                   │
│                                                                 │
│   Zweiter Besitzer   ┌──────────────────────────────────────┐   │
│                      │ Geben Sie einen Namen oder eine E-Mail-Adresse ein... │
│                      └──────────────────────────────────────┘   │
│                      Die hier ausgewählte Person bekommt ebenfalls Verwaltungsrechte auf die │
│                      Site.                                      │
│                                                                 │
│   Abteilung          ┌──────────────────────────────────────┐   │
│                      └──────────────────────────────────────┘   │
│                      Welche Abteilung arbeitet in der Site? Die Benutzer der Abteilung werden │
│                      der Mitgliederliste hinzugefügt.           │
│                                                                 │
│   Kundenprojekt      ☐                                          │
│                      Aktivieren Sie die Checkbox, wenn das Projekt für einen Kunden der Besser │
│                      Kommunizieren GmbH durchgeführt wird.      │
│                                                                 │
│                                          [ Speichern ] [ Abbrechen ] │
└─────────────────────────────────────────────────────────────────┘
```

Bild 7.17 Das fertige Antragsformular

Einen benutzerdefinierten Genehmigunsprozess implementieren

Basierend auf diesen Informationen möchte Stefan nun den zweistufigen Antragsprozess für die Beantragung einer Projektwebsite abbilden. Dafür könnte er mit dem Standardgenehmigungsprozess in SharePoint arbeiten. Dieser hat aber den Nachteil, dass die Adressaten der Genehmigung nicht dynamisch aus den Elementeigenschaften ausgelesen werden können, sondern fest vorgegeben werden müssen. Daher entscheidet Stefan sich, den Prozess als benutzerdefinierten Workflow im SharePoint Designer zu erstellen. Zuerst erstellt er eine Visio-Skizze des Workflows (Bild 7.18).

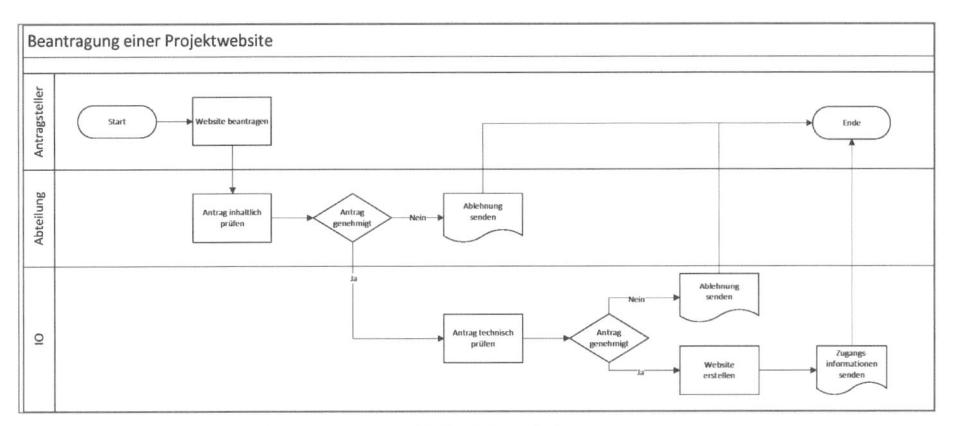

Bild 7.18 Der zweistufige Antragsprozess für Projektwebsites

Anschließend öffnet er SharePoint Designer 2013. Wie in der Einleitung erläutert, wird es keine Version 2016 dieser Anwendung geben, die Version 2013 ist aber vollständig kompatibel zu SharePoint Server 2016.

1. In SharePoint Designer öffnet er die Intranetsite und navigiert dann links über **UNTERWEBSITES** zur IT-Website.
2. Um den neuen Listenworkflow zu erstellen, klickt Stefan im Menüband *Website* in der Gruppe *Neu* auf **LISTENWORKFLOW** und wählt dann im Menü die soeben erstellte Liste für die Projektwebsites aus.

3. Im Dialogfeld *Listenworkflow erstellen* gibt er einen Namen und eine Beschreibung für den neuen Workflow an. Als Plattformtyp wählt er *SharePoint 2010 Workflow*. Wie unter SharePoint Server 2013 unterstützt auch SharePoint Server 2016 zwei Workflowplattformen, SharePoint 2010 Workflows, die direkt vom SharePoint Server ausgeführt werden und keine weitere Konfiguration erfordern, und SharePoint 2013 Workflows, die vom Microsoft Workflow Manager ausgeführt werden. Letzterer muss installiert und für SharePoint konfiguriert werden, um entsprechende Workflows erstellen und ausführen zu können. Die aktuellere Plattform unterstützt insbesondere Workflowphasen, mit denen sich Schleifen und Zustandsmaschinen abbilden lassen. Diese Funktionen fehlen in der älteren Workflowplattform. Stefan entscheidet sich trotzdem für die ältere Plattform, da darin unter anderem die für den Genehmigungsworkflow benötigte Aktion zur

Auswahl des Vorgesetzten eines Benutzers zur Verfügung steht. In den neueren Workflows ist diese Aktion nicht mehr enthalten.

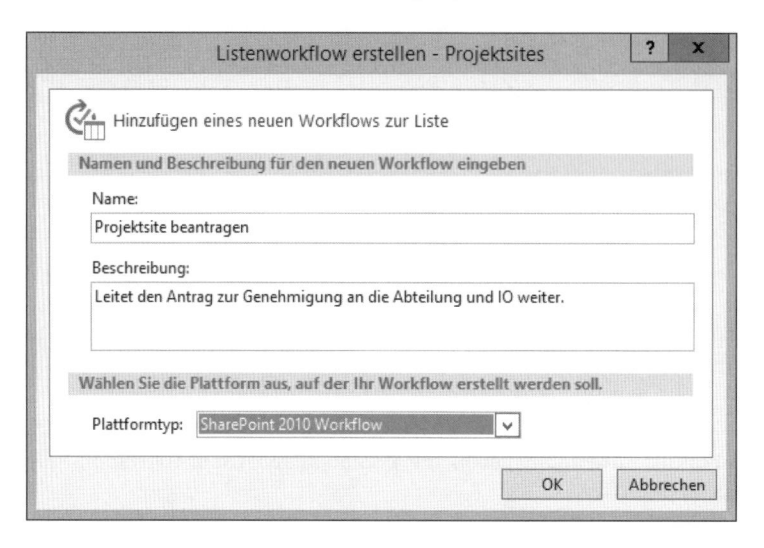

4. Den ersten Schritt des Workflows benennt Stefan *Projektsite genehmigen*. Dazu klickt er einfach auf den Titel **SCHRITT 1** und gibt den neuen Titel ein.

5. Er fügt dem Schritt die Aktion **VORGESETZTEN EINES BENUTZER NACHSCHLAGEN** hinzu, indem er im Menüband *Workflow* in der Gruppe *Einfügen* auf **AKTION** klickt und im Menü ganz unten im Abschnitt *Relationale Aktionen* die entsprechende Aktion auswählt.

6. Anschließend klickt er in der Aktion auf **DIESER BENUTZER** und fügt im Dialogfeld *Benutzer auswählen* einen **WORKFLOW-NACHSCHLAGEVORGANG FÜR EINEN BENUTZER...** hinzu.

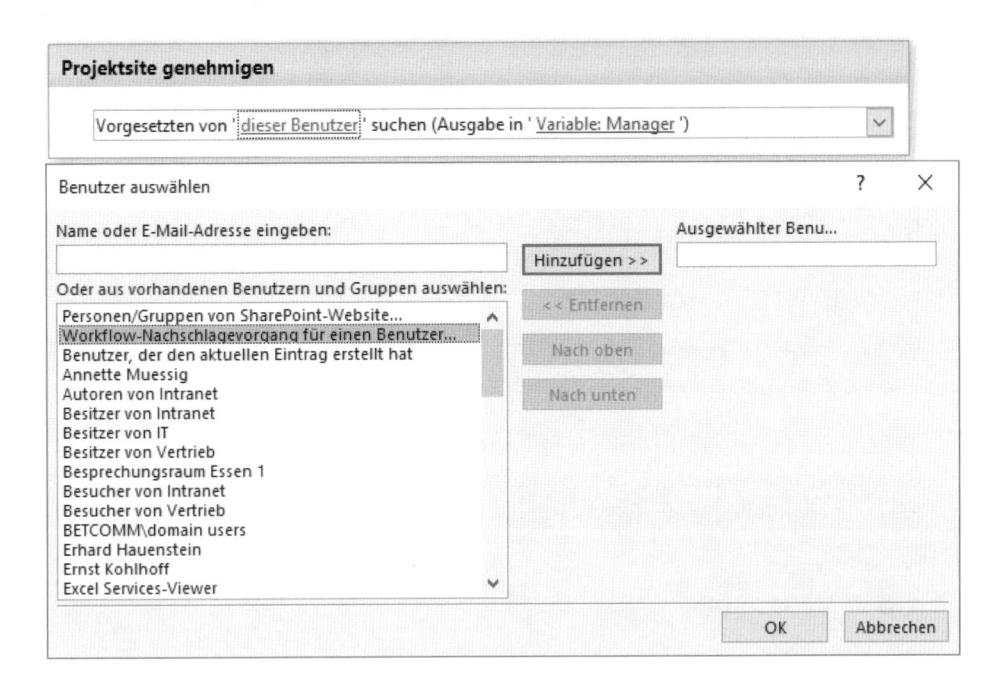

7.4 IT-Prozesse mit SharePoint und Exchange abbilden

7. Im Dialogfeld *Nachschlagen für Person oder Gruppe* muss Stefan nun den Benutzer angeben, dessen Manager im Active Directory nachgeschlagen werden soll. Dieser steht im aktuellen Element (dem Antrag) im Feld *Antragsteller*. Somit wählt Stefan diese beiden Werte im Dialogfeld als Datenquelle und Quellenfeld aus.

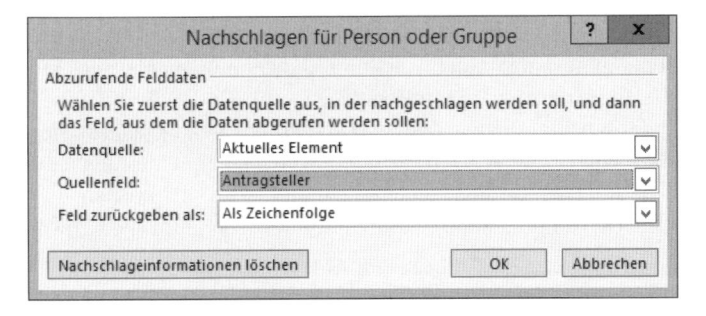

8. Nun fügt Stefan die Aktion **GENEHMIGUNGSVORGANG STARTEN** aus dem Bereich *Aufgabenaktionen* dem Schritt hinzu.
9. Er klickt wieder auf **DIESE BENUTZER**, um die Aufgabenzuweisung zu konfigurieren.
10. In der Aufgabe wählt er als Teilnehmer den vorher ermittelten Manager aus. Dieser ist in der Workflowvariablen *Manager* gespeichert. Stefan klickt also auf die Adressbuchschaltfläche, fügt wieder einen Workflow-Nachschlagevorgang der Auswahl hinzu und wählt dann als Datenquelle **WORKFLOWVARIABLEN UND –PARAMETER** und als Quellenfeld **VARIABLE: MANAGER** aus.

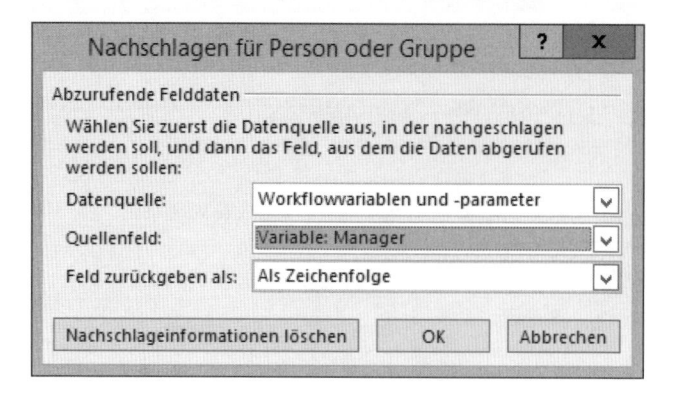

11. Anschließend fügt er dem Genehmigungsvorgang eine zweite Phase hinzu, indem er im Dialogfeld *Aufgabenprozessteilnehmer auswählen* auf die Schaltfläche am Ende der ersten Zeile klickt und im Menü den Eintrag **ZUWEISUNGSPHASE EINFÜGEN** auswählt.

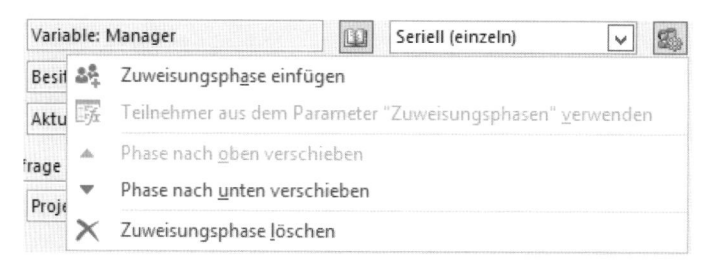

12. Jetzt klickt er wieder auf die Adressbuchschaltfläche hinter dem zweiten Teilnehmerfeld und wählt die Gruppe *Besitzer von IT* als Aufgabenteilnehmer aus. Damit stellt er sicher, dass die Genehmigungsaufgabe der Abteilung *IO* nicht nur von Matthias Kellner, sondern von allen IT-Mitgliedern mit administrativen Rechten geprüft und genehmigt werden kann. Stefan lässt beide Aufgaben auf *Seriell (einzeln)* stehen, so dass sie auch nacheinander erstellt werden. Erst wenn der Abteilungsmanager seine Aufgabe abgeschlossen hat, wird die Aufgabe für die IT-Abteilung erstellt. Die entsprechende Aufgabenliste ist der Website durch die Erstellung des Workflows schon hinzugefügt worden.

13. Über den gleichen Weg fügt er dem Feld *Cc:* den Antragsteller und den Ersteller des Elementes hinzu. Diese stehen im aktuellen Element im Feld *Antragsteller* bzw. *Erstellt von*.

14. Anschließend gibt er einen Titel und eine Anleitung für die Aufgabe an. Für den Titel klickt er auf die Schaltfläche mit den drei Punkten (...), um innerhalb des Titels auch die Projektbezeichnung aus dem Antrag einzufügen. Dazu klickt er unter dem Textfeld auf die Schaltfläche **NACHSCHLAGEVORGANG HINZUFÜGEN ODER ÄNDERN**. Ebenso verfährt er bei der Eingabe des Anleitungstextes.

15. Abschließend legt er noch die Dauer für die Erledigung der Aufgabe auf zwei Tage fest.

Aufgabenprozessteilnehmer auswählen		
Teilnehmer:	Variable: Manager	Seriell (einzeln)
	Besitzer von IT	Seriell (einzeln)
Cc:	Aktuelles Element:Antragsteller; Aktuelles Element:Erstellt von	

    Aufgabenanfrage

    Titel: Projektwebsite fü das Projekt "[%Aktuelles Element:Projekt%]" genehi

    Anleitungen:
    [%Aktuelles Element:Antragsteller%] hat eine Projektsite für das Projekt "[%Aktuelles Element:Projekt%]" beantragt.
    Bitte prüfen und genehmigen Sie den Antrag.

    Nachschlagevorgang hinzufügen oder ändern

    Dauer pro Aufgabe: 2   Tag(e)
    Fälligkeitsdatum für Aufgabenprozess:

16. Tatsächlich reichen diese beiden Schritte schon, um den von Stefan definierten Prozess abzubilden. Hinter der Workflowaktion *Genehmigungsvorgang starten* steckt nämlich ein abgesetzter Workflow, der dem Standardgenehmigungsworkflow in SharePoint entspricht, wie Matthias ihn auf der Startseite des Intranets verwendet hat (siehe den Abschnitt 5.1.2) Mit den erstellten Aufgaben werden auch die entsprechenden E-Mail-Benachrichtigungen versandt. Diese enthalten sowohl einen Link zum Antrag selbst als auch zur Aufgabe, so dass die Anträge direkt aus der E-Mail geprüft und genehmigt werden können.

17. Allerdings fehlen einige Einstellungsmöglichkeiten für den Aufgabenfluss. Stefan möchte natürlich, dass der IT nur dann eine Aufgabe zugewiesen wird, wenn der Antrag vorher durch die Abteilung genehmigt wurde. Ein erster Test nach einer Veröffentlichung des Workflows zeigt, dass die zweite Aufgabe im Workflow auch erstellt wird, wenn die Abteilung den Antrag abgelehnt hat. Nirgendwo in den Aufgabeneinstellungen findet Stefan die Möglichkeit, dies zu ändern. Selbst als er in der Aktion auf **GENEHMIGUNG** klickt und damit zur Einstellungsseite des untergeordneten Genehmigungsprozesses gelangt, kann er dort zwar das Verhalten der einzelnen Aufgaben und des Gesamtprozesses prüfen und bearbeiten, findet aber auch darin keine direkte Option für den vorzeitigen Abbruch des Prozesses.

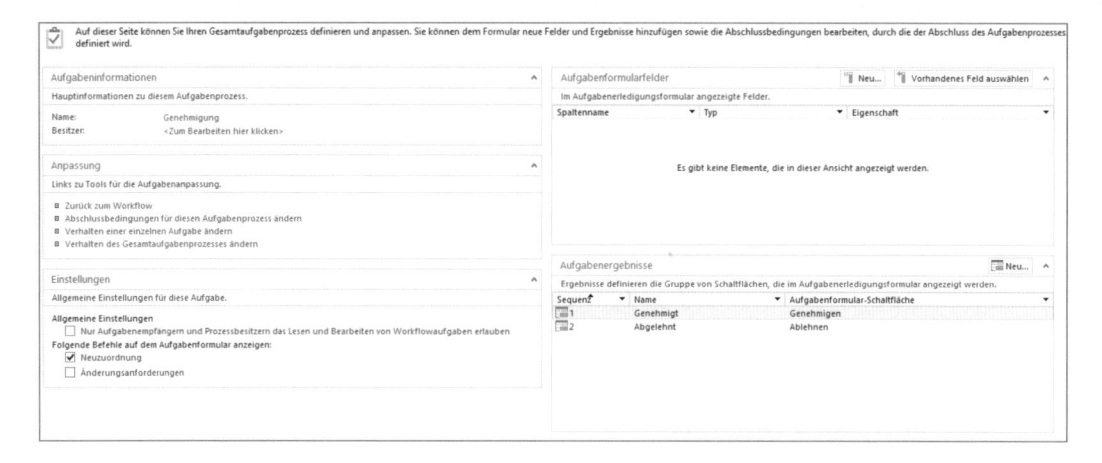

18. Allerdings findet Stefan unter dem Punkt *Verhalten einer einzelnen Aufgabe ändern* im Workflow einen Verweis auf eine Variable *CancelonRejection*. Der entsprechende Workflowschritt zeigt an, dass der Aufgabenprozess beendet wird, wenn der Antrag abgelehnt wird und diese Variable im Prozess den Wert *Ja* hat.

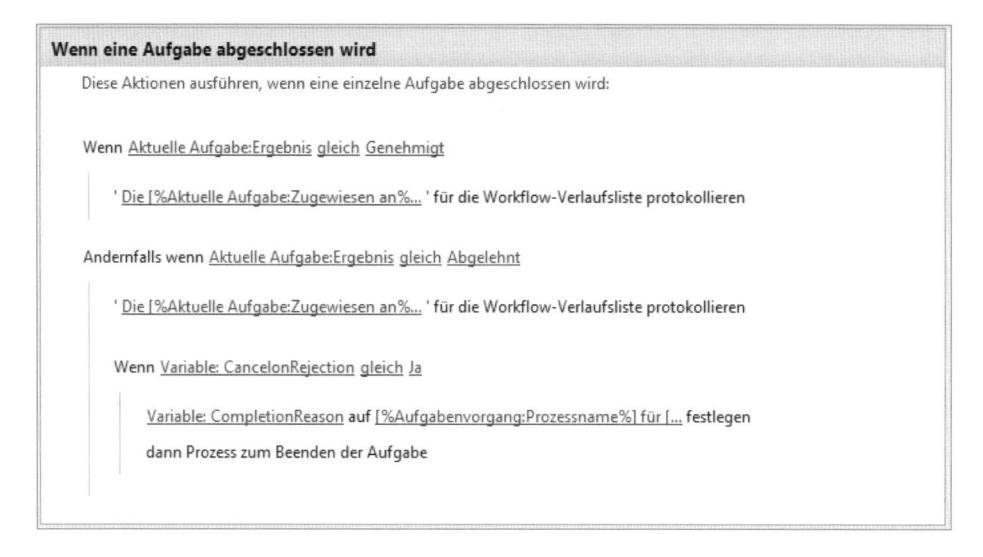

19. Da die Variable nirgendwo im Prozess gesetzt wird, fügt Stefan nun vor der Aktion für den Genehmigungsvorgang eine Aktion **WORKFLOWVARIABLE FESTLEGEN** in den Workflow ein. Diese findet er im Bereich *Kernaktionen* des Aktionsmenüs. Er wählt unter **WORKFLOWVARIABLE** die oben genannte Variable **CANCELONREJECTION** aus und gibt unter **WERT** an, dass die Variable auf **JA** gesetzt werden soll. Stefans Workflow kommt somit schließlich mit drei Aktionen aus.

Projektsite genehmigen

Vorgesetzten von ' Aktuelles Element:Antragsteller ' suchen (Ausgabe in ' Variable: Manager ')

dann Variable: CancelonRejection auf Ja festlegen

dann Vorgang Genehmigung ' für ' Aktuelles Element ' mit ' Variable: Manager ' starten

20. Bevor Stefan jetzt den Workflow endgültig veröffentlichen kann, muss er noch die Starteinstellungen des Workflows auf einen automatischen Start festlegen. Dazu klickt er im Menüband *Workflow* in der Gruppe *Verwalten* auf WORKFLOWEINSTELLUNGEN.
21. Auf Einstellungsseite aktiviert er nun rechts im Abschnitt *Startoptionen* die Option WORKFLOW AUTOMATISCH STARTEN, WENN EIN ELEMENT ERSTELLT WIRD.

Startoptionen

Startoptionen für diesen Workflow ändern.

- [x] Manuelles Starten dieses Workflows zulassen
  - [ ] Berechtigungen zum Verwalten von Listen anfordern
- [x] Workflow automatisch starten, wenn ein Element erstellt wird
- [ ] Workflow automatisch starten, wenn ein Element geändert wird

22. Somit startet der Workflow automatisch, wenn ein neuer Eintrag in der Liste *Projektsites* erstellt wird. Zum Abschluss klickt Stefan oben links im Menüband in der Gruppe *Speichern* auf VERÖFFENTLICHEN. Der Workflow wird von SharePoint Designer automatisch auf Fehler geprüft, gespeichert und veröffentlicht.
23. Eine weitergehende Genehmigung an den Elementen der Liste selbst ist nicht erforderlich, da das Ergebnis des Workflows in einer eigenen Spalte festgehalten wird, die den Namen des Workflows trägt. Diese kann Stefan zum Erstellen von gefilterten und gruppierten Ansichten nutzen.

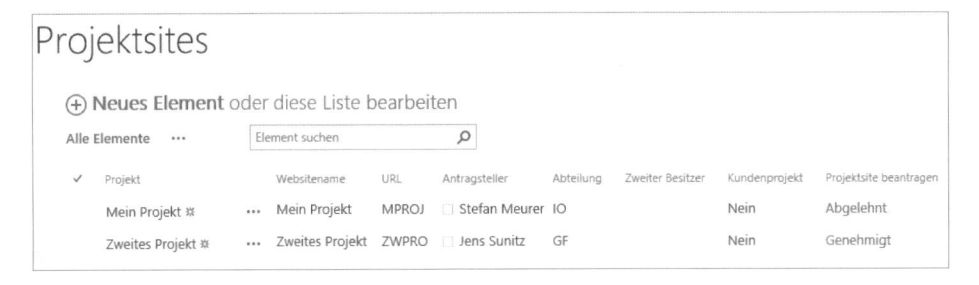

Projektsites

⊕ **Neues Element** oder diese Liste bearbeiten

Alle Elemente ··· Element suchen

✓	Projekt		Websitename	URL	Antragsteller	Abteilung	Zweiter Besitzer	Kundenprojekt	Projektsite beantragen
	Mein Projekt ✻	···	Mein Projekt	MPROJ	Stefan Meurer	IO		Nein	Abgelehnt
	Zweites Projekt ✻	···	Zweites Projekt	ZWPRO	Jens Sunitz	GF		Nein	Genehmigt

7.5 Helpdesk und Anwenderunterstützung

Als letzte Anforderung im Umfeld der IT-Abteilung nimmt sich Stefan der Anwenderunterstützung, des Helpdesks an. Hier sind zwei Verfahren umzusetzen. Einerseits soll ein strukturierter Prozess für die Problemverfolgung eingerichtet werden, der es allen Anwendern erlaubt, Probleme zu melden und nachzuverfolgen. Dazu gehört auch eine automatische Benachrichtigung der Beteiligten über den Lösungsfortschritt.

Zweitens ist es für den Helpdesk erforderlich, dass die Anwender sich nicht erst den passenden Ansprechpartner der IT-Abteilung heraussuchen müssen, sondern über eine zentrale Rufnummer und auch E-Mail-Adresse Probleme melden können.

Zusätzlich möchte Stefan noch eine einfache FAQ-Liste für die Anwender einrichten, damit häufiger auftretenden Probleme nicht immer wieder gemeldet werden müssen, sondern, soweit möglich, von den Anwendern selbst gelöst werden können.

Eine Problemverfolgungsliste für IT-Probleme einrichten

Für die Problemverfolgung bietet SharePoint schon seit einigen Versionen eine Listenvorlage an. Diese möchte Stefan nutzen. Daher fügt er der IT-Website im ersten Schritt eine neue App auf Basis der Vorlage **PROBLEMVERFOLGUNG** hinzu. Er gibt ihr den Namen *Helpdesk-Anfragen*.

Stefan nimmt direkt einige Änderungen an der Standardliste vor, damit sie den Erfordernissen der Besser Kommunizieren GmbH entspricht. So benennt er die Spalten *Titel*, *Kategorie* und *Beschreibung* in *Problembezeichnung*, *Problemkategorie* und *Problembeschreibung* um und macht alle drei Spalten zu Pflichtspalten. Da diese drei Spalten auch die vom Anwender auszufüllenden Spalten sind, gibt er an den Spalten jeweils eine Beschreibung als Hilfe an und verschiebt sie im Formular ganz nach oben. Die Auswahl der Kategorienspalte passt er dann noch der Umgebung der Besser Kommunizieren GmbH an, indem er Kategorien wie *Anmeldeproblem, Hardware, Betriebssystem* etc. einpflegt.

Zwei wichtige Informationen möchte Stefan der Liste aber noch hinzufügen. Erstens sollen die Anwender angeben können, auf welchem Computer und bei welchem Benutzer das Problem aufgetreten ist. Außerdem soll der Bearbeiter zusätzlich die fehlerhafte Anwendung angeben können. Da die dafür erforderlichen Daten zentral in der IT gepflegt werden müssen, erstellt Stefan dafür zwei zusätzliche Listen, eine für die Computersysteme und eine für die von der Besser Kommunizieren GmbH genutzten Anwendungen. Diese beiden Listen verbindet er untereinander auch über Nachschlagefelder, so dass dokumentiert ist, welche Anwendung auf welchen Systemen installiert sind (Bild 7.19).

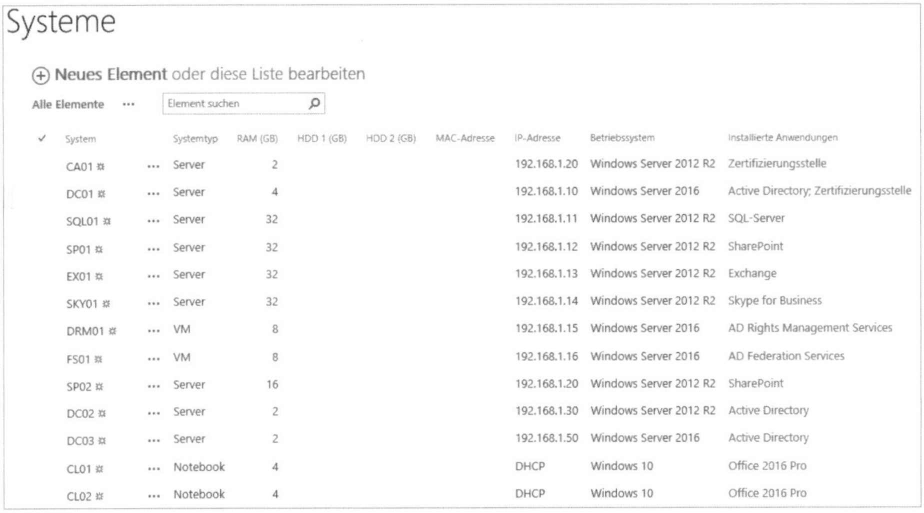

Systeme

⊕ **Neues Element** oder diese Liste bearbeiten

Alle Elemente ··· | Element suchen 🔎

✓	System		Systemtyp	RAM (GB)	HDD 1 (GB)	HDD 2 (GB)	MAC-Adresse	IP-Adresse	Betriebssystem	Installierte Anwendungen
✓	CA01 ¤	···	Server	2				192.168.1.20	Windows Server 2012 R2	Zertifizierungsstelle
	DC01 ¤	···	Server	4				192.168.1.10	Windows Server 2016	Active Directory; Zertifizierungsstelle
	SQL01 ¤	···	Server	32				192.168.1.11	Windows Server 2012 R2	SQL-Server
	SP01 ¤	···	Server	32				192.168.1.12	Windows Server 2012 R2	SharePoint
	EX01 ¤	···	Server	32				192.168.1.13	Windows Server 2012 R2	Exchange
	SKY01 ¤	···	Server	32				192.168.1.14	Windows Server 2012 R2	Skype for Business
	DRM01 ¤	···	VM	8				192.168.1.15	Windows Server 2016	AD Rights Management Services
	FS01 ¤	···	VM	8				192.168.1.16	Windows Server 2016	AD Federation Services
	SP02 ¤	···	Server	16				192.168.1.20	Windows Server 2012 R2	SharePoint
	DC02 ¤	···	Server	2				192.168.1.30	Windows Server 2012 R2	Active Directory
	DC03 ¤	···	Server	2				192.168.1.50	Windows Server 2016	Active Directory
	CL01 ¤	···	Notebook	4				DHCP	Windows 10	Office 2016 Pro
	CL02 ¤	···	Notebook	4				DHCP	Windows 10	Office 2016 Pro

Bild 7.19 Das Systemverzeichnis der Besser Kommunizieren GmbH

Beide Listen bindet Stefan nun auch über Nachschlagespalten in die Problemliste ein. Zusätzlich erstellt er noch eine Personenspalte zur Angabe der vom Problem betroffenen Benutzer. Auch diese drei Spalten verschiebt er im Formular nach oben, so dass alle Spalten, die ein Anwender zur Meldung eines Problems auszufüllen hat, am Anfang des Formulars aufgeführt werden (Bild 7.20).

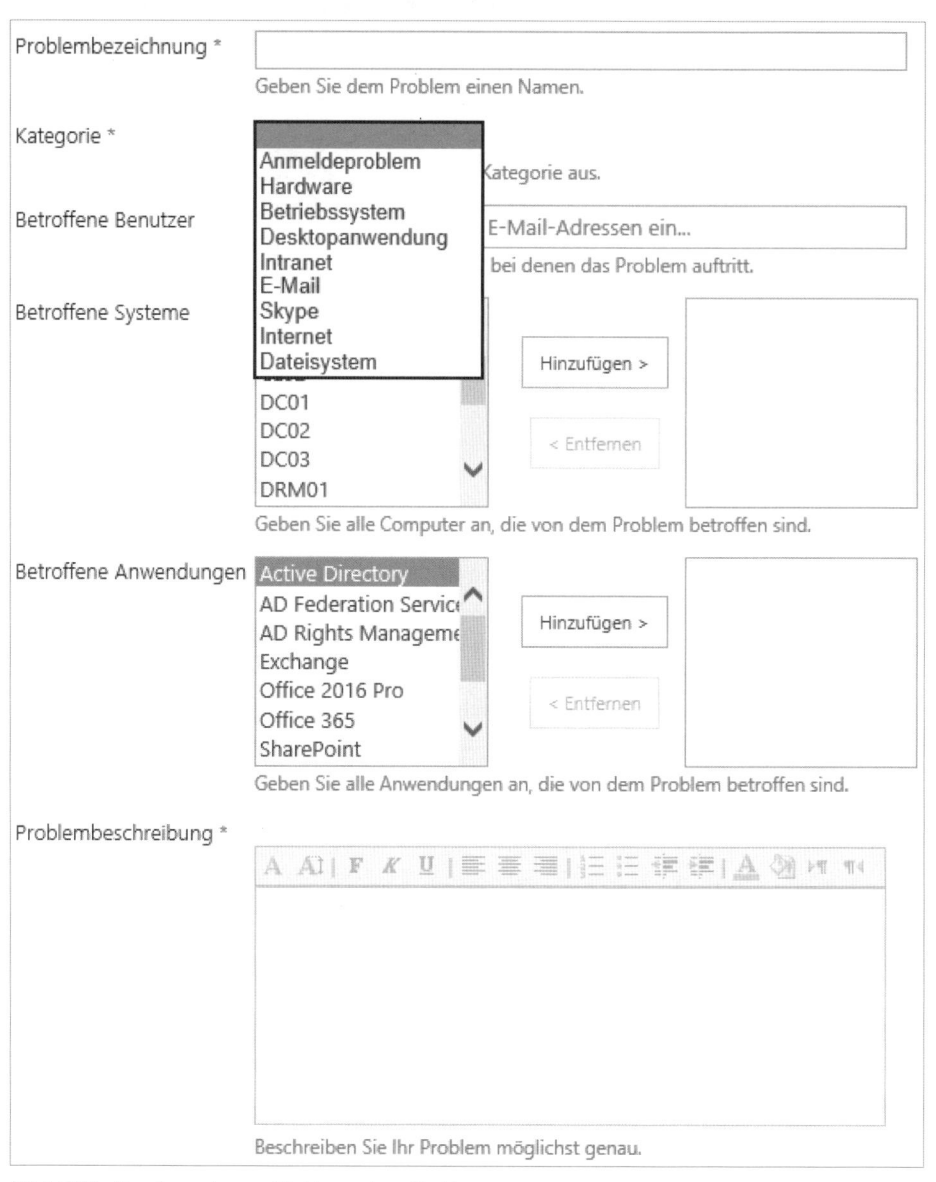

Bild 7.20 Das Formular zur Meldung eines Problems

Was Stefan jetzt noch stört, ist die Tatsache, dass den Anwendern im Formular auch Felder angezeigt werden, die sie bei der Meldung eines Problems nicht ausfüllen sollen. Es gibt zwei Möglichkeiten, die Formulare anzupassen. Stefan könnte in SharePoint Designer ein neues Formular auf Basis einer Datenansicht erstellen oder er kann ein InfoPath-Formular für die Liste erstellen. Die erste Möglichkeit ist bei einer SharePoint-Foundation-Installation die einzig gangbare, da dort keine Forms Services zur Verfügung stehen, die InfoPath-Formulare rendern können. In einer SharePoint-Server-Installation können die Forms Service genutzt werden. Diese stehen auch noch unter SharePoint 2016 zur Verfügung und werden noch vollständig unterstützt, auch wenn Microsoft sie, wie in der Einleitung beschrieben, zukünftig nicht mehr weiterentwickeln wird.

Stefan entscheidet sich für die Nutzung eines InfoPath-Formulars, weil darüber auch weitere Gestaltungsmöglichkeiten zur Verfügung stehen.

Ein InfoPath-Formular für die Problemmeldung erstellen

1. In der Problemverfolgungsliste klickt Stefan im Menüband *Liste* in der Gruppe *Liste anpassen* auf **INFOPATH ANPASSEN**.
2. Eine eventuelle Warnmeldung des Browsers akzeptiert er. InfoPath wird gestartet und das Listenformular mit allen auszufüllenden Feldern darin geöffnet.

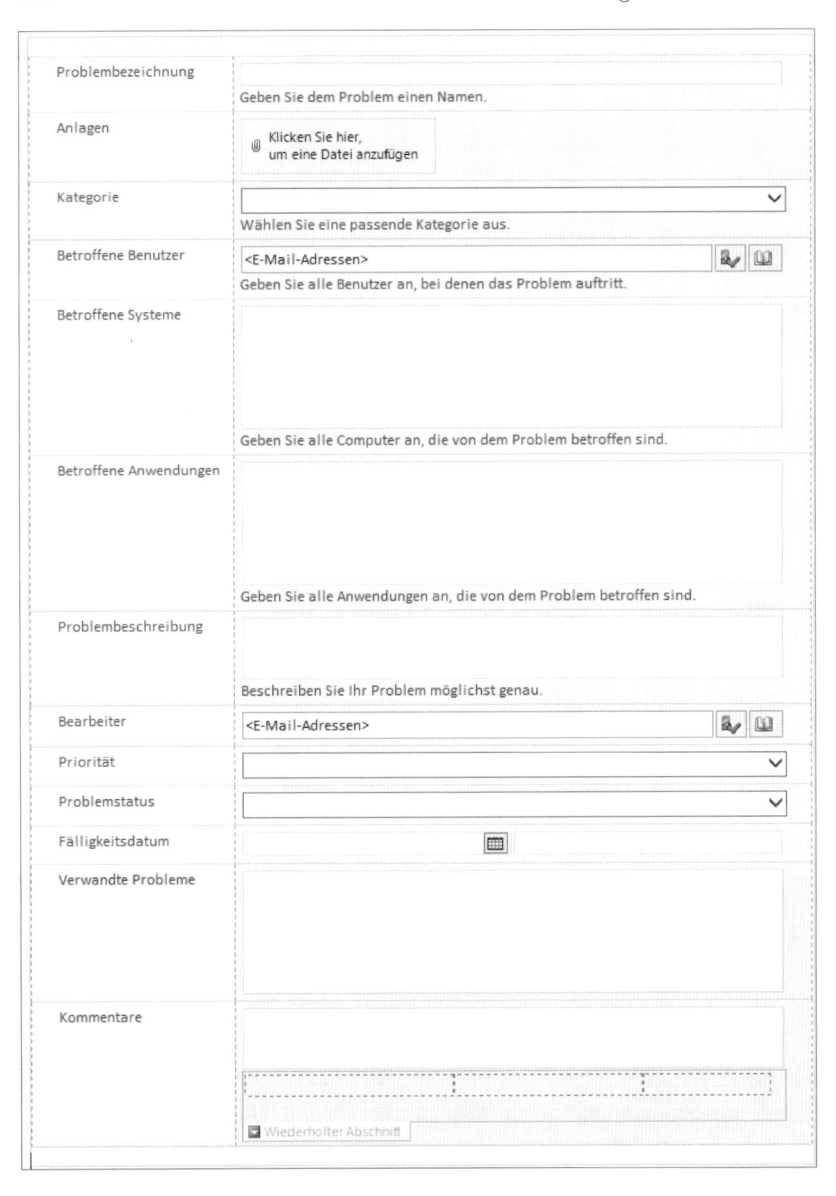

3. Da Stefan die Feldreihenfolge in der Liste schon definiert hat, übernimmt InfoPath diese auch für das Formular. Das Formular selbst besteht aus einer einfachen Tabelle. Zur Bearbeitung kann Stefan genauso vorgehen wie in anderen Tabellenwerkzeugen. Zunächst löscht er die nicht benötigten Tabellenzeilen aus dem Formular. Dazu markiert er alle Zeilen von *Bearbeiter* bis *Kommentare* und drückt einfach die Entfernen-Taste. Die Zeilen werden aus dem Formular gelöscht.

4. Anschließend klickt er oberhalb der Tabelle in den ersten umrahmten Abschnitt. Dort möchte Stefan einen Formulartitel und das Logo der Besser Kommunizieren GmbH einfügen. Unterhalb der Tabelle fügt er noch einen erläuternden Text ein. Das fertige Formular sieht nun folgendermaßen aus:

5. Stefan veröffentlicht das neue Formular in der Liste, um es zu testen. Dazu muss er es zuerst speichern (**DATEI/SPEICHERN UNTER**) und dann veröffentlichen (**DATEI/SCHNELL VERÖFFENTLICHEN**).

6. Das Formular wird nun gleichermaßen für alle Listenformulare verwendet, zum Erstellen neuer Einträge, zum Anzeigen und zum Bearbeiten vorhandener Einträge. Das ist natürlich noch nicht ganz in Stefans Sinn. Er möchte die derzeit ausgeblendeten Felder nachträglich bearbeiten können. Nur im Formular zur Erstellung eines neuen Antrags sollen sie ausgeblendet sein.

7. Daher öffnet er das Formular in InfoPath erneut und erstellt eine zusätzliche Ansicht, in der alle Felder enthalten sind. Dazu klickt er zuerst auf den Reiter **SEITENENTWURF** und dann in der Gruppe *Ansicht* auf **NEUE ANSICHT**.

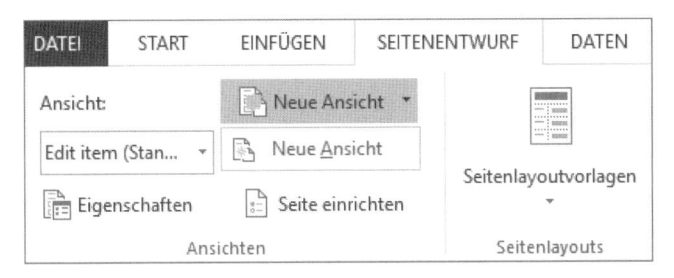

8. Nachdem Stefan im Dialogfeld *Neue Ansicht* der Ansicht einen Namen gegeben hat, wird in InfoPath eine leere Formularansicht geöffnet.

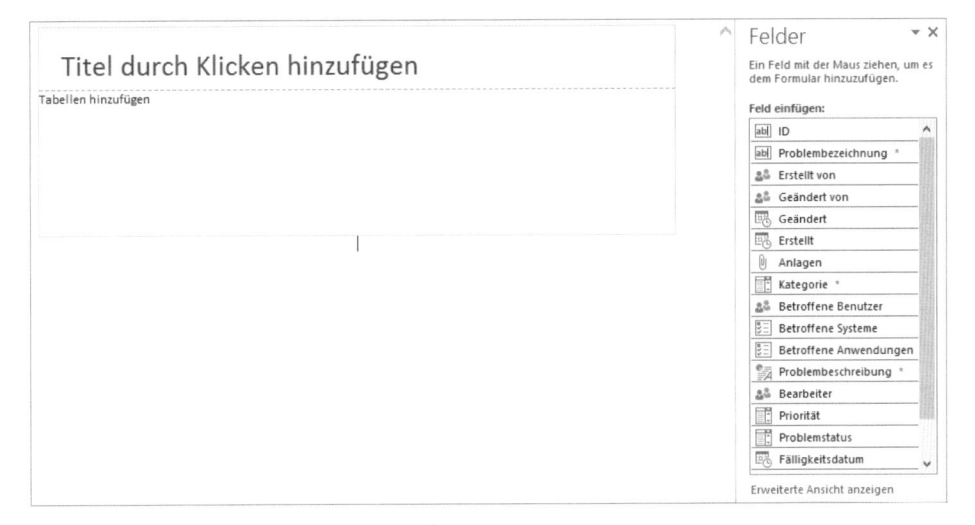

9. Stefan klickt in das untere Feld der Ansicht (*Tabelle hinzufügen*) und fügt dort mit den Optionen in der Gruppe *Tabelle* der Registerkarte *Einfügen* eine Tabelle über eine vorhandene Vorlage ein.

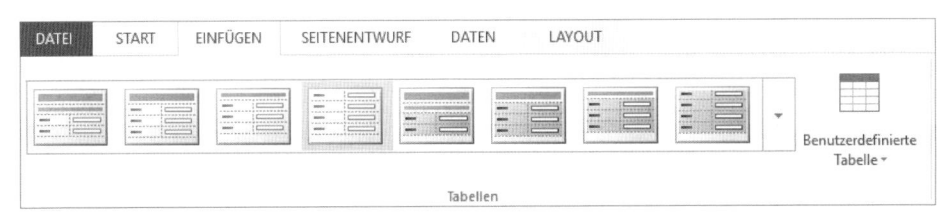

10. Mithilfe der Tabulatortaste erstellt Stefan zuerst die benötigte Anzahl Zeilen in der Tabelle und fügt dann per Drag-and-drop die Felder des Formulars aus der rechts angezeigten Feldliste in der erforderlichen Reihenfolge in die Zellen ein. Bei den Personenauswahlfeldern muss er in der Tabelle die Feldbezeichnungen noch manuell nachpflegen.

11. Da in der Bearbeitung die Problembezeichnung und die Problembeschreibung nicht geändert werden sollen, aktiviert er für diese beiden Felder den Schreibschutz in der Ansicht. Dazu klickt er mit der rechten Maustaste auf das Feld und wählt im Kontextmenü den letzten Eintrag **EIGENSCHAFTEN FÜR TEXTFELD** bzw. **RICH-TEXT-FELD**.
12. In den Feldeigenschaften öffnet er die zweite Karteikarte **ANZEIGE** und aktiviert darin die Checkbox **SCHREIBGESCHÜTZT**.

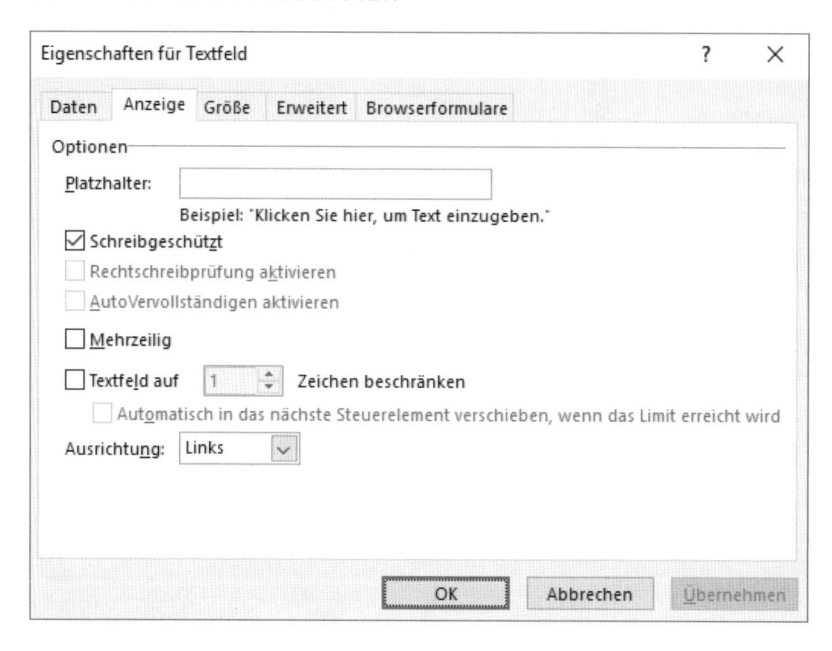

13. Abschließend formatiert Stefan das Formular noch durch Füllung der Tabellenzellen und fügt auch hier in der Titelzeile das Logo und eine Formularbezeichnung hinzu.

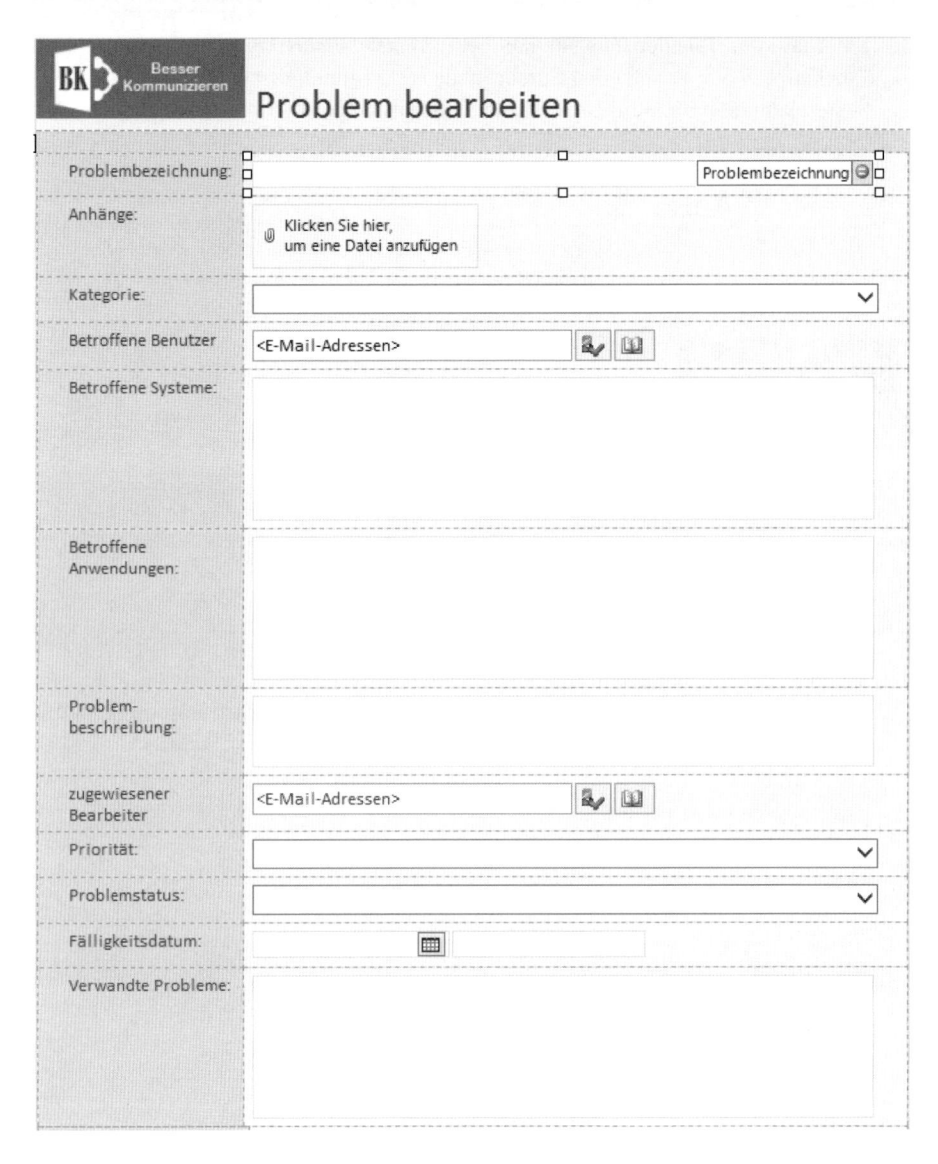

14. Der Wechsel zwischen den Ansichten ist im Browser zwar über das Menüband möglich, Stefan möchte die Option aber sichtbarer im Formular haben. Daher fügt er der Standardansicht eine Schaltfläche zum Wechsel in die Bearbeitungsansicht hinzu. Die Standardansicht ist derzeit die reduzierte Ansicht. Stefan wechselt über das Menüband *Seitenentwurf* und die Schaltfläche für die Ansichtsauswahl zurück zu der Standardansicht.

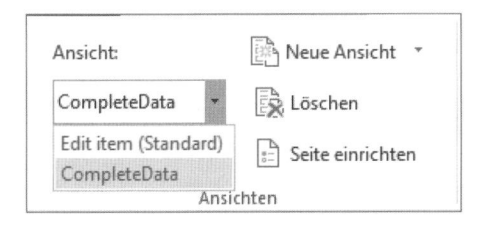

15. Unterhalb der Tabellenzeile für das Feld *Problembeschreibung* fügt Stefan eine neue Tabellenzeile ein. Er setzt den Cursor in die rechte Tabellenzelle und fügt dann aus den Steuerelementen im Menüband *Start* eine Schaltfläche ein.

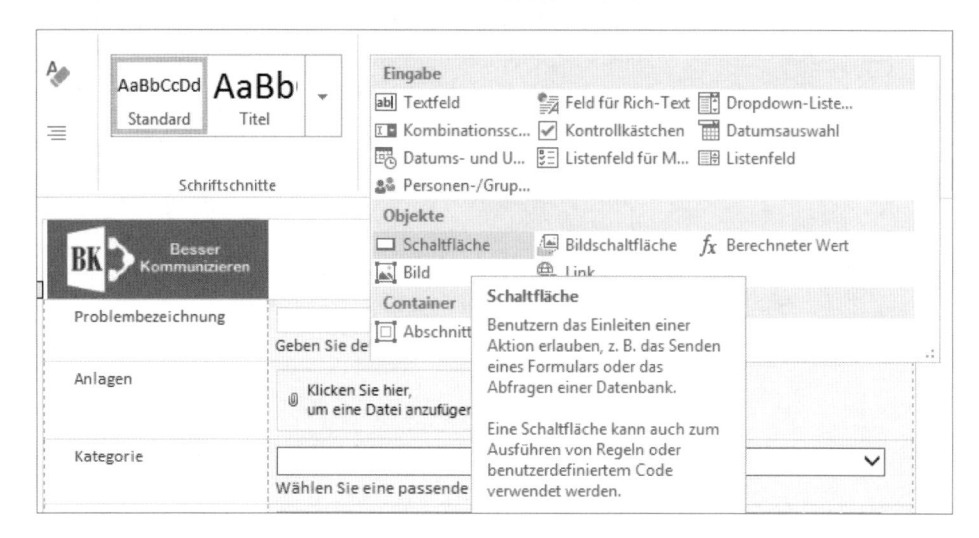

16. Stefan klickt mit der rechten Maustaste auf die Schaltfläche, wählt im Kontextmenü **EIGENSCHAFTEN FÜR SCHALTFLÄCHE** und ändert die Beschriftung der Schaltfläche in *Problem bearbeiten*.

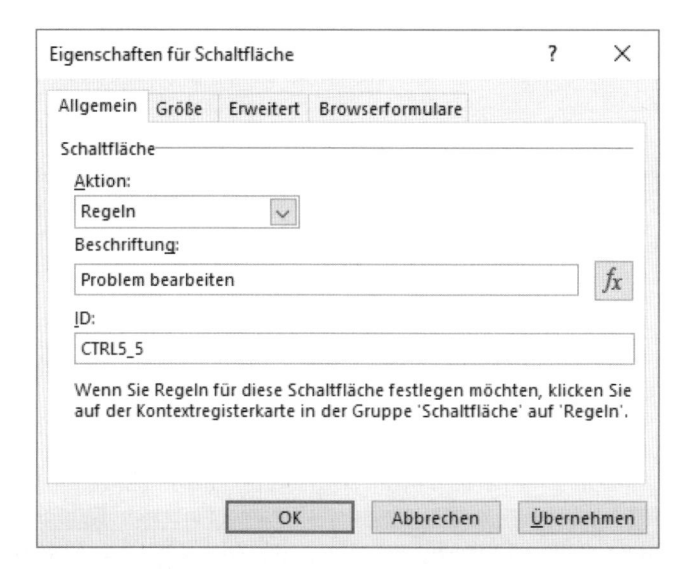

17. Um der Schaltfläche die passende Aktion hinzuzufügen, klickt Stefan im Menüband *Start* in der Gruppe *Regeln* auf **REGEL HINZUFÜGEN** und wählt dann nacheinander **BEIM KLICKEN AUF DIESE SCHALTFLÄCHE** und **ANSICHT WECHSELN** aus. Die Schaltfläche muss dabei weiterhin markiert sein.

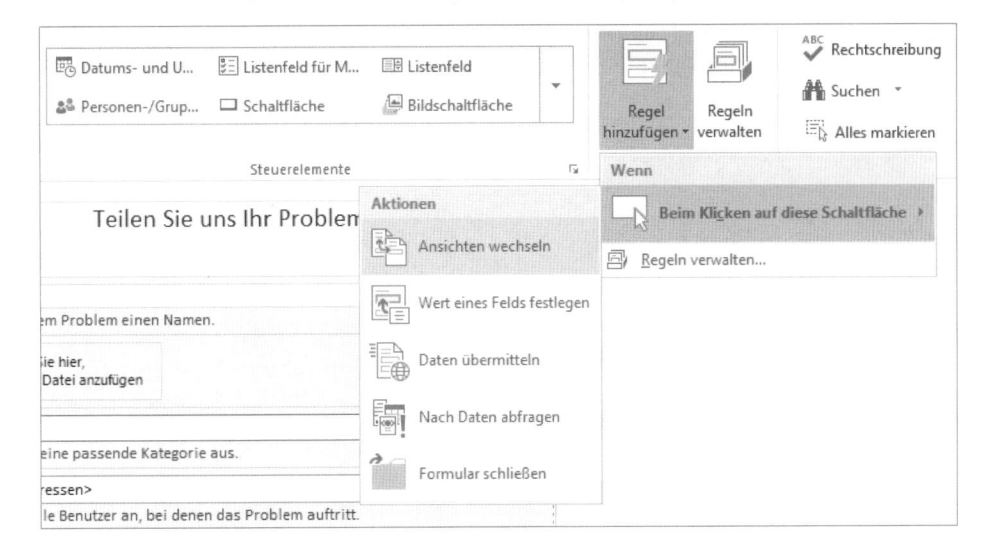

18. Im Dialogfeld *Regeldetails* muss Stefan noch die richtige Ansicht auswählen, falls sie nicht schon vorgegeben ist.

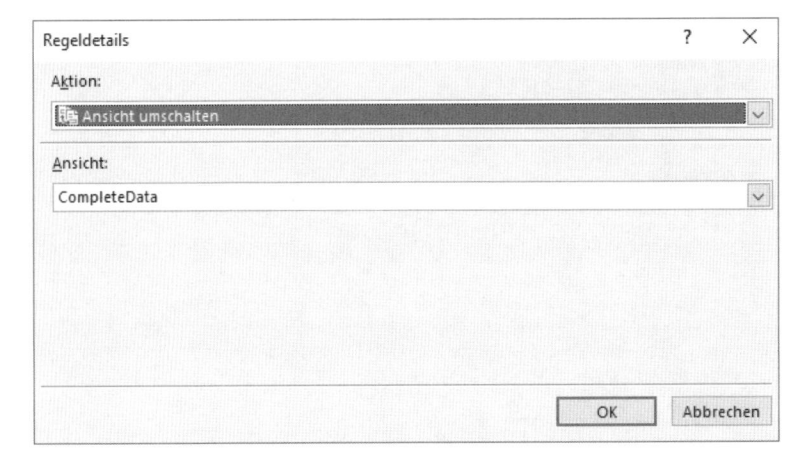

19. Eine letzte Einstellung, die nur in InfoPath möglich ist, nimmt Stefan abschließend noch vor. Und zwar möchte er für das Bearbeiterfeld einen Standardwert setzen, so dass alle Benutzer der Abteilung *IO* später per Workflow über die neue Anfrage informiert werden. Dies lässt sich in SharePoint weder in der Liste noch im Standardworkflow, den Stefan einsetzen möchte, lösen. Personenauswahlfelder bieten in SharePoint keine Standardwerte und im Workflow lassen sich nur Einzelkonten verwenden, wenn nicht ein Listenfeld verwendet wird. Um die Einstellungen zu setzen, klickt Stefan in InfoPath rechts unterhalb der Feldliste auf **ERWEITERTE ANSICHT ANZEIGEN**.

20. Die Feldliste wird nun als erweiterbarer Baum angezeigt. Stefan navigiert darin bis zum Bearbeiterfeld, öffnet den Untereintrag *pc:Person* und klickt dann mit der rechten Maustaste auf **ACCOUNTID**.

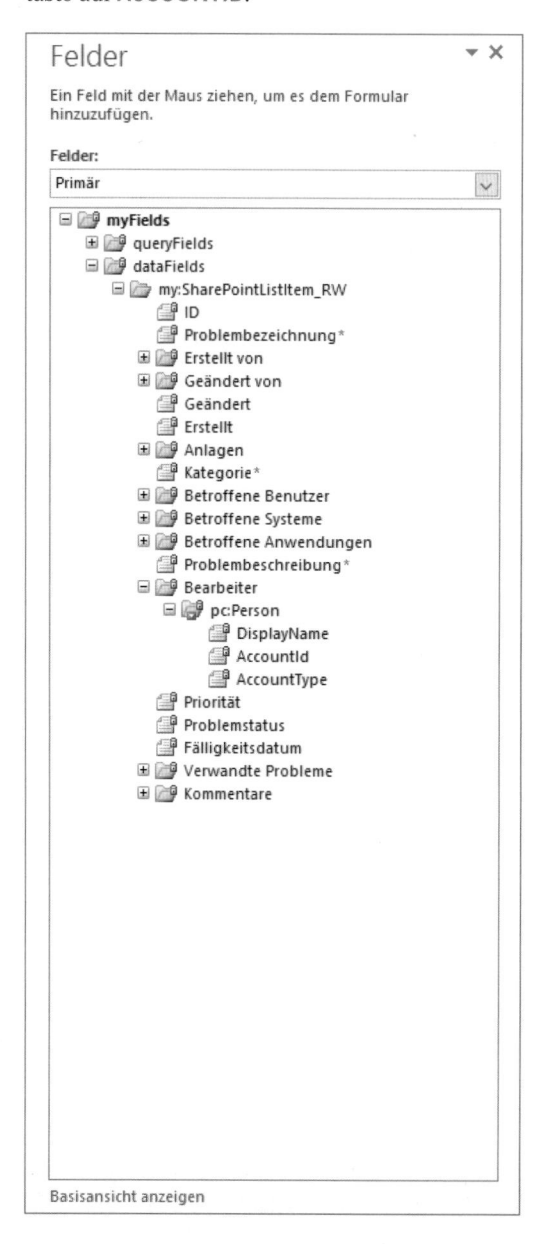

21. Im Kontextmenü des Feldes klickt Stefan auf **EIGENSCHAFTEN**. In den Feldeigenschaften gibt er dann im Abschnitt *Standardwert* den Wert *IO* ein. Dieser Gruppenname wird von SharePoint akzeptiert, da er auf die entsprechende Benutzergruppe im Active Directory verweist. Stefan bestätigt die Einstellung mit **OK** und stellt das Feld *DisplayName* in gleicher Weise ein.

Anschließend kann er das Formular wieder speichern, veröffentlichen und im Browser testen. Nachdem das Formular seinen Anforderungen entspricht und beide Ansichten wie gewünscht arbeiten, kann Stefan den nächsten Schritt angehen und den Workflow für die Helpdesk-Anfragen gestalten. Dazu greift er diesmal auf die Standardworkflowvorlage des 3-Status-Workflows in SharePoint zurück.

3-Status-Workflow für Helpdesk-Anfragen einrichten

1. Stefan klickt in der Liste für die Helpdesk-Anfragen im Menüband *Liste* in der Gruppe *Einstellungen* ganz rechts auf **WORKFLOWEINSTELLUNGEN** und dann auf **WORKFLOW HINZUFÜGEN**.
2. Aus den verfügbaren Vorlagen wählt er den 3-Status-Workflow aus (dieses Feature sollte in der Websitesammlung standardmäßig aktiviert sein), gibt dem Workflow einen eindeutigen Namen und aktiviert den automatischen Start für neue Elemente.

Workflowdetails

Workflow
Wählen Sie einen Workflow aus, der dieser Liste hinzugefügt werden soll. Wenn ein Workflow in der Liste fehlt, muss Ihr Websiteadministrator diesen ggf. veröffentlichen oder aktivieren.

Wählen Sie eine Workflowvorlage aus:
- * Dispositionsgenehmigung
- *** Drei Status**
- * Veröffentlichungsgenehmigung

Beschreibung:
Mit diesem Workflow können Sie Elemente in einer Liste verfolgen.

* kennzeichnet eine SharePoint 2010-Vorlage.

Name
Geben Sie einen Namen für diesen Workflow ein. Der Name identifiziert diesen Workflow.

Geben Sie einen eindeutigen Namen für diesen Workflow ein:
`HelpDesk-Anfrage`

Aufgabenliste
Wählen Sie den Namen der Aufgabenliste aus, die mit diesem Workflow verwendet werden soll, oder erstellen Sie eine neue Liste.

Wählen Sie eine Aufgabenliste aus:
`Tasks`

Beschreibung:

Verlaufsliste
Wählen Sie den Namen der Verlaufsliste aus, die mit diesem Workflow verwendet werden soll, oder erstellen Sie eine neue Liste.

Wählen Sie eine Verlaufsliste aus:
`Workflow History`

Beschreibung:
Diese Liste enthält Informationen zu Workflowinstanzen. Sie kann nicht zum Überwachen von Informationen verwendet werden.

Startoptionen
Geben Sie das Verfahren zum Starten des Workflows an.

☑ Manuelles Starten dieses Workflows durch einen authentifizierten Benutzer mit Elementbearbeitungsberechtigungen zulassen.
☐ Zum Starten dieses Workflows sind Berechtigungen zum Verwalten von Listen erforderlich.

☐ Diesen Workflow starten, um die Veröffentlichung einer Hauptversion eines Elements zu genehmigen.

☑ Dieser Workflow wird gestartet, wenn ein neues Element erstellt wird.

☐ Dieser Workflow wird gestartet, wenn ein Element geändert wird.

---

3. Nachdem Stefan auf **WEITER** geklickt hat, muss er das Statusfeld und die zu steuernden Status der Liste angeben. Da Stefan hier bei der Konfiguration der Liste keine Änderungen gemacht hat, kann er die automatischen Einstellungen übernehmen. Der Workflow wird anhand dieses Feldes den Status des Elementes, also der einzelnen Anfrage, steuern.

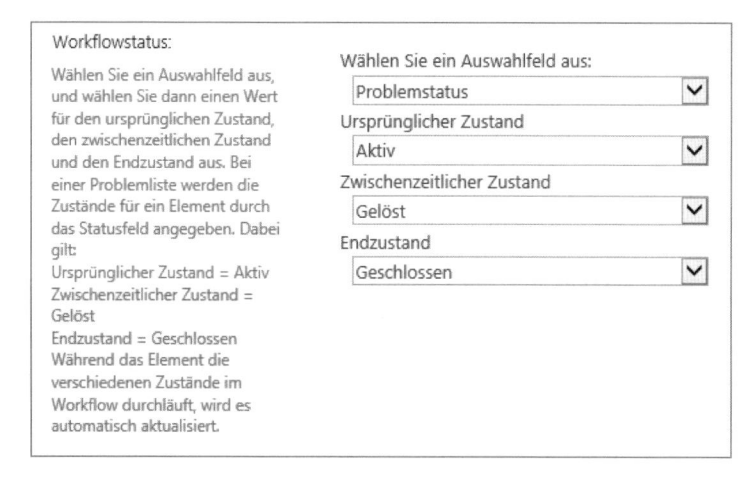

Workflowstatus:

Wählen Sie ein Auswahlfeld aus, und wählen Sie dann einen Wert für den ursprünglichen Zustand, den zwischenzeitlichen Zustand und den Endzustand aus. Bei einer Problemliste werden die Zustände für ein Element durch das Statusfeld angegeben. Dabei gilt:
Ursprünglicher Zustand = Aktiv
Zwischenzeitlicher Zustand = Gelöst
Endzustand = Geschlossen
Während das Element die verschiedenen Zustände im Workflow durchläuft, wird es automatisch aktualisiert.

Wählen Sie ein Auswahlfeld aus:
`Problemstatus`

Ursprünglicher Zustand
`Aktiv`

Zwischenzeitlicher Zustand
`Gelöst`

Endzustand
`Geschlossen`

4. In den unteren Abschnitten nimmt Stefan die Konfiguration für die beiden vom Workflow zu erstellenden Aufgaben vor, die Bearbeitungsaufgabe, die den Bearbeitern zugewiesen wird, wenn eine neue Anfrage eingeht und die Prüfaufgabe, die dem Ersteller zugewiesen wird, wenn die Bearbeitungsaufgabe abgeschlossen wird. Von Vorteil ist dabei, dass er für die Aufgabenkonfiguration und die dazugehörige E-Mail auf viele Felder der Liste zugreifen kann. Wichtig ist aber auch, dass alle Prozessbeteiligten schreibenden Zugriff auf die Helpdesk-Liste und die zugeordnete Aufgabenliste haben, um die Elemente bearbeiten zu können.

Neben diesem SharePoint-basierten Verfahren möchten Matthias und Stefan für den Helpdesk auch telefonische Anfragen zulassen. Daher soll Stefan, ähnlich wie im Vertrieb, auch hierfür eine Reaktionsgruppe in Skype for Business einrichten, die eine zentrale Rufnummer für den Helpdesk zur Verfügung stellt und die Anrufe an die Mitarbeiter der IT weiterleitet. In zwei Dingen unterscheiden sich die Anforderungen des Helpdesk im Vergleich zum Vertrieb:

- Erstens sollen die Mitglieder der IT für den Fall, dass sie mit Projektarbeit ausgelastet sind, festlegen können, ob sie derzeit für Helpdesk-Anfragen zur Verfügung stehen.
- Zweitens sollen Anfragen am besten direkt an den zuständigen Mitarbeiter der IT weitergeleitet werden. Wenn der entsprechende Mitarbeiter nicht erreichbar ist, wird die Anfrage an die gesamte Gruppe weitergeleitet.

Den gesamten Ablauf der Anrufverteilung stellt Stefan zuerst in Visio als klassischen hierarchischen Prozess dar (Bild 7.21). Anschließend richtet er das entsprechende Call-Routing in Skype for Business ein.

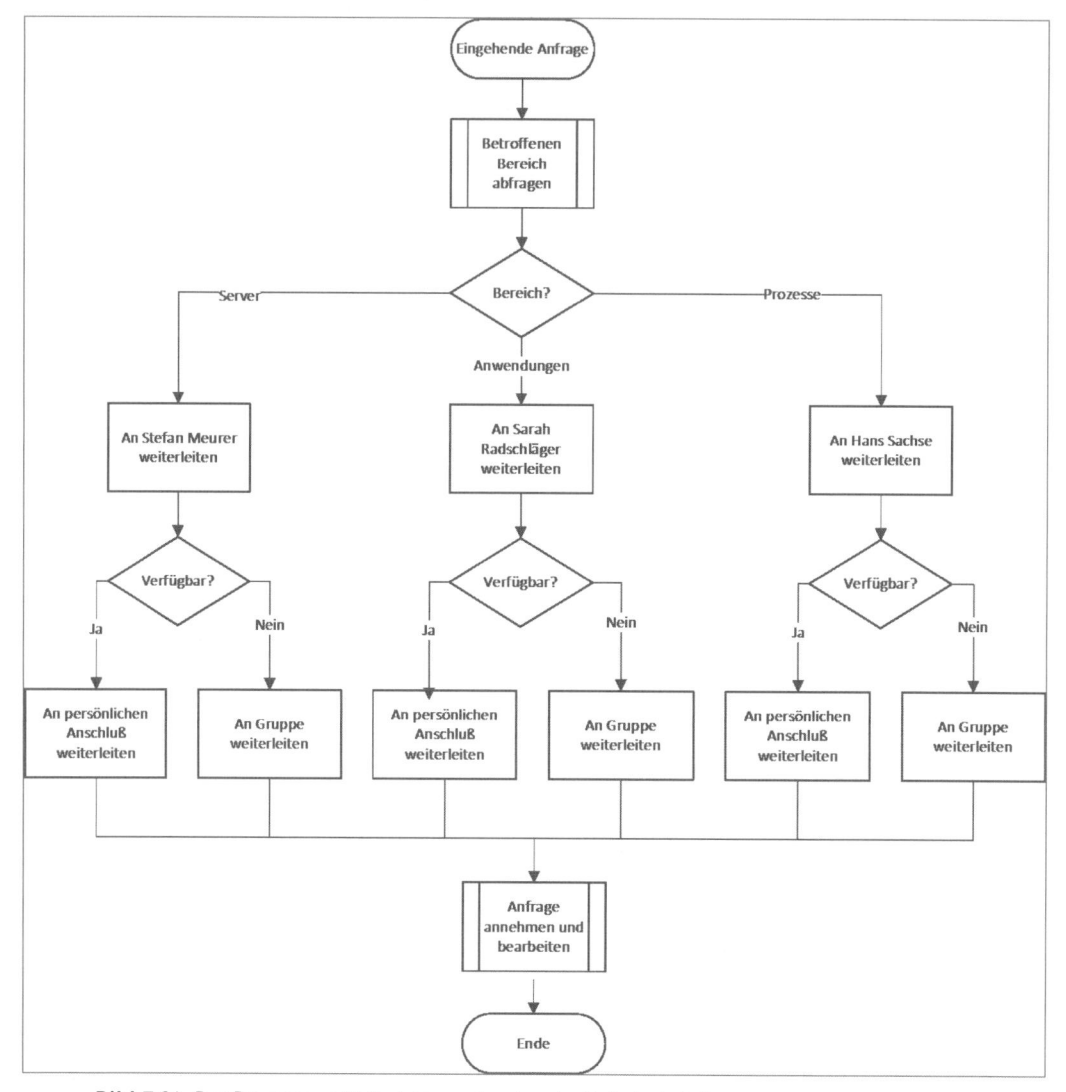

Bild 7.21 Der Prozess zur Weiterleitung eingehender Helpdesk-Anfragen

Call-Routing für den Helpdesk in Skype for Buisness einrichten

1. Stefan öffnet also die Skype-for-Business-Server-Systemsteuerung. Die erforderlichen Einstellmöglichkeiten befinden sich in der Verwaltung der **REAKTIONSGRUPPEN**. Dort öffnet Stefan zuerst den dritten Reiter **GRUPPE**, um die erforderlichen Routingziele zu erfassen.

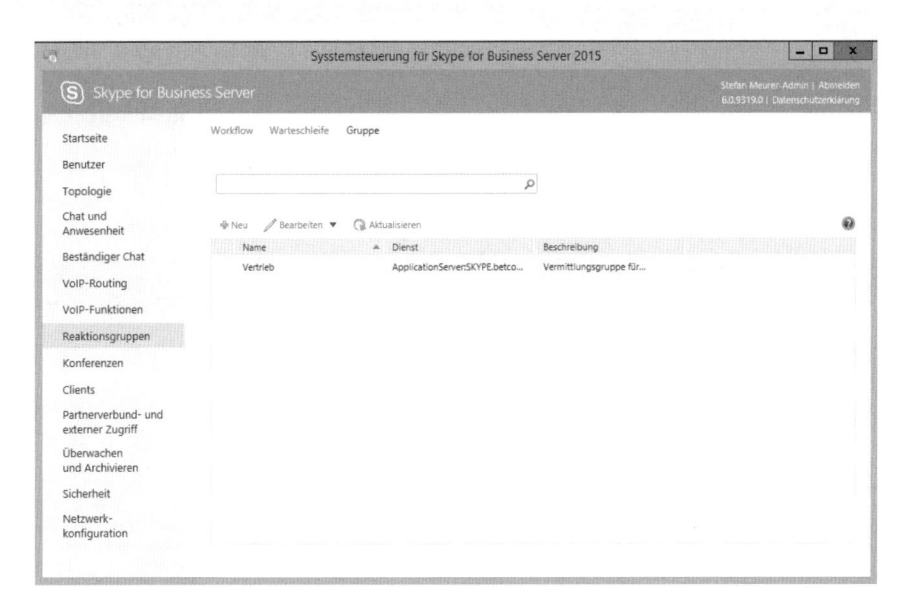

2. Alle Routingziele, die im Workflow verwendet werden, müssen als Gruppe angelegt sein. Voraussetzung dafür ist auch, dass alle Beteiligten mit einer Enterprise-VoIP-Lizenz ausgestattet sind. Stefan erstellt also vier Gruppen, eine für die IT-Abteilung und jeweils eine für Sarah, Hans und sich selbst. Für alle Gruppen legt er die Beteiligungsrichtlinie auf **FORMELL** fest. Da dann alle Gruppenmitglieder sich explizit in der Gruppe anmelden müssen, wenn Skype gestartet wird, ist sichergestellt, dass Anfragen nur dann weitergeroutet werden, wenn der Mitarbeiter auch bereit ist, diese anzunehmen.

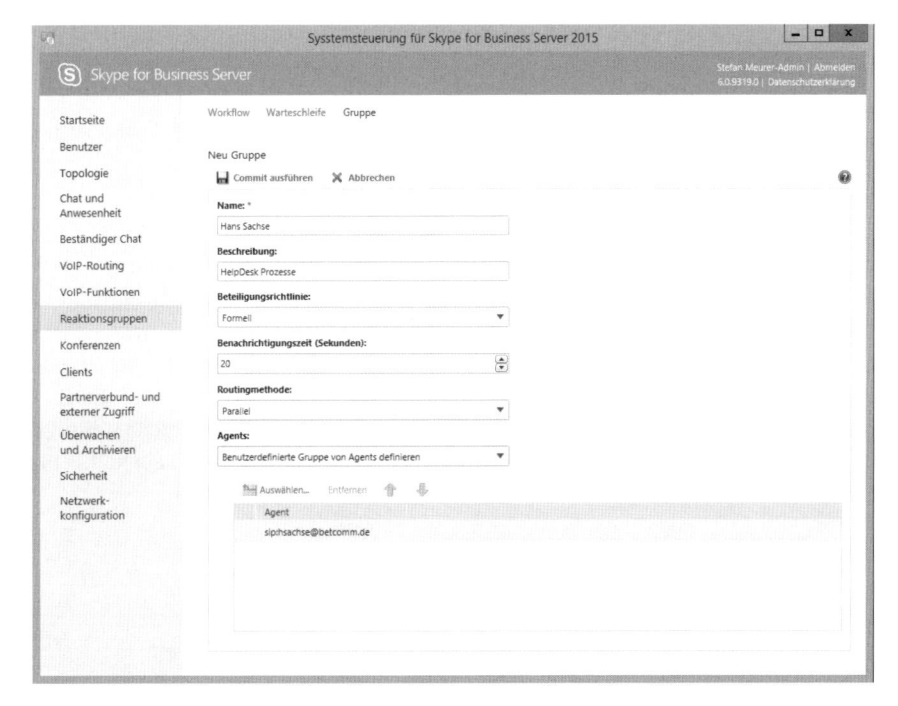

3. Stefan muss die erforderlichen Warteschleifen einrichten, an die der Workflow die eingehenden Anrufe übergibt. Auch hier benötigt er vier Stück, eine für den Helpdesk allgemein und jeweils eine für die drei Kollegen der IT-Abteilung. Innerhalb der Reaktionsgruppenkonfiguration klickt Stefan auf den Reiter **WARTESCHLEIFE** und erstellt über **NEU** die vier Warteschleifen. Die Einstellungen für den Warteschleifenüberlauf passt er dabei der Anzahl der maximal verfügbaren Mitarbeiter an.

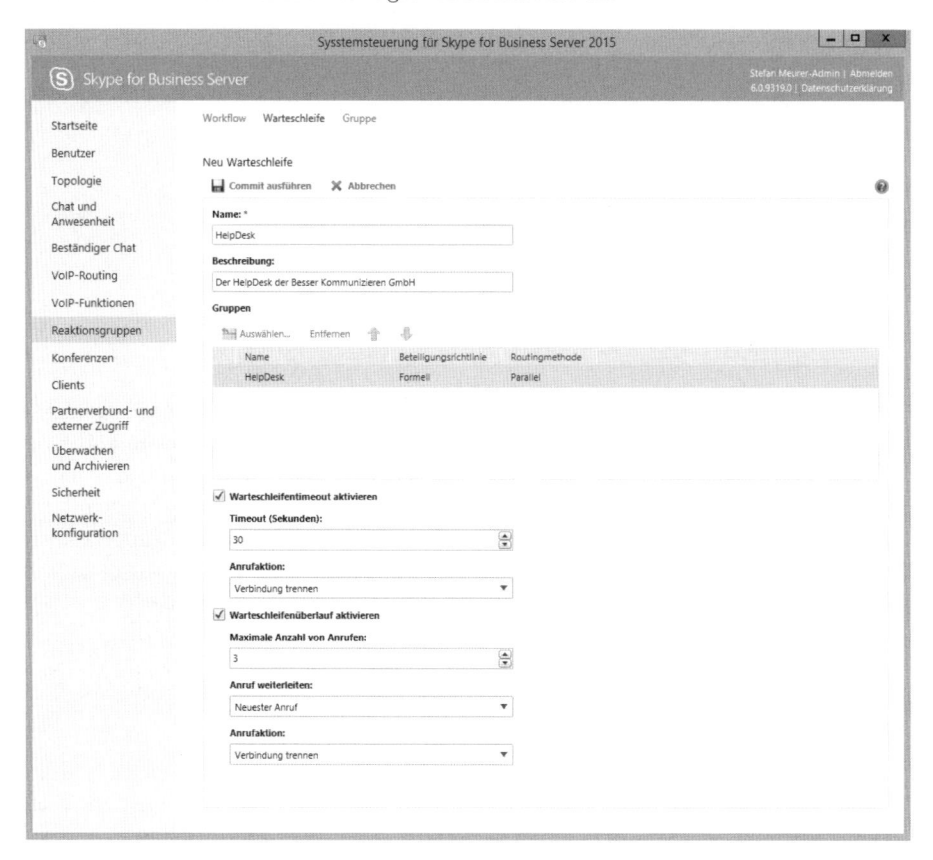

4. In den persönlichen Warteschleifen gibt Stefan als erste Gruppe die jeweils persönliche Gruppe des Benutzers an und als zweite Gruppe den Helpdesk. Skype for Business versucht dann zuerst in der ersten Gruppe einen freien Agenten zu finden. Wenn dort keiner verfügbar ist, wird die Anfrage an einen freien Ansprechpartner in der Helpdesk-Gruppe, also an einen anderen Mitarbeiter der IT-Abteilung, weitergeleitet. Zusätzlich legt Stefan fest, dass die Nachricht an die allgemeine Helpdesk-Warteschleife weitergeleitet wird, wenn der jeweilige persönliche Ansprechpartner sich schon in einem Gespräch befindet oder innerhalb von 20 Sekunden das Gespräch nicht annimmt.

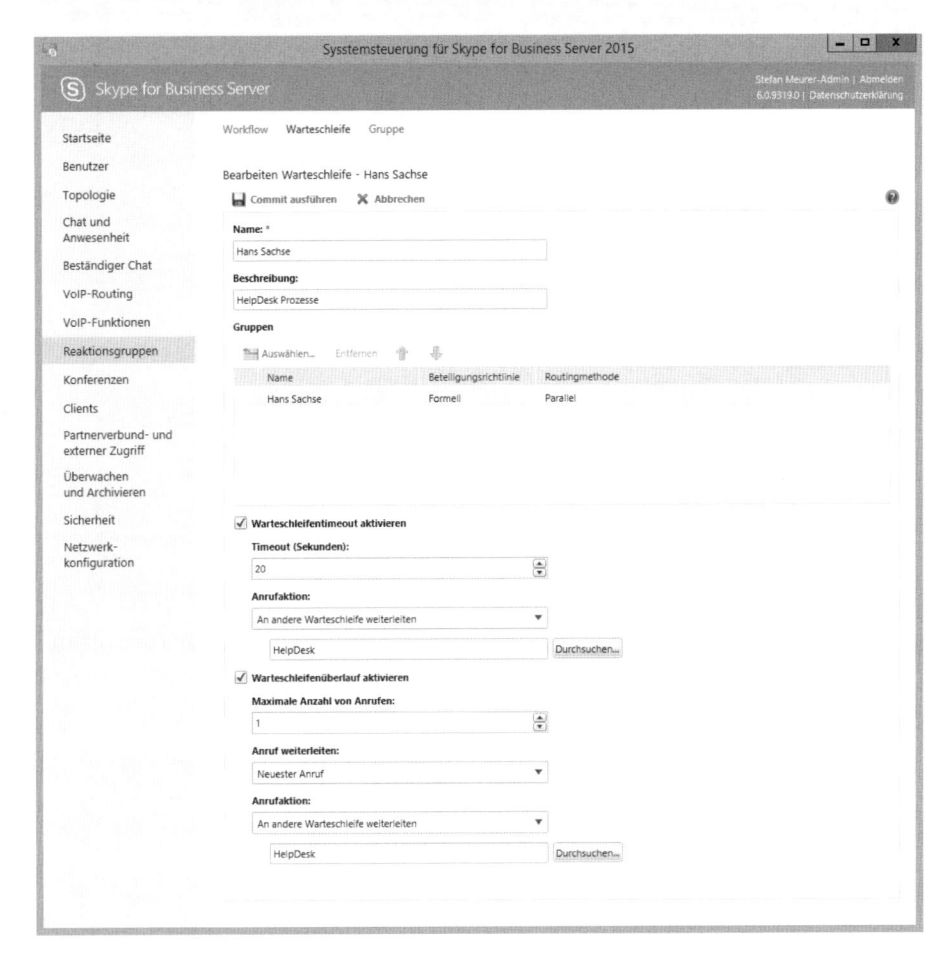

5. Damit sind die Voraussetzungen geschaffen, um den Workflow für den Helpdesk anzulegen. Stefan wechselt in der Reaktionsgruppenkonfiguration auf den ersten Reiter **WORKFLOW** und klickt dann auf **WORKFLOW ERSTELLEN ODER BEARBEITEN**. Da für den Helpdesk ein interaktiver Workflow benötigt wird, der den betroffenen Bereich beim Anrufer abfragt und basierend auf der Antwort Routingentscheidungen trifft, klickt Stefan im Reaktionsgruppen-Konfigurationstool diesmal hinter der Option *Interaktiv* auf **ERSTELLEN**.

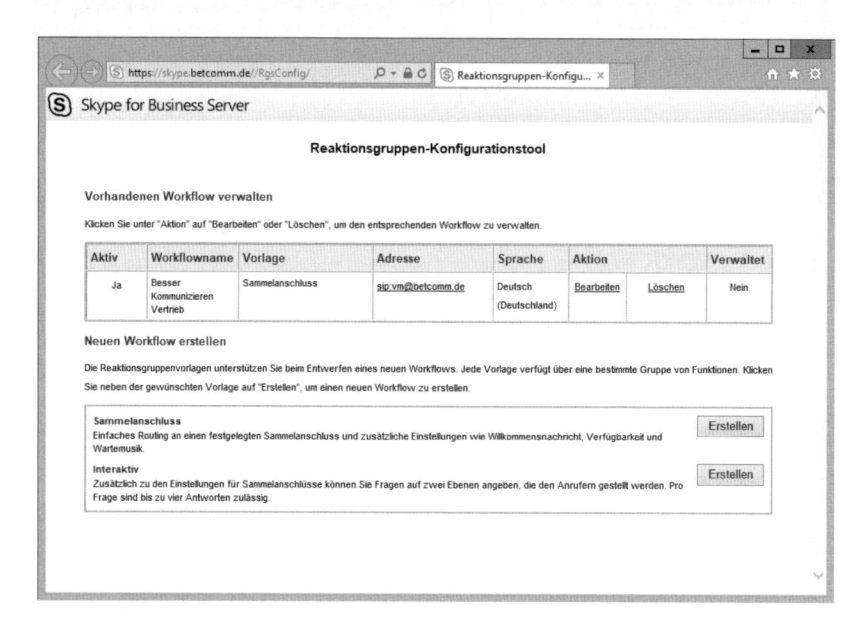

6. Im Schritt eins des Assistenten gibt Stefan die grundlegenden Informationen zum Workflow an, wie z. B. die *SIP-Adresse* und die *Telefonnummer*, die dem Workflow zugewiesen wird.

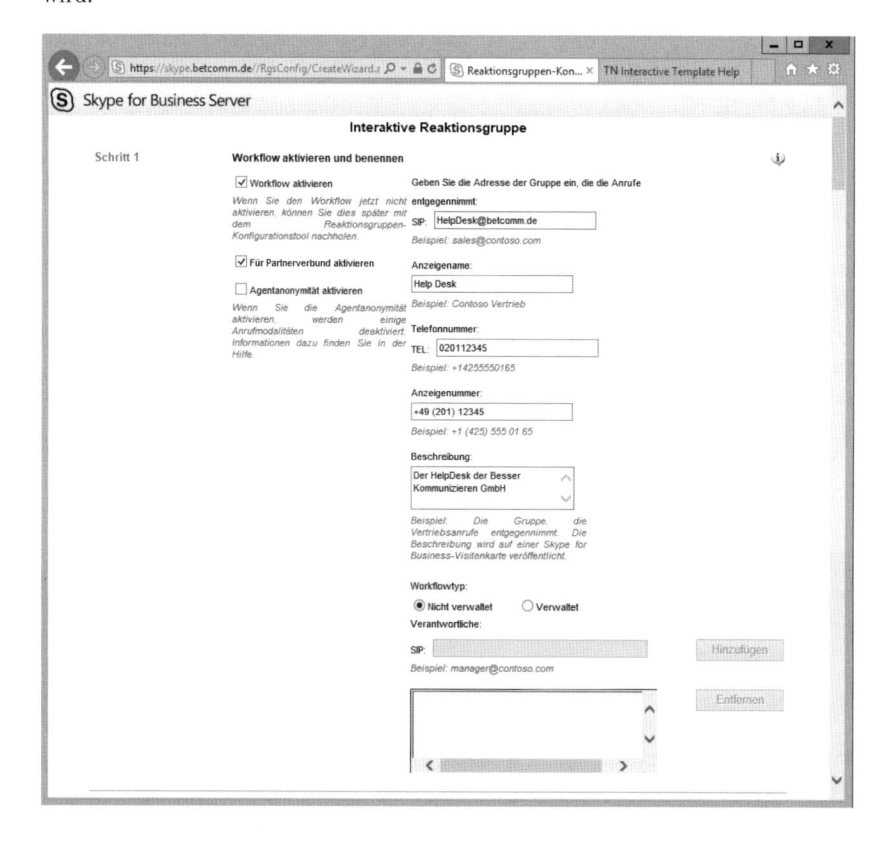

7. In den weiteren Schritten konfiguriert Stefan noch die Spracheinstellungen, Antwortzeiten und Sprachantworten des Workflows. Die entscheidenden Einstellungen befinden sich im Schritt sieben *Interaktive Sprachantwort (IVR) konfigurieren*. Dort muss Stefan das Verhalten des Workflows konfigurieren. Festzulegen sind drei Optionen, die Stefan als Antwortoptionen und Ziffernfeldauswahl hinterlegen möchte. Zunächst gibt Stefan den Auswahltext ein, der vom Text-zu-Sprache-Modul umgewandelt werden soll. Alternativ könnte er diesen auch in einer Sprachaufzeichnung aufnehmen und einbinden: *Bitte geben Sie an, welcher Bereich vom Problem betroffen ist. Sagen Sie „Anwendung" oder drücken Sie die 1, wenn es ein lokales Problem auf Ihrem Rechner ist. Sagen Sie „Server" oder drücken Sie die 2, wenn ein zentraler Dienst nicht wie gewünscht arbeitet. Sagen Sie „Prozess" oder drücken Sie die 3, wenn Dokumente oder Informationen nicht in der gewünschten Form zur Verfügung stehen.*
8. Für jede der Optionen muss Stefan darunter angeben, wie der Workflow im jeweiligen Fall verfahren soll. Stefan leitet die jeweilige Option an die Warteschleife des entsprechenden Spezialisten weiter.

Die Mitarbeiter der IT-Abteilung, die jetzt Mitglied der neuen formellen Gruppe sind, bekommen in Skype for Business einen Hinweis darauf (Bild 7.22).

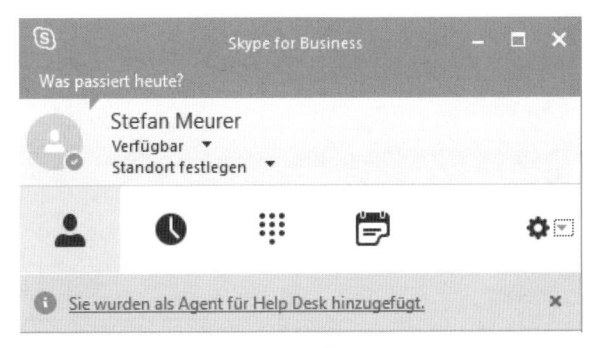

Bild 7.22 Als Agent einer Reaktionsgruppe hinzugefügt

Um seinen Gruppenstatus zu bearbeiten, also anzugeben, dass er für eingehende Anfragen zur Verfügung steht, klickt Stefan in seinem Skype-for-Business-Client rechts auf das Einstellungsmenü (Zahnrad), zeigt im Menü auf **EXTRAS** und klickt dann auf **EINSTELLUNGEN FÜR REAKTIONSGRUPPEN** (Bild 7.23).

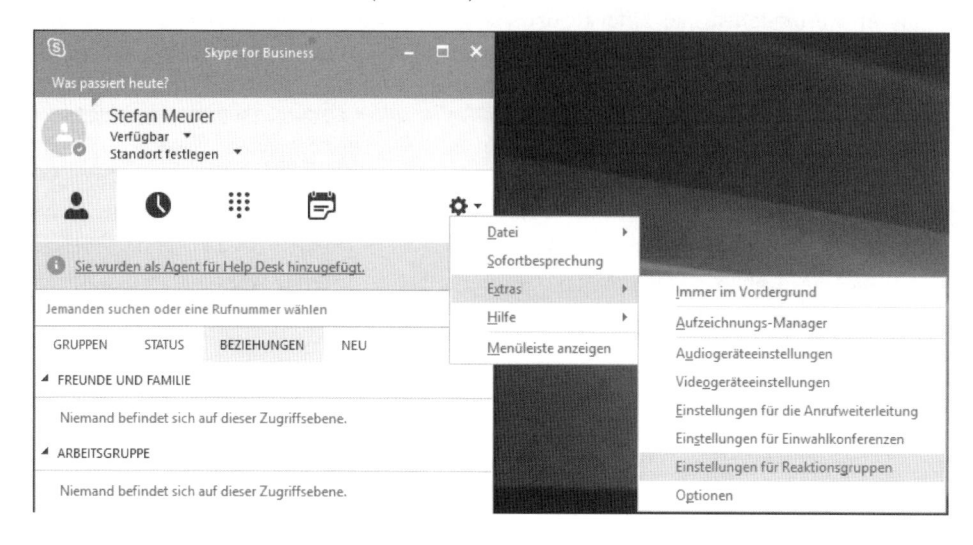

Bild 7.23 Reaktionsgruppeneinstellungen aufrufen

Für die Einstellungen wird im Browser eine persönliche Webseite auf dem Skype-for-Business-Server geöffnet. Dort kann Stefan nun auswählen, an welchen Gruppen er sich anmelden möchte (Bild 7.24). Zu beachten ist, dass das Verfahren nur dann gut funktioniert, wenn das Skype-for-Business-Anmeldekonto dem Windows-Anmeldekonto entspricht. Der Zugriff auf die Website ist nur für den jeweiligen Benutzer freigegeben und mit einer Windows-integrierten Anmeldung versehen. Entspricht das Windows-Konto des Benutzers nicht dem Skype-Konto, kann es zu einem Zugriffsfehler kommen.

Zum Anmelden muss Stefan einfach die Checkboxen vor der jeweiligen Reaktionsgruppe aktivieren.

Bild 7.24 Stefans Reaktionsgruppen

In dieser Phase des Projektes sind Stefan und Matthias tiefer in die Konfigurationsmöglichkeiten der Plattform eingestiegen. Sie konnten viele sehr spezielle Verfahren testen. Der Erfolg der Umsetzungen eröffnet aber auch weitere Möglichkeiten und Perspektiven. Sie sind guter Dinge, dass sich auf dieser Basis auch noch komplexere Anforderungen umsetzen lassen. Im nächsten Schritt möchten die beiden sich dann mit der Anbindung externer Kommunikationspartner beschäftigen. Die zentralen Prozesse dazu liegen in der Abteilung *Einkauf und Beschaffung* vor.

8 Externe Kommunikation in Einkauf und Beschaffung

Nachdem Matthias bis hierin einige der Kernprozesse interner Kommunikation der Besser Kommunizieren GmbH mit seinen Kollegen beispielhaft umgesetzt hat, möchte er nun prüfen, wie die externe Kommunikation mithilfe der neuen Umgebung unterstützt werden kann. Dazu entwickelt er zusammen mit Klara Petzold und Marius Gardino aus Einkauf- und Beschaffungsabteilung einige Einsatzszenarien. Das Erste, das sich nach Matthias Meinung einigermaßen schnell umsetzen lassen sollte, ist die Abrechnung der externen Mitarbeiter in Projekten und Schulungen.

Der bisherige Prozess sieht vor, dass die Mitarbeiter ein Standardabrechnungsformular der Besser Kommunizieren GmbH ausfüllen und dieses per Post dem Einkauf zusenden. Dort werden die Abrechnungen geprüft und die entsprechenden Werte in die Systeme eingetragen, aus denen dann die Projekt- und Schulungsabrechnungen erstellt werden.

Um diesen Prozess zu automatisieren oder zumindest zu verschlanken, kommen für Matthias grundsätzlich zwei Lösungswege in Betracht. Zum einen kann für die externen Mitarbeiter die Möglichkeit geschaffen werden, ihre Abrechnungen direkt in die Systeme der Besser Kommunizieren GmbH einzutragen. Auf der anderen Seite kann eine Übermittlung der Abrechnungen per E-Mail an ein entsprechendes System eingerichtet werden, so dass aus dem Dokument die benötigten Daten extrahiert und zur Weiterverarbeitung genutzt werden können.

Beide Lösungen lassen sich auf SharePoint umsetzen. Im ersten Fall müssen sich die externen Mitarbeiter am System authentifizieren können, um sicherzustellen, das nur berechtigte Personen auf die Daten zugreifen können. Im zweiten Fall ist der Abgabeweg eine „Einbahnstraße". Die Daten können zwar von außen abgeliefert werden, der nachträgliche Zugriff ist nur eingeschränkt bzw. gar nicht möglich. Dieser Ansatz erfordert zudem eine eindeutige Strukturierung der Daten für die Extraktion.

Da mit dem Formular für die Stundenabrechnung schon eine entsprechende Vorlage vorhanden ist, entscheidet Matthias sich dazu, die zweite Lösung von Stefan umsetzen zu lassen. Er möchte dabei aber ein dynamisches Dokumentenrouting nutzen, um die Prozesse für die Abrechnung von Trainingseinsätzen und Projekteinsätzen unterschiedlich gestalten zu können.

■ 8.1 SharePoint für die Partnerkommunikation nutzen

Stefan möchte auch für den Einkauf eine eigene Website nutzen. Da er hier zukünftig den Bedarf sieht, auch externen Partnern Zugriff auf einige der Informationen in dieser Website zu geben, bespricht er mit Matthias, Klara und Marius die Anforderungen dafür. Mit einigen der Geschäftspartnern arbeitet die Besser Kommunizieren GmbH sehr eng zusammen. Hier sollte es zukünftig die Möglichkeit geben, dass diese Partner bzw. deren Mitarbeiter sich mit ihren eigenen Benutzerkonten auf der Website authentifizieren können. Andere, insbesondere freie Mitarbeiter, verfügen in der Regel über ein Microsoft-Konto oder ein Office 365-Konto. Auch hier soll grundsätzlich darüber nachgedacht werden, die Authentifizierung mithilfe dieser Konten zu ermöglichen.

Im ersten Schritt soll aber eine Benutzerverwaltung für die Website eingerichtet werden, die unabhängig vom Active Directory arbeitet. Dafür bietet sich in SharePoint die formularbasierte Authentifizierung über eine SQL-Datenbank an. Alle dafür erforderlichen Werkzeuge sind in SharePoint vorhanden, so dass eine aufwendige Konfiguration weiterer Tools wie den Active Directory Federation Services nicht erforderlich ist. In einem späteren Schritt möchte Matthias dann auf Basis der ersten Erfahrungen damit darüber entscheiden, ob die Anbindung der ADFS für die Besser Kommunizieren GmbH erforderlich ist.

In SharePoint erfolgt die Zuordnung der Authentifizierungsanbieter auf der Ebene der Webanwendungen. Daher macht Stefan den Vorschlag, die Website des Einkaufs, wie schon die öffentliche Website für den Schulungskatalog, in einer eigenen Webanwendung zu betreiben. Dadurch wird der Gefahr vorgebeugt, dass interne Informationen versehentlich für externe Partner freigegeben werden.

Erstellen der Website für den externen Zugriff

Analog zu dem in Abschnitt 6.1 beschriebenen Verfahren erstellt Stefan somit zuerst eine neue Webanwendung mit einer neuen Websitesammlung und einer Teamsite. Folgende Schritte sind dafür wieder auszuführen:

1. Erstellen eines AD-Kontos für den Anwendungspool

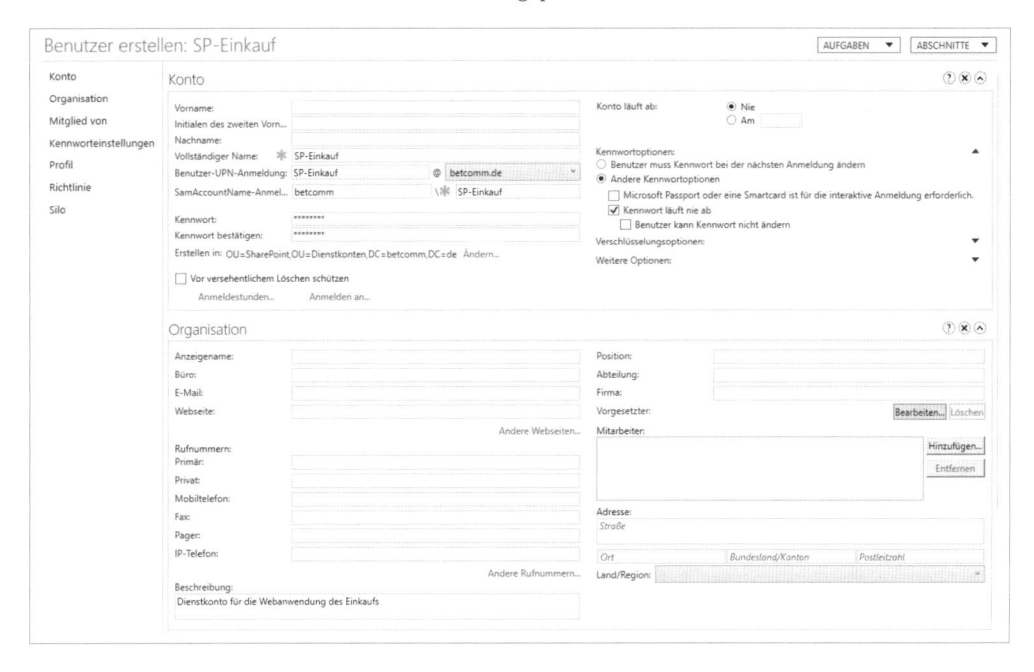

2. Einrichten des Kontos als verwaltetes Konto in SharePoint

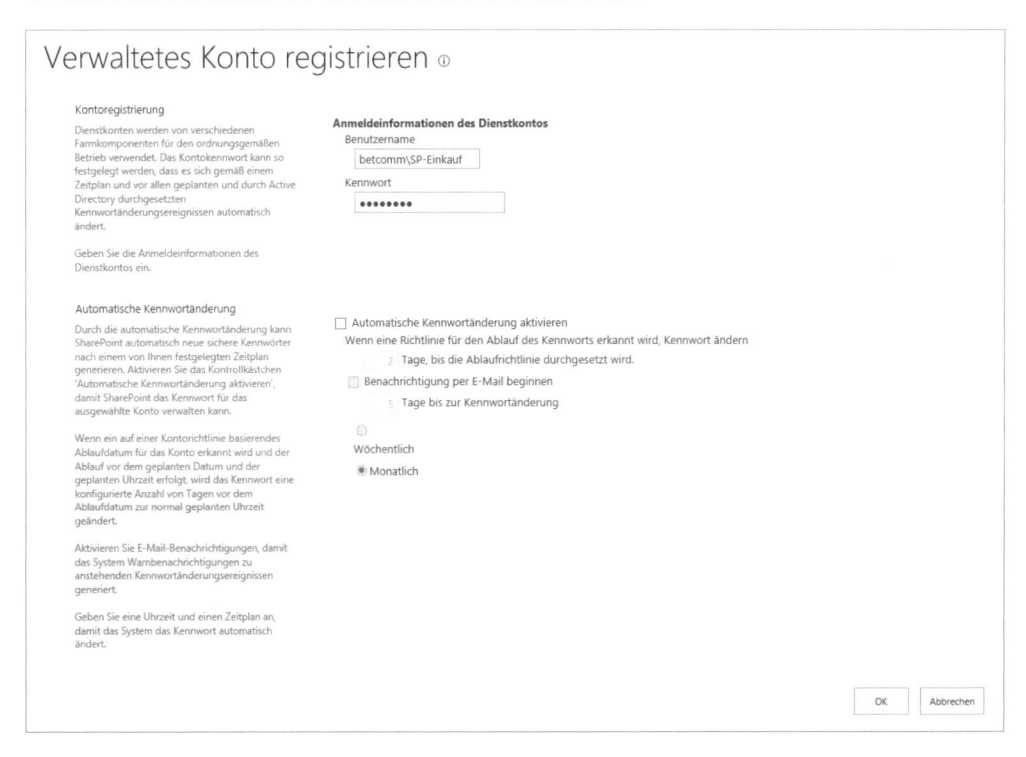

3. Erstellen des DNS-Eintrags für die neue Website

Neuer Host

Name (bei Nichtangabe wird übergeordneter Domänenname verwendet):

Einkauf

Vollqualifizierter Domänenname:

Einkauf.betcomm.de.

IP-Adresse:

192.168.0.50

☑ Verknüpften PTR-Eintrag erstellen

☐ Authentifizierte Benutzer können DNS-Einträge mit demselben Besitzernamen aktualisieren

[Host hinzufügen] [Abbrechen]

4. Erstellen der Webanwendung mit einem eigenen Anwendungspool

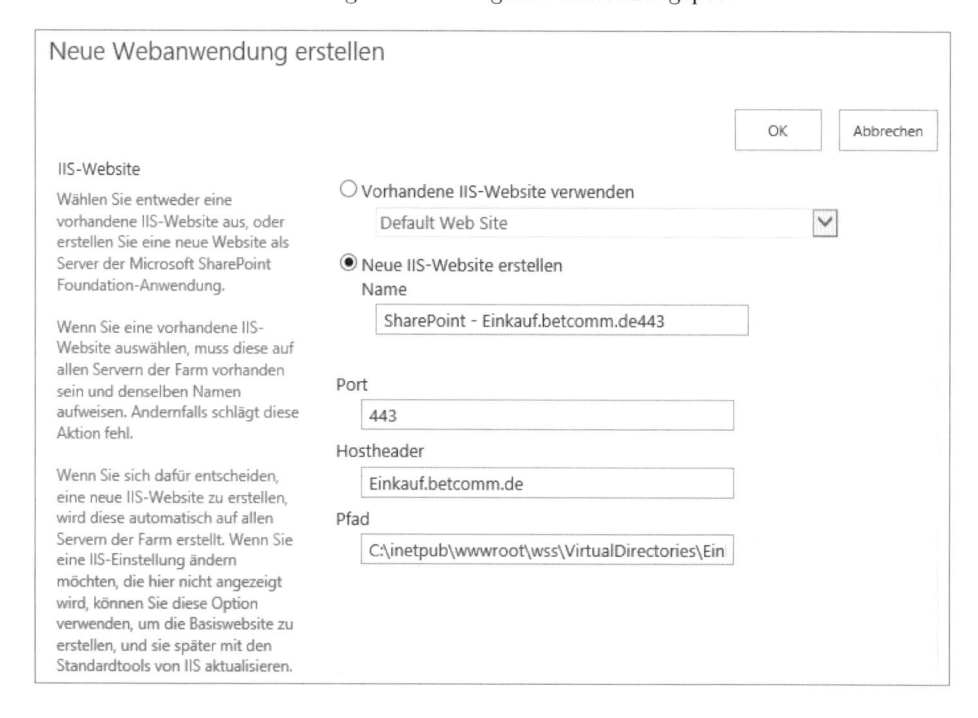

Neue Webanwendung erstellen

[OK] [Abbrechen]

IIS-Website

Wählen Sie entweder eine vorhandene IIS-Website aus, oder erstellen Sie eine neue Website als Server der Microsoft SharePoint Foundation-Anwendung.

Wenn Sie eine vorhandene IIS-Website auswählen, muss diese auf allen Servern der Farm vorhanden sein und denselben Namen aufweisen. Andernfalls schlägt diese Aktion fehl.

Wenn Sie sich dafür entscheiden, eine neue IIS-Website zu erstellen, wird diese automatisch auf allen Servern der Farm erstellt. Wenn Sie eine IIS-Einstellung ändern möchten, die hier nicht angezeigt wird, können Sie diese Option verwenden, um die Basiswebsite zu erstellen, und sie später mit den Standardtools von IIS aktualisieren.

○ Vorhandene IIS-Website verwenden

Default Web Site

⦿ Neue IIS-Website erstellen

Name

SharePoint - Einkauf.betcomm.de443

Port

443

Hostheader

Einkauf.betcomm.de

Pfad

C:\inetpub\wwwroot\wss\VirtualDirectories\Ein

5. Ausstellen des SSL-Zertifikats

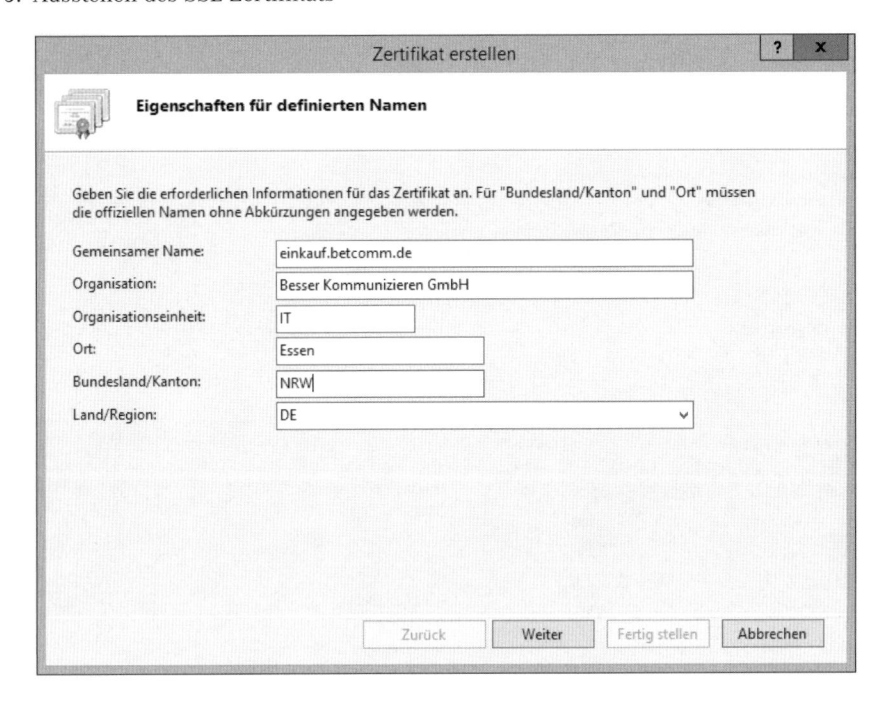

6. Zuweisen des SSL-Zertifikats zur IIS-Website

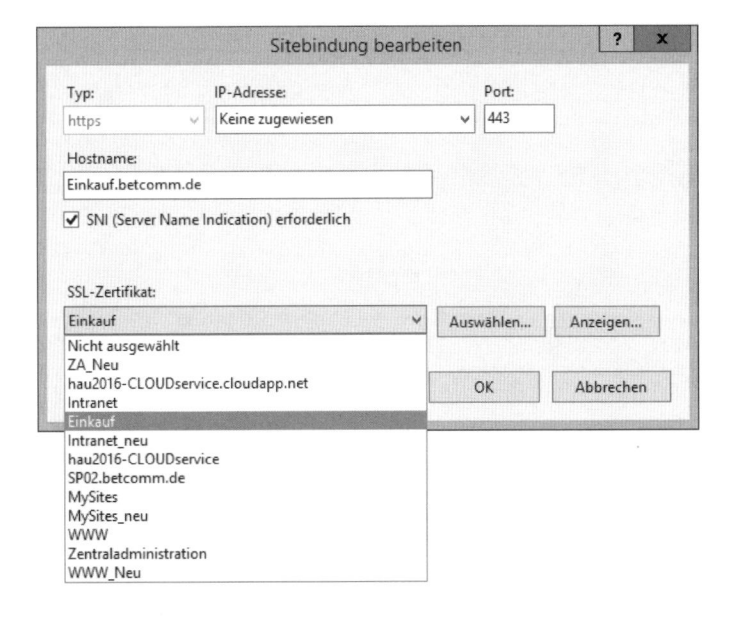

7. Erstellen der Websitesammlung und der Website der höchsten Ebene

Websitesammlung erstellen

Webanwendung
Wählen Sie eine Webanwendung aus.

Wenn Sie eine neue Webanwendung erstellen möchten, wechseln Sie zu Neue Webanwendung.

Webanwendung: https://einkauf.betcomm.de/ ▾

Titel und Beschreibung
Geben Sie einen Titel und eine Beschreibung für Ihre neue Website ein. Der Titel wird auf jeder Seite der Website angezeigt.

Titel:
Besser Kommunizieren Einkaufsportal

Beschreibung:

Websiteadresse
Geben Sie Namen und Pfad der URL an, um eine neue Website zu erstellen. Sie können auch eine Website mit einem bestimmten Pfad erstellen.

Zum Hinzufügen eines neuen URL-Pfads wechseln Sie zur Seite für Verwaltete Pfade definieren.

URL:
https://einkauf.betcomm.de /   ▾

Vorlagenauswahl

Sprache auswählen:
Deutsch ▾

Vorlage auswählen:

| Zusammenarbeit | Enterprise | Veröffentlichen | Benutzerdefiniert |

- Teamwebsite
- Blog
- Entwicklerwebsite
- Projektwebsite
- Communitywebsite

Ein Ort für die Zusammenarbeit mit einer Gruppe von Personen.

Primärer Websitesammlungsadministrator
Geben Sie den Administrator für diese Websitesammlung an. Es kann nur eine Benutzeranmeldung bereitgestellt werden. Sicherheitsgruppen werden nicht unterstützt.

Benutzername:
Stefan Meurer-Admin

Sekundärer Websitesammlungsadministrator
Geben Sie optional einen sekundären Websitesammlungsadministrator an. Es kann nur eine Benutzeranmeldung bereitgestellt werden. Sicherheitsgruppen werden nicht unterstützt.

Benutzername:
Klara Petzold

8. Zuweisen weiterer Websitesammlungsadministratoren

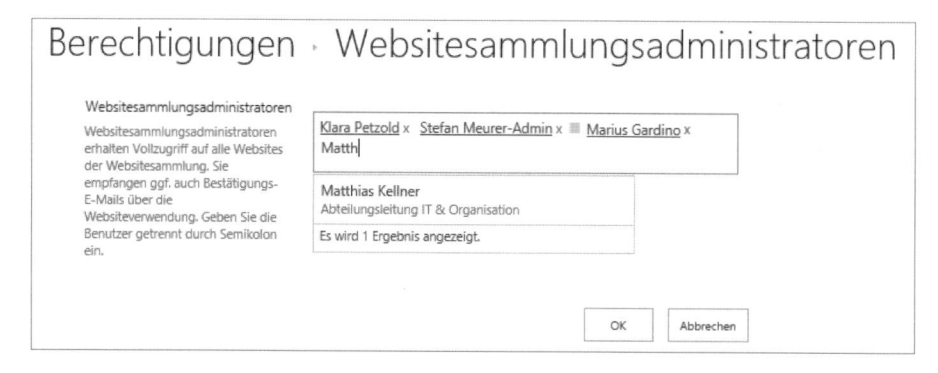

Berechtigungen ▸ Websitesammlungsadministratoren

Websitesammlungsadministratoren
Websitesammlungsadministratoren erhalten Vollzugriff auf alle Websites der Websitesammlung. Sie empfangen ggf. auch Bestätigungs-E-Mails über die Websiteverwendung. Geben Sie die Benutzer getrennt durch Semikolon ein.

Klara Petzold x Stefan Meurer-Admin x ▪ Marius Gardino x
Matth

Matthias Kellner
Abteilungsleitung IT & Organisation

Es wird 1 Ergebnis angezeigt.

OK   Abbrechen

8.1.1 Einrichtung eines zentralen Rechnungseingangs

Um den gewünschten zentralen Rechnungseingang einrichten zu können, sind weitere Schritte erforderlich. Zuerst wird das Websitefeature für die Inhaltsorganisation benötigt. Dieses erstellt eine Abgabebibliothek und einen Container (Liste) für die Routingregeln. Da die Abgabe der Abrechnungen per E-Mail erfolgen soll, ist der E-Mail-Empfang für die Bibliothek zu aktivieren. Für das Routing der Dokumente sind schließlich noch die empfangenden Bibliotheken, an die die Rechnungen abhängig vom Typ weitergeleitet werden, einzurichten. Das Datenrouting selbst basiert wiederum auf Eigenschaften, die die Dokumente enthalten müssen. Diese müssen der Abgabebibliothek und den empfangenden Bibliotheken als Spalten hinzugefügt werden. Am konsistentesten und nach Stefans Meinung auch am einfachsten lässt sich dies mit Hilfe von Inhaltstypen realisieren. Also sind die entsprechenden Websiteinhaltstypen zusammen mit den benötigten Websitespalten zu erstellen. Dann können die Routingregeln eingerichtet werden. Damit das Verfahren fehlerfrei funktioniert, müssen abschließend den externen Mitarbeitern die Dokumentvorlagen für die Abrechnung übergeben werden, da nur damit sichergestellt ist, dass die vorgesehenen Spaltenwerte für das Routing automatisch ausgelesen werden können.

Stefan macht sich also an die Arbeit. Die Reihenfolge der einzelnen Schritte ist hierbei weniger ausschlaggebend. Wichtig ist, dass hinterher alles zusammenpasst. Stefan beginnt mit der Einrichtung der Abgabebibliothek.

Erstellen der Abgabebibliothek

Wie oben beschrieben, werden die Abgabebibliothek und die erforderlichen Funktionen über das Websitefeature *Inhaltsorganisation* erstellt.

1. Stefan navigiert also über die **WEBSITEEINSTELLUNGEN** der neuen Website zu **WEBSITEFEATURES VERWALTEN**. Die entsprechende Option befindet sich im Abschnitt *Websiteaktionen*.

   Websiteaktionen
   Websitefeatures verwalten
   Website als Vorlage speichern
   Suchkonfigurationsexport aktivieren
   Auf Websitedefinition zurücksetzen
   Diese Website löschen

2. Auf der Seite *Websiteeinstellungen – Websitefeatures* scrollt Stefan nach unten zum Feature *Inhaltsorganisation* und klickt rechts daneben auf **AKTVIEREN**.

   Inhaltsorganisation
   Auf Metadaten basierende Regeln erstellen, die an diese Website übermittelten Inhalt in die richtige Bibliothek oder den richtigen Ordner verschieben.   Aktivieren

3. Durch das Aktivieren des Features wird in der Website eine neue Bibliothek mit dem Namen *Abgabebibliothek* erstellt.

> Abgabebibliothek
> neu!
> 0 Elemente
> vor 1 Minute geändert

4. Zusätzlich werden der Website zwei Einstellungen im Abschnitt *Websiteverwaltung* hinzugefügt: *Einstellungen der Inhaltsorganisation* und *Regeln für die Inhaltsorganisation*.

> Websiteverwaltung
> Landes-/Regionaleinstellungen
> Spracheinstellungen
> Websitebibliotheken und -listen
> Benutzerbenachrichtigungen
> RSS
> Websites und Arbeitsbereiche
> Workfloweinstellungen
> Einstellungen der Inhaltsorganisation
> Regeln für die Inhaltsorganisation
> Website schließen und löschen
> Terminologiespeicherverwaltung
> Beliebtheitstrends

5. In den **EINSTELLUNGEN FÜR DIE INHALTSORGANISATION** werden grundlegende Einstellungen für die Konfiguration des Dokumentenroutings festgelegt, wie z. B. ein websitesammlungsübergreifendes Routing oder die Benachrichtigung über nicht routingfähige Inhalte. Letztere Option passt Stefan so an, dass die beiden Mitglieder des Einkaufs benachrichtigt werden. Weitere Konfigurationsmöglichkeiten betreffen den Umgang mit doppelten Übermittlungen und die automatische Erstellung von Unterordnern in den Zielspeicherorten.

Websiteeinstellungen · Inhaltsorganisation: Einstellungen

Benutzer an die Abgabebibliothek weiterleiten
Wenn diese Einstellung aktiviert ist, werden Benutzer an die Abgabebibliothek weitergeleitet, wenn sie versuchen, Inhalt in Bibliotheken in dieser Website hochzuladen, die über mindestens eine Inhaltsorganisierungsregel verfügen, die auf sie verweist. Wenn diese Einstellung deaktiviert ist, können Benutzer den Organisator immer umgehen und Dateien direkt in eine Bibliothek oder einen Ordner hochladen.

Benutzer werden niemals an die Abgabebibliothek umgeleitet, wenn sie Seiten organisieren.

☑ Von Benutzern verlangen, den Organisator beim Übermitteln neuer Inhalte an Bibliotheken mit mindestens einer Organisationsregel zu verwenden, die auf sie verweist

Sendevorgang an eine andere Website
Wenn zu viele Elemente vorhanden sind, um in eine Websitesammlung zu passen, aktivieren Sie diese Einstellung, um Inhalt an andere Websites zu verteilen, die ebenfalls über Inhaltsorganisation verfügen.

☐ Regeln die Angabe einer anderen Website als Zielspeicherort zu ermöglichen

Ordnerpartitionierung
Der Organisator kann automatisch Unterordner erstellen, sobald ein Zielspeicherort eine bestimmte Größe übersteigt.

☐ Unterordner erstellen, wenn ein Zielspeicherort zu viele Elemente enthält
Anzahl Elemente in einem einzelnen Ordner: 2500
Format des Ordnernamens: Übermittlung nach %1
"%1" wird durch das Datum und die Uhrzeit der Ordnererstellung ersetzt.

Doppelte Übermittlungen
Angeben des Verhaltens, wenn eine Datei mit dem gleichen Namen bereits am Zielspeicherort vorhanden ist. Wenn die Versionsverwaltung in einer Zielbibliothek nicht aktiviert ist, fügt der Organisator unabhängig von der hier ausgewählten Einstellung eindeutige Zeichen an doppelte Übertragungen an.

◉ SharePoint-Versionsverwaltung verwenden
◯ Eindeutige Zeichen an das Ende von doppelt vorkommenden Dateinamen anhängen

Der Kontext wird gespeichert
Der Organisator kann die ursprünglichen Überwachungsprotokolle und Eigenschaften speichern, wenn sie in den Übermittlungen enthalten sind. Die gespeicherten Protokolle und werden in einem Überwachungseintrag für das übermittelte Dokument gespeichert.

☐ Das ursprüngliche Überwachungsprotokoll und die Eigenschaften übermittelten Inhalts speichern

Regel-Manager
Die Benutzer angeben, die die Regeln verwalten und antworten können, wenn keine Regel auf eingehenden Inhalt zutrifft.

Regel-Manager müssen über die Berechtigung 'Website verwalten' verfügen, um die Liste der Regeln für die Inhaltsorganisation auf der Seite 'Websiteeinstellungen' zugreifen zu können.

☑ E-Mail an die Regel-Manager senden, wenn keine Regel auf Übermittlungen zutrifft
☑ E-Mail an Regel-Manager senden, wenn Inhalte in der Abgabebibliothek hinterlassen wurden
Geben Sie Benutzer oder Gruppen durch Semikolons getrennt ein:

Stefan Meurer-Admin; Klara Petzold; Marius Gardino

Anzahl der Tage, bevor eine E-Mail gesendet wird: 3

Übermittlungspunkte
Verwenden Sie diese Informationen, um andere Websites oder E-Mail-Nachrichtensoftware zum Senden von Inhalt an diese Website einzurichten.

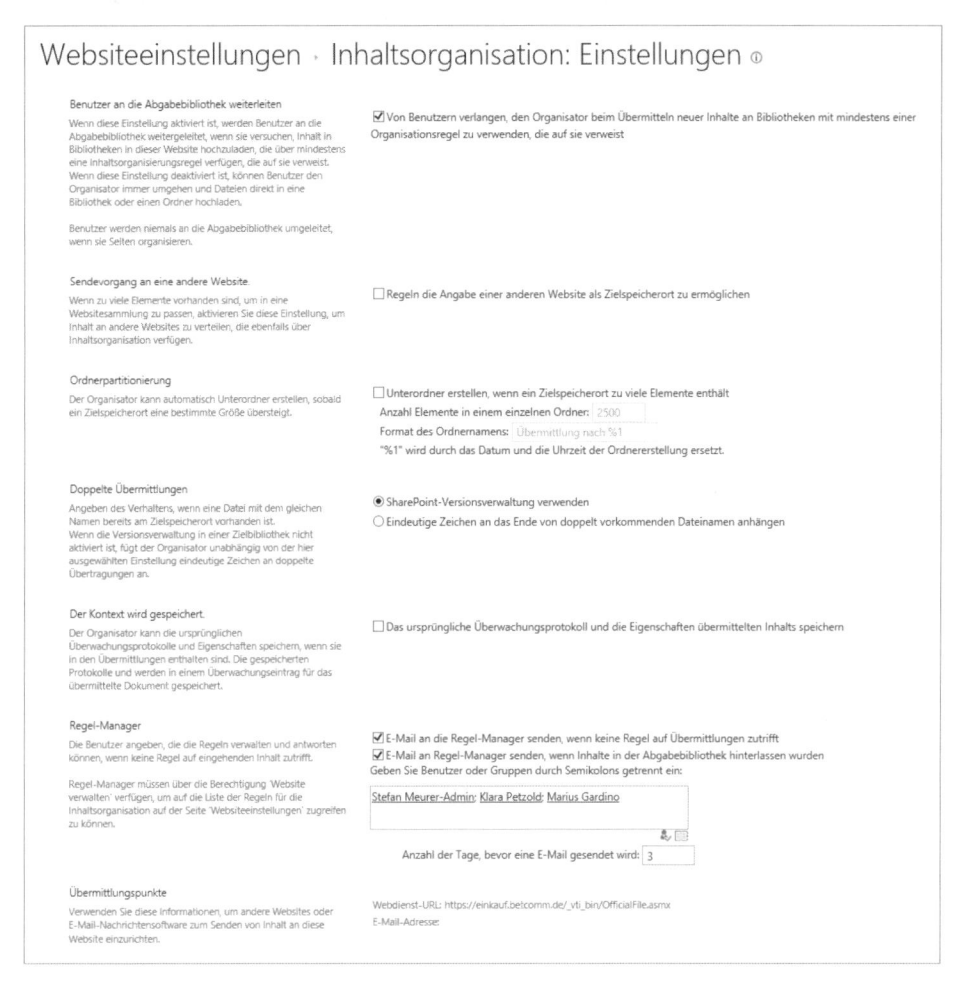

Webdienst-URL: https://einkauf.betcomm.de/_vti_bin/OfficialFile.asmx
E-Mail-Adresse:

6. Anschließend navigiert Stefan zu den Einstellungen der Abgabebibliothek. Erstens möchte er diese in „Rechnungseingang" umbenennen, um ihre Funktion deutlicher zu machen und zweitens möchte er den Namen als E-Mail-Adresse für die Bibliothek vergeben. Da die E-Mail-Übermittlung insbesondere von externen Geschäftspartnern genutzt werden soll, stellt Stefan im Abschnitt *E-Mail-Sicherheit* ein, dass E-Mails von beliebigen Empfängern akzeptiert werden.

Einstellungen ▸ Einstellungen für eingehende E-Mail ⓘ

Eingehende E-Mail
Geben Sie an, ob Elemente per E-Mail zu Dokumentbibliothek hinzugefügt werden dürfen. Benutzer können E-Mail-Nachrichten direkt über die von Ihnen angegebene E-Mail-Adresse an Dokumentbibliothek senden.

Dokumentbibliothek für den Empfang von E-Mails berechtigen?
◉ Ja ○ Nein
E-Mail-Adresse:
[Rechnungseingang] @intranet.betcomm.de

E-Mail-Anlagen
Geben Sie an, ob Anlagen in Ordnern gruppiert werden sollen und ob vorhandene Dateien mit demselben Namen wie eingehende Dateien überschrieben werden sollen.

Anlagen in Ordnern gruppieren?
◉ Alle Anlagen in Stammordner speichern
○ Alle Anlagen in Ordnern speichern, die nach E-Mail-Betreff gruppiert werden
○ Alle Anlagen in Ordnern speichern, die nach E-Mail-Absendern gruppiert werden
Dateien mit demselben Namen überschreiben?
○ Ja ◉ Nein

E-Mail-Nachricht
Geben Sie an, ob die ursprüngliche EML-Datei für eine eingehende E-Mail-Nachricht gespeichert werden soll.

Ursprüngliche E-Mail speichern?
○ Ja ◉ Nein

E-Mail für Besprechungseinladungen
Geben Sie an, ob per E-Mail gesendete Besprechungseinladungen in Dokumentbibliothek gespeichert werden sollen.

Besprechungseinladungen speichern?
○ Ja ◉ Nein

E-Mail-Sicherheit
Verwenden Sie die Sicherheit von Dokumentbibliothek für E-Mails, damit ausschließlich Benutzer, die in Dokumentbibliothek schreiben können, E-Mails an Dokumentbibliothek senden können.

E-Mail-Sicherheitsrichtlinie:
○ E-Mail-Nachrichten auf Basis von Berechtigungen für Dokumentbibliothek akzeptieren
◉ E-Mails von allen Absendern akzeptieren

7. Abschließend öffnet Stefan den Kontakteintrag für die Bibliothek im Exchange Admin Center, um ihm auch eine E-Mail-Adresse aus der Besser-Kommunizieren-Standarddomäne zuzuweisen. Die externen Geschäftspartner sollen ihre E-Mails einfach adressieren können und keine Rückschlüsse über die internen Prozesse ziehen. Der Kontakteintrag wurde von SharePoint im Zuge der Mail-Aktivierung der Bibliothek in der dafür vorgesehen OU erstellt, da die entsprechenden Berechtigungen dem Konto der Zentraladministration zugewiesen waren. Es wird dabei aber nur die externe Weiterleitungsadresse auf den SharePoint-Server vergeben, eine interne Exchange-Adresse ist dem Kontakt nicht zugewiesen. Also navigiert Stefan im Exchange Admin Center im Bereich *Empfänger* zu den Kontakten. Dort ist der neue Kontakt aufgelistet.

8. Stefan öffnet die Kontakteinstellungen durch einen Doppelklick und fügt auf der Seite *E-Mail-Optionen* eine zusätzliche Adresse hinzu.

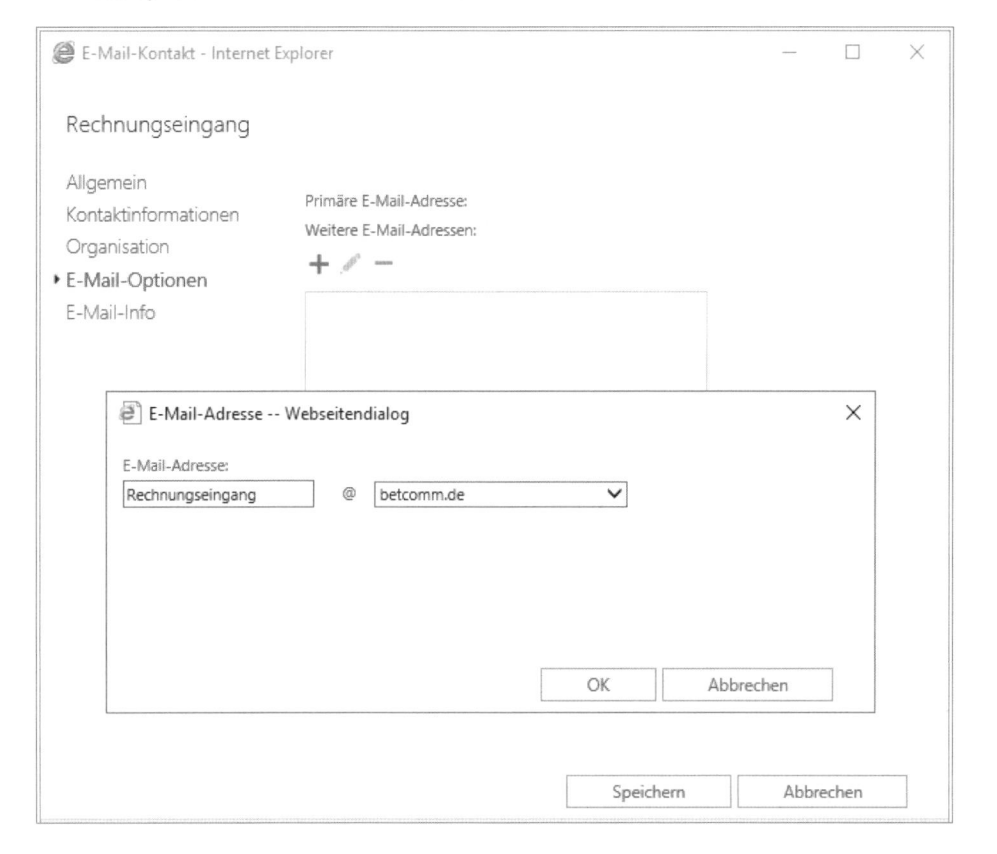

9. Nachdem er **OK** und **SPEICHERN** geklickt hat, bestätigt Stefan die anschließende Warnung zur Aktualisierung des Kontaktobjektes ebenfalls mit **OK**. SharePoint 2016 und Exchange 2016 sind in diesem Punkt noch nicht vollständig konsistent.

Damit sind die Grundeinstellungen für den zentralen Rechnungseingang gesetzt. Im nächsten Schritt nehmen Klara, Marius und Stefan sich jetzt die einzureichenden Dokumente vor. Das heißt, sie beginnen damit, die Inhaltstypen und die dazugehörigen Dokumentvorlagen zu definieren.

Inhaltstypen und Dokumentvorlagen für den Rechnungseingang definieren

Das grundsätzliche Verfahren zur Erstellung neuer Dokumentinhaltstypen wurde in Kapitel 6 besprochen. Insofern möchte ich hier nur die für das vorliegende Szenario spezifischen Schritte näher beschreiben.

Im ersten Schritt möchte das Team des Einkaufs das Verfahren mit zwei Abrechnungstypen testen, der Projektstundenabrechnung und der Seminarabrechnung. Die dafür erforderlichen Dokumente werden als Websiteinhaltstypen in der Einkaufswebsite von Klara erstellt.

1. Über die **WEBSITEEINSTELLUNGEN** navigiert Klara zu den **WEBSITEINHALTSTYPEN**. Auf der Seite *Websiteeinstellungen – Websiteinhaltstypen* klickt sie oberhalb der Liste auf **ERSTELLEN**. Zuerst erstellt sie einen Inhaltstyp für die Projektstundenabrechnung, abgeleitet vom Standarddokumentinhaltstyp, und speichert ihn in der Gruppe *BK-Inhaltstypen*. Letztere wird durch den Inhaltstyphub mit dem Standardbrief an alle Websites, die mit dem Standardmetadatendienst verbunden sind, vererbt.

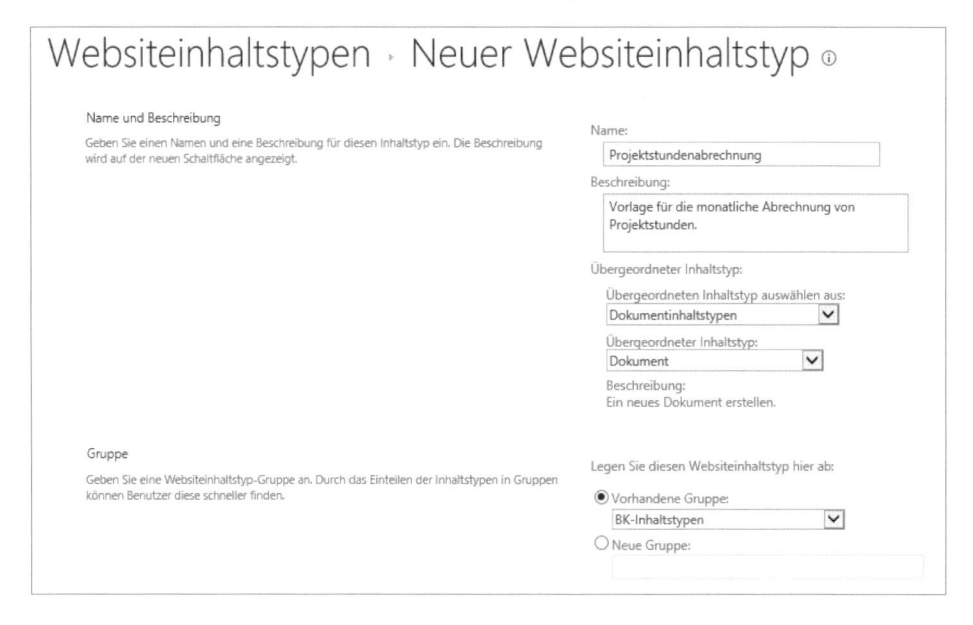

Anschließend legt Klara alle benötigten Spalten für den Inhaltstyp an und ordnet sie diesem zu. Dies kann sie direkt auf der Einstellungsseite des Inhaltstyps über die Funktion **AUS NEUER WEBSITESPALTE HINZUFÜGEN** machen. Alle Spalten speichert sie in der Gruppe *BK-Websitespalten*. Die benötigten Spalten sind in der folgenden Abbildung aufgeführt. Der Abrechnungsbetrag errechnet sich nach der folgenden Formel:

`[geleistete Stunden]*[Stundensatz]+[Fahrtkosten]`

Websiteinhaltstypen · Websiteinhaltstyp

Informationen zum Websiteinhaltstyp
- **Name:** Projektstundenabrechnung
- **Beschreibung:** Vorlage für die monatliche Abrechnung von Projektstunden.
- **Übergeordnetes Element:** Dokument
- **Gruppe:** BK-Inhaltstypen

Einstellungen
- Name, Beschreibung und Gruppe
- Erweiterte Einstellungen
- Workflowseinstellungen
- Diesen Websiteinhaltstyp löschen
- Einstellungen für die Informationsverwaltungsrichtlinie
- Einstellungen für den Dokumentinformationsbereich

Spalten

Name	Typ	Status	Quelle
Name	Datei	Erforderlich	Dokument
Titel	Eine Textzeile	Optional	Element
Projektnummer	Eine Textzeile	Optional	
Jahr	Zahl	Optional	
Monat	Zahl	Optional	
geleistete Stunden	Zahl	Optional	
Stundensatz	Währung	Optional	
Fahrtkosten	Währung	Optional	
Mitarbeiter	Eine Textzeile	Optional	
Abrechnungsbetrag	Berechnet	Optional	

- Aus vorhandenen Websitespalten hinzufügen
- Aus neuer Websitespalte hinzufügen
- Spaltenreihenfolge

2. Analog dazu erstellt Klara den zweiten Websiteinhaltstyp für die Trainingsabrechnung. Beiden Inhaltstypen fügt sie anschließend noch die Spalte *Dokumentenklasse* hinzu, die ebenfalls über den zentralen Metadatendienst an alle Websites vererbt wird und somit über die Funktion **AUS VORHANDENEN WEBSITSPALTEN HINZUFÜGEN** eingebunden werden kann.

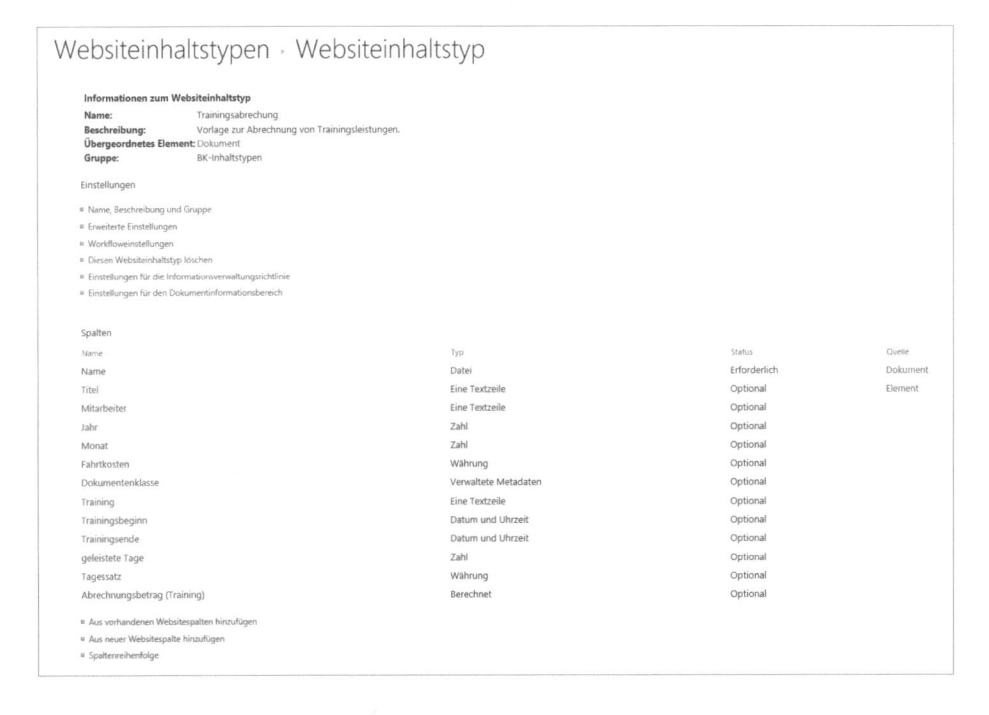

Websiteinhaltstypen · Websiteinhaltstyp

Informationen zum Websiteinhaltstyp
- **Name:** Trainingsabrechnung
- **Beschreibung:** Vorlage zur Abrechnung von Trainingsleistungen.
- **Übergeordnetes Element:** Dokument
- **Gruppe:** BK-Inhaltstypen

Einstellungen
- Name, Beschreibung und Gruppe
- Erweiterte Einstellungen
- Workflowseinstellungen
- Diesen Websiteinhaltstyp löschen
- Einstellungen für die Informationsverwaltungsrichtlinie
- Einstellungen für den Dokumentinformationsbereich

Spalten

Name	Typ	Status	Quelle
Name	Datei	Erforderlich	Dokument
Titel	Eine Textzeile	Optional	Element
Mitarbeiter	Eine Textzeile	Optional	
Jahr	Zahl	Optional	
Monat	Zahl	Optional	
Fahrtkosten	Währung	Optional	
Dokumentenklasse	Verwaltete Metadaten	Optional	
Training	Eine Textzeile	Optional	
Trainingsbeginn	Datum und Uhrzeit	Optional	
Trainingsende	Datum und Uhrzeit	Optional	
geleistete Tage	Zahl	Optional	
Tagessatz	Währung	Optional	
Abrechnungsbetrag (Training)	Berechnet	Optional	

- Aus vorhandenen Websitespalten hinzufügen
- Aus neuer Websitespalte hinzufügen
- Spaltenreihenfolge

Um die Dokumentenklasse für das Dokumentenrouting verwenden zu können, muss Stefan noch die Werte für die neuen Dokumententypen nachpflegen. Über die Zentraladministration navigiert er daher zur Terminologiespeicherverwaltung und erweitert den Ausdruckssatz *Dokumentenklasse* im Zweig *Personaldokumente* mit der Funktion **AUSDRUCK ERSTELLEN** um die beiden Werte *Projektstundenabrechnung* und *Trainingsabrechnung* (Bild 8.1).

Bild 8.1 Ausdrücke dem Terminologiebaum hinzufügen

Als Dokumentvorlagen für die neuen Inhaltstypen möchte Klara Word-Formulare verwenden. Diese sollen die erforderlichen Metadatenspalten als Felder enthalten, so dass die externen Mitarbeiter das Dokument auch ohne Verbindung zum Server ausfüllen können. Wenn sie es dann an die Abgabebibliothek senden, sollen die Feldwerte in die vorgesehenen Spalten übernommen werden und die Dokumente, basierend auf den Werten, an die entsprechenden Zielbibliotheken weitergeleitet werden. In letzteren können die Spaltenwerte wiederum für diverse Auswertungen genutzt werden.

Um die entsprechenden Dokumentvorlagen zu erstellen, muss Klara die Inhaltstypen den Dokumentbibliotheken zuweisen. Dadurch werden die Spalten an die Dokumente des entsprechenden Inhaltstyps gebunden und können über Word über die Schnellbausteine als Dokumenteigenschaften in den Text der Vorlage eingefügt werden. Daher folgt Klara den Empfehlungen für die Datenarchivierung von Microsoft (*https://support.office.com/de-de/article/Implementieren-der-Datensatzverwaltung-0bfe419e-eb1d-421a-becd-5be9fed1e479*) und erstellt für jeden Inhaltstyp eine eigene Zielbibliothek. Darin kann sie dann die Vorlagen erstellen. Außerdem werden die eingehenden Dokumente hinterher an diese Bibliotheken weitergeleitet.

Dokumentvorlagen für Inhaltstypen mit Hilfe von Dokumentbibliotheken erstellen

1. Zuerst sind die beiden Dokumentbibliotheken zu erstellen. Dazu nutzt Klara die Funktion **APP HINZUFÜGEN**, die über das Websitemenü (Zahnrad) verfügbar ist.
2. Klara erstellt zwei Standarddokumentbibliotheken, die eine nennt sie *Projektabrechnungen*, die andere *Seminarabrechnungen*.
3. Anschließend navigiert sie zu den Bibliothekeinstellungen und aktiviert unter den erweiterten Einstellungen die Option *Verwaltung von Inhaltstypen zulassen*.

> ### Einstellungen ▸ Erweiterte Einstellungen
>
> **Inhaltstypen**
> Geben Sie an, ob die Verwaltung von Inhaltstypen für 'Dokumentbibliothek' zulässig ist. Jeder Inhaltstyp wird in der neuen Schaltfläche angezeigt und kann eine bestimmte Gruppe von Spalten, Workflows und anderen Verhaltensweisen besitzen.
>
> Verwaltung von Inhaltstypen zulassen?
> ● Ja   ○ Nein

4. Um zu vermeiden, dass die Dokumente in Word Online geöffnet werden, legt Klara an dieser Stelle auch noch fest, dass Dokumente standardmäßig in der Clientanwendung geöffnet werden. Word Online kann zwar die eingebunden Felder später anzeigen, kennt aber keine Funktion zum Einbinden der Steuerelemente.

> **Dokumente werden im Browser geöffnet.**
> Geben Sie an, ob browserfähige Dokumente standardmäßig im Client oder im Browser geöffnet werden sollen, wenn ein Benutzer auf sie klickt. Wenn die Clientanwendung nicht verfügbar ist, wird das Dokument immer im Browser geöffnet.
>
> Standardöffnungsverhalten für browserfähige Dokumente:
> ● In der Clientanwendung öffnen
> ○ Im Browser öffnen
> ○ Serverstandardeinstellung verwenden (im Browser öffnen)

5. In den Bibliothekeinstellungen fügt sie nun die vorgesehenen Inhaltstypen über die Funktion **AUS VORHANDENEN WEBSITEINHALTSTYPEN HINZUFÜGEN** den Bibliotheken hinzu.

> **Inhaltstypen**
> Diese Dokumentbibliothek ist so konfiguriert, dass mehrere Inhaltstypen zulässig sind. Mithilfe von Inhaltstypen können Sie zusätzlich zu den Richtlinien, Workflows oder anderen Verhaltensweisen eines Elements weitere anzuzeigende Informationen angeben. Die folgenden Inhaltstypen sind zurzeit in dieser Bibliothek verfügbar:
>
> | Inhaltstyp | Auf neuer Schaltfläche sichtbar | Standardinhaltstyp |
> |---|---|---|
> | Dokument | ✓ | ✓ |
> | Projektstundenabrechnung | ✓ | |
>
> ▫ Aus vorhandenen Websiteinhaltstypen hinzufügen
> ▫ Reihenfolge der neuen Schaltflächen und Standardinhaltstyp ändern

6. Nachdem sie zurück zur Bibliothek *Projektabrechnungen* navigiert ist, klickt Klara zuerst auf **+ NEU** und dann auf **PROJEKTSTUNDENABRECHNUNG**. Ein leeres Dokument wird in Word geöffnet.

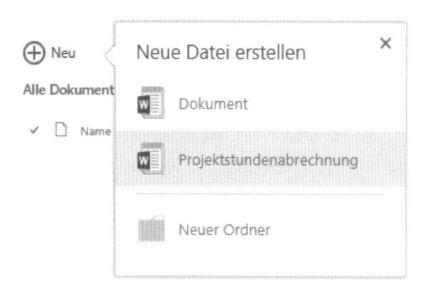

7. Alle Spalten, die für den Inhaltstyp definiert sind, findet Klara, wie üblich, in Word im Menüband **EINFÜGEN** in der Gruppe *Text* über die Schaltfläche **SCHNELLBAUSTEINE** und dann unter **DOKUMENTEIGENSCHAFTEN**.

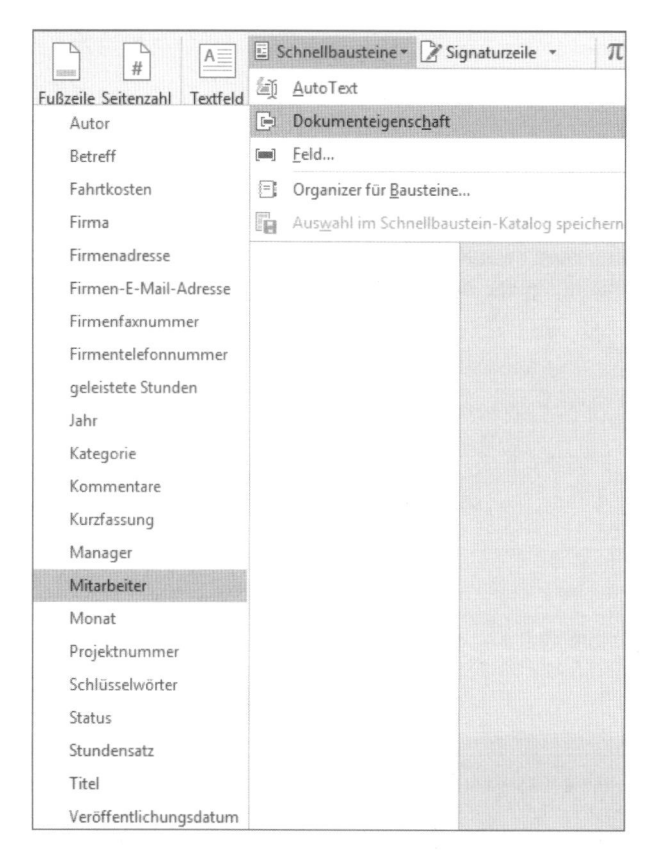

8. Darüber lassen sich die Felder an den gewünschten Positionen in das Dokument einfügen. Auf Basis der bisherigen Vorlage für die Projektstundenabrechnung erstellt Klara nun das folgende Dokument:

Stundenabrechnung der Besser Kommunizieren GmbH

Projektnr: [Projektnummer]
Mitarbeiter: [Mitarbeiter]
Jahr: [Jahr] Monat: [Monat]

Datum	Tätigkeit	Geleistete Stunden	Fahrkosten
Summen:		0,00	0,00 €

Vereinbarter Stundensatz: [Stundensatz] Fahrtkosten
Anzahl Stunden: [geleistete Stunden] Fahrtkosten: [Fahrtkosten]

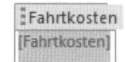

9. Zur Vorbereitung des Dokumentenroutings möchte Klara in der Dokumentvorlage schon den Wert für die Dokumentenklasse vordefinieren. Daher öffnet sie über **DATEI** den Informationsbereich für das Dokument in Word. Dort klickt sie rechts unterhalb der Eigenschaften auf **ALLE EIGENSCHAFTEN ANZEIGEN**, um auch die Servereigenschaften zu sehen. Anschließend gibt sie in der Eigenschaft *Dokumentenklasse* den Wert *Projektstundenabrechnung* ein. Dabei genügen Word schon die ersten Zeichen des Begriffs, um eine Vorschlagsliste anzuzeigen.

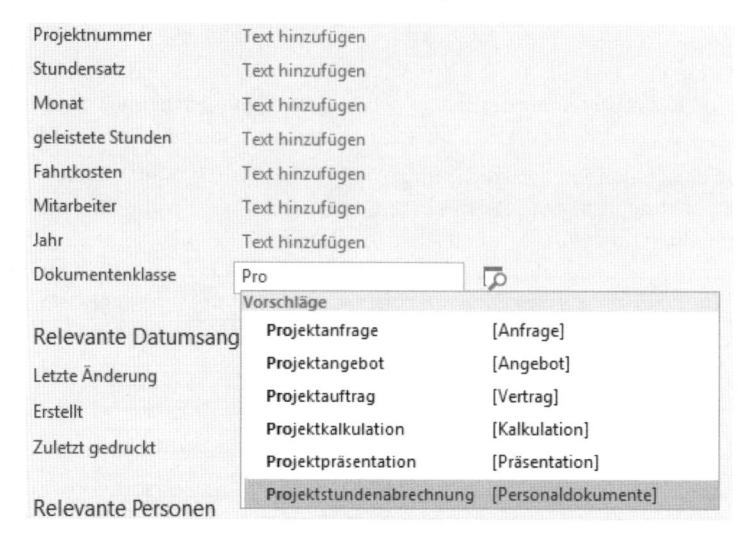

10. Analog erstellt Klara eine Dokumentvorlage für die Trainingsabrechnung.
11. Die fertigen Dokumente speichert Klara zuerst als Word-Dokumentvorlagen (*.dotx) auf ihrem Rechner ab.
12. Anschließend öffnet sie die erweiterten Einstellungen des jeweiligen Websiteinhaltstyps und lädt dort die neue Dokumentvorlage hoch.

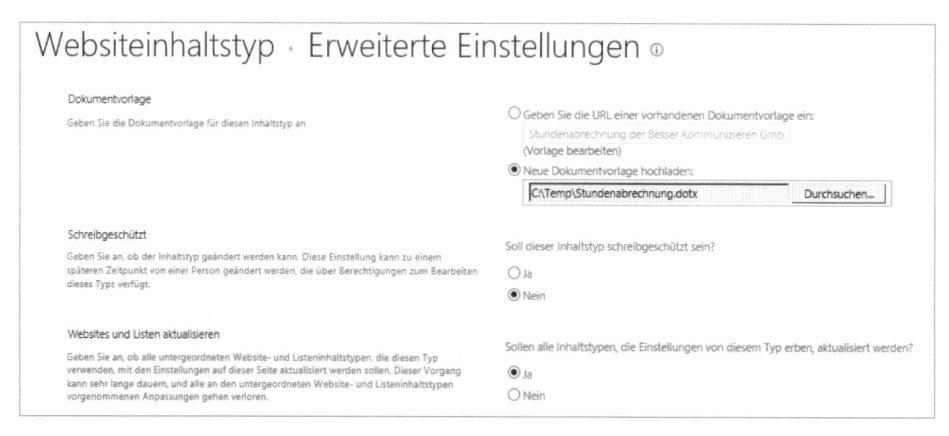

Damit die externen Mitarbeiter nun ihre Abrechnungen einreichen können, muss Klara ihnen mit dem Auftrag das entsprechende Abrechnungsformular als Word-Dokument zusenden. Der Mitarbeiter füllt das Formular aus und schickt es per E-Mail an die Adresse *Rechnungseingang@betcomm.de* zurück.

Derzeit würden die Dokumente einfach in dieser Abgabebibliothek verbleiben. Damit das Dokumentenrouting an die Zielbibliotheken funktioniert, sind noch die dazugehörigen Routingregeln zu erstellen. Die Inhaltstypen und die damit verbundenen Spalten werden beim Erstellen der Regeln der Abgabebibliothek automatisch hinzugefügt. Darum muss Klara sich nicht kümmern.

Einrichten des Dokumentenroutings

1. Über das Websitemenü (Zahnrad) öffnet Klara die WEBSITEEINSTELLUNGEN.
2. Im Abschnitt *Websiteverwaltung* klickt sie dann auf REGELN DER INHALTSORGANISATION, um die noch leere Liste der Routingregeln zu öffnen.

3. Oberhalb der Liste klickt Klara nun auf +-NEUES ELEMENT.
4. Im oberen Bereich des Formulars vergibt sie einen Namen für die Regel und wählt dann den Inhaltstyp aus, auf den die Regel angewendet werden soll.

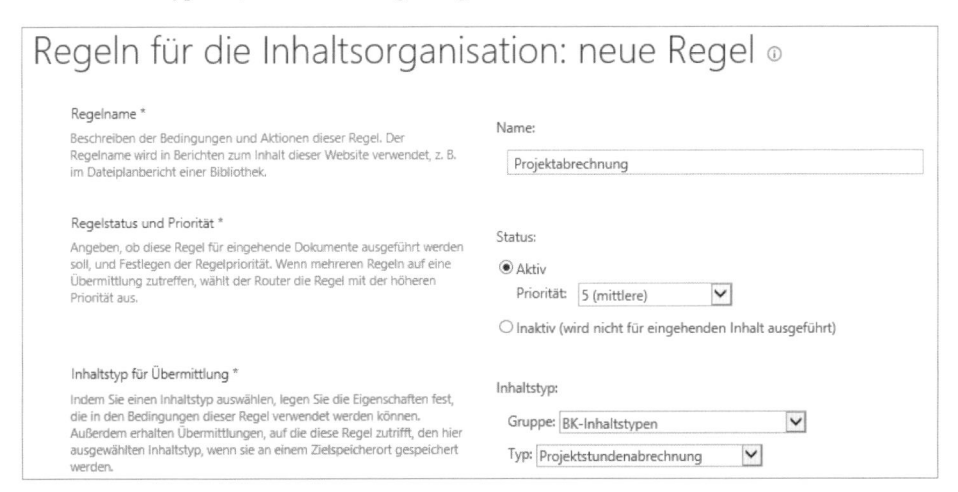

5. Im Abschnitt *Bedingungen* wählt sie nun die Eigenschaft *Dokumentenklasse* aus, belässt den Vergleichsoperator auf *ist gleich* und wählt anschließend den Metadatenwert *Projektstundenabrechnung* aus bzw. gibt diesen ein.

6. Über die Schaltfläche **DURCHSUCHEN** im Abschnitt *Zielspeicherort* wählt Klara nun die Bibliothek *Projektabrechnungen* aus den Listen der Website aus.

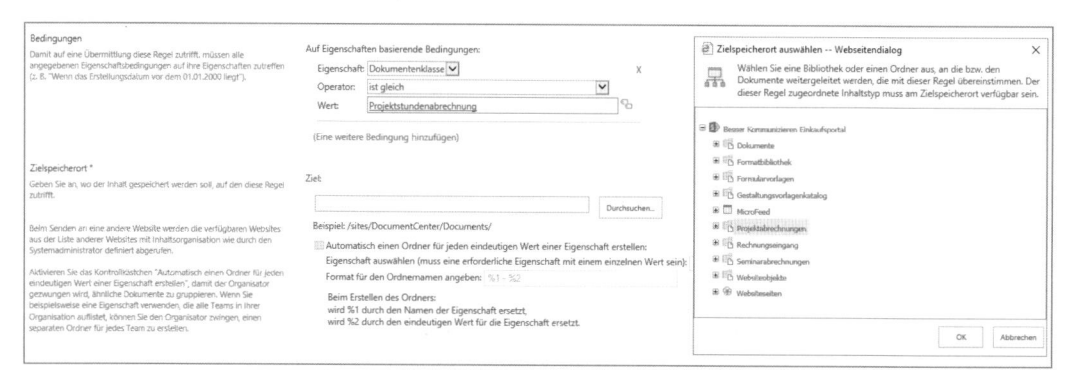

7. Analog verfährt Klara für die Trainingsabrechnungen, die an die Bibliothek *Seminarabrechnungen* weitergeleitet werden. Beide Regeln werden anschließend in der Liste aufgeführt und Klara und Marius können das Verfahren nun testen.

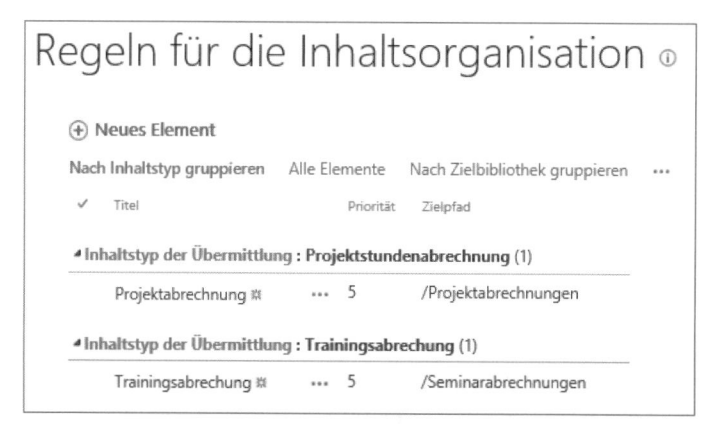

Die Routingregeln testen

1. Zum Testen erstellt Klara zuerst auf Basis der Dokumentvorlage *Projektstundenabrechnung* eine neue Abrechnung, indem sie in der Bibliothek *Projektabrechnungen* auf **+-NEU** klickt und die entsprechende Vorlage auswählt.
2. Sie füllt das Dokument mit Testdaten aus. Anstatt es aber in der Bibliothek zu speichern, speichert sie es über **SPEICHERN UNTER** lokal auf ihrem Rechner ab.
3. Anschließend navigiert sie zur Abgabebibliothek *Rechnungseingang* und klickt dort auf **HOCHLADEN**.
4. Im Dialogfeld *Dokument übermitteln* wählt sie die neue Datei mithilfe der Schaltfläche **DURCHSUCHEN** aus. Das Dialogfeld zeigt schon an, dass die hochgeladene Datei eventuell an einen anderen Speicherort verschoben wird.

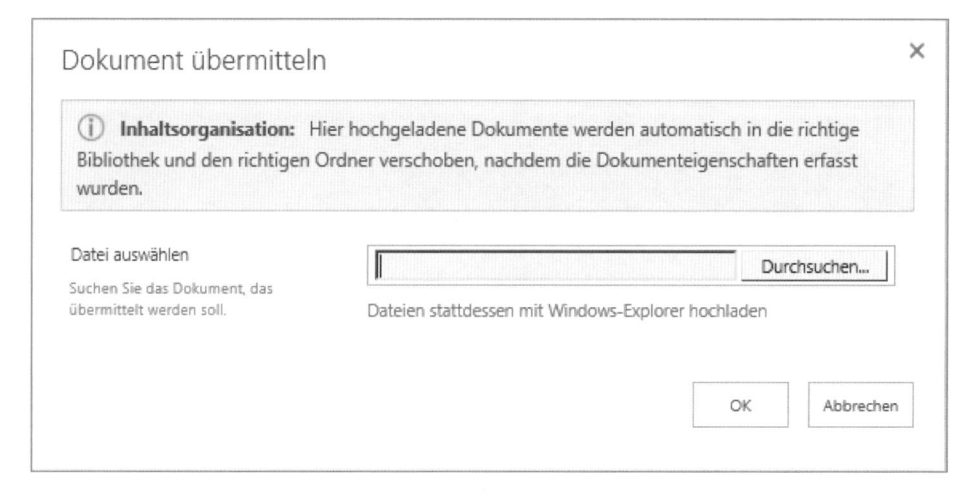

5. Nach dem Hochladen werden alle Eigenschaften des Dokumentes noch einmal angezeigt, um sie bei Bedarf ergänzen zu können. Damit wird sichergestellt, dass bei der manuellen Übermittlung die für das Routing erforderlichen Informationen auch vorliegen.

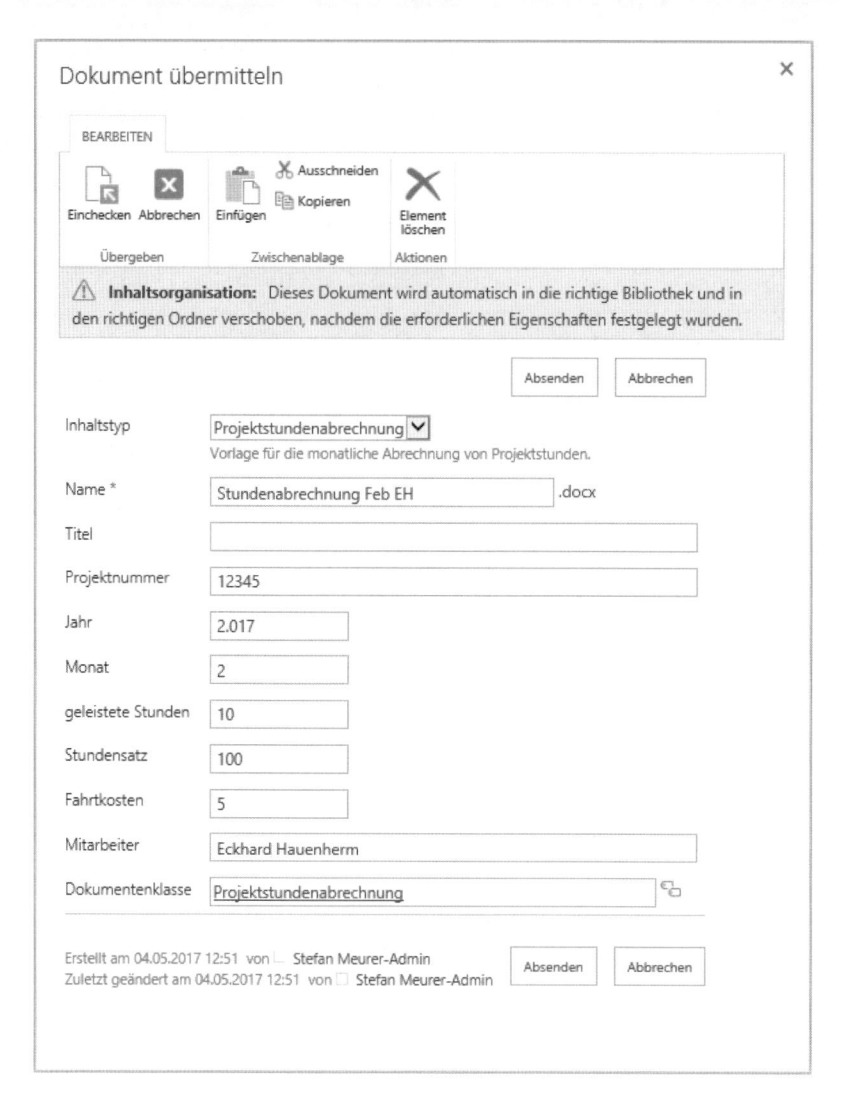

6. Klara klickt in dem Dialogfeld nun auf **ABSENDEN**. SharePoint blendet eine Erfolgsmeldung ein, die darüber informiert, dass das Dokument an seinen endgültigen Speicherort, die Bibliothek *Projektabrechnungen*, verschoben wurde. Die Meldung kann Klara einfach mit **OK** schließen.

7. Anschließend prüft Klara noch in der Bibliothek *Projektabrechnungen*, ob alle Daten angekommen sind. Auch das hat funktioniert.

Projektabrechnungen								
Name	Projektnummer	Mitarbeiter	Jahr	Monat	geleistete Stunden	Stundensatz	Fahrtkosten	Abrechnungsbetrag
Stundenabrechnung Feb EH	12345	Eckhard Hauenherm	2.017	2	10	100,00 €	5,00 €	1.005,00 €

8. Jetzt ist nur noch der Rechnungseingang via Mail zu testen. Klara erstellt also in Outlook on the Web eine Mail, adressiert diese an den Rechnungseingang und hängt eine Testabrechnung an.

An: BK Besser Kommunizieren Einkaufsportal Rechnungseingang ✕

Cc:

Betreff: Abrechnung März EH

Abrechnung Mrz EH.docx
36 KB

9. Zwar kommt das Dokument per Mail wie erwartet in der Bibliothek an, es enthält auch alle Metadaten.

Rechnungseingang		
Name	Geändert	Geändert von
Abrechnung Mrz EH	Vor ein paar Sekunden	Stefan Meurer-Admin

Allerdings werden die über diesen Weg eingereichten Dokumente nicht automatisch verarbeitet. Alle per E-Mail eingereichten Dokumente müssen einmal manuell geprüft und an den Dokumentrouter gesendet werden.

10. Um die Metadaten des Dokuments zu prüfen, markiert Klara das eingegangene Dokument in der Liste und klickt im Menüband **DATEI** in der Gruppe *Verwalten* auf **EIGENSCHAFTEN BEARBEITEN**. Sie muss das Dokument auschecken. Über die Funktion **EIGENSCHAFTEN ANZEIGEN** kann das Dokument nicht abgesendet werden.

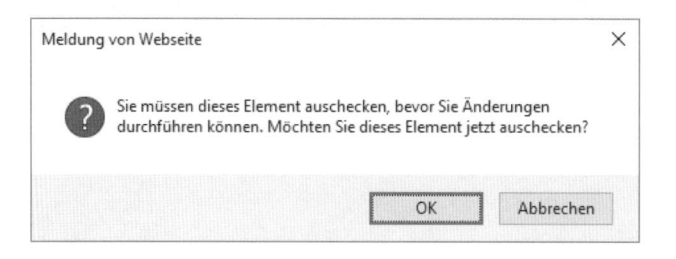

> **Meldung von Webseite** ✕
>
> ❓ Sie müssen dieses Element auschecken, bevor Sie Änderungen durchführen können. Möchten Sie dieses Element jetzt auschecken?
>
> [OK] [Abbrechen]

11. Im Eigenschaftsformular steht Klara dann die Schaltfläche zum **ABSENDEN** des Dokumentes wieder zur Verfügung (siehe die obige Abbildung zu Schritt 5).
12. Um den Mitarbeitern des Einkaufs diesen Zusatzaufwand zukünftig zu ersparen, schlägt Stefan vor, diesen letzten Schritt über einen Workflow zu automatisieren. Dazu steht im SharePoint Designer die Workflowaktion *Dokument an Repository senden* zur Verfügung.
13. Stefan erstellt also den folgenden SharePoint-2010-Workflow in SharePoint Designer 2013 als Listenworkflow für die Bibliothek *Rechnungseingang*:

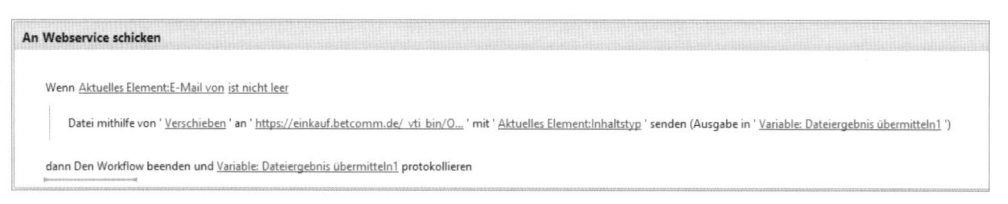

> **An Webservice schicken**
>
> Wenn Aktuelles Element:E-Mail von ist nicht leer
>   Datei mithilfe von 'Verschieben' an 'https://einkauf.betcomm.de/_vti_bin/O...' mit 'Aktuelles Element:Inhaltstyp' senden (Ausgabe in 'Variable: Dateiergebnis übermitteln1')
>   dann Den Workflow beenden und Variable: Dateiergebnis übermitteln1 protokollieren

14. Der Workflow prüft zuerst die Eigenschaft *E-Mail von* des Dokumentes. Wenn diese nicht leer ist, wird die oben genannte Aktion ausgeführt. Auswählen muss Stefan aus den Aktionen *Verschieben*, *Kopieren* oder *Verschieben und einen Hyperlink erstellen*. Da das Ursprungsdokument nicht in der Eingangsbibliothek verbleiben soll, wählt Stefan *Verschieben* als Aktion aus. Als Zieladresse des Repositorys gibt Stefan die URL des Webservice ein, die er den *Einstellungen der Inhaltsorganisation* in den *Websiteeinstellungen* entnehmen kann. Sie besteht aus der Adresse der Website, ergänzt um */_vti_bin/OfficialFile.asmx*, lautet für die Website des Einkaufs also: *https://einkauf.betcomm.de/_vti_bin/OfficialFile.asmx*. Die letzten beiden Einstellungen dienen nur der Dokumentation der Aktionen. Hier kann Stefan einen dynamischen Text eingeben und diesen in einer Workflowvariablen speichern. Die Variable lässt Stefan wiederum bei der Beendigung des Workflows in der letzten Aktion in den Workflowverlauf schreiben.
15. Die Startbedingungen des Workflows legt Stefan auf automatischen Start bei Erstellung neuer Elemente fest.

> **Startoptionen** ▲
>
> Startoptionen für diesen Workflow ändern.
>
> ☑ Manuelles Starten dieses Workflows zulassen
>   ☐ Berechtigungen zum Verwalten von Listen anfordern
> ☑ Workflow automatisch starten, wenn ein Element erstellt wird
> ☐ Workflow automatisch starten, wenn ein Element geändert wird

16. Ein letzter Test zeigt, dass nun auch per E-Mail eingegangene Dokumente automatisch an die richtige Zielbibliothek weitergeleitet werden.

> Zwei Dinge sind Voraussetzung dafür, dass per E-Mail eingehende Dokumente per Workflow weitergeleitet werden können. Zum einen muss die Loopbackprüfung für die Adresse der Website auf dem SharePoint-Server/den SharePoint-Servern deaktiviert sein, zum anderen muss der automatische Start von Workflows bei E-Mail-Eingang aktiviert sein.
>
> Ersteres wird über die Registry-Einstellung *BackConnectionHostNames*, die schon in Kapitel 5 angesprochen wurde, gesteuert. In der Registry ist im Pfad HKEY_LOCAL_MACHINE\SYSTEM\CurrentControlSet\Control\Lsa\MSV1_0 ein MultiString-Wert (Wert der mehrteiligen Zeichenfolge) mit dem Namen *BackConnectionHostNames* anzulegen. Darin sind alle Hostnamen, über die auf den Server zugegriffen werden kann, einzutragen. Normalerweise dienen die Einträge dazu, die Websites auf dem Server selbst zur Administration aufrufen zu können. In diesem Fall ruft die Zentraladministration des Servers tatsächlich den Webservice über HTTP auf. Daher wird hier ebenfalls der Eintrag benötigt.
>
> Auch die zweite Einstellung haben wir in Abschnitt 5.1.2 schon angesprochen. Standardmäßig wird die Ausführung deklarativer Workflows auf per E-Mail eingereichten Elementen in SharePoint unterbunden. Im genannten Abschnitt haben wir das stsadm-Statement für die Änderung dieser Einstellungen kennengelernt. Natürlich geht das auch mittels PowerShell (stsadm ist ja veraltet). Dazu sind in der SharePoint Management Shell folgende drei Zeilen abzusetzen:
>
> ```
> $wsvc = [Microsoft.SharePoint.Administration.SPWebService]::ContentService
> $wsvc.DeclarativeWorkflowAutoStartOnEmailEnabled = $true
>
> $wsvc.Update()
> ```
>
> Zur Erläuterung: Die erste Zeile lädt das Webservice-Objekt für die Inhaltsverwaltung in eine Variable, in der zweiten Zeile wird die Einstellung *DeclarativeWorkflowAutoStartOnEmailEnabled* auf *wahr* gesetzt und in der dritten Zeile wird die Einstellung auf den Webservice angewendet.

8.2 Einkaufssite für externe Mitarbeiter freigeben

Eine zweite Anforderung aus der Einkaufsabteilung ist die Freigabe der Website für externe Benutzer, die kein Konto im lokalen Active Directory der Besser Kommunizieren GmbH besitzen. Über die formularbasierte Authentifizierung (FBA) bietet SharePoint hier mehrere Möglichkeiten. Zwei Wege möchten Klara, Marius und Stefan dabei einsetzen. Für einen kleinen Kreis externer Mitarbeiter soll ein eigenes Benutzerverzeichnis auf Basis einer Datenbank verwendet werden. Zukünftig möchten sie dann den Login über eine Microsoft Live ID mithilfe der Active Directory Federation Services anbieten. Später könnte dies noch auf andere Authentifizierungsanbieter, wie Google+ oder Facebook, erweitert werden.

8.2.1 Einrichten einer lokalen Authentifizierung mittels FBA

Für die Einrichtung der formularbasierten Authentifizierung in einer SharePoint-Website über eine lokale SQL-Datenbank sind drei grundlegende Schritte erforderlich:

1. Zuerst muss die Datenbank angelegt werden.
2. Anschließend sind die Benutzer anzulegen.
3. Schließlich ist die Datenbank als Authentifizierungsanbieter der Website hinzuzufügen.

Erstellen einer Datenbank für ASP.NET-Mitgliedschaften

Stefan beginnt also mit der Erstellung der Datenbank. Ein Assistent dafür findet sich auf SQL- und SharePoint-Servern unter dem Dateinamen *aspnet_regsql.exe* im Verzeichnis *%windir%\Microsoft.NET\Framework64\v4.0.30319*.

1. Stefan navigiert also auf dem SharePoint-Server in dieses Verzeichnis und startet den Assistenten mit einem Doppelklick. Im Begrüßungsfenster des Assistenten klickt er dann auf **WEITER**.

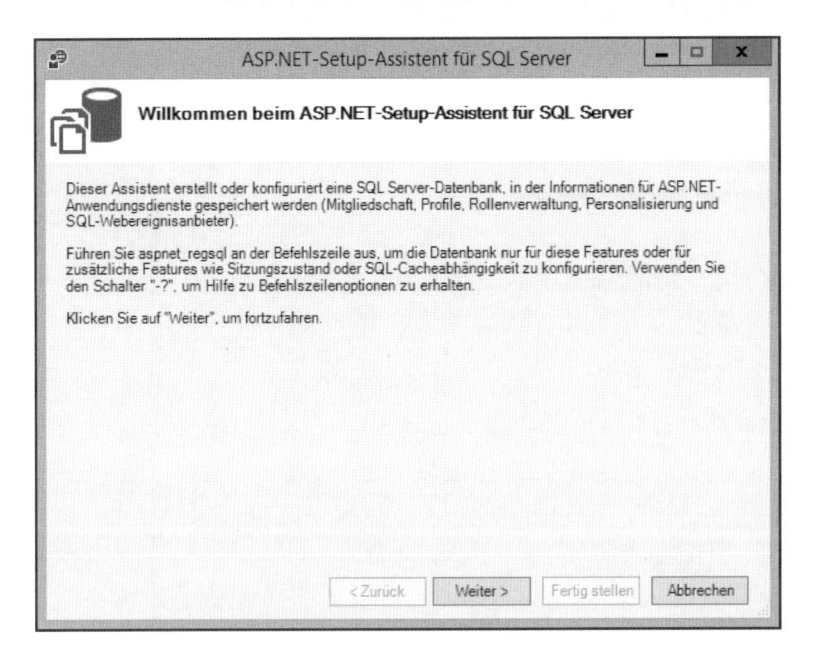

[Screenshot: ASP.NET-Setup-Assistent für SQL Server – Willkommen beim ASP.NET-Setup-Assistent für SQL Server]

2. Stefan behält die Standardeinstellung zur Konfiguration einer Datenbank für die Anwendungsdienste bei und klickt erneut auf **WEITER**.

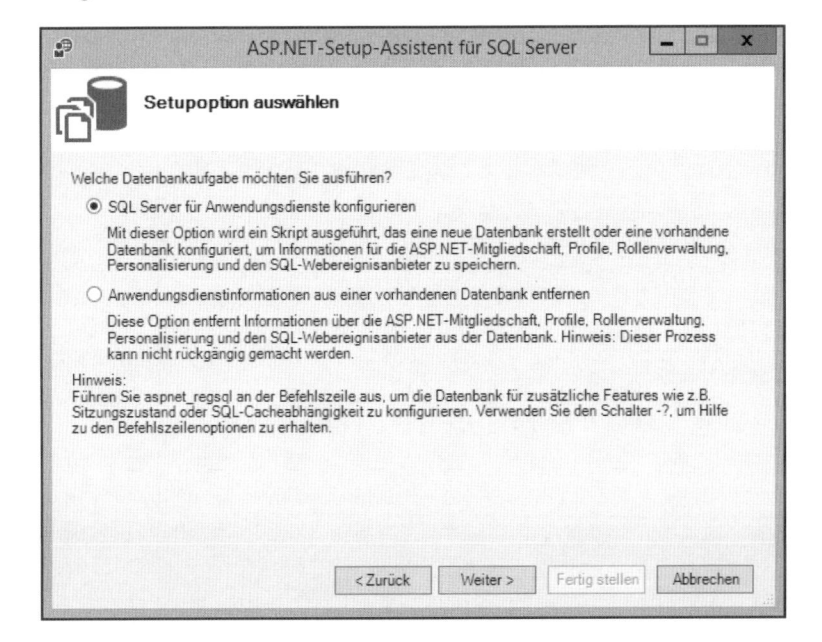

[Screenshot: ASP.NET-Setup-Assistent für SQL Server – Setupoption auswählen]

3. Nun muss Stefan den Namen des SQL Servers und der zu erstellenden Datenbank angeben. Letztere nennt er *User_Einkauf*. Als Servernamen verwendet er den auf den SharePoint-Servern schon eingerichteten SQL-Alias. Da sein administratives Konto auch Verwaltungsrechte auf dem SQL-Server der Besser Kommunizieren GmbH hat, kann er sich

mittels Windows-Authentifizierung anmelden. Anschließend klickt er auch in diesem Dialog auf **WEITER**.

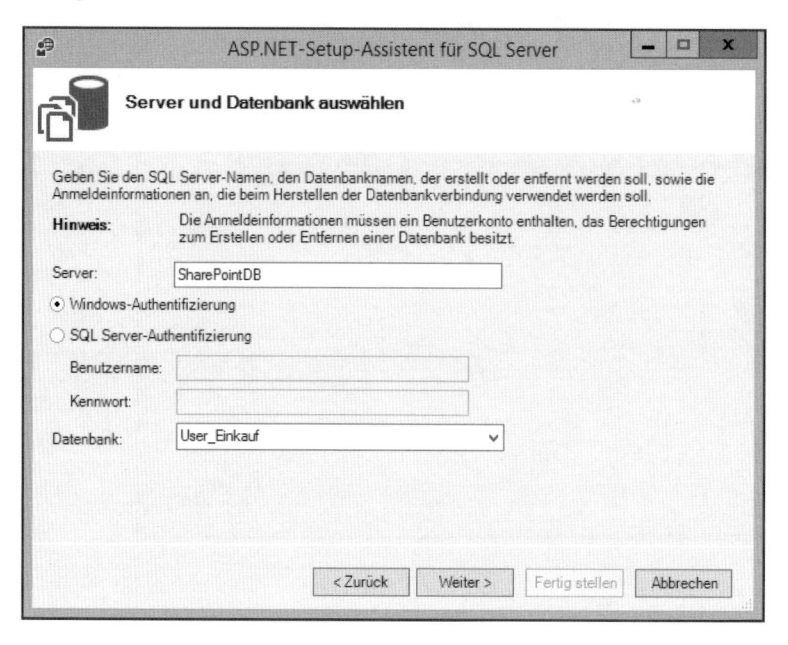

4. In der anschließenden Zusammenfassung der Einstellungen muss Stefan dann noch einmal auf **WEITER** klicken, um dann den Assistenten im nächsten Dialogfeld durch einen Klick auf **FERTIG STELLEN** zu beenden.

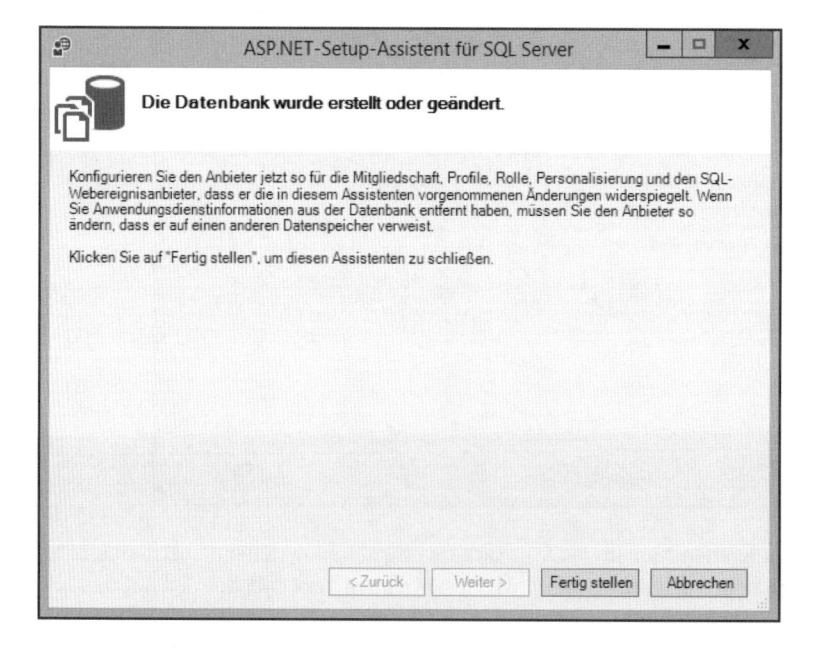

5. Nachdem die Datenbank erfolgreich erstellt wurde, benötigt das Dienstkonto der Webanwendung, die diese Datenbank verwenden soll, noch Besitzerrechte darauf. Da Stefan später auch die Benutzer darin von den Mitarbeitern des Einkaufs selbständig verwalten lassen möchte, gibt er der entsprechenden Gruppe zusätzlich Schreibrechte auf die Datenbank. Er öffnet also das SQL Server Management Studio und verbindet sich mit dem Datenbankmodul.

6. Im Objekt-Explorer erweitert Stefan die neue Datenbank und klickt mit der rechten Maustaste im Abschnitt *Sicherheit* auf den Ordner **BENUTZER**. Im Kontextmenü wählt er dann den Eintrag **NEUER BENUTZER**.

7. Im Dialogfeld *Datenbankbenutzer – Neu* wählt er als Benutzertyp *Windows-Benutzer* aus und wählt anschließend aus dem Unternehmensverzeichnis das Dienstkonto der Webanwendung *Einkauf* aus.

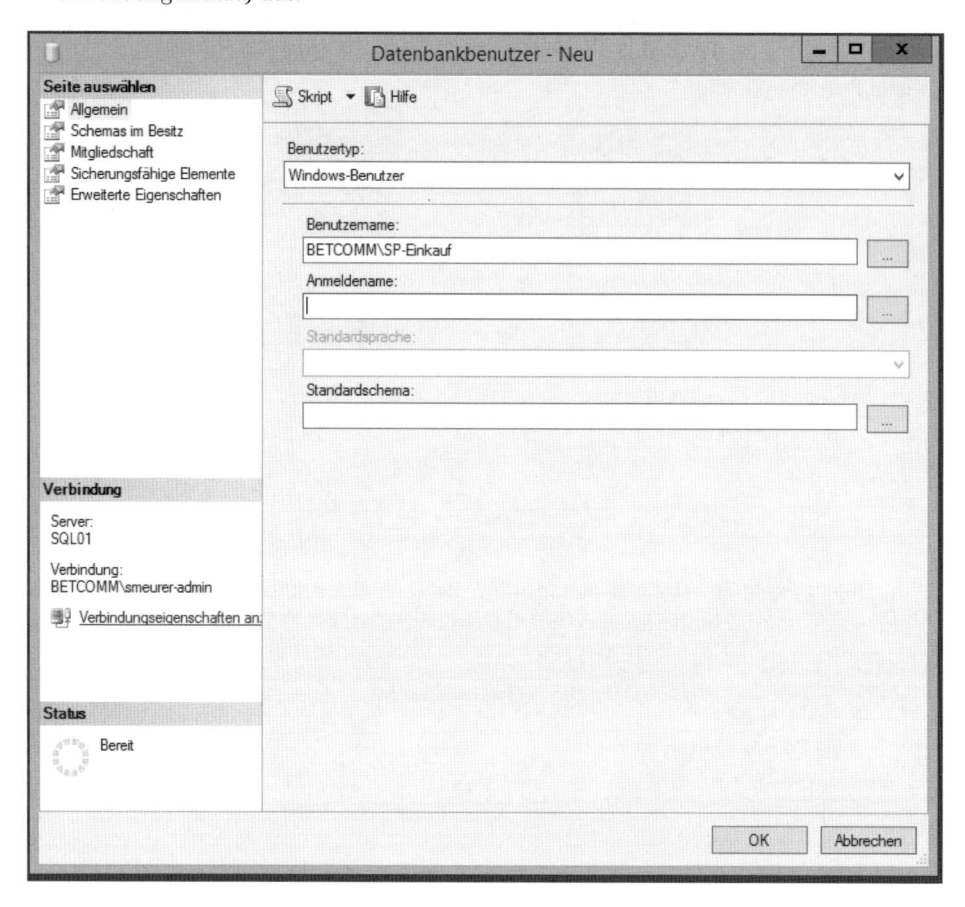

8. Im Abschnitt *Mitgliedschaft* aktiviert Stefan für diesen Benutzer die Datenbankrolle **DB_OWNER** und klickt anschließend auf **OK**, um den Benutzer anzulegen.

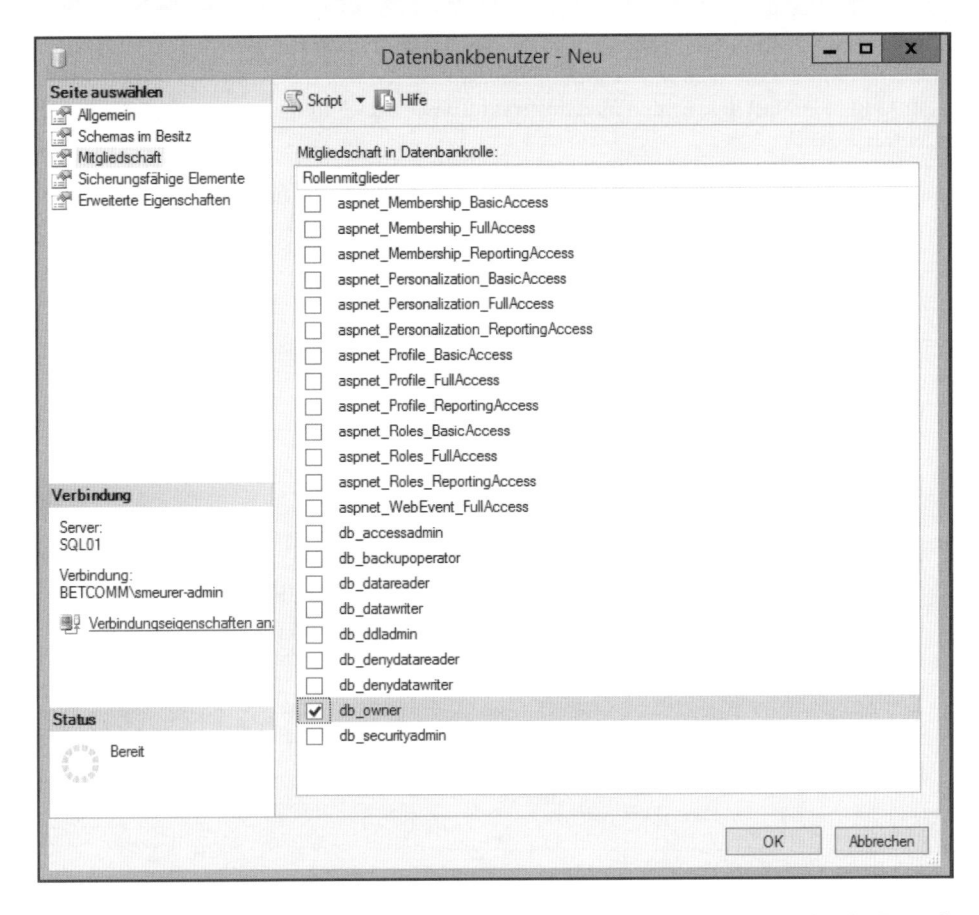

9. Die gleichen Einstellungen nimmt Stefan noch für die Anwendungskonten für die Zentraladministration und den Security Token Service vor. Beide Konten kann er notfalls über den IIS-Manager aus den Anwendungspooleinstellungen auslesen. In vielen Fällen dürften sie, wie hier, identisch sein.

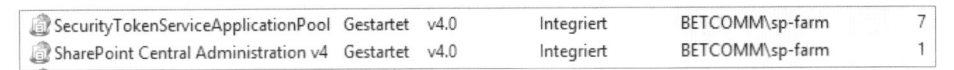

SecurityTokenServiceApplicationPool	Gestartet	v4.0	Integriert	BETCOMM\sp-farm	7
SharePoint Central Administration v4	Gestartet	v4.0	Integriert	BETCOMM\sp-farm	1

10. Analog verfährt Stefan für Klara Petzold und Marius Gardino. Deren Konten fügt er der Rolle **DB_DATAWRITER** hinzu.

Benutzerverwaltung über die Internet Information Services einrichten

Nach der Einrichtung der Datenbank verfügt diese noch über kein Benutzerinterface zum Verwalten der Benutzer. Natürlich stehen dafür mehrere Wege zur Verfügung. Im SharePoint-Umfeld bietet sich das kostenfreie SharePoint 2016 FBA Pack aus Codeplex an (*https://sharepoint2016fba.codeplex.com*). Es bietet den Siteadministratoren eine vollständige Verwaltungsoberfläche zur Verwaltung externer Benutzer. Dessen Einrichtung für den Einkauf hebt Stefan sich aber für später auf. Für den ersten Test möchte er nur ein paar Benutzer anlegen. Dafür kann er auch die .NET-Benutzer-Verwaltung der Internet Information Services nutzen.

1. Im ersten Schritt muss er dazu eine neue Website im IIS anlegen. Dazu öffnet er auf dem SharePoint Server den *Internetinformationsdienste (IIS)-Manger*. Im Navigationsbaum links klickt er mit der rechten Maustaste auf **SITES** und wählt im Kontextmenü **WEBSITE HINZUFÜGEN**.

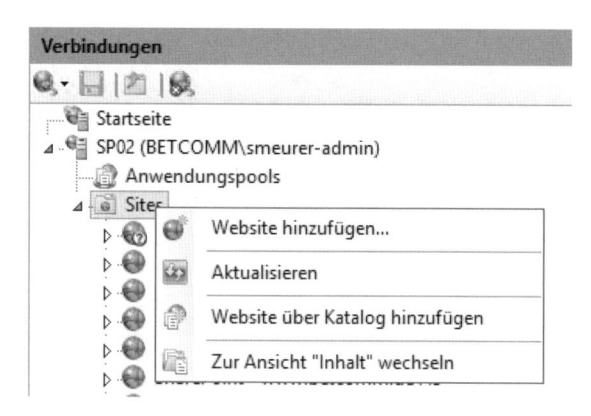

2. Der Website gibt er einen sprechenden Namen und wählt einen hohen, unbenutzten Port für den Zugriff aus. Die Website wird nur für Verwaltungszwecke im IIS angelegt und muss nicht über den Browser erreichbar sein.

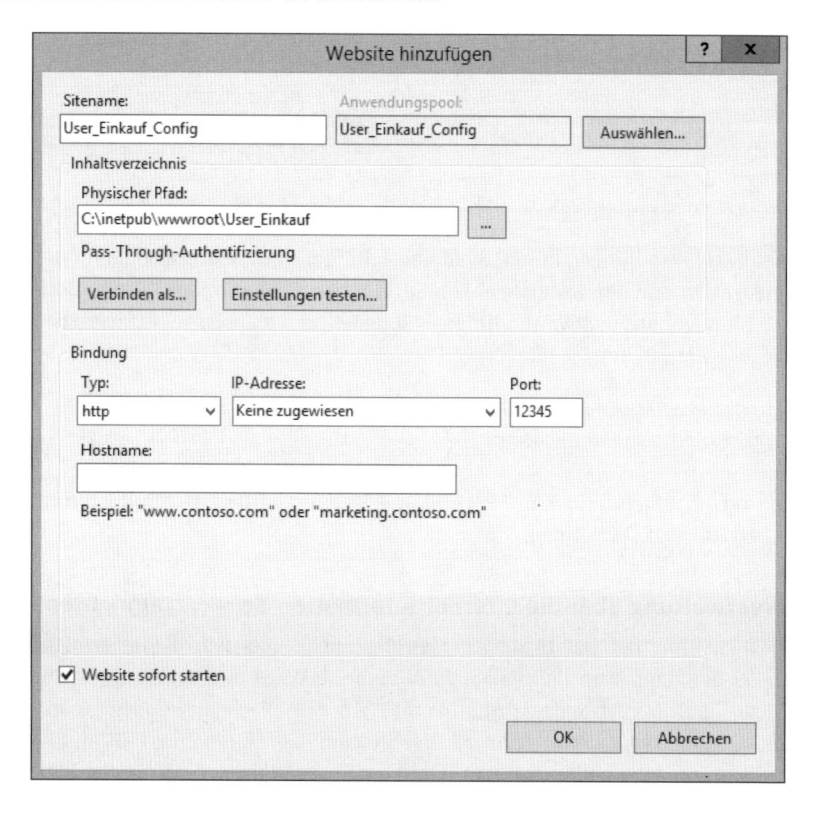

3. Wichtig ist, dem Anwendungspool dieser Website Schreibrechte auf die Datenbank zu geben. Daher ändert Stefan nach der Erstellung der Website die Identität des Anwendungspools auf das Konto der Einkaufswebanwendung, dem er ja oben *db_owner*-Rechte gegeben hat. Dazu navigiert er im Navigationsbereich zu den **ANWENDUNGSPOOLS**. Er klickt mit der rechten Maustaste auf den mit der neuen Website erstellten Anwendungspool und wählt im Kontextmenü den Eintrag **ERWEITERTE EINSTELLUNGEN**. In den Einstellungen wählt er den Eintrag für die **IDENTITÄT** des Anwendungspools aus.

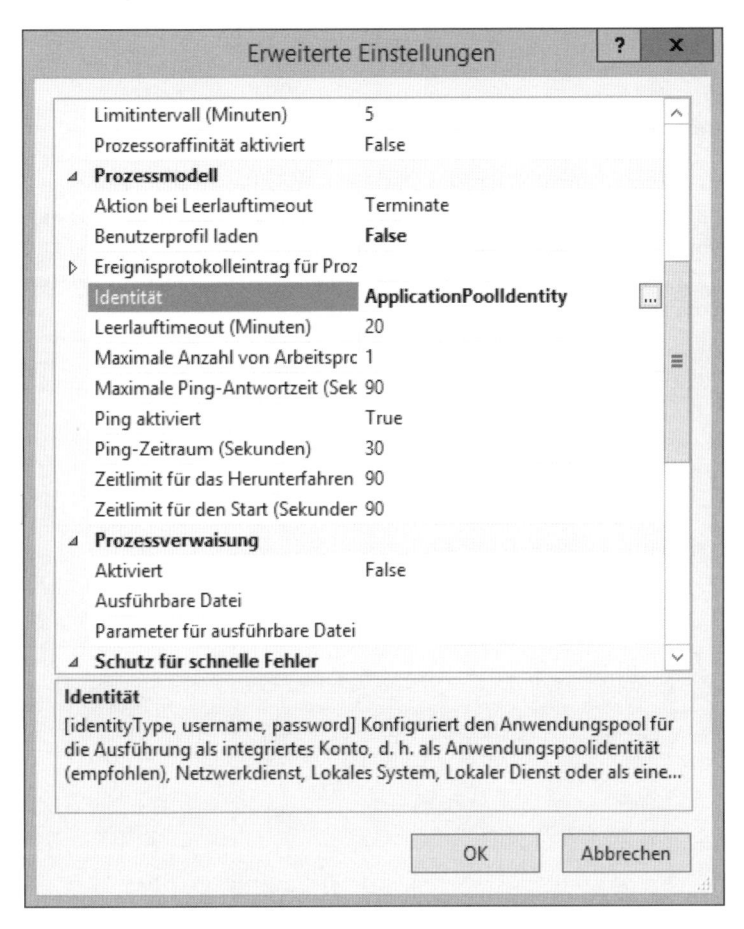

4. Stefan klickt am Ende des Eintrags auf die drei Punkte (…), klickt dann im Abschnitt *Benutzerdefiniertes Konto* auf **FESTLEGEN** und gibt als Anmeldeinformationen für die Identität des Anwendungspools das Konto *betcomm\SP-Einkauf* und das dazugehörige Kennwort ein.

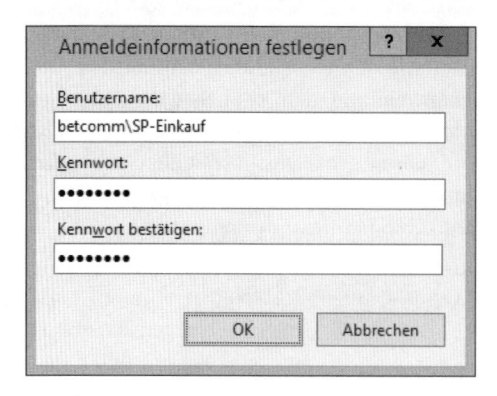

5. Anschließend öffnet Stefan im IIS-Manager die neue Website. In der Featureansicht klickt er doppelt auf **VERBINDUNGSZEICHENFOLGEN**, um der Website die Verbindung zur Datenbank hinzuzufügen. Im Fenster *Verbindungszeichenfolgen* klickt er rechts auf **HINZUFÜGEN** und gibt dann die benötigten Informationen zur Datenbank (SQL Server und Datenbankname) ein.

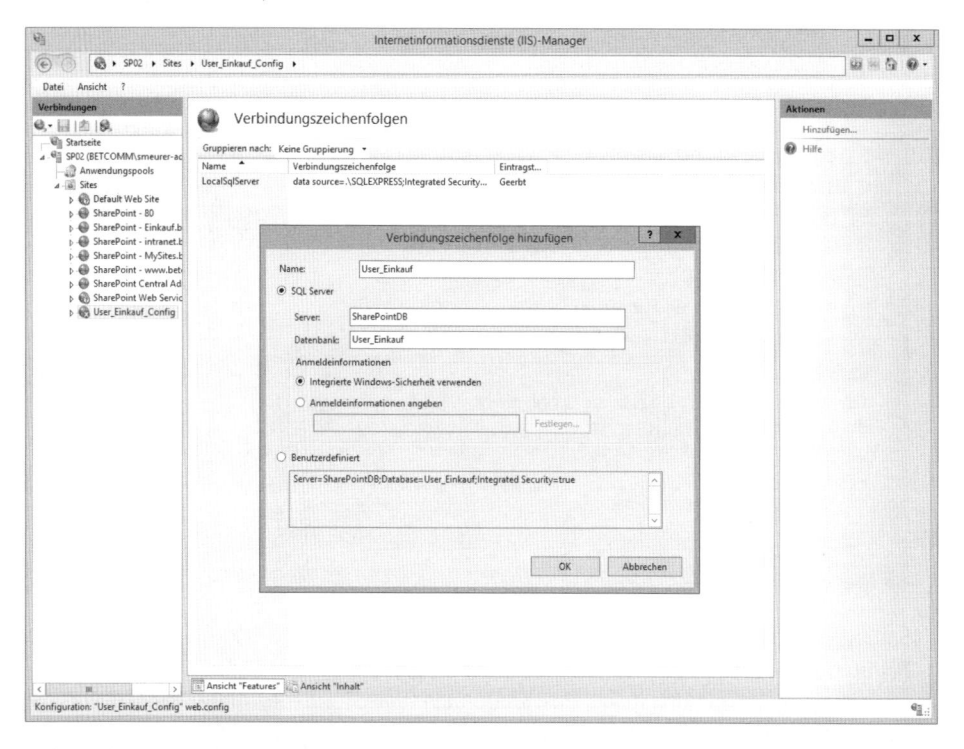

6. Anschließend wechselt Stefan zum Feature **ANBIETER**, wählt dort oben über das Listenfeld *.NET-Benutzer* aus (er möchte einen Anbieter für die Benutzerverwaltung erstellen) und klickt dann rechts wieder auf **HINZUFÜGEN**.

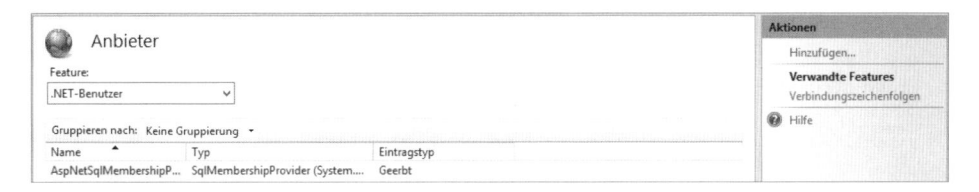

7. In den Anbietereinstellungen wählt Stefan oben den *SqlMembershipProvider* als Typ aus, vergibt dem Anbieter einen Namen, legt einen *ApplicationName* fest und wählt die neu erstellte Verbindungszeichenfolge für den Zugriff auf die Datenbank aus. Den *ApplicationName* (siehe den folgenden Kasten) benötigt Stefan später noch bei der Einbindung der formularbasierten Authentifizierung auf der SharePoint-Site. Im Abschnitt *Verhalten* kann er dann noch einige Einstellungen zum Umgang mit den Benutzerkonten festlegen. Wichtig ist dabei die Eigenschaft *StorePasswordInSecureFormat*, die Stefan auf *True* setzt, damit Passwörter verschlüsselt in der Datenbank gespeichert werden.

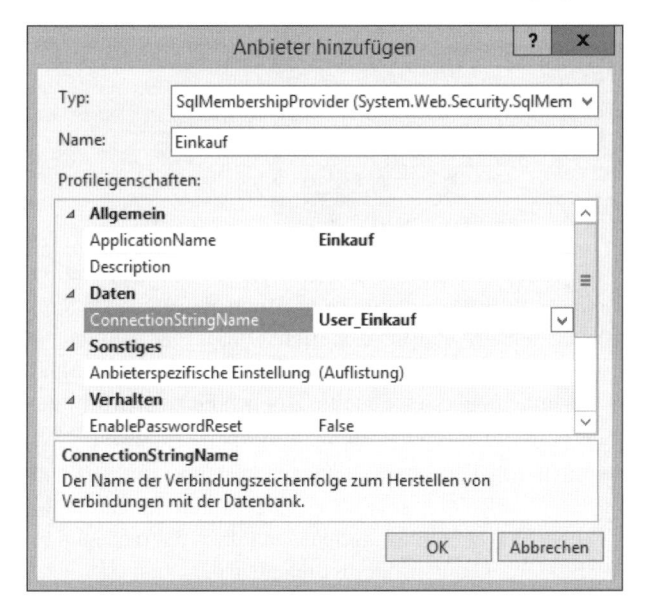

> Die Eigenschaft *ApplicationName* ist für die Benutzerverwaltung in der .NET-Authentifizierung von Bedeutung. Damit werden innerhalb derselben Datenbank unterschiedliche Anwendungskontexte abgebildet. Die zugreifenden Anwendungen haben nur auf die Benutzerkonten Zugriff, die unter dem angegebenen ApplicationName angelegt wurden. Über diese Funktion lassen sich in derselben Datenbank Benutzerkonten verschiedener Anwendungen verwalten, ohne dass diese übergreifend sichtbar werden.
>
> Sollte Stefan also später ein ähnliches Zugriffsszenario für einen anderen Geschäftsbereich abbilden müssen, kann er dies in ein und derselben Datenbank realisieren. Er muss nur in den .NET-Providern jeweils einen anderen ApplicationName angeben.

8. Anschließend wählt Stefan im Listenfeld *Feature* oberhalb der Liste der Anbieter den Eintrag *.NET-Rollen* aus und erstellt analog zum Membership-Provider einen neuen Rollenprovider.

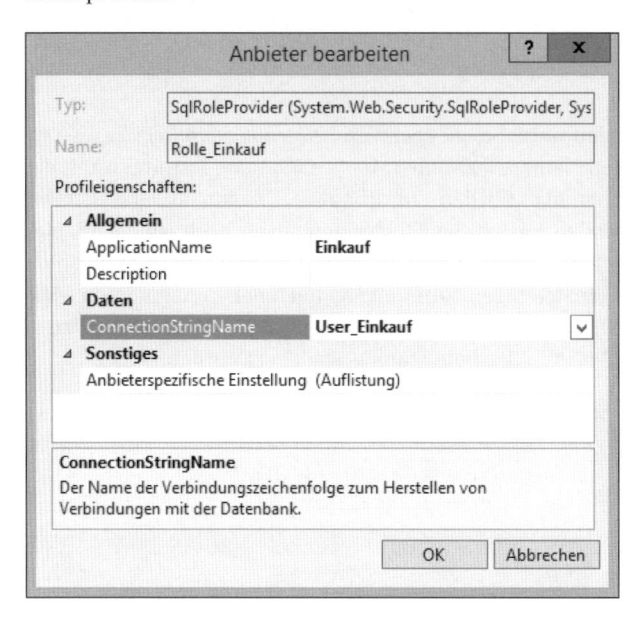

Die Rollenverwaltung ist zwar nicht zwingend erforderlich, da dazu in SharePoint eine eigene Benutzergruppenverwaltung zur Verfügung steht. Wenn aber in der Datenbank Benutzergruppen für vielleicht spätere Einsatzszenarien erforderlich werden, kann eine integrierte Rollenverwaltung hilfreich sein. Letzten Endes bietet sie die Möglichkeit, Benutzer zu Gruppen zusammenzufassen und die Gruppen für die Berechtigungsverwaltung zu verwenden, statt Rechte auf Einzelbenutzerebene zu vergeben.

9. Nachdem beide Provider erstellt wurden, wechselt Stefan in der Featureansicht der Website zum Feature *.NET-BENUTZER*. Im ersten Schritt legt er den Standardanbieter für die Benutzer fest. Dazu klickt er rechts unter *Aktionen* auf die entsprechende Funktion **STANDARDANBIETER FESTLEGEN** und wählt im Dialogfeld den eben erstellen Provider aus.

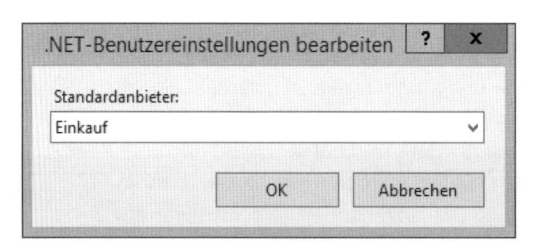

10. Nun kann Stefan einige Testbenutzer anlegen. Dazu klickt er rechts unter *Aktionen* auf **HINZUFÜGEN** und gibt im Formular die benötigten Informationen für die neuen Benutzer an.

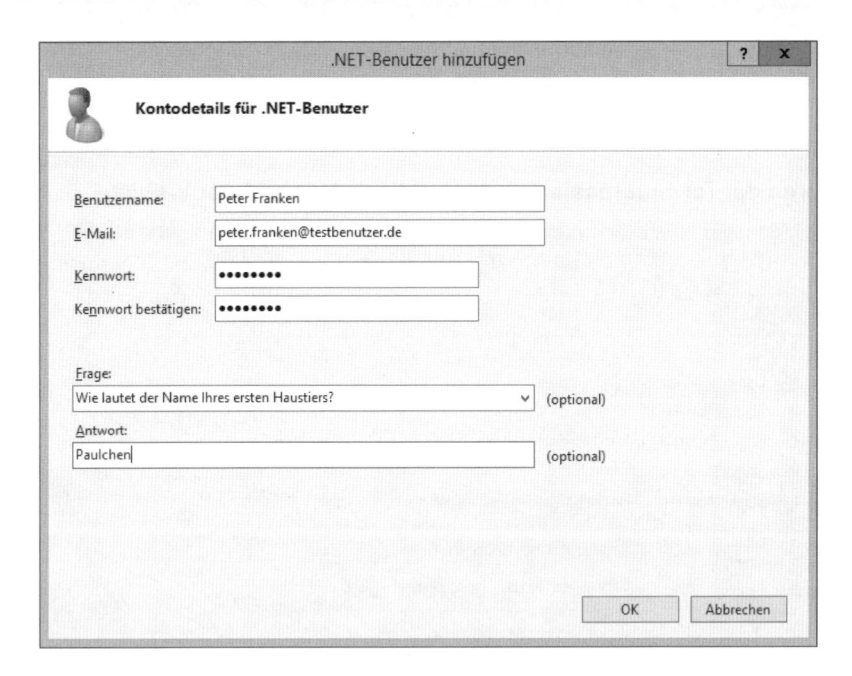

Nachdem Stefan über diesen Weg einige Testbenutzer angelegt hat, muss er im nächsten Schritt die formularbasierte Authentifizierung für die Website aktivieren. Dazu sind wiederum zwei Schritte erforderlich. Zuerst sind die Konfigurationsdateien *web.config* der betroffenen Websites anzupassen, im zweiten Schritt ist dann das Authentifizierungsverfahren in der Webanwendung zu aktivieren.

Die Anpassung der Konfigurationsdateien kann auf verschiedenen Ebenen erfolgen, da zwischen den Konfigurationen eine Vererbung von der Serverkonfiguration zur Webanwendungskonfiguration stattfindet. Am einfachsten ist es, die Datei *machine.config* des .NET-Frameworks anzupassen. Damit werden die neuen Provider für den gesamten SharePoint aktiviert. Diese Datei befindet sich im Verzeichnis *%Windir%\ Microsoft.NET\Framework64\ v4.0.30319\Config*.

Alternativ können die *web.config*-Dateien der Webanwendungen angepasst werden. Dabei sind mindestens drei Webanwendungen zu berücksichtigen: die Webanwendung, die die Website hostet, für die das Verfahren genutzt wird, die Webanwendung der Zentraladministration und die Webanwendung des Security Token Service des SharePoint. Letztere ist auch anzupassen, wenn die *machine.config* angepasst wurde, da die Konfiguration der SharePoint Webservices Hinzufügungen der *machine.config* wieder überschreibt. Der Zugriff auf diese Dateien erfolgt am einfachsten wieder über den IIS-Manager. Stefan entscheidet sich dafür, die drei *web.config*-Dateien anzupassen. Er möchte auf Maschinenebene keine grundlegenden Konfigurationsänderungen vornehmen.

Wenn keine zentrale Konfiguration für die SharePoint-Farm über die entsprechende IIS-Konfiguration eingerichtet ist, sind die Änderungen zusätzlich auf jedem Server der SharePoint-Farm vorzunehmen, auf dem die entsprechenden Webanwendungen gehostet werden.

Da Änderungen an den Konfigurationsdateien große Auswirkungen haben können und kleine Tippfehler die Websites stilllegen können (das ist erfahrungsgemäß jedem Share-

Point-Administrator schon mehr als einmal passiert), sollten auf jeden Fall vorher Kopien der Konfigurationsdateien angelegt werden.

Stefan geht also wie folgt vor:

Aktivieren der formularbasierten Authentifizierung auf der Website

1. Im IIS-Manager klickt er unter *Sites* mit der rechten Maustaste zuerst auf die Website **SHAREPOINT – EINKAUF.BETCOMM.DE443** und wählt dann im Kontextmenü **IM EXPLORER ÖFFNEN**.

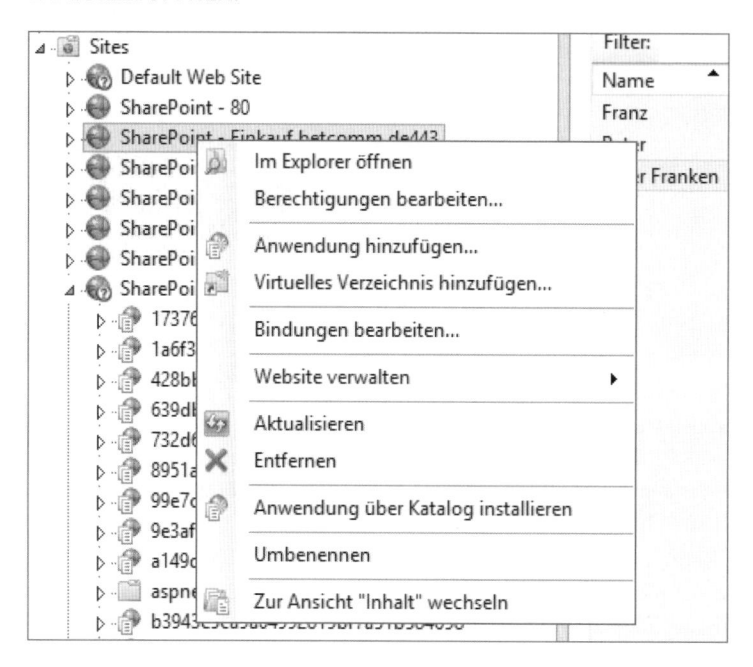

2. Im Windows-Explorer kopiert er die Datei **WEB.CONFIG** unter einem anderen Namen ins selbe Verzeichnis. Anschließend öffnet er die Ursprungsdatei mit einem Doppelklick im Editor. In der Datei nimmt er drei Änderungen vor.

3. Da in der Datei noch kein Abschnitt für die Datenverbindungen existiert, fügt er am Ende der Datei vor dem Abschlusstag </configuration> folgenden Code für die Datenverbindung ein:

```
<connectionStrings>
<add name="User_Einkauf" connectionString="Server=SharePointDB;Database=User_
Einkauf;Integrated Security=true;Trusted_Connection=true"/>
</connectionStrings>
```

In der Datei *machine.config* existiert schon ein Abschnitt <connectionStrings>. Dort müsste dann nur der Eintrag für die neue Datenverbindung eingefügt werden. Wichtig ist natürlich, dass der Servername und der Datenbankname der oben angelegten Datenbank entsprechen.

4. Anschließend fügt er den neuen Membership-Provider und den Rollenprovider den entsprechenden Abschnitten der Datei hinzu. Hierbei sind insbesondere die Verweise auf den oben eingefügten Connectionstring und den ApplicationName zu beachten. Der vollständige Code sieht inklusive der Standardprovider des SharePoint in der Regel wie folgt aus:

```xml
<membership defaultProvider="i">
<providers>
<add name="i" type="Microsoft.SharePoint.Administration.Claims.
SPClaimsAuthMembershipProvider, Microsoft.SharePoint, Version=16.0.0.0,
Culture=neutral, PublicKeyToken=71e9bce111e9429c" />
<add name="SQL_Membership_User_Einkauf" connectionStringName="User_Einkauf"
applicationName="Einkauf" type="System.Web.Security.SqlMembershipProvider, System.
Web, Version=4.0.0.0, Culture=neutral, PublicKeyToken=b03f5f7f11d50a3a"
enablePasswordRetrieval="false" enablePasswordReset="true" requiresQuestionAndAnsw
er="false" requiresUniqueEmail="true" passwordFormat="Hashed"
maxInvalidPasswordAttempts="5" minRequiredPasswordLength="7"
minRequiredNonalphanumericCharacters="1" passwordAttemptWindow="10"
passwordStrengthRegularExpression="" /> </providers>
</membership>
<roleManager defaultProvider="c" enabled="true" cacheRolesInCookie="false">
<providers>
<add name="c" type="Microsoft.SharePoint.Administration.Claims.
SPClaimsAuthRoleProvider, Microsoft.SharePoint, Version=16.0.0.0, Culture=neutral,
PublicKeyToken=71e9bce111e9429c" />
<add name="SQL_Role_01" connectionStringName="User_Einkauf"
applicationName="Einkauf" type="System.Web.Security.SqlRoleProvider, System.Web,
Version=4.0.0.0, Culture=neutral, PublicKeyToken=b03f5f7f11d50a3a" />
</providers>
</roleManager>
```

Neu hinzugekommen sind demnach folgende Einträge:

5. Der neue Membership-Provider:

```xml
<add name="SQL_Membership_User_Einkauf" connectionStringName="User_Einkauf"
applicationName="Einkauf" type="System.Web.Security.SqlMembershipProvider, System.
Web, Version=4.0.0.0, Culture=neutral, PublicKeyToken=b03f5f7f11d50a3a" enablePass
wordRetrieval="false"
enablePasswordReset="true"
requiresQuestionAndAnswer="false"
requiresUniqueEmail="true"
passwordFormat="Hashed"
maxInvalidPasswordAttempts="5"
minRequiredPasswordLength="7" minRequiredNonalphanumericCharacters="1"
passwordAttemptWindow="10"
passwordStrengthRegularExpression="" />
```

Die Einstellungen für die Benutzerkonten im zweiten Teil des Codes (ab `enablePasswordRetrieval`) müssen in den Verweisen aller *web.config*-Dateien, in die dieser neue Provider eingetragen wird, identisch sein.

6. Der neue Roleprovider:

```xml
<add name="SQL_Role_01" connectionStringName="User_Einkauf"
applicationName="Einkauf" type="System.Web.Security.SqlRoleProvider, System.Web,
Version=4.0.0.0, Culture=neutral, PublicKeyToken=b03f5f7f11d50a3a" />
```

7. Die Namen der beiden Provider, hier *SQL_Membership_User_Einkauf* und *SQL_Role_01*, benötigt Stefan später noch in den Einstellungen der formularbasierten Authentifizierung.
8. Als dritte Änderung muss Stefan nun noch das Verhalten des PeoplePickers (des Benutzerauswahldialogs in SharePoint) anpassen. Auch dieser muss die neuen Provider kennen, damit bei der Berechtigungsvergabe darauf zugegriffen werden kann. Dafür werden dem Abschnitt <PeoplePickerWildcards> drei Verweise hinzugefügt:

```
<PeoplePickerWildcards>
<clear />
<add key="AspNetSqlMembershipProvider" value="%" />
<add key="SQL_Membership_User_Einkauf" value="%" />
<add key="SQL_Role_01" value="%" />
</PeoplePickerWildcards>
```

Auch hier ist darauf zu achten, dass die Namen der Provider mit denen in den Abschnitten <membership> und <roleManager> übereinstimmen.

9. Dieselben Änderungen nimmt Stefan nun noch für die Webanwendungen der Zentraladministration und des Security Token Services vor.
10. Im letzten Schritt ist dann die formularbasierte Authentifizierung für die Webanwendung des Einkaufs zu aktivieren. Dazu öffnet Stefan die Zentraladministration des SharePoint.
11. Im Abschnitt *Anwendungsverwaltung* klickt er auf **WEBANWENDUNGEN VERWALTEN**.
12. In der Liste der Webanwendungen wählt er die Webanwendung für den Einkauf aus und klickt im Menüband *Webanwendungen* in der Gruppe **SICHERHEIT** auf **AUTHENTIFIZIERUNGSANBIETER**.
13. Im Dialogfeld *Authentifizierungsanbieter* klickt er auf die Zone **STANDARD**.
14. In den Einstellungen des Authentifizierungsanbieters aktiviert er im Abschnitt *Anspruchsauthentifizierungsmethoden* die Option **FORMULARBASIERTE AUTHENTIFIZIERUNG (FBA) AKTIVIEREN** und trägt die Namen des ASP.NET-Mitgliedschaftsanbieters (Membership-Provider) und des ASP.NET-Rollen-Managers (Roleprovider) in die entsprechenden Felder ein. Auch hier ist darauf zu achten, dass die Einträge mit denen in den *web.config*-Dateien korrespondieren.

Anspruchsauthentifizierungstypen

Wählen Sie den für diese Zone zu verwendenden Authentifizierungstyp aus.

Die mit der integrierten Windows-Authentifizierung empfohlene Sicherheitskonfiguration ist Aushandeln (Kerberos). Wenn diese Option ausgewählt und Kerberos nicht konfiguriert ist, wird NTLM verwendet. Kerberos erfordert, dass das Anwendungspoolkonto 'Netzwerkdienst' oder ein Konto ist, das vom Domänenadministrator konfiguriert wurde. Die NTLM-Authentifizierung funktioniert hingegen mit einem beliebigen Anwendungspoolkonto und der Standarddomänenkonfiguration.

☑ Windows-Authentifizierung aktivieren
 ☑ Integrierte Windows-Authentifizierung
  Aushandeln (Kerberos)

 ☐ Basisauthentifizierung (Anmeldeinformationen werden unverschlüsselt gesendet)

☑ Formularbasierte Authentifizierung (FBA) aktivieren
Name des ASP.NET-Mitgliedschaftsanbieters
SQL_Membership_User_Einkauf

Name des ASP.NET-Rollen-Managers
SQL_Role_01

☐ Vertrauenswürdiger Identitätsanbieter

15. Jetzt kann Stefan die neuen Einstellungen mit den Testbenutzern testen. Zuerst öffnet er dazu die Website des Einkaufs und navigiert über die WEBSITEEINSTELLUNGEN zu den WEBSITEBERECHTIGUNGEN.

16. In der Liste der Berechtigungsgruppen klickt er auf die Gruppe BESUCHER VON BESSER KOMMUNIZIEREN EINKAUFSPORTAL.

	Name	Typ	Berechtigungsstufen
☐	Absender des Datenarchiv-Webdiensts	SharePoint-Gruppe	Absender des Datenarchiv-Webdiensts
☐	Besitzer von Besser Kommunizieren Einkaufsportal	SharePoint-Gruppe	Vollzugriff
☐	Besucher von Besser Kommunizieren Einkaufsportal	SharePoint-Gruppe	Lesen
☐	Excel Services-Viewer	SharePoint-Gruppe	Nur anzeigen
☐	Klara Petzold	Benutzer	Vollzugriff
☐	Mitglieder von Besser Kommunizieren Einkaufsportal	SharePoint-Gruppe	Bearbeiten

17. Oberhalb der Auflistung der Gruppenmitglieder (sollte derzeit noch leer sein) klickt er auf NEU und dann auf BENUTZER HINZUFÜGEN.

18. Im Dialogfeld *'Besser Kommunizieren Einkaufsportal' freigeben* gibt der den Namen eines der Testbenutzer ein. SharePoint sollte den passenden Benutzer aus der ASP.NET-Datenbank vorschlagen. Anschließend klickt Stefan auf FREIGEBEN.

19. Um die Anmeldung zu testen, öffnet Stefan die Website erneut in einem privaten Browserfenster. SharePoint präsentiert eine Login-Seite zur Auswahl des Anmeldeverfahrens. Für diese Login-Seite kann auch eine eigene ASPX-Seite gestaltet werden, die dann in den Einstellungen für die formularbasierte Authentifizierung des Authentifizierungsanbieters eingetragen wird.

20. Stefan wählt hier die **FORMULARAUTHENTIFIZIERUNG**. Auf der folgenden Seite gibt er dann die Anmeldeinformationen seines Testbenutzers ein und klickt auf **ANMELDEN**.

21. Die Website wird für den Benutzer mit den ihm zugewiesenen Berechtigungen geöffnet.

![SharePoint Screenshot: Besser Kommunizieren Einkaufsportal]

Bei der Einrichtung der formularbasierten Authentifizierung in der Webanwendung hat Stefan dieses Authentifizierungsverfahren einfach der Standardzone hinzugefügt. Das hat zur Folge, dass sowohl die internen als auch die externen Benutzer die Website über dieselbe URL öffnen und dann je nach Browsereinstellungen die Authentifizierungsmethode auswählen können oder direkt mit ihren Windows-Credentials weitergeleitet werden.

Grundsätzlich besteht auch die Möglichkeit, die Website für jede Benutzergruppe (intern oder extern) in einer eigenen Webanwendung anzubieten und dabei nur das jeweils erforderliche Authentifizierungsverfahren einzurichten. Dazu würde die Website in der Zentraladministration auf eine weitere IIS-Website erweitert, die einer anderen Zone zugewiesen wird, eine eigene URL, eventuell einen eigenen Port, und eben auch eigene Authentifizierungseinstellungen verwenden kann. Die Inhalte der Website kommen dann aber aus derselben Inhaltsdatenbank. Inhaltliche Änderungen an der Website sind in beiden Webanwendungen direkt verfügbar.

Dabei ist aber zu beachten, dass bei der Berechtigungsvergabe in der Website nur auf die Benutzer zugegriffen werden kann, die über die in der jeweiligen Webanwendung aktivierten Authentifizierungsverfahren eingebunden sind. Wenn also interne Benutzer externen Benutzern Berechtigungen vergeben können sollen, müssen in der internen Webanwendung beide Authentifizierungsverfahren eingerichtet sein. Für die externe Webanwendung reicht eventuell die formularbasierte Authentifizierung aus, wenn die externen Benutzer keine Berechtigungen vergeben können sollen oder dabei zumindest nicht auf die internen Benutzer zugreifen sollen.

Nachdem das Verfahren so weit funktioniert, möchte Stefan jetzt im letzten Schritt Klara und Marius die Möglichkeit geben, die externen Benutzer selbst zu verwalten. Zwar ließe sich der Zugriff auf die entsprechenden Verwaltungsoptionen auch über die IIS-Manager-Remoteverwaltung einrichten, Stefan findet dieses Werkzeug aber für die beiden Anwender als zu wenig intuitiv. Es gibt schon seit einigen SharePoint-Versionen (genau genommen seit SharePoint 2007) eine kostenfreie Anwendung, die diese Verwaltungsaufgabe in Webparts abbildet und die auf der SharePoint-Site selbst verwendet werden kann. Es handelt sich dabei um das oben schon erwähnte Codeplex-Projekt (demnächst wahrscheinlich über GitHub verfügbar) *SharePoint FBA Pack*. Die Funktion wird als SharePoint-Lösung installiert und deployed und kann dann auf den Websites als Feature aktiviert werden.

> In diesem Fall weichen wir von einer unserer Grundregeln ab und verwenden doch ein Werkzeug, das nicht zur Grundausstattung unserer Anwendungen gehört. Da sich aber die hier diskutierte Anforderung nicht anders umsetzen lässt, habe ich mich entschieden, dies als Beispiel für eine einfache Erweiterung der Grundfunktionen beizubehalten und den Leser anzuregen, sich selbst auf die Suche nach weiteren Hilfsmitteln zu machen.

Einrichten der Benutzerverwaltung auf der Website über das FBA-Pack

Stefan hat die Dateien über die URL *https://sharepoint2016fba.codeplex.com* auf den SharePoint-Server heruntergeladen und die Dateien entpackt. Für die Einrichtung muss er sie jetzt noch deployen und auf der Einkaufssite das Feature aktivieren.

1. Er öffnet nun eine SharePoint Management Shell als Administrator auf dem SharePoint Server und wechselt in das Verzeichnis, in das er die Dateien entpackt hat. Darin befindet sich eine Skriptdatei *Deploy*. Dem Skript kann als Parameter eine URL für die Website, auf der das Feature aktiviert wird, übergeben werden. Wird keine URL angegeben, wird die Funktionalität auf SharePoint installiert, das Feature *Forms Based Authentication Management* aber noch nicht aktiviert. Stefan gibt also in der Shell-Konsole das Statement .\deploy *https://einkauf.betcomm.de* ein. Da die Skriptdatei nicht digital signiert ist, muss er zuvor noch die Ausführungsrichtlinie der PowerShell anpassen (set-executionpolicy unrestricted).

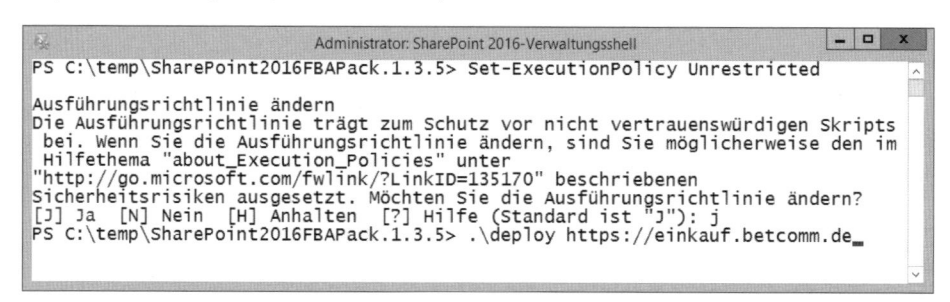

```
PS C:\temp\SharePoint2016FBAPack.1.3.5> Set-ExecutionPolicy Unrestricted

Ausführungsrichtlinie ändern
Die Ausführungsrichtlinie trägt zum Schutz vor nicht vertrauenswürdigen Skripts
 bei. Wenn Sie die Ausführungsrichtlinie ändern, sind Sie möglicherweise den im
 Hilfethema "about_Execution_Policies" unter
"http://go.microsoft.com/fwlink/?LinkID=135170" beschriebenen
Sicherheitsrisiken ausgesetzt. Möchten Sie die Ausführungsrichtlinie ändern?
[J] Ja  [N] Nein  [H] Anhalten  [?] Hilfe (Standard ist "J"): j
PS C:\temp\SharePoint2016FBAPack.1.3.5> .\deploy https://einkauf.betcomm.de_
```

2. Noch zweimal muss Stefan bestätigen, dass er das Skript ausführen möchte, dann startet die Installation. Die Konsole gibt ausführliche Rückmeldungen über den Installationsverlauf.

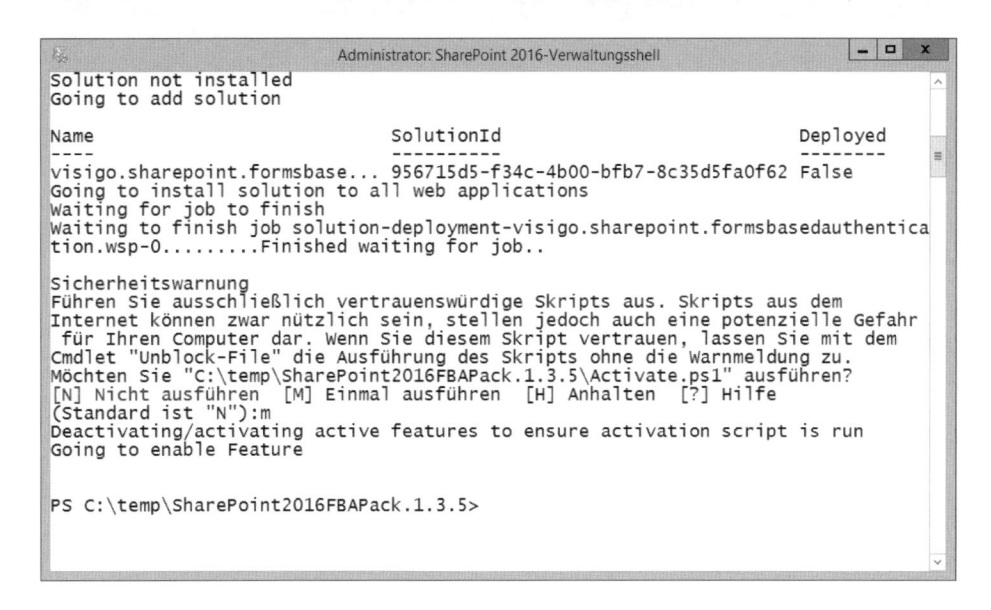

```
                    Administrator: SharePoint 2016-Verwaltungsshell           _ □ x
Solution not installed
Going to add solution

Name                            SolutionId                      Deployed
----                            ----------                      --------
visigo.sharepoint.formsbase...  956715d5-f34c-4b00-bfb7-8c35d5fa0f62 False
Going to install solution to all web applications
Waiting for job to finish
Waiting to finish job solution-deployment-visigo.sharepoint.formsbasedauthentica
tion.wsp-0.........Finished waiting for job..

Sicherheitswarnung
Führen Sie ausschließlich vertrauenswürdige Skripts aus. Skripts aus dem
Internet können zwar nützlich sein, stellen jedoch auch eine potenzielle Gefahr
 für Ihren Computer dar. Wenn Sie diesem Skript vertrauen, lassen Sie mit dem
Cmdlet "Unblock-File" die Ausführung des Skripts ohne die Warnmeldung zu.
Möchten Sie "C:\temp\SharePoint2016FBAPack.1.3.5\Activate.ps1" ausführen?
[N] Nicht ausführen  [M] Einmal ausführen  [H] Anhalten  [?] Hilfe
(Standard ist "N"):m
Deactivating/activating active features to ensure activation script is run
Going to enable Feature

PS C:\temp\SharePoint2016FBAPack.1.3.5>
```

3. In den Websiteeinstellungen finden sich nach der Aktivierung im Abschnitt *Benutzer und Berechtigungen* vier zusätzliche Einstellungen zur Verwaltung der formularbasierten Authentifizierung.

   Benutzer und Berechtigungen
   Benutzer und Gruppen
   Websiteberechtigungen
   Websitesammlungsadministratoren
   Website-App-Berechtigungen
   FBA Membership Request Management
   FBA Site Configuration
   FBA User Management
   FBA Role Management

4. Unter dem Punkt **FBA SITE CONFIGURATION** lassen sich allgemeine Einstellungen festlegen wie das E-Mail-Format, die Rollen-Aktivierung und Verweise auf die Seiten zur Passwortverwaltung.

![Websiteeinstellungen · Manage Forms Based Authentication Configuration]

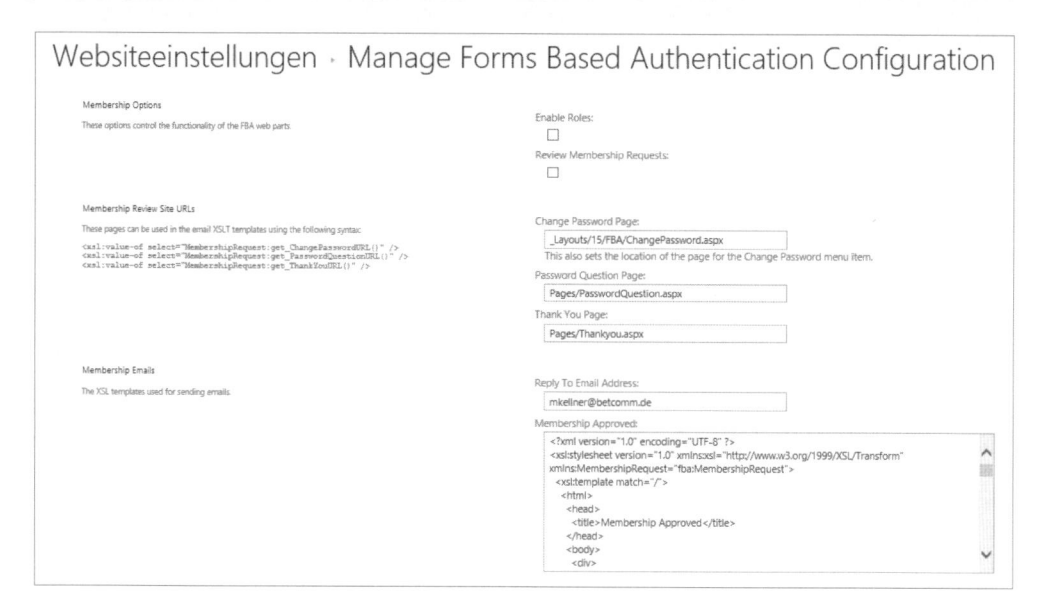

5. Der Punkt **FBA MEMBERSHIP REQUEST MANAGEMENT** dient dazu, eingehende Zugriffsanforderungen zu verwalten.

6. Die eigentliche Benutzerverwaltung findet sich unter dem Punkt **FBA USER MANAGEMENT**. Hier werden alle vorhanden Benutzer aufgeführt. Über die Schaltfläche **NEW USER** können jetzt einfach neue Benutzer in der Datenbank angelegt und dabei direkt Berechtigungen vergeben werden.

| User Name | Type the User Name: |
| | [   ] |

| Full Name | Type the Full Name: |
| | [   ] |

Password	Enter and confirm the password:
	[ ]
	[ ]

| Email Address | Type the user's email address: |
| | [   ] |

| Active | ☑ Check the box if the user's account is active. |

Group / Roles	Choose at least one group/role to add the user to:
	☐ Absender des Datenarchiv-Webdiensts
	☐ Besitzer von Besser Kommunizieren Einkaufsportal
	☐ Besucher von Besser Kommunizieren Einkaufsportal
	☐ Excel Services-Viewer
	☐ Mitglieder von Besser Kommunizieren Einkaufsportal

Send E-mail	☐ Send welcome e-mail to the new user
	Betreff:
	[ ]
	Persönliche Nachricht:
	[ ]

[OK] [Abbrechen]

Mit der Einrichtung des FBA Packs ist die formularbasierte Authentifizierung für die Einkaufssite voll arbeitsfähig. Klara und Marius können nun die externen Benutzer selbst verwalten. Für den Zugriff auf die Website sind dann auch nicht mehr zwingend AD-Konten erforderlich, so dass damit keine Sicherheitsrisiken für den Rest der Unternehmensdaten existieren. Allerdings müssen Klara und Marius natürlich trotzdem sorgfältig mit den Berechtigungen umgehen und sicherstellen, dass die externen Benutzer nur sehr beschränkten Zugriff auf die Inhalte der Website bekommen. Sinnvollerweise nutzen sie daher eigene Berechtigungsgruppen und bauen dafür ein konsistentes Berechtigungskonzept auf. Über die Datenroutingfunktionen besteht aber die Möglichkeit, vertrauliche Informationen automatisch an Speicherorte zu senden, auf die der Zugriff stark eingeschränkt wird. Die externen Benutzer könnten beispielsweise das Recht bekommen, Dateien in der Abgabebibliothek zu erstellen (z. B. über die Berechtigungsstufe *Mitwirken*), haben aber keinen Zugriff auf die Bibliotheken für die Projekt- und Seminarabrechnungen. Da die Daten nach der Erstellung an diese Speicherorte verschoben werden, wird damit strikt verhindert, dass Rechnungen nachträglich geändert werden oder die externen Benutzer Zugriff auf Rechnungen anderer Benutzer bekommen.

Zum Abschluss des Projektes kommt Matthias über die Anbindung externer Benutzer zu einer entscheidenden Kernfrage. Wie kann gerade in der integrierten Anwendung der verschiedenen Plattformen eine konsistente Einhaltung von Richtlinien für Vertraulichkeit und Nachvollziehbarkeit sichergestellt werden. Dazu möchte er sich in der letzten Projektphase mit Stefan und der Juristin Maike Mauschert den Compliance- und Governance-Anforderungen der Besser Kommunizieren GmbH widmen.

9 Compliancesicherung in der Kommunikation

Zum Abschluss des Projektes möchte Matthias Kellner die Möglichkeiten ausloten, in den zukünftigen Kommunikationsprozessen der Besser Kommunizieren GmbH die Einhaltung von Sicherheits- und Vertraulichkeitsrichtlinien sicherzustellen. Zusammen mit Stefan Meurer, den beiden Geschäftsführern Henrike Siegel und Erhard Hauenstein, und natürlich der Juristin Maike Mauschert erarbeitet er die Anforderungen dafür und einige aussagekräftige Testfälle.

Drei Hauptszenarien spielen für die Besser Kommunizieren GmbH in diesem Bereich eine Rolle.

- Juristisch und wirtschaftlich relevante Daten unterliegen Aufbewahrungsfristen und dürfen weder versehentlich noch absichtlich vorzeitig vernichtet werden.
- Informationen aus der Produktentwicklung dürfen nicht an unberechtigte Empfänger weitergeleitet werden.
- Zugriff auf vertrauliche Daten darf nur für berechtigte Personen gewährt werden.
- Mit bestimmten Partnern muss der Datenaustausch verschlüsselt stattfinden.

In Teilen sind einige der Punkte schon bei den bisherigen Projektschritten berücksichtigt worden. Zum Beispiel sind alle Websites im SharePoint von Stefan Meurer mit SSL-Zertifikaten versehen worden, so dass die Kommunikation mit den Websites immer verschlüsselt stattfindet. Auch die Kommunikation mit Exchange ist auf Anwendungsebene grundsätzlich verschlüsselt, sowohl über Outlook als auch über Outlook on the Web. Auch haben wir schon gesehen, wie über die Nachrichtenmoderation in Exchange in der Nachrichtenübermittlung Prüfungen nach einem Vier-Augen-Prinzip eingerichtet werden können. Noch haben Stefan und Matthias aber keine Szenarien der Ende-zu-Ende-Verschlüsselung für Empfänger eingesetzt oder Einschränkungen auf die Weiterleitungsmöglichkeiten von Nachrichten. Auch die Einhaltung von Aufbewahrungsfristen war noch kein Thema im bisherigen Projektverlauf. Daher soll es im letzten Projektschritt um diese Anforderungsbereiche gehen.

Matthias und das Team möchten die vorhandenen Möglichkeiten an drei Szenarien testen:

- Anhand des im letzten Schritt aufgebauten Rechnungseingangs soll geprüft werden, wie sichergestellt werden kann, dass Dokumente in SharePoint nicht mehr verändert und für einen vordefinierten Zeitraum sicher aufbewahrt werden können. Dazu sollen die Funktionen Datensatzdeklaration, Informationsverwaltungsrichtlinien und die Verwaltung digitaler Rechte (DRM) genutzt werden.

- Zusätzlich soll den Mitarbeitern über die Verwaltung digitaler Rechte die Möglichkeit gegeben werden, Dokumente selbst mit Bearbeitungseinschränkungen zu versehen.
- Drittens soll die automatische Anwendung entsprechender Richtlinien aus dem DRM über Nachrichtenklassifikationen in Exchange geprüft werden.
- Zum Abschluss möchten Matthias und sein Team noch die Verwendung digitaler Signaturen und Verschlüsselungen für Dokumente und E-Mails über die vorhandenen Werkzeuge unterstützen, um strikte Verbindlichkeit und Vertraulichkeit in den Kommunikationsprozessen zu ermöglichen.

Matthias und das Team gehen davon aus, dass, wenn die hier genannten Anforderungen umgesetzt werden können, komplexere Szenarien mit einer gezielten Kombination der getesteten Methoden ebenfalls umsetzbar sind.

Stefan und Matthias Arbeitsplan sieht vor, die Szenarien der Reihe nach abzuarbeiten. Also beginnen sie mit der Umsetzung der Datenarchivierung in SharePoint. Wie üblich ist es wieder einmal an Stefan Meurer, die technische Umsetzung vorzunehmen. Erhard Hauenstein wurde vom Team als Testbenutzer auserkoren, da er – im Gegensatz zu Stefan und Matthias – keine erhöhten Rechte auf den Systemen hat.

9.1 Dokumente in SharePoint und Exchange sicher archivieren

Zur Gestaltung einer Archivierung stehen natürlich auch, oder besser gerade in SharePoint unterschiedliche Lösungswege zur Auswahl, dessen sind Matthias und Stefan sich durchaus bewusst. Ein sinnvoller Weg besteht darin, Daten automatisch an einen Speicherort mit sehr begrenzten Zugriffsrechten zu verschieben, wenn die Daten in der aktiven Geschäftstätigkeit nicht mehr benötigt werden. Bis zu diesem Zeitpunkt können bestehende Daten aber trotzdem unter erhöhter Kontrolle stehen, da sie zum Beispiel nicht geändert werden dürfen. Dies betrifft insbesondere Rechnungsdokumente. Daher haben sich Matthias und das Team auch die Rechnungseingänge als Testszenario auserkoren. Bevor es aber an die Umsetzung geht, sind natürlich die Anforderungen genauer aufzunehmen. Stefan setzt sich daher nochmals mit Klara, Marius und Maike zusammen, um zu überlegen, wie mit den Rechnungseingängen nach dem Eingang zu verfahren ist. Dabei legen sie Folgendes fest:

- Nach Eingang einer Rechnung in den Rechnungsbibliotheken ist sie dort zu prüfen und zur Zahlung freizugeben.
- Nach der Freigabe darf das Dokument nicht mehr geändert oder gelöscht werden. Selbst wenn es aus der Bibliothek heruntergeladen wird, müssen Änderungen technisch unterbunden werden.
- Vier Wochen nach Eingang wird das Dokument automatisch in ein Archiv verschoben. Dort ist es für zehn Jahre aufzubewahren. Auch während dieses Zeitraums darf es nicht geändert werden. Alle Zugriffe darauf sind zu überwachen.

Was ist dafür einzurichten? Das Datenarchiv ist zu erstellen, der Dokumentenschutz ist sowohl innerhalb der Bibliothek als auch am Dokument selbst einzurichten, die Archivierungsregeln sind aufzubauen, und schließlich ist die Überwachungsrichtlinie der Dokumente zu definieren.

Erstellen einer Datenarchivwebsite

Stefan fängt mit der Erstellung des Datenarchivs an. Dafür gibt es im SharePoint eine Websitevorlage, die unter anderem auf dem Websitefeature zur Inhaltsorganisation basiert und im Grunde genauso arbeitet, wie die Website, die Stefan für den Einkauf eingerichtet hat. Über eine Abgabebibliothek können die zu archivierenden Daten in das Archiv eingespeist werden und die Routingregeln sorgen dafür, dass die Daten an ihre endgültigen Ablageorte gelangen. Dort werden sie über Datensatzdeklarationen und Aufbewahrungsrichtlinien anforderungskonform archiviert. Der einzige Unterschied zur Einkaufssite besteht in diesem Fall darin, dass das Archiv als Senden-an-Ziel SharePoint-weit bekannt gemacht wird und dann von allen Websites genutzt werden kann, so dass eine zentrale Archivierungsplattform entsteht.

Da natürlich auch an das Archiv besondere Zugriffsanforderungen gestellt werden, nutzt Stefan auch hier eine eigene Webanwendung mit einer eigenen Inhaltsdatenbank. Über die eigene Inhaltsdatenbank besteht die Möglichkeit, die Sicherungsverfahren für die Datenbank auf SQL-Server-Seite den Anforderungen entsprechend zu gestalten.

Nachdem Stefan die Webanwendung erstellt hat (das Verfahren dazu haben wir in Kapitel 8 noch einmal beschrieben), wählt er bei der Erstellung der Website der höchsten Ebene jetzt das **DATENARCHIV** aus dem Abschnitt **ENTERPRISE** als Vorlage aus (Bild 9.1).

Bild 9.1 Die Vorlage für ein Datenarchiv in SharePoint

Anschließend muss Stefan die Verbindung zum Datenarchiv in der Zentraladministration für alle Webanwendungen definieren. Vorher nimmt er den Websitenamen in der Registry in die „BackConnectionHostNames" des Servers auf, wie wir es schon in Kapitel 8 beschrieben haben (Bild 9.2).

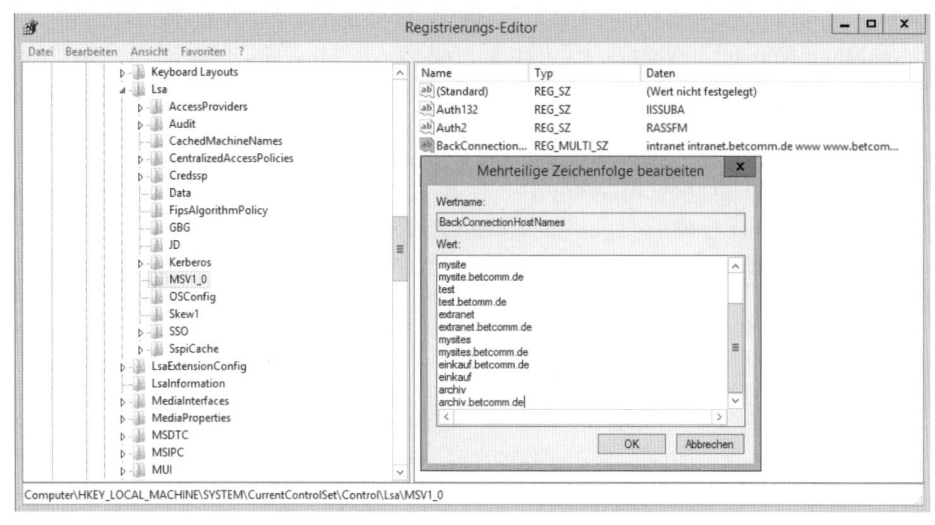

Bild 9.2 Die „BackConnectionHostNames" auf dem SharePoint-Server

Die „Senden an"-Verbindung erstellt Stefan in der Zentraladministration. Dort klickt er in der Quick Launch links zuerst auf **ALLGEMEINE ANWENDUNGSEINSTELLUNGEN** und dann im Abschnitt *Externe Dienstverbindungen* auf „**SENDEN AN**"-**VERBINDUNGEN KONFIGURIEREN** (Bild 9.3).

Bild 9.3 „Senden an"-Verbindungen konfigurieren

Auf der Konfigurationsseite für die „Senden an"-Verbindung wählt Stefan oben die Webanwendung aus, in der die Verbindung genutzt werden soll. Die Verbindung muss für jede Webanwendung einzeln erstellt werden. Außer über ein PowerShell-Skript gibt es keine Möglichkeit, sie direkt mehreren Webanwendungen zuzuweisen.

Unter *Verbindungseinstellungen* trägt Stefan die erforderlichen Daten ein. Auch diese ähneln den Daten, die er in der Einkaufsseite schon für das Datenrouting genutzt hat. Die URL der Abgabebibliothek endet wieder mit *_vti_bin/officialfile.asmx* (Bild 9.4).

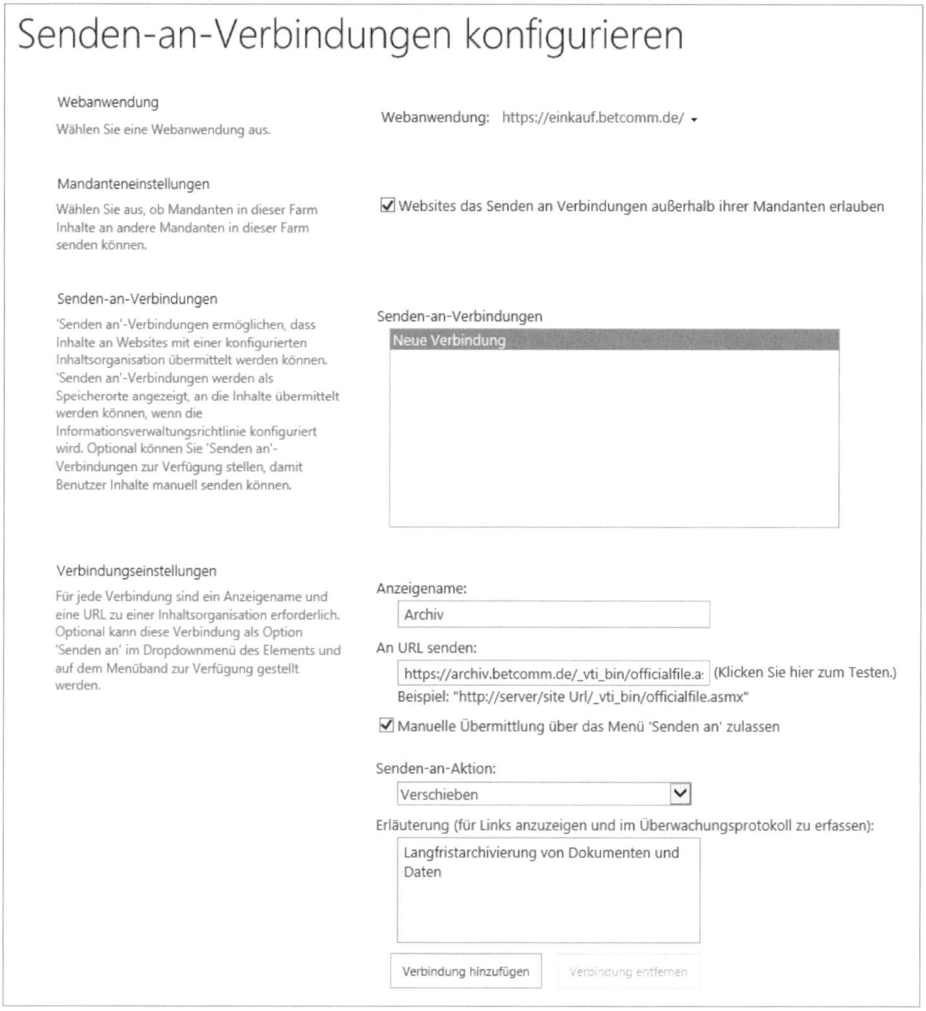

Bild 9.4 Die Archivierungsverbindung

Nachdem Stefan die Verbindung über **(KLICKEN SIE HIER ZUM TESTEN)** überprüft hat und das Routingziel von SharePoint akzeptiert wurde, klickt er auf **VERBINDUNG HINZUFÜGEN**. Anschließend erstellt er dieselbe Verbindung in allen übrigen Webanwendungen.

Die neue Datenverbindung steht den Benutzern damit in allen Bibliotheken für die manuelle Archivierung über die Funktion *Senden an* zur Verfügung (Bild 9.5).

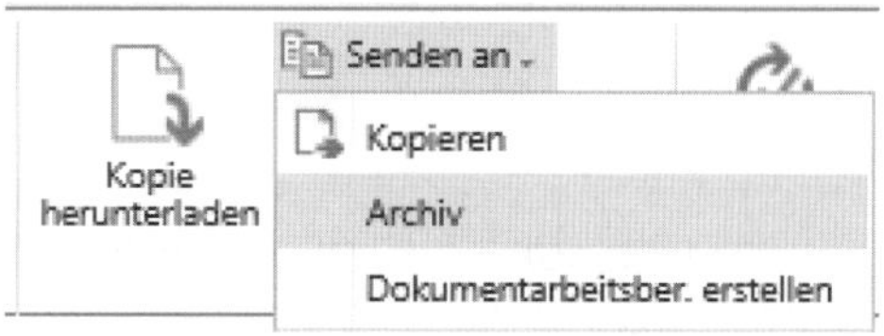

Bild 9.5 Manuelles Archivieren über die Funktion „Senden an"

Allerdings fehlen noch die Aufbewahrungseinstellungen und das dazugehörige Dokumentenrouting im Datenarchiv. Außerdem soll der Prozess der Archivierung automatisiert werden und die Dokumente über die Datensatzdeklaration zusätzlich vor Veränderung geschützt werden.

Wie schon im vorigen Kapitel besprochen, basiert das Dokumentenrouting auf der Dokumentklassifikation mittels Inhaltstypen. Da die Archivierung auf allen SharePoint-Websites der Besser Kommunizieren GmbH eingesetzt werden soll, erstellt Stefan im Inhaltstyphub, also der Website für das Intranet, die benötigten Inhaltstypen und veröffentlicht sie für alle Websites. Da diese Inhaltstypen nur zur Klassifizierung verwendet werden, verzichtet Stefan auf die Zuordnung von Dokumentvorlagen. Die Metadatenspalte *Dokumentenklasse* wird jedem auf dem Standardtyp *Dokument* basierenden Inhaltstyp über die Eigenschaftenvererbung automatisch hinzugefügt.

Stefan beginnt für seinen Test mit einem Inhaltstyp *Eingangsrechnung*. Nachdem er diesen erstellt und veröffentlicht hat und der Zeitgeberauftrag zum Abrufen des Abonnements durchgelaufen ist (der Auftrag wird standardmäßig einmal pro Stunde abgearbeitet), ist der neue Inhaltstyp in allen Websites verfügbar (zum Veröffentlichen von Inhaltstypen vgl. den Abschnitt 7.2).

Die Datenarchivierung von Dokumenten einrichten

Somit wechselt Stefan jetzt zur neuen Website des Datenarchivs, um darin die erforderlichen Konfigurationen vorzunehmen. Die Startseite des Datenarchivs unterscheidet sich von einer gewöhnlichen Teamsite im SharePoint schon allein dadurch, dass sie nicht als Wikiseite angelegt ist (Bild 9.6).

Bild 9.6 Die Startseite des Datenarchivs

Wie leicht ersichtlich ist, bietet diese Seite in erster Linie den Benutzern die Möglichkeit, Dokumente einzureichen und per ID danach zu suchen. Das Hilfewebpart auf der linken Seite muss von Stefan später noch angepasst werden. Darin sollen die Benutzer zukünftig

Erläuterungen und Hilfelinks zu den Richtlinien des Unternehmens und zum Umgang mit dem Archiv finden.

Die eigentliche Verwaltungsseite des Datenarchivs ist über das Websitemenü (Zahnrad) verfügbar (Bild 9.7).

Bild 9.7
Der Link zur Verwaltung des Datenarchivs

Auf der Seite der Datenarchivverwaltung findet Stefan alle Funktionen und Einstellungsmöglichkeiten als Links hinterlegt. Insbesondere findet sich im linken Bereich eine strukturierte Darstellung der nun von ihm zu erledigenden Aufgaben (Bild 9.8).

Bild 9.8 Die Seite zur Verwaltung des Datenarchivs

Den ersten Schritt der Anleitung *Inhaltstyp erstellen* hat Stefan schon mit der Einrichtung des Dokumentinhaltstyps für die Eingangsrechnungen erledigt. Somit kann er sich direkt dem zweiten Schritt zuwenden, dem Erstellen einer Datensatzbibliothek für die Eingangsrechnungen. Auch das ist schnell erledigt. Stefan folgt dem Link auf der Verwaltungsseite und erstellt eine neue Datensatzbibliothek *Eingangsrechnungen*, der er dann auch den Inhaltstyp *Eingangsrechnung* zuweist.

Die Bibliotheksvorlage *Datensatzbibliothek* ist über die Websitevorlage der Website hinzugefügt worden und findet sich auch im App-Katalog der Website. Es handelt sich um eine angepasste Dokumentbibliotheksvorlage, in der die Einstellungen für die Datensatzdeklaration schon vordefiniert sind. Jedes eingereichte Dokument wird in der Bibliothek als Datensatz gespeichert (Bild 9.9).

Bild 9.9 Die Einstellungen der Datensatzdeklaration in einer Datensatzbibliothek

Mit der Datensatzdeklaration wird in den Standardeinstellungen eines Datenarchivs nur das Löschen der Dokumente verhindert, nicht aber die Bearbeitung. Stefan möchte aber eine sichere Langfristarchivierung aufbauen, daher soll auch die Bearbeitung der Dokumente nach der Archivierung verhindert werden. Um dies zu erreichen, müssen die Einstellungen für die Datensatzdeklaration geändert werden. Den Link **EINSTELLUNGEN FÜR DATENSATZDEKLARATION** findet Stefan im Abschnitt *Websitesammlungsverwaltung* in den Websiteeinstellungen des Datenarchivs. Im Abschnitt *Datensatzeinschränkungen* ändert Stefan die Einstellung von *Löschen blockieren* in *Bearbeiten und Löschen sperren* (Bild 9.10).

Bild 9.10 Websiteeinstellungen für die Datensatzdeklaration

Der nächste Schritt besteht dann, wie schon im vorigen Kapitel, wieder darin, die Routingregeln zu definieren. Auch dies kann Stefan direkt über die Verwaltungsseite des Datenarchivs erledigen. Die Liste der Routingregeln wird auf der Seite als Webpart angezeigt, so dass Stefan direkt darin die Regeln erstellen kann.

Die für das Rechnungsrouting erforderliche Regel weist einige Besonderheiten auf. Zwar kann Stefan in der Regel den Inhaltstyp für die Eingangsrechnungen auswählen. Allerdings sind die Inhaltstypen des Einkaufs für die Trainings- und Projektabrechnungen in der Archivwebsite nicht verfügbar. Da sie nicht über den Inhaltstyphub, also die Intranetsite, erstellt wurden, können sie nicht einfach für das Archiv veröffentlicht werden. Stefan nutzt daher in der Regel die Möglichkeit, weitere Namen des Inhaltstyps anzugeben. Über die Funktion *Alternativnamen hinzufügen* fügt er der Regel die *Trainingsabrechnung* und die *Projektstundenabrechnung* aus der Einkaufssite hinzu. Damit kann die Regel auch andere Inhaltstypen erkennen und sie genauso behandeln wie eine normale Eingangsrechnung. Die gesamte Regel sieht dann folgendermaßen aus (Bild 9.11):

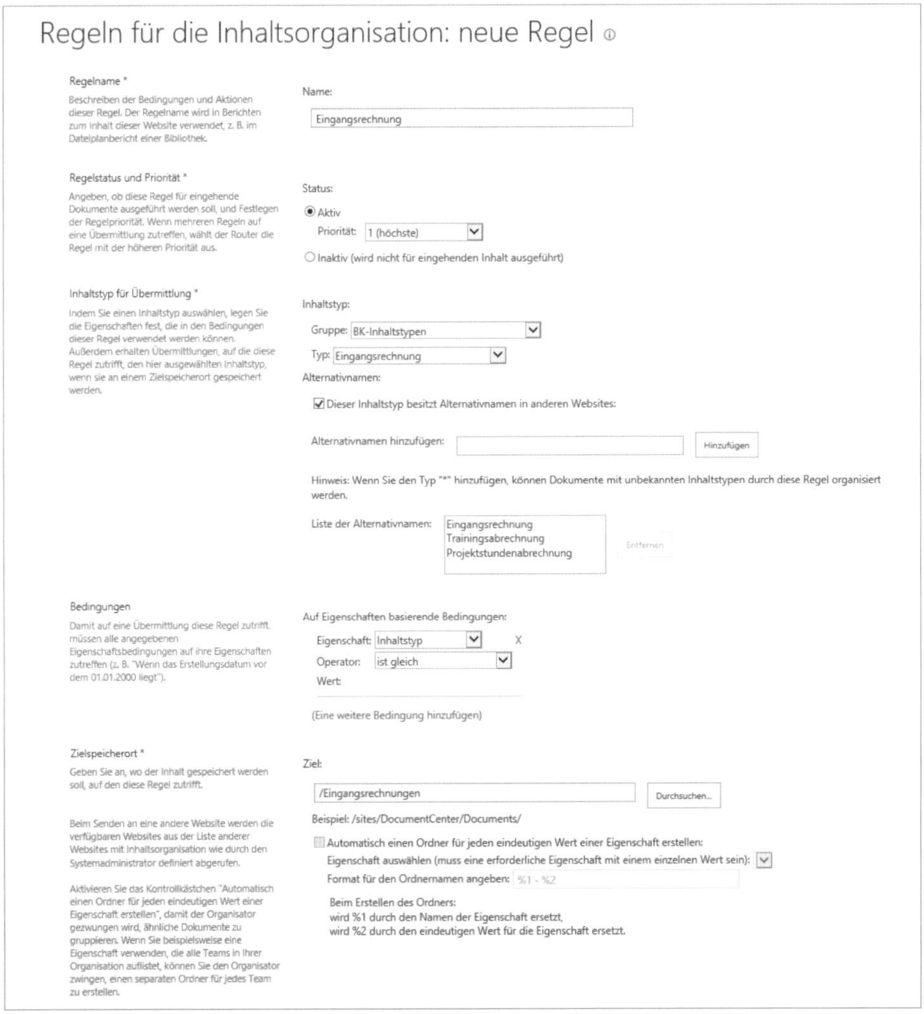

Bild 9.11 Die Übermittlungsregel für die Eingangsrechnungen

Damit die Anwender über die „Senden an"-Verbindung Dokumente in der Abgabebibliothek einreichen können, muss Stefan ihnen jetzt noch die entsprechenden Rechte gewähren. In einer Datenarchivsite wird dafür automatisch eine Benutzergruppe *Absender des Datenarchiv-Webdienstes* mit einer eigenen, ebenso benannten Berechtigungsstufe erstellt (Bild 9.12). Alle in dieser Gruppe aufgeführten Benutzer können Dokumente oder auch andere Datensätze an den Webdienst senden. Der Einfachheit halber nimmt Stefan die AD-Gruppe der *Domain-Benutzer* in diese SharePoint-Gruppe auf. Damit kann jeder Mitarbeiter der Besser Kommunizieren GmbH Daten nach Bedarf archivieren.

☐ Absender des Datenarchiv-Webdiensts	SharePoint-Gruppe	Absender des Datenarchiv-Webdiensts

Bild 9.12 Absender des Datenarchiv-Webdienstes

Für die automatische Archivierung muss Stefan zum Abschluss noch die entsprechende Informationsverwaltungsrichtlinie für eingehende Rechnungen einrichten. Er kann die Richtlinie sowohl am Inhaltstyp als auch an den entsprechenden Bibliotheken definieren. Da derzeit die Abrechnungen auf der Einkaufswebsite noch getrennt verwaltet werden, entschließt Stefan sich, die Richtlinie an den Bibliotheken für Abrechnungen festzulegen. Er sieht aber durchaus die Möglichkeit vor, die Verfahren später weiter zu zentralisieren.

Auf der Website des Einkaufs navigiert Stefan zu den Einstellungen der Dokumentbibliothek für die Trainingsabrechnungen. In der mittleren Spalte *Berechtigungen und Verwaltung* der Einstellungsseite klickt er auf den Link zu den **EINSTELLUNGEN FÜR DIE INFORMATIONSVERWALTUNGSRICHTLINIE**. Auch hier werden die Richtlinien standardmäßig über die Inhaltstypen verwaltet (Bild 9.13).

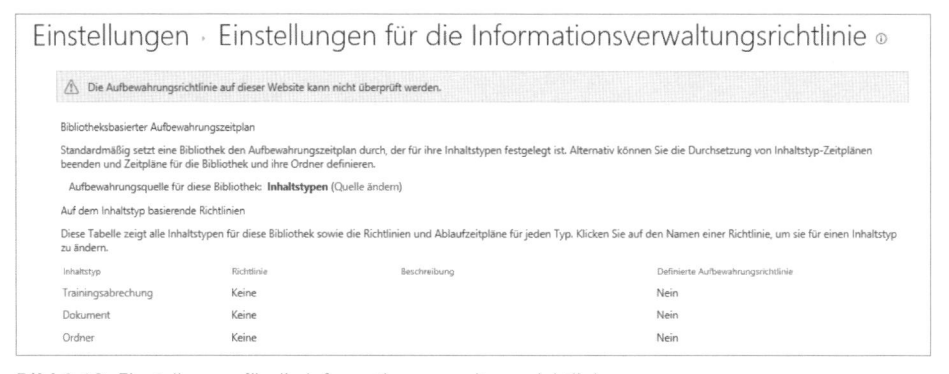

Einstellungen · Einstellungen für die Informationsverwaltungsrichtlinie

⚠ Die Aufbewahrungsrichtlinie auf dieser Website kann nicht überprüft werden.

Bibliotheksbasierter Aufbewahrungszeitplan
Standardmäßig setzt eine Bibliothek den Aufbewahrungszeitplan durch, der für ihre Inhaltstypen festgelegt ist. Alternativ können Sie die Durchsetzung von Inhaltstyp-Zeitplänen beenden und Zeitpläne für die Bibliothek und ihre Ordner definieren.

Aufbewahrungsquelle für diese Bibliothek: **Inhaltstypen** (Quelle ändern)

Auf dem Inhaltstyp basierende Richtlinien
Diese Tabelle zeigt alle Inhaltstypen für diese Bibliothek sowie die Richtlinien und Ablaufzeitpläne für jeden Typ. Klicken Sie auf den Namen einer Richtlinie, um sie für einen Inhaltstyp zu ändern.

Inhaltstyp	Richtlinie	Beschreibung	Definierte Aufbewahrungsrichtlinie
Trainingsabrechnung	Keine		Nein
Dokument	Keine		Nein
Ordner	Keine		Nein

Bild 9.13 Einstellungen für die Informationsverwaltungsrichtlinie

Über den Link **QUELLE ÄNDERN** könnte Stefan die Richtlinie auf Bibliotheks- und Ordnerebene definieren. Da aber Ordner und normale Dokumente nicht unter die Aufbewahrung fallen, behält Stefan die Standardeinstellung bei und klickt in der Auflistung der Inhaltstypen auf **TRAININGSABRECHNUNG**. Informationsverwaltungsrichtlinien dienen in SharePoint nicht nur zur Definition der Aufbewahrung, sondern können auch zur Überwachung oder zum Hinzufügen von Barcodes oder Bezeichnung von Dokumenten verwendet werden. Stefan möchte insbesondere zwei Funktionen der Richtlinie nutzen, die Aufbewahrung und die Überwachung. Also aktiviert er auf der Einstellungsseite der Richtlinie diese beiden

Optionen. Innerhalb der Überwachung aktiviert er die Optionen ELEMENTE WERDEN BEARBEITET und ELEMENTE WERDEN GELÖSCHT ODER WIEDERHERGESTELLT, um auch nach dem Eingang der Rechnung Änderungen nachvollziehen zu können. Zusätzlich gibt er noch eine administrative Beschreibung und eine Richtlinienanweisung an (Bild 9.14).

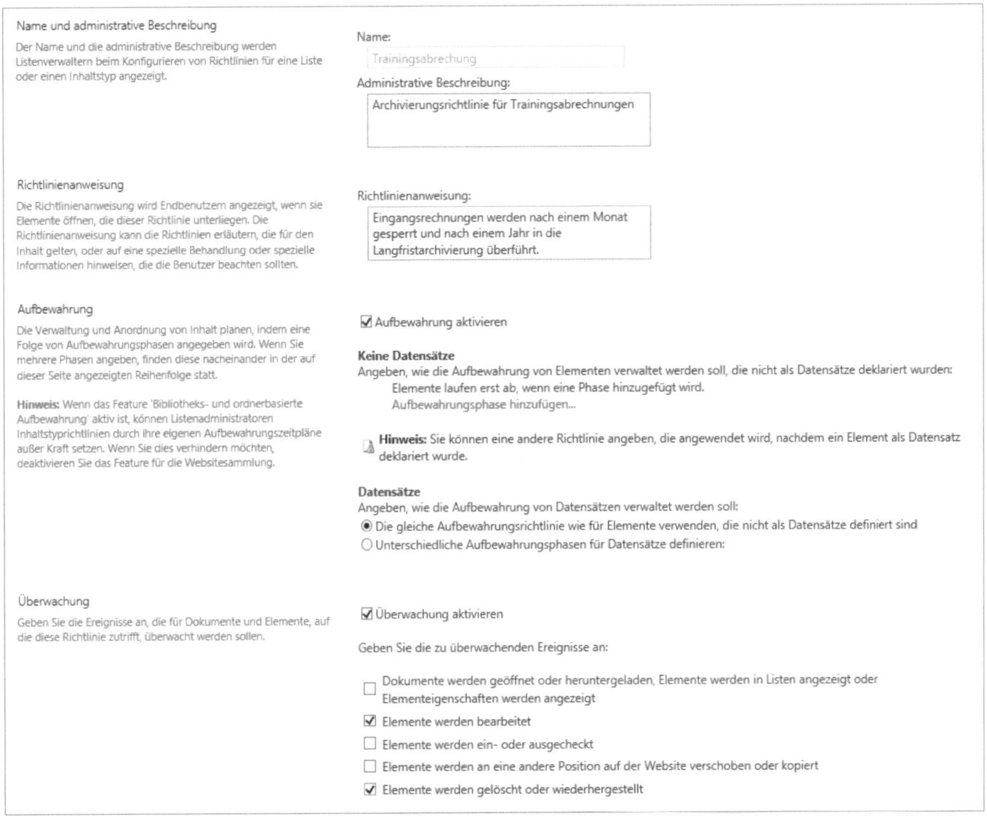

Bild 9.14 Die Grundeinstellung der Richtlinie

Für die Aufbewahrung möchte Stefan zwei Phasen definieren. Einen Monat nach Trainingsende sollen die Abrechnungen als Datensatz deklariert und somit für die Bearbeitung gesperrt werden und ein Jahr nach der Deklaration als Datensatz sollen sie in das Archiv verschoben werden.

Um die erste Phase zu definieren, klickt Stefan unter *Keine Datensätze* auf AUFBEWAHRUNGSPHASE HINZUFÜGEN. In den Phaseneigenschaften wählt er das Feld TRAININGSENDE als Datumseigenschaft für die Phase aus, stellt den zu addierenden Zeitwert ein und wählt die Aktion DATENSATZ DEKLARIEREN aus (Bild 9.15).

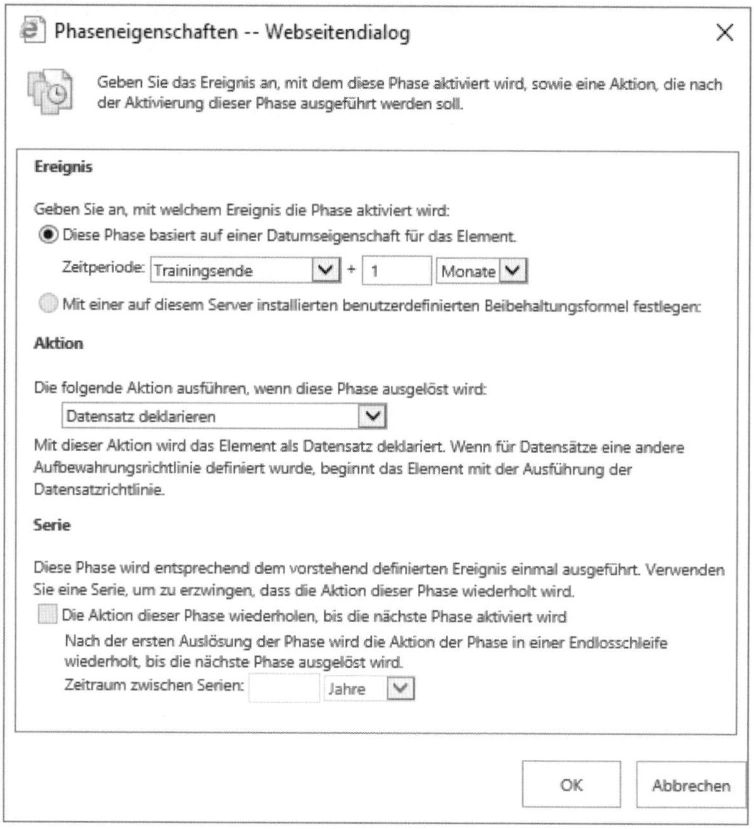

Bild 9.15 Eigenschaften der ersten Aufbewahrungsphase

Da die Dokumente nach Ablauf dieser Phase als Datensatz in der Bibliothek liegen, muss Stefan die zweite Phase jetzt für diese gesicherten Dokumente erstellen. Dazu aktiviert er im Abschnitt *Aufbewahrung der Richtlinie* unter *Datensätze* die zweite Option **UNTERSCHIEDLICHE AUFBEWAHRUNGSPHASEN FÜR DATENSÄTZE DEFINIEREN**. Anschließend definiert er für Datensätze eine Phase, die das Dokument ein Jahr nach der Deklaration als Datensatz in das Archiv verschiebt (Bild 9.16).

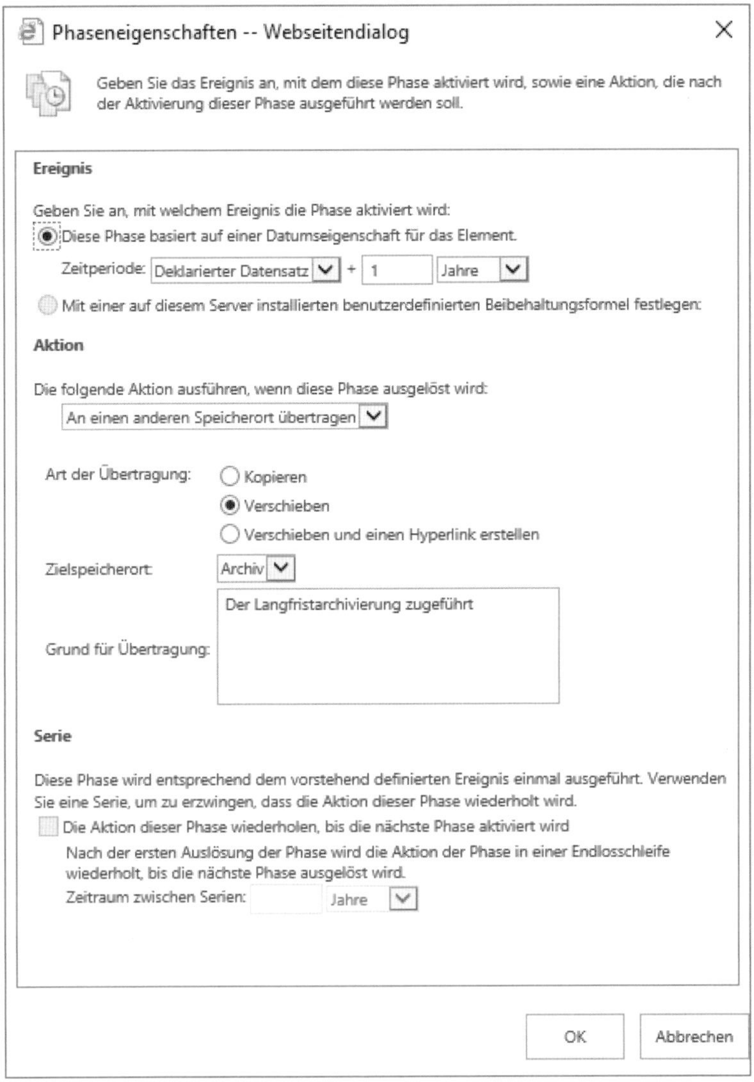

Bild 9.16 Das Dokument per Richtlinie ins Archiv verschieben

Somit enthält die Richtlinie für die Trainingsrechnungen neben der Überwachung nun zwei Aufbewahrungsphasen, eine für das aktive Dokument und eine für den Datensatz, also das sogenannte ruhende Dokument (Bild 9.17).

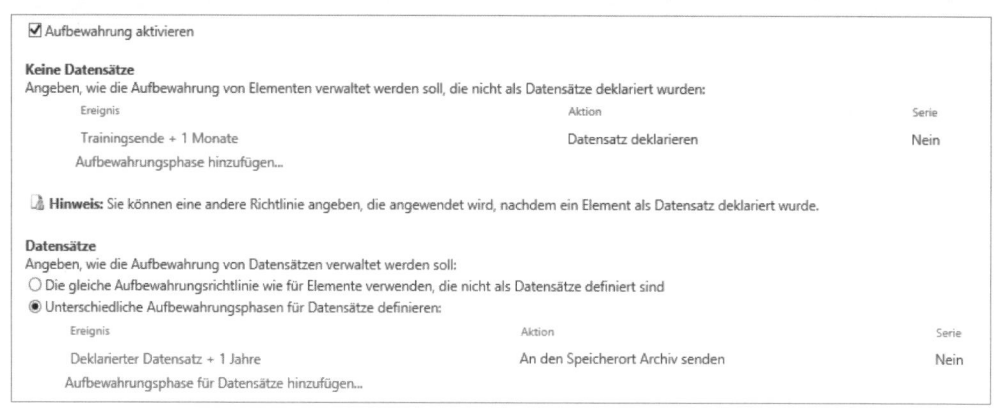

```
☑ Aufbewahrung aktivieren
Keine Datensätze
Angeben, wie die Aufbewahrung von Elementen verwaltet werden soll, die nicht als Datensätze deklariert wurden:
        Ereignis                                    Aktion                              Serie
        Trainingsende + 1 Monate                    Datensatz deklarieren               Nein
        Aufbewahrungsphase hinzufügen...

🛈 Hinweis: Sie können eine andere Richtlinie angeben, die angewendet wird, nachdem ein Element als Datensatz deklariert wurde.

Datensätze
Angeben, wie die Aufbewahrung von Datensätzen verwaltet werden soll:
○ Die gleiche Aufbewahrungsrichtlinie wie für Elemente verwenden, die nicht als Datensätze definiert sind
◉ Unterschiedliche Aufbewahrungsphasen für Datensätze definieren:
        Ereignis                                    Aktion                              Serie
        Deklarierter Datensatz + 1 Jahre            An den Speicherort Archiv senden    Nein
        Aufbewahrungsphase für Datensätze hinzufügen...
```

Bild 9.17 Die Aufbewahrungsphasen des Dokuments

Die Beschreibung der Richtlinie wird den Benutzern beim Öffnen des Dokuments in einem Informationsfeld angezeigt (Bild 9.18).

```
🛈 INFORMATIONSVERWALTUNGSRICHTLINIE  Eingangsrechnungen werden nach einem Monat gesperrt und nach einem Jahr in die Langfristarchivierung überführt.    Details...
```

Bild 9.18 Die Anwenderinformation über die Richtlinie

Die für das Dokument geltende Richtlinie und die Phase, in der sich das Dokument befindet, lassen sich über den Punkt **KONFORMITÄTSDETAILS** im erweiterten Kontextmenü des Dokuments jederzeit prüfen (Bild 9.19).

```
Erweitert          ▶   Freigegeben für
                       Konformitätsdetails
                       Auschecken
                       Folgen
                       Workflows
```

Bild 9.19 Konformitätsdetails aufrufen

Neben den Informationen zur Aufbewahrungsrichtlinie des Dokuments lässt sich über die Konformitätsdetails über den Link unter *Überwachungsprotokoll* auch der Überwachungsbericht für das Dokument aufrufen (Bild 9.20).

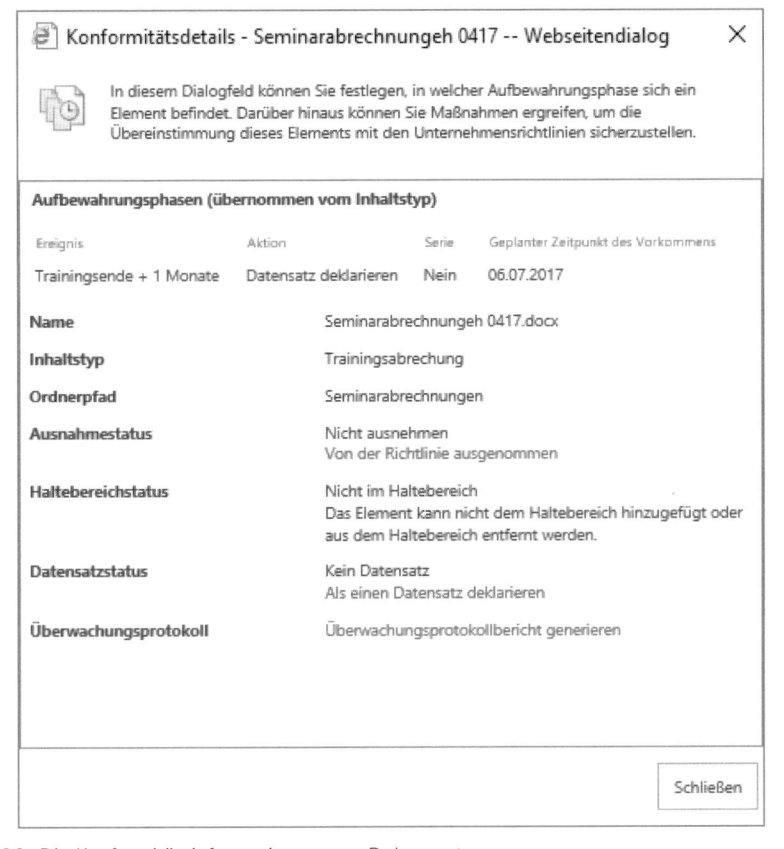

Bild 9.20 Die Konformitätsinformationen zum Dokument

Genauer gesagt, gelangt man über den Link zu einer Seite, auf der verschiedene Berichte generiert werden können. Der Link dazu findet sich auch in den **WEBSITEEINSTELLUNGEN** unter der *Websitesammlungsverwaltung*. Dort heißt er einfach **ÜBERWACHUNGSPROTOKOLLBERICHTE**. Auf der Seite *Berichte der Kategorie Überwachung anzeigen* lassen sich verschiedene Berichte generieren (Bild 9.21).

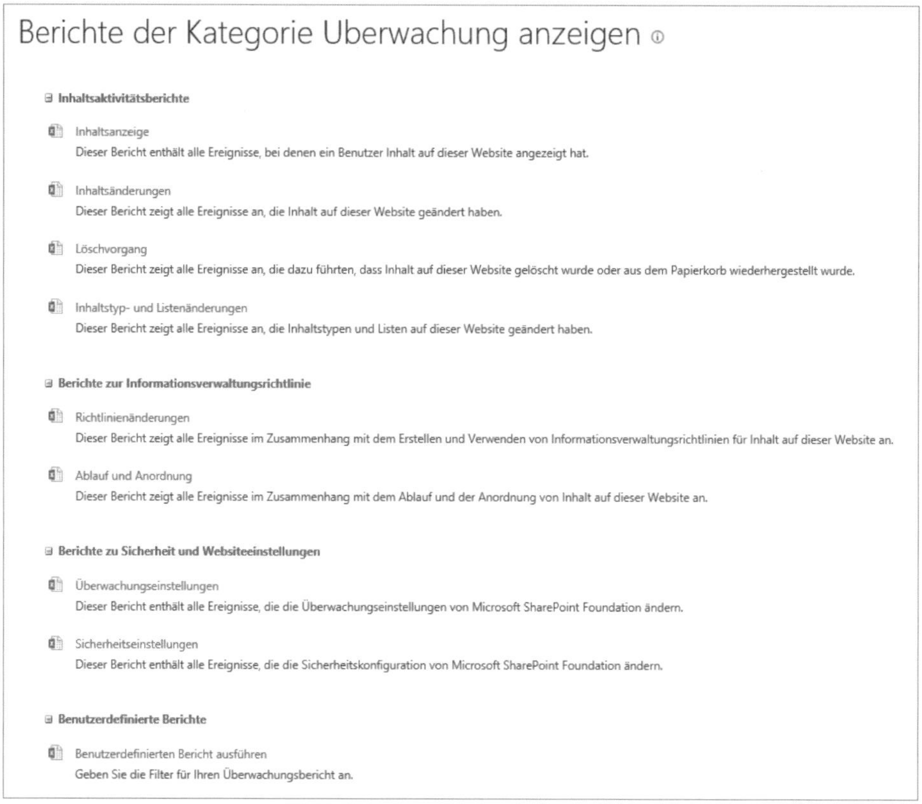

Berichte der Kategorie Überwachung anzeigen ⓘ

Inhaltsaktivitätsberichte

- **Inhaltsanzeige**
  Dieser Bericht enthält alle Ereignisse, bei denen ein Benutzer Inhalt auf dieser Website angezeigt hat.

- **Inhaltsänderungen**
  Dieser Bericht zeigt alle Ereignisse an, die Inhalt auf dieser Website geändert haben.

- **Löschvorgang**
  Dieser Bericht zeigt alle Ereignisse an, die dazu führten, dass Inhalt auf dieser Website gelöscht wurde oder aus dem Papierkorb wiederhergestellt wurde.

- **Inhaltstyp- und Listenänderungen**
  Dieser Bericht zeigt alle Ereignisse an, die Inhaltstypen und Listen auf dieser Website geändert haben.

Berichte zur Informationsverwaltungsrichtlinie

- **Richtlinienänderungen**
  Dieser Bericht zeigt alle Ereignisse im Zusammenhang mit dem Erstellen und Verwenden von Informationsverwaltungsrichtlinien für Inhalt auf dieser Website an.

- **Ablauf und Anordnung**
  Dieser Bericht zeigt alle Ereignisse im Zusammenhang mit dem Ablauf und der Anordnung von Inhalt auf dieser Website an.

Berichte zu Sicherheit und Websiteeinstellungen

- **Überwachungseinstellungen**
  Dieser Bericht enthält alle Ereignisse, die die Überwachungseinstellungen von Microsoft SharePoint Foundation ändern.

- **Sicherheitseinstellungen**
  Dieser Bericht enthält alle Ereignisse, die die Sicherheitskonfiguration von Microsoft SharePoint Foundation ändern.

Benutzerdefinierte Berichte

- **Benutzerdefinierten Bericht ausführen**
  Geben Sie die Filter für Ihren Überwachungsbericht an.

Bild 9.21 Die verschiedenen Überwachungsberichte

Für die Dokumentüberwachung ist der Bericht zu **INHALTSÄNDERUNGEN** aus der Kategorie *Inhaltsaktivitätsberichte* von Relevanz. Beim Aufruf dieses Berichts ist die Bibliothek anzugeben, in der der Bericht gespeichert werden soll (Bild 9.22).

Berichte ausführen · Bericht anpassen ⓘ

Dateispeicherort
Geben Sie an, wo der Bericht nach seiner Erstellung gespeichert werden soll.

Speicherort: /Freigegebene Dokumente [Durchsuchen...]

Bild 9.22 Speicherort des Berichts angeben

Anschließend kann der Excel-Bericht direkt aufgerufen (Bild 9.23) oder natürlich jederzeit aus der angegebenen Bibliothek geöffnet werden.

Besser Kommunizieren Einkaufsportal · Vorgang erfolgreich ausgeführt

Der Bericht wurde erfolgreich generiert und am angegebenen Speicherort gespeichert.
Klicken Sie hier, um den Bericht anzuzeigen.

[OK]

Bild 9.23 Der Bericht ist erstellt

Abhängig davon, von wo der Bericht angefordert wurde, enthält er entweder eine Auflistung aller Inhaltsänderungen in der Website oder die Inhaltsänderungen des einzelnen Dokuments. Der Bericht bietet eine Zusammenfassung der vorgekommenen Änderungen als Pivot-Tabelle (Bild 9.24) und auf dem zweiten Blatt eine Auflistung aller exportierten Daten.

Website-ID		(Alle)			
Anzahl der Vorkommnisse		Ereignis			
Dokumentspeicherort		Verschieben	Aktualisieren	Löschen	Gesamtergebnis
DropOffLibrary/Abrechnung APR EH.docx		1			1
DropOffLibrary/Abrechnung Mai EH.docx		2			2
Seminarabrechnungen/Seminarabrechnungeh 0317.docx		1			1
Seminarabrechnungen/Seminarabrechnungeh 0417.docx			7		7
Projektabrechnungen/Abrechnung Mai EH.docx			1		1
Projektabrechnungen/Abrechnung APR EH.docx			1		1
Projektabrechnungen/Abrechnung Mrz EH.docx			1		1
Seminarabrechnungen/Inhaltsänderungen_2017-06-08T120204.xlsx				1	1
Gesamtergebnis		4	10	1	15

Bild 9.24 Der Änderungsprotokollbericht der Website

Natürlich lassen sich Änderungen am Dokument auch detailliert über die Versionierung verfolgen. In SharePoint 2016 ist bei neu erstellten Dokumentbibliotheken standardmäßig eine Versionierung von 500 Hauptversionen eingestellt. Im Versionsverlauf des Dokumentes lassen sich damit die Änderungen an Metadaten des Dokuments nachvollziehen (Bild 9.25).

Versionsverlauf

Alle Versionen löschen

Nr. ↓	Geändert	Geändert von	Größe	Kommentare
2.0	08.06.2017 11:27	Stefan Meurer-Admin	47,8 KB	
	Trainingsende 06.06.2017			
1.0	06.06.2017 20:57	Stefan Meurer-Admin	52,5 KB	

Mitarbeiter ehauenherm
Jahr 2.017
Monat 4
Fahrtkosten 350,00 €
Dokumentenklasse Trainingsabrechnung
Training SharePoint
Trainingsbeginn 15.03.2017
Trainingsende 20.03.2017
geleistete Tage 5
Tagessatz 450,00 €
Abrechnungsbetrag (Training) 2.600,00 €

Bild 9.25 Der Versionsverlauf eines Dokuments mit geänderten Metadaten

Beide Optionen zusammen, die Versionierung und die Änderungsüberwachung mit den dazugehörigen Berichten, bieten einen hohen Grad an Nachvollziehbarkeit. Über die Versionierung lassen sich detaillierte Änderungen am Dokument festhalten, mithilfe des Überwachungsberichts sind auch Dateiaktionen wie Löschungen oder Verschiebungen von Dokumenten nachvollziehbar.

Um die Archivierung aber zu vervollständigen, muss Stefan nun noch die Aufbewahrungsrichtlinien im Archiv selbst definieren. Dies kann er analog zur Abrechnungsbibliothek im Einkaufsportal durchführen. In der Archivwebsite erstellt er somit für den Inhaltstyp der Eingangsrechnungen eine Aufbewahrungsrichtlinie, mit der die Dokumente zwölf Jahre nach der Datensatzdeklaration endgültig gelöscht werden (Bild 9.26). Stefan wählt den Zeitraum von zwölf Jahren, da laut gesetzlicher Anforderungen die Aufbewahrungsfrist erst mit der Zustellung einer Steuererklärung beginnt, die bei Unternehmen in der Regel erst im übernächsten Jahr erstellt wird. Da im Archiv alle Dokumente als Datensätze gespeichert werden, stehen Stefan darin auch nur Aufbewahrungsphasen für Datensätze zur Verfügung.

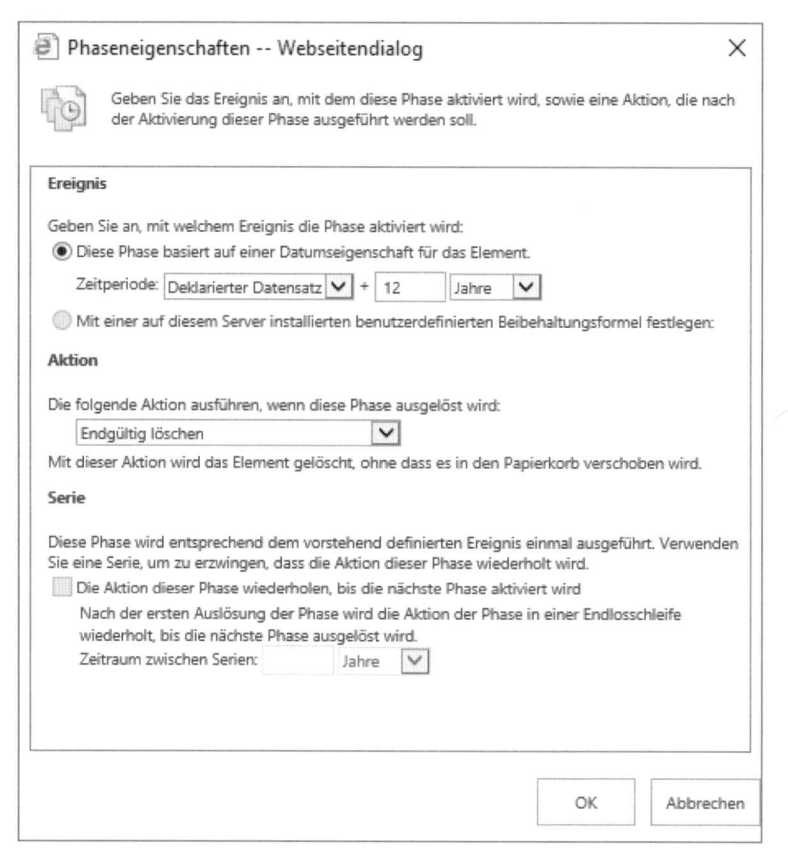

Bild 9.26 Die endgültige Archivierung des Dokuments

Für Dokumente, insbesondere wenn sie in SharePoint verwaltet werden, hat Stefan damit ein konsistentes Archivierungssystem geschaffen. Wie sieht es aber nun mit anderen Kommunikationsdaten aus, wie zum Beispiel E-Mails? Auch hier sind eventuell gesetzliche Anforderungen für die Archivierung zu berücksichtigen.

Die Herausforderung besteht hier darin, dass E-Mails sich nicht so eindeutig klassifizieren lassen wie Dokumente in SharePoint. Zwar bietet Exchange auch die Möglichkeiten der

Nachrichtenklassifikation. Die muss aber erstens von den Benutzern selbsttätig vorgenommen werden und kann zweitens nur auf E-Mails angewendet werden, die die Benutzer versenden. Eingehende E-Mails weisen keine Nachrichtenklasse auf. Eine Transportregel in Exchange, die Nachrichten anhand einer Klassifikation an einen zusätzlichen Speicherort, wie zum Beispiel an ein Archivpostfach oder eine Abgabebibliothek, in SharePoint versenden würde, böte noch keine vollständige Archivierung.

Eine weitere Möglichkeit besteht in den Exchange-eigenen Archivierungseinstellungen. Über Online-Archive (in Exchange 2016 heißen diese jetzt In-Situ-Archive) können Benutzer E-Mails und andere Postfachinhalte manuell archivieren. Ein In-Situ-Archiv ist aber nichts anderes als ein zweites, dem Benutzer zugeordnetes Postfach. Das heißt, die Benutzer können darin genauso arbeiten, wie in ihrem aktuellen Postfach, mit dem einzigen Unterschied, dass die Archivpostfächer nur im Onlinezugriff, also nicht offline genutzt werden können (daher auch die bisherige Bezeichnung Online-Archiv). Dies wiederum hat zur Folge, dass in den Archiven nicht automatisch sichergestellt ist, dass die Daten unverändert aufbewahrt werden. Benutzer können darin Inhalte löschen und bearbeiten, genauso wie in ihrem aktiven Postfach.

Über Aufbewahrungsrichtlinien und Aufbewahrungstags lassen sich in Exchange zwar auch automatische Archivierungsregeln einrichten. In jeder Archivierungsrichtlinie lässt sich ein Archivierungstag für alle Elemente des Postfachs definieren, der diese nach einer definierten Frist in das Archivpostfach des Benutzers verschiebt (Bild 9.27). Solange der Benutzer aber das Element vor der Archivierung in seinem aktiven Postfach oder auch nach der Archivierung in dem Archivpostfach löschen kann, wird damit nicht das Gleiche erreicht, was die Archivierung in SharePoint sicherstellt. Außerdem können die Benutzer die Archivierungsregel mit eigenen Archivierungstags umgehen. Richtlinienkonformität oder auch Compliance für E-Mails ist damit also noch nicht gegeben.

Allerdings bietet Exchange eine andere Möglichkeit, Kommunikationsdaten vor dem Löschen zu schützen. Die Funktion nennt sich in Exchange 2016 In-Situ-Speicher und ist primär für Beweissicherungsverfahren gedacht.

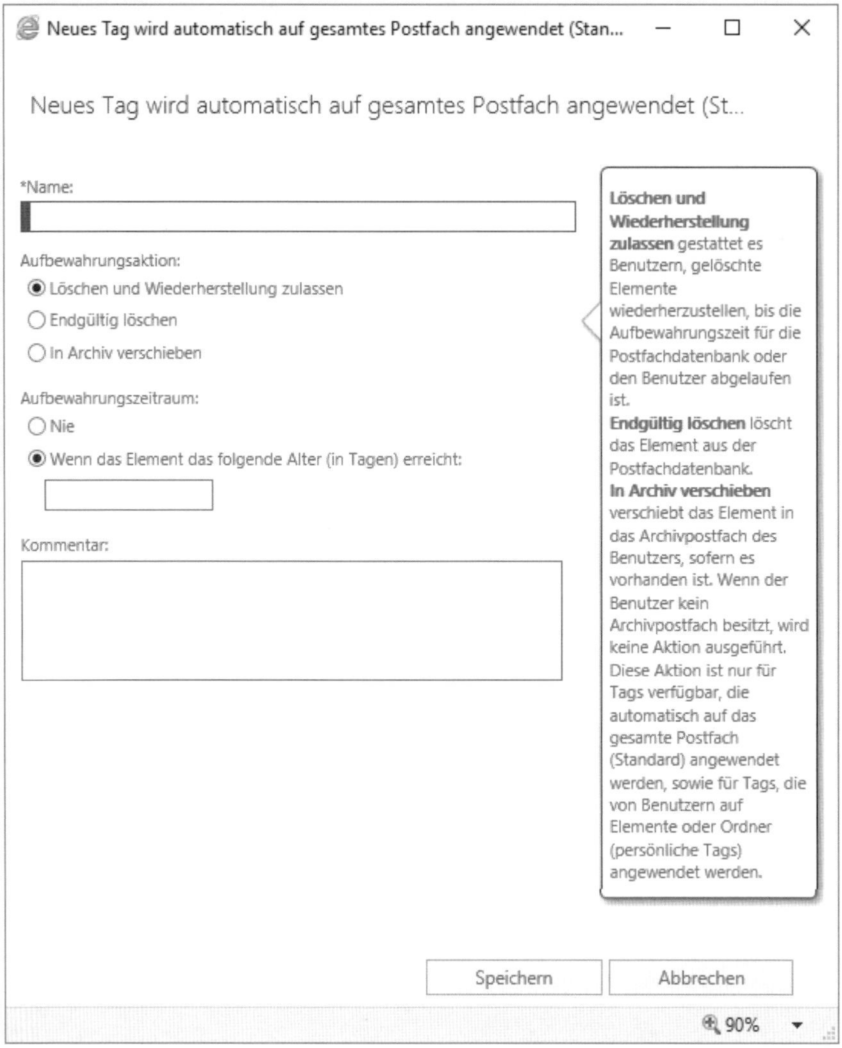

Bild 9.27 Die Einstellungen eines Standardarchivierungstags in Exchange

Stefan ist der Meinung, dass die Funktion sich durchaus für die geschilderten Anforderungen nutzen lässt, da es nur einige Benutzer gibt, bei denen aufbewahrungspflichtige E-Mails standardmäßig anfallen. Tatsächlich lässt sich diese Art der Aufbewahrung auch nicht für alle Postfächer gleichzeitig einrichten, sondern erfordert immer eine Auswahl von Postfächern. Da diese Art der erzwungenen Aufbewahrung auch ein Eingriff in die persönlichen Postfächer darstellt, möchte Stefan die Einrichtung nicht selbst durchführen, sondern übergibt die Aufgabe an die Juristin Maike Mauschert. Das rollenbasierte Berechtigungskonzept von Exchange bietet ihm eine relativ einfache Möglichkeit, Maike die benötigten Rechte zu geben. Er muss sie nur in die administrative Gruppe *Discovery Management* aufnehmen. Dies kann er sowohl über das Exchange Admin Center als auch über die Active-Directory-Verwaltung tun (natürlich geht das auch per PowerShell). Im Exchange Admin Center klickt er links auf **BERECHTIGUNGEN** und öffnet dann auf der Seite *Administratorrollen* durch einen Doppelklick die Einstellungen für die Rolle **DISCOVERY MANAGEMENT**. Im Abschnitt *Mitglieder* fügt er dann Maike Mauschert als Mitglied der Gruppe hinzu (Bild 9.28).

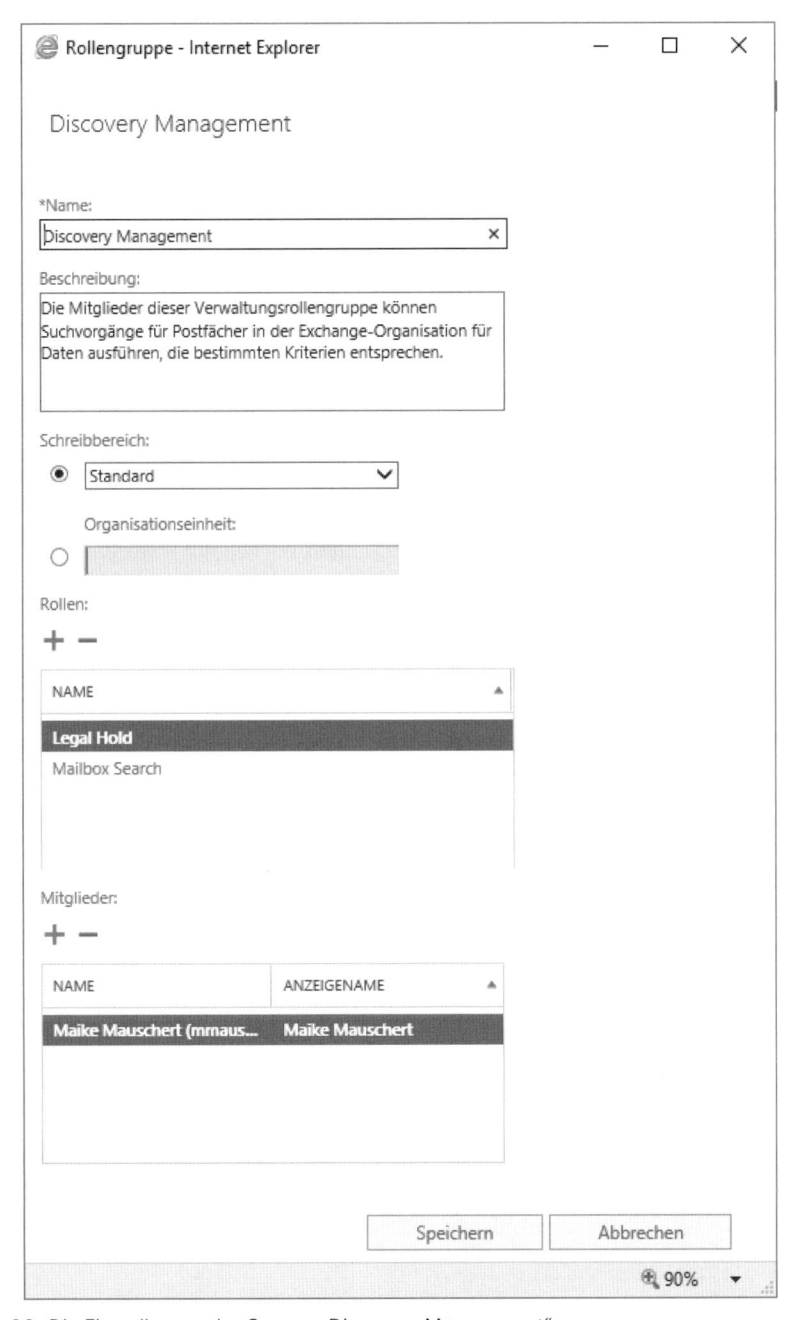

Bild 9.28 Die Einstellungen der Gruppe „Discovery Management"

Mit diesen Berechtigungen kann Maike Mauschert nun die gewünschten Einstellungen vornehmen.

Einrichten einer zwingenden Archivierung in Exchange

1. Zuerst öffnet Maike das Exchange Admin Center in ihrem Browser. Mit den ihr vergebenen Berechtigungen hat sie lesenden Zugriff auf alle Empfängerobjekte und kann Einstellungen im Bereich **VERWALTUNG DER COMPLIANCE** vornehmen, dort aber auch nur auf der Seite *In-Situ-eDiscovery und -Archiv*. Die meisten anderen Bereiche des Exchange Admin Centers werden ihr nicht angezeigt.

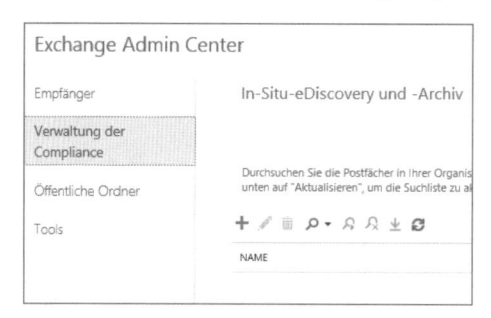

2. Auf der Seite *In-Situ-eDiscovery und -Archiv* klickt Maike nun auf das +-Zeichen, um einen neuen In-Situ-Speicher zu definieren. Im ersten Schritt vergibt sie einen Namen und eine Beschreibung für die Speicherregel und klickt anschließend auf **WEITER**.

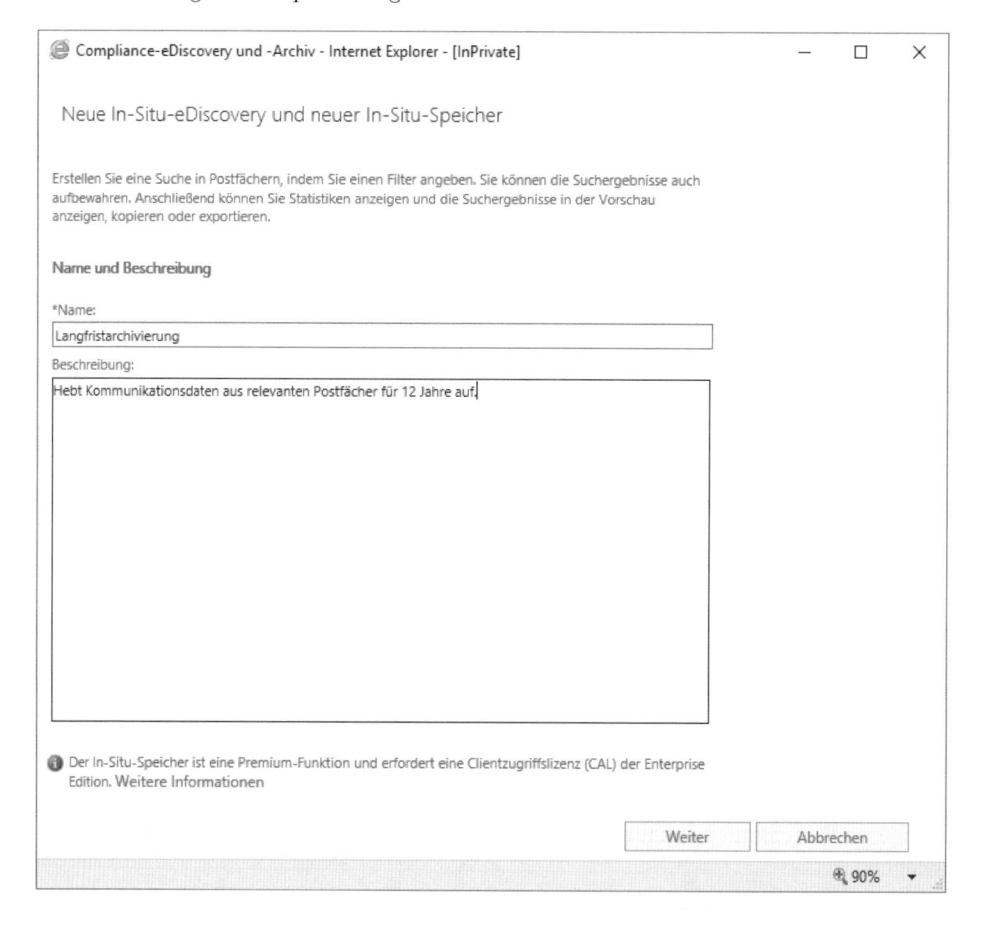

3. Im nächsten Schritt muss Maike die Postfächer angeben, für die die Regel gilt. Dazu gehören ihrer Meinung nach die Postfächer der Geschäftsführer, des Vertriebs, des Einkaufs, der Buchhaltung und ihr eigenes. Diese Benutzer haben direkten Einfluss auf die finanzrechtlichen Daten des Unternehmens. Der Einfachheit halber kann Maike die Verteilergruppen nutzen. Da die Gruppen aber am Ende der Einrichtung erweitert werden, muss Maike bei zukünftigen Personaländerungen die Quellen trotzdem wieder anpassen. Öffentliche Ordner enthalten ihrer Meinung nach keine relevanten Daten, die nicht vorher schon in den Postfächern waren. Daher lässt Maike die entsprechende Checkbox deaktiviert.

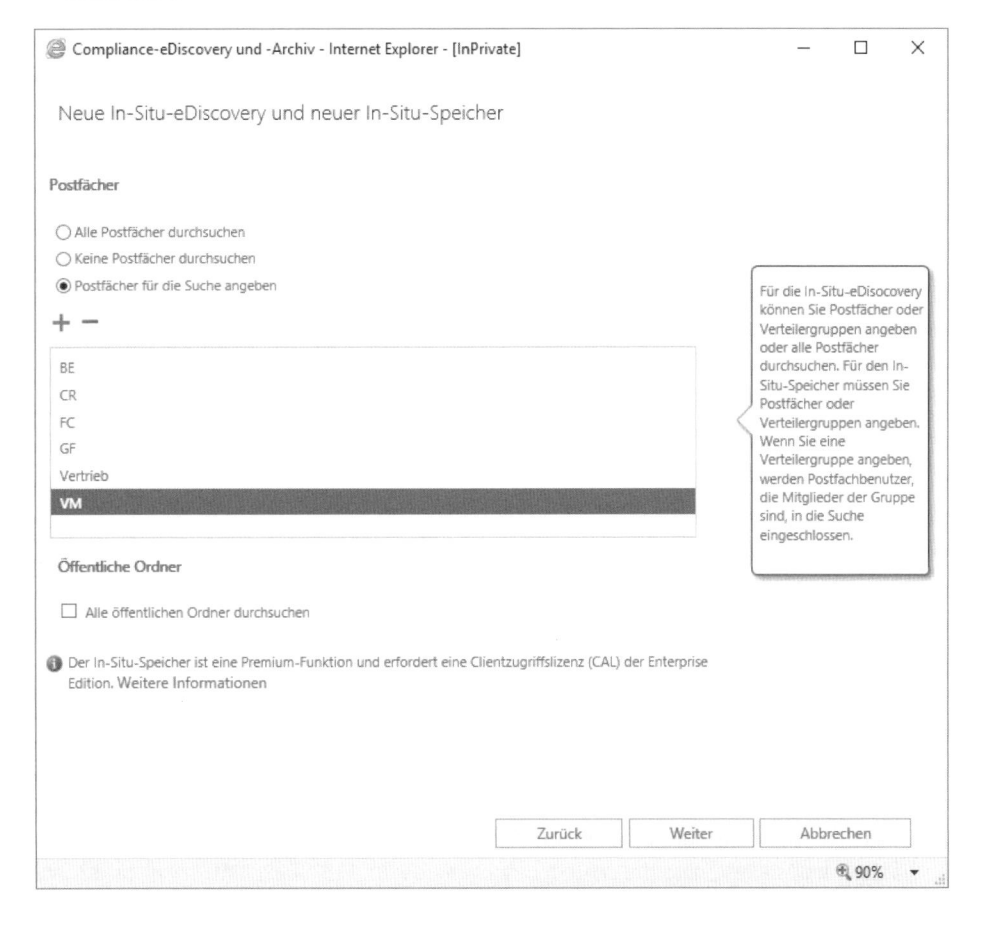

4. Im nächsten Schritt kann Maike nun die Regel entweder auf den gesamten Inhalt der Postfächer anwenden oder Kriterien für die Auswahl der aufzuhebenden Inhalte angeben. Maike entscheidet sich dazu, nur E-Mails, Dokumente, Besprechungen und Skype-for-Business-Inhalte aufzubewahren. Daher wählt sie die Option **AUF KRITERIEN BASIERTER FILTER** und klickt anschließend auf **NACHRICHTENTYPEN AUSWÄHLEN**. Im Fenster *Zu suchende Nachrichtentypen* aktiviert sie dann die entsprechenden Typen.

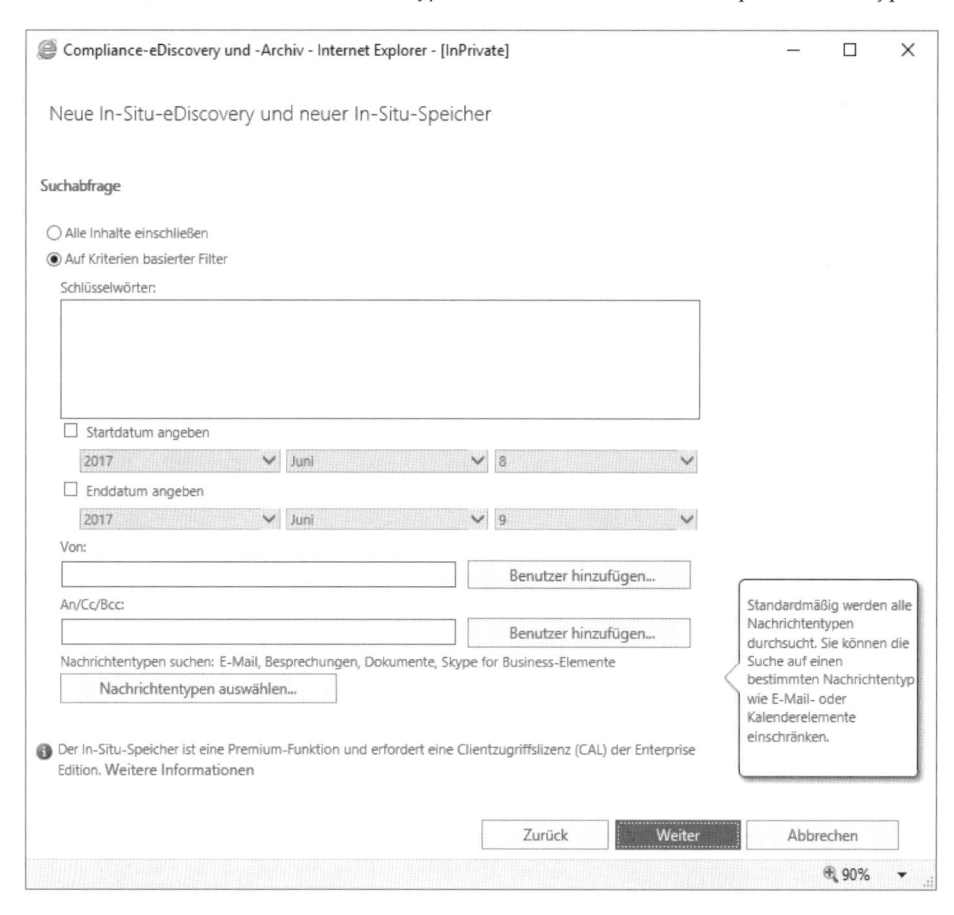

5. Im letzten Schritt des Assistenten kann Maike nun die Aufbewahrungseinstellungen treffen. Hier legt sie fest, dass die gefundenen Elemente für 4380 Tage (entspricht ca. 12 Jahren) aufzubewahren sind. Anschließend klickt sie auf **FERTIG STELLEN**.

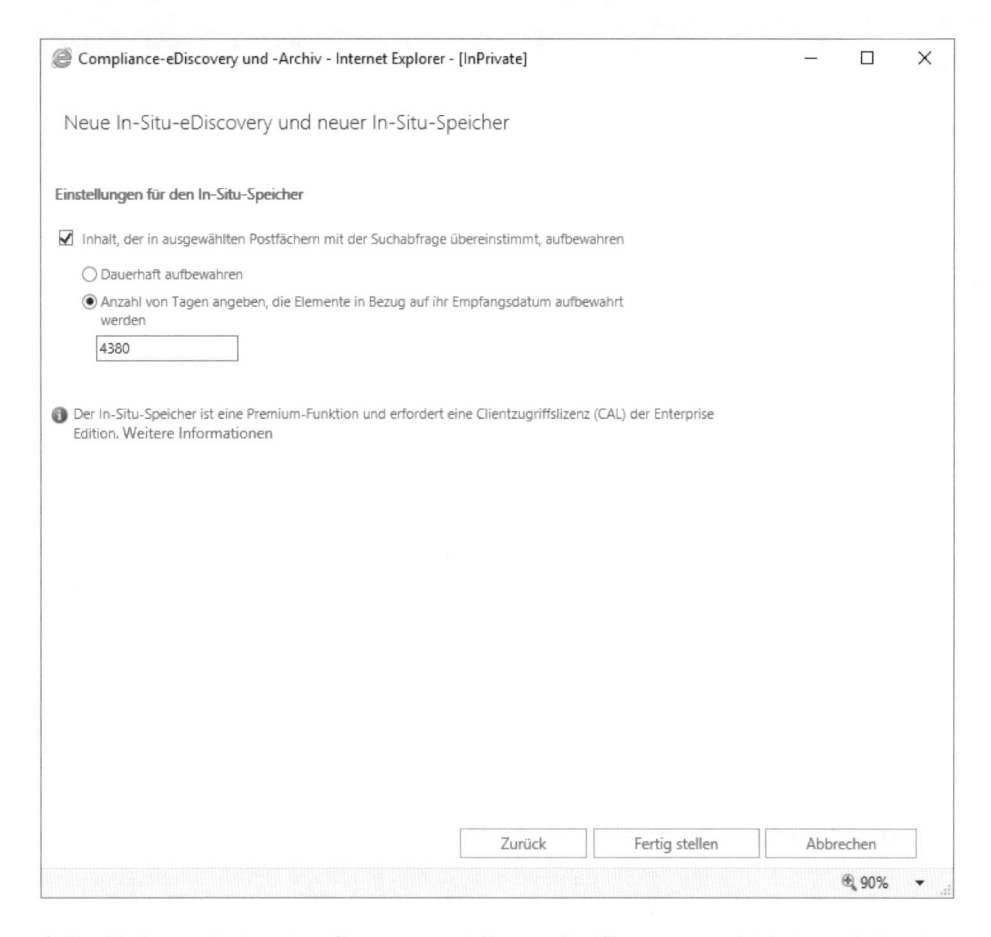

> **Compliance-eDiscovery und -Archiv - Internet Explorer - [InPrivate]**
>
> Neue In-Situ-eDiscovery und neuer In-Situ-Speicher
>
> Einstellungen für den In-Situ-Speicher
>
> ☑ Inhalt, der in ausgewählten Postfächern mit der Suchabfrage übereinstimmt, aufbewahren
>
> ○ Dauerhaft aufbewahren
> ● Anzahl von Tagen angeben, die Elemente in Bezug auf ihr Empfangsdatum aufbewahrt werden
>
> 4380
>
> ⓘ Der In-Situ-Speicher ist eine Premium-Funktion und erfordert eine Clientzugriffslizenz (CAL) der Enterprise Edition. Weitere Informationen
>
> [Zurück] [Fertig stellen] [Abbrechen]

6. Da Maike im Assistenten Gruppen anstelle von Postfächern genutzt hat, erscheint eine Warnmeldung mit der Frage, ob die Gruppe erweitert werden soll, so dass der In-Situ-Speicher für alle Einzelpostfächer aktiviert wird.

> **Warnung**
>
> Um den In-Situ-Speicher für die Postfachsuche zu aktivieren, müssen die im Feld "Quellpostfächer" angegebenen Gruppen erweitert werden. Der Task kann die Gruppenmitglieder erweitern und die erweiterten Postfächer als Quellpostfächer der Postfachsuche speichern. Soll die Gruppe erweitert werden?
>
> [OK] [Abbrechen]

7. Die Erfolgsmeldung quittiert Maike durch Klicken auf **SCHLIESSEN**.

Über die Funktion des In-Situ-Speichers werden ab sofort alle derzeitigen und zukünftigen den Kriterien entsprechenden Inhalte in den Postfächern aufbewahrt. Zwar ist die Archivierung in diesem Fall nicht so granular steuerbar wie in einem SharePoint-Archiv, über weitere Suchen in den Postfächern können die aufbewahrten Inhalte aber jederzeit gefunden werden. Über die Funktionen **IN EINE PST-DATEI EXPORTIEREN** bzw. **SUCHERGEBNISSE KOPIEREN** können die darüber gefundenen Inhalte jederzeit exportiert oder in ein Discovery-Suchpostfach kopiert werden.

■ 9.2 Vertraulichkeit von Informationen sicherstellen

In der Produktentwicklung der Besser Kommunizieren GmbH werden neue Trainings- und Beratungskonzepte entwickelt. Da sich das Unternehmen damit einen Vorsprung am Markt verschafft und Alleinstellungsmerkmale durch die frühe Einbindung neuer Technologien entwickelt hat, ist es aus Sicht der Geschäftsführer Henrike Siegel und Erhard Hauenstein von entscheidender Bedeutung, dass Informationen nicht zu früh nach außen dringen. Zwar haben die Mitarbeiter des Unternehmens durchaus ein Verständnis für den Umgang mit sensiblen Daten, da dies auch in den Projekten der Kunden eine häufige Anforderung ist. Erhard und Henrike möchten aber einen zusätzlichen Sicherungsmechanismus haben, der möglichst auch das versehentliche Weiterleiten oder sonstige Offenlegen interner Informationen verhindert. Sie haben Matthias Kellner daher gebeten, die Möglichkeiten der neuen Umgebung dahingehend zu prüfen.

Matthias setzt sich also mit Maike und Stefan zusammen, um die Umsetzungsmöglichkeiten in den Systemen zu ermitteln. Stefan bringt sofort zwei Verfahren ins Spiel, die Sicherung von Dokumenten mittels Active Directory Rights Management (ADRMS) und die Klassifizierung von Nachrichten und darauf basierenden Transportregeln in Exchange.

Das Team überlegt sich daraufhin ein mehrstufiges Verfahren. Bei der Erstellung von Dokumenten und E-Mails sollen alle Anwender die Möglichkeit haben, diese als vertraulich bzw. als nur für den internen Gebrauch einzustufen. Diese Einstufung soll sowohl auf Dokumentebene als auch in einer E-Mail sicherstellen, dass nur Mitarbeiter der Besser Kommunizieren GmbH Zugriff auf die Inhalte haben. Zusätzlich möchte das Team über eine Transportregel in Exchange verhindern, dass derart klassifizierte Informationen an externe Kommunikationspartner gesendet werden können.

Um diese Verfahren aufzubauen, müssen drei Dinge eingerichtet werden:

- In den Active Directory Rights Management Services ist eine entsprechende Richtlinie für die Einschränkung von Dokumenten zu erstellen.
- Für E-Mails muss eine Nachrichtenklassifikation eingerichtet werden, mit der Benutzer die Nachrichten entsprechend kennzeichnen können.
- In Exchange ist eine Transportregel einzurichten, die auf derart klassifizierte Nachrichten die ADRMS-Richtlinie anwendet und den Versand entsprechend klassifizierter Nachrichten an externe Empfänger verhindert.

Natürlich ist es wieder Stefans Aufgabe, die Einrichtung in den Systemen vorzunehmen. Da dies aber auch die Anwendungen selbst betrifft, bindet er Sarah Radschläger in die Arbeiten ein. Sie muss schließlich die Benutzer bei der Anwendung der Richtlinien unterstützen.

Stefan beginnt mit der Erstellung der Richtlinie in den Active Directory Rights Management Services.

Einrichten einer Vertraulichkeitsrichtlinie in ADRMS

1. Die Rechteverwaltungsdienste sind bei der Besser Kommunizieren GmbH installiert und konfiguriert. Stefan kann sich also direkt mit der dazugehörigen Managementkonsole auf dem Server verbinden. Um die neue Richtlinie zu erstellen, navigiert er links zum Abschnitt **VORLAGEN FÜR BENUTZERRECHTERICHTLINIEN**. Darin werden die Richtlinienvorlagen verwaltet, mit denen Benutzer in kompatiblen Clientanwendungen Dokumente absichern können.

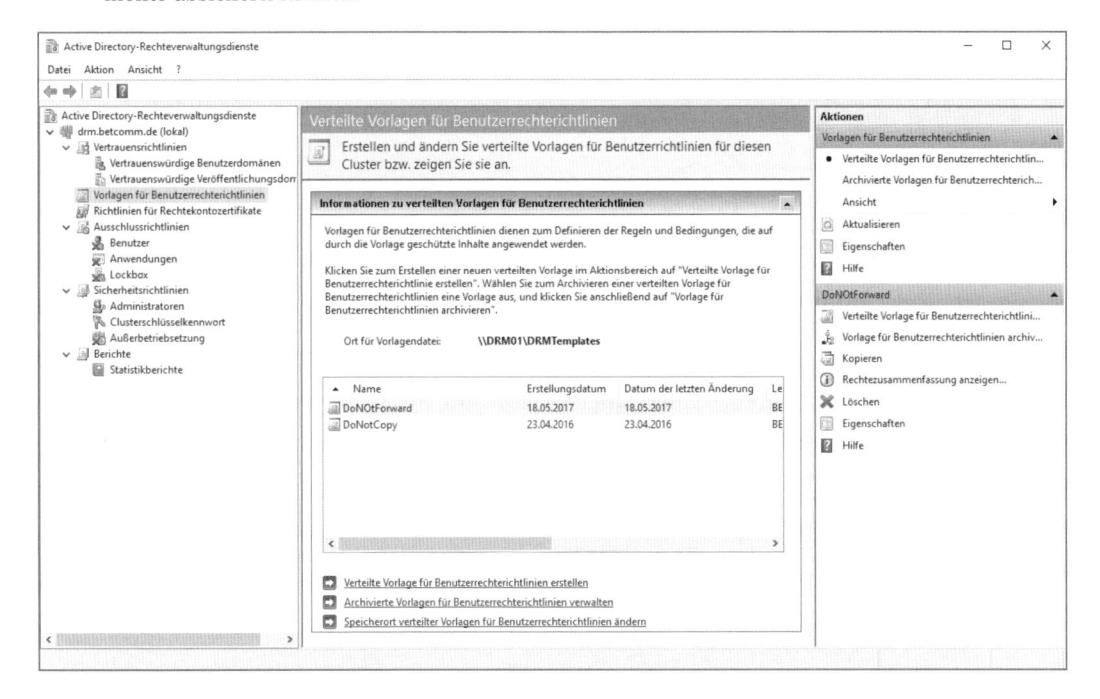

2. Um eine neue Vorlage für eine Benutzerrechterichtlinie zu erstellen, klickt Stefan unterhalb der Liste der aktuellen Vorlagen auf den Link **VERTEILTE VORLAGE FÜR BENUTZERRECHTERICHTLINIEN ERSTELLEN**. Es startet ein Assistent, über den Stefan die Vorlage in fünf Schritten erstellen kann. Da die Rechteverwaltungsdienste (ADRMS) auch mehrsprachige Richtlinien unterstützen, sind im ersten Schritt die Sprachen anzugeben, für die die Richtlinie gelten soll.

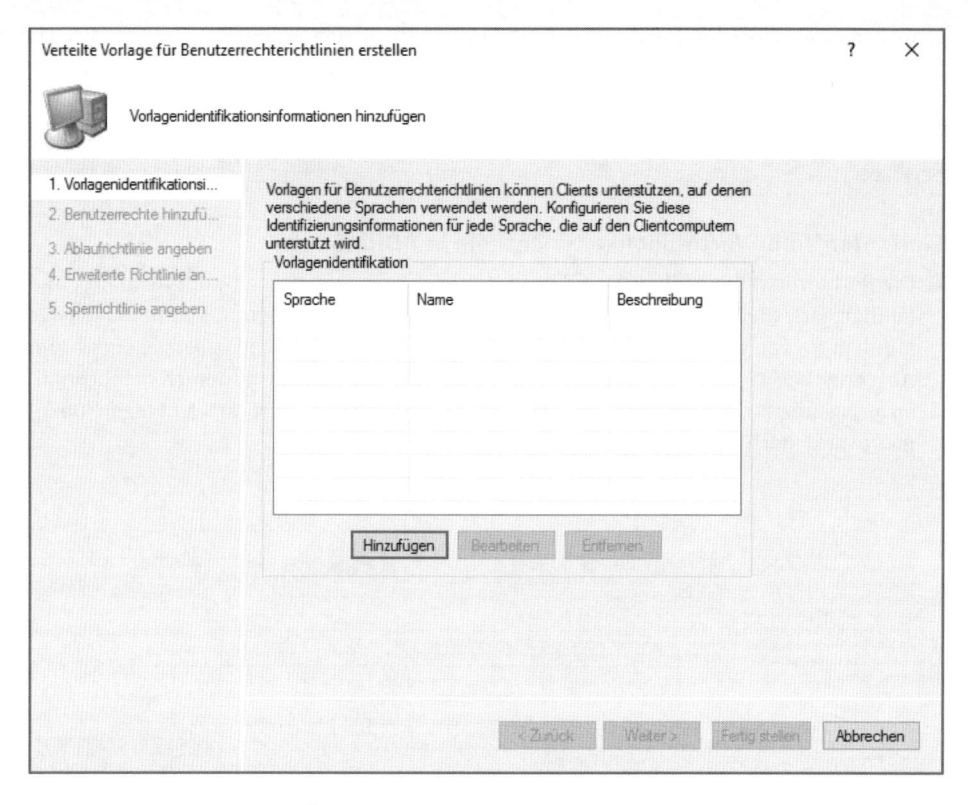

3. Stefan klickt auf **HINZUFÜGEN** und gibt dann in den Vorlageninformationen den Namen und die Beschreibung der Vorlage für die gewünschten Sprachen an. Für die Besser Kommunizieren GmbH reicht die Angabe für Deutsch.

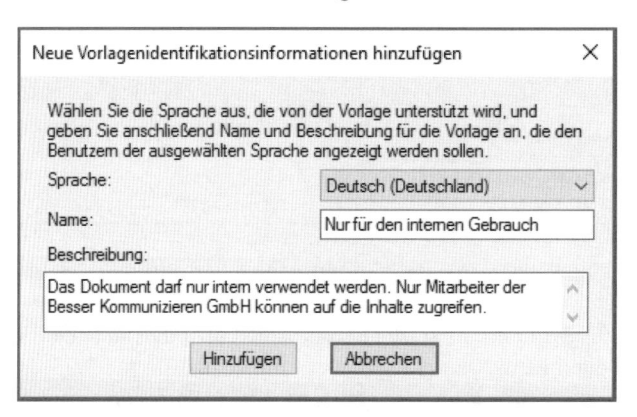

4. Stefan klickt im Fenster *Neue Vorlageninformationen hinzufügen* auf **HINZUFÜGEN** und anschließend im Fenster *Verteilte Vorlage für Benutzerrechterichtlinie erstellen* auf **WEITER**. Danach sind die Benutzer und die Rechte anzugeben, die durch Anwendung dieser Vorlage auf ein Dokument vergeben werden sollen. Rechts neben der leeren Liste der Benutzer klickt Stefan nun wieder auf **HINZUFÜGEN**. Im Dialogfeld *Benutzer oder Gruppe hinzufügen* wählt er dann die Option **ALLE BENUTZER**, um die Rechte für alle Mitarbeiter der Besser Kommunizieren GmbH zu vergeben.

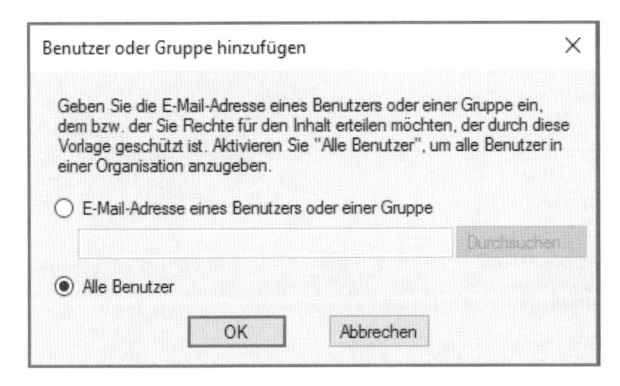

[Dialogfeld *Benutzer oder Gruppe hinzufügen* mit den Optionen *E-Mail-Adresse eines Benutzers oder einer Gruppe* und *Alle Benutzer* (aktiviert), sowie Schaltflächen OK und Abbrechen.]

Alternativ kann Stefan auch einzelne Benutzer oder Benutzergruppen angeben. Dabei ist aber zu beachten, dass nur jeweils ein Eintrag eingegeben werden kann und dass der Benutzer oder die Gruppe über eine E-Mail-Adresse im Active Directory verfügen muss.

5. Nachdem Stefan seine Auswahl mit **OK** bestätigt hat, kann er im Assistentenfenster für die ausgewählten Benutzer die Rechte festlegen. Dabei können für verschiedene Benutzer auch unterschiedliche Rechte vergeben werden. Für jeden oben aufgelisteten Benutzer sind unten eigene Einstellungen möglich. Stefan gibt den Benutzern alle Rechte außer *Vollzugriff, Exportieren, Extrahieren, Drucken* und *Rechte bearbeiten*. Damit können die Benutzer die Dokumente bearbeiten und E-Mails weiterleiten und beantworten. Sie haben aber keine Möglichkeit, die Rechte an dem Dokument zu ändern. Zwar können entsprechend klassifizierte E-Mails so noch an externe Partner weitergeleitet werden, da diese aber kein Konto im Active Directory der Besser Kommunizieren GmbH haben, können sie keine Lizenz für die Inhalte erhalten und darauf auch nicht zugreifen. Außerdem wird der Versand später noch über die Transportregel in Exchange eingeschränkt. Dem Ersteller bzw. Besitzer des Dokumentes gewährt Stefan weiterhin *Vollzugriff*. Das heißt, dieser kann jederzeit die Einstellung am Dokument ändern.

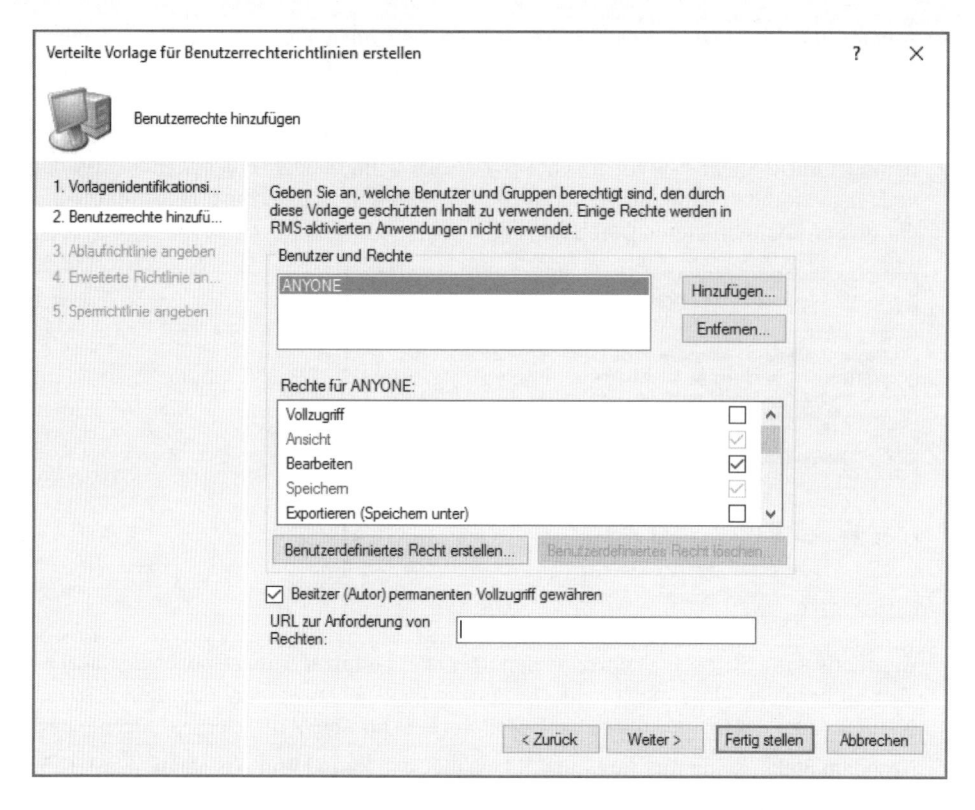

6. Im nächsten Schritt könnte Stefan jetzt zwei Ablaufinformationen für den Dokumentenschutz festlegen. Im oberen Teil der Einstellungen kann er den geschützten Inhalt ablaufen lassen. Dies führt dazu, dass das Dokument danach nicht mehr gelesen werden kann, es sei denn, der Autor veröffentlicht es erneut. Im unteren Bereich des Fensters kann er der Benutzerlizenz eine Ablauffrist hinzufügen. Diese Einstellung hätte zur Folge, dass die Benutzer nach Ablauf der Frist erneut eine Verbindung zum ADRMS-Server herstellen und eine neue Lizenz beziehen müssen, um weiterhin auf die Inhalte des Dokumentes zuzugreifen. Da beides im Augenblick für Stefan nicht relevant ist, belässt er die Einstellungen auf dem Standard.

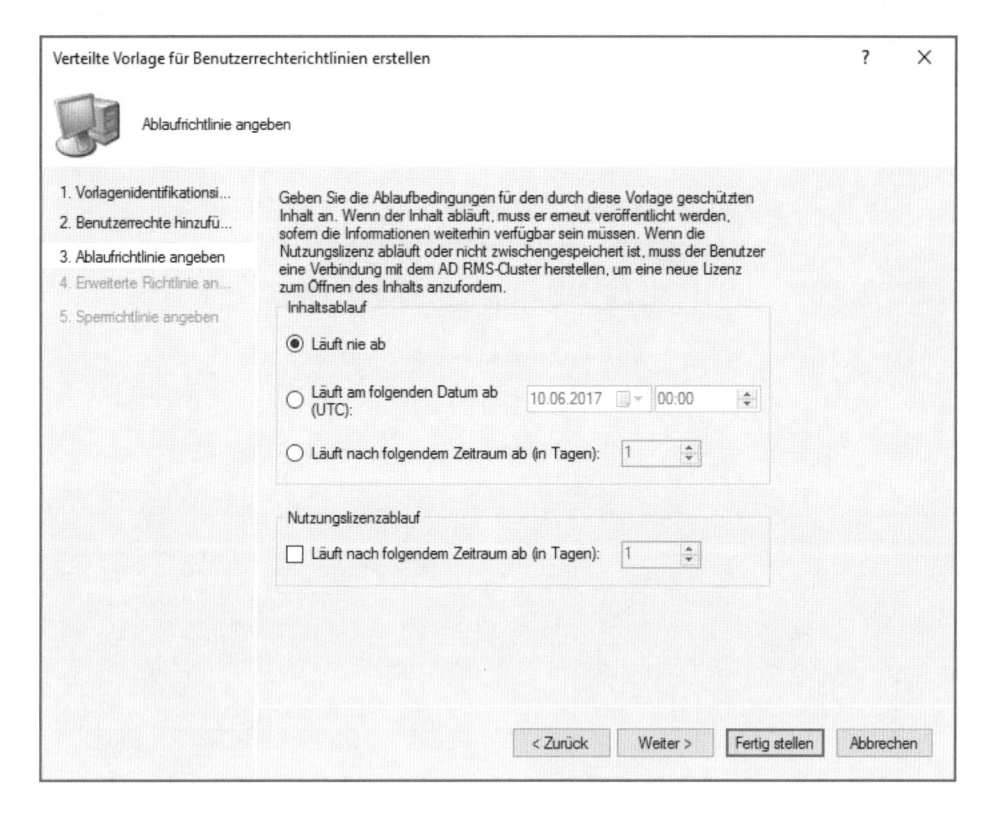

7. Im folgenden Schritt des Assistenten aktiviert Stefan die beiden oberen Optionen, um sicherzustellen, dass die Dokumente auch über die Web-Apps angezeigt werden können und im Sinne der gewünschten Richtlinie die Zwischenspeicherung der Lizenz deaktiviert ist. Somit kann der Inhalt auf einem Client nicht angezeigt werden, wenn keine Lizenz vom Server bezogen werden kann. Damit wird auch verhindert, dass die Dokumente versehentlich auf einem Notebook eines Mitarbeiters beim Kunden geöffnet werden können. Stefan empfindet das zwar als recht harte Einschränkung, möchte aber zumindest die Richtlinie mit allen Auswirkungen testen. Eventuell lässt sich die Einstellung durch eine Veröffentlichung des ADRMS-Servers später abschwächen, da dann die Mitarbeiter auch von extern eine Verbindung zu dem Server herstellen können.

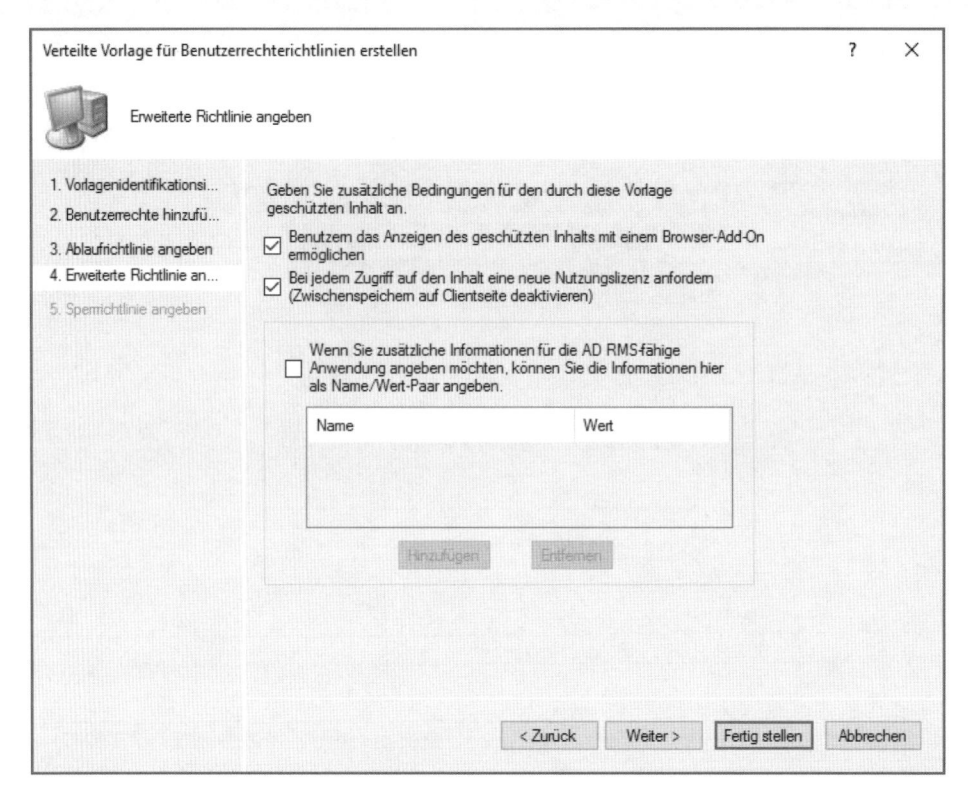

8. Im letzten Schritt des Assistenten könnte Stefan den Benutzern die Möglichkeit geben, die Inhalte eines Dokumentes komplett zu sperren. Dies funktioniert genauso wie in einer normalen Zertifizierungsstelle über eine veröffentlichte Sperrliste. Ist diese Option aktiviert, wird beim Öffnen des Dokumentes die Sperrliste an der angegebenen URL abgefragt. Werden darin Sperrinformationen gefunden, wird der Zugriff auf das Dokument unterbunden. Diese Option ist bei der Besser Kommunizieren GmbH noch nicht konfiguriert, daher lässt Stefan sie hier auch deaktiviert und klickt zum Speichern der Richtlinienvorlage auf **FERTIG STELLEN**.

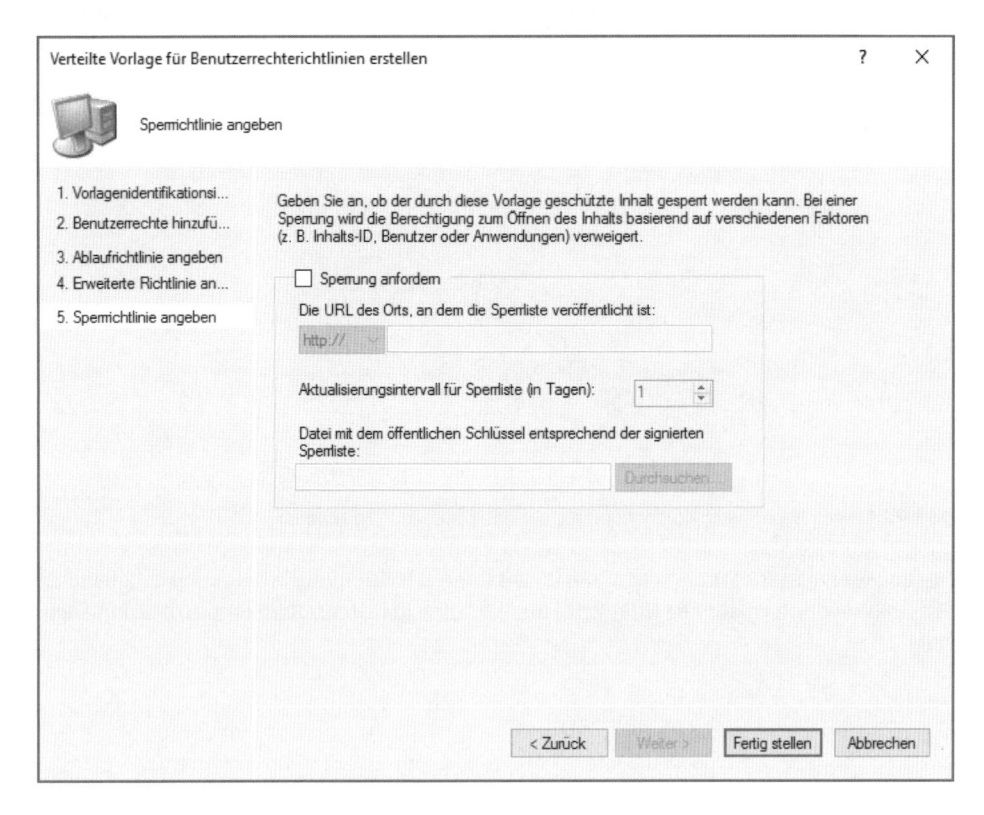

| Verteilte Vorlage für Benutzerrechterichtlinien erstellen | ? | X |

Sperrichtlinie angeben

1. Vorlagenidentifikationsi...
2. Benutzerrechte hinzufü...
3. Ablaufrichtlinie angeben
4. Erweiterte Richtlinie an...
5. Sperrichtlinie angeben

Geben Sie an, ob der durch diese Vorlage geschützte Inhalt gesperrt werden kann. Bei einer Sperrung wird die Berechtigung zum Öffnen des Inhalts basierend auf verschiedenen Faktoren (z. B. Inhalts-ID, Benutzer oder Anwendungen) verweigert.

☐ Sperrung anfordern

Die URL des Orts, an dem die Sperrliste veröffentlicht ist:

http://

Aktualisierungsintervall für Sperrliste (in Tagen): 1

Datei mit dem öffentlichen Schlüssel entsprechend der signierten Sperrliste:

[Durchsuchen]

[< Zurück] [Weiter >] [Fertig stellen] [Abbrechen]

Das Team möchte die neue Richtlinie natürlich testen. Stefan bittet daher Matthias, ein Dokument zu erstellen und mit der Richtlinie zu versehen. Sarah testet den internen Zugriff und soll versuchen, das Dokument per E-Mail an eine externe Adresse von Stefan weiterzuleiten. Stefan möchte dann den Zugriff auf die Inhalte von einem Computer, der nicht zum Unternehmen gehört, testen.

Matthias erstellt also ein neues Word-Dokument. Um den Rechteschutz anzuwenden, öffnet er die Backstage-Ansicht in Word, indem er auf **DATEI** klickt. Auf der Seite *Informationen* klickt er zuerst auf die Schaltfläche **DOKUMENT SCHÜTZEN** und anschließend auf **ZUGRIFF EINSCHRÄNKEN**. Darunter werden ihm die verfügbaren Benutzerrechterichtlinien angezeigt (Bild 9.29).

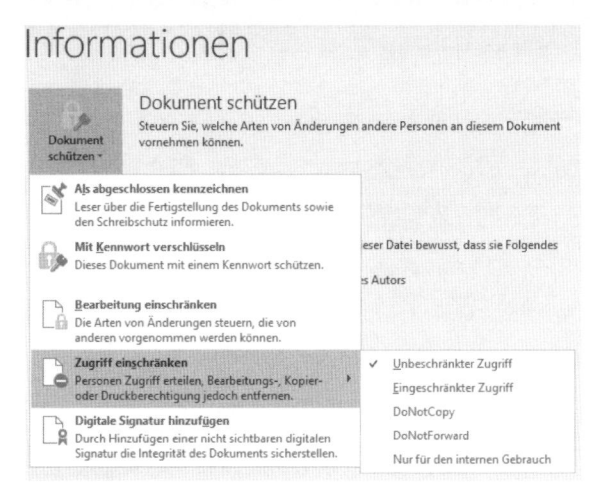

Bild 9.29 Eine Rechteverwaltungsrichtlinie auf das Dokument anwenden

Die angewendete Richtlinie und die dazugehörige Beschreibung werden anschließend in den Dokumentinformationen (Bild 9.30) und als Infofeld in der Dokumentbearbeitung angezeigt.

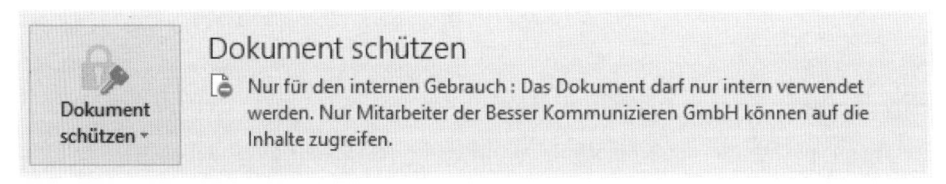

Bild 9.30 Die angewendete Richtlinie

Matthias leitet das Dokument an Sarah weiter, die es dann auf ihrem PC öffnet. Beim Öffnen des Dokumentes erhält Sarah einen Hinweis, der den Lizenzerwerb anzeigt (Bild 9.31).

Bild 9.31 Die ADRMS-Einrichtung wird gestartet

Da ihr Rechner bisher noch nicht mit dem Rechtemanagementserver verbunden war, muss Sarah anschließend einmal die Verbindung zum Rechteverwaltungsserver des Unternehmens bestätigen (Bild 9.32).

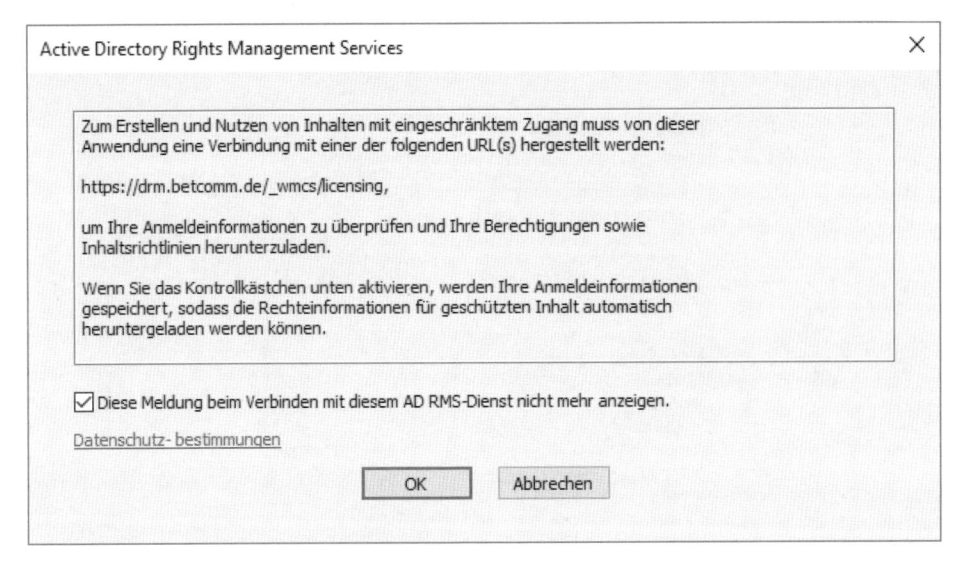

9.2 Vertraulichkeit von Informationen sicherstellen

Bild 9.32 Verbindung zu ADRMS herstellen

Die Einrichtung können die Benutzer jederzeit auch manuell vornehmen, indem sie in der Backstage-Ansicht auf **DOKUMENT SCHÜTZEN** und anschließen auf **ZUGRIFF EINSCHRÄNKEN** klicken. Ist die Anwendung noch nicht mit der ADRMS-Unterstützung konfiguriert, findet sich hier nur die Option **MIT RECHTEVERWALTUNGSSERVERN VERBINDEN UND VORLAGEN ABRUFEN** (Bild 9.33).

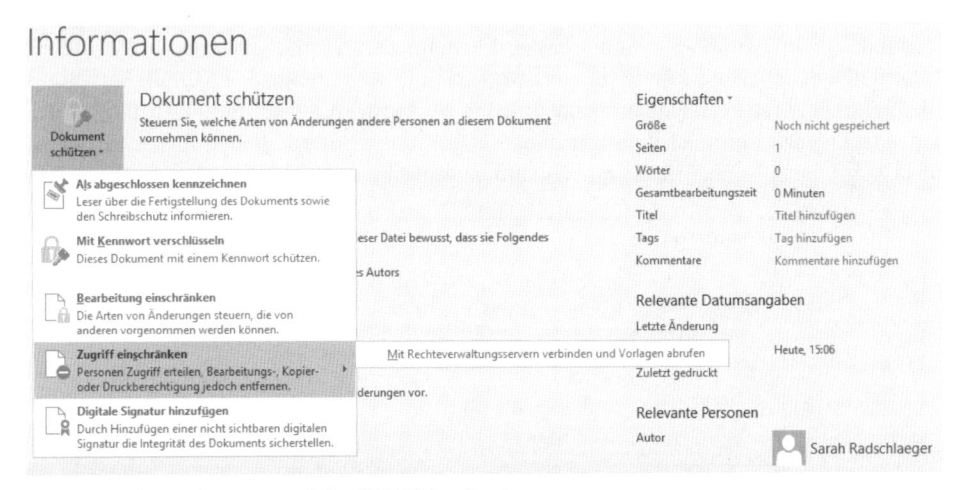

Bild 9.33 Anwendung manuell für ADRMS konfigurieren

Sobald sie das Dokument geöffnet hat, erhält Sarah im Infobereich den Dokumentenschutz angezeigt.

Bild 9.34 Der Hinweis auf die Rechteinschränkung

Über die Schaltfläche **BERECHTIGUNGSANZEIGE…** kann Sarah ihre Rechte am Dokument prüfen (Bild 9.35).

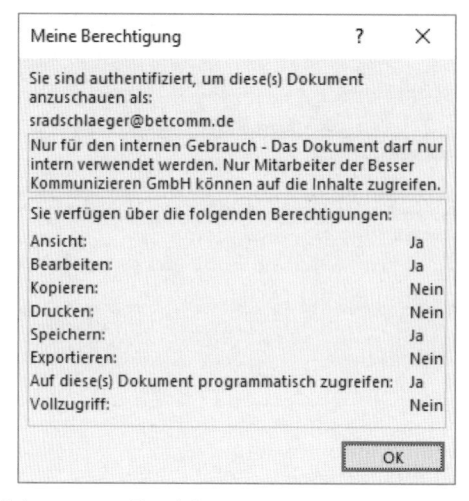

Bild 9.35 Sarahs Berechtigungen am Testdokument

Anschließend leitet Sarah das Dokument an Stefans externen Rechner weiter. Als Stefan das Dokument zu öffnen versucht, erhält er dieselben Einrichtungshinweise wie Sarah. Da der ADRMS-Server von extern aber nicht zu erreichen ist, bricht die Einrichtung mit dem Hinweis ab, dass das Dokument nicht geöffnet werden kann. Zwar ist die Meldung nicht ganz konsistent, da es nicht die Internetverbindung ist, die fehlschlägt, sondern die spezifische Verbindung zum ADRMS-Server der Besser Kommunizieren GmbH, aber der Zugriff auf die Informationen ist erfolgreich verhindert worden (Bild 9.36). Sollte der ADRMS-Server aus dem Internet heraus erreichbar sein, würde bei der Einrichtung ein Authentifizierungsdialog eingeblendet. Kann der Benutzer dann keine Anmeldeinformationen für ein AD-Konto des Unternehmens angeben, würde das Öffnen des Dokuments ebenso unterbunden.

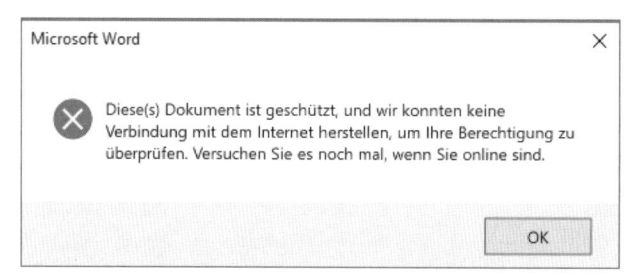

Bild 9.36 Die Verbindung zum ADRMS-Server kann nicht hergestellt werden

Der Rechteschutz über die Active Directory Rights Management Services ist damit erfolgreich eingerichtet. Die entsprechende Schutzfunktion steht nun in allen kompatiblen Anwendungen zur Verfügung. Die Mitarbeiter können jetzt nicht nur Dokumente, sondern auch E-Mails mit der Benutzerrechterichtlinie versehen. Damit wird auch verhindert, dass die damit eingeschränkten E-Mails von externen Empfängern gelesen werden können. Das

Team möchte aber in Bezug auf die E-Mail-Kommunikation noch einen Schritt weiter gehen. E-Mails mit entsprechend klassifizierten Inhalten sollen gar nicht erst an externe Empfänger gesendet werden können. Über die Benutzerrechterichtlinie konnte Stefan das nicht einschränken, da ja grundsätzlich die Weiterleitung, Beantwortung und Bearbeitung der Inhalte für interne Benutzer gestattet sein sollte. Derzeit können also entsprechende Inhalte von jedem Mitarbeiter der Besser Kommunizieren GmbH an externe Empfänger gesendet werden. Der Empfänger würde zwar beim Öffnen der Nachricht die oben beschriebenen Fehlermeldungen bekommen, diese Situation findet das Team aber noch unbefriedigend und begibt sich somit an den nächsten Schritt.

Dieser betrifft jetzt Exchange. Am einfachsten wäre es natürlich, eine Transportregel zu erstellen, die alle Nachrichten, auf die die Benutzerrechterichtlinie *Nur für den internen Gebrauch* angewendet wurde, für externe Empfänger blockiert. Leider kann aber auf die angewendete Richtlinie in der Transportregel nicht als Bedingung zugegriffen werden. Daher überlegen sich Stefan, Maike und Matthias einen Umweg über eine Nachrichtenklassifikation. Diese bietet dem Absender die Möglichkeit, Nachrichten zum Beispiel als vertraulich einzustufen. Die zugeordnete Klasse kann in den Transportregeln ausgelesen und auf die Nachricht dann weitere Einschränkungen angewendet werden.

Dafür ist in Exchange zuerst die Nachrichtenklassifikation einzurichten und anschließend die Transportregel für vertrauliche Dokumente zu definieren. Da die Nachrichtenklassen von den Outlook-Clients nicht vom Exchange Server geladen, sondern aus einer lokalen XML-Datei ausgelesen werden, ist zusätzlich noch ein Verfahren einzurichten, um diese Datei zu verteilen. Die Datei selbst lässt sich über ein Exchange-Skript erstellen und exportieren, muss aber über andere Wege zu den Clients gebracht werden. Dazu ist zusätzlich ein Registry-Eintrag auf den Clients erforderlich, der den Pfad zu der Datei enthält. Beides, die Erstellung des Registry-Eintrags als auch die Verteilung der Datei, lässt sich natürlich gut über Gruppenrichtlinieneinstellungen verwirklichen.

Einrichten der Nachrichtenklassifikation in Exchange und Outlook

Nachrichtenklassen lassen sich nicht über das Exchange Admin Center erstellen, sondern nur über die Exchange Management Shell. Ähnlich wie in den Benutzerrechterichtlinien des ADRMS werden auch darin Sprachzuordnungen unterstützt. Bevor allerdings sprachspezifische Nachrichtenklassen erstellt werden können, muss für die jeweilige Klasse ein sprachunabhängiger Grundeintrag existieren. Die Cmdlets zur Verwaltung der Nachrichtenklassifikation lassen sich in der Exchange Management Shell einfach über `get-command -noun messageclassification` auflisten (Bild 9.37).

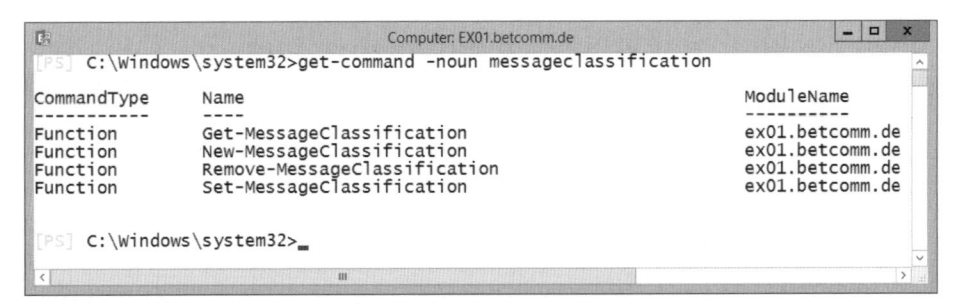

Bild 9.37 Die Cmdlets zur Nachrichtenklassifikation

1. Stefan startet mit der Erstellung einer neuen Nachrichtenklassifikation für interne Nachrichten. Das Cmdlet dazu lautet `New-MessageClassification -Name InternalUseOnly -DisplayName "Internal Use Only" -RecipientDescription "For internal use only. Don't forward to external recipients" -SenderDescription "This message will not be forwarded to external recipients"`. Die *Description*-Parameter geben Beschreibungen an, die dem Empfänger bzw. dem Absender an entsprechend klassifizierten Nachrichten angezeigt werden.

2. Im nächsten Schritt kann Stefan eine lokale Nachrichtenklassifikation erstellen. Dazu wird das Cmdlet um den Parameter `-locale` erweitert, dem der Wert de-DE für Deutsch zugewiesen wird. Außerdem passt Stefan natürlich den Namen und die Beschreibungen an. Da die Nachrichtenklassen in Outlook in einem Menü zusammen mit den Benutzerrechterichtlinien angezeigt werden, achtet Stefan darauf, der Nachrichtenklasse einen anderen Namen zu geben als der in ADRMS erstellten Benutzerrechterichtlinienvorlage. Das vollständige Cmdlet lautet demnach: `New-MessageClassification -Name InternalUseOnly -DisplayName "Nur intern weiterleiten" -RecipientDescription "Diese Nachricht nicht an externe Empfänger weiterleiten" -SenderDescription "Diese Nachricht kann nicht an externe Empfänger weitergeleitet werden." -locale de-DE`.

3. Eine Abfrage der vorhandenen Nachrichtenklassifikation über `Get-MessageClassification -IncludeLocales` listet jetzt neben den systemeigenen Klassifikationen auch die neu erstellte Klassifikation auf.

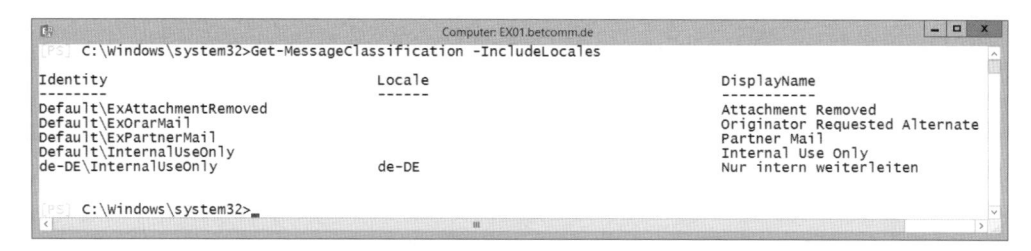

```
[PS] C:\Windows\system32>Get-MessageClassification -IncludeLocales

Identity                        Locale          DisplayName
--------                        ------          -----------
Default\ExAttachmentRemoved                     Attachment Removed
Default\ExOrarMail                              Originator Requested Alternate
Default\ExPartnerMail                           Partner Mail
Default\InternalUseOnly                         Internal Use Only
de-DE\InternalUseOnly           de-DE           Nur intern weiterleiten

[PS] C:\Windows\system32>
```

4. Im nächsten Schritt muss Stefan die Nachrichtenklassifikation in eine Datei exportieren, um sie auf den Clients des Unternehmens verfügbar zu machen. Für den Export gibt es in Exchange ein fertiges Skript im Standardskriptverzeichnis des Servers (normalerweise *c:\Programme\Microsoft\Exchange Server\V15\Scripts*). Die Datei heißt *Export-OutlookClassification.ps1*. Das Skript generiert eine XML-Ausgabe mit einer Beschreibung aller Nachrichtenklassifikationen. Die Ausgabe muss in eine Datei umgeleitet werden, um diese dann auf die Clients zu verteilen. Der Aufruf, den Stefan abschickt, nachdem er in der Shell in das angegebene Verzeichnis navigiert ist, lautet also: `.\Export-Outlook-Classification.ps1 | out-file c:\Temp\BetcommClassifcations.xml`.

5. Die Ausgabedatei enthält neben der von Stefan erstellten Klassifikation auch alle systemeigenen Klassifikationen aus Exchange.

```xml
<?xml version="1.0"?>
<Classifications>
    <Classification>
        <Name>Attachment Removed</Name>
        <Description>A system-generated classification to inform users that an attachment was removed from this message.</Description>
        <Guid>a4bb0cb2-4395-4d18-9799-1f904b20fe92</Guid>
    </Classification>
    <Classification>
        <Name>Originator Requested Alternate Recipient Mail</Name>
        <Description>This message is an originator-requested alternate recipient message.</Description>
        <Guid>3f4cc40b-2a9f-4be5-8a55-0e3fdacddd43</Guid>
    </Classification>
    <Classification>
        <Name>Partner Mail</Name>
        <Description/>
        <Guid>030e9e2f-134b-4020-861c-5bfc616f113d</Guid>
    </Classification>
    <Classification>
        <Name>Internal Use Only</Name>
        <Description>This message will not be forwarded to external recipients</Description>
        <Guid>1e4c865c-d0fb-4dc5-af4b-6894fea9827e</Guid>
        <AutoClassifyReplies/>
    </Classification>
</Classifications>
```

6. Da die systemeigenen Klassifikationen von den Benutzern nicht manuell vergeben werden sollen, löscht Stefan die ersten drei `<Classification>`-Einträge aus der Datei. Das Ergebnis enthält dann nur noch einen Eintrag. Diese Kürzung betrifft nur die vom Benutzer anzuwendende Klassifikationen. Der Empfang anders klassifizierter Nachrichten wird dadurch nicht eingeschränkt. Das letzte Tag `<AutoClassifyReplies/>` gibt übrigens an, dass die Antworten auf Nachrichten mit dieser Klassifikation ebenfalls entsprechend gekennzeichnet werden.

```xml
<?xml version="1.0"?>
<Classifications>
    <Classification>
        <Name>Internal Use Only</Name>
        <Description>This message will not be forwarded to external recipients</Description>
        <Guid>1e4c865c-d0fb-4dc5-af4b-6894fea9827e</Guid>
        <AutoClassifyReplies/>
    </Classification>
</Classifications>
```

7. Die nachträgliche Kürzung kann Stefan auch dadurch vermeiden, dass er das Skript mit dem Parameter `-locale` und dem Wert `de-DE` ausführt. Dann werden nur die diesem Sprachschema zugeordneten Klassifikationen exportiert. Der komplette Aufruf lautet in diesem Fall `.\Export-OutlookClassification.ps1 -locale de-DE | out-file c:\Temp\BetcommClassifcations.xml`

8. Um diese Datei den Clients möglichst automatisch zur Verfügung zu stellen, kopiert Stefan sie zuerst in das Sysvol-Verzeichnis auf einem der Domänencontroller (standardmäßig *C:\Windows\SYSVOL\sysvol\<Domänenname>*). Dieses Verzeichnis wird über die DFS-Replikation der Active-Directory-Datenbank an alle Domänencontroller repliziert und ist über den DFS-Namen *//betcomm.de\Sysvol\betcomm.de* für alle Clients der Domäne erreichbar, unabhängig davon, mit welchem Domänencontroller sie gerade verbunden sind. Damit ist es ideal geeignet, um die Verfügbarkeit der Datei sicherzustellen.

9. Dann öffnet Stefan zuerst die Gruppenrichtlinienverwaltung und danach das Gruppenrichtlinienobjekt, über das er die Datei verteilen möchte. Stefan entscheidet sich für das Gruppenrichtlinienobjekt *Outlook Einstellungen*, das er früher schon (siehe Abschnitt 5.4) für die Verteilung von Outlook-Einstellungen angelegt hat.

10. In der Benutzerkonfiguration öffnet Stefan die Einstellungen und klickt mit der rechten Maustaste auf **DATEIEN**, im Kontextmenü auf **NEU** und dann auf **DATEI**.

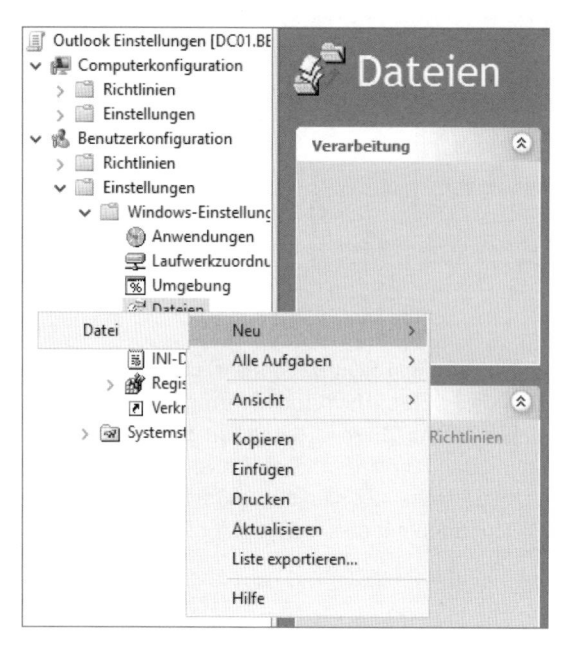

11. Im Dialogfeld *Neue Dateieigenschaft* wählt er als Aktion *Erstellen*, gibt den Pfad zur Klassifikationsdatei als UNC-Pfad an und als lokalen Pfad ein gültiges Verzeichnis auf den Clients. Dieses muss natürlich auf allen Clients existieren. Wichtig ist, dass er in beiden Fällen den kompletten Pfad zur Datei angibt, also inklusive Dateinamen.

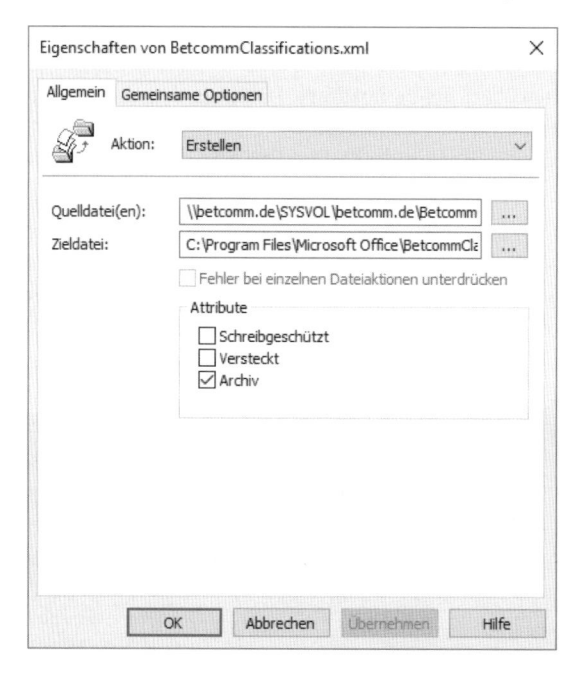

12. Jetzt muss auf den Clients noch sichergestellt werden, dass Outlook die Nachrichtenklassifikation aus der Datei ausliest und auch anwenden kann. Dazu sind drei Registrierungseinträge erforderlich. Auch diese können mithilfe von Gruppenrichtlinieneinstellungen erstellt werden. Stefan klickt daher in den Windows-Einstellungen mit der rechten Maustaste auf **REGISTRIERUNG**, **NEU** und **REGISTRIERUNGSELEMENT**.

13. Zuerst erstellt Stefan einen neuen Registrierungsschlüssel (Werttyp: REG_SZ) *AdminClassificationPath* im Pfad *HKEY_CURRENT_USER\SOFTWARE\Microsoft\Office\16.0\common\Policy*, dem er als Wert den Pfad zur lokalen Klassifikationsdatei zuweist, also in unserem Fall *C:\Program Files\Microsoft Office\BetcommClassifications.xml*. Über diese Einstellung kann Outlook die Datei finden und auslesen. Indem die Datei in einen lokalen Ordner kopiert wird, ist sichergestellt, dass die Klassifizierungen auch verfügbar sind, wenn der Benutzer offline arbeitet.

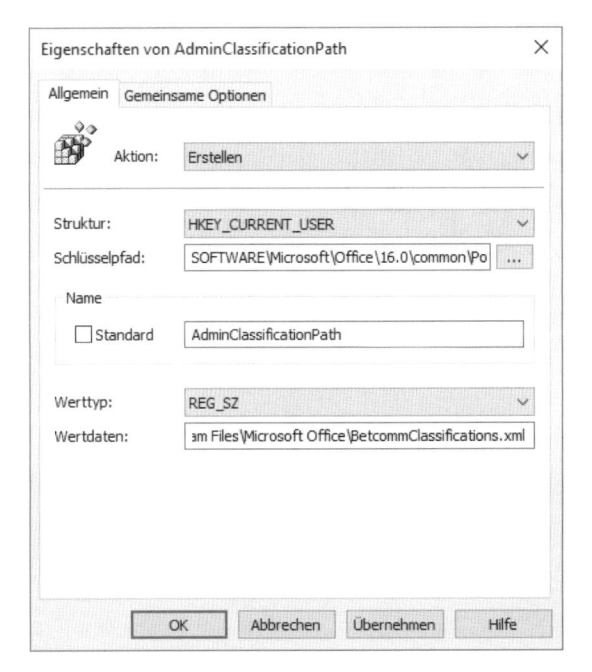

14. Als Nächstes erstellt Stefan im selben Pfad einen neuen Registrierungswert vom Typ REG_DWORD mit dem Namen *EnableClassifications* und gibt ihm den Wert 1 (oder Hexadezimal 00000001). Dieser Eintrag legt fest, ob Klassifikationen verwendet werden können. Der Wert 1 heißt, dass die Einstellung aktiviert ist und die Nachrichtenklassifikation dem Benutzer zur Verfügung steht.

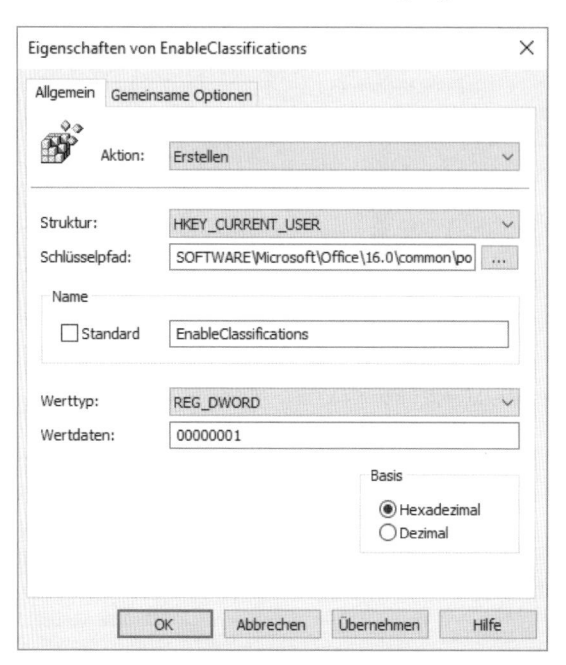

15. Als Letztes legt Stefan einen zweiten DWORD-Eintrag mit Namen *TrustClassifications* im selben Pfad an, dem er ebenfalls den Wert 1 gibt. Diese Einstellung wird in der Kommunikation mit Exchange-Servern vor Version 2010 genutzt, um sicherzustellen, dass Benutzer nicht fälschlicherweise von einer Verarbeitung der Klassifikation auf älteren Exchange-Servern ausgehen. Die Option sollte für Benutzer mit Postfächern auf Exchange-Servern ab Version 2010 aktiviert werden, bei Benutzern mit Postfächern auf Exchange 2003 sollte die Funktion deaktiviert werden. Da Exchange 2016 keine Koexistenz mit Exchange 2003 in derselben Organisation mehr unterstützt, kann die Option hier generell aktiviert werden.

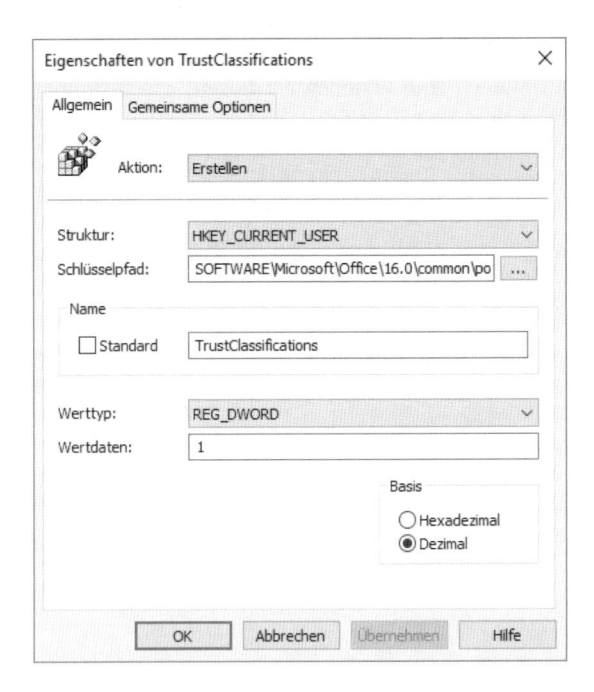

16. Stefan muss jetzt nur noch die Active-Directory-Replikation und die Richtlinienaktualisierung auf dem Client abwarten, um die Einstellungen zu prüfen. Wenn alles richtig ist, sollte er beim Erstellen einer neuen E-Mail in Outlook im Menüband *Optionen* in der Gruppe *Berechtigung* über die Schaltfläche **BERECHTIGUNG** sowohl die Benutzerrechterichtlinie als auch die Nachrichtenklassifikation zuweisen können.

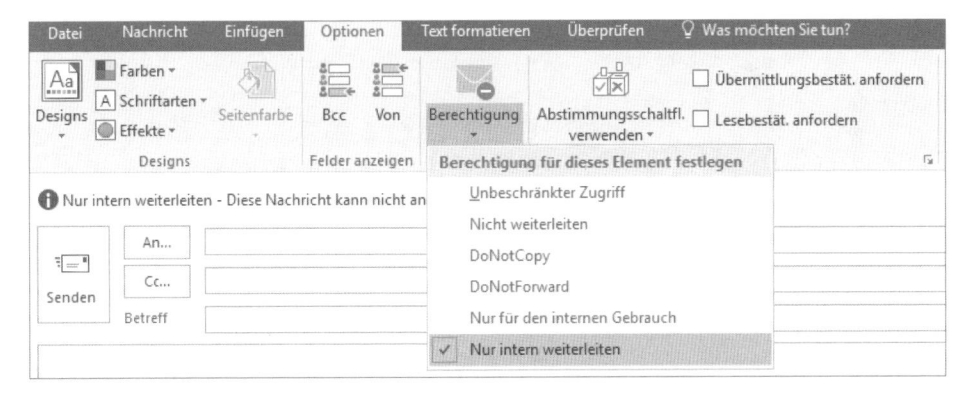

Damit ist aber erst die Möglichkeit zur Klassifizierung der Nachricht gegeben. Ohne weitere Einstellungen hat diese noch keine Auswirkungen darauf, wie die Nachricht von Exchange behandelt wird. Das eigentliche Ziel der Nachrichtenklassifizierung liegt ja darin, den Anwendern darüber eine einfache Möglichkeit zu bieten, die korrekte Verarbeitung klassifizierter Nachrichten sicherzustellen. Die Verarbeitung der Nachrichten geschieht in der Transportkomponente von Exchange. Daher sind im nächsten Schritt für die jeweilige Nachrichtenklassifikation passende Transportregeln zu erstellen. Diese kann Stefan jetzt wieder über das Exchange Admin Center definieren.

Vertraulichkeit von Nachrichten über Transportregeln sicherstellen

Grundsätzliche stehen Stefan zwei Optionen zum Erstellen der Regeln zur Verfügung. Er kann eine einfache Transportregel in den Nachrichtenfluss-Optionen anlegen oder eine explizite Datenverlust-Richtlinie in der Compliance-Verwaltung nutzen. Die Richtlinien zur Verhinderung des Datenverlusts basieren aber in der Regel auf Text- oder Dokumentmuster-Erkennung und nicht auf der expliziten Nachrichtenklassifikation. Einige der Einstellungen, wie zum Beispiel die Benachrichtigung des Absenders mit Richtlinientipps, sind auch mit Regeln, die auf der Nachrichtenklassifikation beruhen, nicht kompatibel. Daher entscheidet Stefan sich für die Erstellung einer einfachen Transportregel.

1. Er navigiert im Exchange Admin Center links zum Abschnitt **NACHRICHTENFLUSS** und klickt auf der Seite *Regeln* auf die Schaltfläche mit dem Pluszeichen (+). Aus dem Menü wählt er den Eintrag **NEUE REGEL ERSTELLEN**.

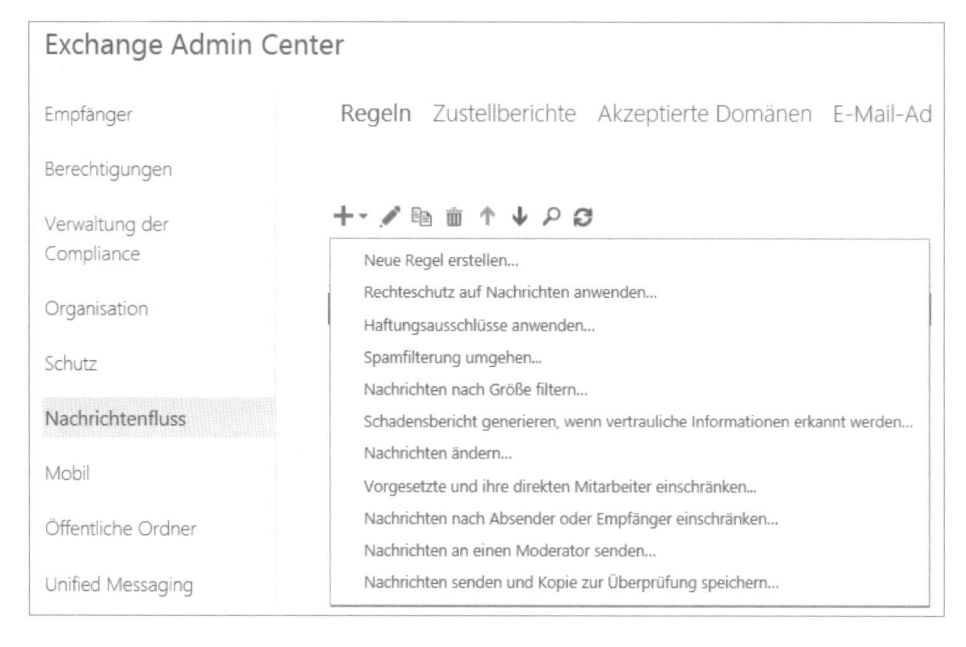

2. Er vergibt der Regel einen aussagekräftigen Namen. Anschließend klickt er im Formular unten auf **WEITERE OPTIONEN**. Erst im erweiterten Formular werden die Bedingungen zur Auswahl der Nachrichtenklassifikation angezeigt. Im Standardformular sind nur Standardbedingungen für die Adress- und Textfelder der Nachrichten auswählbar.

3. Im Feld *Diese Regel anwenden, wenn …* wählt er die Option **NACHRICHTENEIGEN-SCHAFTEN…** und darin dann **SCHLIESSEN DIESE KLASSIFIKATION EIN**.

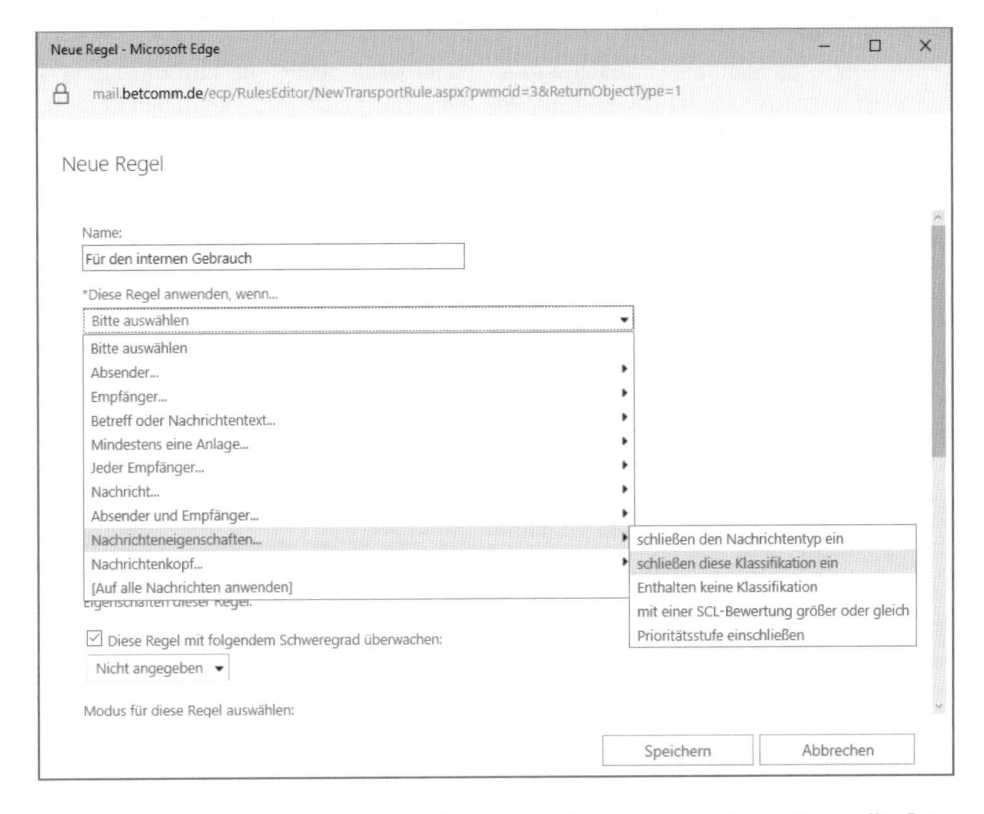

4. Die derzeit einzig auswählbare Klassifikation ist die im vorigen Abschnitt erstellte *Internal Use Only*, da nur benutzerdefinierte Klassifikationen in der Regel verwendet werden können. Die Standardnachrichtenklassen von Exchange und auch sprachspezifische Klassifikationen sind in Transportregeln nicht auswählbar. Stefan bestätigt die Auswahl daher einfach mit **OK**.

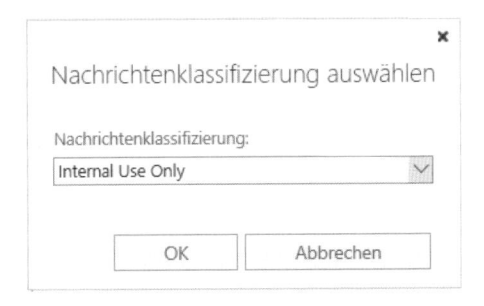

5. Die erste Regel soll sicherstellen, dass Nachrichten mit dieser Klassifikation mit der Benutzerrechterichtlinie versehen werden. Daher wählt Stefan nun im Feld *Folgendermaßen vorgehen ...* unter **NACHRICHTENSICHERHEIT ÄNDERN...** die Option **RECHTESCHUTZ ANWENDEN** aus.

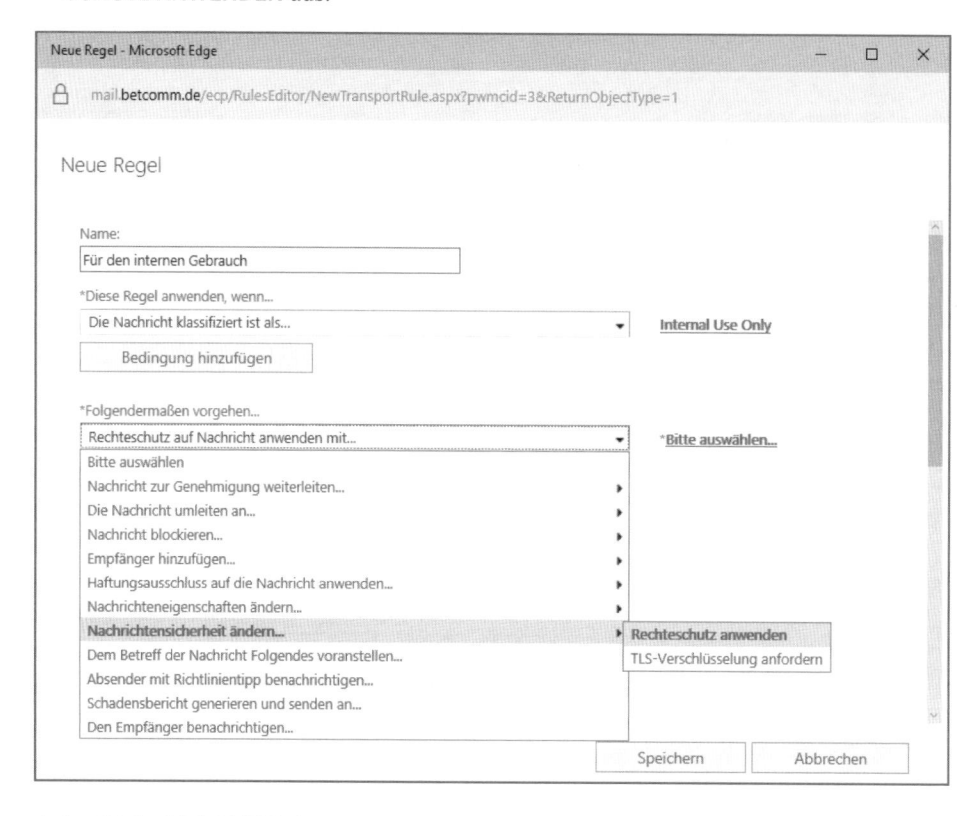

6. Im Dialogfeld *RMS-Vorlage auswählen* wählt Stefan die Vorlage *Nur für den internen Gebrauch* aus und bestätigt die Auswahl mit **OK**. Anschließend speichert er die neue Regel mit **SPEICHERN**.

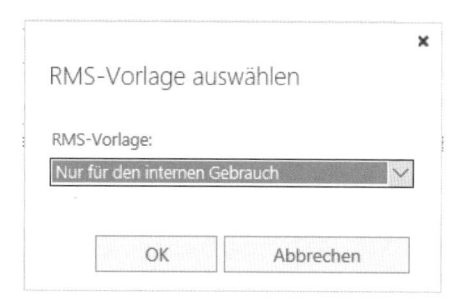

Über diese Regel ist sichergestellt, dass alle Nachrichten, die mit der Klassifikation *Internal Use Only* oder einer lokalisierten Version davon gekennzeichnet sind, beim Verarbeiten in Exchange mit der Benutzerrechterichtlinie *Nur für den internen Gebrauch* eingeschränkt werden. Allerdings können die Nachrichten immer noch an externe Empfänger gesendet werden. Um dies zu verhindern, bedarf es noch einer zweiten Regel. In dieser Regel gibt Stefan neben der Klassifikation der Nachricht als zweite Bedingung an, dass der Empfänger sich **AUSSERHALB DER ORGANISATION** befindet. Als Aktion wählt Stefan **NACHRICHT MIT ERKLÄRUNG ABLEHNEN** unter **NACHRICHT BLOCKIEREN** aus und gibt einen erläuternden Text ein, der dem Absender als Grund für die Ablehnung im Non Delivery Report mitgegeben wird (Bild 9.38).

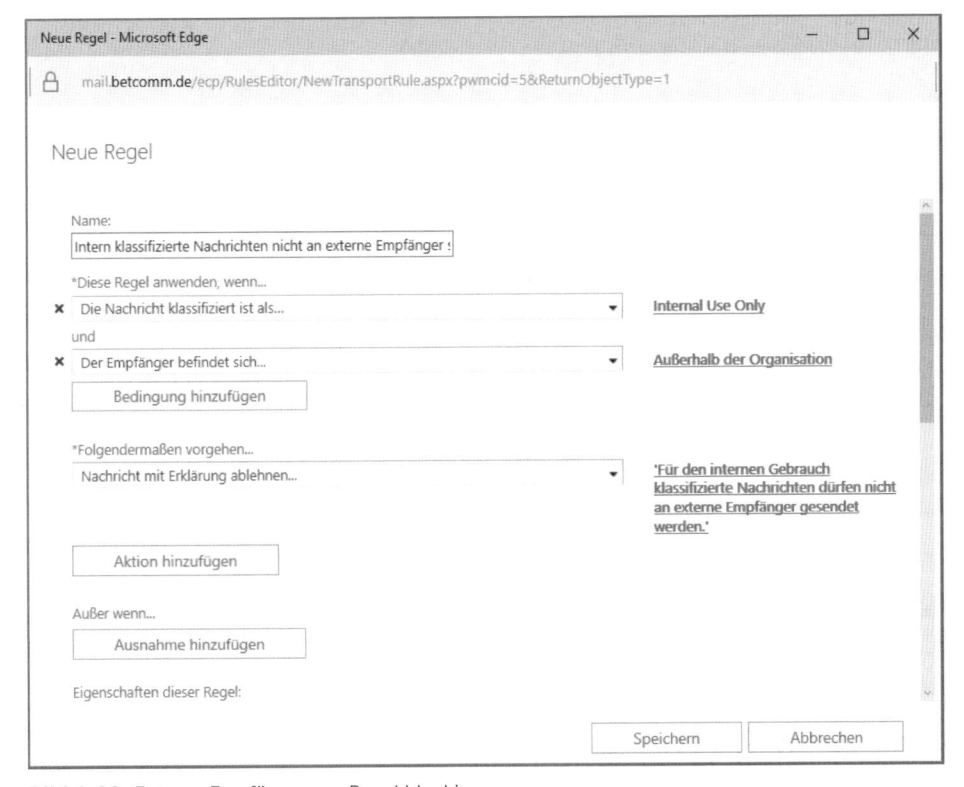

Bild 9.38 Externe Empfänger per Regel blockieren

Nach der Erstellung der beiden Regeln stellt Stefan noch einmal sicher, dass die zuerst erstellte Regel auch eine niedrigere Prioritätszahl bekommen hat, damit sie vor der zuletzt erstellten Regel angewendet wird. Die Einschränkung mit der Benutzerrechterichtlinie soll in jedem Fall greifen, unabhängig davon, ob eine klassifizierte Nachricht an interne oder externe Empfänger gesendet wird.

Zum Testen sendet Stefan jetzt zwei Nachrichten, die er mit der Klassifikation *Nur intern weiterleiten* versieht, einen an Maike zum Test eines internen Empfängers und eine an eine externe Adresse. Maike prüft die Nachricht in Outlook on the Web und stellt fest, dass der Schutz erfolgreich angewendet wurde (Bild 9.39).

Bild 9.39 Die geschützte Nachricht in Outlook on the Web

Auf die externe Mail bekommt Stefan auch, wie gewünscht, eine Nicht-Zustellbarkeits-Meldung (NDR) zurück. Die Erläuterung ist im NDR eingefügt (Bild 9.40).

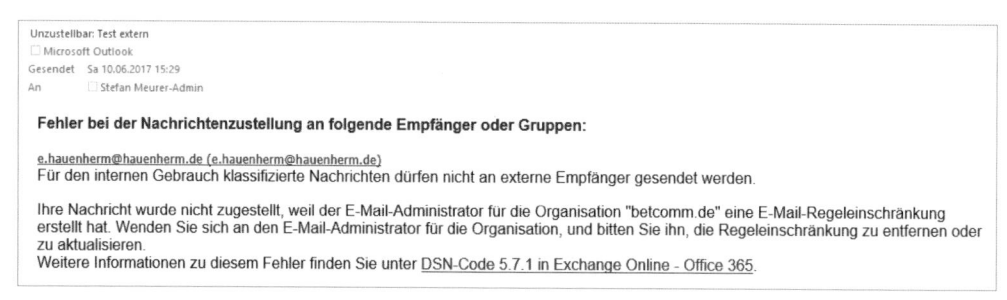

Bild 9.40 Die Unzustellbarkeitsmeldung für eine klassifizierte Nachricht

9.3 Weitere Möglichkeiten in Exchange

Neben den bisher beschriebenen Möglichkeiten bieten Exchange und Outlook noch eine Reihe weiterer Funktionen zur Sicherstellung der Vertraulichkeit in der Kommunikation.

Privatmarkierung an E-Mails

Eine Option, die meiner Erfahrung nach auch vielen Anwendern nicht bewusst ist, besteht in der einfachen Privatmarkierung von Outlook-Elementen wie E-Mails und Kalendereinträgen (Bild 9.41).

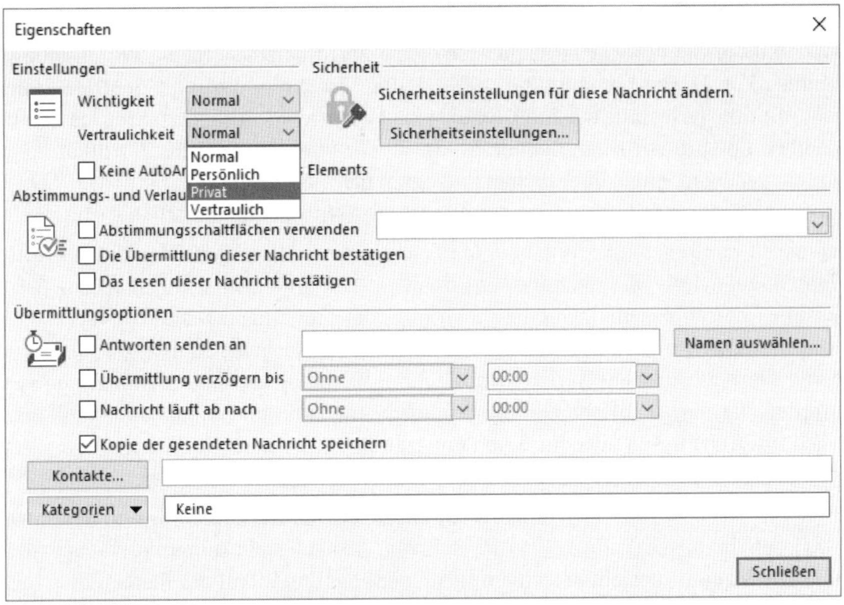

Bild 9.41 Privat-Markierung in den Eigenschaften einer E-Mail

Die Markierung steht ohne weitere Konfiguration allen Exchange-Benutzern zur Verfügung und stellt in Exchange sicher, dass nur der Empfänger das so markierte Objekt öffnen kann. Allerdings kann der Besitzer eines Postfachs in der Stellvertreterregelung für sein Postfach auch Stellvertretern explizit das Recht einräumen, privat markierte Elemente zu öffnen (Bild 9.42). Außerdem wirkt sich die Einstellung bei externen Empfängern, die nicht mit Exchange arbeiten, nicht aus.

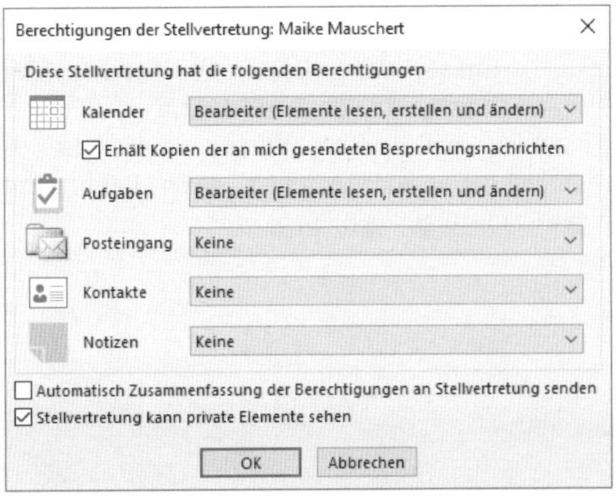

Bild 9.42 Einer Stellvertretung Zugriff auf private Elemente gewähren

Darüber hinaus kann der Empfänger die Markierung nachträglich vom Element entfernen. Insofern bietet diese Option zwar eine einfache Möglichkeit eines Ad-Hoc-Schutzes von Elementen, ist aber für eine automatische Durchsetzung einer Richtlinie nicht geeignet.

Arbeiten mit S/MIME-verschlüsselten E-Mails

Einen strikteren Schutz von Inhalten bietet eine zertifikatsbasierte Verschlüsselung von Elementen. Für E-Mail-Kommunikation sind die Verfahren dazu im S/MIME-Standard (Secure/Multipurpose Internet Mail Extension) beschrieben. Die Verfahren basieren auf einer Public-Key-Infrastruktur, bei der die Anwender über ein digitales Zertifikat mit zwei Schlüsseln verfügen, einen öffentlichen und einen privaten Schlüssel. Der private Schlüssel ist nur vom Benutzer selbst nutzbar, der öffentliche Schlüssel ist öffentlich verfügbar.

Verschlüsselt ein Absender nun eine E-Mail, so nimmt er dafür den öffentlichen Schlüssel des Empfängers. Der so verschlüsselte Inhalt ist nur mit dem dazugehörigen privaten Schlüssel zu entschlüsseln, also tatsächlich nur vom Empfänger. Da der private Schlüssel anderen Benutzern nicht ausgehändigt wird, kann die Nachricht, im Gegensatz zu einer *Privat*-markierten Nachricht, von keinem anderen Benutzer als dem Empfänger entschlüsselt werden. Ist die Nachricht allerdings einmal entschlüsselt, kann der Empfänger sie natürlich unverschlüsselt oder für einen anderen Benutzer neu verschlüsselt weiterleiten. Damit ist auch in diesem Fall die Richtlinie nicht konsistent durchsetzbar.

S/MIME-Verfahren können auch eingesetzt werden, um die Herkunft eines Inhalts sicher zu identifizieren. In diesem Fall wird eine E-Mail vom Absender mit seinem privaten Schlüssel signiert. Die Signatur besteht aus einem Hash, der über den Inhalt des Elementes errechnet wird und der wiederum mit dem privaten Schlüssel des Absenders verschlüsselt wird. Dieser Hash kann also nur mit dem dazugehörigen öffentlichen Schlüssel entschlüsselt werden. Damit ist sichergestellt, dass der angegebene Absender die Nachricht gesendet hat. Zusätzlich wird damit sichergestellt, dass der Inhalt der Nachricht seit der Signierung nicht mehr verändert wurde. In diesem Fall würde sich der Hash ändern und damit nicht mehr dem signierten Zustand entsprechen. Damit würde die Signatur ungültig werden.

Einrichten einer automatischen Zertifikatsregistrierung

Für die Nutzung der S/MIME-Verfahren benötigen die Benutzer ein entsprechendes Zertifikat. Über eine windowsintegrierte Zertifizierungsstelle des Windows Servers und Gruppenrichtlinien lassen sich die Zertifikate automatisch an die Benutzer verteilen. Stefan hat dazu eine entsprechende Zertifikatsvorlage in der Zertifizierungsstelle konfiguriert. Er hat dabei die Berechtigung der automatischen Registrierung an alle Benutzer der Domäne vergeben (Bild 9.43). Über diese Berechtigung wird gesteuert, welche Benutzer in der Lage sind, automatisch Zertifikate zugewiesen zu bekommen.

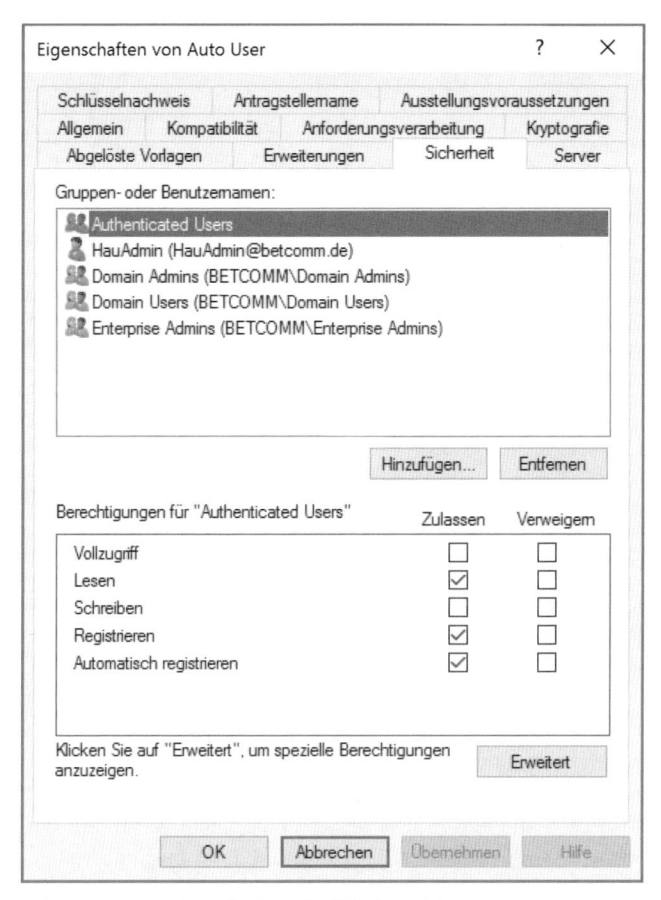

Bild 9.43 Berechtigungen zur automatischen Zertifikatsregistrierung

Der beste Weg, eine solche Vorlage zu erstellen, besteht darin, die vorhandene Benutzervorlage zu kopieren. Daher ist Stefan wie folgt vorgegangen.

1. In der Managementkonsole für die Verwaltung der Zertifizierungsstelle klickt er mit der rechten Maustaste auf den Ordner ZERTIFIKATVORLAGEN und im Kontextmenü auf VERWALTEN.

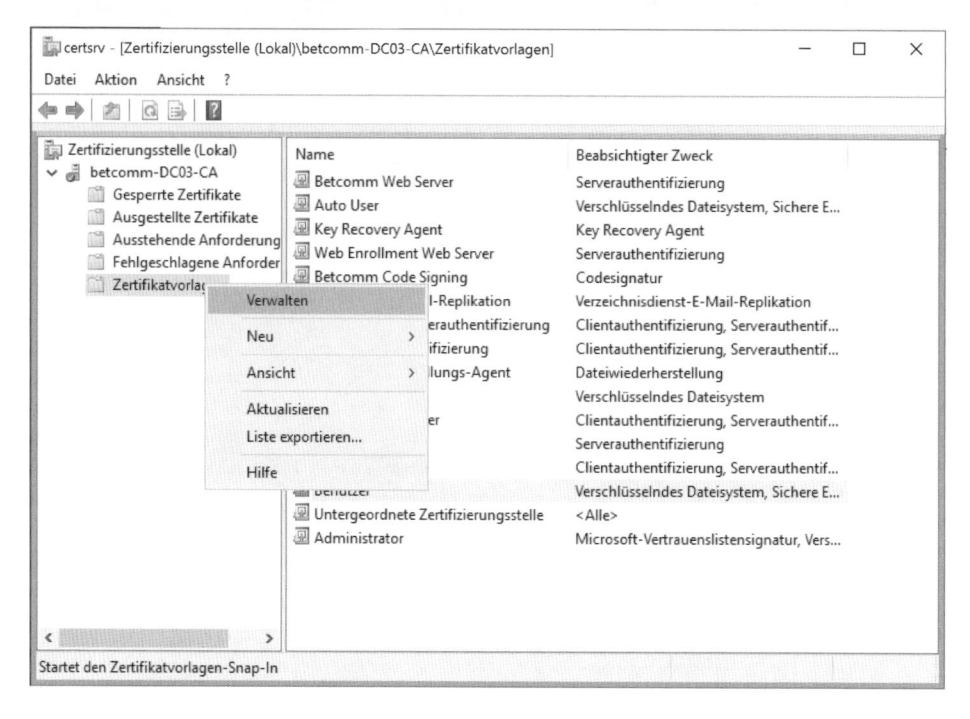

2. Damit wird die Konsole zur Verwaltung der Zertifikatsvorlagen geöffnet. Zu beachten ist, dass nur windowsintegrierte Zertifizierungsstellen (Unternehmenszertifizierungsstellen) Vorlagen verwalten. Eigenständige Zertifizierungsstellen verfügen über keine Vorlagen, die verwaltet werden können. In der Vorlagenliste klickt Stefan mit der rechten Maustaste auf die gewünschte Vorlage (z. B. **USER**) und dann im Kontextmenü auf **VORLAGE DUPLIZIEREN**.

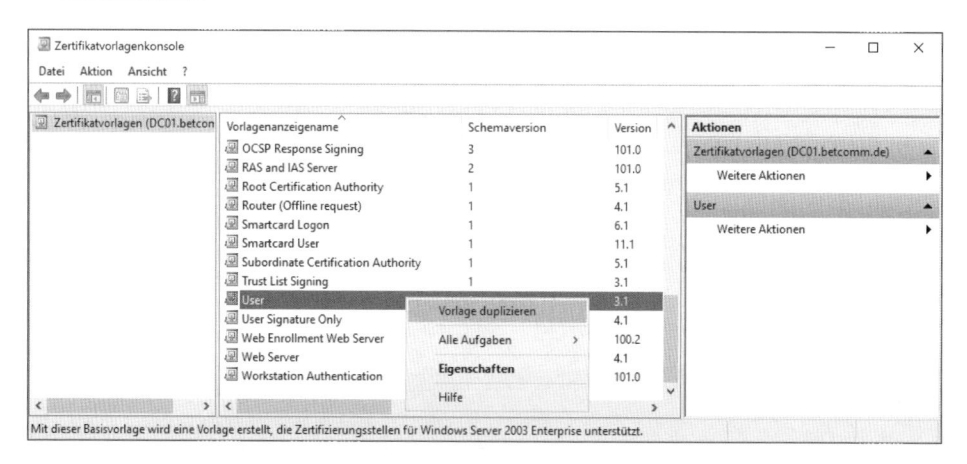

3. Damit werden die Eigenschaften der neuen Vorlage geöffnet und Stefan kann nun die gewünschten Einstellungen vornehmen. Bei der neuen Vorlage handelt es sich automatisch um eine Vorlage vom Typ 2, die die automatische Registrierung unterstützt.

4. Im letzten Schritt muss die Vorlage noch in der Zertifizierungsstelle veröffentlicht werden, damit darüber auch Zertifikate ausgestellt werden können. Dies geschieht wieder in der Verwaltungskonsole der Zertifizierungsstelle durch einen Rechtsklick auf den Ordner **ZERTIFIKATVORLAGEN**. Diesmal wählt Stefan im Menü den Eintrag **NEU** und dann **AUSZUSTELLENDE ZERTIFIKATSVORLAGE**. Anschließend wählt er im Fenster *Zertifikatvorlage aktivieren* die neue Vorlage aus und bestätigt die Auswahl mit **OK**.

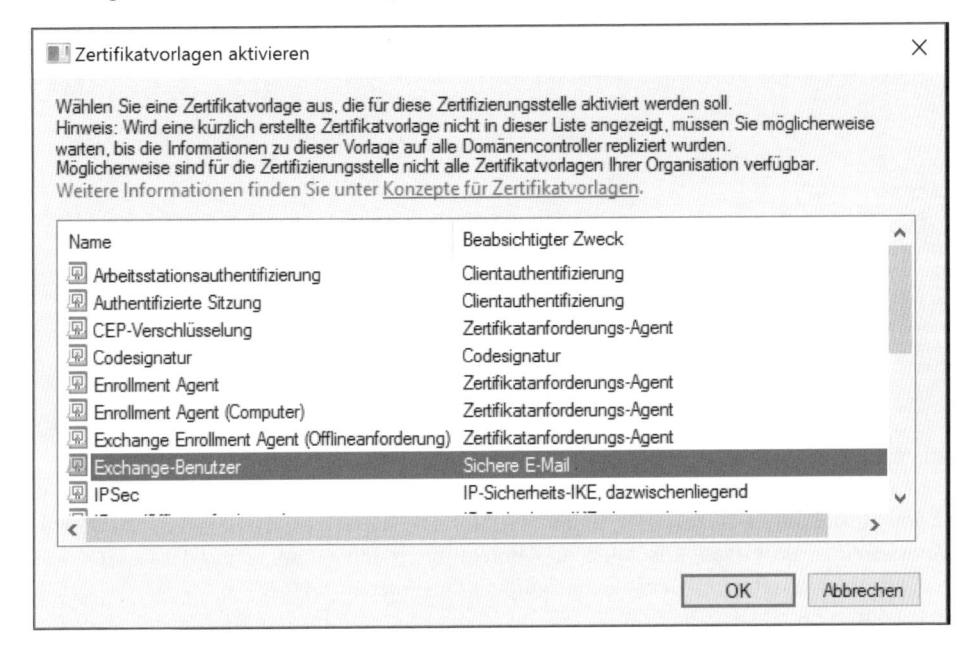

Anschließend kann Stefan die automatische Zertifikatsausstellung per Gruppenrichtlinie aktivieren. Computer- und Benutzerzertifikate, deren Vorlagen für die automatische Registrierung eingerichtet sind, werden dann automatisch registriert und, wenn gewünscht, erneuert. Die Einstellung dazu befindet sich im Pfad *Benutzerkonfiguration\Windows-Einstellungen\Sicherheitseinstellungen\Richtlinien für öffentliche Schlüssel* und heißt *Zertifikatdienstclient – Automatische Registrierung* (Bild 9.44).

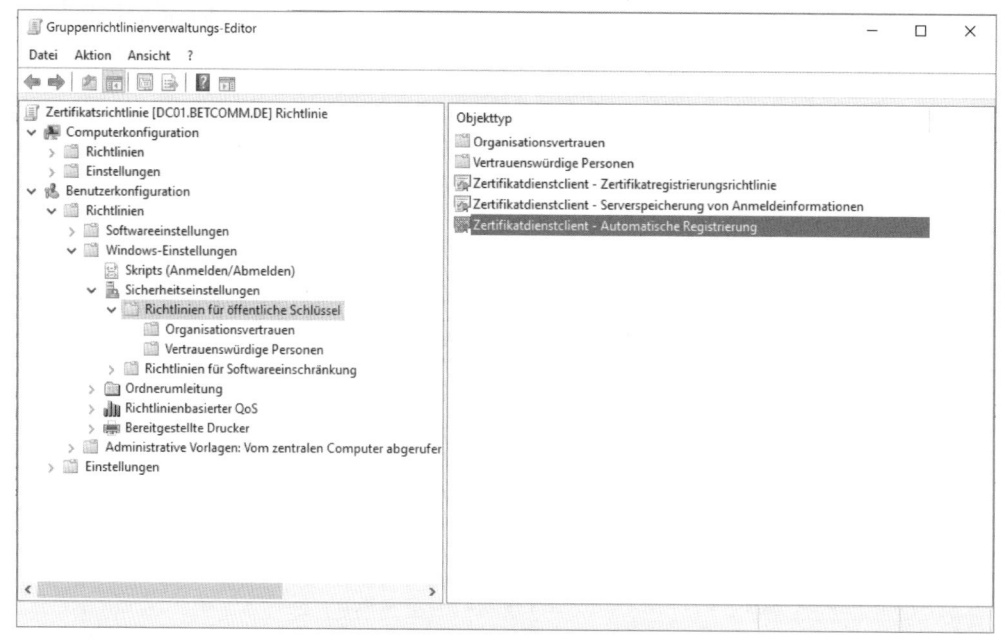

Bild 9.44 GPO-Einstellung zur automatischen Zertifikatsregistrierung

In den Einstellungen ist zuerst die automatische Zertifikatsregistrierung im Feld *Konfigurationsmodell* zu aktivieren. Anschließend können weitere Einstellungen gesetzt werden, wie z. B. die automatische Erneuerung abgelaufener Zertifikate (Bild 9.45).

Bei der Ausstellung eines Zertifikats für einen Benutzer wird der öffentliche Schlüssel automatisch über das Active Directory veröffentlicht. Wenn die Benutzer an unterschiedlichen Rechnern arbeiten, müssen für die privaten Schlüssel ebenfalls Roaming-Mechanismen eingesetzt werden, um sicherzustellen, dass der Benutzer an verschiedenen Rechnern nicht über unterschiedliche Zertifikate verfügt. Auch dies kann über Gruppenrichtlinieneinstellungen erfolgen. Die entsprechende Einstellung befindet sich wieder im Pfad *Benutzerkonfiguration\Windows-Einstellungen\Sicherheitseinstellungen\Richtlinien für öffentliche Schlüssel*. Die Einstellung heißt etwas missverständlich *Zertifikatdienstclient – Serverspeicherung von Anmeldeinformationen*, da nicht nur Zertifikate, sondern auch AD-Anmeldeinformationen und Smart-Card-Zertifikate auf den Domänencontrollern zwischengespeichert werden. Die Funktion ist in dieser Art erst seit Windows Server 2008 R2 verfügbar. Auch hier ist zuerst die Einstellung zu aktivieren, anschließend können detailliert Speicherfristen gesetzt werden (Bild 9.46; zu den Speicherfristen siehe auch den TechNet-Artikel *https://technet.microsoft.com/en-us/library/cc771348.aspx*).

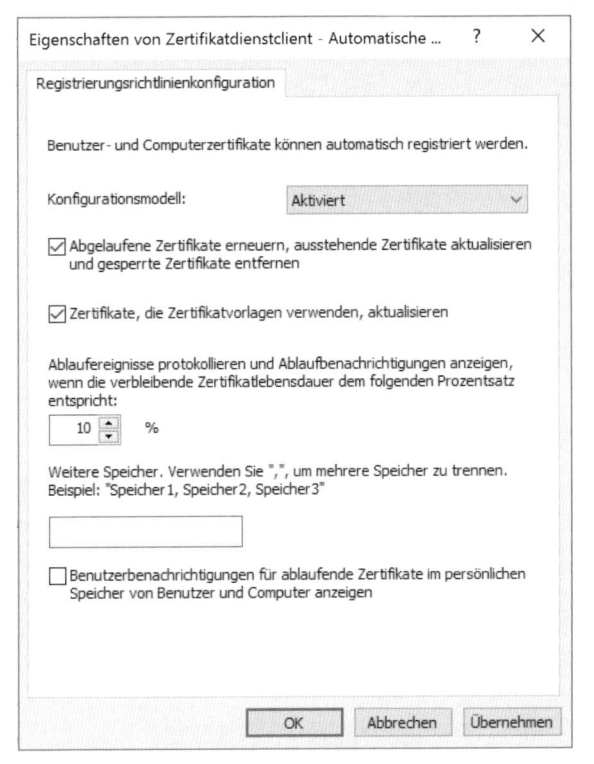

Bild 9.45 Einstellungen der automatischen Registrierung

Bild 9.46 Einstellungen für das Credential Roaming

Verfügt der Benutzer dann über ein entsprechendes Zertifikat, muss er dieses noch in Outlook und in Outlook on the Web einmalig als Verschlüsselungs- und Signaturzertifikat einrichten. Die Grundeinstellungen dazu finden sich in Outlook u. a. in den Optionen in den Trust-Center-Einstellungen. Dort findet der Anwender den Abschnitt *E-Mail-Sicherheit* (Bild 9.47).

Bild 9.47 E-Mail-Sicherheit im Trust Center

Sind noch keine Einstellungen festgelegt, kann der Benutzer über die Schaltfläche EINSTELLUNGEN die Grundeinstellungen festlegen und die zu verwendenden Zertifikate auswählen (Bild 9.48).

Bild 9.48 S/MIME-Einstellungen

Anschließend kann er diese Einstellungen beim Versenden einer E-Mail anwenden, indem er im Menüband *Optionen* in der Gruppe *Berechtigungen* die Option SIGNIEREN auswählt (Bild 9.49).

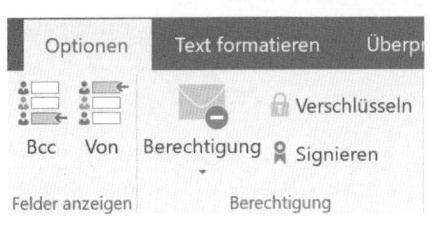

Bild 9.49 Signieren einer Nachricht

Will der Benutzer die E-Mail für einen Empfänger verschlüsseln, findet sich dort ebenfalls die entsprechende Schaltfläche. Dazu muss der Benutzer aber zusätzlich Zugriff auf den öffentlichen Schlüssel des Empfängers haben.

Die digitale Signatur wird auch für Office-Dokumente unterstützt. Die entsprechende Einstellung erreichen Sie in den Dokumentinformationen über die Schaltfläche **DOKUMENT SCHÜTZEN**. Über die Funktion **DIGITALE SIGNATUR HINZUFÜGEN** kann das Dokument wie eine E-Mail mit einer Signatur versehen werden, die einen Hash über den Inhalt des Dokuments erstellt und mit dem privaten Schlüssel des Erstellers verschlüsselt (Bild 9.50).

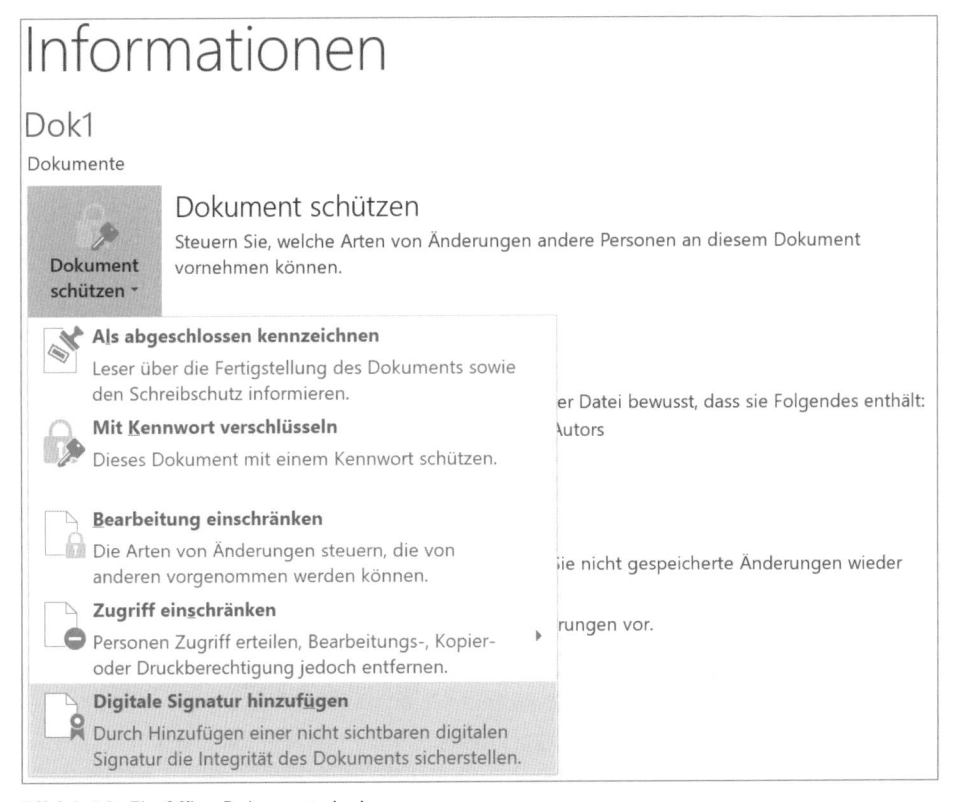

Bild 9.50 Ein Office-Dokument signieren

Anschließend kann für die Dokumentenverwaltung die Art der Bestätigung, die mit der Signatur ausgedrückt wird, angegeben werden. Zusätzlich lässt sich noch ein detaillierter

Grund für die Signatur angeben und natürlich das Zertifikat auswählen, das für die Signatur verwendet werden soll (Bild 9.51).

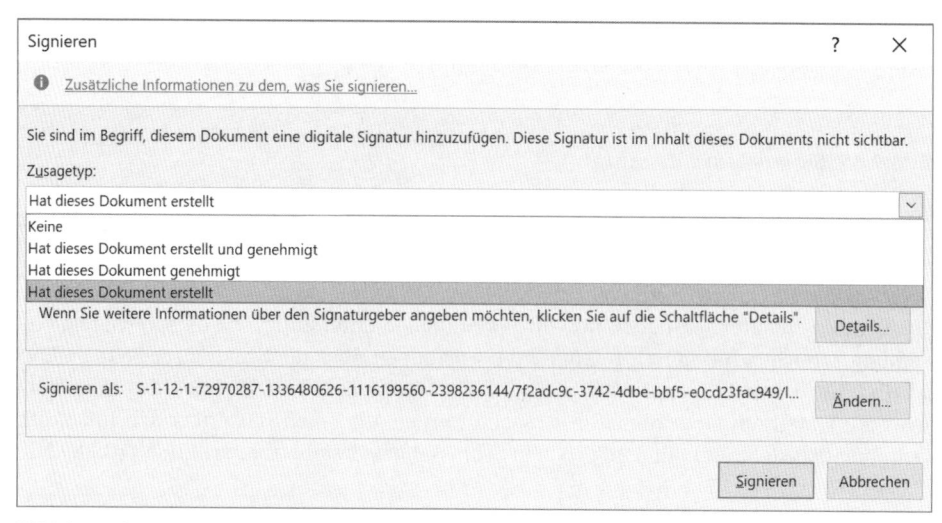

Bild 9.51 Signaturgrund angeben

Verschlüsselung mit externen Partnern

Komplizierter ist die Einrichtung einer verschlüsselten Kommunikation mit externen Empfängern. Erstens muss dabei sichergestellt werden, dass diese den Zertifikaten der Benutzer vertrauen. Dies kann entweder dadurch sichergestellt werden, dass das Zertifizierungsstellenzertifikat veröffentlicht wird, so dass Empfänger es als vertrauenswürdig in ihren Zertifikatspeicher importieren können, oder darüber, dass der Zertifizierungspfad auf eine öffentliche Zertifizierungsstelle verweist, in dem die Unternehmenszertifizierungsstelle von einer öffentlichen Zertifizierungsstelle gegenzertifiziert wird. Natürlich können den Benutzern auch direkt Zertifikate von einer öffentlichen Zertifizierungsstelle ausgestellt werden.

Im Gegenzug benötigen die internen Absender die öffentlichen Schlüssel der externen Empfänger, um an diese verschlüsselte E-Mails senden zu können. Outlook sucht nach dem öffentlichen Schlüssel für einen Empfänger in den zugeordneten Adressbüchern, also in der Regel in den Kontakten des Benutzers und im globalen Adressbuch. In Kontakteinträge im globalen Adressbuch bzw. dem Active Directory können keine Zertifikate importiert werden. Nur Outlook-Kontakte bieten die Möglichkeit, Empfängerzertifikate externer Empfänger zu speichern. Somit müssen die öffentlichen Schlüssel der Empfänger dort importiert werden (Bild 9.52). Werden die Kontakte von mehreren Absendern genutzt, kann dafür ein gemeinsam verwendeter Kontaktordner in Outlook angelegt werden.

In allen Fällen ist zu beachten, dass Zertifikate zeitlich befristet sind. Das heißt, es ist sicherzustellen, dass verlängerte oder neu ausgestellte Zertifikate rechtzeitig wieder veröffentlicht und verteilt werden. Wenn die Zertifikate dabei mit einem neuen Schlüssel erneuert wurden, kann bei Verlust des alten Zertifikats der Zugriff auf damit verschlüsselte Inhalte ebenfalls verloren gehen.

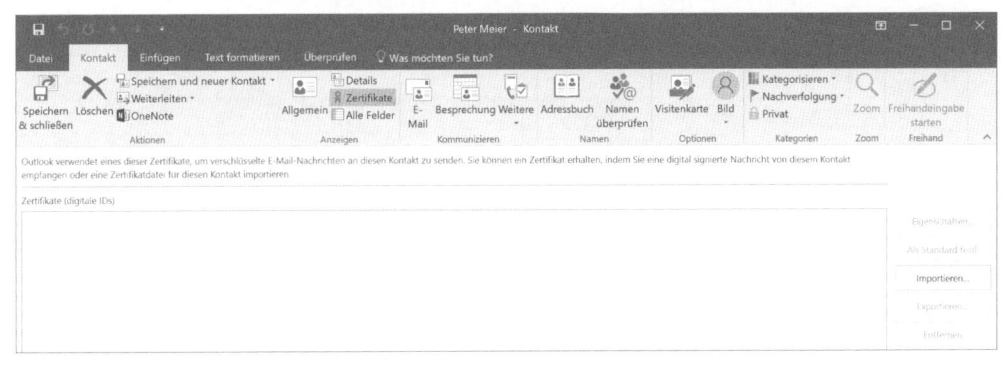

Bild 9.52 Zertifikate in Outlook-Kontakten

Einrichten von Dokument-Fingerabdrücken

Eine interessante Möglichkeit in Exchange besteht in der Verbindung von Dokumentvorlagen mit Transportregeln. Exchange erlaubt über die Erstellung von Dokument-Fingerabdrücken Textstrukturen für Anlagen zu hinterlegen, die in der Transportkomponente geprüft und über DLP-Richtlinien verarbeitet werden können.

Bei der Erstellung eines Dokument-Fingerabdrucks wird die Standardtextstruktur eines Dokuments eingelesen. Dies funktioniert natürlich am besten bei klaren Textstrukturen wie zum Beispiel in Formularen oder strukturierten Dokumenten. Wird dann eine E-Mail mit einer Anlage gesendet, in der diese Struktur wiedererkannt wird, können darauf automatisch Transportregeln angewendet werden, wie das Blockieren der Nachricht oder die Anwendung eines Rechteschutzes. Das Dokument kann natürlich noch andere Textbestandteile enthalten, wichtig ist, dass die Struktur wiedererkannt wird. Dies kann zum Beispiel auf Basis von Standardüberschriften oder Feldbezeichnungen im Dokument erfolgen. Ein einfaches Wasserzeichen als Hintergrund reicht dabei nicht aus.

Zum Erstellen eines Dokument-Fingerabdrucks wählt man im Exchange Admin Center den Bereich **VERWALTUNG DER COMPLIANCE** aus und darin die **VERHINDERUNG VON DATENVERLUST**. Oberhalb der Liste der DLP-Richtlinien befindet sich ein Link zur Erstellung eines Dokument-Fingerabdrucks (Bild 9.53).

Bild 9.53 Dokumentfingerabdrücke verwalten

In einem Fingerabdruck können mehrere Dokumente hinterlegt werden. Dabei darf es sich nicht um Dokumentvorlagen handeln, *.dotx-Dateien werden in dieser Funktion nicht unterstützt. Basiert also der Fingerabdruck auf einer Vorlage, erstellt man am besten mit dieser Vorlage ein leeres Dokument und lädt dieses dann in den Fingerabdruck hoch (Bild 9.54).

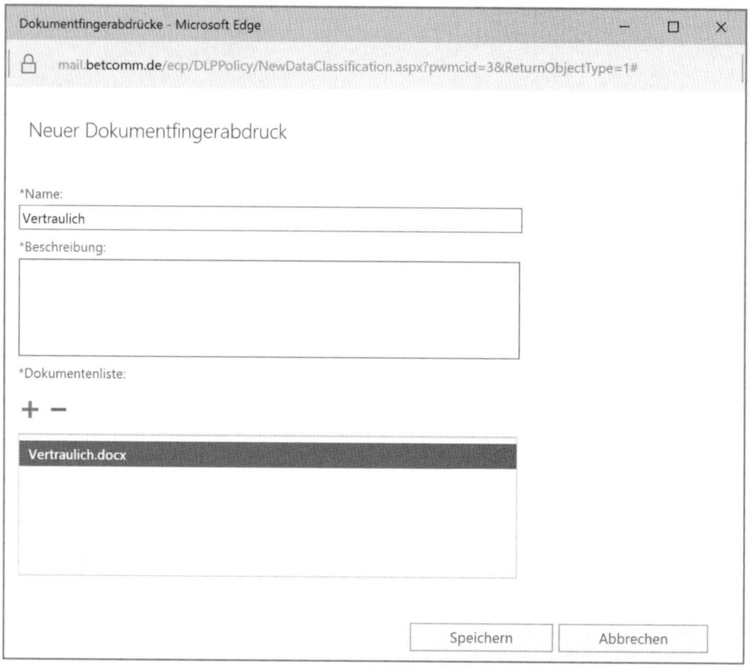

Bild 9.54 Ein neuer Dokumentfingerabdruck

Anschließend findet sich der Dokument-Fingerabdruck unter dem angegebenen Namen in den Typen von vertraulichen Inhalten, die in einer DLP-Richtlinie ausgewählt werden können (Bild 9.55). Die weitere Konfiguration entspricht dann einer Standardtransportregel.

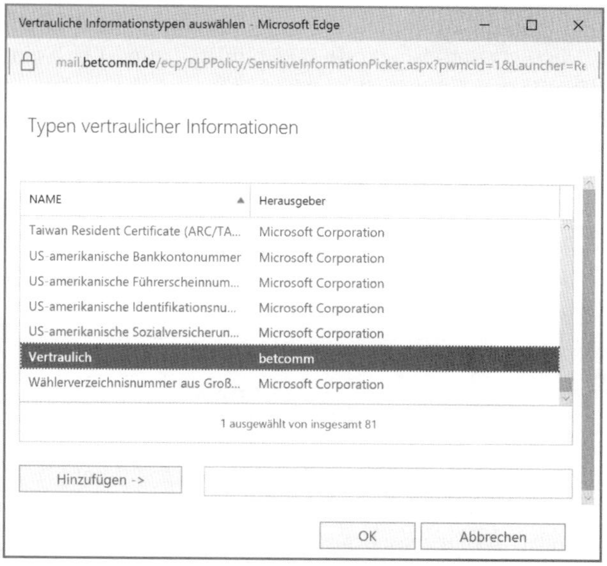

Bild 9.55 Vertraulichen Informationstyp auswählen

TLS-Verschlüsselung für die Kommunikation mit Partnerunternehmen nutzen

Geht es darum, die E-Mail-Kommunikation mit Partnerunternehmen auf dem Transport zu verschlüsseln, also keine Ende-zu-Ende-Verschlüsselung über die Clients einzurichten, sondern nur sicherzustellen, dass während des Transports über öffentliche Leitungen die Kommunikation vor Einblicken gesichert ist, bietet Exchange hierzu zwei Möglichkeiten.

Einerseits kann über Connectoren und Remotedomänen das Nachrichtenrouting gezielt gesteuert werden. Sowohl auf den Sende- als auch auf den Empfangsconnectoren können Authentifizierungs- und Verschlüsselungsanforderungen definiert werden (Bild 9.56).

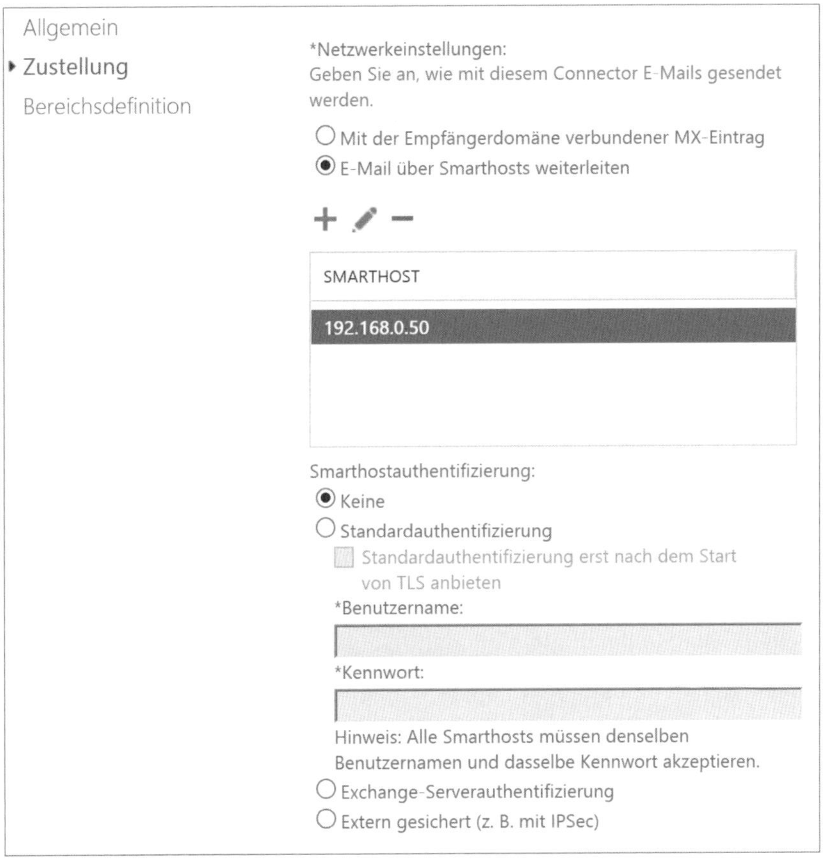

Bild 9.56 Authentifizierung und Verschlüsselung an einem Sendeconnector

Eine dynamischere Möglichkeit bieten wiederum die Transportregeln. Hier ist eine Aktion zur Anforderung einer TLS-Verschlüsselung für die Kommunikation nutzbar (Bild 9.57).

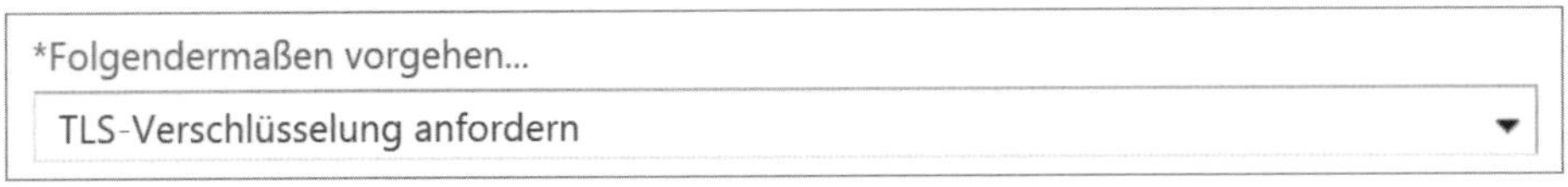

Bild 9.57 TLS per Transportregel anfordern

Wird diese Aktion in einer Regel genutzt, fordert Exchange bei der Übergabe einer Nachricht an den Ziel-SMTP-Server per STARTTLS-Kommando (ein im SMTP definierter Befehl s. Bild 9.58) die vorherige Verschlüsselung mittels TLS an.

```
220 EX01.betcomm.de Microsoft ESMTP MAIL Service ready at Tue, 13 Jun 2017 19:49:34 +0200
helo
250 EX01.betcomm.de Hello [192.168.0.13]
Help
214-This server supports the following commands:
214 HELO EHLO STARTTLS RCPT DATA RSET MAIL QUIT HELP AUTH BDAT
STARTTLS
220 2.0.0 SMTP server ready
```

Bild 9.58 Starten einer TLS-verschlüsselten SMTP-Verbindung mittels Telnet

In allen Verfahren, die TLS nutzen, ist wiederum die Zertifikatsverteilung zu berücksichtigen. TLS (Transport Layer Security) basiert wie SSL oder S/MIME auf Zertifikaten. Handeln die kommunizierenden Server also eine Verschlüsselung mittels ihrer Zertifikate aus, ist sicherzustellen, dass die beiden Server den Zertifikaten des jeweils anderen Servers vertrauen. Werden für die Serverzertifikate keine öffentlichen Zertifikate verwendet, die bis zu einer vertrauenswürdigen Zertifizierungsstelle zurückverfolgt werden können, müssen demnach die öffentlichen Schlüssel der internen Zertifizierungsstellen ausgetauscht und auf dem jeweils anderen Server als vertrauenswürdige Zertifizierungsstellen importiert werden.

Mit den in diesem Kapitel beschriebenen Einstellungen stehen der Besser Kommunizieren GmbH jetzt auch Verfahren zur Verfügung, die Vertraulichkeit, Dauerhaftigkeit und Integrität von Dokumenten und Nachrichten sowohl in der internen als auch in der externen Kommunikation sicherstellen. Die Tests für die neue Plattform sind damit abgeschlossen und die erweiterte Umsetzung mit der Einrichtung flächendeckender Verfahren kann starten.

Für die zukünftige Strategie möchte Matthias zusammen mit Stefan abschließend eruieren, wie eine vergleichbare Umsetzung mit einer reinen Cloud-Variante wie Office 365 aussehen könnte. Den dabei zu beachtenden Besonderheiten, Möglichkeiten und Einschränkungen wollen wir uns im folgenden letzten Kapitel dieses Buches widmen.

10 Geht das auch mit Office 365?

In der letzten Phase des Projektes möchte Matthias prüfen, welche der bisher getesteten Verfahren auch mit der Cloud-Umgebung von Office 365 zur Verfügung stehen und welche Prozesse sich darin wie umsetzen lassen.

Abhängig vom Lizenzmodell stellt Microsoft alle Anwendungen, die die Besser Kommunizieren GmbH derzeit mit einer internen Serverinfrastruktur – also *on premises*, wie das in Zeiten der Cloud-Dienste genannt wird – betreibt, als Dienste im Internet (*SaaS, Software as a Service*) zur Verfügung. Der große Vorteil einer solchen Cloud-Umgebung besteht darin, dass das Unternehmen keine oder nur sehr wenige eigene Server betreiben muss. Insbesondere entfällt die Wartung von Hard- und Software, die Planung der Verfügbarkeit und alle damit verbundenen Aufwände. Dies kann natürlich zu deutlichen Kosteneinsparungen bei Betrieb und Wartung führen. Im Gegenzug entstehen auf Dauer höhere Nutzungskosten, da die Software jetzt nicht mehr in den Besitz des Unternehmens übergeht, sondern nur noch über Nutzungslizenzen zeitgebunden zur Verfügung steht. Die Abrechnung über monatliche oder jährliche Gebühren bietet zwar auch eine größere Flexibilität bei Änderungen im Unternehmen (Ausscheiden von Mitarbeitern, Wachstum, Änderungen des Geschäftsmodells). Allerdings sind die Zahlungen auch nie abgeschlossen, solange die Dienste genutzt werden. In einer längerfristigen Betrachtung können damit höhere Kosten anfallen. Ein wirtschaftlicher Vergleich ist aber nur über konkrete Fallberechnungen möglich.

Je nach Lizenzmodell stehen in Office 365 eine Reihe von Standarddiensten zur Verfügung wie:

- Azure Active Directory
- Exchange Online
- SharePoint Online
- Skype for Business Online
- Rights Management Services
- Office Online
- OneDrive for Business

Diese können mit spezialisierten Diensten erweitert werden, wie z. B.:

- Project Online
- Visio Online

- Dynamics 365
- Intune
- Power BI
- ...

Darüber hinaus gibt es einige darauf basierende Dienste, die nur in Office 365 bzw. als Cloud-Dienste verfügbar sind, wie z. B.:

- Delve
- Yammer
- Flow
- PowerApps
- Social Engagement
- Teams
- Office 365 Groups
- Planner
- Sway
- ...

Gerade in diesem letzten Bereich arbeitet Microsoft laufend an der Erweiterung. Die obenstehenden Aufzählungen stellen daher nur eine Momentaufnahme dar.

Im Gegensatz zu den lokal installierbaren On-Premises-Versionen der Produkte entwickelt Microsoft die Cloud-Versionen ständig weiter und aktualisiert die Software laufend. Dahinter steht die Idee einer agilen Softwareentwicklung mit dem Ziel einer sogenannten kontinuierlichen Auslieferung (Continuous Delivery). Das heißt, die Software wird kontinuierlich um neue Funktionen ergänzt und diese werden laufend in den produktiven Einsatz überführt. Der Stand der Entwicklung lässt sich jederzeit in der Office 365 Roadmap (*https://products.office.com/en-us/business/office-365-roadmap*) einsehen.

Die On-Premises-Versionen bekommen die neuen Funktionen erst nachträglich durch Service- oder Feature-Packs, bei denen der Kunde selbst entscheiden kann, ob und wann er sie übernimmt. Microsoft verfährt dabei grundsätzlich nach der explizit ausgegebenen Strategie *Cloud first*, also die Weiterentwicklung der Cloud-Produkte findet zuerst statt. Die On-Premises-Produkte sollen damit von den Erfahrungen in der Cloud profitieren. In der Cloud können Funktionen ausgiebig mit einem großen Benutzerkreis geprüft und unter Last getestet werden. Die 2016er-Versionen von SharePoint, Exchange und Windows Server bekamen von Microsoft daher auch schon das Siegel *Born in the cloud*.

Dieses Vorgehen hat natürlich zur Folge, dass der Unterschied zwischen Office 365 und den lokal installierten Produkten mit der Zeit zunimmt. Schon in den aktuellen Versionen ist das deutlich spürbar. Zum Beispiel entwickelt Microsoft in SharePoint Online schon seit geraumer Zeit sogenannte *Modern Teamsites*, die sich auf den ersten Blick grundlegend anders verhalten, als eine auf einem lokal betriebenen SharePoint eingerichtete Teamsite. Einige Funktionen verschwinden durch die Weiterentwicklung aus den Cloud-Produkten, obwohl sie im internen Betrieb noch sinnvoll einsetzbar sind. So wurden zum Beispiel Websitepostfächer in Exchange Online durch Office 365 Groups ersetzt, die zwar auch eine Art Teamsite in Verbindung mit einem Postfach darstellen, sich aber deutlich von der übrigen

SharePoint-Umgebung abgrenzen. In vielen Fällen scheinen einige Entwicklungen in der Cloud sehr stark auf individuelle Einsatzszenarien kleiner Teams und Gruppen abzuzielen. Ansätze eines strukturierten Informations- und Kommunikationsmanagements sind dabei manchmal nur schwer wiederzufinden.

Umso neugieriger sind Matthias, Stefan und natürlich auch Erhard und Henrike darauf, was von den bisher intern ausprobierten Verfahren auch in der Cloud anwendbar ist. Das ist eine wichtige Entscheidungsgrundlage für die zukünftige Cloud-Strategie der Besser Kommunizieren GmbH:

- Ob es nur einen reduzierten Cloudeinsatz für einige spezielle externe Kommunikationsprozesse gibt,
- ob ein kompletter Wechsel auf die Cloud-Plattform wie Office 365 durchgeführt wird,
- ob ein hybrider Ansatz gewählt wird, der Cloud und lokale Infrastruktur miteinander verzahnt oder
- ob in eine private Cloud migriert wird, bei der die derzeitige Serverinfrastruktur auf einer Virtualisierungsplattform im Internet, wie z.B. Microsoft Azure, als virtuelle Maschinen gehostet wird (evtl. in Kombination mit einem der drei ersten Ansätze).

Da das zeitliche Budget des Projekts aber schon nahezu ausgeschöpft ist und die Geschäftsführer auf zeitnahe Umsetzung weiterer Kommunikationsprozesse in der vorhandenen Umgebung drängen, die Einbindung der Cloud zudem noch eine geringere Priorität hat, entscheiden Stefan und Matthias sich dazu, nur zu prüfen, welche der bisher geplanten Umsetzungen in Office 365 möglich wären und was dabei zu beachten wäre. Die Prüfung der neuen und geänderten Funktionen im Office 365 heben sie sich für ein eigenes nachfolgendes Projekt auf.

Folgenden Fragen sind daher zu prüfen:

- Welche verwaltungstechnischen Unterschiede existieren zwischen Office 365 und den On-Premises-Produkten?
- Was ist im Azure Active Directory anders als in einer lokalen Domäne?
- Wie sieht es mit den mit dem AD verbundenen Diensten wie Zertifikatsdiensten und ADRMS aus?
- Wo liegen die Unterschiede bei SharePoint Online?
- Was sind die Besonderheiten von Exchange Online?
- Was ändert sich mit Skype for Business Online?
- Was ist für die Client-Installationen und lokalen Office-Anwendungen zu beachten?

Lizenzfragen sollen dabei erst einmal außer Acht gelassen werden. Für welche Benutzer welche Lizenzen erforderlich sind, soll im Nachfolgeprojekt geklärt werden.

10.1 Administrative Besonderheiten in Office 365

Die administrativen Besonderheiten in Office 365 leiten sich aus der einfachen Tatsache her, dass es sich dabei um eine Multi-Mandanten-Infrastruktur handelt. Das heißt, mehrere Endkunden (die Mandanten) teilen sich die Infrastruktur, sowohl was die Hardware als auch was die Software angeht. Dabei sind naturgemäß die administrativen Zugriffe für jeden Mandanten einzuschränken, damit die Konfigurationen sich nicht gegenseitig stören können. Insbesondere besteht kein direkter Zugriff auf die Hardware oder die Betriebssystem-Installation. Auch Zugriffe auf die Datenschicht der Infrastruktur, wie zum Beispiel die zugrunde liegenden Datenbanken und deren Einstellungen sind vollständig unterbunden. Natürlich gibt es damit auch keinen Zugriff auf die dazugehörigen Verwaltungskonsolen. Die gesamte Administration erfolgt über das Web-Frontend oder mittels Remote PowerShell.

Auch einige fundamentale Dienste sind nicht eigenständig administrierbar, wie zum Beispiel die DNS-Einstellungen für die Server und Anwendungsaufrufe.

10.2 Azure Active Directory

Die größten Einschränkungen im Vergleich zu einer lokalen Variante weist sicherlich das Azure Active Directory in Office 365 auf. Es handelt sich dabei um eine Verwaltung von Benutzer- und Gruppenkonten, die schon weitgehend in die Administration von Office 365 integriert ist.

Zwar gibt es über Azure auch einen direkten Zugriff auf die AD-Verwaltung. Auch dort sind aber die Verwaltungsmöglichkeiten im Vergleich zu einer lokalen Domäne stark eingeschränkt.

Da das Azure AD nur der Benutzerverwaltung dient, werden darin keine Computerkonten gespeichert. Das heißt für Stefan, dass alle Verfahren, die auf der Anwendung von Computerkonten basieren, in einer reinen Office 365-Umgebung nicht auf dem gleichen Weg umgesetzt werden können, den das Team bisher im Projekt erarbeitet hat.

Auch im Rahmen der Benutzerverwaltung in Office 365 sind einige Einschränkungen zu beachten. Da es sich bei einer einem Office 365-Abonnement zugewiesenen Domäne nicht um eine vollständige Active-Directory-Domäne handelt, sondern der Domänenname nur verschiedenen Objekten im Verzeichnis als Eigenschaft zugewiesen wird, fehlen Verwaltungsebenen, die sich an einer Domänen- und OU-Struktur orientieren. Am auffälligsten ist sicherlich das Fehlen von Gruppenrichtlinienobjekten im Azure AD. Es gibt nur über Intune eine eingeschränkte Möglichkeit, Rechnern Konfigurationseinstellungen zuzuweisen. Die darin verwaltbaren Richtlinien ersetzen aber keine Gruppenrichtlinienverwaltung. Insbesondere lassen sich damit keine Anwendungskonfigurationen verteilen. Auch hier gilt, dass die Besser Kommunizieren GmbH für Verfahren, die eine konsistente Steuerung der Clienteinstellungen benötigen, auch zukünftig interne Domänendienste betreiben muss.

Im Rahmen der Gruppenverwaltung verhält sich Office 365 durch die starke Integration der Dienste anders als ein lokales Active Directory. In der Azure-AD-Verwaltung gibt nur zwei Gruppentypen, die klassische AD-Sicherheitsgruppe und die sogenannte Office 365 Group, wohingegen in der Administrationsoberfläche von Office 365 zwischen Office 365 Groups, Verteilerlisten, E-Mail-aktivierten Sicherheitsgruppen und Sicherheitsgruppen unterschieden wird. Standardtyp ist die Office 365 Group. Bei einer Office 365 Group handelt es sich nicht nur um eine Gruppe im eigentlichen Sinn, sondern um eine Kombination aus einer E-Mail-aktivierten Sicherheitsgruppe, einem freigegebenen Postfach, einem OneDrive-Speicher und einer Teamsite (Bild 10.1).

Bild 10.1 Funktionsumfang einer Office 365 Group

In erster Linie richten sich Office 365 Groups an kleine selbstverwaltete Teams im Unternehmen und Interessengruppen, die in einer einfachen Plattform zusammenarbeiten möchten.

Die drei übrigen Gruppentypen verfügen auch in Office 365 über alle Eigenschaften, die für die in den vorigen Kapiteln beschriebenen Kommunikationsprozesse erforderlich sind. Sie können genauso für die Steuerung von Zugriffsrechten, in Moderationsregeln oder als Postfachstellvertreter genutzt werden. An dieser Stelle sind also in der Umsetzung keine Unterschiede zu erwarten.

Natürlich werden in Office 365 in der Regel keine Dienstkonten für Anwendungen gespeichert. Auch hierfür sollte ein lokales Verzeichnis verwendet werden. Ähnliches gilt für Kontakteinträge, die Stefan zum Beispiel für E-Mail-aktivierte Bibliotheken über SharePoint automatisch hat erstellen lassen. Stefan hat aber schon bei der ersten Prüfung festgestellt, dass diese Funktion in SharePoint Online nicht verfügbar ist. Wie schon erwähnt, sind für diese Szenarien die oben beschriebenen Office 365 Groups vorgesehen.

Im Vergleich zu einer internen Installation bietet Office 365 weitergehende und einfachere Möglichkeiten für die Anbindung externer Partner. Insbesondere die direkte Freigabe für Benutzer aus der Microsoft-Online-Umgebung auch anderer Unternehmen ist in Office 365 problemlos möglich. Einzig die Zulässigkeit einer solchen externen Freigabe lässt sich auf verschiedenen Verwaltungsebenen steuern (zur Einstellung in SharePoint Online siehe Bild 10.2). Verfügen Benutzer, für die die Freigabe erfolgt, selbst über ein Microsoft-Online-Konto, können sie als externe Benutzer dem Unternehmensverzeichnis hinzugefügt werden.

Ein Administrator kann externe Benutzer direkt dem Unternehmensverzeichnis hinzufügen. Anschließend kann er die Freigabemöglichkeit auf diese vordefinierten externen Benutzer einschränken (vgl. die zweite Option in Bild 10.2).

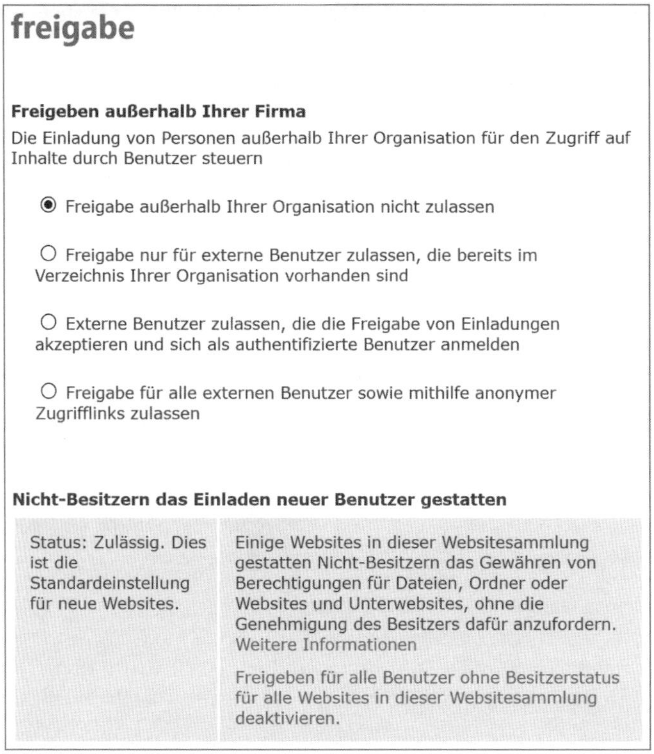

> **freigabe**
>
> **Freigeben außerhalb Ihrer Firma**
> Die Einladung von Personen außerhalb Ihrer Organisation für den Zugriff auf Inhalte durch Benutzer steuern
>
> ⦿ Freigabe außerhalb Ihrer Organisation nicht zulassen
>
> ○ Freigabe nur für externe Benutzer zulassen, die bereits im Verzeichnis Ihrer Organisation vorhanden sind
>
> ○ Externe Benutzer zulassen, die die Freigabe von Einladungen akzeptieren und sich als authentifizierte Benutzer anmelden
>
> ○ Freigabe für alle externen Benutzer sowie mithilfe anonymer Zugrifflinks zulassen
>
> **Nicht-Besitzern das Einladen neuer Benutzer gestatten**
>
> | | |
> |---|---|
> | Status: Zulässig. Dies ist die Standardeinstellung für neue Websites. | Einige Websites in dieser Websitesammlung gestatten Nicht-Besitzern das Gewähren von Berechtigungen für Dateien, Ordner oder Websites und Unterwebsites, ohne die Genehmigung des Besitzers dafür anzufordern. Weitere Informationen |
> | | Freigeben für alle Benutzer ohne Besitzerstatus für alle Websites in dieser Websitesammlung deaktivieren |

Bild 10.2 Externe Freigabeeinstellungen in SharePoint Online

Allerdings sind andere Verfahren, wie die Zugriffssteuerung über .NET-Provider in Office 365, deutlich schwieriger umzusetzen. Erstens können in SharePoint Online keine Authentifizierungsanbieter hinterlegt werden, da kein Zugriff auf Webanwendungsebene möglich ist, zweitens ist der Zugriff auf interne Systeme aus Office 365 nicht unproblematisch. Zwar bietet Microsoft mit den Azure Access Control Services (ACS) einen Cloud-basierten Dienst für die Anbindung unterschiedlicher Authentifizierungsanbieter, aber dieser kann nur sinnvoll genutzt werden, wenn darauf über Verfahren der anspruchsbasierten Authentifizierung (Claims based Authentication) verwiesen werden kann. Dies geschieht in SharePoint auf der Ebene der Webanwendungen. Auf diese Verwaltungsebene besteht in SharePoint Online aber kein Zugriff.

Die meisten dieser Einschränkungen lassen sich umgehen, wenn neben der Office 365-Umgebung weiterhin eine interne Umgebung – eventuell in reduzierter Form – beibehalten wird. Im sogenannten Hybridbetrieb können beide Domänen, die interne und die Office 365-Domäne, über eine Verzeichnissynchronisierung verbunden werden. Dazu dient der Dienst Azure AD Connect, der sowohl eine direkte Verbindung zum internen AD herstellen kann also auch in Kombination mit ADFS eingesetzt werden kann. Die Synchronisierung ermöglicht den Anwendern in beiden Umgebungen mit denselben Anmeldeinformationen bzw. einer Identität zu arbeiten. In einer solchen Umgebung kann dann im Einzelfall entschieden werden, für welches Einsatzszenario die externe Umgebung und wann die interne Umgebung verwendet wird. Damit können die Vorteile beider Umgebungen sinnvoll kombiniert werden. Die Synchronisierungsverbindung ermöglicht auch automatisierte Verfahren des Datenaustausches, da darüber die Konten beider Umgebungen in beiden Umgebungen vertrauenswürdig sind.

■ 10.3 Weitere Active-Directory-Dienste (Zertifikatsdienste, ADRMS)

Neben dem eigentlichen Verzeichnisdienst des Active Directory haben Matthias und Stefan weitere an das AD angebundene Dienste genutzt. Hierzu gehören insbesondere die Zertifikatsdienste und die Rechteverwaltungsdienste.

Bei seiner Prüfung stellt Stefan fest, dass zwar alle Server- und Clientverbindungen zu Office 365 verschlüsselt erfolgen, dass es aber keine Möglichkeit gibt, die zu verwendenden Zertifikate selbst zu definieren. Natürlich betreibt Microsoft eigene Zertifizierungsstellen, die Zertifikate werden aber nur für die Hauptdienstadressen als Wildcard-Zertifikate ausgestellt, also z. B. auf den Antragstellernamen *.sharepoint.com (Bild 10.3).

Da diese Zertifikate von einer öffentlichen Zertifizierungsstelle kommen, muss sich Stefan keine Gedanken über die Vertrauenswürdigkeit machen. Auch für die Verbindung von internen und externen Diensten über verschlüsselte Kommunikationskanäle stehen in den meisten Fällen standardisierte Verfahren zur Verfügung. Im schlechtesten Fall sind für die internen Serverdienste öffentliche SSL-Zertifikate zu beschaffen. Da diese aber in der Regel nicht allzu teuer sind und es dafür genügend Anbieter gibt, ist Stefan in diesem Punkt beruhigt.

Anders sieht es natürlich für die Clients aus. Benötigten Benutzer zum Beispiel S/MIME-Zertifikate, können diese nicht über die Microsoft-Zertifizierungsstelle mithilfe einer Active-Directory-Richtlinie bezogen werden. Schon gar nicht ist eine automatische Verteilung oder Erneuerung von Zertifikaten mittels Gruppenrichtlinie von dieser Zertifizierungsstelle möglich. Hier bietet sich nur die Möglichkeit, in einer reinen Cloud-Umgebung Client-Zertifikate von einer anderen öffentlichen Zertifizierungsstelle zu beziehen oder im Hybridbetrieb weiterhin zu diesem Zweck eine interne Zertifizierungsstelle zu betreiben.

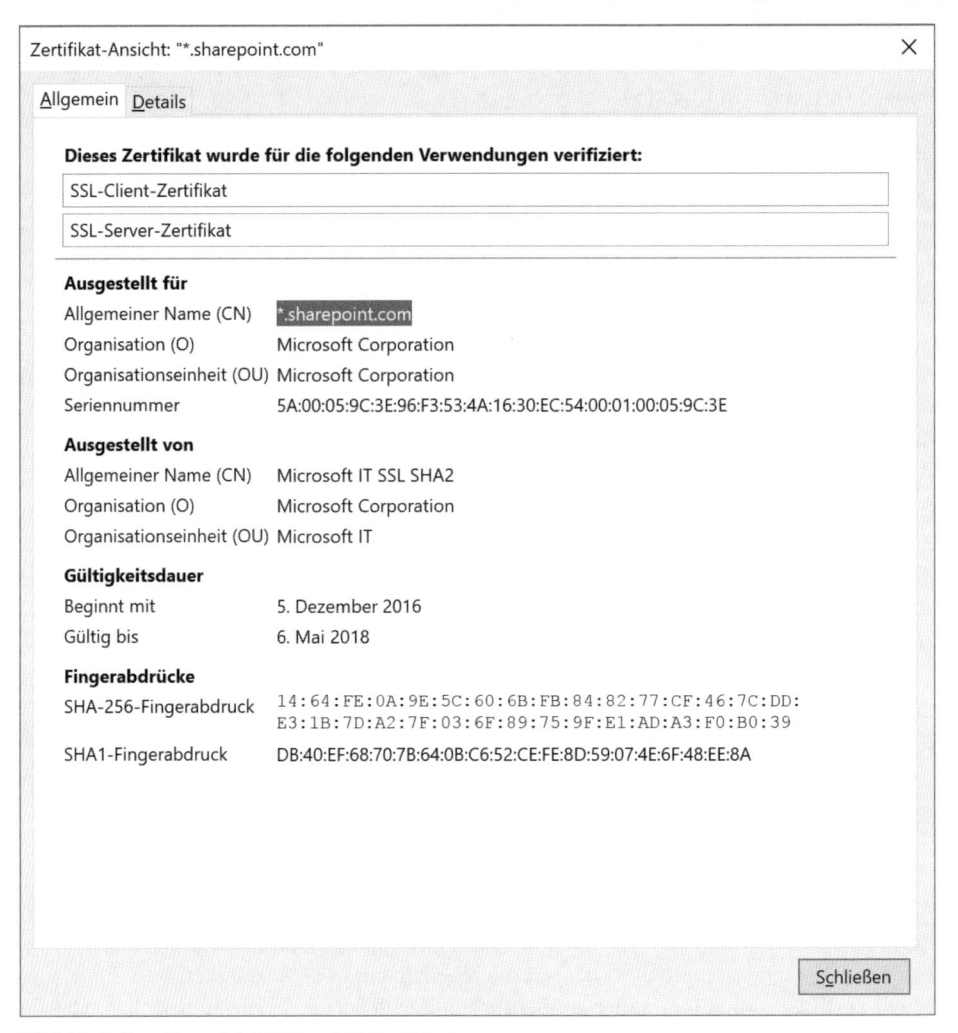

Bild 10.3 Das SharePoint-Online-SSL-Zertifikat

Anders als die Zertifikatsdienste sind die Active Directory Rights Management Services (ADRMS) in Office 365 abhängig vom Lizenzvertrag als Rights Management Services verfügbar und fertig konfiguriert. Die Verwaltung unterscheidet sich von einer lokal installierten Variante. Im ersten Schritt muss der Dienst für den Mandanten aktiviert werden. Dies geschieht in der Azure-AD-Verwaltung. Dort können dann auch neue Benutzerrechtevorlagen angelegt und veröffentlicht werden. Die einzelnen Berechtigungen sind dort zu Berechtigungsstufen wie *Autor, Prüfer* oder *Leser* zusammengefasst (Bild 10.4). Zwar wird dadurch die Flexibilität im Vergleich zu einer internen Instanz der ADRMS eingeschränkt, in den meisten Fällen dürften die Stufen aber ausreichen. Zudem wird mit den vereinfachten Rechtestufen die Planung der Berechtigungsvorlagen vereinfacht. Nach der Definition der Vorlagen müssen die entsprechenden Optionen in den nutzenden Diensten wie Exchange Online und SharePoint Online aktiviert werden. Auch Office-Anwendungen können, soweit die Clients mit der Office 365-Domäne verbunden sind, auf die Vorlagen zugreifen.

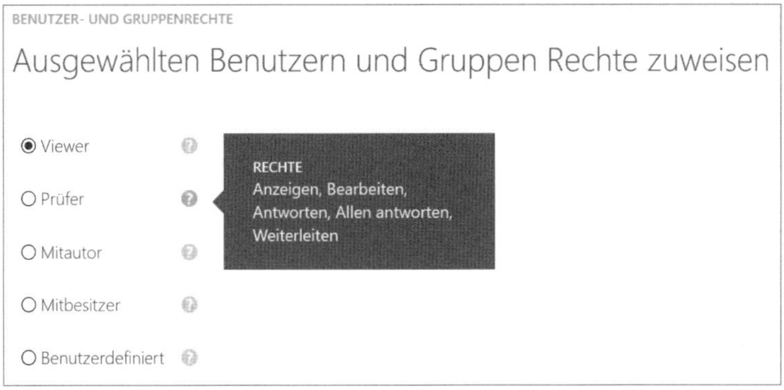

```
┌─────────────────────────────────────────────────────────┐
│ BENUTZER- UND GRUPPENRECHTE                             │
│                                                         │
│ Ausgewählten Benutzern und Gruppen Rechte zuweisen      │
│                                                         │
│   ⦿ Viewer          ❓                                   │
│                         ┌──────────────────────┐        │
│   ○ Prüfer          ❓  │ RECHTE               │        │
│                         │ Anzeigen, Bearbeiten,│        │
│                         │ Antworten, Allen antworten, │  │
│   ○ Mitautor        ❓  │ Weiterleiten         │        │
│                         └──────────────────────┘        │
│   ○ Mitbesitzer     ❓                                   │
│                                                         │
│   ○ Benutzerdefiniert ❓                                 │
└─────────────────────────────────────────────────────────┘
```

Bild 10.4 Das Rechtemodell in den RMS in Office 365

Hier sieht Stefan ebenfalls keine großen Unterschiede. Die Kommunikationsverfahren, die die ADRMS-Vorlagen nutzen, scheinen auch in Office 365 umsetzbar zu sein.

■ 10.4 Was ist in SharePoint Online möglich?

Der größte Unterschied von SharePoint Online im Vergleich zur lokalen Version besteht in der administrativen Zugriffsebene. Aufgrund der Multi-Mandanten-Infrastruktur ist die höchste Verwaltungsebene, auf die in Office 365 zugegriffen werden kann, die Ebene der Websitesammlungen. Weder die Webanwendungskonfiguration noch die allgemeine Dienstanwendungsverwaltung der Zentraladministration ist erreichbar. Auf einige der in diesem Buch beschriebenen Verfahren hat das durchaus Auswirkungen. Allerdings sind diese nicht so stark, dass damit die Umsetzung der meisten bisher dargestellten Kommunikationsprozesse in Office 365 nicht möglich wäre. Wo Stefan einzelne Websites bisher in eigene Webanwendungen ausgelagert hat, ist die Trennung der Websites in Office 365 nur maximal über eigene Websitesammlungen möglich. Einige Einstellungen vereinfachen sich damit sogar, da sie jetzt nicht mehr für mehrere Webanwendungen konfiguriert werden müssen, sondern nur einmal eingerichtet werden müssen. Ein Beispiel dafür ist die in Kapitel 9 beschriebene Verbindung zu einem Datenarchiv.

Es existiert in Office 365 aber eine Einschränkung, die verhindert, dass die in Kapitel 6 beschriebenen Kommunikationsprozesse in Office 365 umgesetzt werden können. Office 365 wird zukünftig keine auf SharePoint basierenden öffentlichen Websites unterstützen. Bei der Einführung von SharePoint Online wurden diese in manchen Lizenzverträgen unterstützt, sie konnten aber schon damals nicht alle Funktionen aus SharePoint nutzen. Somit ist das Szenario des Produktkatalogs, der auf einer öffentlichen SharePoint-Site für Kunden erreichbar ist, nicht umsetzbar. Ein solches Szenario könnte in Office 365 nur auf einer Website unterhalb der Domäne *sharepoint.com* mit authentifiziertem Zugriff realisiert werden.

Eine weitere Einschränkung, die sich durch das Fehlen der Webanwendungsverwaltung ergibt, ist die Zuordnung der Dienstanwendungsproxys zu den Websites. Nicht nur, dass keine weiteren Dienstanwendungen als die standardmäßig verfügbaren konfiguriert werden können, es kann auch keine gezielte Zuordnung zu einzelnen Websites in SharePoint Online eingerichtet werden. Somit stehen alle Dienstanwendungen immer allen Websites zur Verfügung. Allein dies könnte schon ein Grund sein, auf öffentliche Websites in SharePoint Online zu verzichten.

Die wichtigsten Dienstanwendungen sind auch in SharePoint Online administrierbar. Dies sind die folgenden (siehe auch Bild 10.5):

- Suchfunktion
- Business Data Connectivity Services
- Terminologiespeicherverwaltung
- Benutzerprofildienst
- Info Path Forms Services
- Secure Store Service

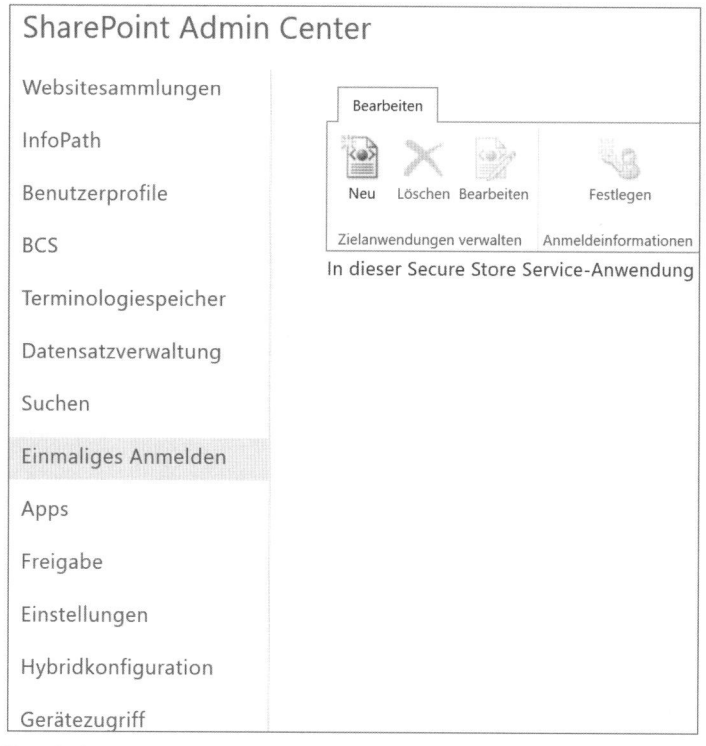

Bild 10.5 Share Point Admin Center in Office 365

Gerade die Suchfunktion, der Terminologiespeicher und der Benutzerprofildienst spielen in einigen der in den vorigen Kapiteln beschriebenen Kommunikationsprozessen eine Rolle. Der Terminologiespeicherdienst wurde von Stefan im Rahmen der Dokumentenklassifizierung und somit auch für das Dokumentenrouting genutzt, der Benutzerprofildienst für die Verwaltung von Zielgruppen und die Suchfunktion für die Bereitstellung des Produktkatalogs. Die Verwaltbarkeit dieser Dienste stellt sicher, dass die für die Besser Kommunizieren GmbH erforderlichen Konfigurationen auch in Office 365 vorgenommen werden können.

Eine eher kleine, aber für die hier beschriebenen Verfahren nicht unerhebliche Einstellung besteht darin, dass SharePoint Online keine E-Mail-aktivierten Listen und Bibliotheken unterstützt. Die Funktion wurde von Stefan in den Kommunikationsprozessen häufig genutzt, sowohl für Kalender als auch für Bibliotheken. Nur dadurch ist es möglich, einen SharePoint-Kalender mithilfe des Einladungsverfahrens in Outlook zu befüllen. Auch die Einspeisung von Dokumenten für das Dokumentenrouting in den Abgabebibliotheken per E-Mail hat Stefan insbesondere für den Rechnungseingang genutzt. Diese einfache Funktion hat tatsächlich vieles ermöglicht, was so in Office 365 nicht mehr umsetzbar ist.

Eine, wenn auch nicht so strukturierte, Alternative dazu sind in SharePoint Websitepostfächer. Die Funktion wurde von Stefan genutzt, um für den Vertrieb sowohl E-Mails als auch Anrufe und Dokumente in einer einheitlichen Umgebung zusammenzuführen. Auch diese Funktion ist inzwischen in Office 365 abgeschafft worden.

Als Nachfolgefunktion proklamiert Microsoft die neuen Office 365 Groups. Wie wir oben gesehen haben, können darin von den Gruppenmitgliedern unterschiedliche Informationstypen, wie Kalendereinträge, E-Mails und Dokumente, gespeichert werden (Bild 10.1). Allerdings ist noch zu prüfen, inwieweit darin eine strukturierte Informationsverwaltung, wie sie eine klassische Teamsite in SharePoint bietet, möglich ist. Bestenfalls lässt sich damit das Szenario der Vertriebswebsite oder des Helpdesks umsetzen. Es wird aber kaum sinnvoll sein, für ein gesamtes Unternehmen eine Office 365 Group einzurichten, nur um einen gemeinsamen Kalender, der per E-Mail befüllt werden kann, zu nutzen, wie Stefan ihn im Portal eingerichtet hat. Außerdem fehlen der Office 365 Group die dezidierte Berechtigungsverwaltung und die Genehmigungsverfahren, die Stefan im Unternehmensportal konfiguriert hat.

■ 10.5 Welche Besonderheiten hat Exchange Online?

Auch wenn, wie in den anderen Anwendungen, die Eingriffsmöglichkeiten auf die Datenbasis in Office 365 nicht zur Verfügung stehen, so lassen sich die bisher beschriebenen Kommunikationsprozesse in Exchange Online weitestgehend analog zu einer internen Umgebung umsetzen.

Für die Planung der Ausfallsicherheit und die Wiederherstellung, sowie für die lokale Verteilung der Datenspeicher, ist der Zugriff auf die Postfachdatenbanken und die Serververwaltung zwar erforderlich, für die Planung der Kommunikationsprozesse spielt das aber kaum eine Rolle. Alle Elemente, die für die Gestaltung der Kommunikationsprozesse genutzt werden, werden in der Exchange-Konfiguration im Active Directory gespeichert und über die normale Verwaltungsoberfläche konfiguriert.

Das Exchange Admin Center des Office 365 bietet daher auch nahezu die gleichen Verwaltungsmöglichkeiten wie das Admin Center einer On-Premises-Installation (Bild 10.6). Die Verwaltung der unterschiedlichen Empfängerobjekte mit allen Konfigurationsmöglichkeiten steht darin genauso zur Verfügung wie die Verwaltung der Transportregeln und die Konfiguration von akzeptierten und Remotedomänen oder die Verwaltung von Sende- und Empfangsconnectoren.

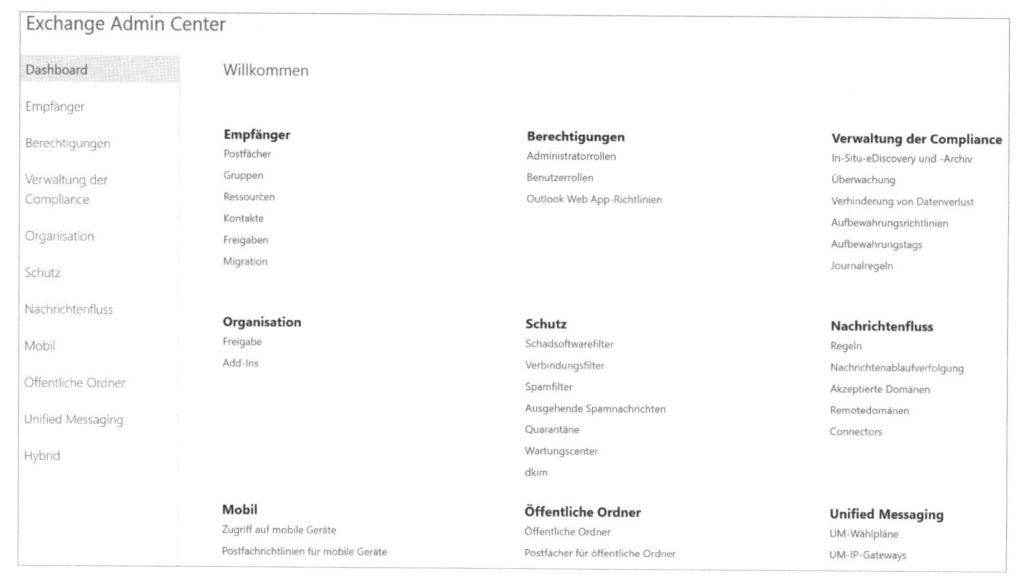

Bild 10.6 Exchange Admin Center in Office 365

Die Verwaltung des Datenverlustes über DLP-Richtlinien wird sowohl im Exchange Admin Center angeboten als auch in dem Office-365-eigenen Verwaltungsbereich *Security und Compliance*, in dem alle sicherheitsrelevanten Einstellungen, wie Archivierung, Data-Loss-Prevention und Berechtigungsverwaltung aller Anwendungen, insbesondere von Exchange Online und SharePoint Online zusammengefasst werden (Bild 10.7).

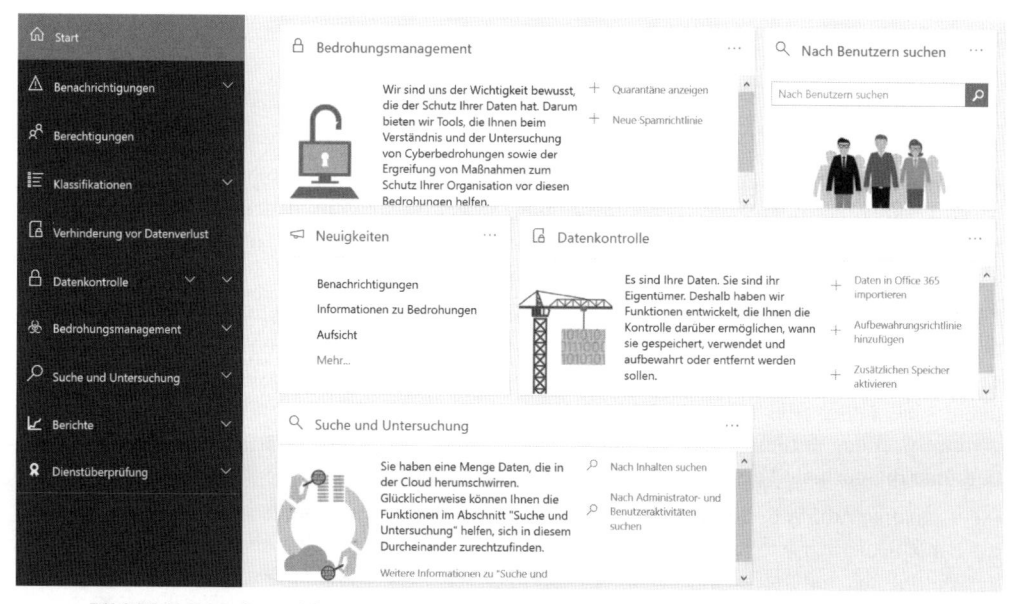

Bild 10.7 Security und Compliance-Center in Office 365

Aufgrund dieser ersten Prüfung sieht Stefan für die bisher geplanten Prozesse von Exchange-Seite in Office 365 keine Einschränkungen. Alle Funktionen, die er in den Testprozessen genutzt hat, stehen auch in Exchange Online zur Verfügung, teilweise abhängig vom Lizenzvertrag. Aber auch für die On-Premises-Installation wird bei den Clientzugriffslizenzen (CALs) zwischen Enterprise- und Standardfunktionen unterschieden.

■ 10.6 Was ändert sich bei Skype for Business Online?

Stärker sind die Einschränkungen wiederum bei Skype for Business Online. Die Verwaltungsoberfläche lässt hier vieles vermissen, was in einer internen Installation eines Skype-for-Business-Servers zur Verfügung steht. Insbesondere fehlen die von Stefan genutzten Routingfunktionen wie Team Calling oder Huntgroups (Reaktionsgruppen). Damit entfallen auch einige der Stellvertreterfunktionen und automatische Weiterleitungen (Bild 10.8).

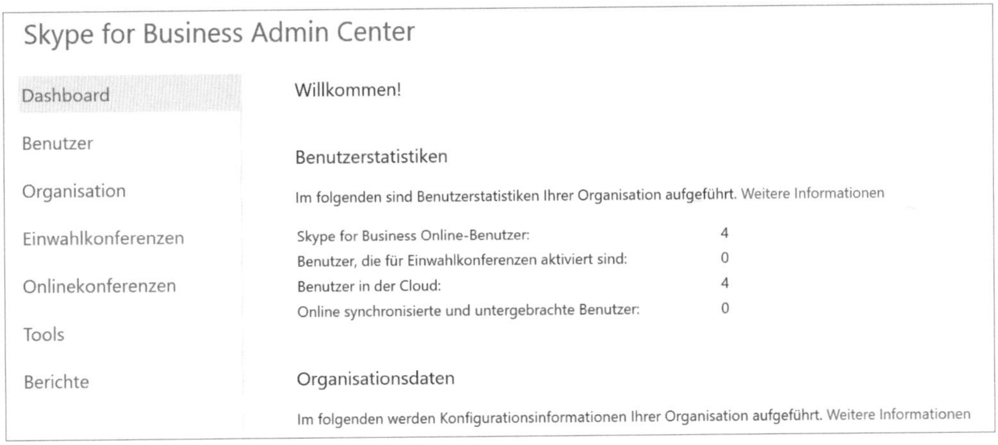

Bild 10.8 Skype for Business Admin Center in Office 365

Auf der anderen Seite bietet Microsoft seit Beginn des Jahres 2017 auch in Deutschland den Dienst *Microsoft Bridge* an, der eine direkte Anbindung von Skype for Business Online an das öffentliche Telefonnetz ermöglicht. Anders als bei einem internen Einsatz ist damit keine kompatible Telefonanlage erforderlich, um auch die Telefonkommunikation über Skype for Business abzuwickeln.

Als Alternative zu den zentralen Routingfunktionen bietet Skype for Business Online seit März 2017 sogenannte *Call Queues*. Diese bieten einige Funktionen des Team Calling und erlauben das Weiterleiten eines Anrufs an eine Warteschlange, auf die mehrere Benutzer Zugriff haben. Ähnlich wie bei einem Team Calling kann der Benutzer dann über den Client entscheiden, einen Anruf aus der Warteschlange anzunehmen. Die Konfiguration der Call Queues ist aber auch in Skype for Business Online auf die Anbindung eines Telefoniedienstes angewiesen. Ähnlich sieht es mit dem zusammen mit den Call Queues eingeführten Anrufbeantworter (Auto Attendant) aus.

Für Skype for Business Online sieht Stefan also noch eingehenden Prüfungsbedarf, bevor er entscheiden kann, welche der bisher im Projekt genutzten Funktionen des Skype-for-Business-Servers in Office 365 über andere Wege umgesetzt werden können.

■ 10.7 Client-Anbindung und Steuerung lokaler Office-Anwendungen

Ein letzter zu prüfender Punkt ist die Anbindung der Clients an die Online-Umgebung. In einer lokalen Domäne hat jeder Computer ein Konto im Active Directory. Mithilfe dieses Kontos können viele Konfigurationsprozesse automatisiert werden, da die Rechner sich während des Starts mit der Domäne verbinden und sich an einem Domänencontroller authentifizieren müssen. Viele Zugriffssteuerungsmechanismen in einem Active Directory basieren darauf, dass die Clients sich vor dem Zugriff authentifizieren. Die Benutzerauthentifizierung ist zwar nicht vollständig unabhängig von der Authentifizierung des Computerkontos, wird aber als eigener Prozess nach der Anmeldung des Rechners durchgeführt und bietet weitere Konfigurationsmöglichkeiten.

Bei der Anmeldung an einer Anwendung, die eine Active-Directory-Authentifizierung nutzt, kann ein Benutzer sich mit der Anwendung auch von einem Nicht-Domänen-Client verbinden, wenn er die Anmeldeinformationen eines gültigen AD-Kontos angibt.

Für den Datenzugriff ist somit zwar ein AD-Konto erforderlich, eine Aufnahme der Clients in die Domäne ist aber keine zwingende Voraussetzung. Allerdings sind damit Einschränkungen hinsichtlich der Verwaltbarkeit der Clients verbunden. Viele Einstellungen, die auf einen Domänenclient per Gruppenrichtlinien übertragen werden können, müssen in diesem Fall manuell gesetzt werden. Das erhöht natürlich die Gefahr der Fehlkonfiguration. Auch aus Compliancesicht stellen Computer, die nicht Mitglied einer AD-Domäne sind, Herausforderungen dar. Schließlich kann dann nicht gesteuert werden, wer sich an dem Computer anmelden kann. Im AD kann dies über das Computerkonto gesteuert werden. Zusätzlich wird in der Regel das lokale Administratorkonto bei der Aufnahme des Rechners in die Domäne deaktiviert. Darüber hinaus gibt es in den Gruppenrichtlinien Einstellungen für eingeschränkte Gruppen, um die Mitgliedschaften in lokalen Benutzergruppen auf AD-Computern festzulegen. All dies kann genutzt werden, um sicherzustellen, dass die auf die Daten zugreifenden Computer den Anforderungen an die Compliance gerecht werden.

Die Anbindung eines Rechners an Office 365 kann über zwei Ebenen erfolgen. Die aktuellen Betriebssysteme von Microsoft, spätestens seit Windows 8.1, erlauben eine Anbindung des Rechners an Office 365 schon im Zuge der Installation des Betriebssystems, ähnlich wie an ein lokales Active Directory. Damit ist aber kein sichtbares Computerkonto in Azure AD verbunden.

Die zweite Möglichkeit der Anbindung besteht auf Anwendungsebene (Bild 10.9).

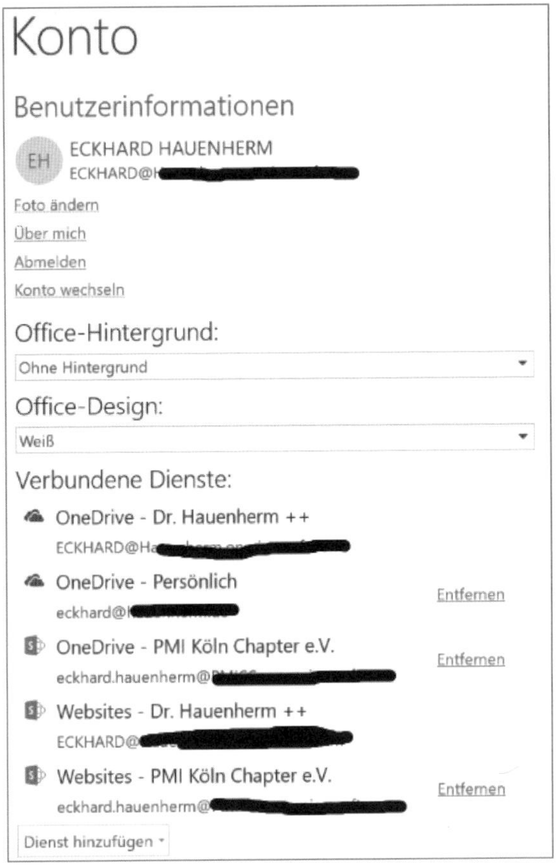

Bild 10.9 Ein verbundenes Office 365-Konto in Word

Verfügt der Benutzer über ein Office 365-Abonnement, kann er in den Office-Anwendungen sein Office 365-Konto hinterlegen. Damit ist eine Anbindung an weitere Dienste in Office 365 möglich, wie zum Beispiel an die Rechteverwaltungsdienste. Enthält das Abonnement des Benutzers auch Lizenzen für lokal installierbare Anwendungen, kann der Benutzer diese auch aus dem Office 365-Portal herunterladen und als sogenannte Click-to-Run-Versionen installieren. Die so installierten Anwendungen sind schon für die Nutzung mit Office 365 konfiguriert.

Zentrale Dienste, auf die Stefan in der Konfiguration der Kommunikationsprozesse zugegriffen hat, lassen sich bei beiden Arten der Anbindung an Office 365 von den Anwendern in der gleichen Weise nutzen, wie bei einer Anbindung an ein lokales Active Directory. Benutzerrechterichtlinien aus der Rechteverwaltung, Archivierungstags in Exchange oder auch die automatische Einbindung freigegebener Postfächer in Outlook funktionieren nahtlos.

Einschränkungen existieren überall dort, wo lokale Konfigurationen erforderlich sind, wie zum Beispiel das Verteilen der Klassifikationsdateien für Outlook oder das Setzen von Einträgen in der lokalen Registrierung (Registry). Diese Funktionen können ohne Gruppenrichtlinien nur deutlich schwerer zentralisiert und automatisiert werden.

Für Stefan heißt das in letzte Konsequenz wieder, dass zur vollständigen Umsetzung der beschriebenen Szenarien eher ein hybrider Ansatz zu wählen ist. Viele der gewünschten Funktionen können zwar über Online-Werkzeuge realisiert werden, für die Steuerung der Clients ist aber weiterhin eine lokale Domäne und somit ein lokaler Betrieb von Domänencontrollern erforderlich.

Dies kann gleichzeitig als abschließendes Urteil der Prüfung festgehalten werden. Viele Funktionen der Anwendungen, insbesondere in SharePoint und Exchange lassen sich auch in Office 365 umsetzen. Für einige Funktionen, wie zum Beispiel E-Mail-aktivierte Listen und Bibliotheken, sind eventuell andere Umsetzungsmöglichkeiten zu prüfen. Alle Verfahren, die die Konfiguration auf den Clients installierter Anwendungen erfordern, bedürfen aber weiterhin zumindest einer lokalen Domäne mit eigenen, von der Besser Kommunizieren GmbH betriebenen Domänencontrollern. Will das Unternehmen dabei die Pflege der Hardware vermeiden, kann diese Domäne auch in einer *privaten Cloud*, zum Beispiel in Microsoft Azure über das Modell *Infrastructure as a Service* (IaaS) betrieben werden. Eine genaue Prüfung der Einsatzmöglichkeiten von Office 365 möchten Matthias und Stefan in einem weiteren Projekt nach der Umsetzung der bisher beschriebenen Ansätze durchführen. Dabei möchten sie sich auf das Projektgeschäft der Besser Kommunizieren GmbH konzentrieren. Die Projekte erfordern häufig eine schnelle und einfache Kommunikation mit diversen externen Partnern. Darin sehen Matthias und Stefan gerade die Stärken von Office 365.

(Ich habe mir vorgenommen, dieses Projekt ebenfalls mit einem Buch zu begleiten. Gönnen wir den Mitarbeitern der Besser Kommunizieren GmbH aber bis dahin erst mal ein wenig Ruhe, um sich an die neuen Prozesse zu gewöhnen.)

Index

Symbole

3-Status-Workflow 379
*.docm-Datei 268
*.dotm-Datei 255
*.dotx-Datei 408, 497
.NET-Benutzer-Verwaltung 421
.NET-Framework 57, 427
.NET-Provider 425, 506
.NET-Rolle 426
.rdl-Datei 40
.rdlx-Datei 40

A

Abfrageeditor 219, 338 ff.
Abfragetransformation 323
Abfragetyp 338
Abgabebibliothek 397 ff., 404, 438, 441 f., 457, 511
Abgelaufene Zertifikate
– automatische Erneuerung 491
Ablageort 441
Ablagestruktur 250
Ablauffrist 468
Abonnement 444
Absender des Datenarchiv-Webdienstes 448
Abteilungskalender 52
Abwesenheitsassistent 174
Abwesenheitsregel 174
Access 45
Access Control List 26
Access-Datenbank 263
Access Services 45
ACL 26
ACS 506
Active Directory 24, 31, 35, 50, 54, 65, 89, 115, 185, 295, 334, 350, 363, 392, 416, 467, 492, 511, 514 f.
– Attribut 27
Active-Directory-Authentifizierung 514
Active Directory Certificate Services 28, 30 f.
Active-Directory-Daten 251
Active-Directory-Datenbank 477
Active-Directory-Domäne 504
Active Directory Federation Services 33 f., 67, 392, 416
Active-Directory-Gruppe 96
Active-Directory-Replikation 481
Active-Directory-Richtlinie 507
Active Directory Rights Management 464
Active Directory Rights Management Services 31 f., 67, 474, 508
Active-Directory-Verbunddienste 34
ActiveX-Controls 47
AD-Attribut 253
ADFS 34, 506
AD-Gruppe 448
ad-hoc-Kommunikation 52
AD-Konto 322, 437, 474, 514
AdminClassificationPath 479
Adressblock 265 f.
Adressbuch 27, 262, 350
– globales 496
Adressrichtlinie 93
ADRMS 32, 464, 503, 508
ADRMS-Server 474
ADRMS-Unterstützung 473
AD-Sicherheitsgruppe 505
AD-Verwaltung 504
Agent 302, 384

Agentenanonymität 299
Aggregation 37
Aggregierbarkeit 13
AIA 31
Alias 93, 99, 350
AllBookInPolicy 346
AllRequestInPolicy 346
AllRequestOutOfPolicy 346
Anbieterfeld 127, 287
Änderungsüberwachung 455
Anforderung
– funktionale 19, 21, 23
– kommunikative 4
– nicht-funktionale 16, 19, 21, 23
Anforderungsklasse 23
Angebot 4, 10
Anmeldung
– einmalige 34
Anrufbeantworter 514
Anrufweiterleitung 294
Ansicht 118
– Formular 373
– personalisierte 287
– überlagerte 351
Ansichtsfilter 354
Antrag 5, 53
Antwortzeit 387
Anwendungsdienst 417
Anwendungskontext 425
Anwendungspartitionen 24
Anwendungspool 71, 75, 184, 394, 423
Anwendungspooleinstellungen 421
Anwendungsproxy 342
Anwendungsseiten 239
Anwendungsserver 67
Anzeigeformular 287
Anzeigevorlage 208, 223, 225, 230 ff.
– benutzerdefinierte 223
Appell 17
App-Katalog 446
ApplicationName 425
App-Webpart 42 f., 122, 124
Archiv 440 f., 449
Archivierung 11, 440, 444, 446, 456 f., 464, 512
– automatische 448
– manuelle 443, 457
Archivierungseinstellungen, Exchange 457
Archivierungsplattform 441
Archivierungsregeln 441, 457
Archivierungssystem 456
Archivierungstag 515

Archivpostfach 457
Archivwebsite 456
ASCII-Zeichen 315
ASP.NET-Mitgliedschaft 416
ASP.NET-Mitgliedschaftsanbieter 430
ASP.NET-Rollen-Manager 430
ASPX-Seite 45, 57, 216
Asynchronizität 20
Aufbewahrung 6, 448 f.
Aufbewahrungseinstellung 462
Aufbewahrungsfrist 439
Aufbewahrungsphase 451, 456
Aufbewahrungsrichtlinie 52, 441, 452, 456 f.
Aufbewahrungstag 457
Aufgabenliste 381
Ausdruck 306
Ausdruckshierarchie 306
Ausdruckssatz 199, 305 ff., 313, 404
Ausdruck, verbundener 306
Ausfallsicherheit 19, 35, 511
Auswahlspalte 244
Authentifizierung 18 ff., 24, 32, 35, 499
– anonyme 186
– anspruchsbasierte 34
– formularbasierte 392, 416, 425, 427, 430, 432 f., 437
– zertifikatsbasiert 28
Authentifizierungsanbieter 184, 392, 416, 432, 506
Authentifizierungsmethode 433
Authority Information Access 31
Auto Attendant 514
Autonomie 26
Autorisierung 18
Azure 48
Azure Access Control Services 506
Azure Active Directory 501, 503 f., 514
Azure AD Connect 506
Azure-AD-Verwaltung 508

B

BackConnectionHostNames 415, 441
– Registry-Schlüssel 415
Backstage-Ansicht 471, 473
Backup 35
Barcode 448
BCS 44, 46, 55
Bearbeitungsaufgabe 381
Bearbeitungseinschränkung 440

Benachrichtigung 41, 70, 107
– anlegen 132
Benutzer
– anonymer 231
Benutzeranmeldung 130
Benutzerauthentifizierung 514
Benutzerdomäne 33
Benutzereigenschaft 115, 126
Benutzereinstellungen 130
Benutzerfilter 118, 125 f.
Benutzergruppe 379, 467
Benutzergruppenadressierung 129
Benutzerkonto 26, 65, 504
Benutzerlizenz 468
Benutzerobjekt 24
Benutzerprofil 305, 334 f.
Benutzerprofildienst 334, 510
Benutzerprofilimport 115
Benutzerprofilsynchronisierung 334
Benutzerrechterichtlinie 465, 471, 474, 476, 481, 485, 515
Benutzerrechterichtlinienvorlage 476
Benutzerrechtevorlage 508
Benutzerverwaltung 392, 504
Berechtigung 89
Berechtigungsgruppe 293, 437
Berechtigungskonzept
– rollenbasiertes 458
Berechtigungsstufe 35, 43, 96, 184
Berechtigungsvererbung 239
Berechtigungsverwaltung 27, 89, 152, 335, 426, 511 f.
Berichtsbibliothek 40
Berichtsdesigner 47
Beschaffung 61
Beschreibungsfeld 289
Besitzerrechte 419
Besprechungsanfrage 160
Besprechungsplanung 56
Besprechungsraum 303, 344
Bestellung 4
Beteiligungsrichtlinie 297, 383
Beweissicherungsverfahren 457
Bewertungsskala 234
Bibliothek 27, 230, 256, 443
– empfangende 397
Bibliotheksspalte 215
Bibliotheksvorlage 446
Bildbibliothek 41, 201 f.
Bildverknüpfung 232
BLOB (Binary Large OBject) 35

Blog 337
Blogbeitrag 337
BookInPolicy 346
Briefvorlage 251
Buchführung 63
Buchhaltung 23
Buchungsanfrage 347, 354
Buchungsprozess 344
Buchungsrichtlinie 348
Buchungstyp 354
Buchungsverfahren 346, 348
Business Data Connectivity Services 44, 46, 55, 510
Business Intelligence 40, 47

C

CAL 513
Call Queue 513
Call-Routing 382
CancelonRejection
– Variable 366
Cascading Style Sheet 216
CDP 31
Certificate Revocation List Distribution Point 31
CEWP 237
Chat 52
– persistenter 53
Chromtyp 222, 286, 340, 359
Claim Based Authentication 34, 506
CLC 32
Click-to-Run 515
Client Access Server 67
Client Licensor Certificate 32
Clientzugriffslizenz 513
Cloud 500 f.
Cloud-Dienst 501 f.
Codeanpassungen 23
Codeansicht 225
Code-Fenster 252
Codeplex 421
Codeplex-Projekt 434
Codesignatur 28
Compliance 33, 64, 438, 457, 514
Computereinstellungen 130
Computerkonto 514
Connector 499
Consumerfeld 127, 287, 289
Container 397

Content Editor Webpart 237
Content Search Webpart 212
Continuos Delivery 502
Controlling 63
Controllingprozess 5
Corporate Identity 54
Crawled Property 209
Crawlkonto 321, 334
Cross-Site-Publishing 189 f.
CSS 216
CSS-Dateien 57
CSV-Datei 315
CSWP 212

D

Dashboard 47, 55
Dashboard Designer 47
Data-Loss-Prevention 512
Dateifreigabe 320
Daten
– finanzrechtliche 461
Datenanalyse 47
Datenarchiv 441, 444, 446, 509
Datenarchivierung 404, 440
Datenbank 67, 417, 423
– relationale 24, 34, 39, 45
– verteilte 24
– webfähige 45
Datenbankabfrage 46
Datenbankattribut 24
Datenbankmodul 419
Datenbankobjekt 24
Datenbankpartition 24
Datenbankschema 24
Datenbankserver 76
Datenleck 32
Datenquelle 263, 265, 275, 304 f., 363
Datenrouting 397, 438, 442
Datensatz 446, 448 ff., 456
Datensatzbibliothek 445
– Bibliotheksvorlage 446
Datensatzdeklaration 439, 441, 444, 446, 456
Datenschutz 64
Datenverbindung 40, 46, 57
Datenverlust 512
Datenverlust-Richtlinie 482
Datumsauswahl-Inhaltssteuerelement 255
Datumssteuerelement 255
Dauerhaftigkeit 500

Decodierung 16
Delve 502
Description 476
Designdatei 227
Design Manager 216, 230
Dezentralisierung 26
DFS 320
DFS-Replikation 477
DFS-Stamm 319 f.
Dienstanwendung 184, 509
Dienstanwendungsproxy 509
Dienstanwendungsproxygruppe 184
Dienstanwendungsverbindung 186
Dienstkonto 35, 71, 137, 185, 419, 505
Digitalisierung 31
Dimension 39
Discovery Management 458
Discovery-Suchpostfach 464
Display Form 315
Display Template 209
DLP-Richtlinie 497 f., 512
DNS 24
DNS-Einstellung 504
DNS-Eintrag 186, 394
DNS-Server 67
Dokument
– ruhendes 451
– strukturiertes 497
Dokumentationsprozess 14
Dokumentbibliothek 41, 50, 54, 250, 257, 282, 405
Dokumenteigenschaft 277
Dokumentenklasse 14, 309 f.
Dokumentenklassifizierung 510
Dokumentenmanagement 41
Dokumentenmappe 278 f., 281
Dokumentenrouting 398, 404, 408 f., 444, 510 f.
Dokumentenschutz 441, 468, 473
Dokumentenstruktur 283
Dokument-Fingerabdruck 497 f.
Dokumentinformationen 472
Dokumentinformationsbereich 277
Dokumentinhaltstyp 310, 340, 402, 445
Dokumentklassifikation 444
Dokumentrouter 413
Dokumenttyp 303, 305
Dokumentvorlage 53 f., 250, 257, 261, 268 f., 340, 397, 401, 404, 408, 444, 497
– hochladen 408
Domain Naming System 24

Domäne 66
- vertraute 27
Domänen-Benutzer 98
Domänencontroller 24, 67, 81, 319, 477, 516
Domänenpartition 24
Domänenstruktur 24
Domänenzertifikat 187
DoubleHop-Szenario 36
Drilldown 39
DRM 440
Durchforstung 204
- inkrementelle 320
- vollständige 320, 323, 336
Durchforstungsregel 335
DWORD-Eintrag 480
Dynamics 365 23, 502

E

EFS 29
Eigenschaft
- benutzerdefinierte 209
- durchforstete 210
- durchsuchte 209
- verwaltete 209 f., 220, 314, 316 f.
Eigenschaftenfilter 339
Eingangsrechnung 62
Einladungsverfahren 511
Einschränkung 326, 338
Einschränkungswebpart 326
E-Mail-Adresse 350
E-Mail-aktivierte Benutzer 51
E-Mail-Info 136
Empfänger 511
Empfängerliste 26 f.
Empfangsconnector 499, 511
EnableClassifications 480
Encrypting File System 29
Endbenutzerlizenz 32
Ende-zu-Ende-Verschlüsselung 439, 499
Enterprise-VoIP 177, 383
Entschlüsseln 33
Entwicklertools 251
Ergebnisquelle 219, 323, 329
Ergebnisseite 325, 337
- lokale 333
Erneuerung abgelaufener Zertifikate
- automatische 492
ESE-Engine 35
ExactWordpartExtraction 315

Excel 11, 32, 47, 53
Excel-Bericht 454
Excel Services 44
Exchange
- Archivierungseinstellungen 457
Exchange Management Shell 293, 475
Exchange Online 501 ff., 508, 511
Exchange-Organisation 51
Exchange Server 28, 48
Exchange-Skript 475
Exchange-Verwaltungsshell 169
Exchange-Webservices-URL 352
Export-Datei 274
Extraktionswörterbuch 314

F

Facebook 416
FAQ-Liste 368
Farmkonto 135, 137
FBA 416
Featureansicht 424
Federated Search 319
Feedback 19, 312
Feedbackkanal 16, 19
Feldbezeichnung 497
Feldliste 373
Feldzuordnung 265
Filestream Provider 35
Filter 220, 334, 339
- für Listen 119
- kombinierter 287, 357
- Webpart 125
Filterkriterium 215, 287
Filterverbindung 285
Filterwebpart 126 f., 289
Firefox 47
Firewall 20
Flexibilität 21
Flow 502
Flussdiagramm
- funktionsübergreifendes 143
Folgen-Funktion 337
Folienbibliothek 54
Formalisierung 16
Formatierung 237
Formatierungsanweisung 226
Forms Based Authentication Management 434
Forms Services 45, 57, 370, 510

Formular 53, 368, 497
- für Umfrage 236
Formularbibliothek 26, 41, 57
Formularfeld 251, 269
Formularfluss 45
Formularseite 283
Forschung und Entwicklung 61
Fortschrittsreport 9
Fragentyp 233
Freigabe 416, 505
Freigabeworkflow 190
Frei/Gebucht-Status 352
Füllung 374
Fully Qualified Domain Name (FQDN) 36
Funktion 254

G

Gelesen-Markierung 169
Genehmigung 41, 61, 69, 151, 356
Genehmigungsaufgabe 141
Genehmigungsnachricht 150
Genehmigungsprozess 360, 365
Genehmigungsstatus 113
Genehmigungsverfahren 511
Genehmigungsworkflow 70, 137, 361
Geräteregistrierungsdienst 34
Gesamtstruktur 25, 27, 33, 51
Gesamtstrukturvertrauensstellung 33
Geschäftsbericht 3
Geschäftsführung 60, 62
Gesprächspartner 7
Google+ 416
Google Chrome 47
Governance 438
GPO 130
GPUPDATE 168
Groupware 51
Gruppe 426
- administrative 458
- domänenlokale 27
- formelle 387
- geschachtelte 27
- globale 27
- lokale 27
- SharePoint 43
- universelle 27
Gruppenkonto 26f., 504
Gruppenmitgliedschaft 26

Gruppenrichtlinie 25, 32, 322, 488, 491, 507, 514f.
Gruppenrichtlinieneinstellung 475, 479, 492
Gruppenrichtlinienobjekt 25, 129, 477, 504
Gruppenrichtlinienverwaltung 166, 477, 504
Gruppenrichtlinienverwaltungskonsole 129
Gruppenstatus 388
gruppieren 248
Grußzeile 265f.

H

Handlungsverständnis 17f.
Hash 28
Hauptversion 227, 455
- veröffentlichte 227
Helpdesk 169, 304, 357, 368, 381, 384, 511
Helpdesk-Anfrage 379
Hierarchie 13
Hierarchiedenken 17
Hilfewebpart 444
Homepage 283
- der Dokumentenmappe 281
Hosteintrag 71
Hostheader 74, 79, 84, 186
Hostheader-Websitesammlung 184
HTML 57
HTML 5 47
HTML-Code 225
HTML-Datei 40, 224, 227
HTML-Definition 216
HTML-Editor 216
HTML-Seitendefinition 216
HTML-Tag 225
HTTP-Fehlermeldung
- 401 UNAUTHORIZED 239
HTTPS 28f.
Huntgroup 513
Hybridbetrieb 506f.
Hybrider Ansatz 503, 516
Hyperlinks
- häufig verwendete 332

I

IaaS 516
Identität 20, 506
Identitätsprüfung 29
ID-Feld 287

IIS 33, 57
IIS-Manager 77, 421, 424, 427
IIS-Manager-Remoteverwaltung 433
IIS-Website 433
Illokution 3
Impersonation 36, 137
Import-Cmdlet 315
Inaktivität 297
Index 209, 309
Indizieren 191
Infomail 132
InfoPath 53, 371, 373, 377
InfoPath Designer 45, 56
InfoPath Filler 45, 56
InfoPath-Formular 370 f.
Informationen
– vertrauliche 31
Informationsfluss 138
Informationsflüsse 4 f.
Informationsmanagement 503
Informationsquelle 305
Informationsverwaltungsrichtlinie 439, 448
Infrastructure as a Service 516
Infrastruktur 62, 65
Inhalt
– vertraulicher 498
Inhaltsabfrage 129
Inhaltsänderung 455
Inhaltsdatenbank 76, 433, 441
Inhalts-Editor-Webpart 237
Inhaltsgenehmigung 108, 110, 139, 143, 203
Inhaltsorganisation 397, 441
Inhaltsquelle 211, 319 f., 323, 335
Inhaltsquellentyp 320
Inhaltssteuerelement 269
Inhaltssuche 129, 212
– Webpart für die 212, 215, 218, 227, 337
Inhaltstyp 193, 242, 250 f., 256 f., 280, 305, 310, 397, 401, 444, 448
– externer 46
– veröffentlichter 340
– zuweisen 259
Inhaltstyphub 193, 341, 402, 444, 447
Inhaltstyp-Veröffentlichungshub 340
Inhaltsverzeichnis 222, 232
Inhaltsverzeichniswebpart 218
In-Situ-Archiv 457
In-Situ-Speicher 457, 460, 463 f.
Integrationsmodus 40
Integrität 18
Integritätsanforderung 138

Internet Explorer 47
Internet Information Services 33, 57, 77, 135, 421
Internetsuche 319, 323
Interpretierbarkeit 15
Intranetportal 70, 89
Intune 502, 504
IP-Netz 26
IPSEC 28

J

Ja/Nein-Spalte 358
JavaScript 216
JavaScript-Datei 224 f., 227

K

Kalender 4, 107, 350
– zusammenfassen 351
Kalenderansicht 351
Kalenderfreigabe 56
Kalenderüberlagerung 165
Kalkulation 11
Katalog 61
Katalogeinstellung 203
Katalogelement 213, 216, 227
Katalogverbindung 204, 206, 219
Kategorienspalte 368
Kennwortänderung
– automatische 185
Kerberos V5 24, 36
Kernprozess 5, 16
Key 315
Key Accounting 248
Key Performance Indicator 47
Klassifikationsdatei 478 f., 515
Klassifizierung 14, 189, 198
Koexistenz 480
Kollobaration 61
Kommentarfelder 17
Kommentarzeichen 225
Kommunikation
– externe 500
– interne 500
– vernetzte 13
– verschlüsselte 496
Kommunikationsanalyse 7, 16
Kommunikationsdaten 457

Kommunikationshistorie 250
Kommunikationskultur 60
Kommunikationsmanagement 503
Kommunikationspartner 5
Kommunikationsprozess 4, 7, 26, 107
– ad-hoc 52
– aggregierender 47
– asynchroner 14 f.
– externer 10
– horizontaler 12
– informierender 14
– interner 10
– synchroner 14
– ungeplanter 7
– verteilender 6 f.
– vertikaler 13, 37
– wiederkehrender 7
Kommunikationssysteme 5
Kommunikationsverfahren 6
Kommunikationswege 7, 232
Kommunikativer Akt 4 f.
Konfigurationsdatenbank 33, 76
Konfigurationsdialog 77
Konfigurationspartition 24
Konformitätsdetails 452
Kontakteintrag 26, 50, 400
Kontaktlistenvorlage 242
Kontaktordner 262
– gemeinsamer 261
Konto 24
– administratives 73, 417
– verwaltetes 72, 185, 393
KPI 47
Kundendatenbank 257
Kundenkommunikation 61, 242
Kundenverwaltung 242
Kundgabe 17

L

Landkarte 5
– Stadtplan 5
Langfristarchivierung 446
Layout 121
LDAP 24
LDAP-Abfrage 253
LDAP-Pfad 31
Leiste für häufig verwendete Hyperlinks 189
Leserecht 89
Letter Of Intent 20

Lightwight Directory Access Protocol 24
Listenberechtigung 240
Listenfilter 290
Listenformular 57, 242, 248, 372
Listen-GUID 250
Listeninhaltstyp 193
Listenvorlage 368
Listenworkflow 49, 414
Lizenz 469
Lizenzerwerb 472
Logo 87, 372, 374
Log Shipping 37
Lookup-Spalten 184
Loopbackprüfung 415
Lotus Domino 23
Lotus Notes 23, 44
Lync 52

M

machine.config 427
Mail-Aktivierung 400
Mailbox 295
Mailbox Server 67
MailDrop-Verzeichnis 137
MailTo-Link 313
Makro 252, 254, 269
Managed Path 184
Managed Property 209
Manager 363
Mandant 504, 508
Marketing 3
Masterpage 57, 215
Membership-Provider 426, 429 f.
Menüband
– anpassen 272
Metadaten 208, 250, 257, 277, 283, 292, 305, 314, 325, 413, 455
– verwaltete 107, 115, 189, 304
Metadatenbaum 189, 191, 198 f., 212, 220, 334
Metadatendienst 184, 193, 340, 343, 402
– verwalteter 305
Metadateneigenschaft 317
Metadatenfeld 129
Metadatenfilterung 129
Metadatenspalte 126, 305, 309, 358, 404, 444
Metadatenspeicher 312
Metadatum 258
Microsoft Azure 503, 516
Microsoft Bridge 513

Microsoft Edge 47
Microsoft Exchange 24, 27, 32, 35, 51 f., 67, 143, 456, 464, 475
Microsoft Live ID 416
Microsoft Office 23, 53
Mitarbeitergespräche 4, 20
Mobilität 19
Moderationsregel 70, 152, 505
Modus
– erweiterter 225
Multi-Mandanten-Infrastruktur 504, 509
MySite 50, 67, 130, 305, 334 f., 337 f.
MySite Host 50

N

Nachrichtenklasse 457, 475
Nachrichtenklassifikation 457, 464, 475 f., 479, 481 f.
Nachrichtenmoderation 52
Nachrichtenrouting 499
Nachschlagefeld 43, 242, 277, 285, 287, 368
Nachschlagespalte 184, 244, 246, 369
Nachvollziehbarkeit 18 f., 31, 455
Navigation
– globale 333
– verwaltete 191
Navigationshierarchie 203
Navigationsspalte 203
Navision 23
NDR 155, 486
Network Access Protection 28
Netzwerke
– soziale 13 f.
Neuindizierung 204, 211
Newsfeed 325
Nicht-Domänen-Client 514
Nicht-Zustellbarkeits-Meldung 486
Non Delivery Report 155, 485
Non-Disclosure-Agreement 20
Notebook 469
NTLM 36

O

Objekt 253
Objektbibliothek 302
Objekt-Explorer 419
Objekttyp 27

Oder-Verknüpfung 287, 354
Öffentlicher Ordner 51 f.
Office 365 2, 500 ff.
Office 365-Domäne 508
Office 365 Group 502, 505, 511
Office 365 Roadmap 502
Office Online 501
Office Online Server 47 f.
Office Web Apps 47
OfficialFile.asmx 414, 442
OLAP 37
OLAP-Cube 37 ff.
OneDrive 505
OneDrive for Business 501
OneNote 47, 54
OneNote Web App 54
OnLine Analytical Processing 37
Online-Archiv 457
Onlinearchivierung 52
Onlinekonferenz 52
Onlinezugriff 457
on premises 501
Ontologie 14, 16, 309
OpenSearch-Protokoll 323
Oracle 23
– Communications Suite 23
Ordner
– freigegebener 319
– öffentlicher 461
Ordnerberechtigung 161
Organisationseinheit 25, 50, 65, 100, 129
Organizational Unit 25
OU 25
OU-Struktur 504
Outlook 32, 47, 53, 56, 479, 494, 511
– Stellvertretereinstellungen 157
Outlook-Adressbuch 263
Outlook-Kalender 352
Outlook on the Web 48, 439, 485, 494
Outlookprofil 275
Outlook-Regel 353
Outlook Web Access 352
Outlook Web App 48

P

Partition 24
PDF-Datei 40
Performance Point Services 47

Personalabteilung 62
Personaldaten 32
Personalentwicklung 60, 62
Personalgespräch 62
Personenauswahlfeld 373, 377
Personenspalte 369
Personensuche 325, 334, 336 f.
Pfad
– verwalteter 184, 325
Pflichtspalte 368
Phase
– Aufbewahrung 449
Phaseneigenschaft 449
Pivot 37, 44
– Tabelle 38, 455
PKI 28
Planner 502
Plattenarray 35
PMI 63
PMP 63
Portalfunktionen 70
Portfoliomanagement 23
Postfach 51, 457
– freigegebenes 51, 92 f.
– Ressourcen 51
Postfachdatenbank 51 f., 511
Postfacheigenschaft 349
Postfachstellvertreter 505
PowerApps 502
Power BI 502
PowerPoint 32, 47, 53
PowerShell 239, 415
PowerShell-Skript 442
Presence 52
Priorität 21
Privatmarkierung 486
Problemverfolgung 368
Produktentwicklung 60 f.
Produkthierarchie 203, 212
Produktkatalog 183, 185, 189, 204, 206, 209, 212, 509 f.
– Verbindung mit 191, 201, 212
Profilinformation 334
Profilsynchronisation 50
Project 47
Project Online 501
Project Server 23, 48
Project Web App 48
Projektmanagement 23
Projektwebsite 41
Proxyserver 20

Prozess 7, 304
– hierarchischer 382
Prozessanalyse 5
Prozessbeteiligter 381
Prozessdesign 55
Prozessgestaltung 63
Prozesslandschaft 5, 8, 21
Prüfaufgabe 381
Public-Key-Infrastruktur 28, 488
Publishingfeature 70
Publishing License (PL) 32

Q

Quellenfeld 363
Query Builder 219
QuickStep 170, 294

R

Raumbelegung 344
Raumverfügbarkeit 350
RDBMS 34
Reaktionsgruppe 295, 297, 381, 388, 513
Rechnungseingang 397
– via Mail 413
Rechtemanagement 32
Rechteschutz 474
Rechteverwaltungsdienste 507, 515
Rechteverwaltungsserver 32, 472
Rechtsabteilung 62
Regelassistent 174
Registrierung 515
Registrierungsschlüssel 479
Registry 415, 441, 515
Registry-Eintrag 475
Relational DataBase Management System 34
Relay 49
Remotedomäne 499, 511
Remote PowerShell 504
Replikation 168
Replikationsbereich 24
Replikationsverbindung 26
Reporting 15, 17 f., 39, 47
Reportingprozess 13
RequestInPolicy 346
RequestOutOfPolicy 346
Ressourcenpostfach 51, 344
REST 46

results.aspx 326
Rich-Text-Formatierung 194
Richtlinie 6, 445, 452, 469
– ADRMS 32
Richtlinien 62, 64
Richtlinienaktualisierung 481
Richtlinienanweisung 449
Richtlinienkonformität 457
Richtlinientipp 482
Richtlinienvorlage 465, 470
Rights Management Services 501, 508
Roaming 492
Roleprovider 430
Rollenprovider 426, 429
Rollenverwaltung 426
Rollupbild 201 f.
Rootzertifikat 31
Routine 253 f., 269
Routing
– Dokumenten- 397
– websitesammlungsübergreifendes 398
Routingentscheidung 385
Routingfunktion 513
Routingmethode 297
Routingregel 397, 409, 441, 447
Routingziel 382, 443
Rufnummer
– zentrale 381
Runtime 45

S

SaaS 501
Safari 47
SAN-Zertifikat 84
Schattengruppe 65
Schemapartition 24
Schleife 361
Schlüssel
– öffentlicher 28, 492, 496
– privater 28
Schlüsselalgorithmus 28
Schlüssellänge 80
Schlüsselpaar 28
Schlüsselspeicher 28
Schnellbausteine 404
SCP 24
Secure/Multipurpose Internet
   Mail Extension 488
Secure Store Service 510

Security Identifier 27
Security Token Service 421, 427, 430
Seitenbibliothek 212, 230, 239, 328
Seitendesign 216
Seitenfeld 216
Seitenlayout 208, 215, 230 f., 328
Seitenvorlage 57
Seitenzuordnung 213
Sendeconnector 135, 499, 511
Senden-als-Berechtigung 94
Serienbrief 54
Seriendruck 261, 263, 269
Seriendruckfeld 265
Seriendruckfunktion 269
Seriendruckquelle 263
Serverfarm 34, 41
Server Name Indication 84
Serverzertifikat 29
Server-zu-Server-Kommunikation 28
Service Connection Point 24
Service Principal Name, (SPN) 36
SharePoint 26 f., 32, 35 f., 40
– Foundation 41, 44 ff., 48, 57, 370
SharePoint-Archiv 464
SharePoint Designer 24, 46, 53, 56, 137, 223,
   225, 360, 370, 414
SharePoint-Dienstkonto 352
SharePoint-Farm 191, 427
SharePoint FBA Pack 434
SharePoint-Gruppe 96, 184, 448
SharePoint-Kalender 357, 511
SharePoint Management Shell 239, 315, 415,
   434
SharePoint Online 501 ff., 505, 508 f.
SharePoint Server 67
SharePoint-Suche 204
SharePoint Webservices 427
Sicherheit 16, 20
Sicherheitseinstellung
– E-Mail- 350
Sicherheitsgrenze 184
Sicherheitsgruppe 27
Sicherheitskontext 184
Sicherheitskürzung 321
Sicherheitsprinzipal 24 ff.
Sicherheitsprotokoll 322
Sicherheitstrennung 184
Sicherheitszone 129
SID 27
Signatur 28, 488
– digitale 440

Signaturzertifikat 494
Single Sign On 34, 129
SIP-Adresse 386
SIPOC 8 ff.
SIP-URI 296
Site-Workflow 49
Skype for Business 28, 52, 67, 384, 387
– Call-Routing 382
– Stellvertretungsfunktionen 177
Skype-for-Business-Anmeldekonto 388
Skype for Business Online 501, 503, 513
Skype for Business Server 295, 513
Smart-Card-Zertifikate 492
S/MIME 500
S/MIME-Standard 488
S/MIME-Verfahren 488
S/MIME-Zertifikat 507
SMTP-Server 49, 135, 137, 500
SNI 84
SOAP 46
Social Engagement 502
Software as a Service 501
Softwareentwicklung 23
Soziale Netzwerke 13 f., 50
Spalte
– ausgeblendete 242
– berechnete 244, 246
Spaltendefinition 193
Spaltenreihenfolge 278
Spaltensortierung 247
Spaltentyp 233
Speicherregel 460
Sperrinformation 470
Sperrliste 30, 470
Split-Brain-DNS 66
Spoofing 18
Sprachantwort 387
SQL-Abfrage 275
SQL-Alias 37, 76, 417
SQL Client 37
SQL-Datenbank 392, 416
SqlMembershipProvider 425
SQL Server 33 f., 46, 417, 441
SQL Server Analysis Services 35, 37
SQL Server Analysis Services (SSAS) 67
SQL Server Management Studio 419
SQL Server Reporting Services (SSRS)
   35, 39, 47, 67
SSL 74, 500
SSL-Standardport 84
SSL-Zertifikat 395, 439, 507

SSO 34
SSRS 39
Stammdaten 242
Standardbrief 340
Standort 25 f.
Standortliste 305
Startseite 121
STARTTLS 500
Statusbericht 8
Statusreport 9
Statusreporting 9
Stellvertreter 513
Stellvertretereinstellungen
– Outlook 157
Stellvertreterregelung 52, 56, 487
Stellvertretung 69, 152, 346 f.
– in Outlook 157
– Skype for Business 179
Steuerbarkeit 26
Steuerelement 405
stsadm 137, 415
Style Sheet 216
Subject Alternative Name 84
Subroutine 253
Suchabfrage 323, 332
Suchbegriff 323, 328, 330
Suchcenter 305, 319, 325, 331 f., 337
Suchcenter-URL 333
Suchdienst 67, 314, 319, 321
Suchdienstanwendung 204, 319
Suche
– föderierte 319, 323
Suchergebnis 208 f., 314, 326, 329
– verfeinern 314
Suchergebniswebpart 326
Suchfeld 326
Suchfilter 70
Suchfunktion 191, 305, 309, 314, 510
Suchindex 191, 215, 323
Suchmaschine 303, 323
Suchnavigation 326, 328, 331
Suchschema 209, 220, 314, 317
Suchseite 328
Suchwebpart 184, 208, 220, 223, 232
Sway 502
Swimlane-Diagramm 10, 143
Synchronisierung
– Kalender 353
Synchronisierungseinstellung 293
Systemkonto 137
Sysvol-Verzeichnis 477

T

Tagging 305, 309
Taxonomie 309
Taxonomiebaum 307
Team 165
Teamaufrufgruppe 179 f.
Team Calling 70, 513
Team-E-Mail 170
Team Foundation Server 23
Teamkommunikation 54
Teams 502
Teamsite 502, 505, 511
Teamwebsite 41
Teamzusammenarbeitslisten 232
Teeküchengespräch 6
Telefonanlage 513
Telefoniedienst 513
Telefonkommunikation 513
Telefonnetz 513
Terminologiebaum 404
Terminologiespeicher 191, 200, 206, 510
Terminologiespeicherverwaltung 199, 212 f., 404, 510
Terminologiespeicher-Verwaltungstool 305
Terminplanung 52
Terminvereinbarung 4
Textbaustein 11
Textmarke 253 f.
Textspalte 287
Timerdienst 137
Timerjob-Definition 343
Titelspalte 287
TLS 500
TLS-Verschlüsselung 499
Token-Dienst 36
Toolbereich 289
TPDs 33
Transportkomponente 481
Transport Layer Security 500
Transportregel 143, 353, 457, 464, 467, 475, 481 f., 499, 511
Transportrichtlinie 52
TrustClassifications 480
Trusted Publishing Domains 33
Trusted User Domain (TUD) 33

U

Übermittlung
– manuelle 411
Übermittlungsrichtlinie 308
Überwachung 448
Überwachungsbericht 452, 455
Überwachungsprotokoll 452
Überwachungsrichtlinie 441
Umfrage 232
Umfrageformular 236
Umfrageliste 238
Umgebungswissen 16
UNC-Pfad 31, 316, 478
Unterausdruck 306
Unternehmensimage 11
Unternehmensontologie 303 f.
Unternehmensstruktur 305
Unternehmenssuchcenter 325
Unternehmensverzeichnis 505
Unternehmenszertifizierungsstelle 490, 496
Unterordner 320, 398
Unterstützungsprozess 5
Unzustellbarkeitsmeldung 155
URL 208, 332, 351, 434
Urlaubsvertretung 52
URL-Token 221
UTF8-Format 315

V

Variable 253, 287, 290, 366, 414
VBA 23
Verbindlichkeit 440
Verbindung
– Webpart 126 f.
Verbindungszeichenfolge 424
Vererbung 44, 196
Verfeinerung 209, 314, 317
Verfeinerungsbereich 317, 325 f.
Verfeinerungseigenschaften 315
Verfügbarkeit 16, 19, 52
Verfügbarkeitsdienst 52
Vergleichsoperator 339, 410
Verhandlung 5
Veröffentlichung 107, 469
– Websiteübergreifende 190
Veröffentlichungsdomäne 33
Veröffentlichungsfeature 129

Veröffentlichungsgenehmigung 70
Veröffentlichungsinfrastruktur 325
Veröffentlichungslizenz 32
Veröffentlichungsportal 185, 208, 215 f.
Veröffentlichungssite 212
Veröffentlichungswebsite 41, 43, 201, 230
Verschlüsselung 20, 28 f., 31, 440, 499
– asymmetrische 29
– symmetrische 29
Verschlüsselungszertifkat 494
Versionierung 139, 227, 455
Versionsverlauf 141, 455
Versionsverwaltung 139
Verständlichkeit 15
Verteilergruppe 27, 461
Verteilerliste 51, 505
– dynamische 51
– statische 51
Vertrauensstellung 24
Vertrauenswürdigkeit 28, 507
Vertraulichkeit 6, 20, 464, 486 f., 500
Vertrieb und Marketing 60
Verwaltung digitaler Rechte 25, 32, 439
Verwaltungsmodell
– dezentral 26
Verwaltungsseite 445
Verwaltungsserver 24
Verzeichnisdienst 24
Verzeichnissynchronisierung 506
Videoportal 35
Vier-Augen-Prinzip 11, 439
Vier-Ohren-Modell 17
Virtualisierungsplattform 503
Visio 55
Visiodatei 44
Visio Online 501
Visio Services 44, 55 f.
Visual Basic Editor 269
Voicemail 295, 298
Voice-Mailbox 295
Voicemail-Nachricht 302
VoIP-Richtlinie 177, 294
Volltextindizierung 44
Volltextsuche 314
Vollzugriff 94
Vorlage 11
Vorlagenverwaltung 340
Vorlaufzeit 347
Vorschaubereich 170
VPN 28

W

Währungsspalte 258
Warteschlange 513
Warteschleife 297, 301, 384
– persönliche 384
Warteschleifenmusik 299
Warteschleifentimeout 298
Warteschleifenüberlauf 298, 384
Webanwendung 41, 71, 78, 184, 229, 340, 392, 441
– öffentliche 185
Web-App 469
Web Application 184
web.config 427
Webdesigner 216
Web-Frontend 67, 504
Webpart 215, 281, 289, 326
– Wiederverwendung von Katalogelement 216, 222
– zielgruppenorientiertes 118
Webparteinstellungen 124 f.
Webpartkatalog 218, 337
Webpartmenü 285
Webpartseite 284
Webpartzone 215
Webservice 33, 79, 415
Website 340
– der höchsten Ebene 71, 85, 396
– öffentliche 183, 203
Web Site 184
Websiteberechtigungen 105
Websitebesitzer 242
Web Site Collection 184
Websitedesign 230
Websitefeature 137, 232, 397, 441
Websitefeed 53
Websitehierarchie 43
Websiteinhaltstyp 193, 196, 310, 340, 397, 402, 408
Websiteobjekte 89
Websitepostfach 291, 293, 295, 502, 511
Websitesammlung 41, 71, 85, 184, 256, 325, 333, 340, 396, 509
– Bilder der 230, 232
– Hostheader 184
– persönliche 334

Websitesammlungsadministrator 41, 86, 89f., 98, 184, 396
Websitesammlungsfeature 110, 184, 279, 341
Websitespalte 191, 193f., 244, 246, 248, 257, 279, 309, 397
Websitevorlage 185, 325, 441, 446
Weiterleitung 294
- bedingte 179
- Skype for Business 179
Weiterleitungsregel 176
Wertefeld 289
Wiederauffindbarkeit 13
Wiederherstellung 35, 511
Wiederverwendung von Katalogelement
- Webpart 216
Wikilink 290
Wikiseite 237, 444
Wildcard-Zertifikat 84, 507
Willkommensnachricht 299
Willkommensseite 281
Windows 2000 24
Windows-Authentifizierung 418
Wissen
- gespeichertes 304
- persönliches 304
Wissensmanagement 13f., 304
Wissensquelle 304
Wissensweitergabe 304
Word 32, 47, 53
Word 2000 269
Word-Dokument
- mit Makros 268
Word-Dokumentvorlage 408
Word-Formular 404
Word Online 405
Word Web App 263
Workflow 53, 57, 111, 143, 193, 299, 301, 377, 379, 384f., 414
- abgesetzter 365
- benutzerdefinierter 360
- deklarativer 48
- interaktiver 385
- SharePoint Designer 23
- wiederverwendbarer 49
- zur Inhaltsgenehmigung 110
Workflow Manager 48, 137
Workflowphase 361
Workflowplattform 361
Workflowvariable 414
Workflowverlauf 414
Wörterbuch 305, 315f.

Wortextraktion 314
- exakte 314
Wortteilextraktion 314
- exakte 314

X

XML-Ausgabe 476
XML-Datei 475
XML-Daten 39, 45
XML-Transformation 129

Y

Yammer 502

Z

Zahlspalte 195
Zeitgeberauftrag 444
Zeitkapsel 14
zeitkritisch 21
Zeitplan 335
Zentraladministration 73, 85
Zertifikat 25, 28f., 71, 488, 507
- zuweisen 77
Zertifikatsanforderung 28, 79, 81
Zertifikatsdienste 503, 507
Zertifikatspeicher 496
Zertifikatsregistrierung
- automatische 489, 492
Zertifikatsvorlage 488
Zertifikatswarnung 29
Zertifizierungspfad 496
Zertifizierungsstelle 28, 67, 79, 470, 507
- AD-integrierte 30
- ausstellende 30
- eigenständige 31, 490
- interne 29
- öffentliche 29, 496
- Offline-Root 30
- unternehmensinterne 31
- vertrauenswürdige 33
- windowsintegrierte 81, 488, 490
Zertifizierungsstellenhierarchie 28, 30
Zertifizierungsstellenzertifikat 496
Zielbibliothek 404

Zielgruppe 70, 124, 129, 510
Zielgruppenfilterung 129
Zielspeicherort 410
Zielvereinbarung 62
Zielvereinbarungsgespräch 4 f.
Zugriff
– anonymer 184, 203, 229, 239
Zugriffsanforderung 91, 441
Zugriffsliste 200
Zugriffsrecht 26, 321, 505
Zugriffsteuerungsliste 26
Zustandsmaschine 361
Zuverlässigkeit 16, 19
Zwischenspeicherung
– der Lizenz 469
– von Anmeldeinformationen 492

Unentbehrlich für Windows-Admins

Voges, Dausch
Gruppenrichtlinien in Windows Server 2016, 2012 und 2008 R2
Ein praktischer Leitfaden für die Windows-Verwaltung
3., erweiterte und aktualisierte Auflage
511 Seiten. Inklusive E-Book
€ 50,–. ISBN 978-3-446-44564-2

Auch einzeln als E-Book erhältlich
€ 39,99. E-Book-ISBN 978-3-446-44914-5

Das Buch ist Grundlagen-, Praxis- und Nachschlagewerk in einem. Einsteiger werden von der Basisverwaltung von Gruppenrichtlinien bis hin zur Entwicklung eigener Vorlagen durch alle wichtigen Themen geführt. Profis finden Informationen zur Planung von Gruppenrichtlinien, zur Verwaltung (PowerShell 5.0 und AGMP), zur Erweiterung (per Fremdhersteller-Tools) sowie zur Automatisierung mit PowerShell 5.0 und Desired State Configuration.

Viele Praxisbeispiele zeigen Ihnen, wo Sie welche Einstellungen vornehmen können, wie sich diese auswirken und wie Sie dadurch Zeit sparen können. Zahlreiche Tipps helfen Ihnen bei der Fehlersuche und Problembehebung und warnen Sie vor typischen Fallen.

Mehr Informationen finden Sie unter **www.hanser-fachbuch.de**

HANSER

IT-Dokumentation umsetzen

Reiss, Reiss

Praxisbuch IT-Dokumentation
Vom Betriebshandbuch bis zum Dokumentationsmanagement – die Dokumentation im Griff
2. Auflage
478 Seiten
€ 44,99. ISBN 978-3-446-44599-4

Auch als E-Book erhältlich
€ 35,99. E-Book-ISBN 978-3-446-44812-4

- Erfahren Sie, wie Sie eine ganzheitliche und nachhaltige IT-Dokumentation aufbauen.

- Mit den Ausführungen zu den aktuellen Gesetzen stellen Sie sicher, dass Ihre Dokumentation alle relevanten Compliance-Anforderungen erfüllt.

- Mit dem Strukturierungsmodell und dem Leitfaden zum Aufbau einer Dokumentationslandkarte finden Sie eine optimale Umsetzung für Ihre IT-Organisation.

- Sichern Sie sich den langfristigen Erfolg zu einem effektiven Dokumentationsmanagement mit unseren Best-Practice-Anleitungen.

Mehr Informationen finden Sie unter **www.hanser-fachbuch.de**